SAP®-Schnittstellenmanagement

SAP PRESS ist eine gemeinschaftliche Initiative von SAP SE und der Rheinwerk Verlag GmbH. Unser Ziel ist es, Ihnen als Anwendern qualifiziertes SAP-Wissen zur Verfügung zu stellen. SAP PRESS vereint das Know-how der SAP und die verlegerische Kompetenz von Rheinwerk. Die Bücher bieten Ihnen Expertenwissen zu technischen wie auch zu betriebswirtschaftlichen SAP-Themen.

Damit Sie nach weiteren Titeln Ihres Interessengebiets nicht lange suchen müssen, haben wir eine kleine Auswahl zusammengestellt.

Lars Pülm
SAP-Cloud-Integration
1. Auflage 2021, ca. 630 Seiten, geb.
ISBN 978-3-8362-8053-2
www.sap-press.de/5248

Banner et al.
SAP Process Orchestration und SAP Cloud Platform Integration
1. Auflage 2018, 578 Seiten, geb.
ISBN 978-3-8362-4481-7
www.sap-press.de/4331

Heiko Friedrichs
SAP S/4HANA und SAP Cloud Platform für Administratoren
1. Auflage 2019, 519 Seiten, geb.
ISBN 978-3-8362-6361-0
www.sap-press.de/4662

Kästner et al.
SAP Data Intelligence
1. Auflage 2021, 611 Seiten, geb.
ISBN 978-3-8362-7724-2
www.sap-press.de/5138

Adam Kiwon, Mark Lehmann, Manuel Männle,
Martin Tieves

SAP®-Schnittstellenmanagement

Der praktische Leitfaden für die hybride Integration

Rheinwerk
Publishing

Liebe Leserin, lieber Leser,

vielen Dank, dass Sie sich für ein Buch von SAP PRESS entschieden haben.

Die Cloud ist gekommen, um zu bleiben. Da es aber gleichzeitig gute Gründe gibt, bestimmte Bereiche einer IT-Landschaft weiterhin vor Ort zu betreiben, werden hybride Systemlandschaften in Zukunft die Norm sein. Damit werden jedoch auch die Integration der Systeme und die Verwaltung der Schnittstellen komplexer.

In diesem Buch zeigen Ihnen die Integrationsexperten Adam Kiwon, Mark Lehmann, Manuel Männle und Martin Tieves, wie ein modernes Schnittstellenmanagement aussieht. Sie stellen Ihnen die Werkzeuge der hybriden Integrationsplattform von SAP vor und führen Sie durch die Anwendung der Integration Solution Advisory Methodology (ISA-M). Außerdem lernen Sie die wichtigsten Integrationskonzepte, Methoden und Frameworks kennen. So bauen Sie systematisch eine solide Integrationsarchitektur auf oder optimieren Ihr bestehendes Schnittstellenmanagement.

Wir freuen uns stets über Lob, aber auch über kritische Anmerkungen, die uns helfen, unsere Bücher zu verbessern. Scheuen Sie nicht, mich zu kontaktieren. Ihre Fragen und Anmerkungen sind jederzeit willkommen.

Ihre Simone Bechtold
Lektorat SAP PRESS

simone.bechtold@rheinwerk-verlag.de
www.rheinwerk-verlag.de
Rheinwerk Verlag · Rheinwerkallee 4 · 53227 Bonn

Auf einen Blick

TEIL I Grundlagen

TEIL II Werkzeuge der hybriden Integrationsplattform von SAP

TEIL III Aufgaben des Schnittstellenmanagements

Wir hoffen, dass Sie Freude an diesem Buch haben und sich Ihre Erwartungen erfüllen. Ihre Anregungen und Kommentare sind uns jederzeit willkommen. Bitte bewerten Sie doch das Buch auf unserer Website unter **www.rheinwerk-verlag.de/feedback**.

An diesem Buch haben viele mitgewirkt, insbesondere:

Lektorat Simone Bechtold, Janina Schweitzer
Korrektorat Monika Klarl, Köln
Herstellung Melanie Zinsler
Typografie und Layout Vera Brauner
Einbandgestaltung Julia Schuster
Titelbild Shutterstock: 56797615 © Dmitrijs Bindemanis
Satz III-Satz, Husby
Druck Beltz Grafische Betriebe, Bad Langensalza

Dieses Buch wurde gesetzt aus der TheAntiquaB (9,35/13,7 pt) in FrameMaker. Gedruckt wurde es auf chlorfrei gebleichtem Offsetpapier (90 g/m²). Hergestellt in Deutschland.

Bibliografische Information der Deutschen Nationalbibliothek:
Die Deutsche Nationalbibliothek verzeichnet diese Publikation in der Deutschen Nationalbibliografie; detaillierte bibliografische Daten sind im Internet über *http://dnb.dnb.de* abrufbar.

ISBN 978-3-8362-7982-6

1. Auflage 2021

Informationen zu unserem Verlag und Kontaktmöglichkeiten finden Sie auf unserer Verlagswebsite **www.rheinwerk-verlag.de**. Dort können Sie sich auch umfassend über unser aktuelles Programm informieren und unsere Bücher und E-Books bestellen.

Inhalt

Einleitung

Integration und Schnittstellen sind Themen, die aus modernen IT-Landschaften nicht mehr wegzudenken sind. So gegenwärtig uns diese Begriffe im IT-Alltag begegnen, so unterschiedlich ist doch das damit verbundene Verständnis. Typische Fragen, die fast in jedem Projekt zu Beginn gestellt werden, sind: »Was ist konkret eine Schnittstelle?« oder »Wie integrieren wir System A und System B?« Das Feld, das sich hinter diesen Fragen öffnet, lässt sich häufig nur schwer fassen, und es ist nicht leicht, den Überblick zu behalten. So gibt es eine Vielzahl an unterschiedlichen Methoden und Frameworks, wie Sie nicht nur Schnittstellen, sondern auch die gesamte Organisation dahinter gestalten können. Daneben gibt es auch immer mehr Werkzeuge, die Sie bei der Implementierung oder Steuerung der IT-Landschaft unterstützen können. Jedes Werkzeug hat eigene Schwerpunkte, sodass auch die Orchestrierung und das Management des Zusammenspiels all dieser Werkzeuge immer herausfordernder wird.

Motivation

Aus persönlicher Erfahrung wissen wir, dass der Einstieg und der Umgang mit den verschiedenen Konzepten sehr schwierig sind. Daher möchten wir Ihnen als Leser*in einen umfassenden Überblick über die Grundlagen bieten und gleichzeitig einen praktischen Leitfaden an die Hand geben, der Ihnen die grundlegenden Ansatzpunkte im Bereich der Integration vermittelt. Dieses Verständnis soll Ihnen dabei helfen, sich in der dynamisch und immer schneller entwickelnden IT-Welt besser zu orientieren, neue Technologien einzuschätzen sowie den Wert einzelner Lösungen und Ansätze für Ihre individuellen IT-Landschaften besser zu verorten.

Zielgruppe

Dieses Buch richtet sich an Integrationsarchitekt*innen, Schnittstellenentwickler*innen und Administratoren*innen von SAP-Landschaften, die vor der Fragestellung stehen, welche Integrationsprodukte in ihrem Unternehmen einzusetzen sind, und die Informationen benötigen, wie einzelne Lösungen und Werkzeuge zusammenspielen. Das Buch bietet auch Anknüpfungspunkte und Ideen, wie Sie den Aufgaben des Schnittstellenmanagements begegnen können. Ebenso werden Projektleiter*innen und IT-Manager*innen angesprochen, die sich über die technischen und konzeptionellen Möglichkeiten für das Schnittstellenmanagement informieren möchten. Darüber hinaus bietet dieses Buch Berater*innen Ansätze, wie Sie mit Ihren Kunden hybride Landschaften planen können und welche Konzepte hier Anwendung finden.

Inhalt

Dieses Buch soll Sie dabei unterstützen, die typischen Herausforderungen im Schnittstellenmanagement proaktiv anzugehen und zu meistern. Das

Buch verfolgt dabei die in Abbildung 1 abgebildete Struktur. Was Sie in diesem Buch nicht finden werden, sind Schritt-für-Schritt-Tutorials oder tiefergehende Details dazu, wie die einzeln vorgestellten Integrationswerkzeuge in einem produktiven Umfeld aufgebaut oder ausgeprägt werden müssen. Stattdessen erhalten Sie eine strukturierte Übersicht über die grundlegenden Technologien und Konzepte, die organisatorischen Ansätze im Integrationsumfeld sowie praktische Anwendungsbeispiele aus unserem Berufsalltag.

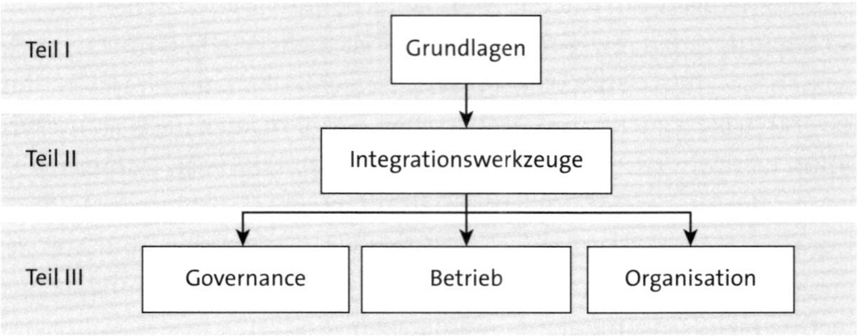

Abbildung 1 Struktur des Buches

Teil I

Teil I, »Grundlagen«, bildet das Fundament. In den Kapiteln 1 bis 4 bekommen Sie ein Gefühl dafür, was typische Herausforderungen im Schnittstellenmanagement sind. Hier werden mögliche Ansätze zu Ihrer Verwaltung erläutert. Ebenfalls bringen wir Ihnen die technologischen Grundlagen näher.

Kapitel 1, »SAP-Schnittstellenverwaltung im Zeitalter der Digitalisierung«, legt zunächst die Grundlagen. Wir erläutern Ihnen die Historie von Schnittstellen im SAP-Umfeld. Dabei gehen wir auf die Notwendigkeit des Datenaustauschs sowie auf die Natur heterogener und größerer Landschaften ein. Sie werden die verschiedenen Quellen für Schnittstellen in den unterschiedlichen SAP-Systemen kennenlernen. Des Weiteren stellen wir Ihnen den SAP API Business Hub vor, und Sie lernen SAP Graph kennen, das einen nach Objekten organisierten Zugriff auf die SAP-Welt erlaubt. Sie müssen eine Vielzahl von Aspekten im Blick behalten und sich permanent in Technologie- und Methodikfragen weiterbilden.

Hierauf aufbauend vermittelt **Kapitel 2**, »Integrationskonzepte und -technologien im SAP-Umfeld«, das grundlegende technologische Wissen im Integrationsumfeld. Wir stellen die heute verwendeten Integrationsarchitekturen dar und werfen einen Blick auf die unterschiedlichen Integrationsstile. Hier wird ein Schwerpunkt auf die prozessbasierte Integration gelegt. Auch die Technologien, die innerhalb der Stile verwendet werden können, stellen wir Ihnen vor.

In **Kapitel 3**, »Methoden und Frameworks«, lernen Sie Frameworks und Methoden zur Verwaltung von Schnittstellen kennen. Hierzu zählen neben Reifegradmodellen auch Frameworks wie ISA-M, die Hybrid Integration Platform (HIP) und das Integration Competency Center (ICC).

In **Kapitel 4**, »Die hybride Integrationsplattform von SAP«, stellen wir die SAP Integration Suite als hybride Integrationsplattform von SAP und weitere Werkzeuge vor. Wir erläutern Ihnen die Vision von SAP, wie Integration in Zukunft betrieben werden soll. Anschließend stellen wir das SAP-Portfolio für das Schnittstellenmanagement vor und beschreiben, wie die einzelnen Werkzeuge zusammenspielen.

Teil II, »Werkzeuge der hybriden Integrationsplattform von SAP«, geht ausführlicher auf einzelne Integrationswerkzeuge ein und erläutert ihren Einsatz und deren Funktionen für das Schnittstellenmanagement. Wir zeigen, welche Werkzeuge sich für welche technischen Anforderungen eignen und wie Sie diese kombiniert einsetzen können, um alle Komponenten der Systemlandschaft möglichst effizient zu orchestrieren. Wir betrachten in den einzelnen Kapiteln die folgenden Werkzeuge: **Teil II**

- **Kapitel 5**: SAP Process Orchestration
- **Kapitel 6**: SAP Cloud Integration
- **Kapitel 7**: SAP API Management
- **Kapitel 8**: SAP Enterprise Messaging
- **Kapitel 9**: Open Connectors
- **Kapitel 10**: SAP Data Intelligence
- **Kapitel 11**: Werkzeuge zur Datenintegration
- **Kapitel 12**: SAP Application Interface Framework
- **Kapitel 13**: Digital Integration Hub

In **Teil III**, »Aufgaben des Schnittstellenmanagements«, beschreiben wir die einzelnen Aufgaben des Schnittstellenmanagements werkzeugübergreifend. Wir geben Ihnen Best-Practices-Ansätze an die Hand, damit Sie Ihre komplexen, hybriden Systemlandschaften verwalten als auch deren Verwaltung systematisch organisieren können. **Teil III**

Kapitel 14, »Governance«, behandelt Regeln und Methoden, die definiert werden, um ein standardisiertes Vorgehen bei der Entwicklung und beim Betrieb von Schnittstellen herbeizuführen, damit eine hohe Qualität erreicht werden kann.

Von grundlegender Bedeutung im Bereich des Schnittstellenmanagements ist auch der Betrieb der Schnittstellen. Darauf gehen wir in **Kapitel 15**, »Betrieb«, näher ein. Hierzu gehen wir sowohl auf Themen wie Monitoring und Alerting als auch auf das Test- und Transportmanagement ein.

Darauf aufbauend, zeigen wir Ihnen in **Kapitel 16**, »Organisation«, die organisatorischen Rahmenbedingungen bei der Umsetzung von Schnittstellen und dem Einsatz von Integrationswerkzeugen. Neben DevOps als moderne Schnittstellenentwicklungsmethodik erhalten Sie auch wichtige Informationen zu den Rechten und Pflichten der beteiligten Personen im Schnittstellenentwicklungsprozess.

Kapitel 17, »Plattformwerkzeuge«, gibt Ihnen einen Blick auf weitere ergänzende SAP-Plattformwerkzeuge und Werkzeuge von SAP-Partnern, die Sie im Schnittstellenmanagement einsetzen können.

Mit **Kapitel 18**, »Zusammenfassung und Ausblick«, schließt das Buch. Wir möchten Ihnen einige abschließende Impulse für das Schnittstellenmanagement mitgeben und wagen einen Blick in die Zukunft.

Leseempfehlung

Für die Lesereihenfolge der Kapitel bietet es sich an, die Kapitel des ersten Teils (Kapitel 1 bis Kapitel 4) zunächst sequenziell zu lesen. Hierdurch erhalten Sie einen guten Überblick über die grundlegenden Konzepte, Methoden und Technologien. Erfahrenere Leser*innen mit Schwerpunkt auf der Verwaltung von Schnittstellen können auch direkt mit Kapitel 3 starten. Je nach Interessensschwerpunkt und individuellen Anforderungen können Sie die Kapitel 5 bis Kapitel 13 in Teil II, »Werkzeuge der hybriden Integrationsplattform von SAP«, in beliebiger Reihenfolge lesen, wobei der Einstieg über Kapitel 4 in die Integrationswerkzeuge zu empfohlen ist. Die Kapitel 14 bis Kapitel 17 in Teil III, »Aufgaben des Schnittstellenmanagements«, bieten insbesondere IT-Manager*innen und Integrationsarchitekt*innen, die bereits über ein umfassendes Grundwissen verfügen, einen schnellen und umfassenden Einstieg in die Ansätze für die Schnittstellenverwaltung.

Danksagung

An dieser Stelle möchten wir uns bei unseren Partnerinnen für die vielfältige Unterstützung, Geduld und Ausdauer bei diesem Buchprojekt bedanken. Durch die Corona-Pandemie war es für uns als Autoren nicht immer leicht. So war es uns leider nicht möglich, uns gemeinsam zu treffen und Ideen auszutauschen. Dieses Buch ist also in rein virtueller Zusammenarbeit entstanden. Ohne die aktuellen Technologien und den bereits zu Beginn erwähnten Fortschritt innerhalb der IT wäre es uns nicht möglich gewesen, dieses Buch zu verfassen.

Adam Kiwon — **Manuel Männle**

Mark Lehmann — **Martin Tieves**

TEIL I

Grundlagen

Kapitel 1
SAP-Schnittstellenverwaltung im Zeitalter der Digitalisierung

Starten Sie in diesem Kapitel mit einer kurzen Einführung in die verschiedenen Facetten und Evolutionen des Schnittstellenmanagements, und steigen Sie in die Technologien von SAP ein.

Bevor wir uns mit Integrationsarchitekturen, Frameworks, Methoden und Werkzeugen beschäftigen, werfen wir in Abschnitt 1.1, »Was bedeutet Integration?«, zunächst einen Blick auf die Notwendigkeit von Schnittstellen und die Grundlagen von Integration. Im Anschluss stellen wir Ihnen in Abschnitt 1.2, »Evolution der Schnittstellentechnologien von SAP R/3 bis SAP S/4HANA«, die Integrationstechnologien von SAP R/3 bis SAP S/4HANA Cloud einmal vor. Abschnitt 1.3, »SAP-Schnittstellenbibliotheken«, beschäftigt sich mit den von SAP bereitgestellten Schnittstellenbibliotheken. In Abschnitt 1.4, »Herausforderungen an das Schnittstellenmanagement«, zeigen wir auf, welche Herausforderungen das Schnittstellenmanagement mit sich bringt.

[!]

Wann sollten Sie dieses Kapitel lesen?
Wir empfehlen Ihnen, sich in diesem Kapitel mit den Grundlagen des SAP-Schnittstellenmanagements vertraut zu machen, bevor Sie sich in den nachfolgenden Kapiteln mit den einzelnen Aspekten wie Werkzeugen, Governance, Betrieb und Organisation befassen.

1.1 Was bedeutet Integration?

Zu Beginn werfen wir einen Blick auf die Grundlagen und die Bedeutung von Integration: Evolution, Merkmale und Herausforderungen in der heutigen digitalen Zeit.

Grundlagen

Der Begriff der Integration wird neben der (Wirtschafts-)Informatik auch in anderen Wissenschaften wie z. B. Soziologie, Politik und Betriebswirtschaft verwendet und teilweise unterschiedlich interpretiert. In der Wirtschaftsinformatik beschreibt Integration die Verknüpfung von Menschen, Aufgaben und Techniken zu einem einheitlichen Ganzen, um den Folgen der durch Arbeitsteilung und Spezialisierung entstandenen Funktions-, Prozess- und Abteilungsgrenzen entgegenzuwirken (siehe *http://s-prs.de/v798200*).

Praktisch gesehen, ist die wesentliche Aufgabe der Integration in einem SAP-System die Automatisierung von Datenflüssen zwischen verschiedenen Informationssystemen. So können z. B. Bestellungen in einem Online-Shop ausgelöst und zur weiteren Verarbeitung an ein Warenwirtschaftssystem übermittelt werden. Dabei ist der Stellenwert der Integration über die Jahre deutlich gewachsen, da die Anforderungen in Unternehmen und die Vielzahl der eingesetzten Informationssysteme immer komplexer werden.

Nach Peter Mertens (»Integrierte Informationsverarbeitung 1«, 2013) wird Integration in fünf Dimensionen unterteilt:

- **Integrationsgegenstand**
  Integrationsgegenstände können Daten, Programme, Funktionen Prozesse, aber auch Dienste sein. Ein Beispiel hierfür kann die Adressvalidierung als Schnittstellendienst in unterschiedlichen Unternehmensprozessen genutzt werden.
- **Integrationsrichtung**
  Die Integrationsrichtung wird in die horizontale und vertikale Integration unterteilt. Bei der horizontalen Integration geht es um die Verkettung zwischen den Unternehmensprozessen, z. B. von der Angebotserstellung im Vertrieb bis hin zur Rechnungsstellung in der Faktura. Die vertikale Integration beschreibt wiederum die Integration von der ausführenden Ebene hin zur strategischen Planungsebene im Unternehmen. Ein Beispiel hierfür ist die Datenbereitstellung unterschiedlicher Vertriebsinformationen auf der operativen Ebene hin zur Auswertung der Absatzplanung auf einer strategischen Ebene.
- **Integrationsreichweite**
  Die Integrationsreichweite unterteilt sich typischerweise in die innerbetriebliche und die überbetriebliche Integration. Ein Beispiel dafür ist die Integration zu externen Dienstleistern oder Plattformen (Unternehmen-zu-Unternehmen, B2B und Unternehmen-zu-Endkunden, B2C).
- **Automatisierungsgrad**
  Je nach Integrationsszenario wird zwischen voll- oder teilautomatisiert unterschieden. So können innerhalb einer Integration manuelle Schritte durch die Anwender*innen erforderlich sein. Zum Beispiel erfolgt die Verbuchung der Daten erst nach der Bestätigung des Endanwenders

bzw. der Endanwenderin im System. Der Automatisierungsgrad lässt sich durch Workflows oder Jobketten häufig weiter automatisieren.

- **Integrationszeitpunkt**
  Der Integrationszeitpunkt beschreibt die Art der Verarbeitung. Die bekanntesten Szenarien für den Integrationszeitpunkt sind das Echtzeit- oder Batch-Verfahren – z. B. sollen Bestandsinformationen in Echtzeit im Onlineshop angezeigt werden, während Stammdatenänderungen häufig erst zu einem bestimmten Zeitpunkt in den jeweiligen Systemen repliziert werden.

Die Ansätze und Merkmale von Integration werden Sie im Verlauf des Buches häufiger wiederfinden. Es ist ein guter Ansatz, um das Schnittstellenmanagement zu klassifizieren und die Komplexität beherrschbarer zu machen.

Vom Mainframe in die Cloud

Nachdem wir den Begriff Integration und dessen wesentlichen Merkmale beschrieben haben, wollen wir auf die Entwicklung und Bedeutung des Schnittstellenmanagements genauer eingehen. Das Management von Integration bedeutet, Schnittstellen bzw. deren Anforderungen zu analysieren, zu entwerfen, zu planen über den gesamten Lebenszyklus hinweg zu betreiben und zu kontrollieren. Ziel dabei ist es, die Komplexität beherrschbar zu machen und alle Aktivitäten zur Integration bestmöglich zu koordinieren. Die grundsätzlichen Ziele des Schnittstellenmanagements sind z. B.:

- Verkürzung von Prozesszeiten
- Verminderung von Prozesskosten
- Erhöhung der Flexibilität
- Eliminierung von Redundanzen
- Risikominderung

Diese Ziele haben sich in den Jahren der Entwicklung weg von klassischen Mainframe-Architekturen hin zu hybriden bzw. reinen Cloud-Architekturen kaum verändert. Jedoch sind die Komplexität und die Anzahl neuer Integrationstechnologien und Integrationsanforderungen gestiegen.

Blick in die Vergangenheit

Werfen wir zunächst einen Blick in die Vergangenheit: Seit dem Beginn des Einsatzes von Informationstechnologien in Unternehmen verändern sich die Architektur und der Einsatz stetig. In den 70er Jahren wurden die ersten Computer für Text- und Datenverarbeitung eingesetzt. SAP wurde 1972 gegründet und brachte 1973 die erste modulare Lösung SAP R/1 auf den Markt. Ende der 90er Jahre hatten die Unternehmen erstmals die Möglichkeit, sich über das Internet mit Partnern und Kunden zu vernetzen. Der Einsatz von mobilen Endgeräten stieg, und die IT-Architekturen wurden z. B.

durch Client-Server-Architekturen flexibler, aber auch der Anspruch an Integration wurde höher.

Wandel der Anforderungen

Durch die steigende Komplexität der Unternehmensarchitekturen haben sich auch die Anforderungen gewandelt. Die zunehmende vertikale und horizontale Vernetzung, die Digitalisierung der Unternehmensprozesse und die Verwendung neuer Hard- und Software sowie die Verlagerung von Unternehmensanwendungen in Richtung Cloud führen zu einer hohen Komplexität der Unternehmensarchitektur und zu einem hohen Bedarf an Integration. Hinzu kommt, dass Fachbereiche vermehrt IT-Innovationen einsetzen und durch nutzerfreundliche und grafische Werkzeuge in die Lage versetzt werden, Integration selbstständig durchzuführen. Unsere Erfahrung hat gezeigt, dass neue Geschäftsmodelle, der Einsatz neuer Technologien und Trends wie Industrie 4.0, Internet of Things (IoT) oder digitale und vernetzte Zwillinge die Treiber in den Unternehmen sind und zu einem steigenden Integrationsbedarf führen.

[»]

Fazit und Empfehlung

Die Digitalisierung spielt eine große Rolle in der Integration und wird das auch in Zukunft tun. Neue Unternehmensarchitekturen und innovative Technologien werden dafür sorgen, dass Integration einen hohen Stellenwert im Unternehmen hat. Es hat sich aber auch gezeigt, dass die Anforderungen an das Schnittstellenmanagement weiterhin Bestand haben und an Bedeutung gewinnen. Die »Kultur« im Unternehmen ist ein weiterer wichtiger Faktor. Integrationsmanagement in der heutigen Welt bedeutet eine enge Zusammenarbeit zwischen Fachbereichen und IT-Abteilungen. Der Trend wird weiter in Richtung Self-Service-Integration gehen.

1.2 Evolution der Schnittstellentechnologien von SAP R/3 bis SAP S/4HANA

Historische Entwicklung

In diesem Abschnitt betrachten wir die Geschichte der SAP-Systemarchitektur unter dem Gesichtspunkt der verteilten Datenhaltung und der Notwendigkeit von Schnittstellen. Wir möchten Ihnen einen Eindruck vermitteln, wie aus einem integrierten System (SAP R/3) eine ganze Landschaft von Anwendungen entstand, die miteinander kommunizieren müssen.

1.2.1 SAP R/3

Der weltweite Erfolg von SAP wurde durch die R-Produktreihe begründet. Das Produkt *SAP R/3* war seinerzeit das erfolgreichste Anwendungssystem für die Unterstützung von Geschäftsprozessen in Unternehmen und verwendete eine Client-Server-Architektur, während der Vorgänger (*SAP R/2*) noch auf einem Mainframe-Ansatz basierte. SAP R/3, wie viele andere SAP-Produkte noch heute, setzt die proprietäre Programmiersprache *ABAP* (Advanced Business Application Programming) ein.

R wie Realtime

Das Hauptmerkmal von SAP R/3 war die sogenannte *Realtime-Integration* der Komponenten (früher: Module) untereinander. Die Abbildung von Geschäftsvorfällen im System erfolgt über die funktionalen Komponenten wie z. B. SD (Vertrieb), MM (Materialwirtschaft) oder FI (Finanzbuchhaltung). Die Erstellung einer Ausgangsrechnung in der Vertriebskomponente SD erzeugt einen Beleg, der im Finanzwesen (Buchhaltung und Controlling) sofort durch weitere Belege abgebildet wird. Da sich sämtliche Komponenten in einem System befinden, das auf einer gemeinsamen Datenbank betrieben wird, ist die Konsistenz der Datenhaltung durchgehend gewährleistet und eine Integration über systemübergreifende Schnittstellen nicht notwendig.

Komponenten-übergreifende Konsistenz

Die Stammdaten werden komponentenübergreifend geteilt, und die Generierung von Anwendungsdaten sowie die Speicherung von Belegen ist konsistent gewährleistet. So kann z. B. kein Kundenauftrag in SD angelegt werden, wenn die Auftragshöhe das erlaubte Kreditlimit des Debitors (aus FI) überschreitet, und es kann (in SD) keine Rechnung erstellt werden, wenn zu den Umsätzen kein entsprechendes Konto in der Finanzbuchhaltung (FI) ermittelbar ist.

Diese einzigartige Zentralisierung der Daten in SAP R/3 sorgte damals für Konsistenz und eine extrem hohe Datenqualität. Abbildung 1.1 zeigt Ihnen die klassische SAP-Raute mit einer Übersicht der ursprünglich in SAP R/3 verfügbaren Module. Im Laufe der Jahre wurden durch die ständige Weiterentwicklung der Lösung weitere Module ergänzt.

Anbindung von Werken

Durch die hohe Komplexität der Funktionen und die geografische Verteilung von IT-Landschaften als Folge global agierender Unternehmen wurden zunehmend weitere Systeme notwendig. Unternehmen haben z. B. zusätzlich zum zentralen SAP-R/3-System pro Werk je ein lokales SAP-R/3-System betrieben. Dabei waren in den dezentralen Systemen nur die logistischen Komponenten wie z. B. MM relevant, und die Finanzbuchhaltung erfolgte zentral am Unternehmenshauptsitz. Damit eine zentrale Erfassung der Geschäftsvorfälle im Finanzwesen erfolgen konnte, wurden die Daten über Schnittstellen in Form von Nachrichten (konkret IDocs, siehe Abschnitt 2.3.4, »Remote Function Call«) ausgetauscht. Abbildung 1.2 zeigt schematisch, wie IDocs als Nachrichten von den SAP-R/3-Systemen der Werke an das zentrale SAP-R/3-System versendet wurden.

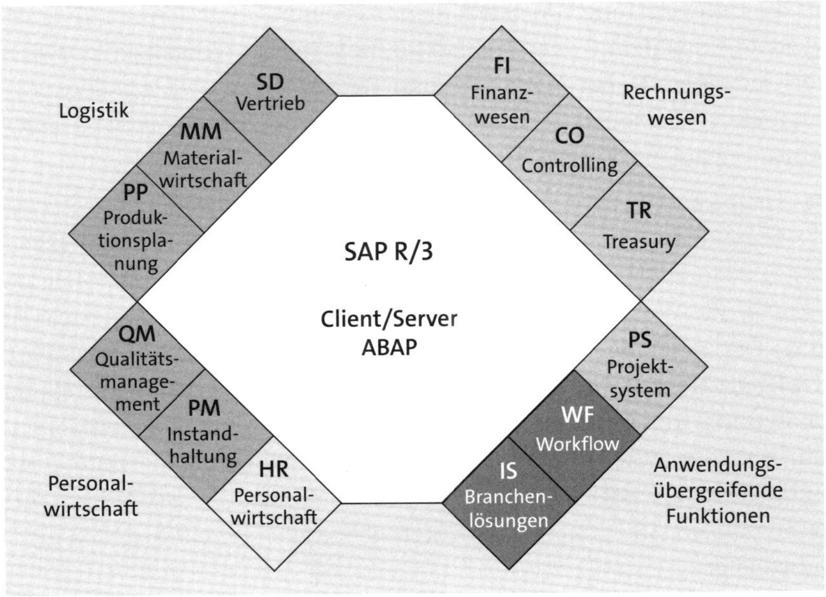

Abbildung 1.1 Komponenten in SAP R/3

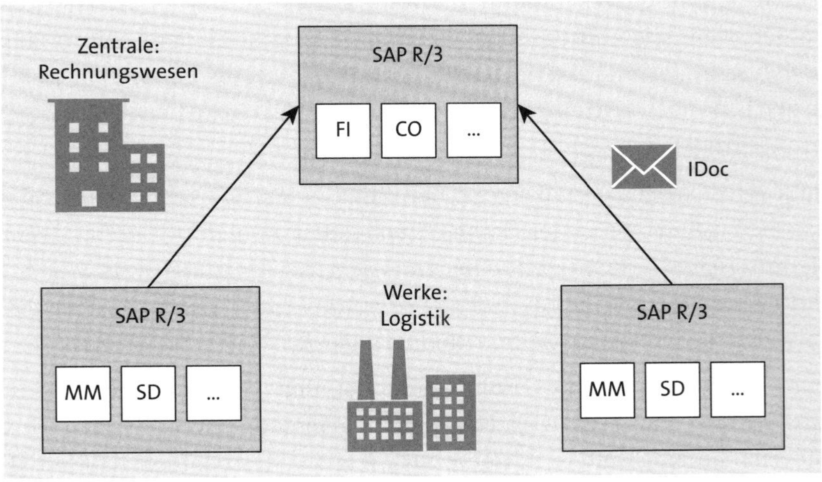

Abbildung 1.2 SAP R/3 mit lokalen Werken

Integration von Personalwirtschaft und Rechnungswesen

Ein weiteres Integrationsszenario bestand z. B. darin, die Verwaltung und Prozesse der Personalwirtschaft von denen des Rechnungswesens und der Logistik zu trennen. Der Hauptgrund waren (und sind noch heute) die ständigen Gesetzesänderungen in der Personalwirtschaft, die häufige Aktualisierungen und damit einhergehende Softwaretests erfordern. Um diese Aktualisierungen (sogenannte *Support Packages*) und Tests unabhängig von den Prozessen des Rechnungswesens und der Logistik durchführen zu können, wurde die Komponente als eigenständiges System herausgetrennt. Hierdurch wurden Schnittstellen erforderlich, um z. B. Kostenstellen aus der Controlling-Komponente an die Personalwirtschaftskomponente HR zu übertragen. Zudem war die Übertragung von Gehaltsabrechnungen aus der Personalabrechnung an die Finanzbuchhaltung erforderlich und führte zu einem Szenario, in dem die Prüfung der Buchbarkeit von Gehältern über eine synchrone Schnittstelle erfolgte (über einen sogenannten *Remote Function Call*, siehe Abschnitt 2.3.4). Die eigentliche (finale) Buchung der Daten erfolgte aus Gründen der Nachvollziehbarkeit hinsichtlich Protokollierung und Archivierbarkeit von Nachrichten wiederum über asynchrone IDocs.

Aus einem integrierten System entstanden also mehrere Systeme, die miteinander interagierten, um spezielle Funktionen dezentral ausführen zu können. Dieser Trend setzte sich weiter fort und wird in Abschnitt 1.2.2, »Produktreihe SAP New Dimension«, näher erläutert.

[«]

Umbenennung von SAP R/3

SAP R/3 wurde im Rahmen der Erweiterung des Produktportfolios in *SAP R/3 Enterprise* und später in *SAP ERP Central Component* (SAP ECC) umbenannt. Den heutigen Nachfolger *SAP S/4HANA* stellen wir Ihnen in Abschnitt 1.2.6, »SAP S/4HANA Cloud«, vor.

1.2.2 Produktreihe SAP New Dimension

SAP Business Warehouse

Anfang der 2000er Jahre entstanden zusätzliche Produkte, die entsprechende Funktionen von SAP R/3 als separate Systeme erweitern oder ersetzen sollten, weil z. B. eine Weiterentwicklung nicht mehr sinnvoll war. Diese wurden zunächst *New-Dimension-Produkte* genannt. So wurde z. B. der *Report Writer*, ein Modul für die Darstellung von Berichten und Analysen, durch *SAP Business Warehouse* (SAP BW) ersetzt. Durch die Notwendigkeit, das eigenständige SAP-BW-System mit Daten zu versorgen, entstanden Schnittstellen in Form von sogenannten *Extraktoren*, die Stamm- und Bewegungsdaten aus dem SAP-R/3-System übertrugen. Als Technologie wurde hier *queued RFC* (qRFC) verwendet (siehe Abschnitt 2.3.4, »Remote Function Call«), das sich besser für die Verarbeitung größerer Datenmengen in Queues (Warteschlangen) eignet, als die bislang verwendeten IDocs, die primär für eine nachrichtenbasierte Kommunikation zuständig waren.

SAP CRM

Die Vertriebskomponente SD wurde durch das System *SAP Customer Relationship Management* (SAP CRM) ersetzt bzw. ergänzt. Auch hier bestand die Notwendigkeit, über Schnittstellen Stamm- und Bewegungsdaten auszutauschen. Dazu wurde die auf qRFC basierende Technologie *CRM Middle-*

ware entwickelt. Hauptmerkmal war der Austausch von Nachrichten über sogenannte *BDocs* (Business Documents), die sowohl im SAP-CRM-System (zwischen den internen Funktionen) als auch zwischen SAP R/3 und SAP CRM verwendet wurden (z. B. für die Replikation von Kundenstammdaten).

SAP SRM

Spezielle Prozesse aus dem Einkauf für die Interaktion mit Lieferanten, die in der Materialwirtschaftskomponente MM beheimatet waren, wurden in das System *SAP Supplier Relationship Management* (SAP SRM) ausgelagert. Auch hier wurden Stamm- und Bewegungsdaten ausgetauscht. Als Technologie kamen primär auf RFC basierende BAPIs (Business Application Programming Interfaces) zum Einsatz.

Im Laufe der Zeit kamen weitere Komponenten hinzu, z. B.:

- SAP Extended Warehouse Management (SAP EWM)
- SAP Global Trade Services (SAP GTS)
- SAP Master Data Governance (SAP MDG)

SAP-SAP-Integration nimmt zu

Die Notwendigkeit, eine system- und anwendungsübergreifende Kommunikation und Integration einrichten zu müssen, steigt selbst in der SAP-Welt und führt zu einem erhöhten Aufwand hinsichtlich der Konfiguration und Überwachung, auch wenn es sich um vordefinierte Szenarios handelt. Abbildung 1.3 zeigt, wie ein SAP-ERP-System als zentrale Komponente in der Landschaft mit anderen Systemen über Schnittstellen interagiert. Dabei existieren auch in der SAP-Welt unterschiedliche Schnittstellentechnologien, um diese Interaktion zu erreichen.

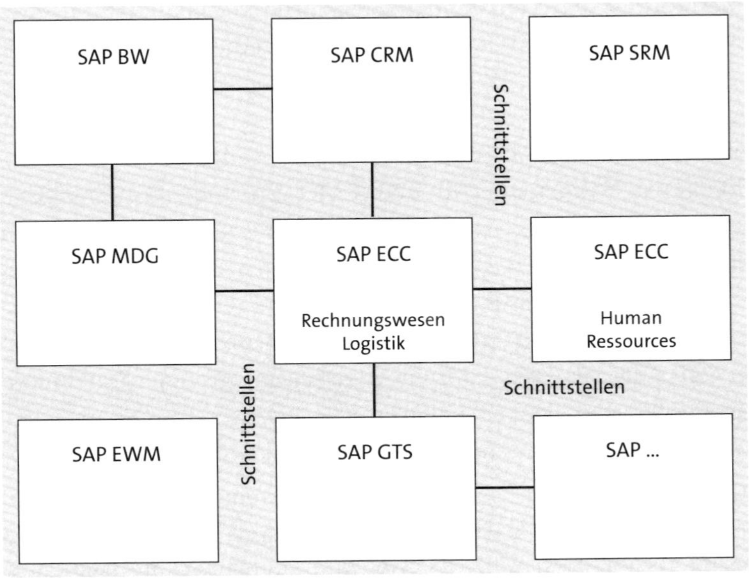

Abbildung 1.3 Verteilte SAP-Landschaft

1.2.3 Konnektoren

Parallel zu den neuen SAP-Produkten entstand auch immer häufiger die Notwendigkeit, Informationen mit Nicht-SAP-Systemen auszutauschen.

Dazu wurden sogenannte *Konnektoren* angeboten, die entweder auf einer Programmierplattform basierten oder sogar Middleware-Funktionalität anboten. Mithilfe solcher Konnektoren können SAP-Kunden und Partner ihre eigenen Lösungen direkt mit dem SAP-System verbinden, um Daten auszulesen oder zu übertragen (z. B. Anlegen eines Materials oder Buchen eines Belegs in der Finanzbuchhaltung). Eine Übersicht noch heute verfügbare Konnektoren finden Sie hier:

http://s-prs.de/v798201

RFC SDK

Der direkteste Weg, um mit einem SAP-System zu kommunizieren, war schon in den 1980er Jahren das SAP-proprietäre Protokoll *Remote Function Call* (RFC). Dazu wurden Laufzeitbibliotheken (sogenannte DLLs) angeboten, die in einem Nicht-SAP-System auf Windows integriert werden können, um die Kommunikation über die sogenannte *COM-Schicht* herzustellen. Diese DLLs kommen noch heute zum Einsatz. Eine Erweiterung der Bibliotheken fand später in Form eines Software Development Kits für RFC statt und wird heute als *SAP NetWeaver RFC SDK* angeboten.

Connector für Microsoft .NET

Für Systeme, die auf Microsoft .NET basieren, steht der *SAP Connector for Microsoft .NET* zur Verfügung. Er ermöglicht, ebenso wie das RFC SDK, eine bidirektionale Kommunikation über das RFC-Protokoll, ist jedoch auf das .NET-Framework limitiert und muss über die Programmiersprache C# bzw. Visual Basic.NET angebunden werden.

SAP Java Connector

Für die Programmiersprache Java steht der *SAP Java Connector* (SAP JCo) zur Verfügung, der ebenfalls das RFC-Protokoll verwendet und eine Kommunikation zwischen ABAP-Systemen und Java-Systemen ermöglicht. Ein Teil der SAP-Produkte verwendet mittlerweile ebenfalls Java und RFC als Kommunikationsprotokoll.

SAP Business Connector

Der funktionsreichste Konnektor ist der *SAP Business Connector*. Es handelt sich dabei um eine Technologie der Firma WebMethods (heute Software AG), die eine Kommunikation zwischen SAP-Systemen und internetbasierten Protokollen wie HTTP etabliert. Sie können den SAP Business Connector als einfache Middleware verstehen, d. h. eine Komponente, die die Kommunikation heterogener Systeme ermöglicht und Konzepte wie Routing und Transformation unterstützt.

Abgesehen vom SAP Business Connector handelt es sich bei Schnittstellen, die auf den gerade genannten Konnektoren basieren, um Peer-to-Peer-Verbindungen (siehe Abschnitt 2.1.1, »Punkt-zu-Punkt«), die heute seltener zum Einsatz kommen, da sie hinsichtlich der Verwaltung und Überwachung gegenüber Schnittstellen, die über eine Middleware implementiert sind, deutliche Nachteile haben.

1.2.4 SAP NetWeaver

Technologie-Plattform

Anfang der 2000er Jahre wuchs die Notwendigkeit, SAP- mit Nicht-SAP-Systemen zu integrieren, stark. Dies war z. B. durch IT-Strategien wie *Best-of-Breed* und *Mergers & Acquisitions* begründet. Best-of-Breed bedeutet, für jede Softwareanforderung das jeweils beste Produkt auszuwählen, mit der Konsequenz, dass Schnittstellen erforderlich sind, wenn Daten ausgetauscht werden müssen. Durch Mergers & Acquisitions werden die IT-Landschaften von mindestens zwei Unternehmen zusammengeführt, wodurch ebenfalls Schnittstellen entstehen. Die Nachfrage nach einer Technologie-Plattform, die unterschiedliche Integrationsarten unterstützt und heterogene Landschaften beherrschbar macht, stieg signifikant.

Kategorien für Integration

SAP NetWeaver war die Antwort von SAP auf diese Nachfrage. SAP NetWeaver besteht aus einer Reihe von Komponenten, die teils durch Zukäufe realisiert wurden (z. B. von TopTier-Software aus Israel). So nahm auch die Programmiersprache Java Einzug in die SAP-Welt, da SAP nun einen J2EE-zertifizierten Applikations-Server anbot. Erstmalig wurde anhand verschiedener Kategorien eine Technologie-Plattform angeboten, die nicht nur die SAP-interne Integration unterstützte, sondern auch eine Eingliederung von Nicht-SAP-Systemen vornahm. Die nachfolgenden Kategorien waren dabei in Kühlschrankform angeordnet (siehe Abbildung 1.4), wodurch auch der Begriff *Fridge* entstand:

- People Integration
- Information Integration
- Process Integration
- Application Platform

Hinter jeder dieser Kategorien stehen ein oder mehrere Produkte, die die entsprechende Integrationsanforderung unterstützen, darunter:

- *SAP Enterprise Portal* als Unternehmensportal in der Kategorie People Integration
- *SAP Business Warehouse* (SAP BW) für Business Intelligence in der Kategorie Information Integration
- *SAP Exchange Infrastructure* (später SAP Process Integration) als Integration Broker in der Kategorie Process Integration

- *SAP NetWeaver Application Server Java* (SAP NetWeaver AS Java) als J2EE-Server in der Kategorie Application Platform

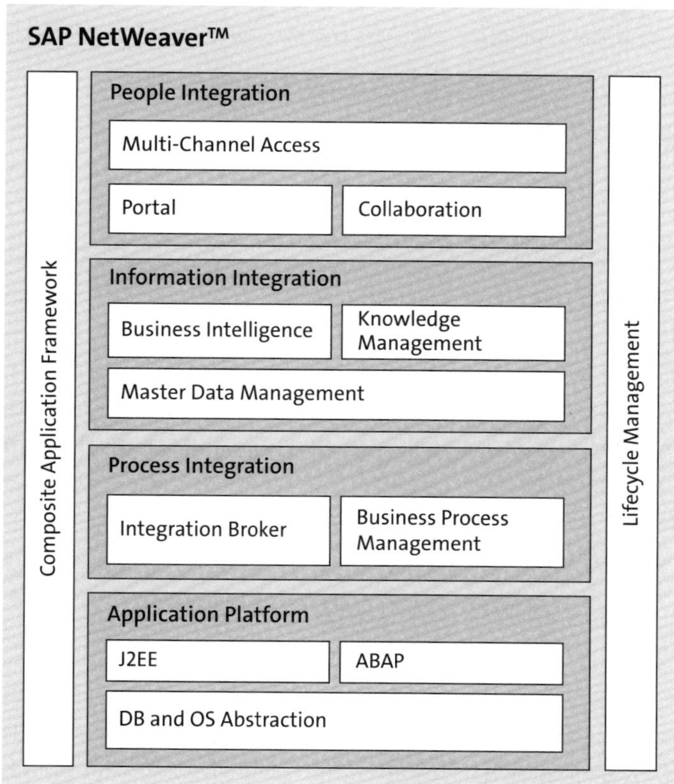

Abbildung 1.4 SAP NetWeaver 7.0 als Technologie-Plattform

SAP NetWeaver heute

Die aktuelle Version SAP NetWeaver 7.50 deckt verschiedene Anwendungsfälle ab, die durch entsprechende Schlüsselbereiche realisiert sind (siehe Tabelle 1.1 und unter *http://s-prs.de/v798202*).

Anwendungsfall	Schlüsselbereich von SAP NetWeaver
Anwendungsentwicklung nach SOA-Prinzipien	SAP Composition Environment
kundenspezifische Anwendungsentwicklung (ABAP)	alle Bereiche, in denen die ABAP-Entwicklung auf dem ABAP-Anwendungs-Server erlaubt ist
Erstellen von Integrationsszenarien	SAP Process Integration

Tabelle 1.1 SAP NetWeaver 7.50 – Anwendungsfälle

Anwendungsfall	Schlüsselbereich von SAP NetWeaver
Enterprise Data Warehousing	SAP BW
Geschäftsprozesse mobil verfügbar machen	SAP NetWeaver Mobile
Integration von Inhalten über Portale	SAP Enterprise Portal

Tabelle 1.1 SAP NetWeaver 7.50 – Anwendungsfälle (Forts.)

SAP Business Technology Platform

Die Rolle von SAP NetWeaver ist heute nicht mehr so groß. SAP hält zwar noch an dem Gedanken fest, eine Technologie-Schicht anzubieten, jedoch handelt es sich dabei um eine Kombination aus SAP-NetWeaver-Produkten und anderen Komponenten. Dies ist zum Teil durch Zukäufe begründet, wie z. B. BusinessObjects für die Erweiterung des Business-Intelligence-Portfolios oder Sybase für das Thema Mobilität und Datenbanken. Zum anderen liegt es an der Produktstrategie, die sich in Richtung Cloud orientiert und mit der *SAP Business Technology Platform* (SAP BTP) eine gänzlich neue Technologie-Plattform bereitstellt.

1.2.5 SAP Cloud

Private Cloud

Die Bewegung von SAP in Richtung Cloud besteht aus mehreren Wegen und begann 2010. Die als *SAP Hosting* bekannte Dienstleistung wurde als *SAP HANA Enterprise Cloud* neu positioniert und stellt einen Private-Cloud-Ansatz von SAP zur Verfügung, bei dem der Betrieb von SAP-Software in den SAP-eigenen Rechenzentren erfolgt.

SaaS

Zusätzlich hat SAP damit begonnen, eigene Anwendungen als ein *Software-as-a-Service*-Modell (Saas) anzubieten. Dieses organische Wachstum des Portfolios umfasste Produkte wie die Mittelstandslösung *SAP Business By-Design* und die daraus hervorgegangene Lösung *SAP Cloud for Customer* für das Management von Kundenbeziehungen. *SAP S/4HANA Cloud* als SaaS-Lösung für ERP-Prozesse erläutern wir in Abschnitt 1.2.6, »SAP S/4HANA Cloud«, näher.

PaaS

Eine weitere bedeutende Entwicklung ist die Technologie-Plattform für die Cloud, die als *Platform as a Service* (PaaS) angeboten wird. Eine ausführliche Betrachtung von SAP BTP, insbesondere unter dem Aspekt der Schnittstellenintegration, finden Sie in Kapitel 4, »Die hybride Integrationsplattform von SAP«, in dem wir die hybride Integrationsplattform (HIP) von SAP vorstellen, sowie ausführlicher in Teil II, »Werkzeuge der hybriden Integrationsplattform von SAP«. Wir gehen näher auf den Begriff *Integration Platform as a Service* (IPaaS) aus SAP-Sicht ein und erläutern dessen Funktionen und Anwendungsmöglichkeiten.

SAP-Zukäufe

Als dritter Weg von SAP in die Cloud sind Zukäufe von Unternehmen zu nennen, die bereits erfolgreiche Produkte am Markt positioniert hatten und das Portfolio von SAP ergänzen. Die bedeutendsten Zukäufe sind:

- *SuccessFactors* (2011) für die Verwaltung von Personal
- *Ariba* (2012) als Plattform für die Interaktion mit Lieferanten
- *Hybris* (2013) als E-Commerce-Software
- *Fieldglass* für das Management externer Arbeitskräfte und *Concur* für die Verwaltung von Reisen (2014)
- *Gigya* (2017) für die Verwaltung von Benutzerkonten in der Cloud
- *Qualtrics* (2018) für das sogenannte Experience Management, d. h. die Interaktion mit Kunden hinsichtlich ihres Feedbacks zum Unternehmen

Sämtliche SAP-Cloud-Lösungen werden in drei Kategorien angeboten:

- Software as a Service (SAP-Geschäftsanwendungen wie SAP S/4HANA Cloud oder SAP SuccessFactors)
- Platform as a Service (wie SAP BTP)
- Private Managed Cloud (SAP HANA Enterprise Cloud)

1.2.6 SAP S/4HANA Cloud

SAP S/4HANA ist die Weiterentwicklung von SAP ERP und wird mit einer umfassenden Funktionalität in zwei Varianten (Editionen) ausgeliefert:

- On-Premise-Version von SAP S/4HANA
- SAP S/4HANA Cloud

Abbildung 1.5 stellt SAP S/4HANA als Schaubild dar und zeigt, wie die Lösung mit anderen Anwendungen interagiert und aus welchen Hauptkomponenten sie besteht.

Cloud- vs. On-Premise-Version

Technisch basieren die SAP-S/4HANA-Lösungen auf einer gemeinsamen Technologie-Plattform und verwenden eine gemeinsame Code Line (siehe *http://s-prs.de/v798203*), jedoch wird die Cloud-Variante als reines SaaS-Produkt angeboten. Die On-Premise-Variante betreiben die Kunden selbst im eigenen Rechenzentrum (oder über einen Hosting-Anbieter); dort sind sie dann selbst für den Betrieb und die Aktualisierungen der Software verantwortlich.

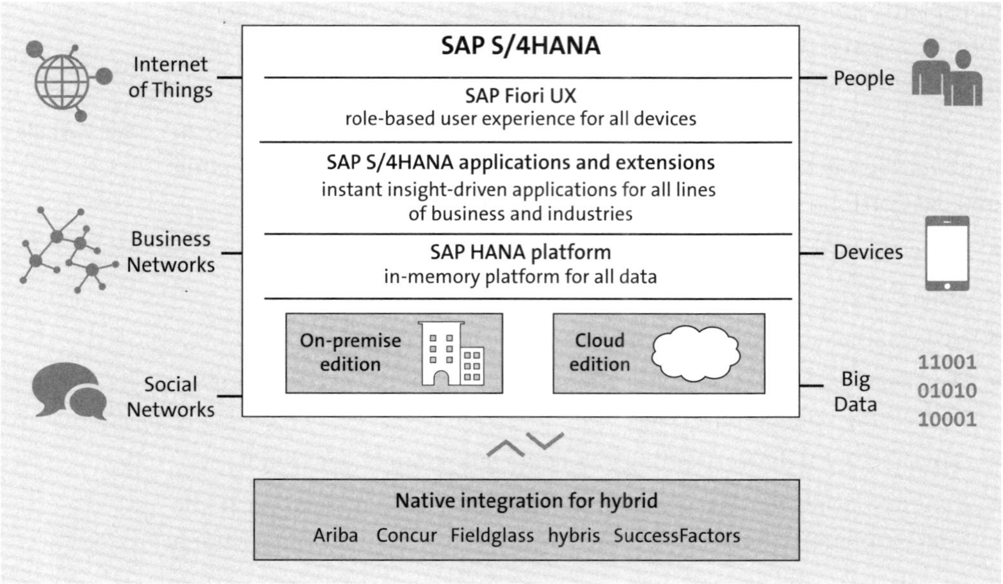

Abbildung 1.5 SAP S/4HANA

Cloud-Erweiterungen

SAP S/4HANA Cloud ist in der Funktionalität gegenüber der On-Premise-Lösung eingeschränkt, insbesondere hinsichtlich der Erweiterbarkeit durch kundeneigene ABAP-Programme sowie durch die Verwendung selbst erstellter und einiger Standardschnittstellen. Auch viele branchenspezifische Funktionen fehlen, sodass sich große Unternehmen (insbesondere im produzierenden Gewerbe) oft für die On-Premise-Version entscheiden.

SAP Cloud SDK

In der Vergangenheit konnten SAP-Kunden ihre Systeme umfangreich erweitern und viele eigene Funktionalitäten hinzufügen. Die Erweiterbarkeit von SAP S/4HANA Cloud findet nun hauptsächlich in SAP BTP statt und wird durch ein Software Development Kit (SAP Cloud SDK) unterstützt, das Entwicklungen in SAP BTP vereinfacht und beschleunigt.

Bei den Erweiterungen unterscheidet man zwischen *In-App Extensibility* und *Side-by-Side Extensibility*. In-App-Erweiterungen finden innerhalb des Systems statt und umfassen Objekte wie:

- Anpassung der (Benutzer-)Oberflächen (Felder anzeigen/verbergen/anordnen)
- kundenspezifische Datenbankfelder, Berichte und Formulare
- kundenspezifische ABAP-Programmlogik in der Verarbeitung

Umfangreichere Entwicklungen, wie z. B. gänzlich neu entwickelte Benutzeroberflächen, finden als Side-by-Side-Erweiterungen in SAP BTP statt (siehe Abbildung 1.6).

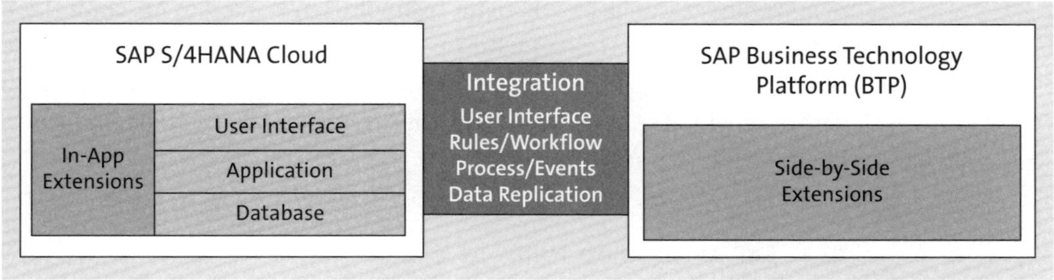

Abbildung 1.6 Side-by-Side-Erweiterungen

Dabei handelt es sich primär um eine entkoppelte Integration, die über wohldefinierte Schnittstellen stattfindet. Welche Standardschnittstellen Sie verwenden können, um z. B. andere Systeme anzubinden oder neue Geschäftsprozesse in eigenen Anwendungen zu ermöglichen, stellen wir Ihnen in Abschnitt 1.3, »SAP-Schnittstellenbibliotheken«, vor.

Dieser Erweiterungsansatz wird mittlerweile über SAP S/4HANA hinaus auf andere SAP-Cloud-Produkte angewendet (z. B. SAP SuccessFactors) und stellt das zentrale Mittel für die Erweiterung der SAP-Cloud-Anwendungen dar (siehe Abbildung 1.7).

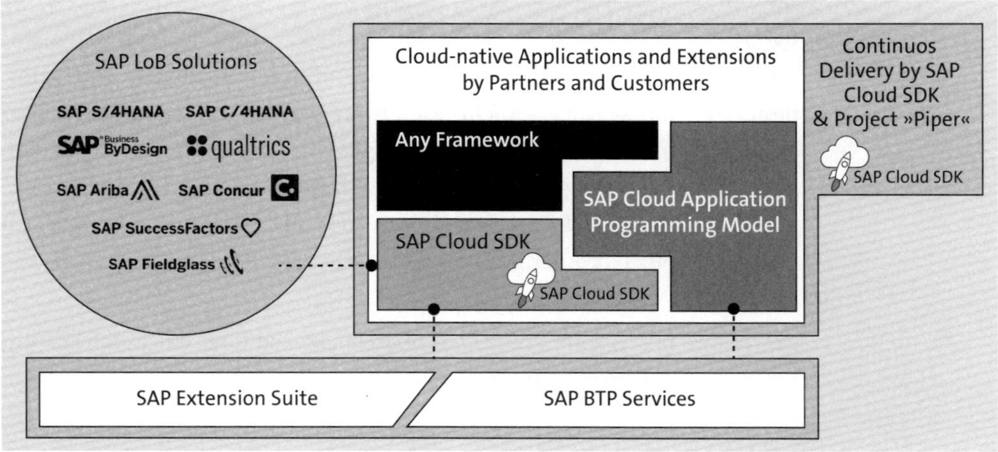

Abbildung 1.7 SAP Cloud SDK

1.3 SAP-Schnittstellenbibliotheken

Dieser Abschnitt gibt Ihnen einen Überblick über die verschiedenen Bibliotheken, in denen Schnittstellen zur SAP-Welt aufgeführt werden. Es gibt keine zentrale Bibliothek, die einen Anspruch auf Vollständigkeit erhebt; daher erfolgt hier die Darstellung, unterteilt nach den wesentlichen Gruppen. Weniger aktuelle bzw. betagte Technologien werden in Abschnitt 1.3.4, »Weitere Bibliotheken«, aufgeführt. Sämtliche neue Schnittstellen, die die SAP-Anwendungen bereitstellen, werden über den SAP API Business Hub veröffentlicht, da SAP eine einheitliche Strategie in der Bereitstellung verfolgt.

1.3.1 SAP API Business Hub

Content Types

Unter *https://api.sap.com/* finden Sie einen allgemeinen Einstieg in die verfügbaren Schnittstellen der SAP-Welt. Sie finden dort folgende Inhalte, die nach Kategorien (**CONTENT TYPES**) dargestellt werden:

- **APIs**
  Schnittstellen, die von unterschiedlichen SAP-Anwendungen auf Standards wie REST (Representational State Transfer), OData und SOAP basieren.
- **Integration**
  Fertige Schnittstellenpakete, die Sie direkt kopieren und aktivieren können. Momentan stehen Integration Packages für SAP Cloud Integration (siehe Kapitel 6, »SAP Cloud Integration«) und SAP SuccessFactors Integration Center Packages bereit.
- **Events**
  Ereignisse, die innerhalb von SAP-Anwendungen ausgelöst und verarbeitet werden können. Solche Ereignisse werden typischerweise über Nachrichten in Warteschlangen bereitgestellt und können so in die Folgeverarbeitung integriert werden (siehe Kapitel 8, »SAP Enterprise Messaging«). Im SAP API Business Hub werden die Schemata bereitgestellt und dokumentieren den Aufbau dieser Nachrichten.
- **CDS Views**
  CDS Views beschreiben eine Datenbanksicht, die über das OData-Protokoll Zugriff auf SAP-Systeme ermöglichen, die auf der SAP-HANA-Datenbank basieren.
- **Business Processes**
  Die Kategorie **Business Process** beschreibt die Gesamtsicht auf die Integration verschiedener SAP-Cloud-Anwendungen untereinander und visualisiert das Verständnis im Prozessablauf. Es handelt sich dabei um die Prozesse **Lead to Cash**, **Source to Pay**, **Hire to Retire** und **Travel to Reimburse**.
- **Workflow Management**
  Die Kategorie **Workflow Management** enthält fertige Vorlagen für die Anlage von Processes, Business Rules und Visibility Scenarios als Teil

von *SAP Intelligent Business Process Management* (SAP Intelligent BPM) in der SAP Business Technology Platform.

Zusätzlich werden mittlerweile auch weitere Objekte angeboten, die zwar dem Thema Integration zuzurechnen sind, bei denen es sich jedoch nicht um Schnittstellen handelt: Mittlerweile können Sie sich hier auch das SAP One Domain Model (siehe Abschnitt 4.1, »Vision«) anzeigen lassen und somit die Datenstrukturen und die Beziehungen untereinander analysieren. Abbildung 1.8 zeigt einen Screenshot aus dem SAP API Business Hub; hier wird der Content Type **Integration Package** dargestellt.

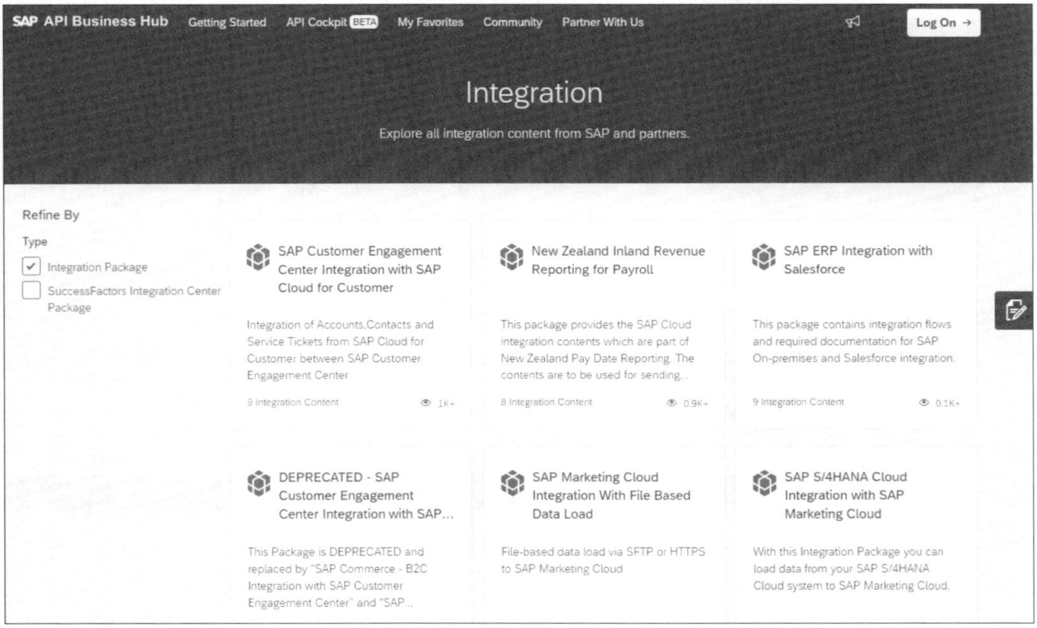

Abbildung 1.8 Integration Content im SAP API Business Hub

Cloud Integration Content und APIs

APIs und **Integration** sind dabei die bedeutendsten Content Types im SAP API Business Hub; sie bauen zum Teil aufeinander auf: Ein Integrationspaket für SAP Cloud Integration kann also Schnittstellen verwenden, die z. B. ein SAP-S/4HANA-System bereitstellt.

Abbildung 1.9 zeigt verschiedene verfügbare APIs für SAP S/4HANA Cloud auf. Sie können auch nach konkreten Schlagwörtern suchen (hier: »Order«) oder nach Typen filtern.

Abbildung 1.10 zeigt ein Integrationspaket, das für die Integration zwischen SAP S/4HANA Cloud und SAP Marketing Cloud verwendet wird, konkret die Replikation von Kundenaufträgen (**Sales Order Replication**).

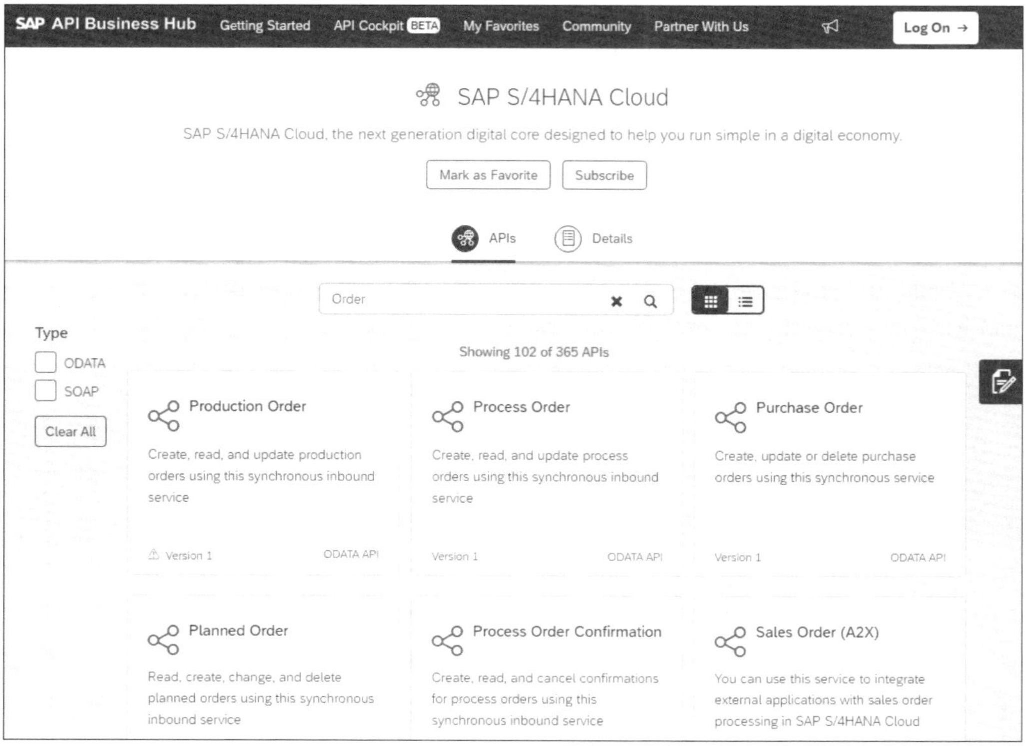

Abbildung 1.9 APIs im SAP API Business Hub

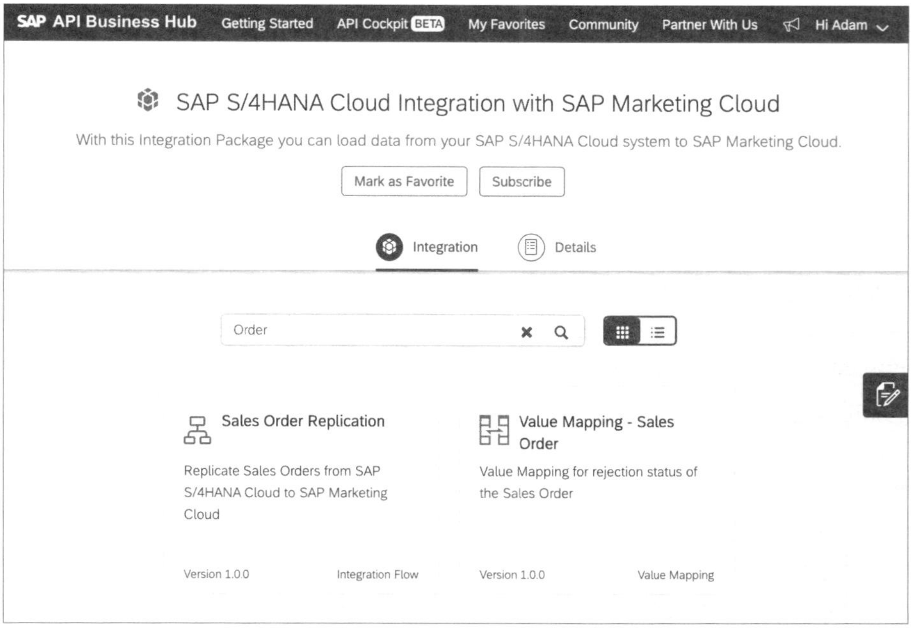

Abbildung 1.10 SAP S/4HANA Cloud Integration Package

Dabei wird die SOAP-Schnittstelle `SalesOrderBulkReplication_Out` verwendet, um Kundenaufträge von SAP S/4HANA Cloud an SAP Marketing Cloud zu senden (siehe Abbildung 1.11).

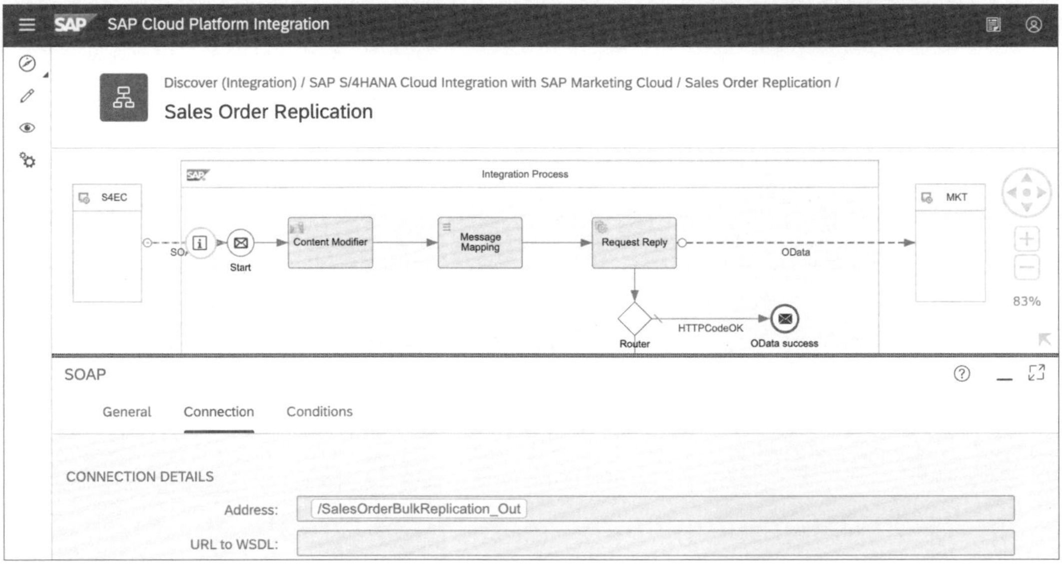

Abbildung 1.11 Sales Order Replication – Schnittstelle für SAP Cloud Integration

1.3.2 SAP Graph

Eine besondere Form von APIs stellt *SAP Graph* dar. Es handelt sich dabei um einen SAP-weiten (von der implementierenden Applikation befreiten) Ansatz, um eine Objektsicht auf die SAP-Welt zu ermöglichen. SAP Graph harmonisiert somit den Zugang zu SAP-Anwendungen über ein Domänenmodell (SAP One Domain Model, siehe Abschnitt 4.1., »Vision«), indem die Objekte wie z. B. Kunde, Mitarbeiter, Auftrag usw. einheitlich repräsentiert werden.

SAP Graph befindet sich aktuell im eingeschränkten Beta-Modus und ist noch nicht frei verfügbar (Stand: Frühjahr 2021). Bisher sind folgende Anwendungen enthalten:

- SAP S/4HANA
- SAP C/4HANA (z. B. SAP Sales Cloud, SAP Commerce Cloud)
- SAP Ariba
- SAP SuccessFactors

Unter *https://beta.graph.sap/* können Sie in einer Testumgebung (in der Menüleiste unter **API Explorer**) Aufrufe durchführen und sich mit dem

Nachrichtenformat vertraut machen. Der Zugriff erfolgt über das REST-Protokoll und JSON als Nachrichtenstruktur (siehe Abbildung 1.12).

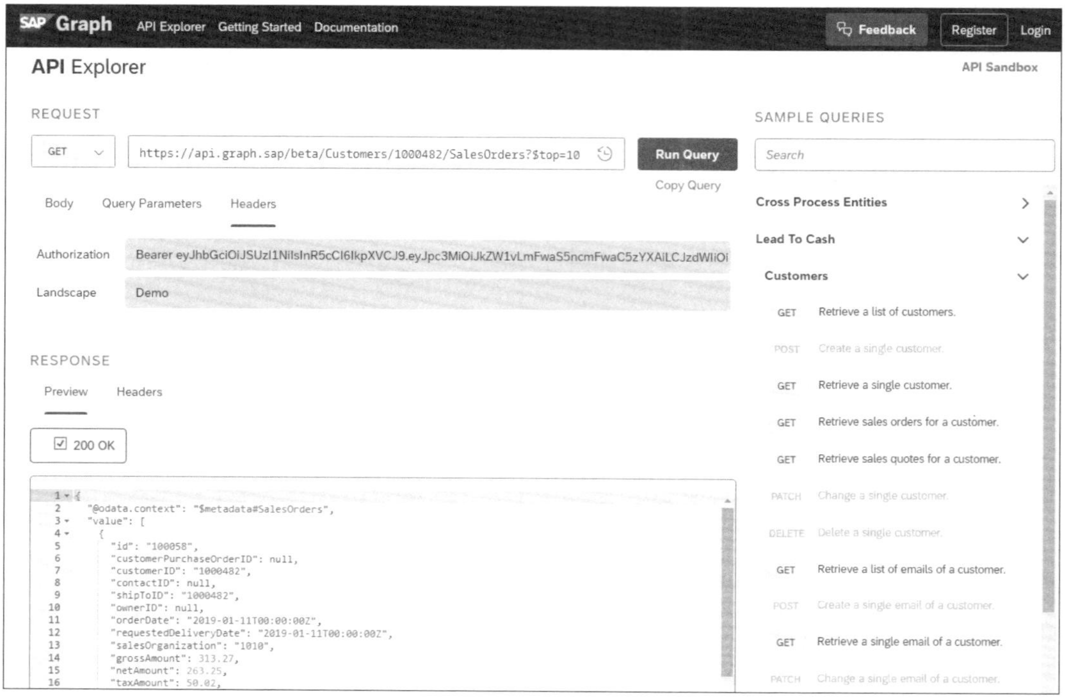

Abbildung 1.12 Sandbox des API Explorers in SAP Graph

Wir gehen davon aus, dass SAP Graph in der Zukunft in den SAP API Business Hub integriert wird, um diese zentralen APIs in der SAP-Welt auch von dort aus auffindbar zu machen.

1.3.3 SAP Best Practices Explorer

Eine weitere Quelle für SAP-Schnittstellen ist der *SAP Best Practices Explorer*, der unter *https://rapid.sap.com/bp* zu finden ist (siehe Abbildung 1.13).

Hier werden insbesondere fertige Integrationsszenarien aufgeführt und die Konfiguration über How-to-Guides beschrieben. Häufig wird hierbei auf den Integration Content im SAP API Business Hub verwiesen (wenn es sich um SAP-Cloud-Integration-Inhalte handelt), aber Sie finden auch Beschreibungen, wie Sie Punkt-zu-Punkt-Verbindungen zwischen SAP-Anwendungen konfigurieren (z. B. SAP S/4HANA Cloud mit SAP Ariba) oder Schnittstellen mithilfe von SAP Process Integration implementieren.

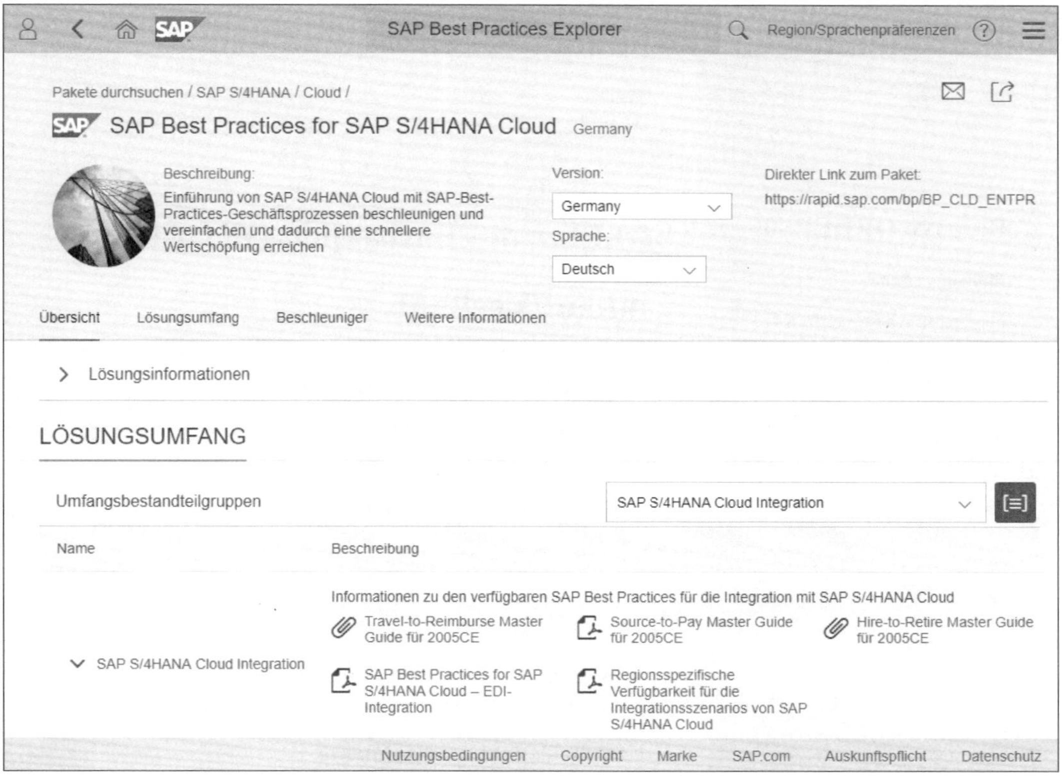

Abbildung 1.13 SAP Best Practices Explorer

1.3.4 Weitere Bibliotheken

Um neue Schnittstellen zu entwickeln, bedienen Sie sich idealerweise vorhandener APIs aus dem SAP API Business Hub. Jedoch kommt es vor, dass das betreffende System dort nicht aufzufinden ist oder die Funktionalität (noch) nicht existiert.

IDocs und BAPIs

Bis ca. 2004 existierten in älteren SAP-Systemen, siehe Abschnitt 1.2.1, »SAP R/3«, nur IDocs und remotefähige Funktionsbausteine (RFCs), die in einer objektorientierten Darstellung als Business Application Programming Interface (BAPI) bezeichnet wurden.

Noch heute können Sie sich innerhalb von ABAP-basierten SAP-Systemen der IDocs und BAPIs bedienen:

- IDocs finden Sie über Transaktion WE60 (siehe Abbildung 1.14)
- BAPIs finden Sie über Transaktion BAPI (siehe Abbildung 1.15)

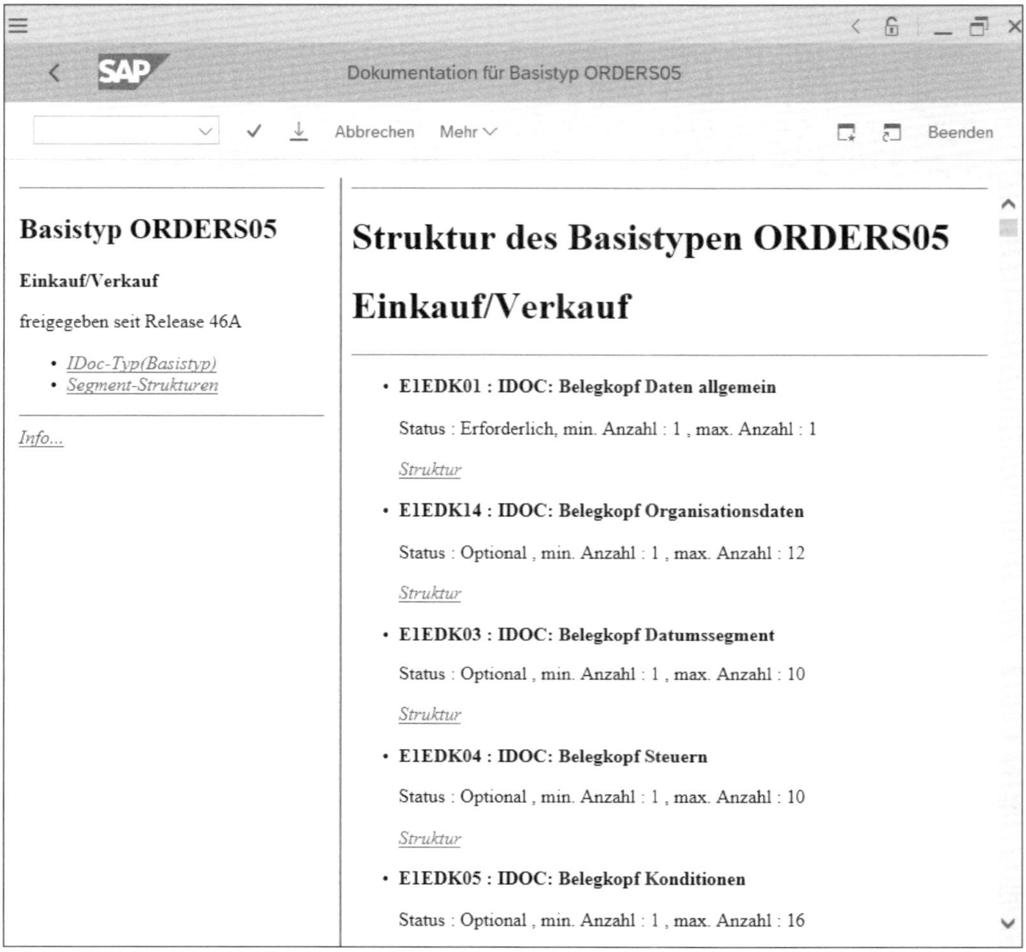

Abbildung 1.14 IDoc-Dokumentation im SAP-ABAP-System

Enterprise Services

Enterprise Services sind im Rahmen einer breit angelegten SOA-Initiative SAP-spezifische Webservices. Sie waren bis ca. 2016 unter einer zentralen Adresse, dem *Enterprise Services Workplace* (ES Workplace) zu finden. Mittlerweile wurde die Webseite des ES Workplace deaktiviert, und es werden einige Enterprise Services als SOAP- oder Webservices im SAP API Business Hub angeboten, jedoch nicht alle.

Der nachfolgende Link führt verfügbare Enterprise Services in SAP ERP auf:

https://s-prs.de/v798204

SAP-S/4HANA-Schnittstellen

Für die Cloud- und On-Premise-Version von SAP S/4HANA können Sie die verwendbaren APIs im SAP API Business Hub finden. Zusätzlich existieren noch BAPIs und IDocs, die quasi noch »geduldet« und nur für die Kommunikation mit einem SAP-ERP-System (On-Premise-System) genutzt werden dürfen. Wir erwarten, dass diese in den kommenden Versionen von SAP S/4HANA Cloud durch OData- oder SOAP-APIs ersetzt werden.

Die vollständige Liste der verfügbaren Schnittstellen finden Sie unter: *http://s-prs.de/v798205*

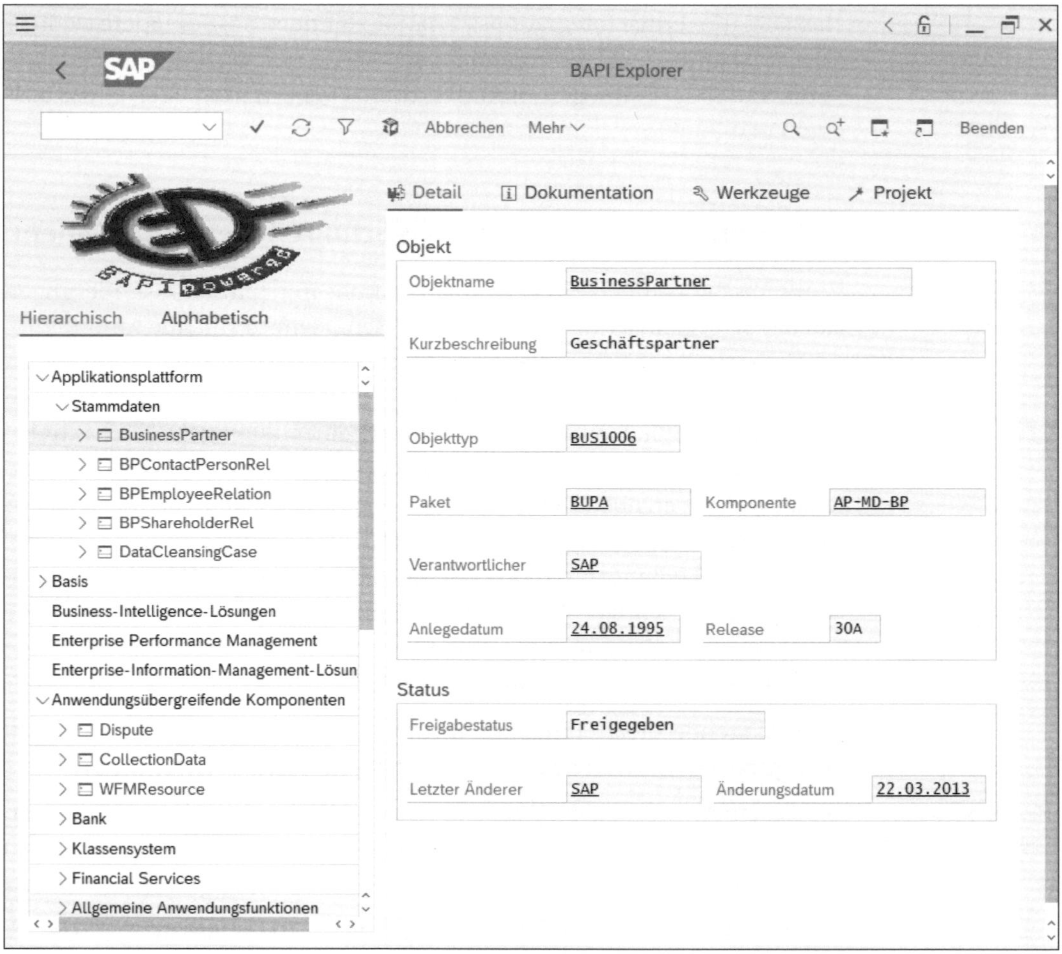

Abbildung 1.15 BAPI-Übersicht im SAP-ABAP-System

Nicht-ABAP-SAP-Anwendungen

Nicht-ABAP-SAP-Anwendungen bieten individuelle Integrationsoptionen. So gibt es z. B. für *SAP Cloud for Customer* eine Integrationsübersicht zu den unterschiedlichen Wegen, wie Sie vorhandene Schnittstellen einrichten und neue Schnittstellen entwickeln können: *http://s-prs.de/v798206*

SAP-Bibliotheken

Insgesamt versucht SAP, das Thema Integration und Schnittstellen zu zentralisieren, indem z. B. Bibliotheken wie der SAP API Business Hub ins Leben gerufen werden. Leider sind diese Bibliotheken nicht vollständig und beziehen nur einen Teil der SAP-Welt ein. Häufig werden etwas betagtere Lösungen ignoriert, da sie (für SAP) nicht strategisch positioniert sind. Es bleibt Ihnen deshalb in manchen Fällen nur, die SAP-Hilfe für die anzubindende Anwendung nach Schnittstellen, APIs und Integrationsoptionen zu durchsuchen. Der SAP Best Practice Explorer bietet ebenfalls eine sehr gute Möglichkeit, um fertige Integrationsszenarios zu finden, insbesondere wenn es sich um eine SAP-SAP-Kommunikation handelt (z. B. via SAP Cloud Integration, SAP Process Integration/SAP Process Orchestration oder direkt bzw. Punkt-zu-Punkt).

1.4 Herausforderungen an das Schnittstellenmanagement

Zum Abschluss dieses Kapitels wollen wir uns mit den Herausforderungen an das Schnittstellenmanagement befassen. Vielfach sind die Anforderungen, die an das Schnittstellenmanagement gestellt werden, nicht gänzlich neu. Sicherlich haben Sie sich bereits vor dem Aufkommen der ersten Cloud-Anwendungen Fragen hinsichtlich eines durchgehenden Schnittstellenmanagements gestellt. Herausforderungen für das Schnittstellenmanagement ergeben sich nicht nur aus hybriden Landschaften, sondern auch ganz allgemein aus der Integration verschiedener Anwendungen. Klassische Fragestellungen sind z. B.: Welches Werkzeug ist für meinen Anwendungsfall das richtige? Wie betreibe ich meine Integrationsplattform? Wie gestalte ich die Organisation? Und nicht zuletzt: Wie sichere, kontrolliere und steuere ich die Integration?

Mitarbeitende, die im Integrationsumfeld tätig sind, müssen eine Vielzahl von Aspekten im Blick behalten und sich permanent weiterbilden.

Herausforderungen des Schnittstellenmanagements

In diesem Abschnitt gehen wir zunächst kurz auf typische Herausforderungen im Bereich des Schnittstellenmanagements ein, um Ihnen ein Gefühl für den Umfang und die Komplexität von Integration zu vermitteln: Wir werfen die Frage nach der Wahl der richtigen Integrationswerkzeuge auf, definieren den Begriff der *Integration Governance*, und führen Sie in den Betrieb und die Organisation der Integrationsplattform ein.

1.4.1 Umgang mit Integrationswerkzeugen

Auswahl von Integrationswerkzeugen

Unterschiedliche Integrationsanforderungen machen es notwendig, verschiedene Integrationswerkzeuge einzusetzen. Für die meisten Fälle gibt es ein spezielles Werkzeug, das sich für den jeweiligen Anwendungsfall eignet. Bei der Wahl einer Plattform für die Integration Ihrer systemübergreifenden Prozesse oder bei einem Szenario, das die Echtzeitübermittlung von Massendaten notwendig macht, müssen Sie verschiedene Aspekte beachten: Denn Integrationsplattformen gibt es inzwischen einige am Markt. Aber welche Integrationsplattformen sind am besten für Ihre Zwecke geeignet? Soll die Plattform selbst on-premise in Ihrem eigenen Rechenzentrum betrieben werden oder in der Cloud? Welche Konnektoren sind enthalten, und welche Konnektoren benötigen Sie für Ihre konkreten Integrationsszenarien? Welches Datenformat verwenden Ihre Anwendungen?

Einsatz von Integrationswerkzeugen

Integrationsarchitekt*innen, die die Integrationsstrategie der Unternehmenslandschaft definieren, versuchen in der Regel, den besten Weg zu finden, um Integrationsbedarfe über die verschiedenen Entwicklungsteams und Projekte hinweg abzubilden. Für sie ist es wichtig, die für sie am besten geeignete Integrationstechnologie zu finden, um aktuelle und zukünftige Integrationsbedarfe zu bedienen. Es zeigt sich, dass gerade Transformationsprojekte, die auf einer hybriden IT-Landschaft aufbauen, die Integration der Daten und der systemübergreifende Zugriff weiter in den Fokus rücken. Die Fragmentierung sowohl der Applikationslandschaft in On-Premise- und Cloud-Systemen als auch die der möglichen Integrationswerkzeuge nimmt zu. Problematisch wird es, wenn unterschiedliche Integrationsplattformen den Integrationsentwickler*innen ähnliche Möglichkeiten in der Umsetzung bieten, auch wenn dies nicht deren zwangsläufig primärer Einsatzzweck des jeweiligen Tools ist. So lassen Sie sich, wie Sie später in Teil II sehen werden, Prozessflüsse in mehreren verschiedenen Integrationswerkzeugen modellieren. Letztlich ist es jedoch der individuelle Kundenkontext, der den Unterschied zwischen reiner Integration und Orchestrierung der Systeme ausmacht. Die Integration kann immer nur so gut sein, wie sie anforderungsorientiert zusammenspielt.

1.4.2 Integration Governance

Spielregeln für eine orchestrierte Integration

Die Spielregeln, wie eine orchestrierte, also aufeinander abgestimmte Integration aussehen kann, bildet die *Integration Governance*. Sie behandelt integrationsrelevante Regeln und Methoden, die definiert werden müssen, um ein standardisiertes Vorgehen in Entwicklung und Betrieb von Schnittstellen zu ermöglichen. Ziel ist es, eine hohe Qualität in der Entwicklung zu erreichen, auch wenn an diesen Entwicklungen unterschiedliche Teams und Ressourcen beteiligt sind.

Dezentrale vs. zentrale Governance

Leider sind Anforderungen nicht immer klar definiert oder werden nicht zentral verwaltet. In vielen Unternehmen werden die Integrationsanforderungen der verschiedenen parallel laufenden Projekte auf Zuruf an die Kolleginnen und Kollegen in der Entwicklung herangetragen. Dedizierte Ansprechpartner*innen in den Abteilungen fehlen, sodass die Anforderungen dezentral eingesteuert, aber in einer zentralen Governance verwaltet werden. Die Folge ist, dass Anforderungen im schlimmsten Fall redundant umgesetzt werden und keiner klaren Entwicklungsrichtlinie folgen. Entwickler*innen haben jeweils ihre eigene favorisierte Integrationsmethodik. Die einen bevorzugen OData-Webservices, die anderen noch den dateibasierten Nachrichtenaustausch. In der IT fehlt es oft an Verhaltensregeln im Zusammenhang mit Schnittstellen und Technologien und wie sie wann einzusetzen sind.

Informationssilos

Sind die Anforderungen schließlich umgesetzt, bilden sich häufig Informationssilos. Das Wissen über einzelne Integrationsszenarien und deren Umsetzung steckt nur in den Köpfen derjenigen Entwickler*innen, die mit der Umsetzung betraut waren. Die Wissensrückführung und Dokumentation ist in vielen Unternehmen ein Knackpunkt, der zu sehr auf die leichte Schulter genommen wird und sich nur schwer umsetzen lässt.

Ziel und zentrale Fragestellung der Integration Governance ist, wie Sie ein Anforderungsmanagement etablieren können, wie Sie Integrationsprinzipien und -Pattern einführen, die vorgeben, wie Anforderungen umgesetzt werden, und wie eine nachhaltige und übersichtliche Dokumentation der Szenarien sichergestellt werden kann.

1.4.3 Betrieb der Integrationsplattform

Überführung in den Regelbetrieb

Ist die Frage nach der Integrationsplattform an sich beantwortet, findet die Überführung in den Betrieb statt. Der Betrieb umfasst Themen, die durch das Integrationsteam im Rahmen jedes Projekts und des Tagesgeschäfts mitberücksichtigt werden müssen. Der Betrieb einer oder mehrerer Integrationsplattformen ist quasi das Alltagsgeschäft und beschäftigt sich mit der Sicherstellung und Überwachung des derzeitig laufenden Betriebs, d. h. der produktiven Integrationsszenarien, sowie mit dem zukünftigen laufenden Betrieb. Hierzu zählen neben der Sicherstellung einer geordneten Produktivsetzung inklusive umfangreichen Test neuer Integrationsszenarien auch ein entsprechendes Change Management und Transportwesen. Startet ein neues Projekt, müssen fortlaufend Tests der Schnittstelle durchgeführt werden: Dies beginnt mit der technischen Anbindung der ersten Systeme und endet mit der sogenannten Transition, also dem Übergang aus der Implementierungsphase in den Regelbetrieb.

Testmanagement

Im Rahmen des Testmanagements gilt es, die verschiedenen Teststufen im Rahmen der Implementierung zu begleiten und zu dokumentieren. Hierzu zählen unserer Ansicht nach:

- Entwicklertest
- Prozess- und Modultests
- Last- und Performancetest
- Regressionstests

Je nach Kontext der Schnittstelle und dem Zeitpunkt der Entwicklung werden mit den Tests unterschiedliche Aspekte der Integration geprüft. Während so Entwicklertests typischerweise während oder kurz vor Ende der Entwicklung einer Schnittstelle stattfinden und auch nur in einem kleineren integrativen Rahmen getestet werden, werden Prozess- und Modultests häufig an zentralen Meilensteinen durchgeführt. Hierbei wird entsprechend auch der gesamte (integrative) Prozess getestet. Darüber hinaus können ebenfalls noch sogenannte Last- und Performancetests durchgeführt werden, um zu überprüfen, ob das erwartete Nachrichtenvolumen übermittelt werden kann oder ob es zu Performance-Einbrüchen kommt. Nachdem alle Maßnahmen getroffen worden sind und die Integrationsszenarien produktiv laufen, kann es natürlich immer vorkommen, dass diese im Zeitverlauf angepasst werden müssen, sei es durch Bugfixes oder neue Anforderungen. Ein häufiges Schlagwort sind hier Regressionstests. Wichtig ist es, hierbei bereits jetzt festzuhalten, dass Regressionstests keine fachlichen Tests sind, sondern lediglich sicherstellen, dass durch die Veränderung an der Codebasis keine bestehenden Funktionalitäten negativ beeinflusst werden. Welches Vorgehen Sie für die einzelnen Tests wählen, erfahren Sie im Rahmen von Kapitel 15, »Betrieb«.

Change Management und Transportwesen

Nachdem alle Schnittstellen erfolgreich getestet worden sind, müssen sie in den produktiven Betrieb überführt werden. Dabei ist dies in kaum einem Fall eine einmalige Tätigkeit, da auf neue Anforderungen und Änderungen flexibel reagiert werden muss. In einer Zeit, in der sich Anforderungen durch den Fachbereich permanent weiterentwickeln und Geschäftsbereiche verschiedenen gesetzlichen Regulierungen unterliegen, ist es wichtig, schnell auf Änderungsanfragen reagieren zu können und den Einfluss dieser Änderungen auf die Stabilität der bestehenden Landschaften und Prozesse zu berücksichtigen. Hierbei hilft Ihnen eine ausführliche Dokumentation der Prozesse mit ihren Abhängigkeiten, aber auch der Einsatz von unterstützenden IT-Systemen. Eines dieser Systeme ist z. B. der *SAP Solution Manager*, zusammen mit *SAP Change Request Management*. Mit diesem System können Sie Änderungsprozesse zentral steuern; es ermöglicht Ihnen ein durchgängiges Verwalten von Änderungen und Transporten im SAP-Kontext. Hierzu erfahren Sie mehr in Kapitel 15, »Betrieb«, und Kapitel 17, »Plattformwerkzeuge«. Bedenken Sie, dass neben den durch den

SAP Solution Manager berücksichtigten SAP-Systemen meist weitere Nicht-SAP-Applikationen von Änderungen betroffen sein können und diese bei Transporten und Anpassungen berücksichtigt werden müssen.

Monitoring und Alerting

Nach dem Abschluss aller Tests und der Transition muss der Regelbetrieb überwacht werden: Es muss geklärt werden, wer die laufenden Schnittstellen analysiert, ob eventuell Dienstleister für die Überwachung bzw. Kontrolle beauftragt werden können oder ob ein 24/7-Monitoring-Konzept über interne Mitarbeitende erfolgen kann. Neben den Fragen, wer für die Kontrolle zuständig ist, muss auch geklärt werden, welche Personengruppen wie schnell informiert werden müssen. Was sind also schnittstellenabhängige Reaktionszeiten? In diesem Zusammenhang stellt sich häufig auch die Frage nach einem bedarfsgerechten Monitoring: Was ist sinnvoll in Hinblick auf Kosten und Nutzen? So werden z. B. einzelne Personengruppen die Bedeutung der Schnittstellen immer als unternehmenskritisch einstufen und eine permanente Überwachung fordern. Dies ist jedoch in den wenigsten Fällen vom Personal zu leisten, kostentechnisch zu vertreten und seitens der Produktion erforderlich, da die Anlagen und Systeme sowieso nicht rund um die Uhr laufen. Wie mögliche Monitoring- und Alerting-Konzepte aussehen können, beleuchten wir in Kapitel 15, »Betrieb«, genauer.

1.4.4 Organisation

Einfluss von außen auf die Organisation

Neben den bereits angesprochenen Aspekten gibt es noch einen weiteren Schlüsselfaktor, der großen Einfluss auf die Qualität der Integration hat: Es sind die organisatorischen Rahmenbedingungen bei der Umsetzung von Schnittstellen und dem Einsatz von Integrationswerkzeugen. Sowohl die einzelnen Mitarbeitenden als auch das Team stellen sich tagtäglich vielen Herausforderungen, die Einfluss auf die Art und Weise haben, wie einzelne Teams gegebenenfalls auch bereichsübergreifend zusammenarbeiten. Zu diesen Herausforderungen gehören:

- **Permanente Weiterentwicklung der Technik und Systeme**
  Während z. B. ein Vertriebsprozess in seiner Form oft nur abgewandelt wird, gibt es im Integrationsbereich echte Weiterentwicklungen, sei es in der Technologie oder sogar in den Architekturen, die fortwährend geprüft und gegebenenfalls in die eigene Arbeitsweise aufgenommen werden müssen. Hier gilt es, auch die Evolution der Kernsysteme mitzuberücksichtigen (siehe Abschnitt 1.2, »Evolution der Schnittstellentechnologien von SAP R/3 bis SAP S/4HANA«).

- **Unterschiedliche Geschwindigkeiten von fachlichen Abteilungen**
  Wie gelingt es, agile Fachbereiche zu unterstützen und gleichzeitig klassische Wasserfallmodelle zu bedienen? Nicht jede Organisation arbeitet vollständig nach agilen Methoden. So fehlt z. B. die Verankerung von agilen Methodiken in den Projektprozessen oder das passendende Mindset der Mitarbeitenden, sich auf diese Arbeitsweise einzulassen.
- **Der Spagat zwischen den Eckpfeilern der Integration**
  Integration ist eine Mischform aus Beratung, Entwicklung, Technologie- und Architekturfragen sowie dem Durchdringen von fachlichen Details. Wenn zwei unterschiedliche Fachbereiche involviert sind, kommt gegebenenfalls noch die Rolle des Moderators und des Mediators hinzu. Integrationsentwickler*innen sind oft weit mehr als reine Umsetzer*innen und in vielen Projekten auch das Bindeglied zwischen Fachbereich und IT.

Qualifizierung und Fortbildung

Wie können Sie Ihre Mitarbeitenden nun unterstützen, um diese Herausforderungen zu meistern?

Aus den genannten Punkten lassen sich drei Fortbildungsbereiche herauslesen: die klassische fachliche Fortbildung, die Kenntnis über unterschiedliche Projektmanagement-Ansätze (Agilität vs. Wasserfall), sowie die Erfahrung mit Rollenmodellen, Methoden und Frameworks für die immer wichtiger werdenden Themen Integration Management mit ISA-M, Integration Center of Competence (siehe Kapitel 3, »Methoden und Frameworks«) und Themen wie DevOps (siehe Kapitel 16, »Organisation«).

Primäre Fragestellungen in der Organisation

Um bei diesem breiten Spektrum den Überblick zu behalten, sollten Sie sich im Integrationsteam über folgende Fragen grundsätzlich einig sein:

- Haben Sie in Ihrem Team spezialisierte Rollen, die sich ergänzen, oder eher eine Gruppe von Generalisten?
- Wie werden agile Anforderungen im Team bedient, wenn Teammitglieder langfristig in Wasserfallprojekte eingebunden sind?
- Gibt es definierte Prozesse, um das Wissen aus dem Projektmodus in den Betriebsmodus zu überführen, auch unter Berücksichtigung externer Dienstleister?
- Stellt das Integrationsteam lediglich eine Dienstleistung bereit, oder übernimmt es eine steuernde Rolle, da es aufgrund der Thematik tief in die Prozesse eingebunden ist?

Diese Fragen lassen sich nicht auf Anhieb beantworten, da in Organisationen viele Konzepte und Modelle erfolgreich funktionieren können. Einen Einblick in die uns bekannten und von uns etablierten Ansätze stellen wir Ihnen in Kapitel 16, »Organisation«, vor.

In diesem Kapitel haben Sie gelernt, was Integration bedeutet und welchen weitreichenden Einfluss Integration auf Unternehmen hat. Dabei umfasst Integration mehr als nur die technische Verbindung zweier Anwendungssysteme; sie hat auch weitreichenden Einfluss auf die IT-Organisation und deren Abläufe. Wir haben Ihnen dazu einen Überblick über die Historie der Schnittstellentechnologien gegeben und welche Schnittstellenbibliotheken Ihnen für Ihre Arbeit im Integrationsumfeld zur Verfügung stehen.

Im nächsten Kapitel geben wir Ihnen einen Überblick über das grundlegende technische Fundament von Integration: Dazu stellen wir die verschiedenen Integrationskonzepte und -technologien im SAP-Umfeld näher vor.

Kapitel 2

Integrationskonzepte und -technologien im SAP-Umfeld

Im Integrationsumfeld bieten sich verschiedene Topologien und Technologien an, um Integrationsanforderungen umzusetzen. Lernen Sie in diesem Kapitel die grundlegenden Architekturen und Konzepte kennen.

In diesem Kapitel stellen wir Ihnen unterschiedliche Integrationskonzepte und -technologien vor, die wir häufig im SAP-Umfeld antreffen. In Abschnitt 2.1, »Integrationsarchitekturen«, beschreiben wir unterschiedliche Integrationsarchitekturen, die wir in unseren Unternehmen oder bei Kunden häufig antreffen. Unterschiedliche Stile der Integration stellen wir Ihnen in Abschnitt 2.2, »Integrationsstile«, vor. Abgeschlossen wird das Kapitel mit Abschnitt 2.3, »Integrationstechnologien, Standards und Protokolle«, und einer Vorstellung der unterschiedlichen Integrationstechnologien, die heute oder in Zukunft im SAP-Umfeld eingesetzt werden.

[!]

Wann sollten Sie dieses Kapitel lesen?

Wir empfehlen Ihnen, sich in diesem Kapitel mit Integrationskonzepten und -technologien im SAP-Umfeld vertraut zu machen. Die verschiedenen Abschnitte des Kapitels geben Ihnen einen Überblick über aktuelle und zukünftige Integrationstechnologien. Sie können das Kapitel auch als Nachschlagewerk für Konzepte und Technologien verwenden.

2.1 Integrationsarchitekturen

Es gibt verschiedene Architekturmodelle, um eine (heterogene) IT-Landschaft eines Unternehmens zu integrieren. In diesem Abschnitt stellen wir Ihnen die fünf wesentlichen Modelle vor und erläutern sie. Hierbei unterscheiden wir im Wesentlichen zwischen *direkter Integration*, *middlewareorientierter Integration* und Architekturkonzepten. Während bei einer direkten Integration wie Punkt-zu-Punkt nur wenig Standardisierung herrscht, verfolgen middlewareorientierte Topologien wie *Hub and Spoke* und der *Enterprise Service Bus* durch den Einsatz einer zentralen Nachrichtenplattform den Ansatz, die Integration weitestgehend zu standardisieren und Integrationsaufwände aus den einzelnen Anwendungen in einer Plattform zu bündeln. Die beiden Architekturkonzepte *serviceorientierte Architektur* und *Microservices* stellen Architekturmuster vor, die in verteilten Systemen das Ziel verfolgen, einzelne Services und Dienste zu kapseln und so die Flexibilität und Wiederverwendbarkeit zu erhöhen.

2.1.1 Punkt-zu-Punkt

Direkte Verbindung zweier Applikationen

Traditionell wird die Integration zweier Anwendungssysteme über eine direkte Verbindung zwischen den Anwendungen erreicht. Hierzu wird eine gemeinsame Schnittstelle festgelegt, sodass beide Systeme vollständig miteinander kommunizieren können. Im Anschluss wird diese Schnittstelle in den beiden teilnehmenden Systemen implementiert. Die Integration erfolgt somit ohne zentrale Plattform, sondern von Punkt-zu-Punkt. Dieser Vorgang wird auch *Peer-to-Peer* genannt.

Eine schematische Darstellung einer solchen Punkt-zu-Punkt-Topologie ist in Abbildung 2.1 dargestellt.

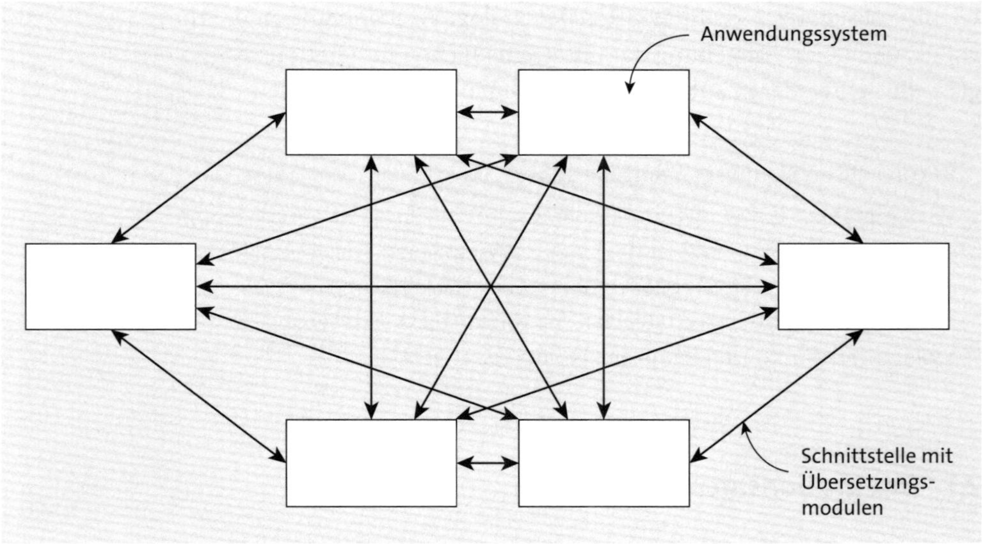

Abbildung 2.1 Schematischer Aufbau einer Punkt-zu-Punkt-Topologie

Punkt-zu-Punkt-Integrationsarchitekturen lassen sich anhand der folgenden Merkmale charakterisieren:

- Jedes beteiligte Anwendungssystem kann sowohl als Server als auch als Client dienen.

- Die Kommunikation der beteiligten Anwendungssysteme erfolgt direkt.
- Die beteiligten Anwendungssysteme behalten ihre Unabhängigkeit und Autonomie.

Vorteile von Punkt-zu-Punkt

Das gerade diese Form der Integrationstopologie auch bis heute in so vielen Unternehmen vertreten ist und sich nach wie vor einiger Beliebtheit erfreut, liegt an den klaren Vorteilen, die sie mit sich bringt.

Direkter Kommunikationsweg

Da die Systeme auf dem direkten Weg miteinander kommunizieren, eignet sie sich beispielsweise für Anforderungen mit einem hohen Datenvolumen, da keine weiteren Softwareschichten die Übertragung verlangsamen.

Kostengünstige Umsetzung

Ein weiterer Vorteil dieser Architektur ist die vergleichsweise kostengünstige Realisierung. Es fallen keine zusätzlichen Lizenzkosten an, und es ist oftmals keine hardwareseitige Erweiterung nötig. Dieser Umstand liegt darin begründet, dass in einer solchen Topologie im Gegensatz zu den anderen Topologien kein zentrales System existiert, das die Integration verwaltet und kontrolliert. Hierdurch wird die Infrastruktur nicht durch ein weiteres System komplexer, und es ist ein geringerer Konfigurationsaufwand zu erwarten. Die gesamte Transformationsarbeit liegt hierbei in den Übersetzungsmodulen bzw. Adaptern innerhalb der Schnittstellen. Ziel ist es, nach Möglichkeit keine Veränderungen an den Anwendungen selbst durchzuführen, sondern diese in die vorgelagerten Adapter auszulagern.

Kontrolle durch Entwicklerteams

Dies macht es für Entwicklungsteams einfach, da sie eine gute Kontrolle darüber haben, wie die beiden beteiligten Anwendungen integriert werden, ohne zunächst weitere Abhängigkeiten zu anderen Anwendungen zu betrachten.

Nachteile von Punkt-zu-Punkt

Der schematische Aufbau dieser Topologie-Struktur in Abbildung 2.1 zeigt jedoch auch, dass die Komplexität bei zunehmendem Integrationsgrad und der damit einhergehenden großen Anzahl an Schnittstellen schnell zunimmt.

Hohe Anzahl von Verbindungen

Die Integrationslandschaft skaliert mit zunehmender Anzahl an Anwendungssystemen nur sehr schlecht. So sind bei *n* Anwendungssystemen bis zu $n / 2 \times (n - 1)$ (bidirektionale) Verbindungen notwendig. Soll ein neues System integriert werden, wären im schlimmsten Fall $n - 1$ neue Schnittstellen festzulegen und zu implementieren. Konkret bedeutet dies, dass bei sechs Systemen insgesamt 15 Schnittstellen und bei sieben Systemen bereits 21 Schnittstellen zu implementieren sind, sodass mit der Einführung dieses siebten Systems sechs weitere Schnittstellen hinzukommen. Dies kann ab einer gewissen Anzahl an zu integrierenden Anwendungen den soeben beschriebenen Kostenvorteil aufheben, da die Kosten für die Implementierung exponentiell anwachsen.

Hoher Grad an Individualprogrammierung

Ebenso stellt jede Schnittstellenimplementierung bzw. die Implementierung des Übersetzungsmoduls eine eigene Individualentwicklung dar. Da Standardverfahren fehlen, wird für jede Verbindung zwischen zwei Anwendungen eine eigene Lösung programmiert. Diese Lösungen müssen auch individuell dokumentiert und bei Änderungen der beteiligten Anwendungen separat gewartet werden.

Hohe Redundanz und aufwendiges Monitoring

In diesem Zusammenhang besteht häufig eine hohe funktionale Redundanz, da ähnliche oder sogar gleiche Geschäftslogiken von mehreren Anwendungssystemen bereitgestellt werden. Da eine zentrale Plattform fehlt, stellt auch das Thema Monitoring der Schnittstellen eine nicht unerhebliche Herausforderung dar. Dies macht es Ihnen im laufenden produktiven Betrieb schwer, über etwaige Fehler proaktiv informiert zu werden. So müsste in einem solchen Fall in jedem der beteiligten Systeme ein entsprechender Fehlerprozess gestartet werden können, um die IT oder die Fachabteilung zu informieren.

[»]

Fazit zur Punkt-zu-Punkt-Architektur

Häufig sind Anwendungslandschaften evolutionär entstanden. Bei Bedarf wurden notwendige Erweiterungen hinzugefügt, ohne dass eine Restrukturierung geprüft und durchgeführt wurde. Als Folge sind die Schnittstellen oftmals nicht flexibel und lassen sich nur mit erheblichem Aufwand für weitere Systeme adaptieren. Dadurch erhöht sich der Integrationsaufwand, wenn in Zukunft eine Restrukturierung oder Erweiterung der IT-Infrastruktur stattfindet.

Dennoch lassen sich nach wie vor zahlreiche Beispiele in Unternehmen finden, in denen trotz der erwähnten Nachteile eine Punkt-zu-Punkt-Verbindung vorherrscht. Ein Beispiel hierfür ist die Nachrichtenverteilung von IDocs zwischen einzelnen Mandanten eines lokalen SAP-Systems.

Es zeigt sich aber auch, dass die Punkt-zu-Punkt-Topologie-Struktur im Rahmen heutiger IT-Transformationen kaum noch gezielt als zentrale Architektur genutzt wird, da viele IT-Landschaften zu komplex sind, um eine vollständige Integration durch eine Punkt-zu-Punkt-Topologie rentabel zu gewährleisten.

2.1.2 Hub and Spoke

Hub-and-Spoke-Topologien basieren auf einer nachrichtenorientierten Middleware. Im Unterschied zu der in Abschnitt 2.1.1, »Punkt-zu-Punkt«, vorgestellten Punkt-zu-Punkt-Topologie gibt es bei der Hub-and-Spoke-Architektur ein zentrales System, den sogenannten *Hub*, über den jegliche

Kommunikation zwischen den integrierten Anwendungssystemen, den *Spokes*, geleitet wird.

Zentrales Nachrichtenrouting

Diese Architektur ermöglicht ein inhaltsbasiertes Routing, das auf der Grundlage von Informationen im Nachrichtenkopf oder in einem im Nachrichtentext definierten Element erfolgt. Durch die Zentralisierung der Nachrichtverarbeitung können solche Verarbeitungsregeln auf den Inhalt der Nachricht angewendet und die einzelnen Empfänger der Nachricht gezielt bestimmt werden. Der schematische Aufbau der Topologie ist in Abbildung 2.2 dargestellt. Die einzelnen Bestandteile erläutern wir im Folgenden.

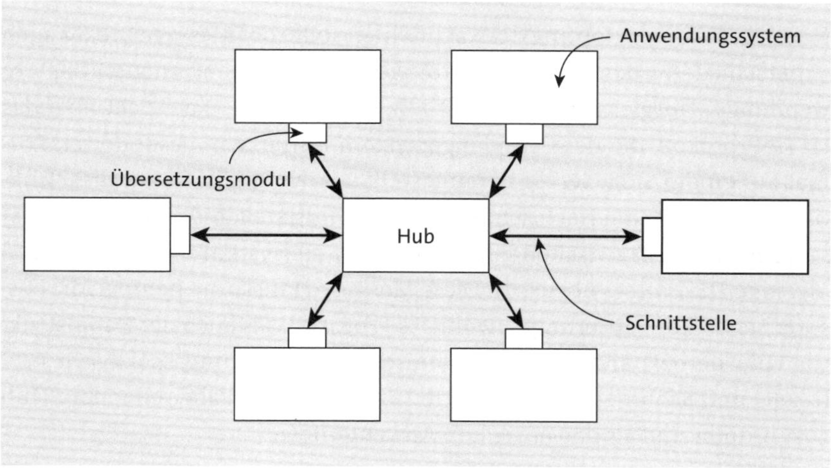

Abbildung 2.2 Schematischer Aufbau einer Hub-and-Spoke-Topologie

Merkmale von Hub-and-Spoke-Architekturen

Hub-and-Spoke-Integrationsarchitekturen lassen sich anhand der folgenden Merkmale charakterisieren:

- Entkopplung von Sender und Empfänger über einen zentralen Message Broker.
- Anwendungsspezifische Übersetzungsmodule dienen der Nachrichtenumwandlung.
- Die Nachrichten, die zwischen den Anwendungssystemen ausgetauscht werden, basieren auf einem kanonischen Datenmodell.
- Die beteiligten Anwendungssysteme behalten ihre Unabhängigkeit und Autonomie.
- In der Regel werden Hub-and-Spoke-Architekturen für den asynchronen Datenaustausch verwendet.

Message Broker

Zentrales Merkmal der Hub-and-Spoke-Architektur ist die Entkopplung des Senders und Empfängers einer Nachricht durch eine zentrale nachrichtenorientierte Middleware – den *Hub*, der auch *Message Broker* genannt wird. Er stellt die zentrale Instanz dar, die alle ankommenden Nachrichten validiert, beurteilt und dem entsprechenden Empfänger zustellt. Zu seinen Aufgaben gehört neben der Überprüfung auf der Datenebene auch die Überprüfung der Semantik. Er prüft, ob der Empfänger existiert bzw. aktiv ist und auch ob die angegebene Nachricht korrekte Informationen enthält. Nach der erfolgreichen Validierung leitet der Hub die Nachricht anhand der mitgesendeten Adressinformationen an die passenden Empfänger weiter. So kann, basierend auf definierten Routing-Logiken, die Nachricht einem oder auch mehreren Empfänger zugestellt werden.

Message Translator

Neben dem reinen Routing der Nachrichten sollte der Message Broker auch Unterschiede in den genutzten Protokollen und Datenformaten der Anwendungen ausgleichen. So sendet z. B. System A eine Nachricht über das HTTP-Protokoll, die dem Empfängersystem B in einem gesonderten Format auf einem SFTP-Server bereitgestellt werden muss. Damit dies funktioniert, werden die Nachrichten in den Schnittstellen der Anwendungssysteme (Spokes) zwischen dem Quell- und Zielsystem über sogenannte *Message Translators* übersetzt. Diese Message Translators nehmen die entsprechende Konvertierung, sowohl des Protokolls als auch der Datenstruktur, vor. Hierbei handelt es sich technisch um anwendungsspezifische Protokolle und Schnittstellenadapter, die architektonisch aber eher dem Hub zuzuordnen sind als den einzelnen Anwendungen.

Hohe Anzahl von Datenformaten

Die Übersetzung zwischen den Anwendungssystemen wirft jedoch noch einen weiteren Punkt auf. Nehmen wir an, jedes beteiligte Anwendungssystem erwartet ein anderes Datenformat. Dies würde bedeuten, dass der Message Broker dazu in der Lage sein müsste, n Ausgangformate in m Zielformate zu konvertieren. Sie können durch diese Integrationsarchitektur zwar die Anzahl der Systemverbindungen auf technischer Ebene auf maximal n verringern, jedoch nicht auf der Ebene der Nachrichtentransformation. Sie müssen somit dennoch einen Message Translator für alle möglichen Nachrichtenkombinationen der n integrierten Anwendungssysteme verwenden.

Kanonisches Datenmodell

Um dies zu vermeiden, wird ein globales Metamodell eingesetzt. Dieses Modell, auch *kanonisches Datenmodell* genannt, beschreibt eine Datenstruktur, in der alle Nachrichten der angebundenen Anwendungssysteme eindeutig beschrieben werden können. Durch den Einsatz dieses Modells wird die Anzahl der benötigten Übersetzungskomponenten zwischen den Systemen von zuvor bis zu $n / 2 \times (n - 1)$, siehe Abschnitt 2.1.1, »Punkt-zu-Punkt«, wieder auf maximal n reduziert. Bei jeder anwendungsübergreifenden Kommunikation wird die Nachricht somit zuerst in das globale Format übersetzt und an den Hub geschickt, von dem aus sie an den Empfänger weitergeleitet und hier erneut zurückübersetzt wird. Beachten Sie, dass die notwendige Übersetzung aller Nachrichten zwar zu einer Strukturvereinfachung führt, jedoch mit einem bis zu doppelt so hohen Rechenaufwand verbunden ist – dies führt zu einer höheren Antwortzeit der Gesamtarchitektur.

Vorteile von Hub and Spoke

Die Integration neuer Applikationen vereinfacht sich durch die Hub-and-Spoke-Topologie maßgeblich, da Integrationslogik und Anwendungslogik entkoppelt sind. Bei der Einbindung einer neuen Applikation müssen Sie nur noch einen Message Translator implementieren, der die Nachricht der Applikation in das globale Metaformat übersetzt. Ebenso lassen sich Anpassungen bestehender Routing-Logiken oder Anpassungen anwendungsspezifischer Nachrichten einfacher abbilden. Im Message Broker müssen Sie für die neuen Nachrichtentypen lediglich zentral die passenden Empfänger sowie für relevante bestehende Systeme das neue System als Empfänger hinzufügen. Im direkten Vergleich mit einer Punkt-zu-Punkt-Topologie mit bis zu $n / 2 \times (n - 1)$ bidirektionalen Schnittstellen sind es bei der Hub-and-Spoke-Architektur nur noch $\leq n$ Schnittstellen. In diesem Zusammenhang zeigt es sich, dass es bereits ab einer Anzahl von vier zu integrierenden Anwendungen sinnvoll ist, zentral organisierte Integrationsarchitekturen in Betracht zu ziehen.

Nachteile von Hub and Spoke

Die zentralisierte Nachrichtenverarbeitung kann jedoch auch zu einem *Single Point of Failure* führen, also zu einem einzelnen Ausfallpunkt. So sind bei Problemen an diesem zentralen Knotenpunkt auch alle integrierten Anwendungssysteme betroffen. Zudem sinkt zwar die Anzahl der potenziellen Schnittstellen in der Gesamtarchitektur, es steigt jedoch gleichzeitig die Gefahr, dass der zentrale Hub zum Flaschenhals für die Performanz des gesamten Systems wird. Mit dem Hinzufügen neuer integrierter Anwendungssysteme oder mit einer Zunahme der übertragenen Nachrichtendaten kann die gesteigerte Nachrichtenlast zum Problem werden.

[«]

Fazit zur Hub-and-Spoke-Architektur

Wir haben die Erfahrung gemacht, dass sich ein kanonisches Datenmodell nur selten sinnvoll und nachhaltig umsetzen lässt. Der Aufbau einer Datenstruktur, die mehrere Protokolle und verschiedene Spezifika der beteiligten Anwendungssysteme und deren Prozesse berücksichtigt, ist nicht nur zeit-, sondern auch ressourcenintensiv. Im Extremfall kann die Vereinheitlichung der Datenstrukturen sogar dazu führen, dass Systeme in ihren Einsatzmöglichkeiten eingeschränkt werden. Manchmal ist es aufgrund des starren Datenmodells nicht möglich, alle Geschäftsvorfälle effizient abzubilden, da sich das System, das die ursprüngliche Grundlage für die Definition des Datenmodells bildete, geändert hat.

Einigen der genannten Probleme können Sie durch verteilte bzw. föderierte Hubs oder entsprechende hardware-/softwareseitige Ausfallmechanismen entgegenwirken, jedoch gilt dieses Architekturmodell in einer kritischen und komplexen IT-Landschaft dennoch als wenig skalierbar und ineffizient.

Trotz der diversen Nachteile lassen sich Ansätze des kanonischen Datenmodells auch in der SAP-Welt finden. So basieren neuere Produkte wie *SAP Master Data Integration* oder *SAP One Domain Model* auf der Idee einer zentralisierten Datenstruktur, die in die Umsysteme verteilt wird. Da es sich hierbei um recht neue Produkte handelt, bleibt abzuwarten, wie sie sich in der Praxis bewähren.

2.1.3 Enterprise Service Bus

In seiner wörtlichen Übersetzung bietet der *Enterprise Service Bus* (ESB) Dienste mittels eines Datenbusses für ein Unternehmen an. Im Kern besteht seine Hauptaufgabe darin, Client-Anwendungen von Service-Provider-Anwendungen zu entkoppeln. Die Funktionsweise des ESB sehen Sie in Abbildung 2.3.

Bündelung von Services

Statt mit den einzelnen Service Providern direkt zu kommunizieren, kapselt der ESB die Funktionalitäten in einem gebündelten Service, der der Client-Anwendung zur Verfügung gestellt wird. Die erforderlichen Protokolle oder Datenformate der Service Provider bleiben dem Client verborgen. Die Transformation wird entsprechend vom ESB sichergestellt. Der ESB stellt somit unternehmensweit Dienste bereit, die von der eigentlichen Implementierung in den Service-Provider-Anwendungen entkoppelt sind. Hauptziel dabei ist es, diese Services möglichst flexibel und wiederverwendbar zu gestalten, sodass ähnliche Anwendungen auf ein bestehendes Set von Transformations- oder Routing-Regeln (ein sogenanntes *Service Repository*) zurückgreifen können.

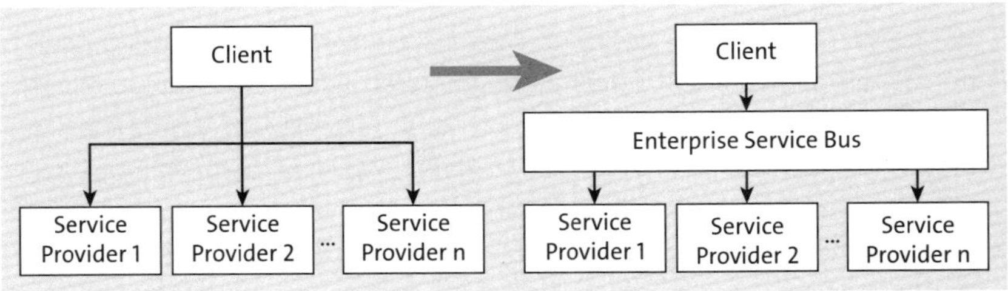

Abbildung 2.3 Funktionsweise eines Enterprise Service Bus

Zentraler Nachrichtenbus

Die Enterprise-Service-Bus-Topologie setzt auf einen zentralen Nachrichtenbus als Rückgrat für die Nachrichtenverteilung zwischen den Systemen. Im Gegensatz zum Hub-and-Spoke-Ansatz sieht dieser Ansatz jedoch die Verteilung der Integration auf verschiedene Systeme vor. Der Integration Bus dient als Bindeglied zwischen den Systemen, über das die Kommunikation erfolgt.

Skalierbarkeit über mehrere ESB-Server

Prozesse und Services laufen dabei nicht zwangsweise auf einem zentralem ESB-Server, sondern können auf mehrere Systeme verteilt sein. Dies stellt einen großen Vorteil der ESB-Architektur hinsichtlich Skalierbarkeit und Ausfallsicherheit dar. Abbildung 2.4 zeigt den schematischen Aufbau einer Integrations-Bus-Topologie.

Zentrales Service Repository

Alle Anwendungen sind direkt mit dem Bussystem verbunden. Die Anwendungen kommunizieren dabei nicht direkt miteinander. Über die in einem zentralen Service Repository gespeicherten Transformations- und Routing-Regeln sowie deren Zuordnung zu den einzelnen Services werden bei einer Kommunikationsanfrage eines verbundenen Anwendungssystems die zugehörigen Folgeprozesse angestoßen. Hierzu werden im Repository die zugehörigen Geschäftsprozesse untersucht und entsprechende Kommunikationsbefehle an alle beteiligten Anwendungssysteme verteilt. Im simpelsten Fall gibt der Prozess die Nachricht direkt an das Zielsystem weiter.

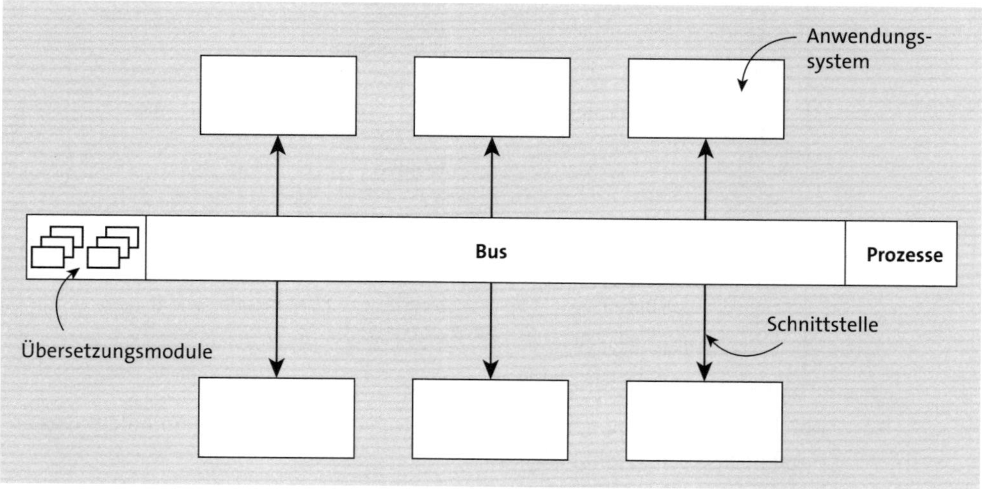

Abbildung 2.4 Schematischer Aufbau einer Integration-Bus-Topologie

Merkmale einer ESB-Architektur

ESB-Integrationsarchitekturen lassen sich anhand der folgenden Merkmale charakterisieren:

- Entkopplung von Sender und Empfänger
- zentrales Repository für Übersetzungsmodule

- Modellierung von Geschäftsprozessen/-regeln, anhand derer die Nachrichtenübermittlung stattfindet
- für die asynchrone und synchrone Kommunikation zwischen *n* Sendern und Empfängern geeignet
- ermöglicht eine hoch verteilte und lose gekoppelte, serviceorientierte Architektur

Komponenten eines ESB

Alle klassischen ESB-Produkte verschiedener großer Hersteller bieten einen ähnlichen Funktionsumfang. Abbildung 2.5 zeigt den grundsätzlichen strukturellen Aufbau von Komponenten, die ein ESB-Produkt klassischerweise anbietet. Die einzelnen Komponenten stellen wir Ihnen, aufbauend auf dem Systemmanagement, im Folgenden kurz vor.

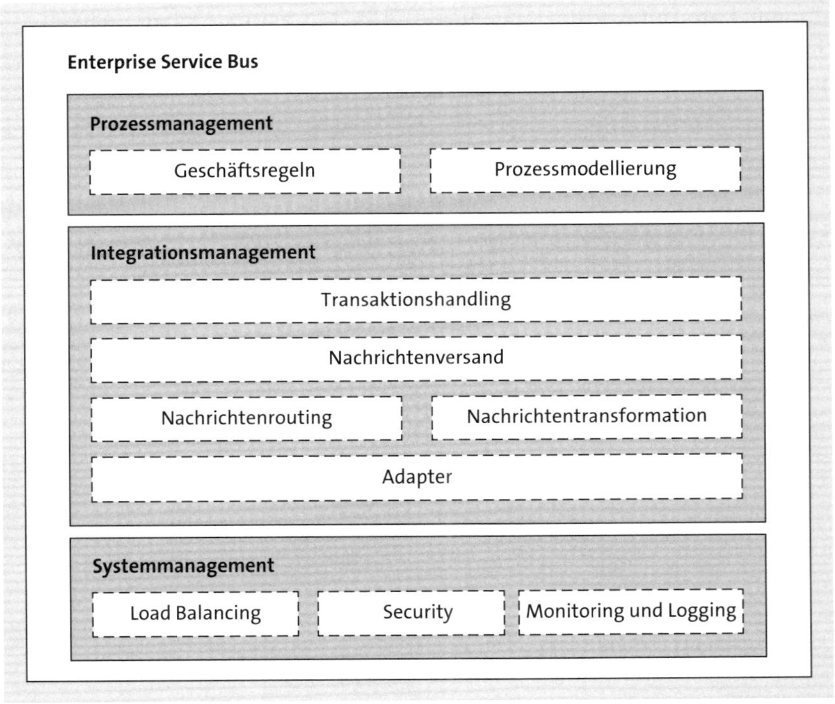

Abbildung 2.5 Komponenten einer klassischen ESB-Plattform (in Anlehnung an Liebhart und Winkeler et al.)

System-management-Komponenten

Die Systemmanagement-Komponenten unterstützen die Administration des ESB-Systems. Hierzu zählen Komponenten zur Beobachtung der Plattform, mit deren Hilfe Sie frühzeitig Performance-Engpässe und Entwicklungspotentiale erkennen können. Die drei Komponenten sind:

- *Load Balancing* zur Lastverteilung des Systems, basierend auf dem Volumen der ausgetauschten Nachrichten. Im Falle eines hohen Nachrichtenaufkommens erlaubt Load Balancing die Verteilung auf weitere Laufzeitknoten.

- *Security* betrifft neben Möglichkeiten eines dedizierten Benutzermanagements inklusive Berechtigungsverwaltung und Zugriffsteuerung auch Mechanismen zur Ver- und Entschlüsselung.
- *Monitoring und Logging* erlaubt die Überwachung des Nachrichtenaustauschs zur Laufzeit und darüber hinaus. Nachrichtenlogging erlaubt die dauerhafte oder zeitweilige Speicherung von Nachrichten in einer Datenbank. Monitoring betrifft neben der reinen Überwachung und Nachverfolgung des Nachrichtenaustauschs auch die Kontrolle des Status der Applikation an sich, z. B. hinsichtlich der Auslastung.

Integrationsmanagement-Komponenten

Die Komponenten des Integrationsmanagements unterstützen die Integration auf Datenebene und regeln, auf welche Art die Kommunikation erfolgt. Es handelt sich um die folgenden fünf Komponenten:

- *Adapter* stellen die Verbindung zwischen der eigentlichen Applikation und dem ESB-Produkt sicher. Vorgefertigte Standardadapter reduzieren den Aufwand für die Etablierung der Kommunikation zwischen den beiden Anwendungen.
- *Nachrichtenrouting* an ein oder mehrere Zielanwendungen, basierend auf definierten Regeln.
- Die *Nachrichtentransformation* bezeichnet die Umwandlung von bereitgestellten Daten, sodass diese vom Zielsystem interpretiert werden können.
- Der *Nachrichtenversand* beschreibt, wie die Übertragung der einzelnen Nachrichten, die zwischen den Systemen ausgetauscht werden, verläuft. Wir unterscheiden hier synchrone und asynchrone Nachrichtenmuster wie Request/Reply, Publish/Subscribe und Message Queuing.
- *Transaktionshandling* überwacht den zeitlichen Ablauf der einzelnen Aufrufe, ihre Reihenfolge sowie ihre Korrektheit bzw. Vollständigkeit.

Prozessmanagement-Komponenten

Die Komponenten des Prozessmanagements bilden neben den Anwendungsdiensten einen der Kernbausteine einer dynamischen ESB-Plattform. In diesem Bereich finden sich Komponenten, die die Modellierung von Geschäftsprozessen ermöglichen und Regeln festlegen, welche Anwendungen in eine Transaktion involviert sind und welche Teilprozessschritte gegebenenfalls auszuführen sind:

- *Prozessmodellierung* fokussiert sich auf die Modellierung und die technische Automatisierung (Ausführbarkeit) von Geschäftsprozessen. Sie wird auch *Workflow* genannt.

- *Geschäftsregeln* erlauben die Definition von zentralen Entscheidungstabellen, anhand derer der Prozess und seine Teilpfade zur Laufzeit der Nachrichtenübermittlung durchlaufen werden.

Abgrenzung von ESB und Hub and Spoke

Wie bereits bei der Hub-and-Spoke-Topologie erlaubt der ESB die nahtlose Integration von Anwendungen in der IT-Landschaft durch eine Entkopplung der Integrationslogik und Anwendungslogik. Durch diese Unabhängigkeit ist die Anbindung weiterer Anwendungen sehr einfach und flexibel möglich. Vielmehr noch als die Hub-and-Spoke-Topologie eignet sich der Einsatz eines ESB jedoch in hoch verteilten Anwendungslandschaften über Unternehmens- oder Ländergrenzen hinweg. Eine sogenannte *föderierte ESB-Architektur* erlaubt es, verteilte Integrationsplattformen der einzeln Organisationseinheiten eines Unternehmens in einem Nachrichtenbussystem zusammenzuführen. Dies ist schematisch in Abbildung 2.6 dargestellt.

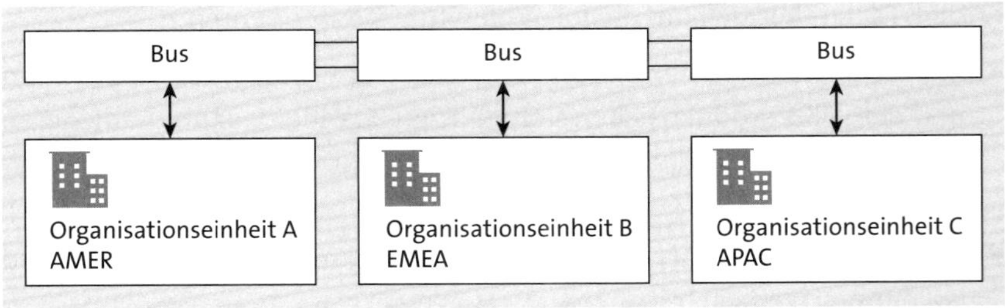

Abbildung 2.6 Aufbau eines föderierten ESB

In diesem Beispiel besteht das Unternehmen aus drei weltweit verteilten Organisationeinheiten. Einheit A agiert im Bereich AMER (Nord- und Südamerika), Einheit B im Bereich EMEA (Europa/Mittlerer Osten/Afrika) und Einheit C im Bereich APAC (Asien und pazifischer Raum). Obgleich nun jede Organisationeinheit, für sich genommen, einen autonom verwalteten ESB zur Verfügung hat, um selbständig zu agieren, können dennoch alle Organisationseinheiten auf geteilte Ressourcen zugreifen und Datenflüsse und Transformationen wiederverwenden. Je nach Ausbaustufe bildet der ESB somit den Kern für ein geschäftspartner-, geschäftsbereich- und abteilungsumspannendes Kommunikationsnetzwerk.

Vorteile der ESB-Architektur

Die Vorteile einer solchen ESB-Architektur sind vor allem die gewahrte Autonomie der einzelnen angebunden Organisationseinheiten. Ziel ist es, dass alle beteiligten Geschäftseinheiten und -bereiche die Kontrolle über ihre eigenen lokalen IT-Ressourcen behalten. Dies betrifft neben der Wartung und Konfiguration des lokalen ESB auch die Integration neuer Applikationen. Gleichwohl ergeben sich aber auch Potenziale im Bereich der Wiederverwendbarkeit von Integrationsinhalten. Adapter oder Transformationen, die in einer lokalen Organisationseinheit genutzt werden, können auch bei der Integration einer neuen Applikation in einer anderen Organisationeinheit helfen.

Nachteile von ESB

Bei allen Freiheiten, die der ESB bietet, führt diese Art der Architektur auch zu einer hohen Komplexität. Der Aufbau eines hochverteilten ESB erzeugt nicht nur hohe initiale Infrastrukturkosten, sondern auch einen höheren administrativen Aufwand, den die Wartung mehrerer ESB-Instanzen darstellt. Die lokale Kontrolle einzelner ESB-Instanzen führt zu einer minimalen globalen Landschaftssteuerung. Eine zentrale Verwaltung ist nur bedingt möglich.

[«]

Fazit zum Enterprise Service Bus

Der ESB versteht sich vor allem auf die Integration von hoch verteilten Systemen. Er bietet dank seiner Skalierbarkeit hinsichtlich der Unternehmensstrukturen und der umfassenden Integration aller Unternehmensapplikationen (unabhängig von technologischen Plattformen und physischer Lokalität) eine flexible und umfangreiche Integrationsarchitektur. Der ESB erlaubt verschiedene Integrationsansätze: von der lokalen Implementierung eines ESB innerhalb einer Landesgesellschaft bis hin zu einer föderierten Architektur mit verteilten ESBs, wobei jede Gesellschaft zusätzlich eine eigene lokale Platform betreibt. Beispiele für typische ESB-Produkte sind SAP Process Orchestration, TIBCO und IBM Websphere.

2.1.4 Serviceorientierte Architektur

Allgemeines zu SOA

Eine *serviceorientierte Architektur* (SOA) ist ein flexibles und anpassbares Architekturmuster für verteilte Systeme. Im Kern kann die SOA auch als Paradigma angesehen werden, das das Ziel verfolgt, IT-Komponenten wie z. B. Datenbanken, Server und Websites als Dienste zu kapseln, die in unterschiedliche Geschäftsprozesse eingebunden werden können. Hauptaufgabe dabei ist die Orchestrierung und Zusammenfassung von mehreren technischen Einzelaufgaben in einen höheren Dienst, der als IT-Leistung anderen Organisationseinheiten oder Partnern zur Verfügung gestellt werden kann. Die SOA ermöglicht es, die Komplexität einer einzelnen Anwendung hinter einer standardisierten Schnittstelle zu verbergen und somit eine strukturierte Form eines Dienstes für die Integration anbieten zu können.

Ziele von SOA

Die Hauptziele der SOA sind u. a. die Senkung von Kosten in der Softwareentwicklung und Integration sowie die Schaffung einer höheren Flexibilität durch die Wiederverwendung bestehender Services innerhalb der Geschäftsprozesse.

Definition von SOA Das Marktforschungsinstitut Gartner erwähnte den Begriff SOA als Erstes 1996 und gilt daher als Erfinder des Architekturmusters. Bis zum heutigen Zeitpunkt hat sich noch keine allgemein akzeptierte Definition gebildet, jedoch wird häufig in der Literatur die Definition von *OASIS* (*Organization for the Advancement of Structured Information Standards*) zitiert (siehe *http://s-prs.de/v798207*):

> *»Service Oriented Architecture (SOA) is a paradigm for organizing and utilizing distributed capabilities that may be under the control of different ownership domains.«*

Merkmale von SOA Einem SOA-Dienst werden mehrere zentrale Merkmale und Eigenschaften zugeschrieben, die ihn charakterisieren. Im Folgenden werden wir auf diese Merkmale eingehen. Da es keine einheitliche Definition zu SOA gibt, möchten wir Ihnen die wichtigsten Merkmale aus unserer Sicht aufführen und aus einem allgemeinen Betrachtungswinkel beschreiben:

- **Wiederverwendbarkeit**
  Grundgedanke der Wiederverwendbarkeit ist die Mehrfachnutzung von Komponenten und Services, ohne Anpassung der Schnittstelle bzw. der Kernanwendung.
- **Lose Kopplung**
  Services sollen lose gekoppelt zu einem Prozess zusammengefügt werden können. Dies kann durch eine geringe Abhängigkeit zu anderen Komponenten und Services sichergestellt werden. Ziel dabei ist es, funktionale Änderungen der Services durchführen zu können, ohne dass es Auswirkung auf die angebotene Leistung hat.
- **Autonomie/Eigenständigkeit**
  Die Eigenständigkeit eines Service ist erfüllt, wenn dieser möglichst unabhängig zu anderen Diensten steht und autark funktioniert. Dies setzt voraus, dass Logik, Ressourcen usw. eigenständig verwaltet werden.
- **Abstraktion und Kapselung**
  Abstraktion steht in enger Verbindung mit der losen Kopplung und Wiederverwendung eines Service. Es geht darum, den Service nach außen von der konkreten Funktionalität und Implementierung zu abstrahieren.
- **Auffindbarkeit**
  Ähnlich wie bei der Telefonauskunft oder den Gelben Seiten, sollen Services von Konsumenten sowie Providern gefunden und angesprochen werden können. In der Regel wird dieses Merkmal über eine Service Registry sichergestellt. Innerhalb der Service Registry sind die Services mit der Schnittstelle und der Implementierung beschrieben.

- **Prozessorientierung und Orchestrierung**
  Über die Orchestrierung werden einzelne Services in unterschiedliche Geschäftsprozesse eingebunden. SOA verfolgt das Ziel, mit einem oder mehreren Services einen Geschäftsprozess abzubilden. Aus diesem Grund ist Prozessorientierung ein essenzielles Merkmal von SOA.

Implementierung einer SOA

Die Implementierung einer SOA existiert auf drei unterschiedlichen Rollen – *Service Consumer*, *Service Provider* und *Service Registry*. Im Folgenden wollen wir die Rollen etwas genauer betrachten:

- **Service Consumer (Dienstnutzer)**
  Die Rolle des Service Consumer innerhalb einer SOA sucht einen bestimmten Dienst in der Service Registry und erhält eine Referenz darüber, welcher Service Provider diesen Dienst anbietet. Im Anschluss findet eine Bindung zwischen Service Consumer und Service Provider statt, und der Dienst kann aufgerufen werden.
- **Service Provider (Dienstanbieter)**
  Der Service Provider bietet einen oder mehrere Dienste an, die von unterschiedlichen Konsumenten genutzt werden können. Damit die Dienste von dem jeweiligen Service Consumer gefunden werden können, werden diese vom Service Provider zentral in einer Service Registry veröffentlicht.
- **Service Registry (Dienstverzeichnis)**
  Die Service Registry veröffentlich die von den Service Providern bekanntgegebenen Dienste. Des Weiteren beantwortet die Service Registry Anfragen der Service Consumer zu Diensten, indem sie sie an die entsprechenden Service Provider verweist.

Zusammenspiel der Rollen

Das Zusammenspiel der Rollen lässt sich gut anhand des Dreiecks in Abbildung 2.7 beschreiben.

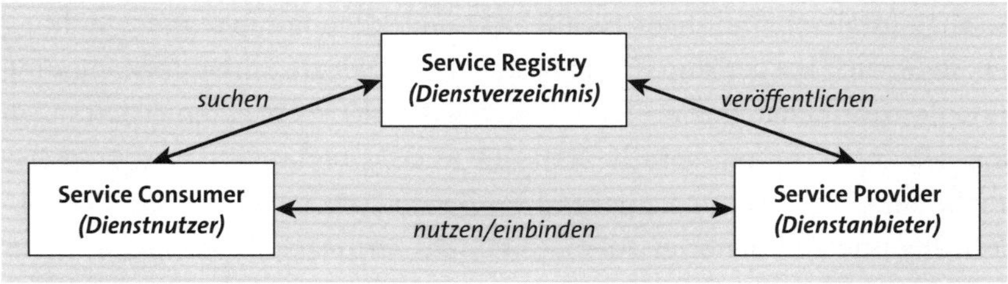

Abbildung 2.7 Rollen in einer SOA

In Bezug auf Abbildung 2.7 werden die Schritte des Zusammenspiels erläutert:

1. Der Dienst wird durch den Service Provider bei einer zentralen Service Registry veröffentlicht.

2. Ein Service Consumer sucht bei der Service Registry nach einem passenden Dienst, der die Funktionalität erfüllt. Über die Service Registry erhält er die entsprechende Referenz auf die Instanz des Service Providers.
3. Der Service Consumer führt zunächst eine Bindung mit dem Service Provider durch. Im Anschluss kann er den Dienst nutzen und aufrufen.

Protokolle einer SOA

Für die Kommunikation innerhalb der SOA können diverse Protokolle wie z. B. RFC oder auf HTTP-basierende Dienste wie Webservices genutzt werden. Eine ausführliche Vorstellung der Protokolle finden Sie in Abschnitt 2.3, »Integrationstechnologien, Standards und Protokolle«. Die Integration einzelner Dienste innerhalb einer SOA wird unserer Erfahrung nach über einen Enterprise Service Bus implementiert, der als Middleware zwischen den Rollen agiert (siehe Abschnitt 2.1.3, »Enterprise Service Bus«). Zur Vollendung einer SOA-Implementierung (SOA = Service Oriented Architektur) empfehlen wir, eine SOA Governance einzuführen. Innerhalb der SOA Governance werden die Spielregeln erarbeitet, entsprechend überwacht und zentral zur Verfügung gestellt. In der Regel wird die SOA Governance durch ein eigenes zentrales Team abgebildet.

Vorteile einer SOA

Durch die Implementierung einer SOA erzielen Sie, langfristig gesehen, eine Kostenreduzierung durch die Wiederverwendung der Dienste, da die Kernfunktionen nur einmal erstellt werden müssen. Durch eine lose Kopplung und Kapselung der Dienste können Sie Systemänderungen durchführen, ohne dass eine Anpassung des Dienstes notwendig ist. Des Weiteren wird die Zusammenarbeit gefördert, da alle beteiligten Personen in Prozessen arbeiten und eine gemeinsame Sprache sprechen. Technisch gesehen, bietet Ihnen die SOA Plattformunabhängigkeit und somit mehr Flexibilität.

Nachteile einer SOA

Die SOA generiert durch die Entkopplung der Dienste aber auch einen höheren Aufwand in der Implementierung und sorgt im Verhältnis zu klassischen Implementierungen für mehr Komplexität. Komplexitätserhöhung entsteht auch bei der Anpassung bestehender Dienste durch Versionierung und Kompatibilität. Des Weiteren basieren die Dienste in den meisten Fällen auf der Auszeichnungssprache XML, die in der Übertragung bzw. Transformation und Verarbeitung aufgrund des hohen Datenvolumens viel Rechenleistung und Zeit benötigt. All diese Punkte verursachen in Unternehmen initial höhere Kosten für die Analyse, Implementierung und den Betrieb.

[»]

Fazit

Die SOA orientiert sich an den Geschäftsprozessen des Unternehmens und fördert die Wiederverwendung innerhalb der IT. In der Praxis hat sich leider gezeigt, dass der initiale Aufwand einer reinen SOA für viele Unternehmen zu hoch ist und der Nutzen sich erst nach langer Zeit darstellen lässt. Viele große SOA-Initiativen sind neben den rein technischen Herausforderungen an politischen und organisatorischen Problemen gescheitert. Dies spiegelte sich z. B. in nicht klaren Verantwortlichkeiten und/oder historisch gewachsenen monolithischen Strukturen wider. Trotz allem wird die SOA noch heute u. a. auch im Kontext von Microservices weiter diskutiert und in Unternehmen implementiert.

2.1.5 Microservices

Allgemeines zu Microservices

In diesem Abschnitt wollen wir Ihnen das Konzept von *Microservices* vorstellen. Microservices sind wie die SOA (siehe Abschnitt 2.1.4, »Serviceorientierte Architektur«) ein Architekturmuster in der Informatik und verfolgen den Ansatz der Modularisierung von Software. Dabei nutzen Microservices als Module einzelne Programme, die wiederum als eigenständige Prozesse laufen. Die Programme bzw. die Services sind weitestgehend entkoppelt und erledigen im besten Fall nur eine kleine Aufgabe. Zusammengefasst sind Microservices kleine, eigenständige Services, die miteinander kollaborieren, um eine Geschäftsfunktionalität als Unternehmensanwendung bereitzustellen.

Ziele

Das Hauptziel von Microservice-Architekturen ist die Skalierbarkeit sowie die Verringerung von Entwicklungszeiten, um möglichst schnell Innovationen und neue Funktionen auf dem Markt einzuführen.

UNIX-Philosophie

Microservices basieren auf dem Grundgedanken der UNIX-Philosophie. Der Microservices-Experte Eberhard Wolff beschreibt in seinem Buch »Microservices: Grundlagen flexibler Softwarearchitekturen« (erschienen 2018 beim d.punkt Verlag) den Ansatz mit folgenden drei Aspekten:

- Ein Programm soll nur eine Aufgabe erledigen, und das soll es gut machen.
- Programme sollen zusammenarbeiten können.
- Programme sollten eine universelle Schnittstelle nutzen.

Merkmale von Microservices

Wie auch bei der SOA gibt es für den Begriff Microservice keine allgemein gültige Definition. In der Literatur wird ein Microservice häufig mit den folgenden Eigenschaften beschrieben:

- **Technologieunabhängigkeit**
  In einem System, das aus mehreren eigenständigen Services besteht, können unterschiedliche Technologien zum Einsatz kommen. Somit können für jede Aufgabe auch die passenden Technologien und Werk-

zeuge eingesetzt werden. Es gibt keine Einschränkung auf eine bestimmte Sprache oder Plattform.

- **Unabhängigkeit und Deployment**
  Microservices müssen voneinander unabhängig sein und sich technisch voneinander abschotten. Des Weiteren können Services bei Änderungen unabhängig zu den anderen Services in Produktion gebracht werden. Dabei bedarf es einer hohen Stabilität des Service selbst.
- **Skalierbarkeit**
  In einem monolithischen System kann nur das gesamte System skaliert werden. Im Gegensatz dazu können bei Microservice-Architekturen die Leistungen je Service bzw. Aufgabe skaliert werden. Dies hat u. a. den Vorteil, dass Sie Betriebskosten einsparen, da die Ressourcen je Service nur entsprechend der Anforderungen erweitert werden müssen.
- **Modularer Aufbau**
  Microservice-Architekturen sind ein Ansatz zur Modularisierung von Software. Dabei sollen Funktionen eines Service für unterschiedliche Aufgaben genutzt werden können. Somit ist jeder Service für eine Reihe von Funktionen zur Lösung eines Problems ausgelegt. Steigen die Anforderungen an einen Service, kann dieser in weitere kleinere Services unterteilt werden.
- **Austauschbarkeit**
  Die Austauschbarkeit besteht darin, dass kleine, einzelne Services mit geringem Aufwand ersetzt werden können. Somit soll sichergestellt werden, dass ein Microservice nur so lange bereitgestellt wird, wie er benötigt wird bzw. die Technologie aktuell ist. So können unnötige Kosten für den Fortbetrieb von Altsystemen vermieden werden.
- **Organisation**
  Ein Microservice wird nur von einem Team entwickelt. Dabei kann ein Team allerdings für mehrere Services verantwortlich sein. So soll sichergestellt werden, dass die Systemarchitektur durch eine entsprechende Organisation abgesichert ist.

Zusammengefasst können Sie die Services in einer Microservice-Architektur unabhängig entwickeln, deployen, betreiben und skalieren. Entscheidend für alle Merkmale einer Microservice-Architektur ist jedoch die Kommunikation zwischen den einzelnen Services über klar definierte APIs.

Implementierung eines Microservice

Um die Architektur eines Microservice noch einmal zu visualisieren, werden in Abbildung 2.8 die Muster einer monolithischen Architektur mit den Mustern einer Microservice-Architektur verglichen. Bei einer monolithischen Architektur sind alle Prozesse und Geschäftslogiken in einem Dienst ausgeführt. Im Vergleich dazu werden bei Microservice-Architekturen die

Kernfunktionen einer Anwendung in mehrere Dienste segmentiert und unabhängig voneinander ausgeführt. Am besten lässt sich das am Beispiel eines Online-Shops beschreiben. In der Regel gibt es dort verschiedene Dienste, z. B. Produktsuche, Produktempfehlungen, Warenkorb usw. All diese Kernfunktionen eines Online-Shops können dedizierte Microservices sein. Jeder Microservice kann in einer beliebigen Programmiersprache mit unterschiedlichen Technologien entwickelt werden. Viel wichtiger ist die Entscheidung der Integration und Kommunikation *zwischen* den Diensten. Abbildung 2.9 zeigt anhand einer Referenzarchitektur eine typische Microservice-Architektur, die für die Umsetzung eines Online-Shops angewendet wurde.

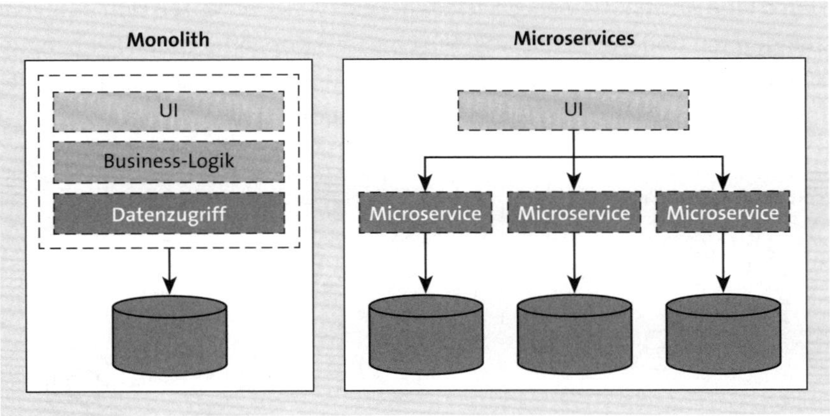

Abbildung 2.8 Aufteilung eines Monoliths in eine Microservice-Architektur

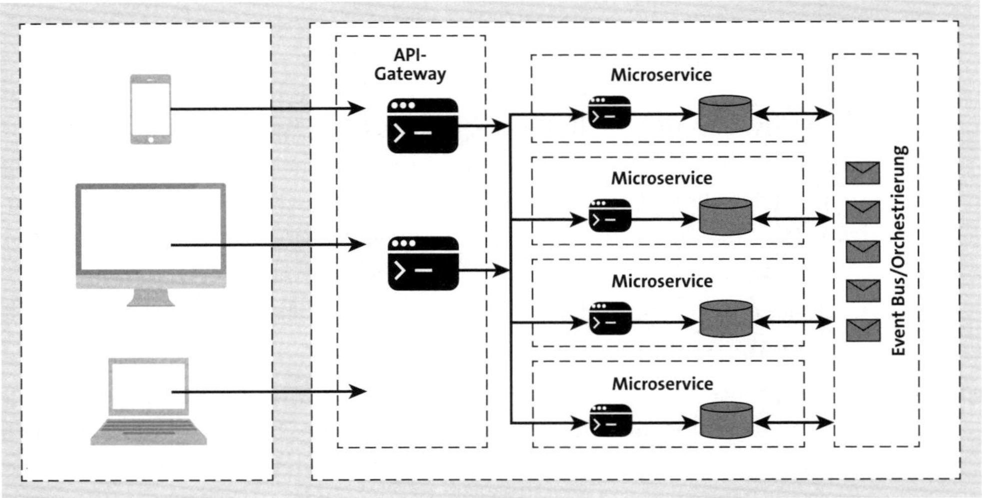

Abbildung 2.9 Exemplarische Architektur für den Aufbau einer Microservice-Anwendung

Sie erkennen, dass die jeweiligen Dienste über ein API-Gateway, nach außen konsolidiert, an die diversen Klienten als zentraler Einstiegspunkt angeboten werden. Die Kommunikation zwischen Klienten und API-Gateway basiert häufig auf HTTP- und RESTful-Services (siehe Abschnitt 2.3.2, »RESTful-Services«). Die Kommunikation zwischen den einzelnen Microservices erfolgt asynchron und ereignisbasiert. Dabei kommunizieren und kollaborieren die einzelnen Services selbständig miteinander. Des Weiteren werden häufig ereignisbasierte Busse und Nachrichten-Broker eingesetzt. Hierzu finden Sie mehr in Abschnitt 2.3.5 zu Messages Queues sowie in Kapitel 8 zu SAP Enterprise Messaging.

Abgrenzung: Microservice zu SOA

Sowohl Microservices als auch die SOA basieren auf Diensten und strukturieren eine Anwendung nach Diensten. Beide Ansätze weisen sehr ähnliche Paradigmen und Merkmale aus, wie eine lose Kopplung und Unabhängigkeit in der Definition. Die feinen Unterschiede lassen sich aber in der Implementierung aufzeigen, so z. B. in der Integration (siehe Abbildung 2.10).

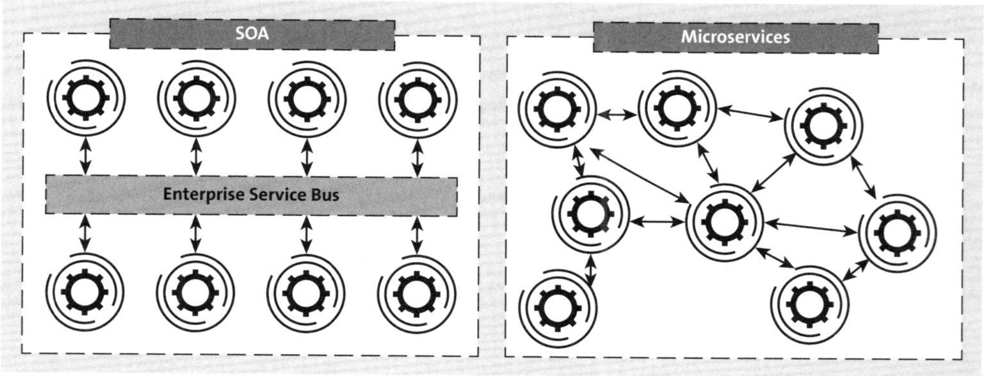

Abbildung 2.10 Unterschiede der beiden Architekturmuster

Integration

In einer SOA werden die Dienste über eine Integrationslösung orchestriert und somit gesamthaft als Geschäftsprozess abgebildet. Im Vergleich dazu ist in der Microservice-Architektur jeder einzelne Microservice für die Kommunikation mit den anderen Services verantwortlich. In einer Microservice-Architektur sind Sie daher auch weniger von einem einzelnen ESB abhängig und haben eine vermeintlich höhere Flexibilität bei Änderungen oder Anpassungen.

Strukturierung

Der größte Unterschied der beiden Architekturmuster liegt jedoch in der Strukturierung der Unternehmensarchitektur-Ebene. Während die SOA den Fokus auf die gesamte Unternehmensarchitektur bzw. die IT-Architektur im Unternehmen legt und diese integriert, fokussiert sich eine Microservice-Architektur mehr auf eine einzelne Anwendung bzw. ein einzelnes

Produkt im Unternehmen. Aus diesem Grund ist in der Regel auch die Struktur eines Service zwischen SOA und Microservice unterschiedlich. Ein Service innerhalb einer SOA beschreibt die Funktion der gesamten Anwendung, während ein einzelner Microservice eine einzige Funktion der Anwendung beschreibt. So sind z. B. auch die Deployment-Einheiten und die Granularität der beiden Architekturansätze unterschiedlich. Zusammenfassend zeigt Tabelle 2.1 die wichtigsten Unterschiede.

Aspekt	Microservice	SOA
Granularität	Kleine Dienste, die eine Aufgabe erfüllen.	Größere Dienste, die häufig ein gesamtes System abdecken.
Datenspeicherung	Jeder Dienst kann eine eigene Datenspeicherung haben.	Der Datenspeicher wird von mehreren Diensten genutzt.
Fokus	Bezug auf eine einzelne Anwendung.	Unternehmensweit und Fokusintegration.
Integration	Kommuniziert über API Layer.	Kommuniziert über ESB.

Tabelle 2.1 Gegenüberstellung von Microservice-Architektur und SOA

Vorteile von Microservices

Microservices sind aktuell eines der modernesten Architekturmuster und erfreuen sich großer Beliebtheit. Digitale Unternehmen wie Netflix, Google und Co. haben ihre IT-Landschaft auf der Basis von Microservices-Architekturen implementiert. Ein großer Vorteil von Microservices ist, dass die Dienste aufgrund der starken Modularisierung leicht ersetzt werden können. Änderungen eines Dienstes oder neue funktionale Anforderungen lassen sich somit schnell und unabhängig implementieren und in Produktion bringen. Sie können die Markteinführungszeit neuer Funktionen somit drastisch verkürzen. Ein weiterer, entscheidender Vorteil dieser Architektur ist die granulare Skalierung der Dienste. Microservices lassen sich je nach Bedarf horizontal skalieren und mit weiteren Ressourcen ausstatten. Auf diese Art können Sie die Infrastrukturanforderungen anpassen, die Kosten messen und die Verfügbarkeit zu jeder Zeit sicherstellen. Neben den technologischen Vorteilen ermöglichen Microservices die Skalierung agiler Entwicklungsprozesse und das verteilte Arbeiten unabhängiger Entwicklungsteams.

Nachteile von Microservices

Gegenüber den Vorteilen gibt es bei einer Microservice-Architektur aber auch einige Herausforderungen, die Sie bei der Implementierung bedenken sollten. Eine verteilte Architektur erzeugt Komplexität in der Kommunikation zwischen den Diensten, was eine hohe Netzwerklatenz bedeuten kann. Aufgrund der Vielzahl unabhängiger Dienste wird das Ende-zu-Ende-Testen sowie das Protokollieren und Versionieren erheblich komplexer. Um dem entgegenzuwirken, müssen häufig zusätzliche Lösungen, wie z. B. ein zentrales Logging, eingesetzt werden. Unsere Erfahrung hat gezeigt, dass Unternehmen häufig an den organisatorischen und kulturellen Veränderungen scheitern. Jedes Team hat seine eigenen Entwicklungsabläufe und Verantwortlichkeiten, die häufig im Widerspruch zu zentralen Unternehmenslösungen stehen.

[»]

Fazit

Eine Entscheidung für eine Microservice-Architektur muss gut durchdacht sein. Bewerten Sie pro Szenario neu, welche Gründe für die Einführung einer Microservice-Architektur sprechen, welche Gründe dagegen sprechen, und welchen Nutzen Sie sich erhoffen. SAP bietet mit der SAP Business Technology Platform (SAP BTP) und den dort nutzbaren Services zahlreiche Möglichkeiten, um Anwendungen nach diesem Muster zu entwickeln.

2.2 Integrationsstile

Klassifizierung von Integration

Nachdem Sie in Abschnitt 2.1, »Integrationsarchitekturen«, die verschiedenen Integrationsarchitekturen kennengelernt haben, stellen wir Ihnen in diesem Abschnitt die verschiedenen Integrationsstile vor. Wir benutzen diese Integrationsstile während unserer täglichen Arbeit, um verschiedene Arten von Integrationsszenarien zu klassifizieren. Dabei orientieren wir uns an einem Ansatz, der auch in der SAP-Methode *Integration Solution Advisory Method* (ISA-M) zum Einsatz kommt (siehe Abschnitt 3.1, »Integration Solution Advisory Methodology (ISA-M)«).

Wir unterscheiden die folgenden Stile, die wir Ihnen in Abschnitt 2.2.1, »Prozessbasierte Integration«, bis Abschnitt 2.2.5, »Stilübergreifende Integration«, noch genauer vorstellen:

- prozessbasierte Integration
- datenbasierte Integration
- Integration der Benutzeroberflächen
- Integration der Dinge
- stilübergreifende Integration

Weitere Klassifizierungsansätze

Der Vollständigkeit halber möchten wir an dieser Stelle erwähnen, dass noch weitere Wege zur Klassifizierung von Integrationsszenarien existieren. So klassifizieren z. B. die Softwarearchitekten Gregor Hohpe und Bobby Woolf in ihrem Buch »Enterprise Integration Patterns« die Integrationsszenarien anhand der folgenden sechs Kriterien:

- Informationsportale
- Datenreplikation
- geteilte Geschäftsfunktionen
- serviceorientierte Architekturen
- verteilte Geschäftsprozesse
- Unternehmen-zu-Unternehmen-Integration

Herausforderungen bei der Klassifizierung

Bei der Klassifizierung von Integrationsszenarien sehen wir die besondere Herausforderung, dass nicht alle Integrationsszenarien eindeutig zugeordnet werden können. Aus diesem Grund bevorzugen wir und empfehlen Ihnen die von ISA-M verwendete Klassifizierung mit der Verwendung von stilübergreifenden Integrationen (siehe Abschnitt 2.2.5, »Stilübergreifende Integration«). Im Folgenden stellen wir Ihnen die verschiedenen Stile genauer vor.

2.2.1 Prozessbasierte Integration

Die *prozessbasierte Integration* ist der Klassiker im Integrationsumfeld. Grundlegend ist eine prozessbasierte Integration durch die Fragestellung geprägt, wie anwendungs- und/oder unternehmensübergreifende Geschäftsprozesse durch Schnittstellen ausführbar gemacht werden können.

Anwendungsübergreifende Geschäftsprozesse

Anwendungsübergreifende Geschäftsprozesse sind dadurch geprägt, dass ein bestimmter Geschäftsprozess im Unternehmen durch den Einsatz mehrerer Anwendungen ausgeführt wird. Dabei wird jede eingesetzte Anwendung für einen bestimmten Zweck im Prozess verwendet. Damit jede Anwendung ihre Aufgabe korrekt ausführen kann, ist ein Informationsaustausch zwischen den Anwendungen notwendig.

Beispiel-Integration: CRM und ERP

Ein Beispiel für einen anwendungsübergreifenden Geschäftsprozess finden Sie bei der Integration von CRM-Anwendungen mit ERP-Anwendungen. Angenommen, Sie erfassen den ersten Kundenkontakt in Ihrer CRM-Anwendung und schreiben dort Angebote für Ihre Kunden. Sobald der Kunde das Angebot angenommen hat, müssen Sie in Ihrer ERP-Anwendung einen Kundenauftrag erstellen. Hierzu benötigen Sie einen Informationstransfer von Ihrer CRM-Anwendung zu Ihrer ERP-Anwendung, damit Ihr Verkaufsprozess weiterbearbeitet werden kann. Einige typische Eigenschaften für die prozessbasierte Integration haben wir in Tabelle 2.2 zusammengefasst.

Aufgabe	Verbindung von Anwendungen und/oder Unternehmen zur Ausführung von Geschäftsprozessen
Auslöser der Integration	eingetroffenes Ereignis im Rahmen eines Geschäftsprozesses
Informationsfluss	■ unidirektional ■ bidirektional
Ausführungszeitpunkt	(nahezu) Echtzeit
Nachrichtenumfang	Einzelnachrichten
Besondere Anforderungen	■ transaktionale Integrität ■ Unternehmen-zu-Unternehmen-Unterstützung ■ Unternehmen-zu-Behörden-Unterstützung

Tabelle 2.2 Eigenschaften von prozessbasierter Integration

Auslöser der Integration

Der Auslöser für den Informationsaustausch ist in der Regel ein bestimmtes Ereignis, das innerhalb des Geschäftsprozess eingetreten ist, z. B. die Annahme eines Angebots durch den Kunden.

Nachrichtenumfang

Bei Eintritt des Ereignisses ist ein Informationsaustausch notwendig: Eine Information muss übertragen werden. Normalerweise ist von einem Ereignis genau eine Information betroffen (z. B. ein konkretes Angebot). Daher findet eine Übertragung in Form von Einzelnachrichten statt.

Ausführungszeitpunkt

Der Ausführungszeitpunkt für den Informationsaustausch im Rahmen der prozessbasierten Integration ist stark von den allgemeinen Rahmenbedingungen abhängig. Im Normalfall soll der Informationsaustausch allerdings in Echtzeit oder nahezu in Echtzeit abgeschlossen werden, damit die Ausführung des Geschäftsprozesses nicht verzögert wird.

[»]

Zeitverzögerung kann kritisch sein

Während in bestimmten Bereichen eines Unternehmens eine Zeitverzögerung bei der prozessbasierten Integration vertretbar ist, gibt es auch Bereiche, in denen dies nicht akzeptabel ist. Stellen Sie sich hierzu einen Informationsaustausch zwischen der ERP-Anwendung und den Anwendungen zur Lagerverwaltung vor. Insbesondere bei der Integration von Automatiklägern kann schon ein geringer Zeitverzug bei dem Informationsaustausch zu massiven Störungen führen.

Unternehmen-zu-Unternehmen-Unterstützung

Eine Besonderheit bei der prozessbasierten Integration besteht darin, dass ein *unternehmensübergreifender Informationsaustausch* unterstützt werden muss. In den bisherigen Ausführungen sind wir davon ausgegangen, dass zwei Anwendungen innerhalb des gleichen Unternehmens Informationen miteinander austauschen. Insbesondere bei der engen Einbindung von Kunden und Lieferanten können Geschäftsprozesse aber auch über Unternehmensgrenzen hinweg erfolgen (z. B. Speicherung einer Bestellung zur Übergabe an den Lieferanten). Für die Unternehmen-zu-Unternehmen-Kommunikation werden typischerweise spezielle Austauschformate verwendet, um den Informationsaustausch zu standardisieren.

Unternehmen-zu-Behörden-Unterstützung

Gleiches gilt für die Möglichkeit der Integration des Unternehmens zu Behörden. Sie befasst sich mit der Kommunikation zwischen dem Unternehmen und behördlichen Organisationen. Wir haben bei vielen Unternehmen in Deutschland die Umsatzsteuervoranmeldung als prozessbasierte Integration implementiert. In anderen Ländern, z. B. Spanien mit SII, erfolgt die Steuermeldung verpflichtend per Schnittstelle zur Finanzverwaltung. Hierzu stellt SAP vorgefertigte Integrationslösungen zur Verfügung, die als Integrationsinhalte auf den jeweiligen Integrationsplattformen bereitgestellt werden.

Transaktionale Integrität

Besonderes Augenmerk möchten wir an dieser Stelle auf die *transaktionale Integrität* von prozessbasierter Integration legen: Informationen müssen natürlich ohne Verfälschung vom Sender zum Empfänger übertragen werden können. Dabei sind zwei Aspekte zu betrachten: zum einen die Datensicherheit, die dafür verantwortlich ist, dass kein Dritter den Informationsaustausch belauschen und die ausgetauschten Informationen verändern kann. Zum anderen muss die Implementierung so vorgenommen werden, dass beim Informationsaustausch selbst keine Veränderung der Daten stattfindet.

2.2.2 Datenbasierte Integration

Im Gegensatz zur prozessbasierten Integration muss sich die *datenbasierte Integration* nicht an einem Geschäftsprozess orientieren, sondern kann unabhängig davon erfolgen. Es soll dabei die Fragestellung beantwortet werden, wie Daten zwischen Anwendungen repliziert werden können.

Replikation von Daten

Das Ziel der Replikation ist es, die Daten einer Anwendung einer anderen Anwendung zur Verfügung zu stellen. Dabei werden der Datenbestand oder Teile des Datenbestands übertragen. Abhängig vom Grund der Datenreplikation kann die Implementierung der Replikation unterschiedlich ausgestaltet werden.

Beispiel: Integration von SAP BW und SAP ERP

Ein klassisches Beispiel für die Datenintegration ist der Informationsaustausch zwischen einer transaktionalen Anwendung und einer analytischen Anwendung. Im SAP-Umfeld sprechen wir hier typischerweise von SAP ERP und SAP BW (SAP Business Warehouse). Die Daten werden von der transaktionalen Anwendung zur analytischen Anwendung repliziert. Beide Arten von Anwendungen sind für ihre jeweilige Verarbeitung von Daten optimiert, weshalb beide Anwendungen ihre Daseinsberechtigung haben.

Aus diesem Beispiel können wir einige Eigenschaften von der datenbasierten Integration ableiten, die wir in Tabelle 2.3 noch einmal zusammengefasst haben.

Aufgabe	Replikation von Daten zwischen Anwendungen
Auslöser der Integration	eingetroffenes Ereignis oder Ereignis anhand eines Ausführungszeitplans
Informationsfluss	unidirektional
Ausführungszeitpunkt	■ Stapelverarbeitung ■ (nahezu) Echtzeit
Nachrichtenumfang	■ Sammelnachrichten ■ Einzelnachrichten
Besondere Anforderungen	■ komplexe Transformationen ■ Datenqualität ■ Big-Data-Verarbeitung ■ Datenspeicherung

Tabelle 2.3 Eigenschaften von datenbasierter Integration

Auslöser der Integration

Bei der datenbasierten Integration gibt es unterschiedliche Auslöser für die Replikation: Traditionell arbeiten Sie hier mit einem Ausführungszeitplan für die Datenreplikation. Dabei wird ein Job eingeplant, und die Daten werden in bestimmten Zeitintervallen (z. B. tagesweise) übertragen. Allerdings kann die datenbasierte Integration auch über ein eingetroffenes Ereignis gestartet werden. Dies passiert häufig bei der Delta-Übertragung von Daten. In diesem Fall wird bei einer Änderung eines Datensatzes lediglich diese Änderung übertragen.

Nachrichtenumfang

Im Rahmen der datenbasierten Integration können Daten als Delta oder im vollen Umfang übertragen werden. Daher kann der Nachrichtenumfang auch stark variieren. Mit Sammelnachrichten werden mehrere Daten innerhalb einer Nachricht (oder manchmal auch in mehreren Nachrichten) übertragen. Einzelnachrichten umfassen immer genau einen Datensatz. Beide Varianten haben ihre Vor- und Nachteile: Bei Einzelnachrichten, insbesondere bei vollem Datenumfang, werden sehr viele kleine Nachrichten übertragen – die hohe Anzahl von Nachrichten kann dabei zu einem Problem werden. Sammelnachrichten können entsprechend sehr groß werden und dabei z. B. zu Zeitüberschreitungen bei der Übertragung führen.

Ausführungszeitpunkt

Abhängig vom Auslöser ist der Ausführungszeitpunkt bei der datenbasierten Integration in der Regel eine jobgesteuerte Stapelverarbeitung oder nahezu Echtzeit.

Komplexe Transformationen

Eine Besonderheit bei der datenbasierten Integration ist die Anwendung von komplexen Transformationen. Wie im Beispiel beschrieben, ist ein häufiges Anwendungsbeispiel die Replikation von Daten zwischen transaktionalen Anwendungen und analytischen Anwendungen. Beide Systeme speichern Daten so, dass sie für sie optimierte Datenstrukturen besitzen. Diese optimale Datenstruktur sieht aber für jede Anwendung unterschiedlich aus. Daher müssen die Daten zunächst transformiert werden, um in der analytischen Anwendung verwendet werden zu können. Außerdem wird bei der Übertragung von Daten zwischen transaktionalen und analytischen Anwendungen häufig eine Aggregation vorgenommen.

Datenqualität

Eine weitere Besonderheit bei der datenbasierten Integration stellt das Thema Datenqualität dar. Insbesondere für die Replikation von Stammdaten werden häufig Funktionen zur Verbesserung der Datenqualität implementiert. Ein Beispiel sind Dubletten-Prüfungen, bei denen anhand bestimmter Kriterien (z. B. identische Telefonnummern oder Adressdaten) doppelte Einträge identifiziert werden. Wir haben häufig die Anforderung von Kunden gesehen, Adressinformationen nach bestimmten Formatvorlagen in einer datenbasierten Integration zu vereinheitlichen. Dabei kann je nach Lösung zusätzlich auf Adressvalidierungsservices im Internet zugegriffen werden, um eine hohe Qualität von Adressinformationen zu erreichen.

Big-Data-Verarbeitung

Wir sehen seit Langem einen stetigen Anstieg von Daten bzw. elektronischen Informationen innerhalb unserer Unternehmen. Dabei steigen die Anforderungen, diese Daten zu speichern und zu verarbeiten. Nicht alle Daten sind strukturierte Informationen; es kann sich auch um unstrukturierte Informationen handeln. Die *Big-Data-Verarbeitung* bezeichnet die Speicherung und Verarbeitung dieser strukturierten und unstrukturierten Informationen. Für Unternehmen wird die Verarbeitung dieser Informationen zunehmend wichtiger, um Unternehmensentscheidungen treffen bzw. unterstützen zu können. Dies muss selbstverständlich auch bei der datenbasierten Integration berücksichtigt und wenn möglich unterstützt werden. So kann z. B. die Anforderung bestehen, bestimmte öffentlich zugängliche Informationen für Analysen bereitzustellen (z. B. Wetterinformationen für bestimmte Regionen).

Datenspeicherung

Im Rahmen der datenbasierten Integration kann auch die Anforderung bestehen, bestimmte Informationen über einen Zeitraum zwischenzuspeichern. Der Grund besteht in der Regel darin, die gespeicherten Informationen für einen schnellen Zugriff bereitzuhalten. Im Rahmen einer Dubletten-Prüfung können Sie somit neue Datensätze einfach und schnell mit bereits übertragenen Datensätzen vergleichen, um potenzielle Dubletten zu identifizieren. Alternativ können Sie den Datenspeicher einsetzen, um Informationen für einen häufigen Zugriff zur Verfügung zu stellen. Dadurch entlasten Sie die Ursprungssysteme der Informationen von der Last der häufigen Zugriffe. Das Prinzip ist also eine Art Daten-Cache. Im Rahmen des *Digital Integration Hub* stellt SAP u. a. dieses Konzept mit SAP-Mitteln vor (siehe Kapitel 13, »Digital Integration Hub«).

2.2.3 Integration der Benutzeroberflächen

In diesem Abschnitt stellen wir Ihnen die Integration von benutzernahen Anwendungen vor (nachfolgend als *Benutzeroberflächen* bezeichnet). Dabei soll die Frage beantwortet werden, wie benutzerzentrische Anwendungen mit Geschäftsanwendungen integriert werden können.

Warum benutzernahe Anwendungen?

Die Ansprüche von Benutzern und Benutzerinnen an Benutzeroberflächen steigen. Sicherlich bevorzugen auch Sie in Ihrem Alltag ansprechende und einfach zu bedienende Benutzeroberflächen. Entsprechend steigt der Bedarf für Softwarehersteller, diesen Anforderungen gerecht zu werden. Aus diesem Grund werden Benutzeroberflächen heutzutage noch stärker von der eigentlichen Anwendungslogik getrennt. Dadurch steigt der Bedarf, einen Austausch zwischen der Benutzeroberfläche und der Anwendung zu ermöglichen. Die Eigenschaften dieser *Integration von Benutzeroberflächen* sehen Sie in Tabelle 2.4.

Aufgabe	Austausch von Informationen zwischen Benutzeroberflächen und Anwendungen
Auslöser der Integration	Benutzeraktion auf der Benutzeroberfläche
Informationsfluss	bidirektional
Ausführungszeitpunkt	Echtzeit
Nachrichtenumfang	▪ Einzelnachrichten ▪ Sammelnachrichten
Besondere Anforderungen	▪ Offline-Unterstützung ▪ Geräteverwaltung ▪ Benutzerverwaltung

Tabelle 2.4 Eigenschaften der Integration der Benutzeroberflächen

Auslöser der Integration

Der Auslöser für die Integration der Benutzeroberflächen ist immer eine Benutzeraktion. Dies bedeutet, dass der Benutzer oder die Benutzerin eine bestimmte Aktivität auf der Benutzeroberfläche ausführt und in der Regel eine Reaktion in Echtzeit erwartet. Rufen Sie als Benutzer*in eine Oberfläche mit einem Eingabeformular auf, können z. B. Wertehilfen geladen werden. Je nach Benutzeraktion können weitere Ereignisse eintreten, bei denen bestimmte Informationen nachgeladen werden, beim Scrollen in einer Anzeigeliste beispielsweise weitere Listenergebnisse. Lösen Sie ein Speicherereignis aus, werden Informationen von der Benutzeroberfläche an die eigentliche Anwendung übertragen, um diese zu prüfen und anschließend auf der Datenbank zu speichern.

Ausführungs zeitpunkt

Die Integration von Benutzeroberflächen wird normalerweise synchron implementiert, um in Echtzeit auf Benutzeraktivitäten reagieren zu können. Dadurch kann der Benutzer erst weiterarbeiten, wenn die Antwort aus der Anwendung in der Benutzeroberfläche eingetroffen ist.

[«]

Andere Ausführungszeitpunkte

Es gibt auch Ausnahmen, in denen andere Ausführungszeitpunkte verwendet werden. Dies beschreiben wir im Folgenden bei der Offline-Unterstützung.

Nachrichtenumfang

Der Nachrichtenumfang kann Einzel- oder Sammelnachrichten umfassen. Bei Sammelnachrichten werden z. B. für die Anzeige von Informationen in Listen eine größere Anzahl von Informationen zum selben Zeitpunkt abgefragt. In modernen Oberflächen werden die Daten insbesondere bei Listendarstellungen in größeren Blöcken aus dem Backend-System abgefragt (z. B. 20 Datensätze per Aufruf). Erst wenn die Benutzer*in weiter in der Liste navigiert (z. B. nach unten scrollt), werden zusätzliche Datenblöcke nachgelesen. Dadurch wird ein flüssigeres Verhalten der Benutzeroberfläche erreicht.

Offline-Unterstützung

Auch bei der Integration von Benutzeroberflächen gibt es besondere Anforderungen. Insbesondere bei der Verwendung von mobilen Endgeräten (z. B. Notebooks oder Mobiltelefonen) sehen wir immer wieder die Anforderung nach einer *Offline-Unterstützung*: Alle oder zumindest bestimmte Funktionen der Benutzeroberfläche sollen auch ohne mobile Datenverbindung (zur eigentlichen Anwendung) verfügbar und nutzbar sein. Konkret bedeutet dies, dass eine Integration zwischen Benutzeroberfläche und Anwendung nur ausgeführt wird, wenn eine Datenverbindung besteht. Die Benutzeroberfläche muss in solchen Fällen die Möglichkeit haben, alle notwendigen Informationen zwischenzuspeichern und einen Datenabgleich durchzuführen, sobald eine Datenverbindung hergestellt wird.

Geräteverwaltung

Die Verwendung einer Geräteverwaltung kann eine weitere Anforderung bei der Integration von Benutzeroberflächen sein. Mit einer Geräteverwaltung stellen Sie sicher, dass Ihre Geräte stets den aktuellen Stand der Benutzeroberfläche verwenden. Gegebenenfalls können Aktualisierungen proaktiv an Geräte gesendet werden. Wir sehen insbesondere den Sicherheitsaspekt einer Geräteverwaltung als Vorteil. So stellen Sie sicher, dass ausschließlich zugelassene Geräte die Benutzeroberfläche und damit die Integration zur Anwendung nutzen können.

Benutzerverwaltung

Darüber hinaus kann eine Benutzerverwaltung sinnvoll sein. Auch hier handelt es sich um einen Sicherheitsaspekt. Dabei geht es nicht ausschließlich darum, wer welche Benutzeroberflächen aufrufen darf, sondern auch darum, welche Informationen die Benutzer*innen auf ihrer Benutzeroberfläche sehen dürfen. Dies muss selbstverständlich bei der Datenselektion aus dem Backend-System berücksichtigt werden, damit keine unnötigen Daten geladen oder, noch schlimmer, Daten angezeigt werden, die der Benutzer oder die Benutzerin nicht sehen darf.

2.2.4 Integration der Dinge

Dieser Abschnitt beschäftigt sich mit der *Integration der Dinge*. Dabei möchten wir die Fragestellung beantworten, wie Dinge untereinander und mit Geschäftsanwendungen integriert werden können.

Was sind Dinge?

Ein *Ding* (oder auch ein *Sensor*) bezeichnet einen Gegenstand in der realen Welt, der Informationen generiert und über Technologien zur Verfügung stellt. In der Regel speichert das Ding diese Informationen nicht, sondern erfasst oder misst sie nur und überträgt sie in Echtzeit weiter. Ein Beispiel für ein Ding ist z. B. ein digitales Thermometer. Es misst die Temperatur an einem bestimmten Ort und zeigt sie an. Theoretisch kann die Information aber auch digital an andere Geräte übertragen werden.

[»]

Andere Dinge

Wir sind uns dessen bewusst, dass auch größere elektronische Geräte (z. B. smarte Kühlschränke, Waschmaschinen usw.) als Dinge bezeichnet werden können. Aus unserer Sicht entspricht in den meisten Fällen die Integration mit solchen Geräten allerdings eher einer prozessbasierten oder datenbasierten Integration, weshalb wir uns nachfolgend auf die oben beschriebene Definition von Dingen als Sensoren beziehen.

Die Eigenschaften der Integration von Dingen werden in Tabelle 2.5 dargestellt.

Aufgabe	Integration von Informationen aus der realen Welt
Auslöser der Integration	Ereignis im Ding
Informationsfluss	unidirektional
Ausführungszeitpunkt	Echtzeit
Nachrichtenumfang	Einzelnachrichten
Besondere Anforderungen	▪ Offline-Unterstützung ▪ Geräteverwaltung ▪ Protokoll-Support ▪ Ereignisstromverarbeitung

Tabelle 2.5 Eigenschaften der Integration der Dinge

Auslöser der Integration

Auslöser für die Integration der Dinge ist ein Ereignis innerhalb eines Dings. Wie bereits beschrieben, ist aus unserer Sicht ein Ding ein einfaches Stück Elektronik, das Informationen erfasst bzw. misst und versendet. Daher ist in den meisten Fällen der Auslöser für die Integration ein gemessener oder erfasster Wert im Ding.

Ausführungszeitpunkt

Da ein Ding im Normalfall keine Informationen speichert, werden die gemessenen Werte direkt versendet. Typisch für Dinge sind Messintervalle von Sekunden, Millisekunden oder noch kleineren Zeiteinheiten. Dies führt zu einer sehr hohen Anzahl von Datenübertragungen. Gleichzeitig sind die Nachrichten sehr klein. Normalerweise reicht als Nachrichteninhalt der erfasste bzw. gemessene Wert, ein Zeitstempel und gegebenenfalls ein Identifikator des Dings.

Informationsfluss

Im Gegensatz zu den anderen bisher vorgestellten Integrationsstilen ist bei der Integration von Dingen ein ausschließlich unidirektionaler Informationsfluss gegeben. Dinge *senden* ausschließlich Informationen und können keine Informationen empfangen.

Offline-Unterstützung

Dinge sind im Normalfall einfache elektronische Einheiten und speichern keine Informationen. Daher sollte im Rahmen der Integration sichergestellt werden, dass keine Informationen verloren gehen. Dafür müssen insbesondere die empfangenden Anwendungen so implementiert werden, dass auch der temporäre Ausfall eines Dings die eigentliche Funktionalität nicht beeinflusst.

Geräteverwaltung

Wie in Abschnitt 2.2.3, »Integration der Benutzeroberflächen«, erläutert, ist die Geräteverwaltung auch eine besondere Anforderung bei der Integration von Dingen. Hauptsächlich geht es hierbei um ein Verzeichnis der

Dinge, die im Rahmen einer Integration ihre Informationen an den Empfänger schicken. Bereits kleine elektronische Geräte können eine hohe Anzahl von Sensoren und damit Dingen enthalten, die Informationen bereitstellen können. Insbesondere bei mehreren größeren Industrieanlagen ist daher ein Verzeichnis der Dinge unabdingbar.

Protokoll-Support

Eine weitere besondere Anforderung stellt ein erweiterter Protokoll-Support dar. Aufgrund der sehr hohen Datenfrequenzen ist die Verwendung des HTTP-Protokolls nicht ideal. Es wird zwar im Bereich der Integration der Dinge eingesetzt, allerdings existieren auch spezielle IoT-Protokolle, die für die Integration von Dingen optimiert sind. Diese IoT-Protokolle vermeiden einen großen Daten-Overhead, wie er z. B. bei einer HTTP-Kommunikation entsteht. Daher sollten Sie diese speziellen Protokolle insbesondere bei Begrenzungen der Bandbreite oder des Volumens einsetzen. Beispiele für IoT-Protokolle sind:

- Message Queuing Telemetry Transport (MQTT)
- Constrained Application Protocol (CoAP)
- Extensible Messaging and Presence Protocol (XMPP)

Ereignisstrom-verarbeitung

Die Ereignisstromverarbeitung ist ebenfalls eine Besonderheit bei der Integration der Dinge. Auch diese Anforderung ist insbesondere der hohen Frequenz von Nachrichten geschuldet. Sensoren können in sehr kurzen Zeitabständen Ereignisnachrichten erzeugen, sodass innerhalb von kurzer Zeit eine große Anzahl von Ereignissen entsteht (z. B. Temperaturmesswerte im Sekundentakt). Die Ereignisstromverarbeitung hat zum Ziel, alle gleichartigen Ereignisse in einem Datenstrom zu speichern und somit für eine schnelle Auswertung in Echtzeit zur Verfügung zu stellen.

2.2.5 Stilübergreifende Integration

Als *stilübergreifende Integration* bezeichnen wir alle Arten von Integrationen, die nicht eindeutig einem Integrationsstil zugeordnet werden können. Sie weisen entweder typische Eigenschaften von mindestens zwei Integrationsstilen auf oder können, abhängig von der Implementierung, unterschiedlichen Integrationsstilen zugeordnet werden. In Tabelle 2.6 sehen Sie ein von uns aufgestelltes Beispiel von Anwendungsfallmustern zu Integrationsstilen.

Stammdaten-replikation

Die Stammdatenreplikation ist ein Beispiel für eine stilübergreifende Integration: Die Stammdatenreplikation können Sie, abhängig von der Implementierung, entweder der prozessbasierten oder der datenbasierten Integration zuweisen.

	Prozessbasierte Integration	Datenbasierte Integration	Integration der Benutzeroberflächen	Integration der Dinge
Stammdatenreplikation	X	X		
Robotergesteuerte Prozessautomatisierung	X	X	X	
API-verwaltete Integration	X		X	X
Eventbasierte Integration	X	X		X

Tabelle 2.6 Zuordnung von Anwendungsfallmustern zu Integrationsstilen

Stammdatenreplikation als prozessbasierte Integration

In Abschnitt 2.2.1, »Prozessbasierte Integration«, hatten wir bereits ein Beispielszenario für die Integration zwischen ERP- und CRM-Systemen für die prozessbasierte Integration beschrieben. Wenn Sie im Rahmen dieser Prozessintegration auch den Austausch von Kundenstammdaten umsetzen, weist Ihre Stammdatenreplikation typische Eigenschaften einer prozessbasierten Integration auf. So können Sie die Kundenstammdaten z. B. direkt vor der Übertragung des Angebots zwischen dem ERP- und dem CRM-System austauschen. Dadurch stellen Sie sicher, dass notwendige Stammdateninformationen zum Zeitpunkt der Anlage des Kundenauftrags definitiv in der korrekten Form in beiden Systemen vorhanden sind.

Stammdatenreplikation als datenbasierte Integration

Die Stammdatenreplikation zwischen ERP- und CRM-Systemen können Sie allerdings auch als datenbasierte Integration implementieren. In diesem Fall weist sie auch typische Eigenschaften der datenbasierten Integration auf. Im SAP-Umfeld wird in diesem Zusammenhang meist von *Änderungszeigerlogik* gesprochen. Dabei werden alle Änderungen an einem Stammdatenobjekt als separate Informationen gespeichert. Über eigenständige Programme können Sie die Änderungsinformationen auswerten und Datenübertragungen auslösen. Die Programme können Sie über Ausführungspläne für die Hintergrundverarbeitung einplanen und ausführen. In diesem Fall handelt es sich um eine typische Eigenschaft der datenbasierten Integration.

Robotergesteuerte Prozessautomatisierung

Ein anderes Beispiel für die stilübergreifende Integration ist aus unserer Sicht die *robotergesteuerte Prozessautomatisierung* (Robotic Process Automation, RPA). Im Rahmen der robotergesteuerten Prozessautomatisierung sollen mithilfe von kleinen Bots bestimmte Verarbeitungsschritte in einem Prozess automatisiert werden. Hierzu werden in der Regel in der Benutzeroberfläche einer Applikation die notwendigen Eingabeschritte aufgezeichnet. Die aufgezeichneten Eingabeschritte können anschließend für große Datenmengen ausgeführt werden, sodass eine Massendatenerfassung oder -verarbeitung möglich ist. Aus diesem Grund sehen wir die RPA als stilübergreifende Integration, da sie Eigenschaften der prozessbasierten, der datenbasierten und der Benutzeroberflächenintegration aufweisen kann. Für weitere Informationen zu diesem Thema empfehlen wir Ihnen das E-Bite »Introducing SAP Intelligent Robotic Process Automation« von SAP PRESS (siehe *https://www.sap-press.com/4998*).

API-verwaltete Integration

Die *API-verwaltete Integration* stellt eine weitere Variante der stilübergreifenden Integration dar. Hierbei wird zwischen dem Anbieter eines Dienstes und dem Aufrufer des Dienstes eine weitere Verwaltungsschicht, das sogenannte *API-Management*, zwischengeschaltet. Über ein API-Management können Sie alle bereitgestellten Dienste zentral verwalten. Zusätzlich besteht die Möglichkeit, über Sicherheits- und Verwaltungsrichtlinien den Zugriff auf die Dienste sehr granular auszuprägen. Auswertungsfunktionen bieten Ihnen die Möglichkeit, die Verwendung der Dienste sehr detailliert zu überwachen. Wir beschreiben *SAP API Management* und seine Funktionen in Kapitel 7, »SAP API Management«. Prinzipiell können Sie jegliche Art der Integration als API-verwaltete Integration implementieren. Aus diesem Grund behandeln wir es als stilübergreifende Integration.

Eventbasierte Integration

In Abschnitt 2.2.4, »Integration der Dinge«, haben wir bereits viel über die eventbasierte Integration im Rahmen der Integration der Dinge gesprochen. Allerdings sehen wir eine eventbasierte Integration nicht exklusiv für die Integration der Dinge, sondern auch bei anderen Integrationsstilen. Insbesondere bei der prozessbasierten und der datenbasierten Integration kann die Integration eventbasiert implementiert werden. SAP stellt mittlerweile unter dem Begriff *SAP S/4HANA Cloud Business Events* einige Events für SAP S/4 HANA Cloud zur Verfügung. Eine Übersicht hierzu finden Sie im SAP API Business Hub (siehe Abschnitt 1.3.1, »SAP API Business Hub«) Die Events können z. B. konsumiert werden, um Aktionen im Rahmen einer prozessbasierten Integration auszulösen.

2.3 Integrationstechnologien, Standards und Protokolle

In diesem Abschnitt stellen wir Ihnen die grundlegenden Technologien für die Integration von Applikationen bzw. die Entwicklung von Schnittstellen vor. Zunächst stellen wir Ihnen Webservices vor und steigen danach in die Themen SOAP, REST und OData ein. In Abschnitt 2.3.4 beschäftigen wir uns mit dem eher SAP-zentrierten Thema Remote Function Calls. Abschließend stellen wir Ihnen Message Queues im gleichnamigen Abschnitt 2.3.5 und in

Abschnitt 2.3.6, »Dateitransfer und Datenbanken«, die Anbindung von Datenbanken und den Transfer von Dateien vor.

2.3.1 Webservices

Was sind Webservices?

Unter einem *Webservice* versteht man im Allgemeinen einen plattformunabhängigen Dienst im Internet oder in einem Unternehmensnetzwerk, über den Applikationen mit einer zuvor definierten Schnittstelle unter dem Einsatz von Standard-Webtechnologien Informationen austauschen können. Soweit zur reinen Definition des Begriffs. Doch was bedeutet das konkret?

Bestandteile eines Webservice

Webservices basieren im Grunde auf der Idee, Services nach außen hin (zum Web) zu veröffentlichen. In Abschnitt 2.1.4 sind wir in diesem Zusammenhang schon auf die serviceorientierte Architektur eingegangen. Mit Verweis auf Abbildung 2.11 besteht ein Service grundlegend aus den folgenden Bestandteilen:

- **Interface**
  Ein Interface ist eine Schnittstelle, die den zentralen Zugriffspunkt des Service nach außen darstellt.
- **Servicekontrakt**
  Unter einem Servicekontrakt versteht man eine Spezifikation der angebotenen Funktionen und Restriktionen des Service.
- **Service-Implementierung**
  Bei einer Service-Implementierung handelt es sich um die eigentliche technische Implementierung, die die Daten, basierend auf der definierten Geschäftslogik des Service, bereitstellt.

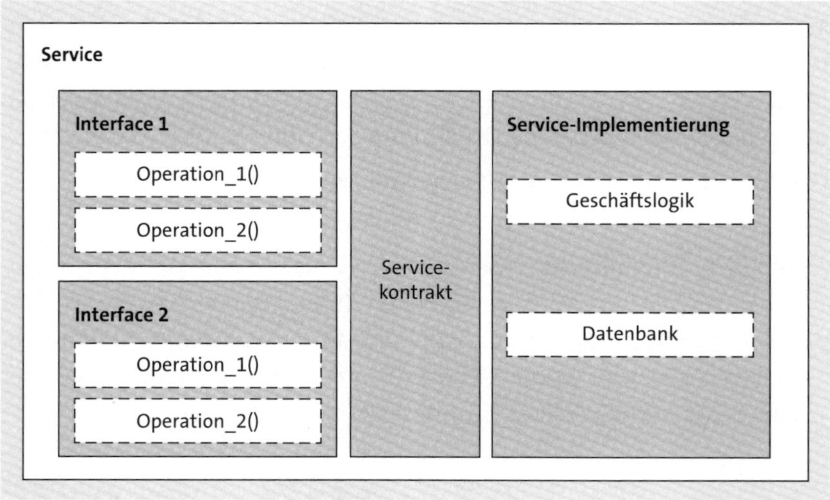

Abbildung 2.11 Aufbau eines Service

Webservices sind nun also, wie in Abbildung 2.12 dargestellt, interne Services, die, durch Webtechnologien unterstützt, extern zugreifbar gemacht werden. Dies erlaubt es externen Partnern, in einem kontrollierten und definierten Maße auf interne Ressourcen zuzugreifen. Dies ist natürlich eine stark vereinfachte Sichtweise, aber sie hilft, zunächst das grundlegende Konzept der Webservices zu verstehen.

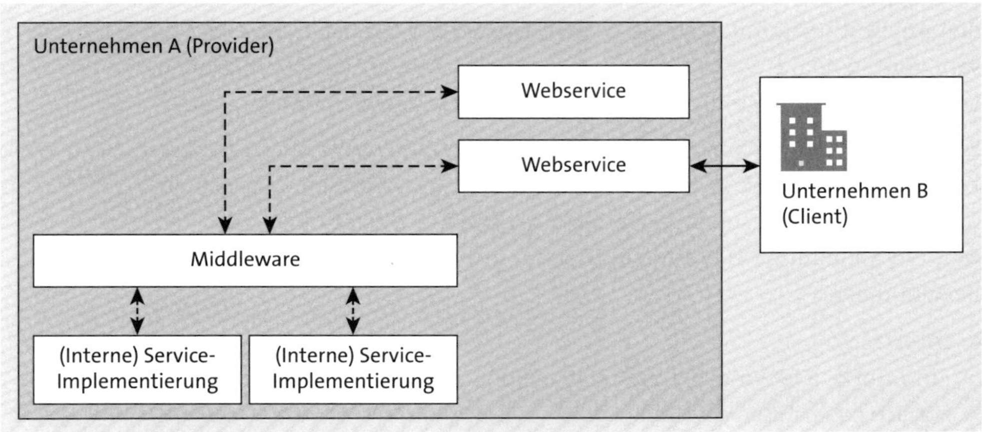

Abbildung 2.12 Webservices als zentraler Zugriffspunkt für externe Partner

Wie funktionieren Webservices?

Die Funktionsweise von Webservices folgt im Kern der klassischen Client-/Server-Aufrufsequenz, bestehend aus einem Service Requestor (dem Client) und einem Server (dem Service Provider) siehe Abbildung 2.13. Hierbei sendet der Client eine Nachricht via HTTP-POST an den Webservice des Servers. Diese Nachricht und die mitgesendeten Daten werden vom Webservice entsprechend dem vom eigentlichen Service unterstützten Datenformat aufbereitet. Die Anwendung verarbeitet die Daten entsprechend der hinterlegten Geschäftslogik innerhalb der Service-Implementierung und liefert das Ergebnis an das Interface zurück. Der Webservice kapselt die Daten und sendet sie entsprechend als HTTP-Antwort zum Sender zurück.

Zentrale Bestandteile

Die Kommunikation basiert dabei auf zwei zentralen Bestandteilen:

- XML
  Für die Kommunikation zwischen Webservices ist eine einheitliche Syntax notwendig, um Services und deren Interaktion zu beschreiben. Als Meta-Sprache hat sich hier die *Extensible Markup Language* (XML) durchgesetzt. Sie ist weit verbreitet und ein akzeptierter Standard, da sie über eine flexible Syntax verfügt, um Services zu beschreiben.

- **HTTP**
  Als Kommunikationsstandard für die Interaktion von verteilten Webservices hat sich das *Hypertext Transfer Protocol* (HTTP) als Kommunikationsprotokoll für den Transport von textuellen Daten durchgesetzt.

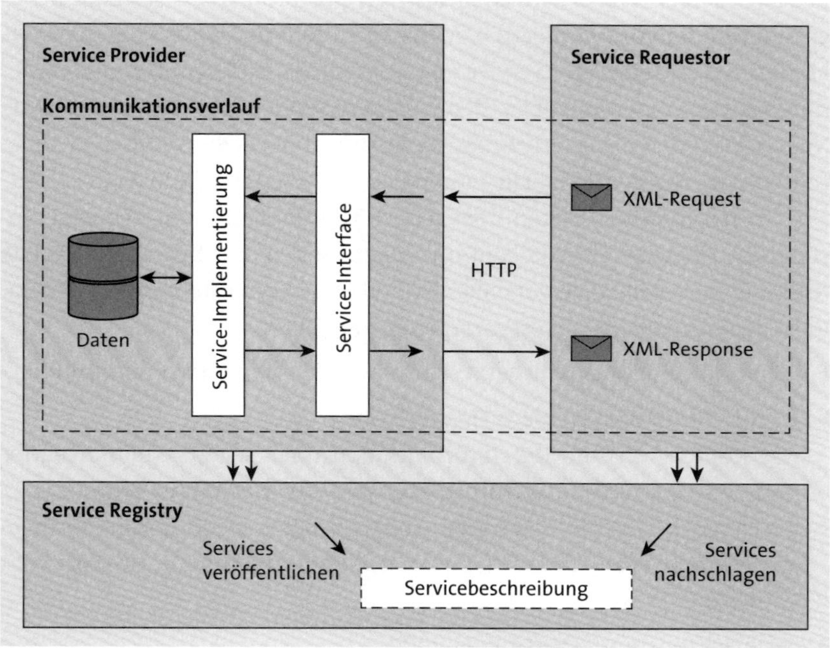

Abbildung 2.13 Webservice-Architektur

Service Registry

Webservices erweitern in ihrer zugrunde liegenden Architektur diese klassische Client-/Server-Architektur noch um einen weiteren Bestandteil: die Service Registry. Die Service Registry enthält ein Verzeichnis aller verfügbaren Webservices sowie deren Servicebeschreibung (siehe Abschnitt 2.1.4, »Serviceorientierte Architektur«).

UDDI

Die Service Registry fungiert damit als *UDDI-Service*, also als webbasierter Informationskatalog für Webservices (UDDI steht für *Universal Description, Discovery and Integration*). Typerweise stellt hierbei eine Anwendung eine Suchanfrage für einen bestimmten Service an das UDDI und erhält als Rückmeldung die Servicebeschreibung eines passenden Webservice, an den darauffolgend der eigentliche Aufruf gerichtet wird. In der heutigen Praxis finden UDDIs immer weniger Anwendung, da die Verwaltung von Services hinsichtlich der Erfassung einzelner Service Requestors und Service Provider nicht vorgesehen ist. Dies wurde bereits 2005 durch die

Abkehr der bis zu diesem Zeiptunkt größten Unterstützer von UDDI – IBM, Microsoft und SAP – verdeutlicht.

SOAP als Nachrichtenstandard für Webservices

Im Integrationsumfeld hat sich das *Simple Object Access Protocol* (SOAP) schnell als Standardnachrichtenprotokoll des XML-basierten Datenaustauschs etabliert. Dabei wird HTTP als Transportprotokoll verwendet. SOAP ermöglicht die Kommunikation zwischen verteilten Systemen, indem Serviceaufrufe aufseiten des Service Requestors für die Übermittlung in XML-Nachrichten umgewandelt werden und beim Service Provider aus der XML-Nachricht in den entsprechenden Serviceaufruf übersetzt werden. In anderen Worten: SOAP ermöglicht remotefähige Prozeduraufrufe mittels XML. Die Übertragung von Daten über das HTTP-Protokoll erfolgt generell zustandslos zwischen einem Client und einem Server. Das bedeutet, dass alle Nachrichten unabhängig voneinander und ohne Bezug auf vorgelagerte Datentransfers übertragen und verarbeitet werden.

Struktur einer SOAP-Nachricht

Eine übertragene Nachricht setzt sich aus zwei Bestandteilen zusammen:

- **Nachrichtenkopf (Message Header)**
  Der Kopf beinhaltet Metainformationen über Sicherheitsinformationen, Routing und Zusatzinformationen zum Nachrichtenrumpf, z. B. die Länge der Nachricht (Content Length) oder auch die Formatierungsart (Content Type), die für eine korrekte Verarbeitung notwendig sein können.
- **Nachrichtenrumpf (Message Body)**
  Der Rumpf beinhaltet die eigentlich zu übertragende Nachricht in Form von XML.

Beschreibung eines Webservice

Der Vorteil der SOAP-Nutzung liegt darin, dass die meisten Integrationssysteme in der Lage sind, sogenannte **.wsdl**-Dateien zu exportieren. WSDL steht für *Web Service Description Language* und ist ein Standard für die Definition von XML-basierten Webservices. Die WSDL beschreibt, was ein Service tut, wie er aufzurufen ist und wo er bzw. dessen Zugriffspunkt zu finden ist.

Aufbau einer WSDL

Als Inhalt lassen sich folgende Informationen finden:

1. **Definition der Datentypen**
   Die Definition der Datentypen beinhaltet eine Beschreibung der zu liefernden Datenstrukturen in Form einer *XML Schema Definition* (kurz XSD).
2. **Beschreibung der Operationen**
   Sie definiert, welche Operationen der Webservice zur Verfügung stellt und legt fest, welche Eingangs- und Ausgangsnachrichten von der Operation erwartet bzw. zurückgesendet werden.

3. **Beschreibung der Nachrichtentypen**
   Sie ordnet die Operationen den Datentypen zu.
4. **SOAP Action**
   Es erfolgt ein Mapping zwischen den SOAP Actions, die dem Aufruf mitgegeben werden können, und den vom Webservice bereitgestellten Operationen. Die SOAP Action wird dem HTTP Request Header entnommen.
5. **Servicename und URL**
   Der Name des Webservice wird definiert und die Endpunkte bzw. die URL angegeben, unter der der Service aufgerufen werden kann.

Zusammenfassung

SOAP stellt somit die gemeinsame Sprache der beteiligten Systeme (Service Requestor und Service Provider) dar, wohingegen WSDL eine Sprache zur Schnittstellenbeschreibung von Webservices darstellt. Stellen Sie einem Applikationsentwickler nun die **.wsdl**-Datei eines Webservice zur Verfügung, liegen automatisch alle Daten vor, die für die Anbindung benötigt werden.

2.3.2 RESTful-Services

Was sind RESTful-Services?

Der Begriff *Representational State Transfer* (kurz REST) bezeichnet, streng genommen, kein Protokoll wie z. B. HTTP für den Nachrichtenaustausch, sondern ein Paradigma, das über definierte Prinzipien den Architekturstil eines Webservice festlegt.

Unterschied zu SOAP-Webservices

Ähnlich wie z. B. bei SOAP liegt der Fokus von REST-basierter Kommunikation auf dem Nachrichtenaustausch zwischen Maschinen bzw. Applikationen (siehe Abschnitt 2.3.1, »Webservices«). Der Unterschied zu den Protokollen HTTP oder SOAP liegt primär in der Adressierung des Webservice bzw. dessen verwendeten Ressourcen. Während SOAP sich im Umfeld von SOA wiederfindet und hierbei Services mit festgelegten Operationen und deren Geschäftslogik aufgerufen werden, kann bei REST auch von einer sogenannten ROA (*Resource Oriented Architecture*) gesprochen werden.

Wie funktionieren RESTful-Services?

Der Schwerpunkt liegt hierbei auf der Aussteuerung einzelner identifizierbarer Ressourcen unter der Verwendung des HTTP-Protokolls und dessen Methoden. Das Prinzip ist Ihnen vermutlich bereits aus dem Internet und dem Aufruf einzelner Websites über die URL vertraut. Analog wie im Web können hierbei nun Operationen auf einzelne Ressourcen durchgeführt werden. Ermöglicht wird dies durch den *Uniform Ressource Identifier* (kurz URI). Ein URI identifiziert und lokalisiert eine Ressource am Ort des jeweiligen Netzwerks. Ressourcen sind dabei nicht das eigentlich gespeicherte Objekt selbst, sondern eine abstrakte Kapslung einer Serviceschnittstelle, die dem URI zugeordnet werden. Ressourcen können dabei Informationen und Daten in beliebiger Form zur Verfügung stellen. Ein Beispiel für einen URI, der der Identifizierung einer Ressource dient, wäre z. B. *https://host.de/customers/4711*.

In diesem Beispiel wird mittels URI eindeutig der Kunde mit der ID 4711 identifiziert. Was nun aber mit dieser Ressource geschehen soll, lässt der URI offen; ein URI definiert keine Informationen über die Methode des jeweiligen Aufrufs. Dies geschieht letztlich über die verwendeten HTTP-Zugriffsmethoden.

REST-Prinzipien

Eine Architektur gilt als REST-konform, wenn die nachfolgenden sechs Architekturprinzipien erfüllt sind:

- **Client-Server-Architektur**
  Die Client-Server-Architektur muss zur Trennung der Belange eingehalten werden (z. B. Entkopplung des Frontends von der Datenbank).
- **Zustandslosigkeit**
  Die Übertragung von Daten erfolgt zwischen Client und Server generell zustandslos. Das heißt, dass alle Nachrichten unabhängig voneinander und ohne Bezug auf vorgelagerte Datentransfers übertragen und verarbeitet werden.
- **Einheitliche Schnittstelle**
  Auf alle Ressourcen muss über einen standardisierten Satz von Methoden zugegriffen werden können. Auch der Aufbau der Service-URIs muss einem einheitlichen Schema folgen und jede zu verwendende Ressource eindeutig identifizieren.
- **Caching**
  Caching verfolgt das Ziel, die Zahl unnötiger Server-Anfragen zu verringern, indem bestimmten Daten auf der Client-Seite in einem Puffer vorgehalten werden. Anhand bestimmter Informationen im Header der Server-Response kann der Client entscheiden, wie lange die Daten zwischengespeichert werden können und dürfen, ohne dass eine erneute Abfrage an den Server notwendig ist.
- **Mehrschichtigkeit**
  Nach außen wird eine definierte Schnittstelle angeboten; die Verarbeitung dahinter liegt nicht im Zugriff des Benutzers. Dies dient der Abstraktion des Aufrufs. Der Service kann so von mehreren Clients mit unterschiedlichen Formaten (z. B. Geschäftsapplikation per XML und mobiles Endgerät per JSON) aufgerufen werden. Die Verarbeitung im Hintergrund erfolgt jedoch identisch.

- **Code-on-Demand (optional)**
  Code-on-Demand (COD) beschreibt die Möglichkeit, Code vom Server an den Client auszulagern. Primär wird solche Funktionalität im Webumfeld angewandt, jedoch weniger in der klassischen Integration von Anwendungen. Daher ist dieses Prinzip auch als optional anzusehen.

HTTP-Methoden

Gemäß dem HTTP-Protokoll stehen für REST-Befehle und die Anfrage von Clients an den Server verschiedene Methoden zur Verfügung (für eine Auswahl siehe Tabelle 2.7), von denen jedoch nicht alle für die Implementierung von Schnittstelle erforderlich sind.

GET	Abfrage einzelner oder mehrerer Ressourcen
POST	Erzeugen einer neuen Ressource
PUT	aktualisiert eine existierende Ressource mit den mitgesendeten Daten
DELETE	Löschen einer existierenden Ressource

Tabelle 2.7 HTTP-Zugriffsmethoden (Auswahl)

Abgrenzung zwischen SOAP und REST

Zusammengefasst handelt es sich bei REST nicht um ein Protokoll wie HTTP oder SOAP, sondern, wie beschrieben, um ein Programmierparadigma, das Sie über verschiedene Mechanismen implementieren können. Im Gegensatz zu SOAP setzt es dabei nicht im Wesentlichen nur auf die HTTP-POST-Methode, sondern auf die Verwendung zahlreicher HTTP-Zugriffsmethoden auf einzelne Ressourcen. Am Beispiel würde eine SOAP-Server-Applikation folgende Funktionen bereitstellen, um den Zugriff auf die Benutzerdaten zu ermöglichen: `getCustomer()`, `addCustomer()`, `deleteCustomer()`. Dem REST-Ansatz folgend, würde hier lediglich die Ressource *https://host.de/customers* definiert. Die einzelnen Operationen lassen sich entsprechend über die HTTP-Methoden abbilden.

2.3.3 OData-Services

Was sind OData-Services?

Das *Open Data Protocol*, kurz OData, basiert auf dem HTTP-Protokoll und erlaubt den Aufruf der von einem Server bereitgestellten Funktionen über einen definierten Zugriffspfad. In diesem Zusammenhang weist es zunächst Ähnlichkeiten zu den in Abschnitt 2.3.1, »Webservices«, vorgestellten SOAP-Services auf, unterscheidet sich jedoch in der weitreichenden Implementierung des Programmierparadigmas REST sowie in der Unterstützung von XML- und JSON-basierten Nachrichten. Durch seinen Aufbau auf dem HTTP-Protokoll sowie dem gezielten Zugriff (lesend und schreibend) auf relevante Server-Ressourcen durch das REST-Paradigma eignet es sich idealerweise für leichtgewichtige Client-Applikationen wie beispielsweise Mobile-Applikationen oder Web UIs.

[»]

Merkmal von OData-Services

Durch die Berücksichtigung des REST-Paradigmas unterscheiden sich OData-Services grundsätzlich von den in Abschnitt 2.3.1, »Webservices«, vorgestellten Webservices. Im Kern handelt es sich bei OData-Abfragen somit um HTTP-basierte, REST-konforme CRUD-Operationen auf einzelne identifizierbare Server-Ressourcen. (CRUD steht hier für Create, Read, Update, Delete).

Wie funktionieren OData-Services?

Der Service Provider bestimmt, welche Ressourcen zur Verfügung stehen, welche Operationen durchgeführt werden dürfen und in welchem Format (XML oder JSON) die Abfrage erfolgen kann. Die Struktur und der Aufbau des OData-Service wird im sogenannten *Servicedokument* und im *Service-Metadatenmodell* des OData-Service definiert und den Client-Applikationen zur Verfügung gestellt.

Servicedokument

Das Servicedokument stellt den eigentlichen nach außen publizierten Endpunkt des OData-Service dar, der vom Client für den Datenaustauch genutzt und konsumiert wird. Client-Applikationen erhalten hierüber Zugriff auf die dem Service zugeordneten Ressourcen, Pfade und Operationen. Der URI für das Servicedokument folgt dem Schema *https://host:port/odataservice/*.

Service-Metadokument

Das Service-Metadokument enthält das Metamodell des OData-Service. Hierin enthalten ist die abstrakte Beschreibung der Struktur des OData-Service. Diese umfasst die enthaltenen Entitätstypen, Attribute und Relationen zwischen zwei Entitätstypen. Client-Applikationen können das Metamodell abrufen und nutzen, um zu verstehen, wie die Abfrage und Interaktion mit den im OData-Service enthaltenen Entitäten aufgebaut werden kann. Der URI für das Service-Metadokument folgt dabei dem Schema *https://host:port/odataservice/$metadata*.

Entity Data Model

Das Metamodell oder *Entity Data Model* (EDM), das dem OData-Service zugrunde liegt, folgt dabei grundsätzlich dem gleichen Aufbau. Eine vereinfachte schematische Darstellung des OData-Metamodells sehen Sie in Abbildung 2.14.

Das EDM beschreibt die im Service enthaltenen *Entitys* und *Associations*. Die Entitys repräsentieren die einzelnen konkreten Einträge, die abgerufen werden können und stellen eine konkrete Ausprägung des *Entity Type* dar. *Entity Sets* (oder auch *Collections*) bilden eine Kapslung um die im Service enthaltenen Entity Types und bündeln sie in logisch zusammengehörigen Paketen. Die Eigenschaften eines Entity Type wird durch seine *Propertys* beschrieben. Zur eindeutigen Referenz einer einzelnen Entität dient der *Entity Key*. Über die Associations (auch Objektbeziehungen genannt) können Sie mittels *Navigation Propertys* zwischen den Entitäten Verbindungen herstellen und verlinkte Informationen abrufen.

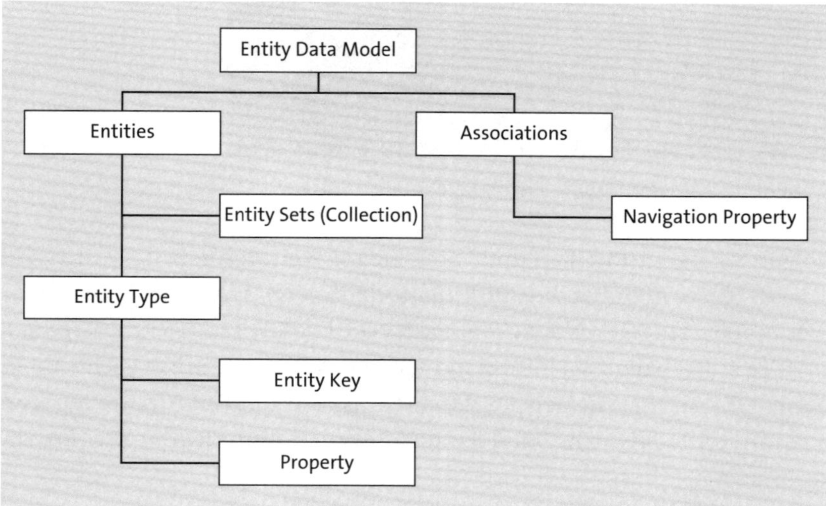

Abbildung 2.14 OData-Metamodell

Beispiel: Supplier-Invoice-OData-Service

Die Zusammenhänge möchten wir an dem folgenden praktischen Beispiel verdeutlichen: Der OData-Service liefert hierzu die Lieferantenrechnungen (Supplier Invoices) eines SAP-S/4HANA-Cloud-Systems. Auf den Service können Sie über den SAP API Business Hub zugreifen. Der entsprechende Link lautet *https://api.sap.com/api/API_SUPPLIERINVOICE_PROCESS_SRV*.

Verfügbare Entity Sets

Neben allgemeinen Informationen zum Service finden Sie hier auch eine Sandbox-URL, um den Service auf einem SAP-Demosystem zu testen. Die Sandbox-URL für diesen OData-Service lautet:

https://sandbox.api.sap.com/s4hanacloud/sap/opu/odata/sap/API_SUPPLIERINVOICE_PROCESS_SRV

Rufen Sie den Link z. B. über ein API-Client-Tool wie Postman auf, erhalten Sie eine Liste der verfügbaren Entity Sets (siehe Abbildung 2.15). Als logische Kapselung der einzelnen Entitys stehen Ihnen hier Informationen zu Quellensteuern, Kontenzuordnungen, Positionen, Steuern und allgemeinen Kopfdaten der Rechnung zur Verfügung. Jedes Entity Set beinhaltet Entitäten in einem Format, das im Metamodell spezifiziert wurde.

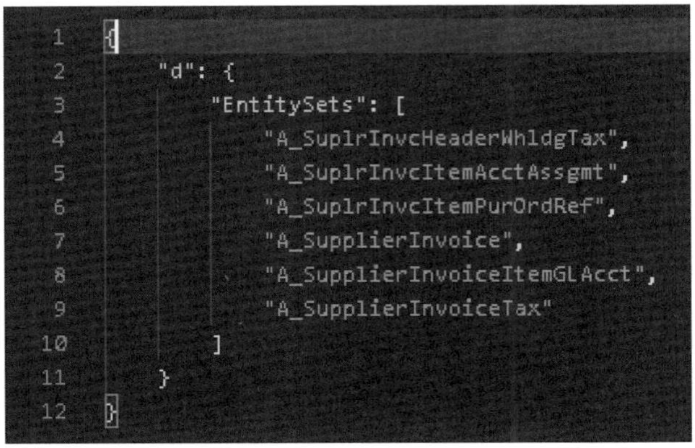

Abbildung 2.15 Verfügbare Entity Sets

Abruf von enthaltenen Entitäten

Folgen Sie dem URL-Pfad, und rufen Sie im Weiteren z. B. das Entity Set `A_SupplierInvoice` über die URL *https://sandbox.api.sap.com/s4hanacloud/sap/opu/odata/sap/API_SUPPLIERINVOICE_PROCESS_SRV/A_SupplierInvoice* auf, erhalten Sie Informationen über konkrete Entitys (siehe Abbildung 2.16). In diesem Beispiel erhalten Sie die Kopfinformationen von allen im SAP-S/4HANA-Cloud-Sandbox-System hinterlegten Kreditorenrechnungen.

OData-Abfrageoperationen

Da es aus praktischer Sicht jedoch weder sinnvoll noch effizient erscheint, alle Daten abzufragen und später im Client zu filtern, stehen dem Client verschiedene OData-Standardoperationen zur Verfügung, um direkt bei der Abfrage auf den Server zu filtern. Die am weitesten verbreiteten und gängigsten Abfrageoperationen sind in Tabelle 2.8 aufgeführt.

Operation	Parametrisierung	Beschreibung
Selektieren	`$select`	Einschränkung auf Attributsmenge
Sortieren	`$orderby`	auf- oder absteigendes Sortieren auf Basis eines Attributs
Formatieren	`$format`	Festlegung des OData-Antwortformats (XML oder JSON)
Filtern	`$filter`	Einschränkung auf Basis des Inhalts von Attributen

Tabelle 2.8 Liste der gängigsten OData-Abfrageoperationen

Mit diesen Abfrageoperationen ist es möglich, statt schlicht alle Lieferantenrechnungen die Antwort auf jene Entitäten und Attribute zu beschränken, die im Anwendungsfall tatsächlich benötigt werden.

```
"d": {
    "results": [
        {
            "__metadata": {
                "id": "https://sandbox.api.sap.com/s4hanacloud/sap/opu/odata/sap/
                "uri": "https://sandbox.api.sap.com/s4hanacloud/sap/opu/odata/sap
                "type": "API_SUPPLIERINVOICE_PROCESS_SRV.A_SupplierInvoiceType"
            },
            "SupplierInvoice": "5100000201",
            "FiscalYear": "2016",
            "CompanyCode": "1710",
            "DocumentDate": "/Date(1476316800000)/",
            "PostingDate": "/Date(1476316800000)/",
            "SupplierInvoiceIDByInvcgParty": "",
            "InvoicingParty": "17300001",
            "DocumentCurrency": "USD",
            "InvoiceGrossAmount": "123.50",
            "UnplannedDeliveryCost": "0.00",
            "DocumentHeaderText": "",
            "ManualCashDiscount": "0.00",
            "PaymentTerms": "",
            "DueCalculationBaseDate": "/Date(1476316800000)/",
```


Abbildung 2.16 Abruf einzelner Entitäten

Das Metamodell des OData-Service können Sie über die URL *https://sandbox.api.sap.com/s4hanacloud/sap/opu/odata/sap/API_SUPPLIERINVOICE_PROCESS_SRV/$metadata* abrufen.

Abruf des Metamodells


```
...
<EntityType Name="A_SupplierInvoiceType" sap:label="Header Data" sap:content-version="1">
    <Key>
        <PropertyRef Name="SupplierInvoice"/>
        <PropertyRef Name="FiscalYear"/>
    </Key>
    <Property Name="SupplierInvoice" Type="Edm.String" Nullable="false" MaxLength="10" />
    <Property Name="FiscalYear" Type="Edm.String" Nullable="false" MaxLength="4" />
    <Property Name="CompanyCode" Type="Edm.String" MaxLength="4" />
    <Property Name="DocumentDate" Type="Edm.DateTime" Precision="0" />
    <Property Name="PostingDate" Type="Edm.DateTime" Precision="0" />
    <Property Name="SupplierInvoiceIDByInvcgParty" Type="Edm.String" MaxLength="16" />
    <Property Name="InvoicingParty" Type="Edm.String" MaxLength="10" />
    <Property Name="DocumentCurrency" Type="Edm.String" MaxLength="5" />
    <Property Name="InvoiceGrossAmount" Type="Edm.Decimal" Precision="14" Scale="3" />
    <Property Name="UnplannedDeliveryCost" Type="Edm.Decimal" Precision="14" Scale="3" />
    <Property Name="DocumentHeaderText" Type="Edm.String" MaxLength="25" />
    <Property Name="ManualCashDiscount" Type="Edm.Decimal" Precision="14" Scale="3" />
    <Property Name="PaymentTerms" Type="Edm.String" MaxLength="4" />
...
```


Abbildung 2.17 Supplier-Invoice-Metamodell

Abbildung 2.17 zeigt die Antwort des OData-Service. Das Metamodell (also das Entity Data Model) wird hierbei im XML-Format als sogenannte *Entity Meta Data XML*, kurz EDMX, dargestellt. Hier erhalten Sie neben den Informationen über die Entity Keys `SupplierInvoice` und `FiscalYear` auch Informationen zu den einzelnen Propertys. Entsprechend sind neben einer kurzen Beschreibung des Feldes auch Informationen über die maximale Feldlänge, das Format usw. angegeben.

Wo sind OData-Services sinnvoll einsetzbar?

OData-APIs lassen sich immer dort einsetzen, wo eindeutig beschriebene und leichtgewichtige Webschnittstellen umgesetzt werden sollen. Durch die Berücksichtigung des REST-Programmierparadigmas lassen sich durch OData-Services einzelne Ressourcen gezielt identifizieren und ansteuern. So sind durch die in Abschnitt 2.3.2, »RESTful-Services«, vorgestellten Operationen verschiedene Aktionen möglich:

- PUT: Aktualisierung oder Änderung einer Ressource
- GET: Abfrage einer Ressource
- POST: Anlegen/Erstellen einer Ressource
- DELETE: Löschen einer Ressource

Geringer Daten-Overhead

Die weitere Verwendung von Filterkriterien und die Selektion von relevanten Feldern ermöglicht es Ihnen, den Daten-Overhead so gering wie möglich zu halten. Dies wird durch den optionalen Einsatz von JSON noch einmal verstärkt, da hierbei z. B. die öffnenden und schließenden Tags wegfallen. So erhält nicht nur der Client genau die Daten, die für ihn relevant sind, sondern Sie sparen auch Server-Zeit, da im Backend nur die Ressourcen geladen werden müssen, die vom Client wirklich benötigt werden.

Plattform- und technologieunabhängig

Neben der gezielten Abfrage von Daten bietet auch die klare und allen OData-Services zugrunde liegende einheitliche Definition des Metamodells einen großen Vorteil. So erlaubt das Metamodell zum einen eine plattform- und technologieunabhängige Beschreibung der Entitäten und Beziehungen, da es für den Client keine Rolle spielt, welche Datenbank oder welche Applikation hinter dem OData-Service steckt. Die Kommunikation über OData und die Verwendung der OData-API folgt denselben Grundprinzipien. Zum anderen ermöglicht das Metamodell auch eine einheitliche Dokumentation dazu, welche Funktionen und Ergebnisse ein Service liefert.

Abwägung zwischen OData oder SOAP

Die Praxis zeigt, dass die OData-Services gerade bei neuen SAP-Produkten wie z. B. SAP S/4HANA Cloud eine große Rolle spielen. Sie ermöglichen eine gezielte Integration von Applikationen und bilden häufig auch die Grundlage für die Entwicklung von eigenen Applikationen und Webanwendungen auf der SAP Business Technology Platform. Es zeigt sich aber auch, dass nicht immer OData-APIs zur Verfügung stehen oder zum Teil mehrere APIs für dasselbe Objekt vorhanden sind. So stehen für die im obigen Beispiel erwähnte Lieferantenrechnung (Supplier Invoice) auch SOAP-basierte APIs bereit (siehe *http://s-prs.de/v798208*). Die Wahl, welcher Service für welchen Anwendungsfall geeigneter ist, ist nicht immer offensichtlich und keineswegs eindeutig zu beantworten. In der Praxis haben wir die Erfahrung gemacht, dass das Lesen von Daten via OData weitaus effizienter ist als über SOAP. Das Schreiben, insbesondere von Nachrichten in großen Mengen (im Bulk), funktioniert dafür über SOAP einfacher und schneller. Letztlich ist es vielmehr die Frage nach einer Integrations-Guideline, die entscheidet, in welchem Fall welcher Service zu nutzen ist. Diese soll Sie nicht nur bei der Entscheidungsfindung unterstützen, sondern auch die Fragmentierung der Integrationslandschaft verhindern und einer klaren Integrationsstrategie folgen.

2.3.4 Remote Function Call

Bedeutung von Remote Function Calls

Remote Function Calls (RFCs) werden im SAP-Umfeld noch regelmäßig eingesetzt. Zwar hat SAP in den letzten Jahren andere Integrationstechnologien wie Webservices oder OData-Services in das Produktportfolio integriert, allerdings erfolgt ein großer Anteil der Integration im SAP-Umfeld im Kern weiterhin über RFCs.

Aufbau der Remote Function Calls

RFCs sind die SAP-Implementierung von entfernten Dienst- oder Prozeduraufrufen (auch *Remote Procedure Calls*, RPCs). Mit einem RPC kann ein Client einen Dienst oder eine Prozedur von einem Server-Programm aufrufen. Das Server-Programm kann dabei auch auf einem anderen Rechner installiert sein.

Schematischer Ablauf von RPC-Aufruf

Abbildung 2.18 zeigt die schematische Darstellung eines RPC-Aufrufs. Im Client wird eine Platzhalterfunktion aufgerufen. Die Aufgabe der Platzhalterfunktion besteht darin, die übergebenen Daten aus dem Format des Clients in das definierte Format für den Datenaustausch zu transformieren. Sie können in der Platzhalterfunktion noch weitere Dienste implementieren, z. B. einen Dienst zur Serialisierung. Hierdurch wird sichergestellt, dass alle Nachrichten in der richtigen Reihenfolge verarbeitet werden. Im letzten Schritt der Platzhalterfunktion wird die Nachricht an die Kommunikationskomponente des Clients übergeben. Die Übertragung zwischen Client und Server erfolgt über die beiden Kommunikationskomponenten. Im Server wird nach dem Empfang einer Nachricht über den Dispatcher der korrekte Dienst ausgewählt und die Nachricht an dessen Platzhalterfunktion übergeben. Dort erfolgt wiederum die Deserialisierung (falls implementiert) und anschließend die Transformation der Nachricht in das Format des Servers. Anschließend erfolgt die Übertragung der Nachricht an das eigentliche Server-Programm.

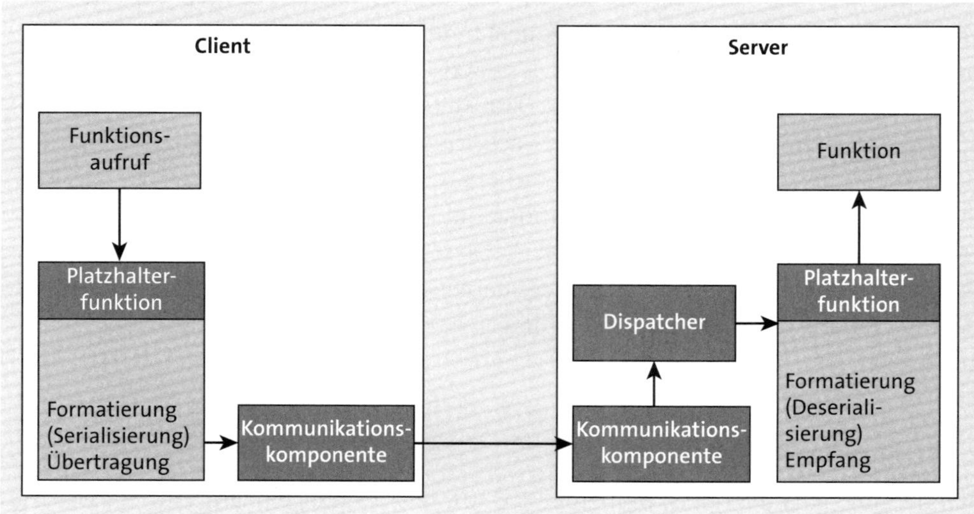

Abbildung 2.18 Schematische Darstellung eines RPC-Aufrufs (in Anlehnung an Hansen/Neumann, 2005)

RFC im SAP-Umfeld

Bei entfernten Funktionsaufrufen (RFCs) im SAP-Umfeld wird ebenfalls zwischen Client (RFC-Client) und Server (RFC-Server) unterschieden. Der RFC-Client ruft einen Funktionsbaustein auf (also eine RFC-Funktion), der vom RFC-Server bereitgestellt wird.

[»]

RFC-Client und RFC-Server in einem System

Normalerweise sind RFC-Client und RFC-Server zwei unterschiedliche Systeme. Prinzipiell besteht aber die Möglichkeit, dass es sich beim RFC-Client und RFC-Server um dasselbe System handelt. Ein System führt dann auf sich selbst einen entfernten Funktionsaufruf durch.

Arten von RFC-Aufrufen

Sie können zwischen verschiedenen Arten von RFC-Aufrufen unterscheiden:

- Ein *synchroner RFC* (sRFC) ist für die Abbildung von synchronen Funktionsaufrufen vorgesehen. Wie bei einer klassischen synchronen Kommunikation wird die Verarbeitung bis zur Antwort vom Server pausiert. Insbesondere bei der Abfrage von Daten werden häufig synchrone Funktionsaufrufe verwendet.
- **Transaktionaler RFC**
  Beim *transaktionalen RFC* (tRFC) werden alle Aufrufe transaktional durchgeführt: Es handelt sich um asynchrone Funktionsaufrufe. Allerdings

wird hierbei sichergestellt, dass die Ausführung des Funktionsaufrufs verlässlich, sicher und unabhängig von der Verfügbarkeit des RFC-Servers stets nur einmal ausgeführt wird.

- **queued RFC**
  Der *queued RFC* (qRFC) ist eine Weiterentwicklung des tRFC. Es handelt sich hierbei ebenfalls um einen asynchronen Funktionsaufruf. Zusätzlich zum transaktionalen Verhalten wird beim qRFC auch die Reihenfolge der Aufrufe sichergestellt.
- **Hintergrund-RFC**
  Der *Hintergrund-RFC* (bgRFC) wird von SAP seit SAP Basis 7.0 ausgeliefert und ersetzt die klassischen tRFCs und qRFCs. Es handelt sich um eine neue Implementierung von asynchronen RFCs. Sie sollen besser als tRFC und qRFC performen; trotzdem können tRFCs und qRFCs prinzipiell weiterverwendet werden. Weitere Informationen zum Hintergrund-RFC finden Sie auf den SAP-Support-Seiten unter *https://s-prs.de/v798209*.

RFC zwischen SAP-Systemen

RFCs können Sie zwischen zwei SAP-Systemen oder zwischen einem SAP-System und einem Nicht-SAP-System implementieren. Am einfachsten funktionieren sie zwischen zwei SAP-Systemen. Im RFC-Server stellen Sie einen RFC-Funktionsbaustein zur Verfügung. Hierzu stellen Sie bei Funktionsbausteinen die Option `remote enabled` ein. Im RFC-Client können Sie den Aufruf aus einem beliebigen ABAP-Programm implementieren. Hierzu benutzen Sie die Anweisung `CALL FUNCTION ... DESTINATION`. Die Destination müssen Sie zuvor über Transaktion SM59 als RFC-Verbindung anlegen. Für Details zur Einrichtung von RFC-Verbindungen zwischen SAP-Systemen empfehlen wir Ihnen das SAP-PRESS-Buch »IDoc-Entwicklung für SAP« von Sabine Maisel (siehe *www.sap-press.de/4031*).

RFC zwischen SAP- und Nicht-SAP-Systemen

Für die Verwendung von RFCs zwischen einem SAP-System und einem Nicht-SAP-System wird von SAP eine Sammlung von unterschiedlichen Werkzeugen, den sogenannten *SAP Connectors* bereitgestellt (siehe *http://s-prs.de/v798210*):

- **SAP Java Connector**
  Der *SAP Java Connector* (SAP JCo) ist eine Entwicklungssammlung, die JAVA-basierten Anwendungen die Kommunikation mit SAP-Systemen mithilfe von RFCs ermöglicht. Details finden Sie unter *http://s-prs.de/v798211*.
- **SAP Connector for Microsoft .NET**
  Der *SAP Connector for Microsoft .NET* (SAP NCo) ist ein Connector, um in .NET-basierten Anwendungen die Kommunikation mit SAP-Systemen

über das *SAP Business Application Programming Interface* (BAPI) oder über RFCs zu ermöglichen. Details finden Sie unter *http://s-prs.de/v798212*.

- **SAP NetWeaver RFC SDK**
  Das *SAP NetWeaver RFC SDK* ist der Connector, um in C-/C#-basierten Anwendungen die Kommunikation mit SAP-Systemen über entfernte Funktionsaufrufe zu ermöglichen. Es ist seit SAP-R/3-Release 4.6C verfügbar. Details finden Sie unter *http://s-prs.de/v798213*.
- **Klassisches RFC SDK**
  Das *klassische RFC SDK* ist Vorgänger des SAP NetWeaver RFC SDK und sollte heutzutage nicht mehr verwendet werden.

Mit allen Werkzeugen können Sie das Nicht-SAP-System als RFC-Client oder als RFC-Server nutzen, sodass eine Kommunikation in beide Richtungen möglich ist.

IDocs

Eine besondere Form der Kommunikation über RFCs sind die sogenannten *IDocs* (Intermediate Documents). IDoc ist ein Dokumentenformat, das von SAP entwickelt wurde. Sie werden technisch über RFC-Aufrufe übertragen. Ein IDoc setzt sich aus drei Bereichen zusammen:

- **Kontrollstruktur**
  Diese Struktur enthält die technischen Informationen zum verwendeten IDoc-Typ sowie zu den beteiligten Kommunikationssystemen.
- **Datensatz**
  Der Datensatz umfasst die eigentlichen Daten innerhalb der Übertragung. Abhängig vom IDoc-Typ sind die Datensätze unterschiedlich aufgebaut.
- **Statusstruktur**
  Die Statusstruktur enthält Statusinformationen zur Verarbeitung eines IDocs.

Nutzung und Vorteile von IDocs

Viele Unternehmen nutzen noch heute IDocs für die Kommunikation zwischen ihren Systemen, da es sich um eine etablierte Funktion in SAP-Systemen mit umfangreichen Monitoring-Funktionen handelt.

Mit RFCs steht Ihnen im SAP-Umfeld eine etablierte und umfassend einsetzbare Technologie zur Verfügung. Gleichzeitig setzte SAP insbesondere in den letzten Jahren verstärkt auf den Einsatz von Webservices oder OData-Services. Trotzdem halten wir ein Grundverständnis für die RFC-Technologie für Integrationsentwickler*innen und -architekt*innen für sinnvoll, zumal dieses Verständnis auch bei der Integration von älteren SAP-Anwendungen notwendig ist.

2.3.5 Message Queues

Message Queues verfolgen das Prinzip, Nachrichten über eine persistierende Nachrichtenschicht und somit asynchron auszutauschen. Im Gegensatz zur direkten Zustellung von Nachrichten von einer Middleware oder Nachrichtenplattform an einen Empfänger (z. B. Senden einer Nachricht an den SOAP-Endpunkt eines ERP-Systems) erlauben Message Queues den Nachrichtenversand über Warteschlangen. Statt die Nachrichten direkt an den Empfängerendpunkt zu senden, wird die Nachricht in die *Input-Queue* des Empfängersystems gestellt. Die Nachricht kann zu einem beliebig späteren Zeitpunkt aus der Queue entnommen werden. Für den Sender der Nachricht entsteht so ein Szenario, das auch als *Fire and Forget* bezeichnet wird: Der Sender »feuert« seine Nachricht »ab« und kann sie danach »vergessen«, da er nicht auf eine Rückmeldung des Empfängersystems warten muss. Abbildung 2.19 verdeutlicht dieses Prinzip.

Was sind Message Queues?

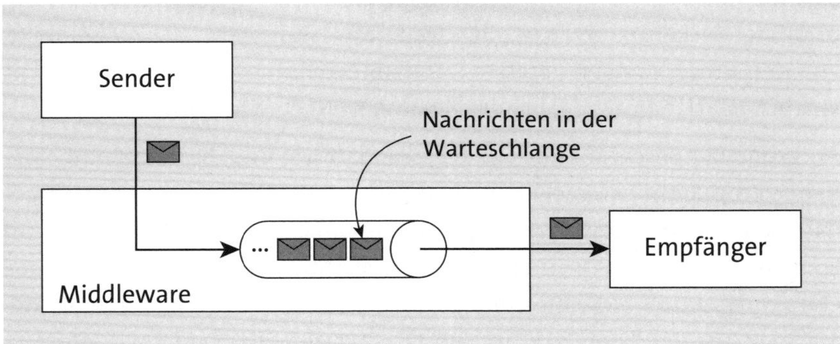

Abbildung 2.19 Schematischer Aufbau von Message Queues

Nachrichten verweilen so lange in der Warteschlange, bis sie entweder abgeholt worden sind oder nach einer definierten Zeitspanne als veraltet gelöscht werden. Typischerweise erfolgt das Abholen der Nachrichten nach dem FIFO-Prinzip (First In, First Out). Durch die Priorisierung von Nachrichten lässt sich dieses Prinzip jedoch überspringen, indem in einem solchen Fall zunächst die Nachricht mit der höheren Priorität abgerufen wird. Dies erlaubt einen sicheren, geplanten und priorisierten Nachrichtenversand. So ist sichergestellt, dass die Nachricht auch zugestellt werden kann, wenn zum Zeitpunkt des Sendens der Empfänger nicht über das Netzwerk erreichbar ist. Der Empfänger kann selbst entscheiden, wann er bereit ist, eine weitere Nachricht zu verarbeiten. Dies macht die Nachrichtenübermittlung im Vergleich zu z. B. einem RFC robuster und weniger fehleranfällig, da der Empfänger zum Zeitpunkt des Sendens der Nachricht nicht direkt antworten muss. Die Nachricht wird zugestellt, sobald der Empfän-

Wie funktionieren Messages Queues?

ger wieder verfügbar und bereit ist, die Nachricht aus der Queue abzurufen. Dies bedingt jedoch im Umkehrschluss auch, dass Message Queues und ihre Infrastruktur sehr stabil und sicher sein müssen, damit keine Nachricht verloren geht.

Interaktion mit Message Queues

Für die Interaktion und somit für das Senden und Abrufen von Nachrichten an bzw. von Message Queues haben sich verschiedene Standards etabliert. Eine Möglichkeit stellen die *Java Messaging Services* (JMS) dar. Hierbei handelt es sich eher um eine API als um ein dediziertes Protokoll, über die Java-basierte Applikationen Nachrichten austauschen können, sofern die verwendete Middleware ebenfalls JMS als Teil der *Enterprise Java Beans* (EJB) unterstützt. Die Adressierung erfolgt dabei über die Queue bzw. den Queue-Namen: Der Sender/Empfänger bestimmt, in welche Queue die Nachricht geschrieben bzw. aus welcher Queue sie abgeholt werden soll. Eine JMS-Nachricht besteht dabei aus drei Komponenten: aus Kopf-Parametern, den allgemeinen Nachrichteninformationen wie Nachrichten-ID, Nachrichtenpriorität, Verfallsdatum usw., aus weiteren Parametern, die individuelle, von den Anwendungen gesetzte Zusatzinformationen enthalten, und aus einem Nachrichten-Body, der die eigentliche Nachricht enthält.

Aufgrund der Beschränkung auf die Java-Platform und die damit einhergehende Programmiersprachenabhängigkeit wurde der Ruf nach einem standardisierten und programmiersprachenunabhängigen Protokoll laut. Im Umfeld der Applikationsintegration hat sich hier das *Advanced Message Queuing Protocol* (AMQP) durchgesetzt, wohingegen sich das Protokoll *Message Queuing Telemetry Transport* (MQTT) vor allem auf die Kommunikation von Maschinen im IoT-Umfeld versteht.

Wo sind Message Queues einsetzbar?

Message Queues lassen sich sinnvollerweise immer dort einsetzen, wo keine direkte Antwort erforderlich ist. Die Entkopplung der beiden Applikationen erlaubt es, sowohl den Versand als auch den Erhalt der Nachricht sicherzustellen als auch besonders stark frequentierte Funktionsbausteine der Empfängerapplikation zu entlasten. Während das Senden einer Nachricht zumeist keine blockierende Operation darstellt, da der Sender nach dem Versand direkt mit anderen Prozessen fortfahren kann, stellt es sich für den Nachrichtenempfang oft anders dar: Der Empfänger wartet auf neu eingehende Nachrichten und startet entsprechende interne Folgeprozesse für die Nachrichtenverarbeitung. In diesem Fall kann die Message Queue den Prozess bzw. Nachrichtenaustausch entkoppeln und als eine Art Puffer dienen, der das Empfängersystem nicht belastet. Eine Umsetzung von Message Queues lässt sich in der SAP-Welt insbesondere in SAP Enterprise Messaging finden, mit dem Sie ereignisorientierte Architekturen aufbauen können (siehe Kapitel 8, »SAP Enterprise Messaging«).

Insbesondere im Hinblick auf moderne Cloud-Architekturen, die immer häufiger aus kleineren unabhängigen Bausteinen oder Microservices bestehen, können Message Queues der Kommunikation und Koordination zwischen diesen Services dienen. Anders als in der klassischen On-Premise-Welt, in der in der Regel monolithische Applikationen kommunizieren, finden sich in der Cloud einzeln gekapselte Funktionsbausteine, die meistens genau eine Funktion erfüllen. Abbildung 2.20 verdeutlicht diesen Zusammenhang.

Message Queues in modernen Cloud-Architekturen

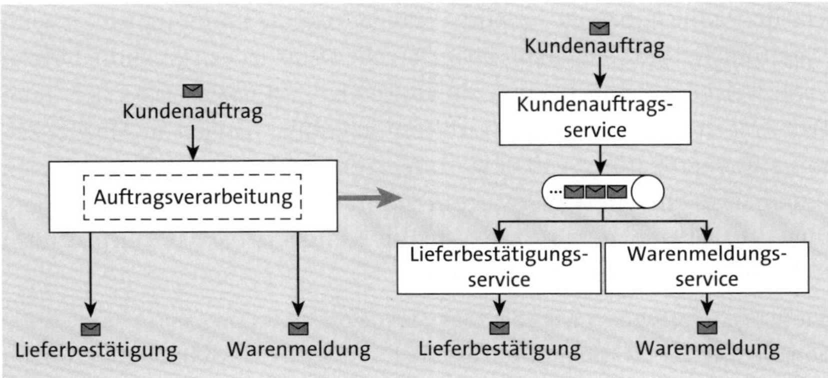

Abbildung 2.20 Message Queues und Microservices

Statt einer zentralen Applikation, die die gesamte Auftragsverarbeitung inklusive Lieferbestätigung und Warensendungen im lokalen Lagerverwaltungssystem vornimmt, lassen sich über Message Queues und Microservices einzelne Funktionsbestandteile kapseln. Jeder Baustein erfüllt dabei genau eine Funktion. Wenn ein Auftrag entgegengenommen und verarbeitet wurde, wird die Auftragsmeldung in die Message Queue gestellt. Nachfolgende Services können die Nachricht aus der Queue, unabhängig von anderen Services, konsumieren und verarbeiten. Insgesamt erlaubt dies eine robuste und skalierbare Gesamtarchitektur. Sollten einmal Ressourcenengpässe entstehen, lassen sie sich zielgenau durch weitere Instanzen eines bestimmten Service beheben.

2.3.6 Dateitransfer und Datenbanken

Warum Dateitransfer und Datenbanken

Dateitransfer und die Kommunikation über Datenbanken ist im Bereich des Schnittstellenmanagements ein sehr polarisierendes Thema. Wir sind der Meinung, dass heutzutage keine Integrationen mehr über diese beiden Technologien vorgenommen werden sollten. Allerdings haben wir auch die Erfahrung gemacht, dass es sehr schwer ist, komplett auf diese Technologien zu verzichten, denn nicht jede Anwendung unterstützt die aus unserer Sicht sinnvolleren Technologien. Aus diesem Grund haben wir uns dazu entschlossen, auch diesen beiden Technologien etwas Raum zu geben.

Aufbau des Abschnitts

Zunächst beschreiben wir die aus unserer Sicht wichtigen Aspekte für eine Kommunikation via Dateitransfer. Anschließend stellen wir Ihnen die Abwicklung der Kommunikation über Datenbanken vor.

Dateitransfer

Überblick: Dateitransfer

Wie der Name es bereits vermuten lässt, erfolgt die Kommunikation beim Dateitransfer ganz allgemein über Dateien. Dabei ist es erst einmal irrelevant, welche Art von Dateien Sie verwenden. Prinzipiell lässt sich beim Dateitransfer jeder Dateityp verarbeiten; allerdings hängen die Möglichkeiten zur Verarbeitung von Ihrer Integrationsplattform ab. Um Dateien innerhalb der Integrationsplattform zu verarbeiten und z. B. Struktur-Mappings vorzunehmen, muss die Datei in ein für die Integrationsplattform lesbares Format transformiert werden.

Content Conversion

Diese Transformation wird als sogenannte *Content Conversion* bezeichnet. Sowohl SAP Cloud Integration, als auch SAP Process Orchestration bieten Standardmöglichkeiten, um eine Content Conversion vorzunehmen. In SAP Process Orchestration sind die Möglichkeiten auf XML limitiert; mit SAP Cloud Integration ist auch eine Konvertierung von bzw. nach JSON möglich. Mit diesen Funktionen haben Sie die Möglichkeit, die Umwandlung ausschließlich per Konfiguration zu definieren. In Listing 2.1 sehen Sie den Inhalt einer einfachen CSV-Datei, in der Vorname und Nachname jeweils durch ein Semikolon getrennt sind.

```
Adam;Kiwon
Mark;Lehmann
```

Listing 2.1 Beispiel-CSV-Datei für eine Content Conversion

Listing 2.2 zeigt ein mögliches Ergebnis einer Content Conversion und denselben Inhalt aus Listing 2.1 in Form einer XML-Struktur.

```
<ns:MT_ContentConversion_Example>
    <row>
        <Vorname>Adam</Vorname>
        <Nachname>Kiwon</Nachname>
    </row>
    <row>
        <Vorname>Mark</Vorname>
```

```
        <Nachname>Lehmann</Nachname>
    </row>
</ns:MT_ContentConversion_Example>
```

Listing 2.2 Beispiel-XML-Datei für Content Conversion

Lokale Verzeichnisse

Aus technologischer Sicht haben Sie unterschiedliche Möglichkeiten, um einen Dateitransfer vorzunehmen. Im einfachsten Fall erfolgt der Dateitransfer über lokale Verzeichnisse. Dabei müssen Sie auf der Ebene der Betriebssysteme mit entsprechenden Ordnerfreigaben arbeiten. Der Vorteil ist, dass die Konfiguration eines solchen Datentransfers in der Integrationsplattform sehr einfach ist und in der Regel bereits bestehende Infrastruktur verwendet werden kann. Allerdings haben die Anwendungsentwickler*innen der Integrationsplattform nicht immer die Möglichkeit, auf diese Verzeichnisse zuzugreifen, was das Testen der Integration schwieriger macht.

FTP und SFTP

Eine weitere Möglichkeit ist der Transfer von Dateien via FTP (File Transfer Protocol) bzw. SFTP (Secure File Transfer Protocol). In diesem Fall ist ein separater Server notwendig, über den der Dateiaustausch erfolgt. Diese Methode hat den Vorteil, dass eine Verbindung sehr einfach über den lokalen Computer mit einem FTP-Client hergestellt werden kann. Dies erleichtert das Testen von Verbindungen. Aus Sicherheitsgründen sollten Sie standardmäßig immer SFTP präferieren, da die Kommunikation dann gesichert wird.

Polling und Zeitstempel

Ein weiteres wichtiges Konzept bei der Verwendung ist das Prinzip des Polling. Durch Polling wird eingestellt, wie oft ein System in einem Verzeichnis nach neuen Dateien suchen soll. Die Häufigkeit ist in der Regel abhängig vom jeweiligen Schnittstellenszenario und kann wenige Sekunden oder auch mehrere Stunden betragen. Mit Zeitstempeln wird gearbeitet, um nachzuvollziehen, wann eine Datei in einem Verzeichnis erzeugt wurde. Dies erleichtert in vielen Fällen die Fehleranalyse.

Dateinamen

Prinzipiell besteht die Möglichkeit, in Integrationsplattformen, die zu verarbeitenden Datei auf der Basis von Verzeichnissen und Dateinamen einzugrenzen. Mit Wildcards können Sie dabei auf dynamische Dateinamen reagieren. Wir empfehlen Ihnen, in Ihrer Integrationsplattform die Dateinamen der zu verarbeitenden Dateien so detailliert wie möglich zu beschreiben, anstatt mit generischen Wildcards zu arbeiten. Dadurch verringern Sie die Wahrscheinlichkeit, falsche Dateien zu verarbeiten.

Datei-zu-Datei-Transfer

Eine Besonderheit im Bereich des Dateitransfers ist die Implementierung eines Datei-zu-Datei-Transfers. Vereinfacht gesagt, kopiert die Integrationsplattform in diesem Fall lediglich Dateien von einem in ein anderes Verzeichnis. Dabei findet keinerlei Transformation oder Content Conversion statt. Dies wird auch als *Managed File Transfer* bezeichnet.

AS2 und OFTP

Eine besondere Form des Dateitransfers ist die Übertragung per AS2 (Applicability Statement 2) oder OFTP (Odette File Transfer Protocol). Diese Form der Dateiübertragungen kommt hauptsächlich im Umfeld der B2B-Kommunikation zum Einsatz. Die Besonderheit dieser beiden Formen ist, dass sie die Möglichkeit einer elektronischen Empfangsbestätigung vorsehen. Bei AS2 wird diese Funktion *Message Disposition Notification* (MDN) genannt, und bei OFTP ist sie als *End-to-End Response* (EERP) bekannt. Zusätzlich sehen beide Übertragungsformen die Verschlüsselung von Nachrichten vor. Des Weiteren unterscheiden sich AS2 und OFTP von den anderen beiden Technologien dahingehend, dass Nachrichten aktiv gesendet werden, während sowohl bei der Verwendung von lokalen Verzeichnissen und (S)FTP die Dateien »abgeholt« werden müssen.

Datenbanken

Einführung Datenbanken

Eine sehr einfache, aber mächtige Möglichkeit ist die Verbindung über Datenbanken. Innerhalb der Datenbanken können Sie eigene Strukturen definieren, über die Sie Nachrichten austauschen. Sowohl SAP Cloud Integration als auch SAP Process Orchestration können auf Datenbanken per JDBC zugreifen. *Java Database Connectivity* ist eine auf Basis von Java entwickelte Bibliothek zur Verbindung mit Datenbanken. Abhängig von der verwendeten Datenbank finden Sie über den Anbieter der Datenbank einen passenden JDBC-Treiber, der auf der Integrationsplattform installiert wird.

Tabellen zur Kommunikation

Die Kommunikation erfolgt über einzelne Tabellen. Prinzipiell können Sie bei der Integration auch mehrere Tabellen verwenden, allerdings sind hierbei die Abhängigkeiten zwischen den Tabellen zu beachten, wodurch Sie eine weitere Komplexität in die Integration einbringen.

[»]

Tipp aus der Praxis

Sie sollten die Verbindung nie über die von Anwendungen verwendeten Tabellen betreiben. Hier besteht die Gefahr, dass Daten im Backend z. B. durch unvollständig getestete Schnittstellen zerstört werden. Wir empfehlen Ihnen daher, sogenannte *Transfertabellen* einzusetzen. Dies sind Kopien oder gegebenenfalls auch Ausschnitte der eigentlichen Datenquelle. Sie werden ausschließlich für die Kommunikation verwendet.

Structured Query Language (SQL)

Im Rahmen der Integration von Datenbanktabellen werden Daten über SQL-Befehle gelesen, geschrieben oder aktualisiert. Je nach Integrationsplattform haben Sie unterschiedliche Möglichkeiten, um SQL-Befehle zu erzeugen.

XML-SQL-Format

Ein von uns häufig verwendetes Format ist das sogenannte *XML-SQL-Format*. Durch dieses Format haben Sie die Möglichkeit, SQL-Befehle in Form von XML-Strukturen zu definieren. Listing 2.3 gibt Ihnen ein Beispiel für die Definition eines Insert-Befehls in die Tabelle `Benutzer`.

```
<StatementName>
    <dbTableName action="INSERT">
        <table>Benutzer</table>
        <access>
            <Vorname>Adam</Vorname>
            <Nachname>Kiwon</Nachname>
        </access>
        <access>
            <Vorname>Mark</Vorname>
            <Nachname>Lehmann</Nachname>
        </access>
    </dbTableName>
</StatementName>
```

Listing 2.3 XML-SQL-Struktur für einen Insert-Befehl

Listing 2.4 zeigt, wie der XML-SQL-Befehl aus Listing 2.3 nach der Transformation durch einen Datenbankadapter als SQL-Befehl aussieht.

```
INSERT INTO Benutzer (Vorname, Nachname) VALUES('Adam', 'Kiwon')
INSERT INTO Benutzer (Vorname, Nachname) VALUES('Mark', 'Lehmann')
```

Listing 2.4 SQL-Befehle zur Ausführung auf der Datenbank

SAP bietet unter *http://s-prs.de/v798214* eine gute Dokumentation zum XML-SQL-Format.

Polling und Statusspalte

Auch bei der Kommunikation über Datenbanken ist das Polling ein gängiges Prinzip, um Informationen aus einer Transfertabelle zu lesen. Wir verwenden dies meist in Kombination mit einer Statusspalte in der Tabelle. Über den Status können Sie steuern, in welchem Zustand sich ein entsprechender Eintrag in einer Tabelle befindet und daran erkennen, ob er noch durch eine Schnittstelle zu verarbeiten ist. Mithilfe des Status können Sie auch gut ein Fehlerhandling aufbauen. Durch das Zurücksetzen des Status können z. B. fehlerhafte Nachrichten nochmals verarbeitet werden.

Kapitel 3
Methoden und Frameworks

3

IT-Organisationen stehen permanent vor der Herausforderung, den Integrationsanforderungen gerecht zu werden. In diesem Kapitel stellen wir Ihnen Methoden und Frameworks vor, die Ihnen helfen, den Reifegrad an Integration in Ihrer Organisation zu erhöhen.

Getrieben von neuen fachlichen Anforderungen, steht die IT vor der Herausforderung, ihre Systeme, ihre Prozesse aber auch die Organisation mit den Rollen und Verantwortlichkeiten schnell an die Erfordernisse neuer digitaler Produkte und Dienstleistungen auf der Basis sich veränderter Geschäftsmodelle anzupassen. Die gewachsene Heterogenität moderner Anwendungslandschaften macht die Integration von Prozessen, Daten, Benutzern und Dingen zu einer der wesentlichen Aufgaben innerhalb der IT-Organisation.

Aufbau des Kapitels

In diesem Kapitel werfen wir in Abschnitt 3.1 zunächst einen Blick auf die Framework Integration Solution Advisory Methodology (ISA-M), die den Orientierungsrahmen und die Grundlage für die anschließenden Abschnitte bildet. Entlang dieser Methode gehen wir in Abschnitt 3.2 auf die Nutzung von Reifegradmodellen ein. Abschnitt 3.3 zum Thema Integration Competency Center sowie Abschnitt 3.4 zur Hybrid Integration Platform (HIP) beleuchten weitere Ansätze und Konzepte, die es Ihnen ermöglichen, die Integration als Ganzes in Ihrem Unternehmen zu verwalten und zu steuern.

> **Wann sollten Sie dieses Kapitel lesen?**
> In diesem Kapitel lernen Sie verschiedene Methoden und Frameworks im Umfeld der SAP-Schnittstellenverwaltung kennen. Dies hilft Ihnen, Bestandteile für sich abzuleiten und wiederzuverwenden.

3.1 Integration Solution Advisory Methodology (ISA-M)

In diesem Abschnitt stellen wir Ihnen die *SAP Integration Solution Advisory Methodology* (ISA-M) im Detail vor. ISA-M ist eine von SAP entwickelte

Methodik, mit deren Hilfe Enterprise- und Integrations-Architekt*innen eine Integrationsstrategie definieren und implementieren können.

Bereitstellung und Anwendung von ISA-M

Aktuell wird ISA-M hauptsächlich in Form einer Microsoft-PowerPoint-Präsentation bereitgestellt. Den Link zur Vorlage finden Sie im nachfolgenden Hinweiskasten. Ergänzende Unterlagen und Informationen erhalten Sie in Form von SAP-Blog-Artikeln, sowie in der SAP-Jam-Community zu ISA-M. Wir sehen den Vorteil darin, dass Sie selbstständig die für Ihre Zwecke relevanten Aspekte und Inhalte auswählen können. Dies bietet Ihnen sehr große Flexibilität bei der Anwendung des Frameworks. Dadurch haben Sie die Möglichkeit, von dem vorgeschlagenen Vorgehen abzuweichen und die Methodik an Ihre Bedürfnisse anzupassen. Wir beschreiben in Abschnitt 3.2, »Reifegradmodell«, die Anwendung des Reifegradmodells aus ISA-M und sind davon überzeugt, dass Sie dieses auch sehr gut ohne weitere Bestandteile aus ISA-M verwenden können.

[»]

Microsoft-PowerPoint-Vorlage zu ISA-M

Die nachfolgenden Ausführungen beziehen sich auf die Vorlage aus ISA-M, die von SAP zur Verfügung gestellt wird. Sie finden die Vorlage hier:

http://s-prs.de/v798215

Der Foliensatz wird von SAP ausschließlich in englischer Sprache zur Verfügung gestellt. Aus diesem Grund sind die übernommenen Abbildungen ebenfalls auf Englisch.

Wir haben uns bewusst dazu entschieden, die Abbildungen nicht zu übersetzen, damit Sie die Begriffe wiederfinden. Bei unseren Ausführungen und Erklärungen verwenden wir ebenfalls die englischen Begriffe aus den Abbildungen, damit Sie unsere Erklärungen besser nachvollziehen können.

Wer benutzt ISA-M?

SAP nennt Enterprise- und Integrations-Architekt*innen als Zielgruppe für ISA-M. Wir stimmen dieser Einschätzung zu, jedoch kann keine der Zielgruppen eigenständig an der Einführung von ISA-M arbeiten. Das bestmögliche Ergebnis erreichen Sie, wenn beide Zielgruppen gemeinsam mit ISA-M arbeiten: Die Integrationsarchitekt*innen geben die fachliche Expertise in der Bearbeitung der Themen vor, und die Enterprise-Architekt*innen bringen insbesondere die allgemeine architektonische Ausrichtung des Unternehmens in die Arbeit ein. Daher halten wir es für richtig, wenn ISA-M in Gemeinschaftsarbeit angewendet wird.

Aufbau des Abschnitts

Dieser Abschnitt ist wie folgt strukturiert: In Abschnitt 3.1.1, »Übersicht«, und Abschnitt 3.1.2, »Integrationsdomänen«, geben wir einen allgemeinen

Überblick über ISA-M und über die in ISA-M verwendeten Integrationsdomänen. Abschnitt 3.1.3, »Integrationsstile und Use Cases«, beschreibt die Verwendung von Integrationsstilen und Use Case Patterns innerhalb von ISA-M. In Abschnitt 2.2, »Integrationsstile«, haben wir bereits verschiedene Integrationsstile vorgestellt und gehen hier daher insbesondere auf die Abweichungen zu ISA-M ein. In Abschnitt 3.1.4, »Technologiezuordnung«, beschäftigen wir uns mit der Technologieauswahl und -zuordnung gemäß ISA-M. Abschnitt 3.1.5, »Schnittstellenbewertung«, beschreibt, wie Sie eine Bewertung von Schnittstellen und Schnittstellenanforderungen nach ISA-M vornehmen können. In Abschnitt 3.1.6, »Architektur-Blueprints«, zeigen wir Ihnen, wie Sie nach ISA-M Architektur-Blueprints für die verschiedenen Integrationsarten aufbauen. Abschnitt 3.1.7, »Rollen und Verantwortlichkeiten«, beschreibt die Definition von Rollen und Verantwortlichkeiten nach ISA-M. Abschließend geben wir Ihnen in Abschnitt 3.1.8, »Vorgehensweise und praktische Nutzung«, eine Zusammenfassung und beschreiben anhand von Beispielen, wie wir ISA-M in Unternehmen oder bei unseren Kunden anwenden.

[«]

Microsoft-PowerPoint-Vorlage zu ISA-M

Die nachfolgenden Ausführungen verwenden die Vorlage aus ISA-M, zur Verfügung gestellt von SAP SE. SAP SE ist nicht für den Inhalt der nachfolgenden Ausführungen verantwortlich.

3.1.1 Übersicht

SAP- und Nicht-SAP-Integrationslösungen

Obwohl ISA-M von SAP entwickelt und gewartet wird, erhebt die Methode den Anspruch, offen für alle SAP- und Nicht-SAP-Integrationslösungen zu sein. Deshalb können Sie die Methodik auch anwenden, wenn Ihr Unternehmen keine SAP-Integrationslösungen einsetzt oder dies nur in bestimmten Bereichen tut. Beachten Sie hierbei jedoch, dass die meisten Folien und Inhalte in der PowerPoint-Vorlage mit Fokus auf SAP-Integrationslösungen entwickelt wurden. Alle Beispiele beziehen sich auf SAP-Produkte. Aus diesem Grund müssen Sie mit einem höheren Anpassungsbedarf rechnen, wenn Sie viele Nicht-SAP-Integrationslösungen im Einsatz haben.

Weiterentwicklung von ISA-M

ISA-M wird durch SAP und die SAP-Anwendergemeinde aktiv weiterentwickelt. In sogenannten *Customer-Engagement-Initiativen* haben alle Kunden und Partner die Möglichkeit, die Weiterentwicklung von ISA-M mitzugestalten und die eigenen Erfahrungen mit der Methodik einzubringen. Zusätzlich gibt es die SAP-Jam-Gruppe *SAP Integration Architecture Commu-*

nity mit über 1.900 Mitgliedern. Ziel der Gruppe ist ebenfalls die Weiterentwicklung der Methodik ISA-M.

ISA-M-Version 3.3 Im Mai 2020 wurde Version 3.3 von ISA-M veröffentlicht. Es handelt sich um die erste neue Version seit Oktober 2018. Sie enthält eine Vielzahl von Änderungen, die in der PowerPoint-Vorlage beschrieben sind. Katrin von Ahsen beschreibt die Änderungen detailliert in ihrem Blog-Beitrag: *http://s-prs.de/v798216*

Das von SAP vorgesehene Vorgehen für die Anwendung von ISA-M kann als Kreis beschrieben werden. Abbildung 3.1 gibt Ihnen einen Überblick über den ISA-M-Kreislauf.

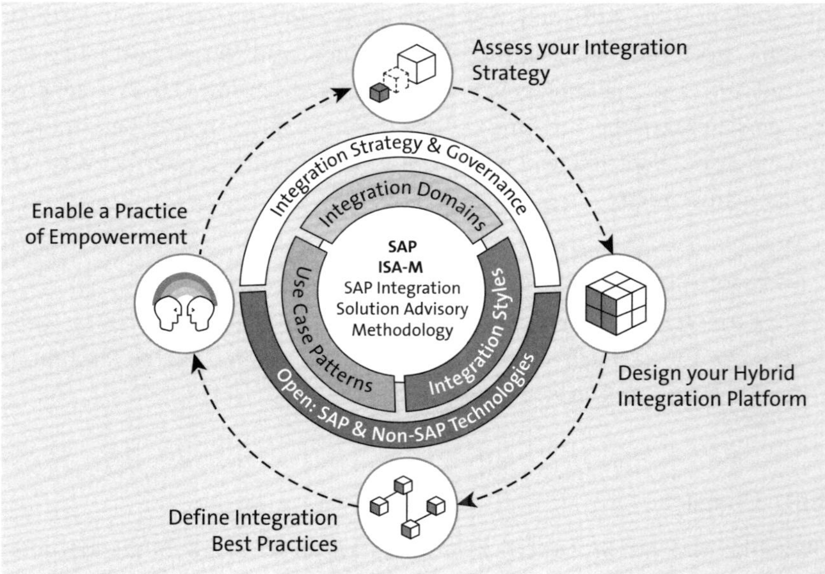

Abbildung 3.1 ISA-M-Kreislauf (Quelle: SAP)

Wir beschreiben im Folgenden die vier von SAP vorgesehenen Phasen des Kreislaufs. Selbstverständlich haben Sie die Möglichkeit, vom beschriebenen Vorgehen auch abzuweichen; trotzdem sollten Sie die grundsätzlichen Schritte kennen.

- **Assess your Integration Strategy**
  Die Phase **Assess your Integration Strategy** hat zum Ziel, Ihre Integrationsarchitektur zu dokumentieren und zu begutachten. Hierzu beschreibt ISA-M verschiedene Ansätze. Mithilfe von Integrationsdomänen und Integrationsstilen können Sie sowohl Ihre aktuelle Integrationslandschaft als auch Ihre zukünftige Integrationslandschaft beschreiben. Beide Ansätze können aufeinander aufbauen und werden in Abschnitt 3.1.2,

»Integrationsdomänen«, und Abschnitt 3.1.3, »Integrationsstile und Use Cases«, beschrieben. Eine weitere Methode, um Ihre Integrationsstrategie zu bewerten, ist die Verwendung von Reifegradmodellen. Wir setzen in vielen unserer Projekte Reifegradmodelle ein, um eine Bewertung der Integrationsarchitektur vorzunehmen. Reifegradmodelle lernen Sie in Abschnitt 3.2 kennen.

- **Design your Hybrid Integration Platform**
  Im Rahmen der zweiten Phase **Design your Hybrid Integration Platform** findet die Gestaltung der hybriden Integrationsplattform statt. Nach ISA-M sind die wichtigsten Aufgaben bei der Gestaltung einer hybriden Integrationsplattform die Zuordnung von Technologien (siehe Abschnitt 3.1.4, »Technologiezuordnung«) und die Bewertung von Schnittstellen (siehe Abschnitt 3.1.5, »Schnittstellenbewertung«).
- **Define Integration Best Practices**
  Als dritte Phase beschreibt SAP **Define Integration Best Practices**. Ziel dieser Phase ist es, mithilfe der beschriebenen Best Practices die Implementierung von neuen Integrationsanforderungen zu überwachen und Transparenz zum Schnittstellendesign zu erzeugen. SAP schlägt die Definition von Architektur-Blueprints als Mittel zur Definition von Best Practices für die Integration vor. Die Vorgehensweise beschreiben wir in Abschnitt 3.1.6, »Architektur-Blueprints«.
- **Enable a Practice of Empowerment**
  In der vierten Phase **Enable a Practice of Empowerment** geht es um die Verbreiterung des Integrationswissen innerhalb der Organisation. Ziel dieser Phase ist es, die Integration als anerkannte Disziplin und strategische Funktion innerhalb Ihrer Organisation zu etablieren. Einhergehend damit ist die weitere Verbreitung von Integrationswissen durch eine Kultur der Wissensteilung. SAP beschäftigt sich in dieser Phase intensiver mit den Rollen und Verantwortlichkeiten innerhalb der Integration (siehe Abschnitt 3.1.7, »Rollen und Verantwortlichkeiten«). Wir erweitern die Darstellung durch einen Ansatz, der als *Integration Competency Center of Excellence* bezeichnet wird, und beschreiben diesen im gleichnamigen Abschnitt 3.3.

3.1.2 Integrationsdomänen

Die von SAP vorgestellten *Integrationsdomänen* sind ideal, um eine grobe Einordnung von Schnittstellen und Schnittstellenanforderungen vorzunehmen. Abbildung 3.2 zeigt die von SAP definierten Integrationsdomänen.

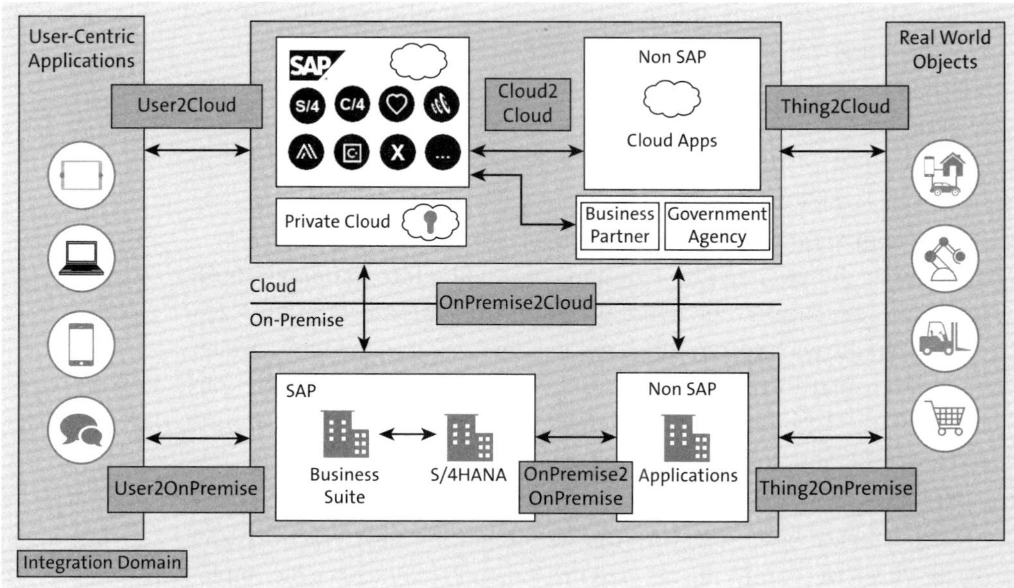

Abbildung 3.2 ISA-M-Integrationsdomänen (Quelle: SAP)

Fragestellungen für Integrationsdomänen

Mit den von SAP vorgeschlagenen Integrationsdomänen können Sie die Frage beantworten, welche Art von Schnittstellen bzw. Schnittstellenanforderungen Ihre Integrationsarchitektur bedient oder welche von Ihrer Integrationsarchitektur bedient werden sollen. In diesem Zusammenhang beschreiben Sie gleich zwei wichtige Aspekte:

- Wo befinden sich die Anwendungen oder Systeme, die Sie miteinander integrieren wollen?
- Welche Art von Anwendungen, Systemen, Organisationen oder Dingen soll bei Ihrer Integration miteinander kommunizieren?

Eigenschaften von Integrationsdomänen

Integrationsdomänen können Sie als eine erste Indikation zur Einordnung von Schnittstellen und Schnittstellenanforderungen verwenden. Bereits auf der Ebene der Integrationsdomänen können Sie bestimmte Eigenschaften feststellen.

Sicherheitsanforderungen

Ein Beispiel sind Sicherheitsanforderungen bei der Integrationsdomäne *Cloud-zu-Cloud*. Die abgesicherte Kommunikation (mindestens mit SSL-Verschlüsselung per HTTPS) ist der Mindeststandard bei einer Cloud-zu-Cloud-Integration. Oft werden auch zertifikatsbasierte Authentifizierungsverfahren anstatt von klassischen Authentifizierungen per Benutzername und Passwort eingesetzt. Unserer Erfahrung nach wird allerdings (zu) oft auf die zertifikatsbasierten Authentifizierungsverfahren und auf eine abgesicherte Kommunikation mit SSL-Verschlüsselung verzichtet, z. B. in der On-Premise-zu-On-Premise-Integration.

Neuerungen in ISA-M-Version 3.3

Seit ISA-M-Version 3.3 differenziert SAP im Cloud-Bereich zwischen *öffentlicher Cloud* (Public Cloud) und *privater Cloud* (Private Cloud). Allerdings wurden dadurch keine weiteren Integrationsdomänen definiert. Wir finden diese Trennung dennoch sinnvoll, da aus unserer Sicht die Integration einer öffentlichen Cloud durchaus anders erfolgen kann als die Integration einer privaten Cloud. Entfernt wurden die Integrationsdomänen *Business-to-Business* (B2B) und *Business-to-Government* (B2G). Diese sind nun in den Integrationsdomänen *Cloud-zu-Cloud* bzw. *On-Premise-zu-Cloud* inkludiert.

3.1.3 Integrationsstile und Use Cases

Integrationsstile

Nachdem Sie im ersten Schritt die relevanten Integrationsdomänen definiert haben, müssen Sie nun die anzuwendenden *Integrationsstile* beschreiben. Dabei beantworten Sie die Frage: »Wie integriere ich meine Lösungen?«

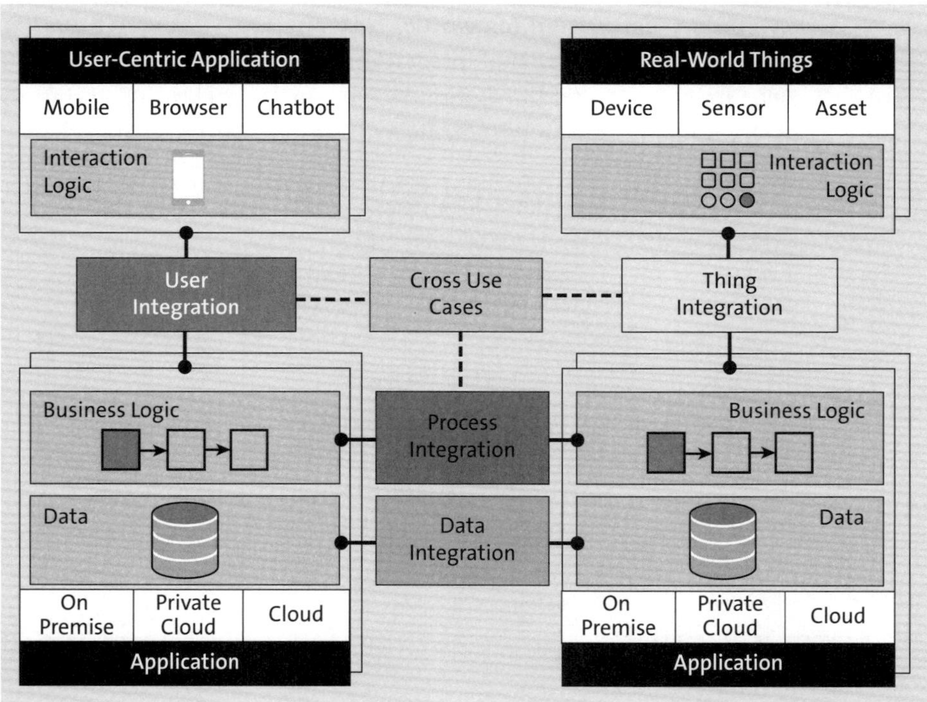

Abbildung 3.3 ISA-M-Integrationsstile (Quelle: SAP)

Abbildung 3.3 zeigt die von SAP innerhalb von ISA-M vorgestellten Integrationsstile. Wir haben bereits in Abschnitt 2.2 ausführlich über Integrationsstile gesprochen und diese vorgestellt. Sie definieren, welche Integrationsstile Sie mit Ihrer Integrationsarchitektur bedienen wollen.

Use Case Patterns

In Abbildung 3.4 sehen Sie von SAP definierte Vorschläge für Use Case Patterns. Wir gehen an dieser Stelle nicht genauer auf diese *Use Case Patterns* ein, Sie finden aber einige Anwendungsbeispiele in Abschnitt 2.2, »Integrationsstile«. Die Ausführungen zeigen, dass es bei der Zuordnung von Use Case Patterns zu Integrationsstilen einen Spielraum gibt. Wir zeigen Ihnen an dieser Stelle noch einmal die Unterschiede zwischen unserer Zuordnung und der Zuordnung von SAP:

- **Master Data Integration**
  SAP ordnet das Use Case Pattern *Master Data Integration* dem Integrationsstil Process Integration zu. Wir beschreiben in Abschnitt 2.2.5, »Stilübergreifende Integration«, warum wir die Stammdatenintegration als Cross Use Case interpretieren, da er je nach Anwendung Eigenschaften von prozessbasierter und datenbasierter Integration haben kann.
- **Digital Integration Hub**
  SAP ordnet den *Digital Integration Hub* den *Cross Use Cases* zu. Wir beschreiben den SAP Digital Integration Hub in Kapitel 13. Aus unserer Sicht stellt der Digital Integration Hub einen Architektur-Blueprint für die Kombination aus unterschiedlichen Use Case Patterns dar.

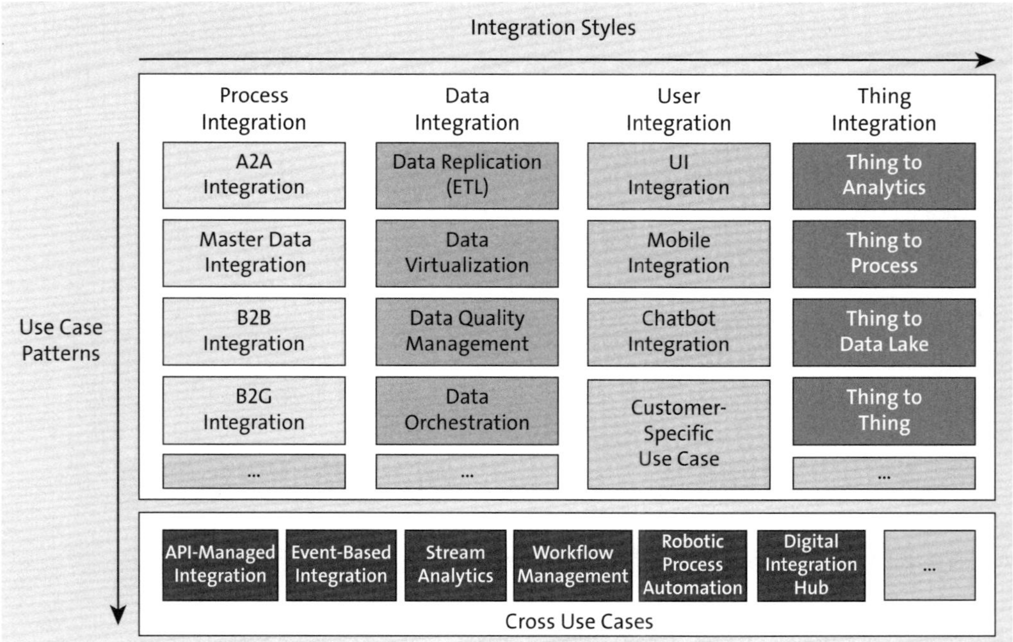

Abbildung 3.4 ISA-M – Use Case Patterns (Quelle: SAP)

Neuerungen in ISA-M-Version 3.3

Im Gegensatz zu ISA-M-Version 3.2 sind in Version 3.3 die Zuordnungen von Use Case Patterns zu Integrationsstilen überarbeitet worden. Neu hinzugekommen sind die folgenden Use Case Patterns:

- Master Data Integration
- B2G-Integration
- Data Orchestration
- Chatbot Integration
- Robot Process Automation
- Digital Integration Hub

Die folgenden Use Case Patterns wurden entfernt:

- Business Network Integration
- Master Data Synchronization
- Desktop Integration

3.1.4 Technologiezuordnung

Nachdem Sie festgelegt haben, wie Ihre Systeme miteinander integriert werden sollen, geht es bei der *Technologiezuordnung* darum, zu entscheiden, *womit* Sie die jeweiligen Integrationen umsetzen. Die Logik hierzu ist in Abbildung 3.5 schematisch dargestellt. Wie bereits in Abschnitt 3.1.3, »Integrationsstile und Use Cases«, beschrieben, leiten Sie über *Integration Styles* die Use Cases und *Use Case Patterns* ab. Im Rahmen der Technologiezuordnung weisen Sie den Use Cases nun die möglichen Technologien zu.

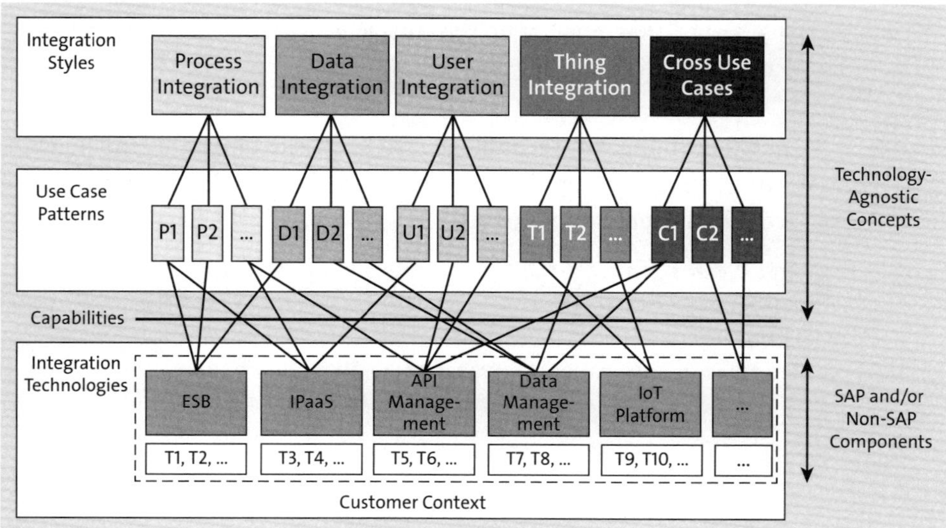

Abbildung 3.5 ISA-M – Technologiezuordnung (Quelle: SAP)

Auswahl der Technologien

SAP lässt dabei offen, wie Sie zur Auswahl möglicher Technologien gelangen können. Wir empfehlen, vor der Technologiezuordnung eine Auswahl von Technologien zu treffen. Hierzu können Sie zwei Ansätze nutzen: Entweder Sie führen eine Evaluierung anhand der vorhandenen Integrationsfähigkeiten (z. B. Kompetenzen Ihrer Mitarbeitenden) und -lösungen durch, oder Sie führen, basierend auf den zuvor definierten Use Cases, eine Softwareevaluierung von möglichen Integrationstechnologien durch.

Unternehmensumfeld

Im Rahmen der Technologieauswahl ist das Unternehmensumfeld besonders zu betrachten. Berücksichtigen Sie die unterschiedlichen Einflussfaktoren für Ihr Unternehmen:

- Gibt es in Ihrer Branche spezielle Formate oder Verfahren für einen Nachrichtenaustausch?
- Welche speziellen Anforderungen ergeben sich für Ihre IT-Abteilung (z. B. gesetzliche Anforderungen, die Sie erfüllen müssen)?
- Welche Strategie verfolgen Sie innerhalb Ihrer IT-Abteilung (z. B. Zentralisierung oder Dezentralisierung)?
- Welche Integrationslösungen oder -technologien haben Sie bereits im Einsatz?
- Welches Know-how steht in Ihrem Unternehmen zur Verfügung?

[»]

Technologieauswahl bei der Zuordnung

Denken Sie bei der Auswahl von Technologien über typische Integrationsplattformen (z. B. SAP Cloud Integration, Seeburger, Mulesoft usw.) hinaus. Wir sehen in vielen Unternehmen, insbesondere innerhalb der SAP-Landschaften, z. B. SAP Application Link Enabling als elementare Integrationstechnologie.

Empfehlungsgrade

Bei der Zuordnung von Technologien zu Use Cases empfiehlt SAP den Einsatz von *Empfehlungsgraden* (in ISA-M *Recommendation Degree*). Tabelle 3.1 zeigt diese Empfehlungsgrade.

Empfehlungsgrad	Beschreibung
allgemeine Empfehlung (General Recommendation)	Die *allgemeine Empfehlung* sollten Sie für die Technologie wählen, die im Normalfall für einen bestimmten Use Case verwendet werden soll. Beachten Sie, dass mehrere Lösungen eine allgemeine Empfehlung für einen Use Case haben können.

Tabelle 3.1 ISA-M-Empfehlungsgrade für die Technologiezuordnung

Empfehlungsgrad	Beschreibung
angemessene Alternative (Reasonable Alternative)	Als *angemessene Alternative* sollten Sie Technologien empfehlen, die unter bestimmten Voraussetzungen Ihre Empfehlung sind. Ein typisches Beispiel für den Use Case einer Integration von Anwendung zu Anwendung wäre der Einsatz von ALE als Direktintegration zwischen zwei SAP-Systemen. Wenn Ihre allgemeine Empfehlung die Verwendung von Middleware-Plattformen ist, kann die Direktintegration zwischen SAP-Systemen trotzdem eine sinnvolle Alternative sein, da diese häufig sehr einfach zu implementieren ist.
mögliche Ausnahme (Possible Exception)	Eine *mögliche Ausnahme* sollten Sie für alle Technologien definieren, die Sie nicht mehr verwenden wollen, allerdings im Ausnahmefall noch zulassen. Bereits seit vielen Jahren versuchen wir, dateibasierte Schnittstellen zu vermeiden. Unsere Erfahrung zeigt allerdings, dass es bestimmte Speziallösungen in Branchen gibt, die weiterhin ausschließlich auf eine dateibasierte Kommunikation setzen.
zu vermeiden (To Be Avoided)	Technologien, die Sie nicht mehr verwenden wollen, sollten Sie mit dem Empfehlungsgrad *zu vermeiden* klassifizieren. Dies können Produkte und Technologien sein, die Sie in Ihrem Unternehmen langfristig ablösen wollen. Darunter fallen z. B. historisch gebaute Integrationsansätze über bestimmte Datenbanken, oder im SAP-Umfeld der SAP Business Connector, für den aktuell die Wartung ausläuft.

Tabelle 3.1 ISA-M-Empfehlungsgrade für die Technologiezuordnung (Forts.)

Entscheidungsmatrix

SAP empfiehlt, mithilfe der beschriebenen Empfehlungsgrade eine Entscheidungsmatrix pro Integrationsstil aufzubauen. Dabei können Sie die Integrationsdomänen sehr gut in die Entscheidungsmatrix integrieren (siehe Tabelle 3.2).

Entscheidungsmatrix: Prozessintegration

Das Beispiel in Tabelle 3.2 zeigt einen Ausschnitt für den Integrationsstil der Prozessintegration. Rechts sehen Sie die Einbindung der Integrationsdomänen. Damit können Sie bestimmte allgemeine Empfehlungen auf bestimmte Integrationsdomänen begrenzen. Überraschenderweise haben die Use Case Patterns bei der von SAP gezeigten Entscheidungsmatrix wenig Bedeutung. Lediglich in der Beschreibungsspalte können Sie optional auf Use Case Patterns verweisen. Dies steht unserer Meinung nach im Widerspruch zur in Abbildung 3.5 gezeigten Vorgehensweise.

Technologie		SAP Cloud Integration	SAP Process Orchestration
Empfehlungsgrad		allgemeine Empfehlung	allgemeine Empfehlung
Beschreibung		Verwendung bei allen hybriden Integrationsanforderungen, wenn möglich, durch den Einsatz vordefinierter Integrationsinhalte	Verwendung bei allen On-Premise-zu-On-Premise-Szenarien, inklusive B2B-Integrationen
Integrationsdomänen	On-Premise-zu-On-Premise		X
	On-Premise-zu Cloud	X	
	Cloud-zu-Cloud	X	

Tabelle 3.2 Beispielhafte ISA-M-Entscheidungsmatrix zur Technologiezuordnung

Entscheidungsmatrix in der täglichen Arbeit

Für die generelle Erarbeitung einer Integrationsstrategie halten wir das Vorgehen mit Entscheidungsmatrizes für sinnvoll. Bei der täglichen Arbeit empfehlen wir Ihnen jedoch die Arbeit mit Integrationsprinzipien. Das Vorgehen hierzu beschreiben wir in Abschnitt 3.1.6, »Architektur-Blueprints«.

Neuerungen in ISA-M-Version 3.3

Die Neuerungen im Bereich der Technologiezuordnung in ISA-M-Version 3.3 im Vergleich zu Version 3.2 sind verhältnismäßig gering. Hauptsächlich hat SAP die Produktnamen in den Folien aktualisiert. So wurde z. B. *SAP HANA Data Management Suite* durch *SAP Data Intelligence* ersetzt. Inhaltlich wurden insbesondere Technologiekategorien im Rahmen der Technologiezuordnung eingeführt. Diese sind in Abbildung 3.5 zu sehen und sollen die Technologien gruppieren.

3.1.5 Schnittstellenbewertung

Im Rahmen der *Schnittstellenbewertung* begleiten Sie eine Geschäftsanforderung bis zur Technologieentscheidung. Hierzu folgen Sie den bereits beschriebenen Schritten aus Abschnitt 3.1.2, »Integrationsdomänen«, bis Abschnitt 3.1.4, »Technologiezuordnung«. Wichtige Hilfsmittel sind, wie in

Abschnitt 3.1.4, »Technologiezuordnung«, beschrieben, Entscheidungsmatrizes nach ISA-M oder abgeleitete Integrationsprinzipien (siehe Abschnitt 3.1.6, »Architektur-Blueprints«).

Einsatz von Schnittstellenbewertungen

Prinzipiell können Sie Schnittstellenbewertungen für bestehende oder neue Schnittstellen durchführen. In der Regel verwenden wir Schnittstellenbewertungen bei der Konzeption von neuen Schnittstellen, um diese gemäß der definierten Integrationsarchitektur umsetzen zu können. Selbstverständlich können Sie die Schnittstellenbewertung auch für bestehende Schnittstellen anwenden, um zu prüfen, wie gut Ihre Schnittstellenlandschaft Ihrer Integrationsarchitektur entspricht. Dies sehen wir in der Praxis allerdings eher selten.

Schnittstellenbewertung: Übersicht

In Abbildung 3.6 sehen Sie einen Überblick zum *Interface Assessment*. Auf der Basis von Geschäftsanforderungen können Sie ein Geschäftsszenario definieren. Im Rahmen des Geschäftsszenarios sollen mindestens zwei Anwendungen miteinander integriert werden. Basierend auf dieser Anforderung können Sie die einzelnen Schnittstellen ableiten und sie anschließend den Integrationsstilen zuweisen.

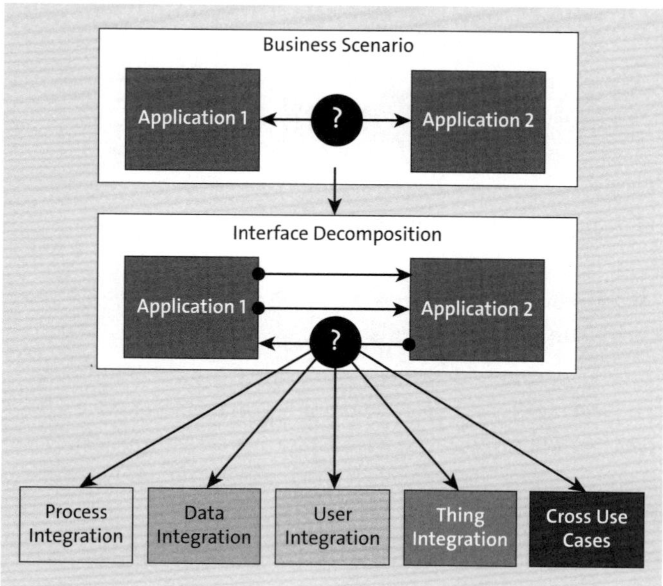

Abbildung 3.6 Übersicht über die ISA-M-Schnittstellenbewertung (Quelle: SAP)

Vorgehensweise zur Bewertung von Schnittstellen

SAP beschreibt in ISA-M die Vorgehensweise zur Bewertung von Schnittstellen sehr formal (siehe Abbildung 3.7). Folgen Sie den nachfolgend beschriebenen Schritten:

1. Identifizieren Sie die Integrationsdomäne, in der das Geschäftsszenario abgebildet wird.

2. Beschreiben Sie das Geschäftsszenario, und identifizieren Sie Anwendungen, die integriert werden sollen.
3. Beschreiben Sie die Schnittstellen des Geschäftsszenarios.
4. Pro definierte Schnittstelle wählen Sie den Integrationsstil und das Use Case Pattern.
5. Treffen Sie eine Auswahl der Integrationstechnologie für Ihre Schnittstelle.

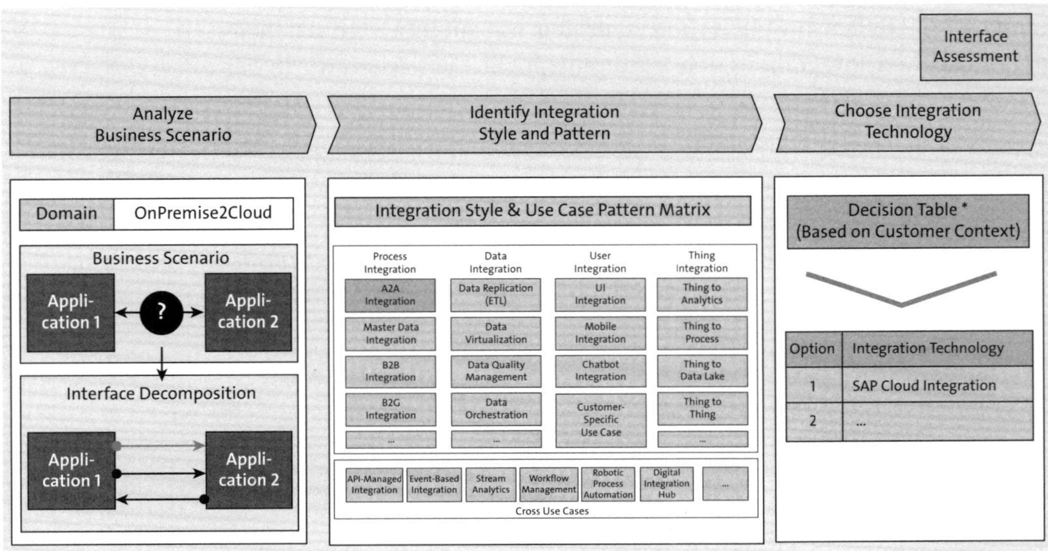

Abbildung 3.7 Schema der ISA-M-Schnittstellenbewertung (Quelle: SAP)

[»]

Tausch von Schritt 1 und 2 in der Praxis

Unserer Erfahrung nach sind in der Praxis die Schritte 1 und 2 häufig vertauscht. Das bedeutet, dass Sie, bevor Sie die Integrationsdomäne festlegen können, zunächst über das Geschäftsszenario sprechen müssen. Die Integrationsdomäne ist dann hauptsächlich abhängig von den Anwendungen, die integriert werden.

Oft werden die ersten Schritte der Schnittstellenbewertung auch in einem Interview oder Workshop in Form einer Anforderungsaufnahme abgearbeitet. Sie können die Schritte dann gut als Orientierung für den Aufbau eines solchen Termins verwenden.

Weitere Bewertungsaspekte

In der Praxis nehmen wir häufig noch weitere Aspekte in die Bewertung von Schnittstellen auf. Ein Punkt sind z. B. die Limitierungen bestimmter Technologien. Mit SAP Cloud Integration können Sie z. B. keine dateibasierte

Kommunikation ohne *SFTP* (Secure File Transfer Protocol, siehe Abschnitt 2.3.6, »Dateitransfer und Datenbanken«) verwenden, wohingegen mit SAP Process Orchestration auch lokale Dateiablagen möglich sind. Wir empfehlen Ihnen, diese Aspekte in Ihrem Prozess zur Schnittstellenbewertung unbedingt zu beachten.

Veränderungen in ISA-M-Version 3.3

Bei der Schnittstellenbewertung gibt es in ISA-M 3.3 keine großen inhaltlichen Anpassungen im Vergleich zu Version 3.2. Lediglich der Begriff der *Data Replication* wurde durch den Begriff *Data Orchestration* ersetzt.

3.1.6 Architektur-Blueprints

Mit den vorangegangenen Schritten in Abschnitt 3.1.2 bis Abschnitt 3.1.5 haben Sie grundlegende Entscheidungen für Ihre Integrationsarchitektur getroffen. Mit der Definition von Integrations-Best-Practices standardisieren Sie Ihre Integrationsaktivitäten weiter und erhöhen die Transparenz über Design und Umsetzung Ihrer Schnittstellen.

Aufbau der Architektur-Blueprints

Nach ISA-M bauen Sie *Architektur-Blueprints* auf der Basis von Use Cases auf. In der ISA-M-Vorlage stellt SAP Architektur-Blueprints zur Verfügung. Ein Beispiel für einen Architektur-Blueprint ist in Abbildung 3.8 dargestellt.

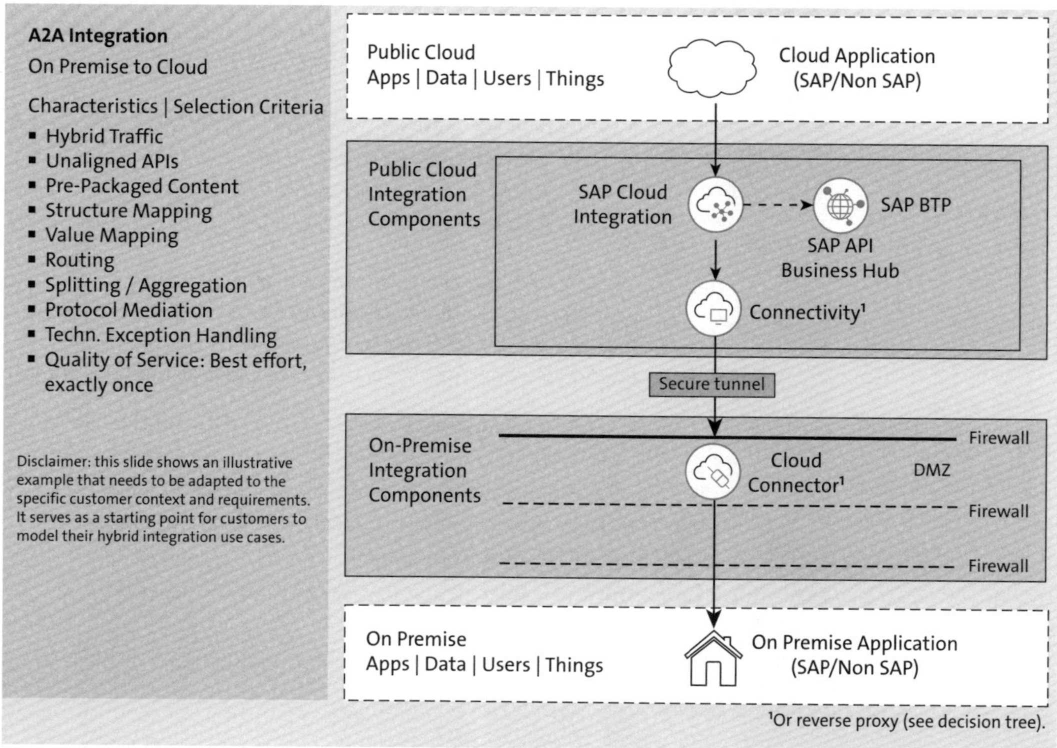

Abbildung 3.8 Beispiel für einen ISA-M-Architektur-Blueprint (Quelle: SAP)

Auf der linken Seite sehen Sie eine allgemeine Beschreibung, für welchen Use Case und welche Integrationsdomäne der Blueprint gilt. Darunter finden Sie eine Liste von Eigenschaften und Auswahlkriterien. Diese Punkte sind typische Aspekte, die für die Verwendung des jeweiligen Blueprints sprechen. Auf der rechten Seite sehen Sie die Architekturübersicht für den Blueprint. Dabei wird aufgezeigt, welche Komponenten im Rahmen des Blueprints eingesetzt werden und wie Sie die Kommunikation technisch aufbauen können.

Beschreibung von Architektur-Blueprints

Des Weiteren empfiehlt ISA-M den Aufbau eines *Info Sheets* pro Architektur-Blueprint. Darin beschreiben Sie das Ziel, die beteiligten Komponenten und die Anwendung des Architektur-Blueprints. In Tabelle 3.3 zeigen wir Ihnen ein Beispiel für ein Info Sheet aus der Integrationsdomäne Cloud zu Cloud für das Use Case Pattern *A2A Integration*.

	Details
Beschreibung	Integration von cloudbasierten Anwendungen mit anderen cloudbasierten Anwendungen mithilfe von cloudbasierten Integrationslösungen. Die Kommunikation zwischen den Anwendungen und der Integrationslösung erfordert spezielle Sicherheitsaspekte (z. B. Verschlüsselung). Die cloudbasierte Integrationslösung wird vom Anbieter betrieben.
Verwendete SAP-Produkte	Die folgenden Komponenten aus der SAP Integration Suite werden verwendet: ▪ SAP Cloud Integration ▪ Open Connectors, bei Bedarf ▪ SAP API Management, bei Bedarf ▪ Integration Advisor, bei Bedarf
When to apply	Für den Austausch von transaktionalen- und Stammdaten zwischen verschiedenen cloudbasierten Anwendungen in (nahezu) Echtzeit, bei denen Fähigkeiten wie Mapping oder Routing benötigt werden oder Technologiebrüche stattfinden.
How to apply	▪ SAP Cloud Integration als cloudbasierte Lösung zur Prozessintegration unter der Verwendung von vordefinierten Integrationsinhalten oder kundenindividuellen Schnittstellen ▪ Open Connectors zur einfacheren Anbindung von Nicht-SAP-Cloud-Anwendungen ▪ SAP API Management zur Verwaltung, Absicherung und Steuerung von API Calls ▪ Integration Advisor für die Beschleunigung von Schnittstellenimplementierungen

Tabelle 3.3 Info Sheet eines beispielhaften Architektur-Blueprints für ISA-M

Architektur-Blueprint zur Prozessintegration

Das Beispiel von SAP zeigt zunächst eine grobe Beschreibung des Architektur-Blueprints. Darunter können Sie die verwendeten Technologieprodukte aufzählen. Im Beispiel sind ausschließlich SAP-Produkte aufgeführt; allerdings können Sie hier natürlich auch Nicht-SAP-Produkte nennen. Anschließend wird beschrieben, für welche Fälle der entsprechende Architektur-Blueprint zum Einsatz kommt (When to apply). Danach geht es darum, wie der Architektur-Blueprint umgesetzt wird (How to apply). Wir empfehlen Ihnen, im Info Sheet auch auf Namenskonventionen und Entwicklervorgaben zu verweisen.

Integrationsprinzipien

Ergänzend beschreibt ISA-M einige Dos and Don'ts. Wir bezeichnen diese meistens als *Integrationsprinzipien* und empfinden sie insbesondere für die Zusammenarbeit im Team und in der Kommunikation mit verschiedenen Interessentengruppen als sehr sinnvoll. Wir stellen Ihnen das Konzept von Architekturprinzipien in Abschnitt 14.2 vor.

Backend-Technologie

Ein weiterer Aspekt, den wir bereits angesprochen haben, beschreibt die Auswahl der Integrationstechnologie in den zu integrierenden Anwendungen. Im SAP-Umfeld gibt es verschiedene Technologien für die Entwicklung von Schnittstellen, z. B. RFC, IDoc, Webservice und OData. Sie müssen auch für diese Anwendungssysteme eine Entscheidung treffen, welche Technologie verwendet werden soll. Abhängig vom Aufbau Ihrer Organisation kann die Umsetzung und die endgültige Entscheidung jedoch von anderen Teams vorgenommen werden. Ihr Integrationsteam sollte allerdings maßgeblich den zu gehenden Weg definieren: Wenn Sie die Vorgaben für die zu verwendende Technologie machen, kann anschließend ein Entscheidungsbaum die Solution Architects und Backend-Entwickler*innen dabei unterstützen, das richtige Design für Ihre Schnittstellen aufzubauen.

Veränderungen in ISA-M-Version 3.3

Architektur-Blueprints sind mit ISA-M-Version 3.3 neu eingeführt worden. In den alten Versionen von ISA-M gab es diesen Arbeitsschritt nicht. Allerdings kennen wir viele Unternehmen, die selbst eine entsprechende Beschreibung von Architektur-Blueprints vorgenommen haben, und sind daher froh, dass dies nun auch in ISA-M aufgenommen wurde.

3.1.7 Rollen und Verantwortlichkeiten

SAP beschreibt in ISA-M acht unterschiedliche Rollen im Integrationsumfeld. Für die einzelnen Rollen stellt ISA-M eine Beispielbeschreibung für die Aufgaben der jeweiligen Rolle im Integrationsumfeld bereit. Nachfolgende Rollen sind in ISA-M definiert:

- Enterprise Architect
- Integration Architect

- Integration Developer
- Integration Administrator
- Business Domain Expert
- Business User
- Citizen Integrator
- Application/API Developer

Enterprise Architect

Enterprise Architects sind zuständig für die Definition, Kommunikation und Weiterentwicklung der Integrationsarchitektur. Sie arbeiten intensiv mit ISA-M und definieren gemeinsam mit den Integration Architects die hybride Integrationsplattform Ihres Unternehmens. Sie sollten sowohl Ihre Enterprise Architects als auch Ihre Integration Architects bei der Auswahl und Evaluation von neuen Integrationstechnologien und -lösungen einbinden.

Integration Architect

Integration Architects definieren gemeinsam mit den Enterprise Architects die Integrationsarchitektur. Sie arbeiten intensiv mit ISA-M und definieren und kommunizieren Patterns, Vorlagen und Architektur-Blueprints. Zusätzlich sind sie wichtige Ansprechpartner*innen für Fachbereiche und Kunden bei der Definition von technischen Schnittstellenanforderungen.

Integration Developer

Integration Developer sind hauptsächlich für die Umsetzung von Schnittstellenanforderungen zuständig. Sie erhalten ihre Aufgaben vom Integration Architect als technische Spezifikation von Schnittstellen. Zusätzlich sollten Sie Ihre Integration Developer stets dazu ermutigen, Ihren Enterprise Architects und Ihren Integration Architects allgemeines oder auch spezielles Feedback zu Vorlagen, Best Practices und zur Integrationsarchitektur zu geben.

Integration Administrator

Integration Administrators sind für das Setup und den Betrieb Ihrer Integrationslösungen zuständig. Außerdem überwachen sie Ihre Integrationslösungen aus technischer Sicht und stellen sicher, dass diese wie gewünscht laufen.

Business Domain Expert

Business Domain Experts definieren gemeinsam mit Ihren Integration Architects die Schnittstellenanforderungen. Sie arbeiten aktiv bei der Bearbeitung von Nachrichten-Mappings mit und vertreten beim gesamten Schnittstellendesign die Anforderungen des Fachbereichs.

Business-User

Business-User stellen Anforderungen an Schnittstellen. Sie kommunizieren diese an den Business Domain Expert, der die Anforderungen durch die Integration Developer umsetzen lässt. Der Business-User arbeitet in der Regel ausschließlich in seinem jeweiligen Backend-System.

Citizen Integrator

Beim *Citizen Integrator* handelt es sich um einen speziellen Benutzer aus dem Fachbereich. Ähnlich wie die Business Domain Experts sind die Citizen Integrators tiefer in die Konzeption der Schnittstellen involviert. Im Gegensatz zu den Business Domain Experts werden die Citizen Integrators allerdings auch in die Umsetzung der Schnittstellen einbezogen. Über spezielle Werkzeuge oder Wizards können die Citizen Integrators selbstständig einfache Integrationen in Form eines Self-Service implementieren.

Application/API Developer

Application/API Developer arbeiten in einem bestimmten Backend-System. Innerhalb ihrer Systemlandschaft kennen sie meist nur das von ihnen betreute System. Sie sind für die Umsetzung von Schnittstellenanforderungen im jeweiligen Backend-System und für die Definition von einheitlichen Programmierschnittstellen für dieses System verantwortlich.

Unserer Meinung nach ist dieser Teil von ISA-M nicht ausreichend umfassend. Wir sind überzeugt, dass die klare Definition von Rollen und Aufgaben wichtig ist; allerdings halten wir die generelle organisatorische Ausrichtung Ihres Integrationsteams für mindestens genauso wichtig. Einen Ansatz hierzu, der als *Integration Competency Center* bezeichnet wird, beschreiben wir in Abschnitt 3.3, »Integration Competency Center of Excellence«.

Veränderungen in ISA-M-Version 3.3

In ISA-M-Version 3.3 gab es keine Veränderungen im Bereich der Rollen und Verantwortlichkeiten. Alle Inhalte sind noch auf dem Stand von Version 3.2.

3.1.8 Vorgehensweise und praktische Nutzung

In den vorangegangenen Abschnitten haben wir Ihnen die Methode ISA-M vorgestellt. Dabei haben wir Ihnen unsere Anregungen und Ideen zum Einsatz und zur angepassten Umsetzung der einzelnen Aktivitäten gegeben.

Integrationsdomänen, -stile und Use Cases

Wir halten den Einsatz von Integrationsdomänen, -stilen und Use Cases für sehr sinnvoll und hilfreich. Insbesondere wenn Sie mit Ihren Mitarbeitenden, Fachbereichen oder Führungskräften diskutieren, hilft die strukturierte Vorgehensweise mit den drei genannten Einordnungskriterien. Wir nutzen die Klassifizierung von Schnittstellen(-anforderungen) in der Kommunikation mit Kolleg*innen im Unternehmen sehr intensiv. In der Praxis haben wir die Erfahrung gemacht, dass vom Fachbereich bzw. von IT-nahen Mitarbeitenden im Fachbereich bereits eine Vorselektion von Anforderungen erfolgen kann. In Tabelle 3.4 sehen Sie ein Beispiel, wie wir für ein Unternehmen eine Technologiezuordnung, basierend auf Integrationsdomänen, vorgenommen haben.

Integrations-domäne	Relevanz	Technologie	
		Heute	Zukünftig
On-premise-zu-On-premise	X	Diverse (z. B. direkt, Datenbanken, Datei-en usw.)	Cloud Integration Content in SAP Process Orchestration
On-Premise-zu-Cloud	X	Diverse (z. B. direkt, Datenbanken, Datei-en usw.)	SAP Cloud Integration
Cloud-zu-Cloud	X	Diverse (z. B. direkt, Datenbanken, Dateien usw.)	SAP Cloud Integration
Business-to-Business	X	Bereich A: über exter-nen Dienstleister; Bereich B: über SAP Process Orchestration	Bereich A: über exter-nen Dienstleister; Bereich B: über SAP Cloud Integration mit Integration Advisor
Business-to-Government B2G)	X	SAP Cloud Integration/ Diverse	SAP Cloud Integration
Benutzer-zu-On-Premise	X	Webteam	SAP API Management
Benutzer-zu-Cloud	X	Webteam	SAP API Management
Dinge-zu-On-Premise	unklar	nicht vorhanden	Streaming Hub und IoT-Lösungen (IoT = Internet of Things) werden evaluiert.
Dinge-zu-Cloud	unklar	nicht vorhanden	Streaming-Hub- und IoT-Lösungen werden evaluiert.

Tabelle 3.4 Bewertung der Integrationsdomänen mit High-Level-Technologiezuordnung

Technologiezuordnung

In ISA-M wird ein sehr strukturierter Ansatz zum Aufbau einer Technologiezuordnung beschrieben. Wir verwenden diesen Ansatz hauptsächlich beim Aufbau von Integrationsstrategien. Ein Beispiel für den Integrationsstil Prozessintegration sehen Sie in Tabelle 3.5.

Technologie	SAP Cloud Integration	Cloud Integration Content in SAP Process Orchestration	SAP Process Orchestration	SAP Business Connector
Empfehlungsgrad	allgemeine Empfehlung	allgemeine Empfehlung	mögliche Ausnahme	zu vermeiden
Beschreibung	Verwendung für die meisten Integrationsdomänen, wenn möglich, mit vordefinierten Integrationsinhalten	Verwendung bei Compliance-relevanten Integrationsanforderungen und für die On-Premise-zu-On-Premise-Kommunikation	Verwendung für alle bestehenden SAP-Process-Orchestration-Implementierungen und deren Anpassung/Weiterentwicklung	Wartung läuft aus; keine neuen Entwicklungen. Bestehende Entwicklungen werden fortlaufend migriert.
On-Premise-zu-On-Premise		X	X	
On-Premise-zu-Cloud	X	X	X	
Cloud-zu-Cloud	X			
B2B/B2G	X		X	

Tabelle 3.5 Beispiel für eine Technologiezuordnung für den Integrationsstil Prozessintegration

Bewertung der Technologiezuordnung

Für die Arbeit im Rahmen einer Integrationsstrategie halten wir diese Art der Technologiezuordnung für sinnvoll. Allerdings haben wir auch festgestellt, dass diese für die tägliche Arbeit sehr komplex und umfangreich ist. Außerdem sehen wir bei dieser Form der Technologiezuordnung häufiger Verständnisprobleme bei externen Stakeholdern. Daher empfehlen wir Ihnen die Verwendung von einfacheren Übersichten, wie sie z. B. in Tabelle 3.4 dargestellt sind.

Architektur-Blueprints

Mit ISA-M-Version 3.3 hat SAP die Architektur-Blueprints neu eingeführt. Wir halten diese Erweiterung für sehr sinnvoll. Wir empfehlen Ihnen, sie zusätzlich durch Auswahlempfehlungen für die Backend-Integration zu erweitern. Nur dadurch haben Sie die Möglichkeit, die komplette Integration (in Ihrer SAP-Landschaft) zu steuern und gemäß Ihrer Integrationsstrategie auszurichten. Abbildung 3.9 zeigt ein Beispiel für einen Technologie-Entscheidungsbaum für die Erstellung von Schnittstellen in SAP-Backend-Systemen.

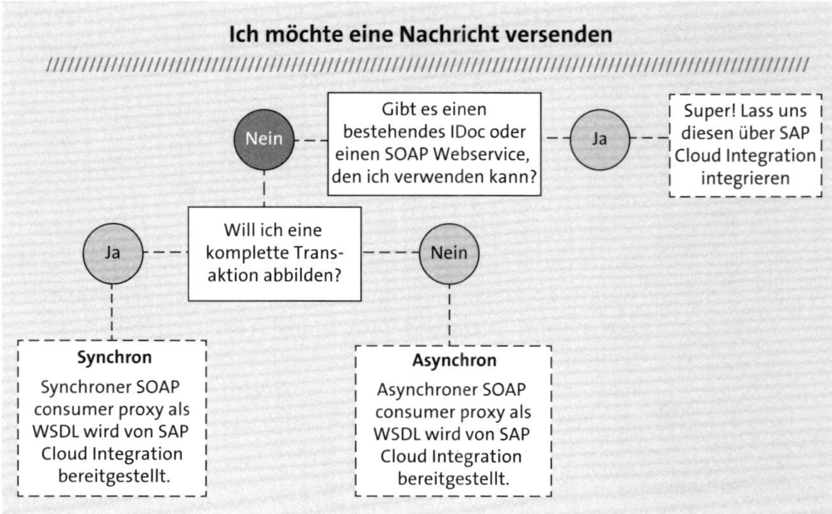

Abbildung 3.9 Beispiel für einen Entscheidungsbaum für die Technologieauswahl zum Versand von Nachrichten

Rollen und Verantwortlichkeiten

Der Bereich der Rollen und Verantwortlichkeiten ist aus unserer Sicht noch stark ausbaufähig. Zwar stellt ISA-M typische Rollen im Integrationsumfeld vor und klassische Rollenbeschreibungen zur Verfügung, allerdings fehlen Ansätze, um die Reife der eigenen Organisationsstruktur zu bewerten und die eigene Organisation aus Integrationssicht weiterzuentwickeln. Daher empfehlen wir Ihnen, auf zusätzliche Quellen und Ansätze wie z. B. das Integration Competency Center of Excellence zuzugreifen (siehe Abschnitt 3.3).

3.2 Reifegradmodell

In diesem Abschnitt gehen wir auf die Nutzung von Reifegradmodellen im Kontext der Integration ein. Dabei wollen wir Ihnen zeigen, welche Modelle sich für die Analyse und Standortbestimmung am besten eignen und wie Sie diese auf Ihre Bedürfnisse anpassen bzw. sie nutzen können.

Aufbau des Abschnitts

Zu Beginn werfen wir einen Blick auf die Herausforderungen der Integration, die Grundlagen für ein Reifegradmodell sowie auf das SAP-Integrationsreifegradmodell im Detail: Wir betrachten Gründe und Ziele zur

Nutzung eines Reifegradmodells sowie typische Merkmale und Ausprägungen je Ebene.

3.2.1 Grundlagen

Herausforderungen und Nutzen

Die Digitalisierung verlangt von den Unternehmen vor allem eines: Vernetzung. Damit dies gelingen kann, gilt es, über die gesamte Wertschöpfungskette die Integration von Prozessen, Daten, Benutzern und Dingen vollumfänglich zu gewährleisten. Unsere Erfahrung hat gezeigt, dass die IT kleiner und mittelständischer Unternehmen häufig noch nicht die benötigten Fähigkeiten im Umfeld der Integration entwickelt hat und ganz am Anfang, im Sinne einer modernen Integrationsstrategie steht. Unserer Meinung nach sind viele dieser Unternehmen klar im Nachteil, wenn es darum geht, die Digitalisierung und, damit verbunden, die Integrationsfähigkeit zu unterstützen. Im Folgenden gehen wir genauer darauf ein, wie Sie das SAP-Integrationsreifegradmodell verwenden können. Ziel ist es, dass Sie anhand des Modells und der Kriterien bewerten können, wo Sie heute stehen und an welchen Stellen Sie Ihre Fähigkeiten ausbauen müssen, um den benötigten Reifegrad für Ihr Unternehmen zu erreichen.

Grundlagen zum Reifegradmodell

Ein *Reifegrad* beschreibt die Reife eines bestimmten Themenkomplexes hinsichtlich einer bestimmten Methode oder eines Modells. Durch die Einstufung anhand definierter Anforderungen und Kriterien ergeben sich verschiedene Grade an Reife. Zur Erreichung eines bestimmten Reifegrades müssen die in der jeweiligen Stufe beschriebene Kriterien nachweislich erreicht sein. Die ursprüngliche Verwendung von Reifegradmodellen findet sich in der qualitativen Bewertung von Unternehmensprozessen. Die Qualität der Prozesse macht sichtbar, wie gut die Prozesse zu den Unternehmenszielen und -strategien beitragen. Ziel dabei war es, entlang eines systematischen Ansatzes die Prozessqualität im Unternehmen kontinuierlich zu messen und zu verbessern. Viele der heute bekannten Reifegradmodelle orientieren sich an diesem Grundgedanken.

3.2.2 Reifegradmodell für die Integration innerhalb von SAP ISA-M

SAP-Reifegradmodell von ISA-M

Basierend auf diesem Grundgedanken beinhaltet das Framework ISA-M ein Reifegradmodell zur Einstufung der Integrationsfähigkeit im Unternehmen. Eine der wesentlichen Herausforderungen dabei ist es, den Wandel von einer klassischen Ad-Hoc-Integration hin zu einem systematischen Ansatz mit klar definierten Integrationsstandards zu schaffen.

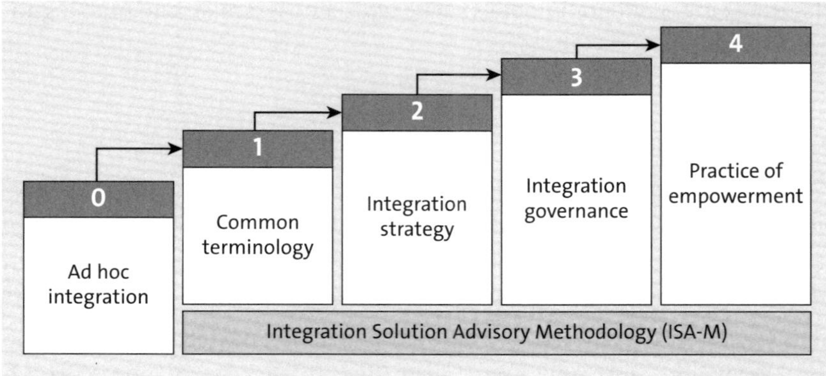

Abbildung 3.10 Die fünf Stufen des SAP-Reifegradmodells von ISA-M

Facetten der Reifegradstufen

SAP stuft die Integrationsfähigkeit eines Unternehmens in fünf Reifegrade ein, die wir Ihnen im Folgenden detaillierter vorstellen (siehe Abbildung 3.10). Wir halten die Definition der Reifegrade sowie die Bewertungskriterien, wie SAP sie vorschlägt, jedoch für unvollständig. Dennoch können sie für eine erste Einschätzung, aber auch für die Kommunikation mit Ihrem Management durchaus helfen. Neben den Einstufungen von Level 0 bis Level 4 sollten noch weitere Facetten der Integration Beachtung finden. Pro Level sollten die folgenden Facetten in der Bewertung und Einstufung berücksichtigt werden:

- Bewusstsein und Stellenwert von Integration
- Organisation
- Integrationstechnologien und Werkzeuge
- Methodik und Frameworks
- Beschaffung und Sourcing

Beschreibung der Reifegradstufen

ISA-M beginnt mit Reifegrad-Level 1 und setzt somit eine gewisse Integrationsfähigkeit im Unternehmen voraus. Unserer Erfahrung nach sind sich Unternehmen ab diesem Level über die Notwendigkeit einer strukturierteren Methode für die Integration bewusst. Trotzdem wollen wir die jeweiligen Stufen von Level 0 an beschreiben. Innerhalb von ISA-M v3.3 werden die essenziellen Reifegrade wie folgt beschrieben:

Auf Anfrage (Ad-hoc-Integration)

Level 0

Laut SAP ist sich ein Unternehmen mit dem Reifegrad-Level 0 nicht über den Stellenwert von Integration bewusst und besitzt keine formulierte Integrationsstrategie. Das Wissen zur Integration und den Werkzeugen ist nur bedingt vorhanden, was dazu führt, dass das Thema Integration zu

Frustration bei den Mitarbeitenden führt und die Ressourcen schlichtweg überfordert sind.

Um den Reifegrad zu erhöhen, sollten Sie folgende Maßnahmen und Entscheidungen treffen:

1. Schaffen Sie Transparenz, und zeigen Sie den Stellenwert der Integration im Unternehmen auf. Erkennen Sie den Bedarf, und machen Sie sich Ihre Integrationsstrategie bewusst.
2. Ermitteln Sie Ihre Integrationsanforderungen im Unternehmen. Basierend darauf sichten Sie die Werkzeuge und Integrationsplattformen auf dem Markt, um Ihre Anforderungen bestmöglich abbilden zu können.
3. Definieren Sie Rollen im Integrationsumfeld. Nutzen Sie dazu die Rollen aus ISA-M. Besetzen Sie die Rollen mit entsprechenden IT-Ressourcen.
4. Setzen Sie ISA-M ein, um effizienter und strukturierter Ihre Anforderungen an die Integration einstufen zu können.

Einheitliche Terminologie (Common Terminology)

Level 1

Die Einstufung von Reifegrad-Level 1 ist Grundlage von ISA-M. Unternehmen haben die Notwendigkeit der Integration erkannt und ihre Integrationsfähigkeiten entsprechend nach ISA-M in Domänen, Stile und Anwendungsfälle strukturiert und klassifiziert. Die Kommunikation zwischen Unternehmensarchitekt*innen, Projektteams, Fachbereichen sowie Systemverantwortlichen ist optimiert, aber noch nicht vollständig etabliert. Die Verantwortlichkeiten sind häufig noch nicht geklärt, was die Umsetzung einer zentralen Governance für die Integration erschwert.

Um den Reifegrad zu erhöhen, sollten Sie folgende Maßnahmen und Entscheidungen treffen:

1. Etablierung eines *Integration Competency Centers* (siehe Abschnitt 3.3, »Integration Competency Center of Excellence«). Alternativ bauen Sie ein Team in der IT-Abteilung auf, das sich ganzheitlich um die Integration im Unternehmen kümmert.
2. Formulieren Sie eine Reihe von Integrationsregeln, Mustern und Standards für die Integration im Unternehmen.
3. Definieren Sie einen Prozess, um Projektanfragen an die Integration zentral aufnehmen zu können. Ziel ist es, Anfragen zu zentralisieren und zu standardisieren.

Integrationsstrategie (Integration Strategy)

Level 2

Unternehmens- und Integrationsarchitekt*innen sind in der Lage, die Integrationsfähigkeiten anhand der ISA-M-Klassifizierung zu bewerten und zu optimieren. Anhand der ISA-M-Methodik wurden Referenzarchitekturen und Integrationsmuster für SAP- und Nicht-SAP-Lösungen entwickelt. Das Unternehmen ist auf dem Weg, sich sowohl horizontal als auch vertikal vollständig zu vernetzen. Sie schaffen mit der Integrationsstrategie die Grundlage zur Digitalisierung. Des Weiteren gibt es ein Integration Competency Center (siehe Abschnitt 3.3, »Integration Competency Center of Excellence«), das sich um die Integration im Unternehmen als Ganzes kümmert.

Um den Reifegrad zu erhöhen, sollten Sie folgende Maßnahmen und Entscheidungen treffen:

1. Schaffen Sie eine Unternehmenskultur, in der Integration der Mittelpunkt für die Weiterentwicklung und Transformation des Unternehmens ist.
2. Optimieren Sie Ihre Sourcing-Strategie, und schaffen Sie eine differenzierte Sourcing-Richtlinie.
3. Etablieren Sie eine kontinuierliche Abstimmung zwischen dem Integrationsteam und den Unternehmensarchitekt*innen. Gründen Sie ein Integrations-Board, das regelmäßig Best Practices überprüft, neue Anforderungen aufdeckt und die Integration als Managementdisziplin weiterentwickelt.

Integrationssteuerung (Integration Governance)

Level 3 Richtlinien und Standards zur Integration werden durch die Unternehmens- und Integrationsarchitekt*innen entwickelt. Projektteams sind in der Lage, anhand dieser Richtlinien und Standards eigenständig die Integrationslösungen und -technologien auszuwählen. Die Nutzung von Richtlinien und Standards ermöglicht es nun, neue Schnittstellenanforderungen strukturiert zu bewerten und anhand der Referenzarchitekturen bestmöglich umzusetzen. Ein Expertenteam überwacht kontinuierlich neue Integrationsanforderungen und Trends und entwickelt die Fähigkeiten im Unternehmen zur Integration entsprechend weiter.

Um den Reifegrad zu erhöhen, sollten Sie folgende Maßnahmen und Entscheidungen treffen:

1. Versuchen Sie, die Integration als festen Bestandteil in die Digitalisierungsstrategie einzubinden. Integration sollte in der digitalen Kultur Ihres Unternehmens fest verankert sein.
2. Entwickeln Sie neue Ansätze hinsichtlich der »Do-it-Yourself«-Integration. Schaffen Sie Grundlagen im Unternehmen, um diese Ansätze zu ermöglichen.

3. Ermutigen Sie einzelne Anwender*innen dazu, die Integration selbst einzurichten. Ziel dabei ist es, die internen Kernressourcen zu stärken und das Wissen zur Integration stärker zu dezentralisieren.
4. Definieren Sie Ihre *Hybrid Integration Platform* (siehe Abschnitt 3.4, »Hybrid Integration Platform«).

Etablierte Integrationsorganisation (Practice of Empowerment)

Level 4

Unternehmen in diesem Reifegrad ermöglichen es den Endbenutzer*innen sowie Endanwender*innen, durch moderne Integrationswerkzeuge ihre Schnittstellen selbstständig für bestimmte Integrationsdomänen auf der Hybrid Integration Platform zu konfigurieren. Das Integrationsteam kann nun besser skalieren und sich auf die Modernisierung der Integrationslandschaft konzentrieren. Des Weiteren ist die Integration fester Bestandteil in der digitalen Kultur des Unternehmens und ist in alle Prozesse eingebunden. *Self-Service-Fähigkeiten* zur Integration sind etabliert.

Zusammenfassung

Eine weitere Beschreibung für die Reifegradstufen lässt sich in den Unterlagen zu ISA-M nicht finden. SAP bietet seit Mai 2020 ein Online-Werkzeug an, mit dem Sie den Reifegrad Ihres Unternehmens zur Integration bewerten lassen können. Anhand zahlreicher Fragestellungen zum Unternehmen und Ihrer Fähigkeiten zur Integration lässt sich Ihr persönlicher Reifegrad ermitteln:

http://s-prs.de/v798217

Schwachstellen des ISA-M-Reifegradmodells

Um nach dem Grundgedanken eines Reifegradmodells vorzugehen und Ihre Integrationsfähigkeit nach Reifegradeinstufung zu bewerten und Maßnahmen daraus abzuleiten, empfehlen wir Ihnen die Nutzung des Integrationsreifegradmodells, z. B. von Gartner oder von anderen Dienstleistungsunternehmen.

3.2.3 Vorgehensweise und praktische Nutzung

Wie in Abschnitt 3.2.2, »Reifegradmodell für die Integration innerhalb von SAP ISA-M«, angedeutet, eignet sich unserer Erfahrung nach das Reifegradmodell aus ISA-M nur bedingt, um nach den Grundgedanken eines Reifegradmodells vorzugehen.

Unsere Empfehlung für die praktische Anwendung ist es, ein Reifegradmodell lediglich als Orientierung und für eine Analyse der Ist-Situation bzw. Einschätzung der heutigen Integrationsfähigkeiten zu nutzen. Darauf basierend, lassen sich dann Handlungsfelder und Maßnahmen ableiten, um den nächsten Reifegrad Ihrer Integrationsfähigkeiten zu erreichen.

Leitfaden für Reifegradmodelle

Im Folgenden geben wir Ihnen einen Leitfaden zur Nutzung der Reifegradmethode, basierend auf den beiden vorgestellten Modellen in Abschnitt 3.2.2, »Reifegradmodell für die Integration innerhalb von SAP ISA-M«. Zur Bewertung der Ist-Situation und Ableitung von Maßnahmen sind im Wesentlichen vier Schritte erforderlich:

1. **Schätzen Sie den Reifegrad Ihrer IT in der Integrationsfähigkeit ein.**
   Bestimmen Sie Ihre Ausgangslage in Bezug auf die Integration. Nutzen Sie dazu die Ebenen aus ISA-M, und adaptieren Sie die Ebenendefinitionen inklusive Kriterien gemäß Gartner. Hierzu bietet SAP einen strukturieren Fragebogen an: *http://s-prs.de/v798217*
2. **Legen Sie Ihre Zielsetzung anhand der Ebenen im Reifegradmodell fest.**
   Definieren Sie Ihre gewünschten Ziele für die Integration, und ordnen Sie diese der entsprechenden Ebene im Reifegradmodell zu.
3. **Definieren Sie Maßnahmen zur Erreichung der Ziele anhand der Kriterien des Reifegradmodells.**
   Beschreiben Sie zunächst anhand der Ausgangssituation Ihre definierten Ziele und Handlungsfelder. Bestimmen Sie anhand der Handlungsfelder die zur Umsetzung benötigten Maßnahmen.
4. **Setzen Sie die Maßnahmen sukzessive um.**
   Planen Sie die Maßnahmen im Sinne einer Roadmap. Auf dieser Basis können Entscheidungen hinsichtlich Ressourcen, Investitionen usw. getroffen werden. Überwachen Sie die Umsetzung, und reflektieren Sie die Ergebnisse, z. B. nach einem Jahr erneut anhand des Reifegradmodells.

[»]

Zusätzliche Informationen

Um das SAP-Reifegradmodell mit weiteren Bewertungskriterien zu erweitern, lohnt es sich, einen Blick auf das Profil von Massimo Pezzini zu werfen. Pezzini schildert ausführlich, welche Fähigkeiten von Integration je Ebenen benötigt werden.

3.3 Integration Competency Center of Excellence

In diesem Abschnitt möchten wir Ihnen eine weitere Methode bzw. das Konzept des *Integration Competency Centers* (ICC) im Kontext des Integrationsmanagements vorstellen.

3.3.1 Das Konzept des Integration Competency Centers

Warum ICC?

Wie die meisten Konzepte und Methoden entstand der Bedarf eines Integration Competency Centers (ICC) aufgrund der zunehmend komplexeren Herausforderung an Integration. Der Begriff wurde von Roy Schulte von Gartner im Jahr 2001 durch eine Reihe von Artikeln und Präsentationen populär gemacht. Ziel war es, die immer wiederkehrenden Integrationsaufgaben innerhalb eines Unternehmens koordiniert und effizient abzuarbeiten. Letztendlich erhoffte man sich durch den Einsatz moderner Integrationstechnologien, Best Practices, Standardisierung und den bestmöglichen Ressourceneinsatz einen Wettbewerbsvorteil.

Konzept des ICC

Um das Konzept hinter dem ICC besser zu verstehen, macht es Sinn, jedes der drei Wörter einmal genauer zu beleuchten. In Abbildung 3.11 sind die Wörter im Detail beschrieben.

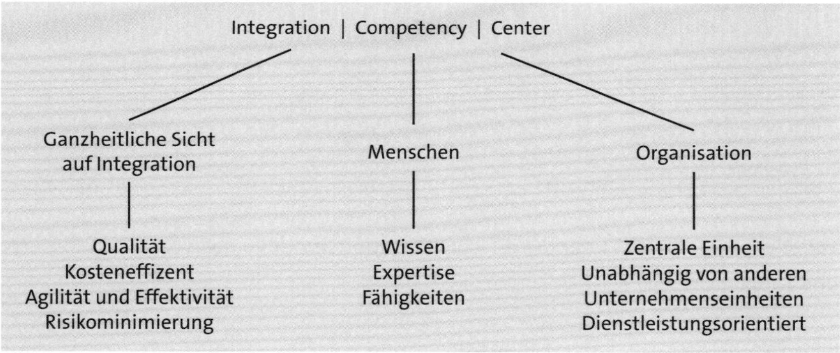

Abbildung 3.11 Der Begriff des Integration Competency Centers in seinen Einzelteilen

Hauptziele des ICC

Zusammengefasst ist das ICC eine organisatorische Shared-Services-Einheit innerhalb eines Unternehmens, die die Durchführung einer systematischen Anwendungsintegration verantwortet. Die Hauptziele sind:

- **Reduzierung von Integrationskosten** durch den Einsatz von Integrationsstandards, klar beschriebenen Prozessen und die Wiederverwendung von Schnittstellen
- **Anpassbarkeit** auf Veränderungen des Marktes sowie des Unternehmens durch die Sicherstellung lose gekoppelter IT-Landschaften
- **Unternehmensweiter Einsatz von Best Practices**

ICC-Organisationsmodelle

Im Buch »Integration Competency Center: An Implementation Methodology« von John G. Schmidt und David Lyle werden fünf ICC-Organisationsmodelle vorgestellt (siehe Tabelle 3.6).

Wie es in Tabelle 3.6 dargestellt ist, wird jedes dieser ICC-Modelle in Bezug zu den drei Dimensionen *Prozesse*, *Technologien* und *Organisation* gestellt, woraus sich entsprechende Vorteile ableiten lassen.

	Prozesse	Technologien	Organisation
Project Silos	keine definierten Prozesse	keine definierten Technologien	unabhängige Teams und Mitarbeiter
Best Practices	definierte Prozesse	Technologie-Empfehlungen	verteilte Organisation
Standard Services	definierte Prozesse	standardisierte Technologien	verteilte Organisation
Shared Services	definierte Prozesse	standardisierte Technologien	hybride Organisation
Central Services	definierte Prozesse	verteilte Technologien	zentrale Organisation
Self-Services	automatisierte Prozesse	dynamische Technologien	virtuelle Organisation

Tabelle 3.6 Übersicht über die ICC-Organisationsmodelle nach John G. Schmidt und David Lyle

SAP und ICC

SAP orientiert sich in Publikationen, wie z. B. dem Whitepaper »How to Define and Establish an SAP Integration Competency Center« von Florian Koeller und Fabian Schreiber, ebenfalls an diesem Modell, beschränkt sich dabei aber auf lediglich vier ICC-Modelle. In der SAP-Beschreibung fehlt das fünfte Modell »Self-Service«.

Aus unserer Sicht ist gerade das *Self-Service-Modell* eines der elementaren Organisationsmodelle in der hybriden Welt. Aus diesem Grund gehen wir in den weiteren Ausführungen weiterhin von fünf ICC-Organisationsmodellen aus.

Organisationsmodelle im Detail

Im Folgenden wollen wir genauer auf die Organisationsmodelle sowie die jeweiligen Dimensionen aus Tabelle 3.6 eingehen.

Ziel dieses Abschnitts ist es, Ihnen einen Überblick über alle zulässigen Modelle zu geben. Abschnitt 3.3.2, »Vorgehensweise und praktische Nutzung«, enthält weitere Details, insbesondere zur Auswahl eines Modells für Ihr Unternehmen.

Best Practices

Das ICC-Modell *Best Practices* ist das grundlegende Modell des ICC. Hauptziel dieses Modells ist die Verwaltung und Verteilung von Integrationswissen innerhalb der Organisation. Es ist unserer Erfahrung nach am einfachsten zu implementieren und eignet sich daher als Einstieg. Die verschiedenen Facetten des ICC-Modells *Best Practices* zeigen wir Ihnen in Tabelle 3.7.

Facette	Beschreibung
Schwerpunkt	Schwerpunkt des Modells ist die Entwicklung und Einführung von Best Practices für Prozesse sowie für Standards für die Entwicklung und den Betrieb von Schnittstellen (z. B. Integrationsmuster). Ein weiterer Schwerpunkt ist die Verteilung und Verbreitung von Wissen in der IT-Organisation. SAP empfiehlt hier Kommunikationskanäle wie Newsletter oder Artikel, aber auch dedizierte ICC-Workshops bei Projektabschluss.
Menschen	Das Modell beinhaltet kein zentrales Team für Betrieb oder Entwicklung. Das bedeutet, dass die Rollen innerhalb des Modells in der Regel in verteilten IT-Abteilungen arbeiten.
Prozesse	In diesem Modell liegt die Verantwortung für die Prozessdurchführung und -einhaltung in den Projekten und verteilten IT-Abteilungen. Das ICC kann ausschließlich Empfehlungen aussprechen.
Technologien	Das ICC spricht Empfehlungen für den Einsatz von Integrationslösungen und -technologien aus. Die Entscheidung über den Einsatz von Integrationslösungen liegt jedoch in den jeweiligen IT-Abteilungen.

Tabelle 3.7 Facetten des Integration Competency Centers

Standard Services

Hauptziel des ICC-Modells *Standard Service* ist die Sicherstellung der Einhaltung von Best Practices und Standards. Das Modell basiert somit auf dem ICC *Best Practices*. Die verschiedenen Facetten des ICC-Modells *Standard Service* zeigen wir Ihnen in Tabelle 3.8.

Facette	Beschreibung
Schwerpunkt	Das ICC ist für die Definition von Integrationsstandards und die Sicherstellung der Einhaltung dieser Standards verantwortlich. Ziel ist es, die Integration hinsichtlich der Schnittstellenentwicklung, aber auch der Integrationstechnologien zu standardisieren und die Anzahl der Integrationslösungen zu reduzieren. Ein weiterer Schwerpunkt ist die Wiederverwendung von Systemen, Prozessen und Ressourcen sowie Schnittstellen.

Tabelle 3.8 Facetten des ICC-Modells »Standard Service«

Facette	Beschreibung
Menschen	Das Modell beinhaltet kein zentrales Team, und die Mitglieder des ICC sind weiterhin in den jeweiligen IT-Abteilungen verteilt. Die Mitarbeitenden sind aber für ihre Tätigkeiten im ICC zu einem bestimmten Teil ihrer Arbeitszeit fest eingeplant. Des Weiteren wird dem ICC ein Budget zur Verfügung gestellt.
Prozesse	Das ICC stellt Standards und Prozesse bereit und verantwortet auch die Einhaltung der Prozesse. Des Weiteren prüft das ICC neue Integrationstechnologien und -lösungen und wählt Anbieter aus.
Technologien	Das ICC ist für die Definition der einzusetzenden Integrationslösungen und -technologien verantwortlich. Die Entwicklung und der Betrieb von Integrationslösungen liegen jedoch in den jeweiligen IT-Abteilungen. Die Herausforderung besteht darin, sicherzustellen, dass die ICC-Standards eingehalten werden. Hierzu empfiehlt es sich, eine zentrale Plattform zur Verwaltung von Schnittstellen einzuführen.

Tabelle 3.8 Facetten des ICC-Modells »Standard Service« (Forts.)

Shared Services

Das ICC-Modell *Shared Services* ist im Vergleich zu den ersten beiden Modellen wesentlich komplexer und bietet Leistung z. B. in Form von Beratung und Entwicklung in Integrationsprojekten an. Die verschiedenen Facetten des Shared-Services-ICC-Modells zeigen wir Ihnen in Tabelle 3.9.

Facette	Beschreibung
Schwerpunkt	Das ICC ist für die Definition von Integrationsstandards und die Sicherstellung der Einhaltung dieser Standards verantwortlich. Zusätzlich stellt das ICC die Infrastruktur und die technische Umgebung sowie Ressourcen für Integrationsprojekte und ein Helpdesk bereit. Ziel ist die Optimierung der Integrationsprojekte und -teams.
Menschen	In diesem Modell arbeiten einige Ressourcen zentral für das ICC. Die Mitglieder des ICC kümmern sich um die Aufgaben innerhalb des ICC, unterstützen jedoch auch als Integrationsarchitekt*innen und Entwickler*innen in Integrationsprojekten und vertreten somit das ICC. Das ICC kann durch Mitarbeitende und Integrationsexpert*innen aus anderen IT-Abteilungen unterstützt werden.

Tabelle 3.9 Facetten des Integration Compentency Centers »Shared Services«

Facette	Beschreibung
Prozesse	Das ICC etabliert Prozesse rund um die Themen Planung, Aufbau und Betrieb: ■ Wissensmanagement ■ Produkt- und Methodenschulung für die Integration ■ Integrations-Governance ■ Einkauf von Hard- und Software für Integrationskomponenten ■ Installation, Betrieb und Wartung der Integrationslösungen ■ Kosten- und Leistungsverrechnung ■ Ressourcensteuerung ■ Schnittstellenimplementierung ■ Planung und Steuerung von Aufgaben
Technologien	Das ICC ist verantwortlich für Definition, Installation, Betrieb, Weiterentwicklung und Wartung der einzusetzenden Integrationslösungen und -technologien. Des Weiteren stellt das ICC Ressourcen mit dem Wissen zu den jeweiligen Technologien und Lösungen bereit.

Tabelle 3.9 Facetten des Integration Compentency Centers »Shared Services« (Forts.)

Central Services

Das ICC *Central Services* ist nach den Reifegradstufen das zweithöchste Modell. Das Ziel des Modells ist es, die gesamte Integration im Unternehmen zentral zu steuern. Dieses ICC-Modell eignet sich unserer Erfahrung nach gut für kleine und mittelgroße Unternehmen. In global agierenden Unternehmen ist ein zentraler Ansatz häufig schwer zu etablieren. Die verschiedenen Facetten des ICC-Modells *Central Services* zeigen wir Ihnen in Tabelle 3.10.

Facette	Beschreibung
Schwerpunkt	Als zentrale Einheit steuert das ICC die gesamte Integration im Unternehmen. Mit einem eigenen Budget fungiert das ICC als interner Dienstleister für alle Projekte und Initiativen zum Thema Integration. Ziel ist es, dass alle Integrationen über das ICC laufen.

Tabelle 3.10 Facetten des Integration Competency Centers »Central Services«

Facette	Beschreibung
Menschen	Als eigenständige Einheit hat das ICC eigene Mitarbeitende mit unterschiedlichen Rollen für das Integrationsmanagement. Es werden Trainer, Integrations-Architektinnen, Schnittstellen-Entwickler, Projektmanagerinnen und Administratoren benötigt. Letztendlich müssen alle Fähigkeiten in einer Einheit gebündelt werden, um die Integration als Ganzes um Unternehmen zu steuern.
Prozesse	Mit der Verantwortung, als eigenständige Einheit zu fungieren, ist das ICC für alle integrationsrelevanten Prozesse verantwortlich und deckt zusätzlich alle Prozesse, von der Anforderungsaufnahme über die Entwicklung bis hin zum Projektmanagement und Betrieb, ab. Gerade im Integrationsumfeld ist es wichtig, robuste Prozesse für das Änderungs-, Konfigurations- und Versionsmanagement von Schnittstellen zu haben. Ziel dabei ist es stets, die Prozesse zu verbessern und erweitern.
Technologien	Das ICC ist voll verantwortlich für alle eingesetzten Integrationsplattformen und -technologien im Unternehmen. In dieser Form muss das ICC für möglichst alle Integrationsanforderungen im Unternehmen eine geeignete Lösung anbieten und gegebenenfalls das Portfolio erweitern. Ziel ist es, als Technologiepartner im Unternehmen zu agieren.

Tabelle 3.10 Facetten des Integration Competency Centers »Central Services« (Forts.)

Self-Services Das ICC *Self-Services* stellt den höchsten Reifegrad in einer Organisation dar. Es vereinigt alle Ansätze der vorherigen Modelle und kombiniert somit den zentralen Ansatz mit dezentralen Teams. Ziel ist es, durch eine hohe Automatisierung und Standardisierung die strikte Durchsetzung der Integrationsstandards und Prozesse zu erreichen. Die verschiedenen Facetten des ICC-Modells *Self-Services* zeigen wir Ihnen in Tabelle 3.11.

Facette	Beschreibung
Schwerpunkt	Diese Form des ICC stellt einen hocheffizienten Betrieb der Integrationslösungen sicher und bietet gleichzeitig eine Umgebung und Plattform an, in der unabhängige Entwicklung und Innovation entstehen kann. Ziel ist es, im Betrieb möglichst unsichtbar zu sein und einen hohen Grad an Automatisierung zu erreichen.

Tabelle 3.11 Facetten des Integration Competency Centers »Self-Services«

Facette	Beschreibung
Menschen	Das ICC ist eine eigenständige Einheit in der Organisation. Im Verhältnis zum ICC *Central Services* ist das zentrale Team deutlich kleiner. Aufgabe des Teams ist es, die Verbindung zwischen den dezentralen Teams aufrechtzuerhalten und die Einigung über Standards und klaren Governance-Prozessen herbeizuführen. Die Kernrollen des ICC sind: ▪ Business-Analyst*innen mit Fokus auf Integration und Prozesse ▪ Integrationsarchitekt*innen ▪ Schnittstellenentwickler*innen ▪ Projektmanager*innen ▪ plattformverantwortliche Technologie-Expert*innen
Prozesse	Hauptaufgabe des ICC ist es, innerhalb des Verbunds die Einigung und Einhaltung der Standards und der Governance-Prozesse sicherzustellen. Des Weiteren ist es die Aufgabe, möglichst viele Kernprozesse im Integrationsmanagement zu automatisieren, um als Self-Service-Organisation agieren zu können. Dazu gehören u. a. folgende Prozesse: ▪ Self-Service-Release-Management mit integriertem Änderungs- und Konfigurationsmanagement ▪ Anforderungsmanagement über ein einheitliches Schnittstellen-Repository ▪ Governance Management durch den Einsatz von gemeinsamen Modellierungswerkzeugen, Konventionen und Architektur-Referenzmodellen ▪ Schnittstellenentwicklung durch die Wiederverwendung von Software-Assets und API-first-Strategien ▪ Projektmanagement, gesteuert über Workflow-Systeme
Technologien	Wie auch im ICC-Modell *Central Services* ist das ICC-Modell *Self-Services* für die Integrationsplattformen und Integrationstechnologien im Unternehmen verantwortlich. Des Weiteren muss das ICC Werkzeuge bereitstellen, um die Prozesse im Integrationsmanagement möglichst weit zu automatisieren. Durch den Einsatz von Werkzeugen und Software soll eine möglichst hohe Automatisierung erreicht werden.

Tabelle 3.11 Facetten des Integration Competency Centers »Self-Services« (Forts.)

Weitere Details zu den ICC-Dimensionen

Wir können hier nicht auf alle Details der ICC-Prozesse, -Rollen und -Technologien eingehen. Weitere Informationen und Beschreibungen finden Sie im folgendem SAP-Whitepaper:

http://s-prs.de/v798218

In diesem Zusammenhang ist auch das Buch »Integration Competency Center: An Implementation Methodology« von John Schmidt und David Lyle sehr interessant.

3.3.2 Vorgehensweise und praktische Nutzung

In Abschnitt 3.3.1 haben wir Ihnen das Konzept des Integration Competency Centers vorgestellt. Dabei haben wir uns etwas ausführlicher mit den Organisationsformen und deren Ausprägung beschäftigt. In diesem Abschnitt wollen wir aus unserer Erfahrung heraus beschreiben, wie Sie in wenigen Schritten ein ICC auswählen und einführen. Wir empfehlen, wie in Abbildung 3.12 dargestellt, die Implementierung eines ICC in vier Schritten durchzuführen.

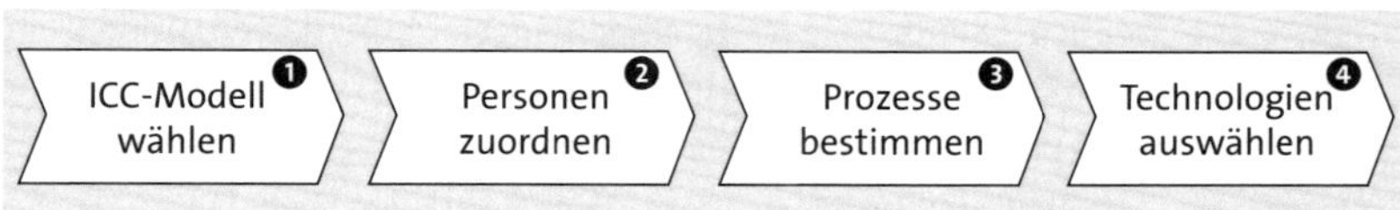

Abbildung 3.12 4 Schritte für den Start eines Integration-Competency-Center-Modells

Integrations- und ICC-Strategie

In der ersten Phase geht es darum, ein geeignetes ICC-Modell auszuwählen (siehe Abschnitt 3.3.1, »Das Konzept des Integration Competency Centers«). Da jedes der vorgestellten Modelle seine Vor- und Nachteile hat, sollten Sie im Vorfeld anhand der Unternehmensziele Ihre eigenen Ziele für das Thema Integration festlegen. Anhand dieser Ziele wählen Sie dann ein geeignetes ICC-Modell aus. Daraus können Sie ableiten, welche Technologien, Prozesse und Rollen für die Etablierung Ihres ICC benötigt werden.

Welchen Ansatz für die Entwicklung einer Strategie sollten Sie wählen? Typischerweise wird eine Strategie nach dem Top-down-Ansatz entwickelt, also vom Allgemeinen zum Detail bzw. vom Management an die Mitarbeitenden. Unsere Empfehlung für die Entwicklung einer Integrationsstrategie ist jedoch eine Mischform – im Rahmen eines iterativen Prozesses sollten Sie ein Kernteam für die Strategieentwicklung definieren, das aus Integrationsexpert*innen und Führungskräften der IT besteht. Auf der einen Seite ist es wichtig, dass die Führungskräfte des Kernteams den Top-down-Ansatz weiterverfolgen und die formale Zustimmung des Managements einfordern. Auf der anderen Seite kann das Kernteam mit den Integrationsexpert*innen konkrete Maßnahmen zur Zielerreichung erarbeiten und Rollen sowie Technologien definieren. An dieser Stelle können u. a. auch die Ansätze aus Abschnitt 3.1 zu ISA-M, aus Abschnitt 3.2 zum Reifegrademodell sowie aus Abschnitt 3.4 zur Hybrid Integration Platform helfen.

[«]

Regelmäßige Sichtung und Aktualisierung

Ihre entwickelte Strategie sollte regelmäßig (z. B. jährlich) überprüft und aktualisiert werden. Des Weiteren sollten Sie neben den drei Dimensionen von ICC (Prozesse, Rollen und Technologien) auch andere Facetten beleuchten, wie z. B. Architekturprinzipien, Outsourcing-Strategien, Geschäftsausrichtung und Partnerschaften mit Lieferanten.

Im Folgenden stellen wir Ihnen die Phasen aus Abbildung 3.12 noch einmal genauer vor.

Phase 1: Auswahl des ICC-Modells, das am besten zu Ihrer Strategie bzw. zu Ihren Anforderungen passt

Wie in Abschnitt 3.3.1, »Das Konzept des Integration Competency Centers«, beschrieben, gibt es fünf verschiedene Modelle, die einen unterschiedlichen Reifegrad der ICC repräsentieren. Die Auswahl des ICC-Modells sollte anhand der von Ihnen festgelegten Integrationsstrategie erfolgen. Falls Sie bei der Auswahl unsicher sind, können Sie mit einem Zielmodell bzw. mit einem simplen Modell starten und sich iterativ zu einem weiteren Modell hin entwickeln. Zum Beispiel könnten Sie mit dem ICC-Modell *Best Practices* beginnen. Nachdem Sie das Modell erfolgreich eingeführt haben, können einzelne Gruppen beginnen, Standards für Ihre Integrationstechnologien und Technologien zu definieren und diese mit dem ICC teilen. Im weiteren Ausbau könnten diese Dienste innerhalb eines ICC zentralisiert werden.

Phase 2: Rollen definieren und Personen aus dem Unternehmen zuweisen

Nachdem Sie ein geeignetes Modell ausgewählt haben, müssen Sie nun die benötigten Rollen definieren und entsprechend mit geeigneten Mitarbeitenden besetzen bzw. diese benennen und entwickeln. Wichtig dabei ist, dass auch ein Mitarbeiter mehrere Rollen im ICC-Modell übernehmen kann. So können z. B. die Integrationsarchitekt*innen auch die Entwicklungstätigkeit übernehmen.

Je ICC-Modell werden unterschiedliche Rollen benötigt. Tabelle 3.12 gibt Ihnen einen Einblick, für welches Modell welche Rollen empfohlen werden.

	ICC-Modell »Best Practices«	ICC-Modell »Standard Services«	ICC-Modell »Shared Services«	ICC-Modell »Central Services«	ICC-Modell »Self-Service«
ICC-Leitung		(✓)	✓	✓	(✓)
Trainer*in und Wissensmanager*in	✓	✓	✓	✓	✓
Integrations-Architekt*in			✓	✓	✓
Produktspezialist*in/Solution Architect		✓	✓	✓	✓
Basis Architect und System-administrator*in			✓	✓	
Integrationsentwickler*in (je Produkt)			✓	✓	
Change Control and Release Manager			✓	✓	✓
Metadata Administrator	✓	✓	✓	✓	✓
Project Manager			✓	✓	
Partner Manager		✓	✓	✓	✓
Security and Technical Architect			✓	✓	✓
Test and Quality Manager			✓	✓	

Tabelle 3.12 ICC-Modell und Rollenzuordnung

Iterative Entwicklung

Die aufgeführte Tabelle 3.12 ist weder vollständig noch umfassend und muss natürlich an Ihr Unternehmen angepasst werden. Aber es ist eine große Hilfe, zu Beginn die relevanten Rollen zu benennen und besetzen zu können. Auch hier empfehlen wir Ihnen, die Rollen sowie das Besetzen der Rollen iterativ anzugehen. Das Modell muss reifen und wird sich über die Jahre hinweg weiterentwickeln. Egal mit welchen Modell Sie starten, die Themen Training und Wissensmanagement werden in allen Modellen benötigt. Ebenfalls ist es wichtig, frühzeitig mit den Themen Governance und Standards (Metadata Administrator und Integration Architect) zu beginnen. Es lohnt sich an dieser Stelle, auch einen Abgleich mit den Rollen aus ISA-M in Abschnitt 3.1.7, »Rollen und Verantwortlichkeiten«, durchzuführen.

Des Weiteren ist es unsere Empfehlung, sich zunächst keine Gedanken über die Art der Organisationsform zu machen. Viele Unternehmen beginnen zunächst damit, in einem Center of Excellence das Integrationswissen zu bündeln und erst zu einem späteren Zeitpunkt eine eigene Organisationsabteilung für die Integration aufzubauen. Das ICC kann sehr unterschiedliche Formen annehmen. SAP empfiehlt den Schnitt nach den jeweiligen Integrationsstilen (siehe Abschnitt 3.1.3, »Integrationsstile und Use Cases«) oder nach den Produktlösungen. In Abbildung 3.13 ist ein Beispiel für den Aufbau eines Central-Services-ICC dargestellt.

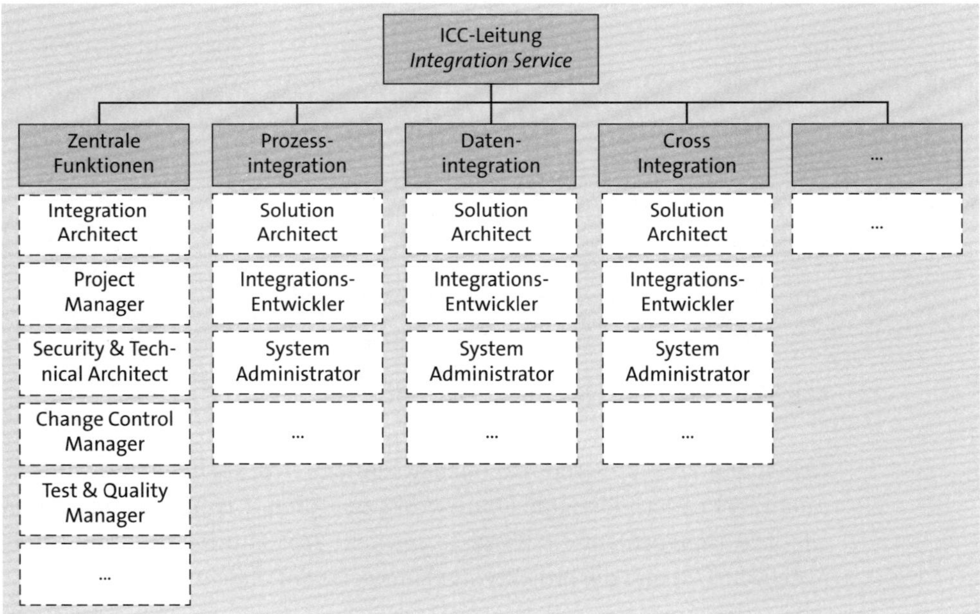

Abbildung 3.13 Beispielhafte Organisationsstruktur für das ICC-Modell »Central-Services«

Des Weiteren können Einflussfaktoren wie die Anzahl verfügbarer Mitarbeitender oder weltweite Organisationsstrukturen den organisatorischen Aufbau des ICC beeinflussen.

Phase 3: Relevante Prozesse für das ICC definieren

Einem ICC liegen grundsätzlich die Prozesse der IT-Organisation zugrunde, je nach ICC-Modell verantwortet es aber auch seine eigenen Prozesse. Das ICC kann somit bestehende Prozesse and das ICC-Modell anpassen bzw. die Prozesse neu definieren. Sollten Sie im Unternehmen keine bestehende IT-Prozesslandkarten haben, an denen Sie sich orientieren können, macht es Sinn, sich Prozess-Referenzmodelle wie *IT4IT* (siehe *https://www.opengroup.org/it4it*) oder *ITIL* (siehe *https://www.itsmf.de/*) genauer anzuschauen. Daran lassen sich u. a. die Prozesse für das ICC identifizieren. Unsere Empfehlung ist es, entlang dieser Prozesse mit der sogenannten *RACI-Methode* Verantwortlichkeiten zu definieren und die Prozesse entsprechend auszugestalten bzw. anzupassen. Exemplarisch finden Sie in Abbildung 3.14 das Prozess-Referenzmodell von IT4IT.

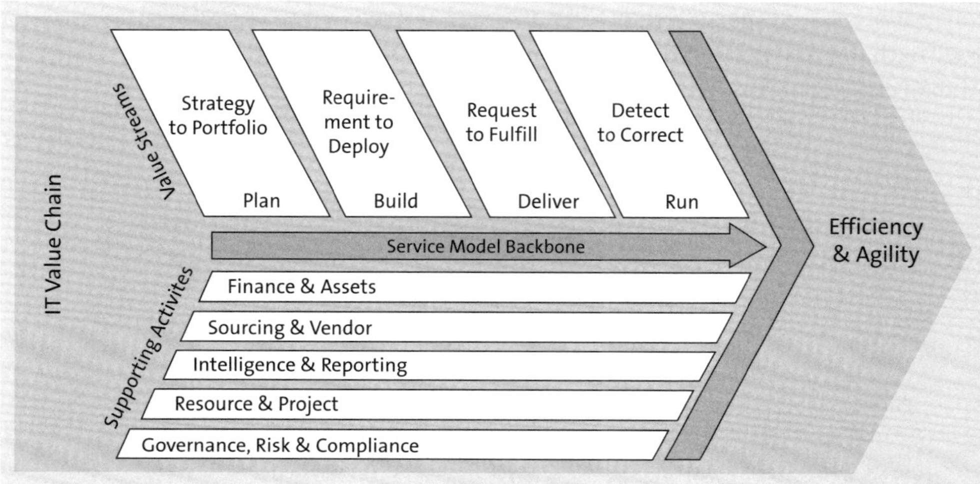

Abbildung 3.14 IT4IT-Wertschöpfungskette

Neben den Prozess-Referenzmodellen lohnt es sich, auch die von SAP veröffentlichen Methoden und Frameworks zu prüfen, z. B. für das *Application Lifecycle Management* die Prozesse aus dem SAP Solution Manager (siehe Abschnitt 17.1) und die Projektvorgehensweise *SAP Activate*.

Um Ihnen eine weitere Hilfestellung bezüglich der Prozesse und Fähigkeiten im Integrationsmanagement geben zu können, finden Sie hier eine Auflistung, die auf unseren Erfahrungen beruht. Diese Liste soll ihnen neben der Betrachtung der Prozesse zeigen, welche Fähigkeiten durch das ICC erbracht werden müssen.

- Integrationsmanagement
  - Strategieentwicklung für die Integration
  - Methoden und Frameworks für die Integration
  - Standards und Metadaten-Management für die Integration
  - Enterprise Architecture Management
  - Service-Level-Management für die Integrationsdienste

  - Partner-Management
  - Programm-Management
  - Finanzplanung
  - Governance- und Risikomanagement
- Informationsmanagement und Wissenstransfer
  - Training und Ausbildung
  - Metadaten-Management und Schnittstellendokumentation
  - Kennzahlenmanagement und Reporting
  - Datenqualitätsmanagement
- Entwicklung und Lösungsdesign
  - Codeverwaltung
  - Projektmanagement
  - Schnittstellenentwicklung
  - Releasemanagement
  - Anforderungsmanagement
- Betrieb und Support
  - Änderungsmanagement
  - Sicherheitsmanagement
  - Störungs- und Problem-Management
  - Monitoring und Alerting

Phase 4: Integrationstechnologien und -lösungen für Ihre Anforderungen im Unternehmen auswählen

In der letzten Phase geht es um die Auswahl und Einführung der benötigten Integrationstechnologien und -lösungen für Ihr Unternehmen. Hier können Sie u. a. Ansätze und Methoden aus den bereits beschriebenen Methoden und Frameworks, wie z. B. ISA-M in Abschnitt 3.1 oder die *Hybrid Integration Platform* in Abschnitt 3.4, nutzen, um für alle Integrationsanforderungen entsprechende Lösungen aus dem ICC anbieten zu können.

Neben den reinen Integrationslösungen macht es auch Sinn, Produkte und Werkzeuge auszuwählen, die Sie für das Verwalten von Schnittstellen innerhalb des ICC benötigen. Da hilft es, die Aufgaben zu Clustern und entsprechende Lösungen dahingehend auszuarbeiten.

Im nächsten Abschnitt stellen wir Ihnen mit dem Konzept der Hybrid Integration Platform eine Lösung vor, wie Sie Ihre Integrationswerkzeuge bestmöglich im Sinne einer Platform implementieren können.

3.4 Hybrid Integration Platform

Aufbau des Abschnitts

In diesem Abschnitt möchten wir Ihnen das Konzept der *Hybrid Integration Platform* (HIP) vorstellen. Dazu befassen wir uns zunächst mit den verschiedenen Aspekten einer HIP und geben Ihnen einen Überblick, was eine HIP ist (siehe Abschnitt 3.4.1). In Abschnitt 3.4.2 zeigen wir Ihnen, warum Sie heutzutage eine HIP brauchen bzw. warum wir es für sinnvoll halten, sich mit diesem Thema zu beschäftigen. Abschließend zeigen wir Ihnen anhand eines Beispiels aus der Praxis, wie Sie ein Implementierungsprojekt für eine HIP durchführen können (siehe Abschnitt 3.4.3).

3.4.1 Was ist eine Hybrid Integration Platform?

HIP in aller Munde

Der Begriff der Hybrid Integration Platform wird insbesondere in den letzten Jahren im Schnittstellenumfeld sehr inflationär verwendet. Daher ist vielen nicht ganz klar, was überhaupt hinter dem Konzept steckt. Wir wollen Ihnen hier einen Überblick geben, was unter einer HIP zu verstehen ist und was nicht.

Integrationsplattform

Der Begriff *Integrationsplattform* ist Ihnen wahrscheinlich geläufig. Eine Integrationsplattform besteht aus einem Middleware-Produkt oder der Kombination von mehreren solchen Produkten. Ziel der Integrationsplattform ist es, verschiedene Anwendungen entlang der Wertschöpfungskette prozessorientiert zu verbinden. In den letzten Jahren haben wir bei vielen Kunden und Unternehmen *SAP Process Orchestration* (bzw. dessen Vorgänger) als Middleware-Produkt eingeführt. Regelmäßig haben wir dabei beobachtet, dass Unternehmen in ihrer Integrationsplattform noch weitere SAP-Produkte einsetzen (z. B. den SAP Business Connector).

Trennung von A2A- und B2B-Integration

Auch haben wir die Situation angetroffen, dass Unternehmen für die interne und die externe Integration unterschiedliche Middleware-Produkte einsetzen. Ein typisches Beispiel ist SAP Process Orchestration für die Integration von Anwendung zu Anwendung (interne Integration, A2A), und den Seeburger Business Integration Server für die Integration von Unternehmen zu Unternehmen (externe Integration, B2B). Die Gründe hierfür sind vielfältig. Allerdings haben wir festgestellt, dass die Anforderungen an diese beiden Arten von Integration unterschiedlich sind (siehe Abschnitt 2.2.1, »Prozessbasierte Integration«).

Der Begriff »hybrid«

Werfen wir nun einen Blick auf den Begriff *hybrid*, der für die HIP von großer Bedeutung ist. Generell wird in der IT etwas als hybrid bezeichnet, wenn zwei oder mehrere Technologien kombiniert werden. Im Zusammenhang mit einer HIP bezieht sich *hybrid* auf die Kombination aus On-Premise-Landschaften und Cloud-Landschaften. Im Zusammenhang mit den verschiedenen Integrationsstilen haben wir Ihnen bereits unterschiedliche Anforderungen für die Integration von On-Premise-Anwendungen und Cloud-Anwendungen vorgestellt (siehe Abschnitt 2.2).

Die vier Dimensionen einer HIP

Vereinfacht dargestellt, können vier Dimensionen zur Beschreibung der Eigenschaften einer HIP verwendet werden. In Abbildung 3.15 zeigen wir Ihnen die Dimensionen mit ihren Eigenschaften in Anlehnung an eine Klassifizierung nach Gartner. Drei dieser Dimensionen haben Sie bereits in Abschnitt 3.1, »Integration Solution Advisory Methodology (ISA-M)«, kennengelernt. Auch ISA-M beschreibt *Integrationsdomänen*, *Integrationsstile* und Personen. Lediglich die vierte Dimension wird im Rahmen von ISA-M nicht betrachtet: Sie beschreibt, wie bzw. wo Sie die HIP betreiben wollen.

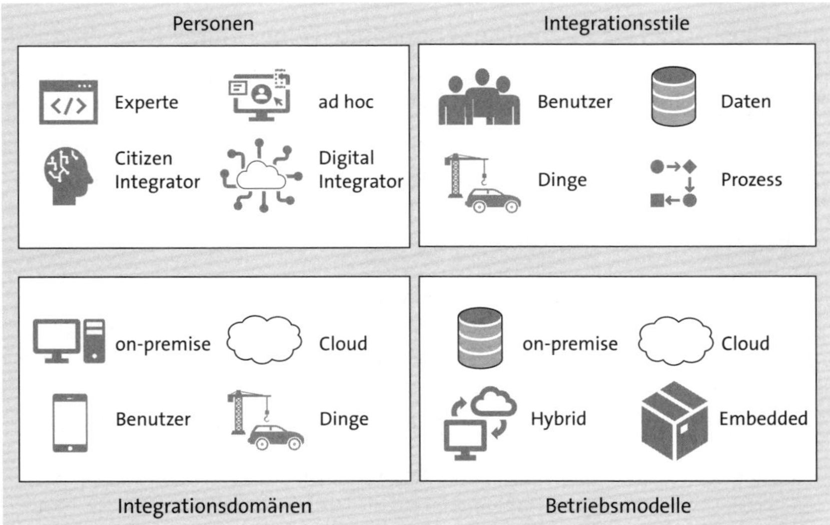

Abbildung 3.15 Die vier Dimensionen einer Hybrid Integration Platform (in Anlehnung an Gartner)

Eigenschaften einer HIP

Die Beschreibung einer HIP anhand dieser vier Dimensionen ist zunächst sehr umfassend. Daher gehen wir in diesem Abschnitt überwiegend auf die technische Sicht ein. Die weiteren Dimensionen, z. B. zur Organisation, beleuchten wir in Teil III, »Aufgaben des Schnittstellenmanagements«, dieses Buches genauer.

Fähigkeiten einer Integrationsplattform

Prinzipiell können Sie davon ausgehen, dass eine HIP dieselben Fähigkeiten wie eine klassische Integrationsplattform hat. Diese haben wir Ihnen nachfolgend noch einmal zusammengefasst:

- Integrationskomponente für den eingehenden und ausgehenden Informationsaustausch

- Datentransformationstools zur Umwandlung von Strukturen, damit Anwendungen Informationen in ihrem Format senden und empfangen können
- Orchestrierungsfunktionalität zur Steuerung des Nachrichtenflusses und zum inhaltsbasierten Routing
- Monitoring-Funktionalitäten, um den korrekten Betrieb Ihrer Plattform zu überwachen
- Alerting-Funktionalitäten, um im Fehlerfall vom System informiert zu werden und schnell eine Fehlerlösung einzuleiten
- Skalierbarkeit, um die Integrationsplattform gemäß des Nachrichtenaufkommens ausrichten zu können

Weitere Funktionalitäten einer HIP

Zusätzlich zu den klassischen Funktionalitäten eines Middleware-Produkts stellt eine HIP Ihnen in der Regel weitere Funktionalitäten zur Verfügung. Diese sollen die Anwender*innen der HIP dabei unterstützen, Integration schneller und besser zu implementieren. Wir haben Ihnen die aus unserer Sicht wichtigsten Zusatzfunktionalitäten in Tabelle 3.13 zusammengefasst.

Funktionalität	Beschreibung
vorgefertigter Integrationsinhalt	Zur Beschleunigung der Integration werden vom Anbieter der Plattform und/oder von Drittanbietern vorgefertigte Integrationsinhalte bereitgestellt. Diese können auf der HIP installiert werden und müssen vom Anwender in der Regel nur konfiguriert werden.
vereinfachte Anbindung von Cloud-Anwendungen	Insbesondere für die Anbindung von Cloud-Anwendungen bietet eine HIP besondere Funktionalitäten, um diese zu vereinfachen. Dadurch werden sehr einfach unterschiedliche Programmierschnittstellen unterstützt.
API-Management	Zur Bereitstellung und Erstellung von eigenen Programmierschnittstellen bietet eine HIP meistens eine Funktionalität zum *API-Management*.
Unterstützung agiler Softwareentwicklung	Eine HIP unterstützt in der Regel Aspekte der agilen Softwareentwicklung. Hierzu gehören z. B. Möglichkeiten, für die HIP eine *Continuous-Integration-* und *Continuous-Delivery-Pipeline* aufzusetzen (auch CI/CD genannt), um durch die Automatisierung von Tests und Deployment die Bereitstellung von neuen Funktionen zu vereinfachen.

Tabelle 3.13 Zusatzfunktionalitäten einer Hybrid Integration Platform im Vergleich zur klassischen Integrationsplattform

Funktionalität	Beschreibung
Datenintegration	Im Gegensatz zu einer klassischen Integrationsplattform verfügt eine HIP über die Möglichkeit, *Datenintegration* zu unterstützen. Diese Komponente ist speziell auf die Anforderungen der Datenintegration abgestimmt (siehe Abschnitt 2.2.2, »Datenbasierte Integration«).
Unterstützung der nachrichten- und eventbasierten Architektur	Viele cloudbasierte Anwendungen setzen auf eine *eventbasierte Architektur*. Daher sollte eine HIP ebenfalls die eventbasierte Kommunikation unterstützen.
verbesserte User-Experience für Anwender*innen	Klassische Integrationsplattformen sind nicht zwangsläufig auf Benutzerfreundlichkeit ausgelegt. Durch Konzepte wie *Citizen Integrationship* und die enge Einbindung von Fachbereichen in die Integrationsarbeit spielt allerdings auch die Benutzerfreundlichkeit für die HIP eine wichtige Rolle.

Tabelle 3.13 Zusatzfunktionalitäten einer Hybrid Integration Platform im Vergleich zur klassischen Integrationsplattform (Forts.)

Hybrid Integration Platform: Zusammenfassung

Zusammenfassend wollen wir für eine HIP folgende Aspekte festhalten. Die HIP ist:

- ein Integrationsprodukt oder eine Kombination aus mehreren Integrationsprodukten
- speziell für die Integration von cloudbasierten und On-Premise-Anwendungen entwickelt
- in der Regel mindestens mit den gleichen Funktionalitäten wie eine klassische Integrationsplattform ausgerüstet
- durch die in Tabelle 3.13 beschriebenen weiteren Funktionalitäten angereichert

HIP vs. IPaaS

An dieser Stelle möchten wir Ihnen kurz die Unterschiede zwischen HIP und dem Konzept der *Integration Platform as a Service* (IPaaS) vorstellen, da die beiden Begriffe häufig verwechselt und falsch verwendet werden. Einfach ausgedrückt, ist eine IPaaS ein Middleware-Produkt, das Sie bei einem Anbieter hosten lassen. Dabei kann der Anbieter des Hostings auch gleichzeitig der Hersteller des Middleware-Produkts sein. Allerdings verfügt eine IPaaS in den meisten Fällen nicht über die weiteren Funktionalitäten, die für eine HIP bezeichnend sind (siehe Tabelle 3.13). Zum Beispiel bietet SAP die *SAP Integration Suite* als IPaaS in verschiedenen Rechenzentren an.

Hosting einer HIP

Generell können Sie eine HIP in der Cloud oder on-premise betreiben. Wenn Sie Ihre HIP aus Komponenten unterschiedlicher Anbieter aufbauen, ist auch eine Mischform denkbar. So können Sie z. B. das Middleware-Produkt von Anbieter A mit dem API-Management-Produkt von Anbieter B kombinieren. Allerdings müssen Sie dabei beachten, dass bei der Verbindung von Produkten verschiedener Anbieter häufig größere Hürden zu überwinden sind.

IPaaS als Bestandteil einer HIP

In vielen Fällen wird Ihnen eine HIP als Cloud-Service angeboten. Dann ist IPaaS eine zentrale Komponente der HIP. Das Konzept und die Ausrichtung der Plattform stellen wir Ihnen im Detail in Kapitel 4, »Die hybride Integrationsplattform von SAP«, vor. Zentrale Komponente innerhalb der HIP ist die IPaaS *SAP Cloud Integration*. Durch den Einsatz weiterer Komponenten (z. B. *Cloud Connector* und *SAP API Management*) kann die SAP Integration Suite als HIP bezeichnet werden und verfügt dann auch über die in Tabelle 3.13 beschriebenen Funktionalitäten.

3.4.2 Warum brauchen Sie eine Hybrid Integration Platform

Stellen Sie sich jetzt die Frage, wozu Sie eine Hybrid Integration Platform in Ihrem Unternehmen benötigen? In diesem Abschnitt wollen wir Ihnen ein paar Punkte nennen, die für den Einsatz einer HIP sprechen.

Cloud- und On-Premise-Anwendungen

Der wohl naheliegendste Punkt ist, dass Sie in Ihrer Systemlandschaft sowohl On-Premise-, als auch Cloud-Anwendungen betreiben. Wir haben in den letzten Jahren viele Unternehmenslandschaften kennengelernt und kennen nur wenige Unternehmen, die noch keine Cloud-Anwendungen einsetzen. In der Regel unterscheiden sich Cloud-Anwendungen in ihrer Anwendungsarchitektur grundlegend von On-Premise-Anwendungen und stellen deshalb besondere Anforderungen an Ihr Integrationsteam, da keine oder nur geringfügige Anpassungen möglich sind. Schnittstellen zu Cloud-Anwendungen müssen daher gemäß der vom Anbieter definierten APIs implementiert werden.

- **Eventbasierte Integration**
  Viele Cloud-Anwendungen setzen überwiegend oder komplett auf eine eventbasierte Kommunikation. In diesem Fall muss Ihre Integrationsplattform Events empfangen und verarbeiten bzw. darauf reagieren können. Klassische Integrationsplattformen sind hierfür in der Regel nicht optimiert; mit den Komponenten einer HIP kann eine Implementierung für Sie daher einfacher sein.

- **Nutzung von Integrationsinhalten**
  Zudem besteht die Möglichkeit, dass Sie die Integrationsinhalte einer HIP nutzen, um die Integration in Ihrer Systemlandschaft vorzunehmen. Sie möchten z. B. Salesforce als CRM-Lösung einführen und den vorgefertigten Integrationsinhalt in der SAP Integration Suite nutzen. Durch den vorgefertigten Integrationsinhalt können Sie die Entwicklung Ihrer Schnittstellen beschleunigen. Im Idealfall können Sie Integrationsinhalte direkt nach einer einfachen Konfiguration der Verbindungen einsetzen und müssen keine weiteren Anpassungen vornehmen.
- **Integration Ihrer On-Premise-Landschaft verbessern**
  Sie möchten die Integration Ihrer bestehenden Integrationslandschaft weiter verbessern und z. B. die eventbasierte Kommunikation in Ihrer On-Premise-Landschaft einführen, oder Sie möchten Ihre Fachbereiche stärker in die Integrationsarbeit integrieren und ihnen die Möglichkeit geben, bestimmte Integrationsaufgaben selbst durchzuführen (z. B. die Erstellung von Mappings im Umfeld des elektronischen Datenaustauschs).
- **HIP als zentraler Zugang zur On-Premise-Landschaft**
  Unter Umständen möchten Sie die HIP auch als zentralen Zugang zu Ihrer On-Premise-Landschaft einsetzen. Dies können Sie durch die Verwendung der API-Management-Funktionalität einer HIP umsetzen. Dabei publizieren Sie definierte APIs, um Aktionen in Ihrer On-Premise-Landschaft auszulösen und können diese APIs z. B. Ihren Kunden und/oder Lieferanten zur Verfügung stellen.
- **Stärkere Ausrichtung auf Echtzeitverarbeitung**
  Sie wollen Schnittstellen, die über Stapelverarbeitung und Hintergrundjobs verarbeitet werden, zu einer (nahezu) Echtzeitverarbeitung umstellen. Komponenten einer HIP können Sie hierbei unterstützen.
- **Unterstützung von Agilität im Integrationsumfeld**
  Sie möchten Agilität im Integrationsumfeld als Vorgehensweise für die Entwicklung von Schnittstellen. Sie möchten eine CI/CD-Pipeline für Schnittstellenobjekte einrichten und eine Codeverwaltung, wie z. B. GitHub, in Ihren Entwicklungsprozess integrieren.
- **Beschleunigung von Integrationsentwicklung**
  Sie möchten flexibler auf Anforderungen im Integrationsumfeld reagieren und generell Ihre Schnittstellenentwicklung beschleunigen. Gleichzeitig möchten Sie in mehreren Iterationen den Umfang ihrer HIP erweitern. Eine HIP wird häufig aus unterschiedlichen Komponenten zusammengestellt: Dies bedeutet, dass Sie nicht zwangsläufig alle Funktionalitäten einer HIP kaufen und einsetzen müssen. Stattdessen haben

Sie, je nach Anbieter, die Möglichkeit, schrittweise einzelne Komponenten hinzuzufügen und Ihre HIP somit über einen längeren Zeitraum auszubauen.

- **Erreichung eines Reifegrades**
  Mit dem Einsatz einer HIP wollen Sie einen bestimmten Reifegrad in Ihrem Unternehmen erreichen. In Abschnitt 3.2, »Reifegradmodell«, haben wir Ihnen zwei verschiedene Reifegradmodelle vorgestellt. In beiden Modellen ist ab einem gewissen Reifegrad der Einsatz einer HIP quasi unabdingbar. Die Kriterien der Reifegrade beschreiben Eigenschaften, die Sie nur mit einer HIP sinnvoll erfüllen können.
- **HIP als zentrale Plattform**
  Sie wollen eine zentrale Plattform, über die Sie Ihre gesamte Integration im Unternehmen verwalten und überwachen können. Zwar besteht eine HIP aus unterschiedlichen Komponenten, allerdings soll mit einer HIP eine zentrale Verwaltung erfolgen.
- **Integrationsteam als Befähiger**
  Sie sehen Ihr Integrationsteam als Treiber, um im Unternehmen eine zukunftssichere und stabile Integrationsarchitektur aufzubauen, oder möchten Ihr Integrationsteam dazu entwickeln. Mit dem Einsatz einer HIP können bestimmte Aufgaben im Integrationsumfeld auf die Endanwender*innen übertragen werden. Ihr Integrationsteam fungiert als Befähiger und trainiert Ihr Unternehmen im Umfang mit der Plattform.

Brauchen Sie dazu eine HIP?

Wahrscheinlich stellen Sie sich jetzt die Frage, ob Sie hierzu wirklich eine HIP benötigen. Rein objektiv betrachtet, brauchen Sie nicht zwangsläufig eine HIP für die Erreichung dieser Ziele. Sie können auch ohne eine HIP Ihre bestehenden Schnittstellen stärker auf eine Echtzeitverarbeitung ausrichten. Hierbei können Sie natürlich mit Ihrer klassischen Integrationsplattform weiterarbeiten. Allerdings können wir Ihnen nicht pauschal empfehlen, auf eine HIP zu verzichten. Nehmen Sie das Beispiel einer eventbasierten Integration: Prinzipiell können Sie auch mit einer klassischen Integrationsplattform (z. B. SAP Process Orchestration) die eventbasierte Kommunikation implementieren. Allerdings ist SAP Process Orchestration nicht dafür optimiert, Events zu verarbeiten oder, basierend auf Events, entsprechende Aufgaben auszuführen. Eine HIP bietet hierfür eine eigenständige Komponente (im SAP-Umfeld ist dies *SAP Enterprise Messaging*, siehe Kapitel 8). Diese Komponente ist darauf spezialisiert, Events zu empfangen, zu speichern und gegebenenfalls weiterführende Aktionen auszulösen. Eine Umsetzung mit SAP Process Orchestration ist generell denkbar, aber nur mit einem sehr hohen Konzeptions- und Entwicklungsaufwand möglich.

Hersteller forcieren HIP

Viele Hersteller von klassischen Middleware-Plattformen haben sich in den letzten Jahren verstärkt auf das Thema HIP konzentriert. Einige Hersteller haben ihre Middleware-Produkte um Funktionen erweitert, die sie zu einer HIP transformieren. Andere Hersteller haben gänzlich neue Produkte auf den Markt gebracht. Prinzipiell sehen wir den Trend, dass bei den meisten Herstellern die Innovationen aus der Cloud kommen und vermehrt cloudbasierte Services angeboten werden.

Strategie von SAP

Auch SAP konzentriert sich seit einigen Jahren auf das Thema HIP. Mit der SAP Integration Suite bietet SAP unterschiedliche Komponenten in der Cloud und on-premise an. Dabei verfolgt SAP dieselbe Strategie wie viele andere Anbieter: Innovationen kommen aus der Cloud und werden gegebenenfalls für On-Premise-Komponenten adaptiert. Wir geben Ihnen in Kapitel 4, »Die hybride Integrationsplattform von SAP«, einen Überblick über die SAP Integration Suite.

3.4.3 Vorgehensweise und praktische Nutzung

Im folgenden Abschnitt wollen wir nun aus unserer Erfahrung heraus beschreiben, wie Sie in Ihrer Organisation eine Hybrid Integration Platform entwickeln und etablieren können. Wir empfehlen Ihnen, die Implementierung in vier Phasen durchzuführen, die wir im Folgenden noch genauer beschreiben (siehe Abbildung 3.16).

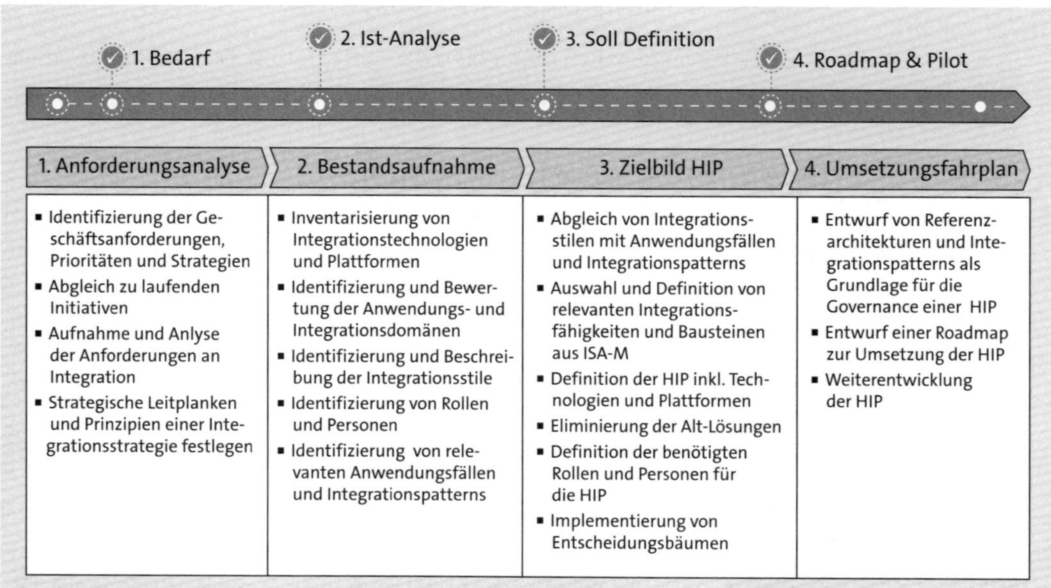

Abbildung 3.16 Implementierung einer Hybrid Integration Platform in vier Phasen

Phase 1: Anforderungen identifizieren und beschreiben

Anforderungsanalyse

Im ersten Schritt geht es darum, Anforderungen an die Integration aus den Fachbereichen zu analysieren. Führen Sie Gespräche oder Interviews mit relevanten Personen in Ihrem Unternehmen, um ihre Bedarfe besser zu verstehen. Hinterfragen Sie auch die Strategie und Maßnahmen, die einen Einfluss auf Ihre HIP haben könnten. Ziel der ersten Phase ist es, auf der einen Seite den Bedarf zu verschriftlichen und auf der anderen Seite Transparenz und ein Bewusstsein für den Stellenwert der Integration aufzuzeigen. Dies klingt im ersten Moment trivial, zeigt aber häufig auf, wie viele Initiativen es im Unternehmen gibt, an denen die IT-Abteilung bzw. das Expertenteam für Integration nicht beteiligt ist.

Einordnung nach Zeitaspekten

Hilfreich ist es dabei, die Anforderungen zum einen nach *kurzfristig* (12 Monate), *mittelfristig* (drei Jahre) und *langfristig* (fünf Jahre), zum anderen nach den Fachbereichen oder Prozessbereichen einzustufen. Typische Ergebnisse solcher Analysen können sein:

- Die produzierenden Werke planen die Umsetzung einer *Industrie-4.0-Strategie* und führen aktuell eine Auswahl möglicher IoT-Lösungen durch.
- Die Leitung der Vertriebsabteilung ist aktiv auf der Suche nach einer geeigneten CRM-SaaS-Anwendung.
- Das Marketing implementiert einen zentralen *Data Lake*, um zukünftig digitale Produkte abbilden zu können.

All diese Projekte haben einen Bedarf an Integration. Das Wissen um diese Bedarfe hilft Ihnen, die relevanten Punkte für Ihre HIP zu berücksichtigen.

Phase 2: Bestandsaufnahme der Ist-Situation

Bestandsaufnahme der Ist-Situation

Im Anschluss an Phase 1 empfehlen wir Ihnen, eine detaillierte Analyse der heutigen Integrationslandschaft und Ihren Integrationsfähigkeiten im Unternehmen durchzuführen. Hilfreich dabei ist es, die Analyse in die drei folgenden Dimensionen zu unterteilen:

- Technologien und Werkzeuge
- Prozesse und Methoden
- Organisation und Rollen

Erstellen des Schnittstellenverzeichnisses

Erstellen Sie im ersten Schritt Ihrer Analyse ein Schnittstellenverzeichnis. Sollten Sie Ihre Schnittstellen aktuell in einem Unternehmensarchitekturwerkzeug oder ähnlichen Schnittstellenmanagement-Werkzeugen erfassen, können Sie diese als Grundlage nutzen. Alternativ reicht es aus, eine einfache Excel-Liste mit relevanten Informationen zu bereits existierenden Schnittstellen zu erzeugen (siehe Abschnitt 14.3). Interessant ist es hierbei, Folgendes zu analysieren:

- Wie viele Schnittstellen sind in der aktuellen Landschaft implementiert?
- Welche IT-Anwendungen oder IT-Systeme wurden integriert, und wieviel Prozent davon sind On-Premise- oder SaaS-Lösungen?
- Welche der Schnittstellen sind über eine Middleware oder klassisch als Punkt-zu-Punkt-Verbindung implementiert worden?
- Welche Technologien und Protokolle wurden überwiegend eingesetzt, z. B. SAP ALE (IDoc), RFC, Webservice usw.?

Dokumentation von Prozessen und Methoden

Im zweiten Schritt der Detailanalyse befassen Sie sich mit Prozessen und Methoden im Umfeld der Integration. Dabei geht es darum zu verstehen, wie Sie aktuell im Umfeld der Integration arbeiten. Stellen Sie sich dabei folgende Fragen:

- Wie erfassen Sie heute Schnittstellenanforderungen?
- Wie dokumentieren Sie heute Ihre Schnittstellen?
- Haben Sie bereits Regelwerke und Konventionen für die Nutzung und Implementierung von Schnittstellen festgelegt?
- Gibt es klare Testrategien für die Abnahme von Schnittstellen?
- Wie betreiben Sie heute Ihre Schnittstellenprodukte – haben Sie ein klares Monitoring und Änderungskonzept?

Erfassung von Kompetenzen

Im dritten Schritt der Phase 2 betrachten Sie Ihre Kompetenzen, bezogen auf die Integrationsrollen in der IT-Organisation. Dabei helfen folgende Fragen:

- Haben Sie klare Verantwortlichkeiten für Schnittstellen?
- Haben Sie ein beschriebenes und gelebtes Rollenkonzept innerhalb des Schnittstellenteams?
- Welche Fähigkeiten bilden Sie heute in Ihrem Schnittstellenteam ab?

Anhand dieser Fragestellungen lassen sich bereits erste Lücken identifizieren, die Sie im Rahmen der HIP schließen müssen.

Zusammenfassung der Ergebnisse

Im letzten Schritt der Detailanalyse in Phase 2 werden alle Ergebnisse zusammengefasst. Dabei hilft es, die Vorlagen und Bestandteile aus ISA-M, die wir in Abschnitt 3.1.7 vorgestellt haben, zu nutzen. In unserer Praxis hat es sich bewährt, die Anforderungen aus Phase 1 auf das Integrationsdomänenmodell (siehe Abschnitt 3.1.2, »Integrationsdomänen«) zu mappen. Des Weiteren lassen sich die Ergebnisse aus Phase 2 zum Thema Technologien und Werkzeuge wunderbar auf die Integrationsstile und Anwendungsfälle (siehe Abschnitt 3.1.3, »Integrationsstile und Use Cases«) anwenden.

Phase 3: Zielbild der Hybrid Integration Platform formulieren

Zielbild der HIP beschreiben

Ziel von Phase 3 ist es zu bestimmen, wie sich Ihre individuelle HIP definiert. Legen Sie zunächst den Fokus darauf, aus welchen technologischen Komponenten und Integrationsprodukten sich Ihre HIP zusammensetzen soll. Nutzen Sie hierzu Ihre Ergebnisse aus den Phasen 1 und 2, und zeigen Sie auf, welche Integrationsdomänen und Integrationsstile sich durch die entsprechenden Integrationstechnologien und -produkte abbilden lassen.

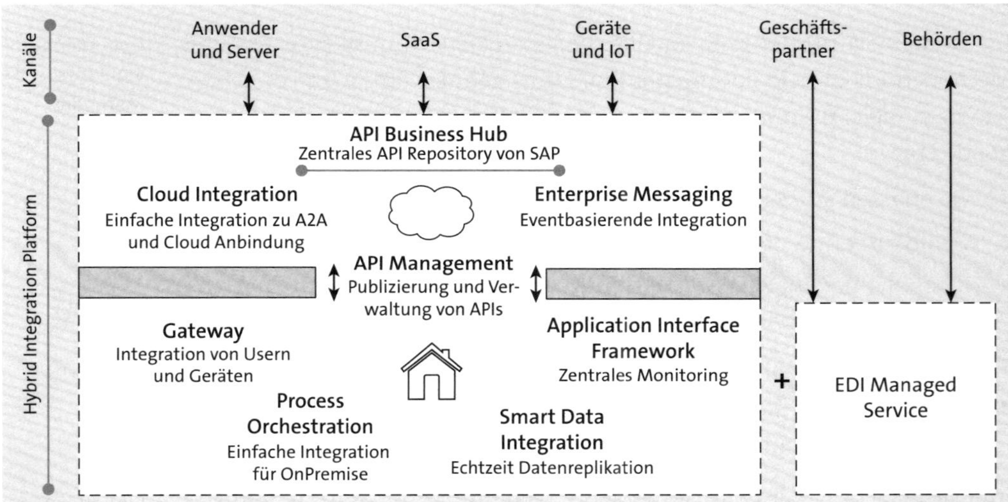

Abbildung 3.17 Exemplarische Beschreibung einer HIP mit den eingesetzten Integrationsprodukten

Die in Abbildung 3.17 exemplarisch gezeigte HIP besteht aus insgesamt sieben verschiedenen Integrationsprodukten mehrerer Anbieter inklusive einer Partnerlösung. Im Beispiel zu erkennen ist die HIP – ein Mix aus On-Premise-, Cloud- und Managed-Service-Lösungen.

Zielbild Ihrer HIP

Je nachdem, welche Integrationslösungen Sie bereits im Einsatz haben und welche Anforderungen Sie hinsichtlich Ihrer Integrationsanforderungen benötigen, kann dieses Bild variieren. Einige Produktanbieter im Integrationsumfeld ermöglichen es, verschiedene Fähigkeiten in einer zentralen Plattform abzubilden. SAP selbst nennt diese Lösung zur HIP *SAP Integration Suite*, die wir in Kapitel 4, »Die hybride Integrationsplattform von SAP«, noch genauer beschreiben.

Abbildung 3.18 gibt einen ersten Einblick, wie sich SAP das Produktportfolio zur Abbildung einer HIP vorstellt.

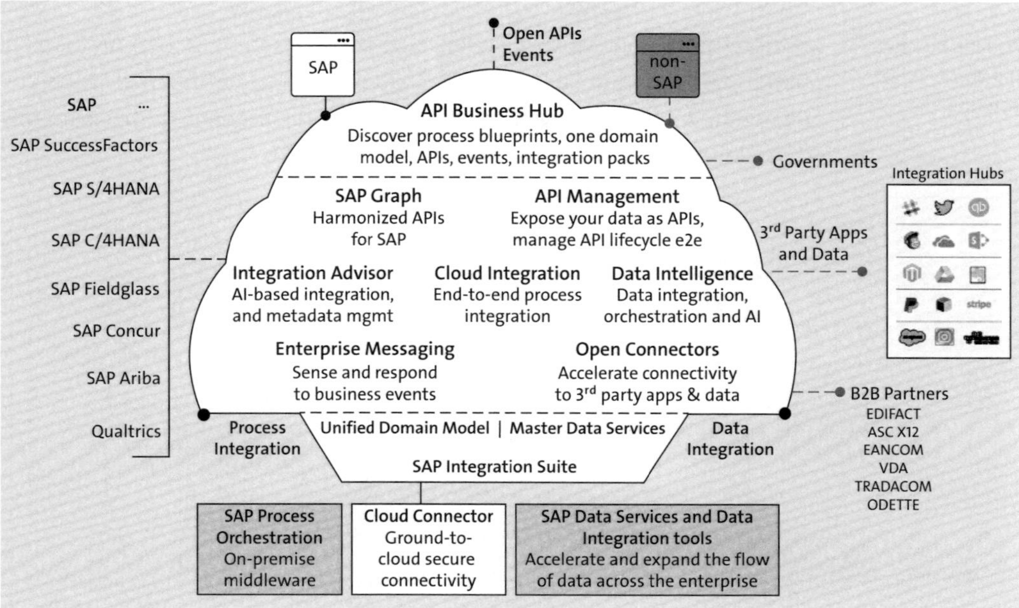

Abbildung 3.18 Aufbau der SAP Integration Suite

Wichtig ist jedoch im Sinne des Plattformgedankens, dass Sie das Zusammenspiel der Lösungen sowie ein einheitliches Betriebskonzept inklusive Monitoring sicherstellen.

Facetten und Fähigkeiten Ihrer HIP

Neben der technischen Definition Ihrer Plattform geht es in Phase 3 auch um die Zielbeschreibung der weiteren Facetten und Fähigkeiten Ihrer HIP. Essenzieller Bestandteil ist es, Integrationsarchitekturen, -muster und -standards festzulegen. Dies ist die Grundlage, um später in Ihrer HIP eine Governance betreiben zu können.

Typische Artefakte zum Thema Governance und Betrieb sind u. a.:

- Namenskonventionen und Richtlinien
- Referenzarchitekturen und Integrationsmuster für die jeweiligen Integrationsstile
- Sicherheitskonzepte
- Monitoring- und Alerting-Konzepte
- Betriebshandbuch

Weitere Artefakte und Ideen werden in Teil III, »Aufgaben des Schnittstellenmanagements«, dieses Buches in Kapitel 14 und Kapitel 15 weiter aufgeführt und vertieft.

Visuelle Beschreibung von Architekturen und Patterns

Architekturen und Muster lassen sich visuell sehr gut beschreiben. In Abbildung 3.19 sehen Sie ein Beispiel einer Referenzarchitektur. SAP bietet hierzu eine Microsoft-PowerPoint-Vorlage an, die Ihnen frei zur Verfügung steht (siehe *http://s-prs.de/v798219*).

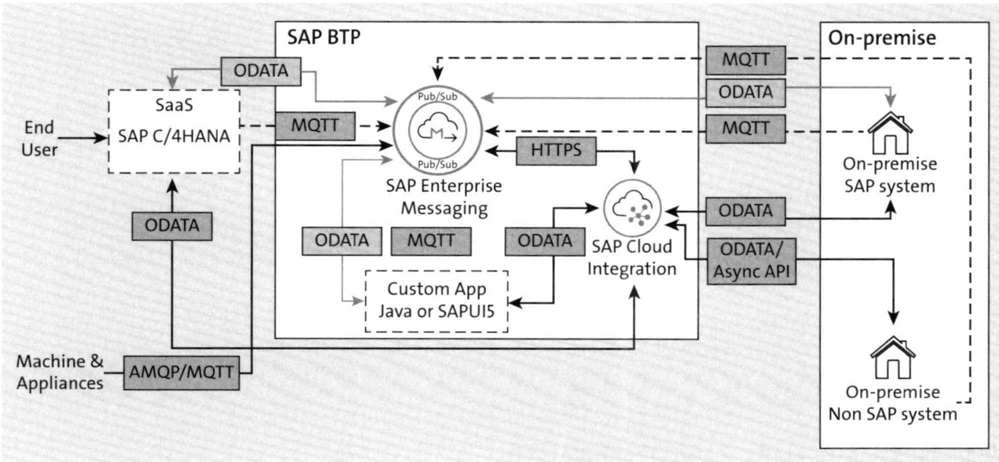

Abbildung 3.19 Exemplarische Referenzarchitektur für die eventbasierte Integration

Des Weiteren ist es aus unserer Sicht entscheidend, dass Sie sich Gedanken über Ihre Organisation und Rollen machen. Es kommt häufig vor, dass Unternehmen ihre HIP aus vielen modernen Integrationslösungen zusammensetzen, aber nicht in der Lage sind, diese mit entsprechenden Rollen und Kompetenzen im Unternehmen zu besetzen. Auch hier bietet ISA-M Ideen, welche Rollen benötigt werden, um eine HIP betreiben und in der Organisation etablieren zu können. In Abschnitt 3.1.7 wurden die Rollen und Verantwortlichkeiten, die aus Sicht von SAP notwendig sind, beschrieben.

Phase 4: Umsetzungsfahrplan und Pilot

Roadmap für die Umsetzung

In der vierten und letzten Phase werden Handlungsfelder und Maßnahmen identifiziert, beschrieben und zur Umsetzung eingeplant. Sie haben in der ersten drei Phasen die Herausforderungen, die Ist-Situation in Ihrem Unternehmen, sowie das Zielbild für Ihre HIP beschrieben. Um das Zielbild zu erreichen, müssen Lücken geschlossen und Maßnahmen umgesetzt werden.

Hier hat es sich bewährt, die Handlungsfelder und Maßnahmen nach vier Bereichen zu strukturieren. Diese sind in Abbildung 3.20 kurz dargestellt. In Teil III, »Aufgaben des Schnittstellenmanagements«, dieses Buches gehen wir in Kapitel 14, »Governance«, Kapitel 15, »Betrieb«, und Kapitel 16, »Organisation«, weiter auf diese Bereiche ein.

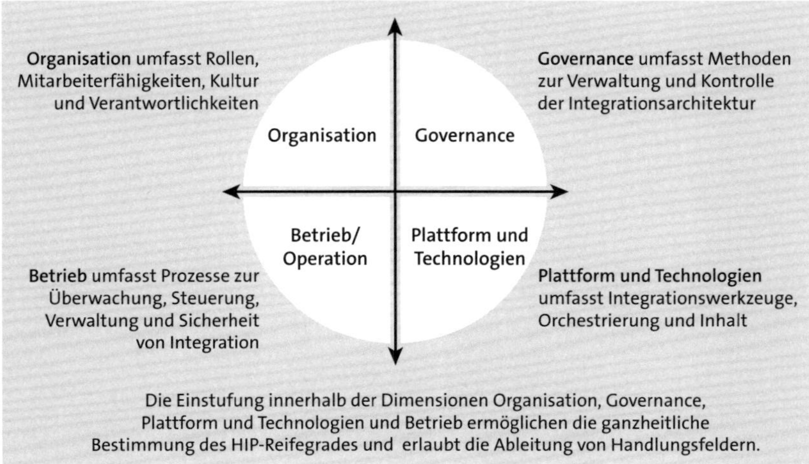

Abbildung 3.20 Dimensionen zur Strukturierung der Maßnahmen

Maßnahmen zur Umsetzung der HIP

Machen Sie sich Gedanken dazu, welche Maßnahmen Sie ergreifen müssen, um das Zielbild Ihrer HIP zu erreichen, und beschreiben Sie diese z. B. anhand einer Roadmap. Beispiele könnten sein:

- Definition und Besetzung der benötigten Rollen im Rahmen der HIP (z. B. Integrationsspezialisten, HIP-Administrator*innen usw.)
- Definition und Etablierung von Mustern und Referenzarchitekturen (Richtlinien für Integration, API Design Patterns, Event Subscription Model usw.)
- kontinuierliche Analyse von neuen Integrationswerkzeugen zur Schließung funktionaler und technischer Lücken in der HIP (z. B. Fehlen einer Lösung für die IoT-Integration usw.)
- Entwicklung einer zentralen Monitoring-Lösung zur übergreifenden Überwachung der HIP

[«]

Erweiterte Vorgehensweise

Unsere beschriebene Vorgehensweise ermöglicht es Ihnen, pragmatisch eine Hybrid Integration Platform zu definieren und zu etablieren. Der von uns beschriebene Weg basiert u. a. auf Bestandteilen des ISA-M-Frameworks, ist aber mit Erfahrungen erweitert worden.

Im nachfolgenden Kapitel 4, »Die hybride Integrationsplattform von SAP«, stellen wir die hier allgemein vorgestellten Ansätze einer Hybrid Integration Platform konkret anhand der Integrationsstrategie von SAP vor.

Kapitel 4
Die hybride Integrationsplattform von SAP

4

Wie sieht die hybride Integrationsplattform von SAP heute und morgen aus? Hybride Integrationsplattformen sind ein moderner Weg, um Cloud-Architekturen mit vorhandenen On-Premise-IT-Landschaften zu verbinden. Wir werfen einen Blick auf die Lösung von SAP.

Dieses Kapitel behandelt die Integrationssuite von SAP, die einen wesentlichen Bestandteil der SAP Business Technology Platform (SAP BTP) darstellt. Wir beginnen mit der Vision, wie SAP in Zukunft Integration gestalten möchte und erlauben Ihnen, einen Blick in die Zukunft zu werfen (zumindest in eine Zukunft, die uns nach heutigem Stand der Planung als realistisch erscheint). SAP spricht dem Thema Integration seit 2019 einen deutlich höheren Stellenwert zu als in der Vergangenheit, was sich nun auch in der Produktstrategie niederschlägt. Das Kapitel beginnt in Abschnitt 4.1, »Vision«, mit unserem Verständnis der Vision von SAP zur Weiterentwicklung der *SAP Integration Suite*.

Anschließend stellen wir Ihnen in Abschnitt 4.2, »Komponenten«, das SAP-Portfolio für das Schnittstellenmanagement vor, wie es heute bereits verfügbar ist, und beschreiben, wie die einzelnen Werkzeuge zusammenspielen. Wir geben Ihnen einen Überblick über die aktuellen Komponenten der SAP Integration Suite. Dieser Überblick wird später in Teil II, »Werkzeuge der hybriden Integrationsplattform von SAP«, durch einen genaueren Blick auf verschiedene Komponenten vertieft.

[!]

Wann sollten Sie dieses Kapitel lesen?

Wenn Sie wissen möchten, welchen Stellenwert die Integration bei SAP in Zukunft einnehmen wird und in welche Richtung sich die SAP-Integrationslösungen entwickeln werden, sollten Sie dieses Kapitel lesen. Es gibt Ihnen einen guten Überblick über das jetzige Lösungsportfolio.

[!]

Namensgebung

Beachten Sie, dass SAP das Produkt *SAP Cloud Platform* Anfang 2021 in *SAP Business Technology Platform* (SAP BTP) umbenannt hat. Einige der Abbildungen in diesem Buch verwenden noch die Bezeichnung SAP Cloud Platform, da sich der neue Name noch nicht vollständig etabliert hat.

4.1 Vision

Aufbau des Abschnitts

In diesem Abschnitt erläutern wir zunächst die SAP-interne Herausforderung, Anwendungen miteinander zu integrieren. Diese Seite wird durch eine ganzheitliche Kundenperspektive ergänzt, die auch Nicht-SAP-Anwendungen berücksichtigt. Daraus resultiert eine einheitliche Integrationslösung, die künftig als Hybrid Integration Platform (HIP) positioniert und als *Integration Platform as a Service* (IPaaS) für die Cloud- und die On-Premise-Integration fungieren wird.

Wird die SAP-Welt einfacher zu integrieren sein?

Bis sich alle SAP-Produkte für die Unternehmen nahtlos und ohne größeren Aufwand miteinander integrieren und weitere (Nicht-SAP-)Lösungen reibungslos anbinden lassen, werden sicherlich noch ein paar Jahre vergehen. Der Weg der Harmonisierung ist für die Hersteller aufwendig und langwierig, bietet jedoch bei Erfolg einen unvergleichlichen Wettbewerbsvorteil, weil Kunden gegebenenfalls eine Entscheidung zugunsten eines sauber funktionierenden Gesamtpakets fällen, anstatt sich für einzelne Anwendungen zu entscheiden, die nur mit großem Aufwand miteinander zu verknüpfen sind.

SAP-interne Datenmodelle

Durch den Zukauf von Lösungen (siehe Abschnitt 4.2, »Komponenten«) ist die SAP-Welt deutlich komplexer geworden. Damit wurden auch die Datenmodelle naturgemäß heterogener, was wiederum einen erhöhten Aufwand an Integration bedeutet, da Nachrichten transformiert werden müssen. SAP hat bereits im Jahr 2018 beschlossen, die teilweise nebeneinander existierenden Produkte stärker miteinander zu verzahnen, die Integration zu vereinfachen und Implementierungsprojekte bei den Kunden zu beschleunigen. Ein wichtiges Element ist dabei der Zugriff auf die Objekte in den Lösungen über *SAP Graph* (siehe Abschnitt 1.3.2). Es handelt sich dabei jedoch nicht um ein kanonisches Datenmodell, bei dem die vorgelagerte Schnittstellenstruktur auf das jeweilige interne Datenmodell transformiert wird, sondern um eine Implementierung über ein sogenanntes *Domain-driven Design*, bei dem die Attribute der Datenobjekte direkt als Teil der Datenstrukturen verwendet werden.

SAP One Domain Model

Diese Harmonisierung, auch *SAP One Domain Model* genannt, trägt zum einen dazu bei, dass anwendungsübergreifende Integrationsszenarios innerhalb der SAP-Landschaft direkter und nahtloser miteinander interagieren können, und zum anderen, dass neue Applikationen (insbesondere Benutzeroberflächen) einfacher auf die Objekte von SAP-Anwendungen zugreifen können. Mittlerweile wird SAP One Domain Model sogar im SAP API Business Hub als eigener Objekttyp dargestellt (siehe *https://api.sap.com/sap-one-domain-model*), und Sie können sich hinsichtlich der Dokumentation und Funktionsweise informieren, um es für eigene Implementierungen zu verwenden (siehe Abbildung 4.1).

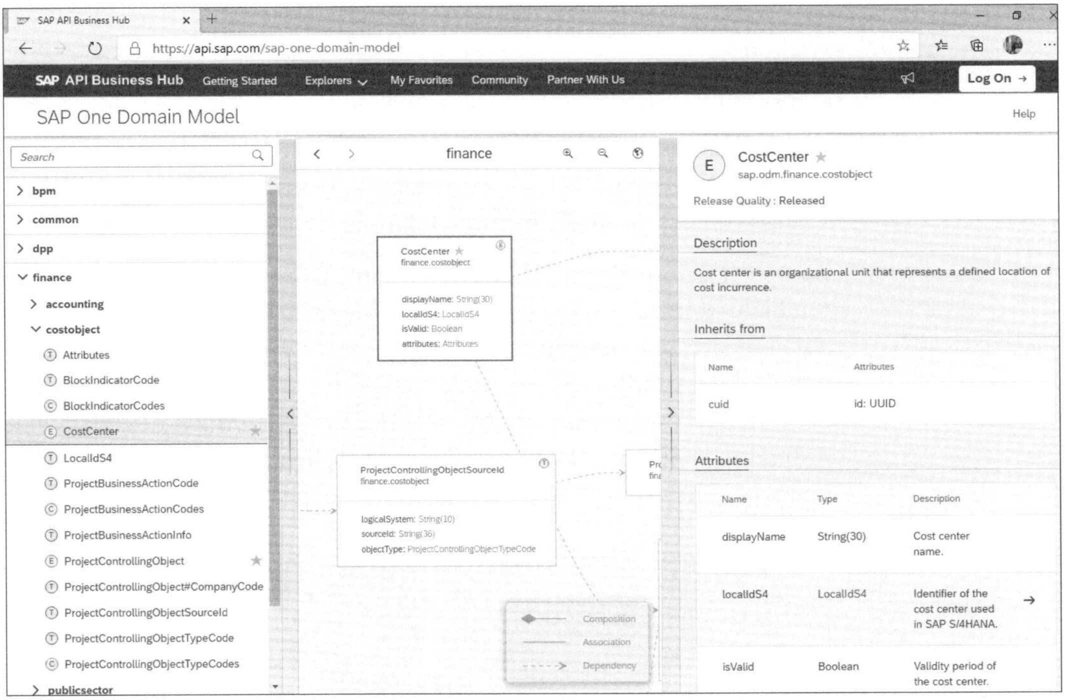

Abbildung 4.1 SAP One Domain Model im SAP API Business Hub

Weitere Informationen finden Sie im folgenden SAP-Blog-Beitrag: *http://s-prs.de/v798220*

Suite Qualitys

SAP One Domain Model ist dabei Teil der sogenannten *Suite Qualitys*, d. h. der Eigenschaften, die die Verwendung von SAP-Lösungen über einzelne Produkte hinweg einfacher und einheitlicher gestalten:

- **Seamless User Experience**
  Vereinheitlichtes Aussehen der Benutzeroberflächen sowie der Navigation

- **Consistent Security and Identity Management**
  Einheitliche Bereitstellung von Benutzern und der Anmeldung am System
- **Aligned Domain Models**
  Einheitliche Objekte, die über Anwendungen hinweg verwendet werden (vgl. SAP One Domain Model)
- **Embedded and Cross Product Analytics**
  Übergreifende Sicht auf das Unternehmen und die Kunden
- **One Workflow Inbox**
  Zentrale Aufgabenverwaltung über die lokalen digitalen Posteingänge hinweg
- **Coordinated Lifecycle Management**
  Vereinheitlichte Bereitstellung und Betrieb
- **End-to-End Business Blueprints**
  Implementierbare Referenzarchitekturen (diese sind im SAP API Business Hub als *Business Processes* dokumentiert, siehe Abschnitt 1.3.1).

Master Data Integration

Bezüglich der Replikation und gemeinsamen Behandlung von Stammdaten bietet SAP zudem die Lösung *SAP Master Data Integration*. Basierend auf dem SAP One Domain Model werden Nachrichten mit den Applikationen und dem zentralen Service ausgetauscht, um eine Synchronisierung der Daten zu erreichen. Mithilfe von *SAP Cloud Integration* ist zudem eine Anbindung an Nicht-SAP-Anwendungen möglich. Diese müssen natürlich in das jeweilige Format konvertiert werden (siehe Abbildung 4.2).

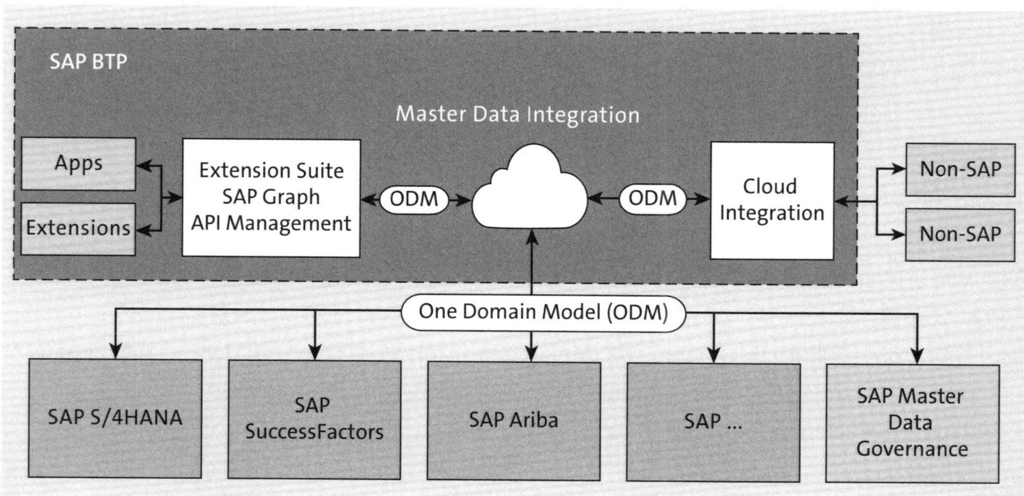

Abbildung 4.2 SAP Master Data Integration

Integrationsstrategie

Die Integrationsstrategie von SAP erläutern wir nachfolgend unter der Verwendung der in Abbildung 4.3 dargestellten Bereiche Out-of-the-Box Integration, Open Integration und AI-driven Integration. Die *SAP Business Technology Platform* vereint dabei die Technologien und bietet eine Gesamtsicht auf die Lösungen, die teilweise voneinander unabhängig entstanden sind.

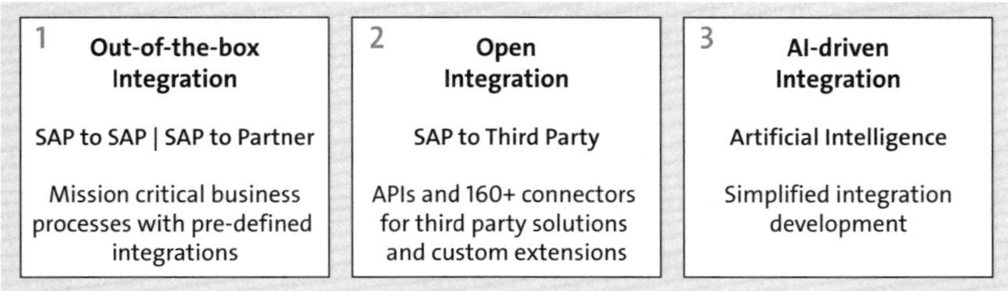

Abbildung 4.3 SAP-Integrationsbereiche

Integration Content

Für SAP-Anwendungen sowie für ausgewählte Nicht-SAP-Anwendungen, die von der Harmonisierung nicht betroffen sind, stellt SAP Integration Content bereit, der die Kommunikation in Geschäftsprozessen ermöglicht (siehe Abschnitt 1.3, »SAP-Schnittstellenbibliotheken«). Der Anteil der Integration von Nicht-SAP-Anwendungen (wie z. B. Salesforce, Workday oder ServiceNow) wird künftig steigen und durch SAP selbst bzw. durch SAP-Partner bereitgestellt. SAP strebt hier an, durch das Angebot vieler fertiger Schnittstellen eine Art »Netflix für Integrationen« zu werden, d. h. ein zentraler Marktplatz, der diese Integrationslösungen bereitstellt und verwaltet.

Out-of-the-Box Integration

Gemeinsam nennt SAP diese Formen der Anbindung zwischen SAP-Anwendungen und zwischen SAP- und Nicht-SAP-Anwendungen *Out-of-the-Box Integration*. Damit ist gemeint, dass anwendungsübergreifende Geschäftsprozesse von Beginn an funktionieren, ohne dass die Schnittstellen erst über ein (teures) Implementierungsprojekt bei jedem SAP-Kunden individuell entwickelt werden müssten.

Open Integration

Zusätzlich bietet SAP Ihnen durch *Open Integration* die Möglichkeit, kundenindividuelle Anwendungen zu integrieren. Dies erfolgt vornehmlich über die Lösungen *SAP Cloud Integration* und *Open Connectors* sowie durch eine Vielzahl von bereitgestellten APIs, die Sie für Integrationsprojekte verwenden können (siehe Abschnitt 1.3, »SAP-Schnittstellenbibliotheken«).

AI-driven Integration

Darüber hinaus positioniert SAP ein weiteres Integrationsprinzip, die *AI-driven Integration*. Gemeint sind dabei auf den Methoden des Machine Learnings basierende Erleichterungen bei der Entwicklung von Schnittstellen, z. B. Mapping-Vorschlägen innerhalb des Integration Advisors in der SAP

Integration Suite sowie Vorschlägen für die Modellierung von Integrationsflüssen innerhalb von SAP Cloud Integration (siehe Kapitel 6, »SAP Cloud Integration«).

Abkehr von SAP NetWeaver

Die Zukunft der SAP-Integrationstechnologie liegt klar in den Produkten von SAP BTP, die auf Open-Source-Komponenten basieren. Damit werden proprietäre, auf SAP NetWeaver basierende Technologien (siehe Abschnitt 1.2.4, »SAP NetWeaver«) spätestens im Jahr 2030 obsolet, wenn die verlängerte Wartung endet (siehe *http://s-prs.de/v798221*). Dazu gehört auch die Schnittstellenplattform SAP Process Integration bzw. SAP Process Orchestration.

Zielarchitektur

Die mittelfristige Zielarchitektur (und damit aktuell noch die Vision) einer hybriden Integrationsplattform von SAP sehen Sie in Abbildung 4.4.

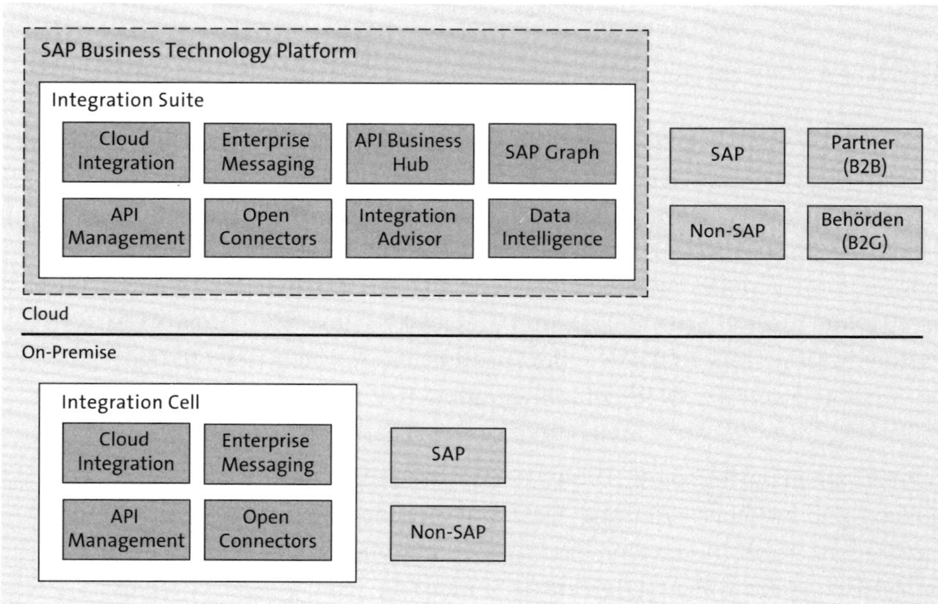

Abbildung 4.4 SAP Integration Suite mit Integration Cell

Komponenten der Integration Cell

Die in der Cloud befindlichen Komponenten werden im nachfolgenden Abschnitt 4.2, »Komponenten«, näher beschrieben bzw. ausführlich in Teil II des Buches. Neu in der Darstellung ist die Abwesenheit von auf SAP NetWeaver basierenden Systemen wie SAP Process Orchestration. Stattdessen verwendet SAP den Begriff der *Integration Cell*. Damit ist eine reine Laufzeitkomponente für einen lokalen (On-Premise-)Einsatz gemeint, die auf einer Container-Technologie (wie z. B. Docker) basiert, um die Installation und den Betrieb so einfach wie möglich zu halten. Das Design der Schnittstellen findet demnach ausschließlich in den browserbasierten Cloud-Benutzeroberflächen statt. Als Laufzeitumgebung können Sie künftig sowohl die Cloud selbst als auch die Integration Cell auswählen. Teil der Integration Cell sollen folgende Laufzeitkomponenten in SAP BTP sein:

1. **SAP API Management**
   Für die lokale Bereitstellung von APIs (siehe Kapitel 7, »SAP API Management«).
2. **SAP Cloud Integration**
   Für die lokale Ausführung von SAP Cloud Integration Content (siehe Kapitel 6, »SAP Cloud Integration«).
3. **SAP Enterprise Messaging**
   Für die lokale Verarbeitung von Events, die z. B. aus einem SAP-S/4HANA-On-Premise System gesendet werden (siehe Kapitel 8, »SAP Enterprise Messaging«).
4. **Open Connectors**
   Für die lokale Anbindung von Nicht-SAP-Anwendungen, die sich z. B. im gleichen Rechenzentrum befinden (siehe Kapitel 9, »Open Connectors«).

Auslieferung der Integration Cell

SAP plant zum derzeitigen Stand (Anfang 2021) die Auslieferung der Integration Cell an die Kunden in dieser Reihenfolge: Es soll also zuerst eine Version geben, die nur das API-Management unterstützt, gefolgt von einer Version mit SAP API Management und SAP Cloud Integration usw.

On-Premise-Szenarios

Die Integration Cell erlaubt demnach folgende, rein im (eigenen) Rechenzentrum betriebene Integrationsszenarios zwischen SAP-Systemen, zwischen SAP- und Nicht-SAP-Systemen und zwischen Nicht-SAP-Systemen:

- Bereitstellung und Verwendung von APIs
- Kommunikation über SAP Cloud Integration
- Integration von Events
- Anbindung von standardisierten Nicht-SAP-Anwendungen

SAP API Management mit Cloud Integration

Abbildung 4.5 zeigt beispielhaft, wie eine im eigenen Rechenzentrum betriebene HTML5-Applikation eine API konsumiert (via SAP API Management), die mithilfe der Cloud-Integration-Komponente ein SAP-ERP-Central-Component-System aufruft (auch SAP-ECC-System genannt). Da es sich um ein Szenario handelt, das zur Laufzeit keine Cloud-Komponente verwendet, ist es für den lokalen Betrieb optimiert. Lediglich die Entwicklung, also das Design der API bzw. der Cloud-Integration-Schnittstelle erfolgt in den Benutzeroberflächen von SAP BTP.

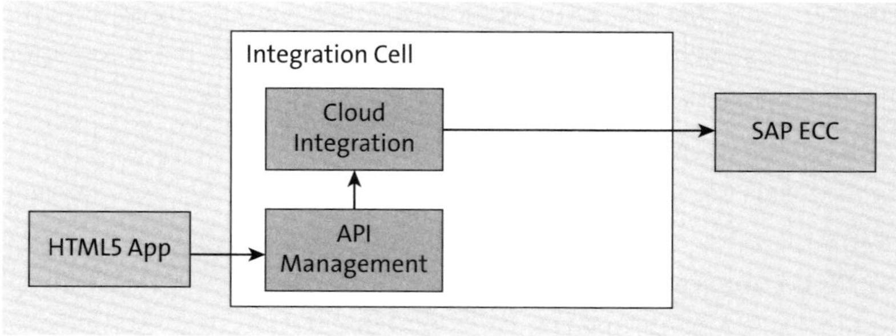

Abbildung 4.5 SAP API Management und Cloud Integration als Integration Cell

SAP Enterprise Messaging, Cloud Integration und SAP Open Connectors

Abbildung 4.6 zeigt ein weiteres Beispiel der Integration zwischen einem SAP-S/4HANA-System und Microsoft Dynamics Navision. Es handelt sich dabei um eine eventbasierte Integration, bei der ein Kundenauftrag in SAP S/4HANA angelegt wurde. Das Ereignis wird als Nachricht an die SAP-Enterprise-Messaging-Komponente gesendet (»Kundenauftrag 4711 angelegt« bzw. »Sales Order Created: /sap.s4.beh.salesorder.v1.SalesOrder.Created.v1«, siehe *http://s-prs.de/v798222*). Die Cloud-Integration-Komponente konsumiert dieses Event, führt gegebenenfalls einen Aufruf im SAP-S/4HANA-System durch, um Details zum Kundenauftrag nachzulesen, und erzeugt anschließend einen Auftrag im Microsoft-Dynamics-Navision-System, indem der entsprechende Konnektor der SAP-Open-Connectors-Komponente angesprochen wird.

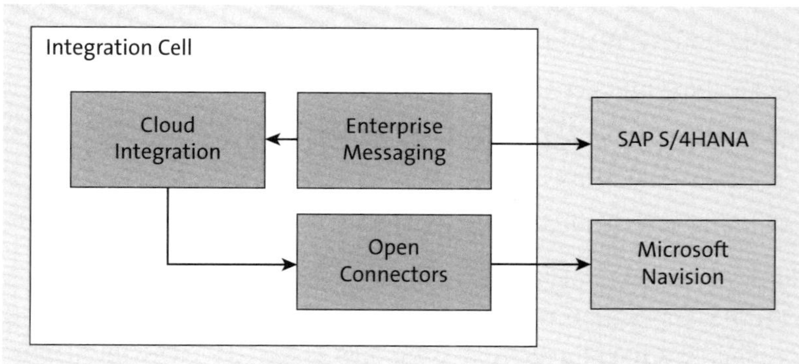

Abbildung 4.6 SAP Enterprise Messaging, SAP Cloud Integration und Open Connectors als Integration Cell

Kombination von Integration-Cell-Komponenten

Über diese Beispiele hinaus gibt es eine Vielzahl von Kombinationsmöglichkeiten der Komponenten, jedoch erfolgt der Einsatz von SAP API Management und Cloud Integration auch häufig ohne die Beteiligung anderer, d. h., viele Schnittstellen dienen »nur« der Verarbeitung von Nachrichten in unterschiedlichen Formaten und Protokollen durch Cloud Integration. Ebenso werden Applikationen nur über die SAP-API-Management-Komponente zentralisiert, wenn sonst keine weiteren Anforderungen an Mapping oder Routing vorliegen.

Cloud Foundry

Die Komponenten der SAP Business Technology Platform sollen für die SAP Integration Suite künftig primär in *Cloud Foundry* (*SAP Business Technology Platform, Cloud Foundry Environment*) betrieben werden und nicht mehr in der proprietären, SAP-eigenen Umgebung *Neo* (*SAP Business Technology Platform, Neo Environment*). Cloud Foundry bietet gegenüber Neo gleich mehrere Vorteile, u. a. eine Verbreitung der SAP Business Technology Platform über die SAP-eigenen Rechenzentren hinaus, indem Infrastrukturplattformen wie Amazon Web Services (AWS), Microsoft Azure, Google Cloud Platform oder Alibaba Cloud verwendet werden können. Darüber hinaus gewährleistet Cloud Foundry eine auf Containern basierende Architektur wie z. B. Kubernetes.

Autoscaler

Neben einer standardisierten Implementierung der Laufzeitkomponenten kann SAP hier vor allem auf Dienste wie den *Autoscaler* zugreifen. Dieser Dienst sorgt für eine automatisierte Bereitstellung zusätzlicher Ressourcen, wenn z. B. der Datenverkehr sprunghaft ansteigt und eine Verarbeitung mit kurzen Antwortzeiten gewährleistet werden muss.

Unterschiede Neo vs. Cloud Foundry

Die Unterschiede zwischen Neo und Cloud Foundry sind in Tabelle 4.1 dargestellt.

Neo	Cloud Foundry
SAP-proprietär	Open Source
Unterstützte Programmiersprachen sind Java, HTML5 und HANA XS.	Unterstützte Programmiersprachen sind u. a. Java, Node.js, PHP, Ruby, Go, Python und einige andere Sprachen.
verfügbar in SAP-Rechenzentren	verfügbar in ausgewählten Rechenzentren von Amazon, Microsoft, Google Cloud Platform und Alibaba

Tabelle 4.1 Unterschiede zwischen Neo und Cloud Foundry

Weitere Informationen finden Sie im folgenden SAP-Blog-Beitrag: *http://s-prs.de/v798223*

Migration nach Cloud Foundry

SAP hat bereits begonnen, u. a. seine Cloud-Integration-Kunden aufzufordern, ihre vorhandenen Neo-Tenants auf Cloud Foundry umzuziehen, obwohl dort noch nicht alle Funktionalitäten bereitstehen. Es ist jedoch nur eine Frage weniger Monate, bis alle Funktionen verfügbar sind, und die

Liste der fehlenden Funktionen schrumpft zusehends. Die Funktionen, die noch nicht unterstützt werden, können Sie in SAP-Hinweis 2752867 finden.

Zudem hat sich die Logik in der Bereitstellung über die Verwaltungsoberfläche für die Administration der Anwendungen, das sogenannte *Account Cockpit*, geändert (inklusive Zuordnung von Benutzerberechtigungen). Eine Übersicht zu den möglichen Organisationselementen und Strukturen finden Sie hier: *http://s-prs.de/v798224*.

Abbildung 4.7 zeigt eine Übersicht der verfügbaren Rechenzentren (Stand: März 2021). Sie finden die Übersicht auch im SAP Dicovery Center unter *http://s-prs.de/v798226*

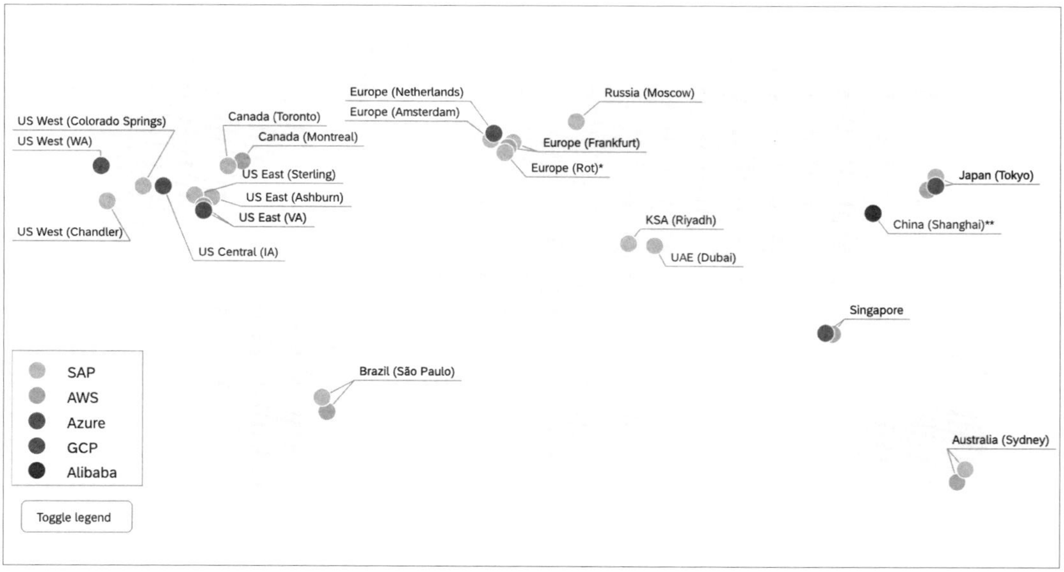

Abbildung 4.7 Rechenzentren der SAP Business Technology Platform

Open Source statt proprietär

Die SAP-Strategie bezüglich der Integrationskomponenten besteht also in der Abkehr von proprietären SAP-Technologien hin zu Open-Source-Komponenten. Dabei spricht SAP auch Empfehlungen aus, wie Sie dieses Ziel erreichen können, insbesondere wenn Sie On-Premise-Schnittstellen über SAP Process Integration/SAP Process Orchestration betreiben (siehe SAP-Insider-Artikel: *http://s-prs.de/v798225*).

Single-Stack-Installation

Zunächst sollten Sie als SAP-Kunde, falls noch nicht geschehen, auf die neueste SAP-NetWeaver-Version 7.50 wechseln und von einer Dual-Stack-Architektur, bestehend aus ABAP in Kombination mit Java, auf eine Single-Stack-Installation mit Java wechseln (siehe Abbildung 4.8).

Dies kann in Gestalt von SAP Process Orchestration oder weiterhin in SAP Process Integration mit der Option *Advanced Adapter Engine Extended* (AEX) erfolgen. Neben der Wartung durch SAP besticht diese Lösung vor allem durch Aspekte wie einem höheren Durchsatz, eine bessere Verarbeitungsgeschwindigkeit (vor allem bei synchroner Kommunikation) und einem geringeren Ressourcenverbrauch im Betrieb.

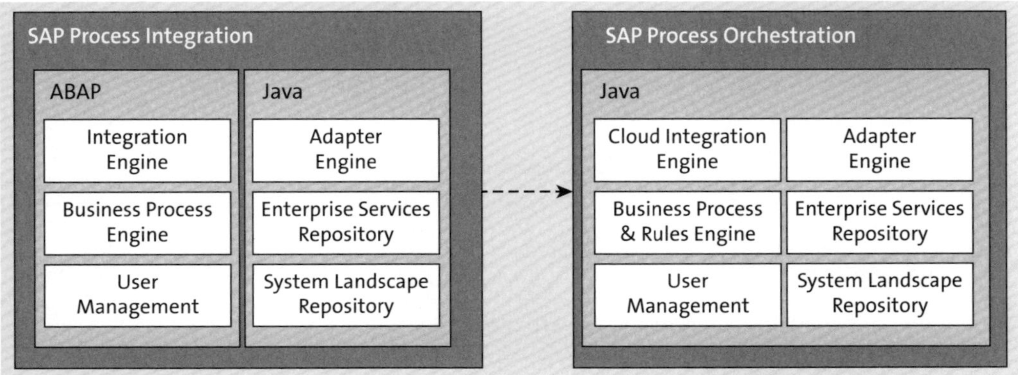

Abbildung 4.8 Migration von SAP Process Integration nach SAP Process Orchestration

Cloud Integration Runtime

Mit SAP Netweaver Version 7.50 steht Ihnen zudem eine *Cloud-Integration-Laufzeit* (Cloud Integration Runtime) zur Verfügung, mit der Sie Ihre in SAP Cloud Integration modellierten Schnittstellen auch auf der On-Premise-Installation betreiben können.

Abbildung 4.9 zeigt die Dienste innerhalb der Cloud als Teil der SAP Business Technology Platform und eine Laufzeitkomponente von SAP Cloud Integration innerhalb von SAP Process Orchestration. Dies ist vor allem dann wichtig, wenn zwei Anwendungen bzw. Systeme im gleichen Rechenzentrum eine größere Nachrichtenanzahl und somit Datenmenge miteinander austauschen.

Neue Schnittstellen in SAP Cloud Integration

Des Weiteren empfiehlt SAP generell den Einsatz von SAP Cloud Integration für neue Integrationsszenarios, egal ob es sich um reine Cloud- oder um hybride Schnittstellen handelt. Dabei stehen für die Kommunikation zwischen SAP-Cloud-Anwendungen und hybriden Szenarios (z. B. zu Behörden) viele fertige Schnittstellen zur Verfügung. Für reine On-Premise-Schnittstellen, die neu entwickelt werden sollen, empfiehlt SAP ebenfalls die Entwicklung in SAP Cloud Integration und den Betrieb in der lokalen SAP-PO-7.50-Installation mit integrierter Cloud-Integration-Laufzeitumgebung.

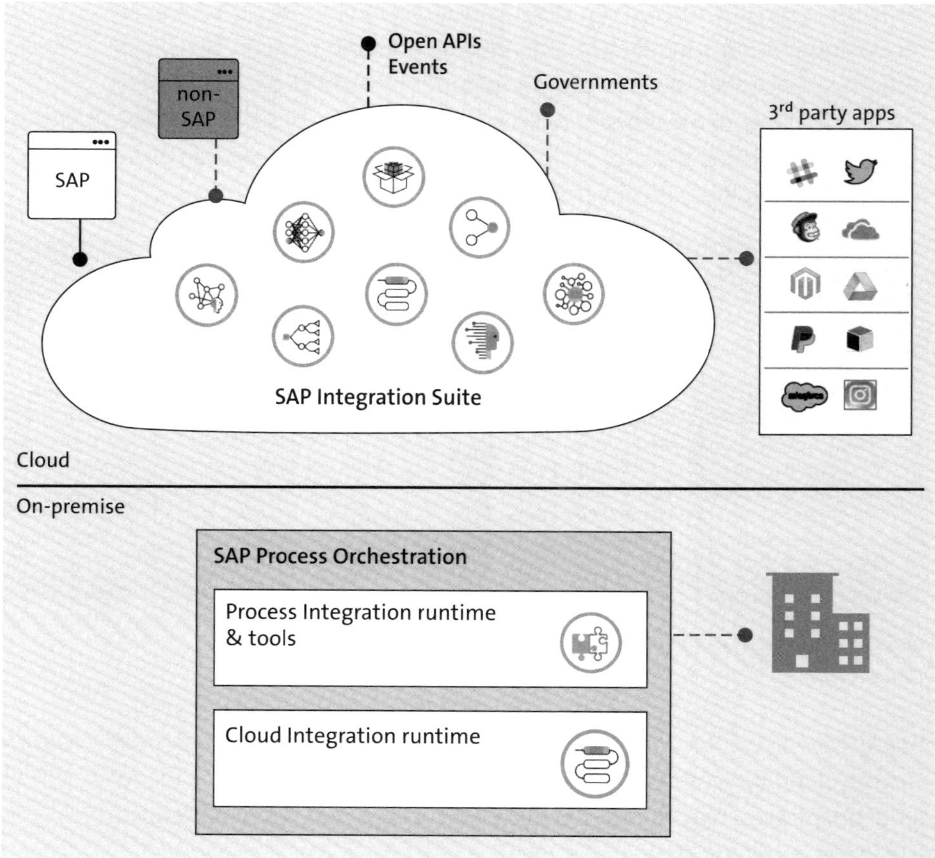

Abbildung 4.9 SAP Process Orchestration mit Cloud Integration Runtime

Migration nach Cloud Integration

Generell wird eine Migration auf die Cloud-Integration-Technologie empfohlen, um für die zukünftige Integrationsplattform (ohne SAP NetWeaver) gerüstet zu sein. Theoretisch besteht bereits heute die Möglichkeit, sämtliche Schnittstellen mit der SAP-Cloud Integration-Technologie zu realisieren:

- Cloud-zu-Cloud via Cloud Integration
- On-Premise-zu-Cloud via Cloud Integration
- On-Premise-zu-On-Premise über die Cloud-Integration-Laufzeit von SAP Process Orchestration 7.50. In der Praxis ist dies jedoch nicht immer möglich, da manche Funktionen, die sich mit SAP Process Integration/SAP Process Orchestration im produktiven Einsatz befinden, (noch) nicht mit SAP Cloud Integration realisierbar sind.

SAP Cloud Integration

Zusammenfassend lässt sich sagen, dass die SAP-Integrationstechnologie künftig klar auf offenen Standards basieren und für SAP-Kunden, die ihre

Schnittstellen mit SAP Process Integration bzw. SAP Process Orchestration betreiben, eine Beschäftigung mit SAP Cloud Integration vermutlich unausweichlich sein wird. Mit der Integration Cell als On-Premise-Laufzeitumgebung besteht keine Notwendigkeit mehr, an einer SAP-Process-Integration- bzw. SAP-Process-Orchestration-Installation festzuhalten. Mit dem Ende der Wartung 2027 für SAP Process Orchestration bzw. der verlängerten Wartung 2030 ist der Nachfolger, SAP Cloud Integration, als Teil der Integration Suite von SAP bereits klar positioniert. Aktuelle Informationen finden Sie in der Roadmap zur SAP Integration Suite unter diesem Link: *http://s-prs.de/v798227*

4.2 Komponenten

Aufbau der SAP Business Technology Platform

Nachdem Sie in Abschnitt 4.1 die Vision von SAP zur SAP Integration Suite kennengelernt haben, möchten wir nun genauer auf die Komponenten der SAP Integration Suite und auf weitere Werkzeuge zur Integration eingehen. Im Januar 2021 hat SAP mit *RISE with SAP* das Produktangebot überarbeitet und umstrukturiert. Damit einhergehend, wurde die SAP Integration Suite überarbeitet. Dies hat zur Folge, dass SAP nun Datenintegration und Prozessintegration klarer voneinander trennt.

Abbildung 4.10 zeigt Ihnen die Struktur der SAP Business Technology Platform. Während die SAP Integration Suite und auch SAP Process Orchestration im Bereich Application, Development und Integration eingeordnet werden, finden Sie Werkzeuge zur Datenintegration im Bereich Database und Data Management.

Abbildung 4.10 Struktur der SAP Business Technology Platform (Quelle: SAP)

Überblick über die Komponenten

In diesem Abschnitt geben wir Ihnen einen sehr groben Überblick über die einzelnen Komponenten der SAP Integration Suite sowie über weitere Werkzeugen zur Integration. Weitergehende Informationen und detailliertere Einschätzungen der Komponenten finden Sie im zweiten Teil dieses Buches in Kapitel 5 bis Kapitel 12.

SAP Cloud Integration

Die SAP Integration Suite setzt sich aus unterschiedlichen Komponenten zusammen. Zentraler Bestandteil der SAP Integration Suite ist die Komponente *SAP Cloud Integration*. Dabei handelt es sich um eine Middleware-Plattform, die als cloudbasierter Service angeboten wird. Seit einigen Jahren liegt der Fokus für die funktionale Weiterentwicklung bei SAP auf der cloudbasierten SAP Cloud Integration. Andere Middleware-Plattformen im Produktportfolio von SAP stehen nicht mehr im Fokus der Weiterentwicklung. Wir geben Ihnen einen detaillierten Überblick über SAP Cloud Integration in Kapitel 6, »SAP Cloud Integration«.

SAP API Management

Die Komponente *SAP API Management* ist ebenfalls Bestandteil der SAP Integration Suite und bietet Ihnen die Möglichkeit, Schnittstellen Ihrer Anwendungen zentral zu planen, zu entwickeln und zu verwalten. Prinzipiell können Sie Anwendungsschnittstellen auch ohne API-Management benutzen. Sobald Sie jedoch übergreifende Sicherheitsrichtlinien, eine Überwachung des Datenverkehrs und die Fehlerbehandlung oder die Aufrufe von Anwendungsschnittstellen monetarisieren wollen, unterstützt SAP API Management Sie bei dieser Aufgabe. Wir stellen Ihnen die Möglichkeiten und Vorteile von SAP API Management in Kapitel 7, »SAP API Management«, vor.

SAP Integration Advisor

Mit der Komponente *SAP Integration Advisor* stellt SAP Ihnen eine Funktion zur Verfügung, mit der Sie die Entwicklung von Integrationsinhalten beschleunigen können. Aktuell umfasst der SAP Integration Advisor eine Funktionalität, um EDI-Mappings zu erstellen. Bei der Erstellung von neuen Mappings wird das Wissen aus allen bisher mit dem SAP Integration Advisor erstellen Mappings herangezogen, sodass ein Großteil der Mappings automatisch generiert werden kann. Anschließend können Sie die Mappings für die Verwendung in SAP Cloud Integration oder in SAP Process Orchestration exportieren.

SAP Enterprise Messaging

SAP Enterprise Messaging ist eine Komponente zur Abwicklung von eventbasierter Kommunikation. Bei der eventbasierten Kommunikation senden Anwendungen kleine Nachrichten an einen Event Broker, sobald ein bestimmtes Ereignis in der Anwendung auftritt. Der Event Broker stellt das Ereignis so zur Verfügung, dass andere Anwendungen entscheiden können, ob und welche Ereignisse von Interesse sind. Wir stellen Ihnen SAP Enterprise Messaging im Detail in Kapitel 8, »SAP Enterprise Messaging«, vor.

Open Connectors

Mit *Open Connectors* stellt SAP Ihnen eine Komponente zur Verfügung, mit der Sie sehr einfach cloudbasierte Anwendungen integrieren können. Jede cloudbasierte Anwendung verfügt über eine vom Anbieter definierte API. In der Regel unterscheiden sich die APIs der verschiedenen Anwendungen stark. So werden z. B. unterschiedliche Authentifizierungsverfahren verwendet oder verschiedene Technologien unterstützt. Mit Open Connectors können Sie APIs unterschiedlicher cloudbasierter Anwendungen einheitlich in Ihrem Unternehmen zur Verfügung stellen. Im Detail beschreiben wir Ihnen die Fähigkeiten von SAP Open Connectors in Kapitel 9, »Open Connectors«.

SAP Process Orchestration

SAP Process Orchestration ist die On-Premise-Middleware-Plattform von SAP und Bestandteil der SAP Business Technology Platform. SAP Process Orchestration gehört allerdings nicht zur SAP Integration Suite, sondern ist ein eigenständiges Produkt. SAP Process Orchestration wird seit 2004 mit Funktionalitäten zur Prozessintegration angeboten, wobei sie im Verlauf der Jahre unter verschiedenen Produktnamen angeboten wurde. Wie bereits erwähnt, fokussiert sich SAP bei der Weiterentwicklung auf SAP Cloud Integration und weniger auf SAP Process Orchestration. Wie in Abschnitt 4.1, »Vision«, beschrieben, wird die Wartung von SAP Process Orchestration im Jahr 2030 enden, und es ist keine weitere Version geplant. Da SAP Process Orchestration allerdings weiterhin in vielen Unternehmen einen elementaren Bestandteil der Integrationsarchitektur darstellt, geben wir Ihnen einen detaillierten Überblick dazu in Kapitel 5, »SAP Process Orchestration«.

Nachfolger für die On-Premise-Middleware-Plattform

Da durch es durch den Wegfall von SAP Process Orchestration in Zukunft keine On-Premise-Middleware-Plattform von SAP mehr geben wird, hat SAP angekündigt, dass an einer On-Premise-Variante der SAP Integration Suite gearbeitet wird. Der Veröffentlichungstermin steht jedoch noch nicht fest.

Neben den bisher vorgestellten Werkzeugen zur Prozessintegration, bietet das SAP-Portfolio verschiedene andere Werkzeuge zur Datenintegration.

SAP Data Intelligence

SAP Data Intelligence legt den Fokus auf Datenintegration und Datenorchestrierung. Diese Komponente ist seit 2019 als Service auf der SAP Business Technology Platform verfügbar und stellt eine Weiterentwicklung des *SAP Data Hub* dar. Durch die Einbindung von *SAP Leonardo Machine Learning Foundation* ist jedoch im Gegensatz zum SAP Data Hub ein stärkerer Fokus auf die Operationalisierung von Data Science und Maschinenlernen möglich. Wir stellen Ihnen die Komponente SAP Data Intelligence detaillierter in Kapitel 10, »SAP Data Intelligence«, vor.

Werkzeuge zur Datenintegration

Für die Datenintegration stellt SAP noch weitere Anwendungen zur Verfügung. Bei den meisten Anwendungen handelt es sich um On-Premise-Produkte. Aufgabe dieser Anwendungen ist es, die Integration auf der Datenebene zu unterstützen. Dabei werden häufig größere Datenmengen transferiert als bei der prozessbasierten Integrationen. Wir stellen Ihnen die Werkzeuge zur Datenintegration in Kapitel 11, »Werkzeuge zur Datenintegration«, detaillierter vor.

Cloud Connector

In hybriden Landschaften stellt die Verbindung zwischen On-Premise- und Cloud-Landschaft eine besondere Herausforderung dar. Der *Cloud Connector* (Teil des SAP Connectivity Service) ist eine sehr kleine On-Premise-Softwarekomponente, mit der Sie eine sichere Verbindung zwischen der SAP Business Technology Platform und Ihrer On-Premise-Landschaft herstellen können. Abbildung 4.11 zeigt Ihnen die Architektur einer einfachen Systemlandschaft mit dem Cloud Connector.

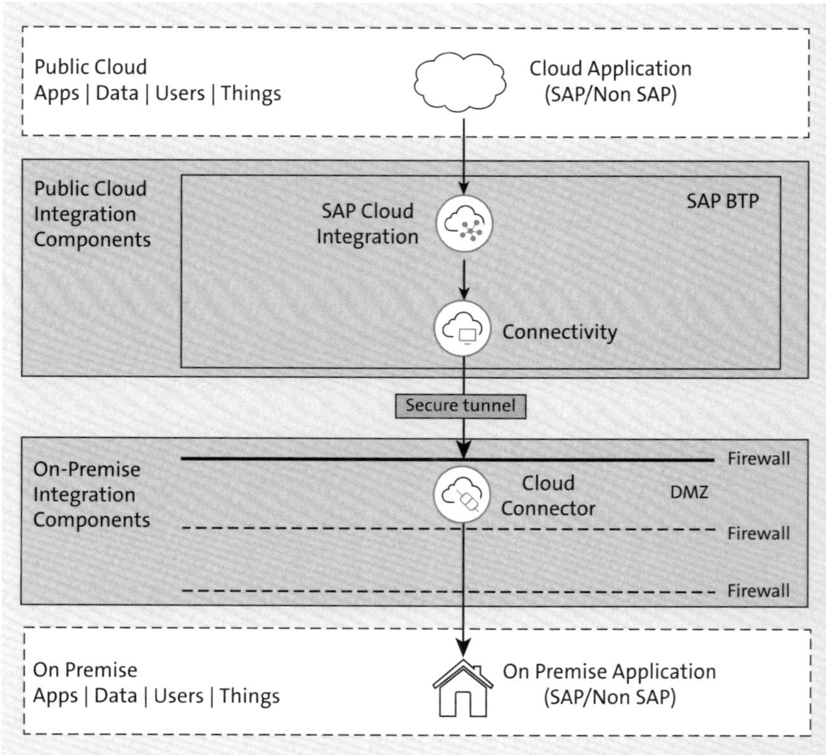

Abbildung 4.11 Systemarchitektur zur Integration über den Cloud Connector (Quelle: SAP)

Typische Implementierung des Cloud Connectors

In der Regel installieren Sie den Cloud Connector in Ihrer *demilitarisierten Zone*. Aufgabe des Cloud Connectors ist es, eine sichere Verbindung zwischen Ihrem Netzwerk und Ihren SAP-BTP-Accounts herzustellen. Allerdings wird diese sichere Verbindung ausschließlich unidirektional für die Kommunikation von der SAP Business Technology Platform in Ihr On-Premise-Netzwerk verwendet. Verbindungen von Ihrem On-Premise-Netzwerk zur SAP Business Technology Platform müssen Sie z. B. mithilfe eines Reverse

Proxy einrichten. Sobald die Verbindung zwischen Ihrem Cloud Connector und Ihrem Account auf der SAP Business Technology Platform hergestellt ist, kann jedoch jede Verbindung von Ihrem SAP-BTP-Account zu Ihrem lokalen Netzwerk diese sichere Verbindung verwenden.

SAP API Business Hub

Der *SAP API Business Hub* ist ein weiterer Bestandteil der hybriden Integrationsplattform von SAP. Es ist ein zentrales Repository für APIs, Integration, Events und CDS Views. Er bietet einen allgemeinen Einstieg in verfügbare Standardschnittstellen innerhalb der SAP-Welt. Wir haben Ihnen den SAP API Business Hub bereits in Abschnitt 1.3.1 detaillierter vorgestellt.

SAP Graph

SAP Graph ist ein noch sehr neues Angebot. Bisher ist SAP Graph lediglich als Beta-Version verfügbar. Dies müssen Sie unbedingt berücksichtigen, wenn Sie bereits jetzt SAP Graph einsetzen wollen. Was genau Sie mit SAP Graph machen können und wie Sie die Beta-Version erreichen, haben Sie bereits in Abschnitt 1.3.2, »SAP Graph«, erfahren. Wir halten SAP Graph langfristig jedoch für einen wichtigen Bestandteil der hybriden Integrationsplattform von SAP.

Zusammenspiel der Komponenten

Die meisten Komponenten, die wir zur hybriden Integrationsplattform von SAP zählen, können Sie einzeln einsetzen. Allerdings entfaltet die hybride Integrationsplattform ihre große Stärke erst durch die Kombination von unterschiedlichen Komponenten. Ein Beispiel für eine solche Kombination ist der *Digital Integration Hub*. Dieses Konzept stellen wir Ihnen im Detail in Kapitel 13, »Digital Integration Hub«, vor.

TEIL II

Werkzeuge der hybriden Integrationsplattform von SAP

Kapitel 5
SAP Process Orchestration

Ein wichtiger Bestandteil der Integrationsarbeit ist die prozessbasierte Integration, und ein bekanntes und weit verbreitetes Produkt zur Implementierung von Schnittstellenanforderungen im SAP-Umfeld ist SAP Process Orchestration.

Moderne Anwendungslandschaften sind durch eine Vielzahl von Anwendungen geprägt, die miteinander interagieren müssen oder sollen. In Abschnitt 2.1, »Integrationsarchitekturen«, haben wir Ihnen verschiedene Integrationsarchitekturen vorgestellt, die Sie entweder exklusiv oder in einer Mischform in Ihrer Anwendungslandschaft einsetzen können.

Integrationsarchitekturen

Häufig werden im Rahmen von modernen Integrationsarchitekturen zentrale Systeme für die Steuerung und Abwicklung der Kommunikation zwischen den Anwendungen eingesetzt. Diese Systeme werden häufig als Middleware- oder Integrationsplattformen bezeichnet.

SAP Process Orchestration

SAP Process Orchestration ist ein SAP-Produkt, das Sie als zentrale Middleware einsetzen können. Mithilfe von SAP Process Orchestration haben Sie prinzipiell die Möglichkeit, unterschiedliche Integrationsarchitekturen (siehe Abschnitt 2.1, »Integrationsarchitekturen«) aufzubauen. SAP Process Orchestration ist ein klassisches Softwareprodukt, das Sie innerhalb Ihrer eigenen Infrastruktur installieren und betreiben.

Aufbau des Kapitels

In diesem Kapitel geben wir Ihnen einen Überblick über die Funktionen und möglichen Anwendungsfälle von SAP Process Orchestration. In Abschnitt 5.1, »Übersicht über SAP Process Orchestration«, stellen wir Ihnen SAP Process Orchestration im Allgemeinen vor. Dabei beschreiben wir die Historie dieser Lösung, deren generellen Aufbau und deren Prinzipien. Anschließend stellen wir Ihnen in Abschnitt 5.2, »Funktionen für das Schnittstellenmanagement«, ausgewählte Funktionen von SAP Process Orchestration detaillierter vor. Abgeschlossen wird dieses Kapitel in Abschnitt 5.3, »Anwendungsmöglichkeiten«, mit einigen Anwendungsbeispielen für SAP Process Orchestration.

Wann sollten Sie dieses Kapitel lesen?

Wir empfehlen Ihnen, dieses Kapitel zu lesen, um sich mit den Grundlagen und Funktionsweisen von SAP Process Orchestration vertraut zu machen. Sie erfahren, welche Möglichkeiten Ihnen SAP Process Orchestration für die Umsetzung verschiedener Integrationsszenarien bietet.

5.1 Übersicht über SAP Process Orchestration

Historie

In diesem Abschnitt geben wir Ihnen einen Überblick über SAP Process Orchestration. Tabelle 5.1 zeigt einen Überblick über die verschiedenen Versionen von SAP Process Orchestration bzw. von dessen Vorgängern. Die erste populäre Version einer SAP-Middleware ist *SAP Exchange Infrastructure (SAP XI) 3.0*, das im Dezember 2004 veröffentlicht wurde. Im Juni 2006 wurde der erste Nachfolger als *SAP Process Integration* in der Version 7.0 veröffentlicht. Ab dieser Version orientierte sich die Versionsnummer von SAP Process Integration an der jeweiligen SAP-NetWeaver-Version.

Bezeichnung	Release	Charakteristik
SAP Exchange Infrastructure (SAP XI) 3.0	Dezember 2004	
SAP Process Integration 7.0	Juni 2006	unterstützt Java 1.5
SAP Process Integration 7.10	Juli 2008	Einführung der Advanced Adapter Engine (AAE)
SAP Process Integration 7.11	Juni 2009	
SAP Process Integration 7.30	Mai 2011	▪ enthält eine Option für die Advanced Adapter Engine Extended (AEX) ▪ unterstützt Java 1.6
SAP Process Orchestration 7.31	Mai 2012	
SAP Process Orchestration 7.40	Mai 2013	

Tabelle 5.1 Historie der Versionen von SAP Process Orchestration und ihre Charakteristika

Bezeichnung	Release	Charakteristik
SAP Process Orchestration 7.50	Oktober 2016	unterstützt Java 1.8

Tabelle 5.1 Historie der Versionen von SAP Process Orchestration und ihre Charakteristika (Forts.)

Dual-Stack-Installation

SAP XI und SAP Process Integration wurden als *Dual-Stack-Installationen* betrieben. Dies bedeutet, dass für den Betrieb sowohl der SAP NetWeaver Application Server ABAP (SAP NetWeaver AS ABAP) als auch der SAP NetWeaver Application Server Java (SAP NetWeaver AS Java) benötigt wird (siehe Abbildung 5.1). Grund dafür ist, dass die unterschiedlichen Bestandteile von SAP Process Integration auf der Grundlage der unterschiedlichen Technologien entwickelt wurden. So war z. B. für die IDoc-Kommunikation sehr lange die Verwendung des SAP NetWeaver AS ABAP notwendig, da IDocs lediglich als ABAP-Funktionalität zur Verfügung gestellt wurden.

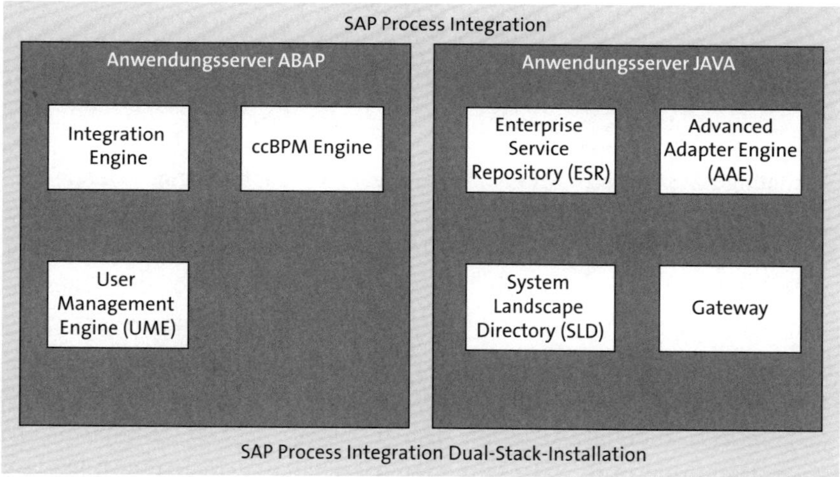

Abbildung 5.1 SAP Process Integration – Dual-Stack-Installation

Single Stack/ Advanced Adapter Engine Extended

Seit Mai 2011 haben Sie die Möglichkeit, SAP Process Integration in der sogenannten *Advanced-Adapter-Engine-Extended-Installation* zu betreiben (auch *Single-Stack-Installation* genannt). Dabei laufen alle Komponenten von SAP Process Integration auf einem Anwendungsserver auf Basis von Java (siehe Abbildung 5.2). Der Vorteil dieser Installationslösung ist, dass die komplette Nachrichtenverarbeitung auf einem Anwendungs-Server erfolgt und keine Kommunikation zwischen Anwendungs-Servern notwendig ist. Dadurch können Performancevorteile bei der Verarbeitungszeit von Nachrichten erzielt werden.

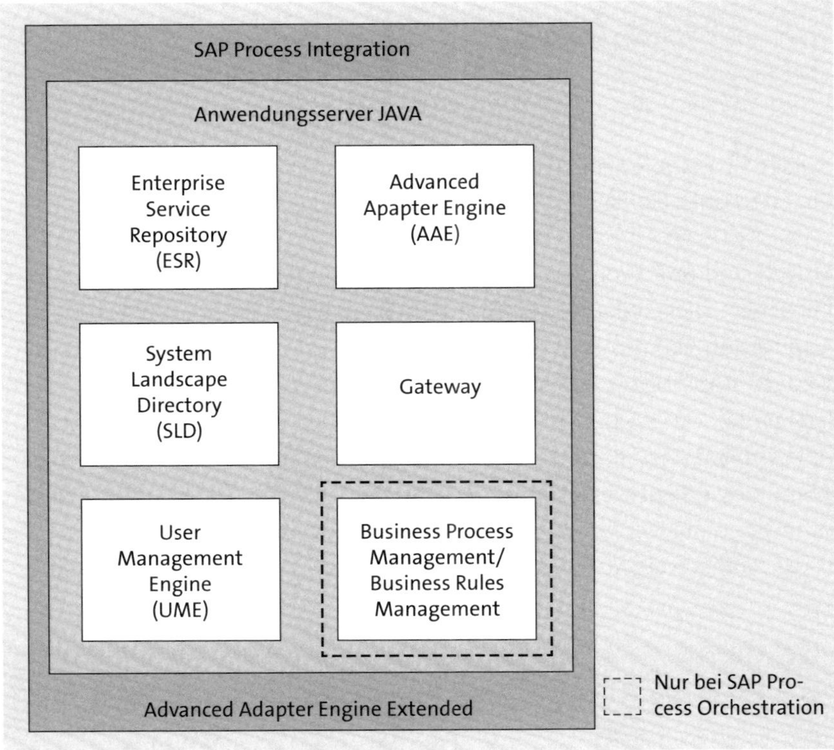

Abbildung 5.2 SAP Process Integration – Advanced Adapter Engine Extended

SAP Process Orchestration

Seit Mai 2012 haben Sie die Möglichkeit, neben SAP Process Integration auch SAP Process Orchestration zu installieren. Mit SAP Process Orchestration stellt SAP seinen Kunden zwei weitere Komponenten zur Verfügung (siehe Abbildung 5.3): zum einen *SAP Business Process Management* (SAP BPM) zur Abwicklung und Steuerung von systemübergreifenden Prozessen, und zum anderen *SAP Business Rules Management* (SAP BRM) zur zentralen Definition und Speicherung von Geschäftsregeln. Seit SAP Process Integration 7.50 ist keine Installation als Dual-Stack-System mehr möglich. Zwar können Sie noch immer Anwendungsserver auf Basis von ABAP zusätzlich installieren (diese Vorgehensweise wird als *Dual Usage* bezeichnet), allerdings wird dies nicht empfohlen, und wir halten es auch nur in Ausnahmefällen für wirklich notwendig.

Zukunft von SAP Process Orchestration

Seit Januar 2021 ist die einzige von SAP offiziell unterstützte Version von SAP Process Orchestration die Version 7.50. Alle anderen Versionen werden mit dem Wartungsende der jeweiligen SAP-NetWeaver-Version seit Dezember 2020 nicht mehr unterstützt. Nach dem aktuellen Stand wird SAP Process Orchestration 7.50 noch bis Dezember 2027 in der regulären Wartung und bis Dezember 2030 in der erweiterten Wartung von SAP unterstützt. Danach ist keine weitere Unterstützung mehr vorgesehen, und SAP plant auch keine Veröffentlichung einer neuen Version von SAP Process Orchestration.

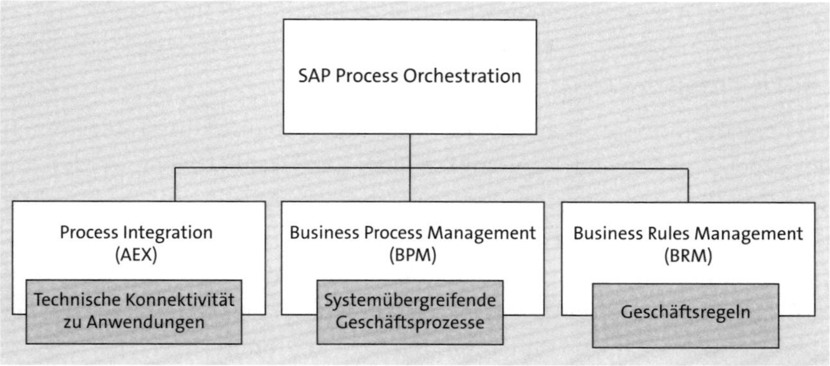

Abbildung 5.3 Bestandteile von SAP Process Orchestration

SAP Cloud Integration

Als Nachfolger für SAP Process Orchestration sehen wir das Produkt *SAP Cloud Integration*, das wir Ihnen in Kapitel 6, »SAP Cloud Integration«, genauer vorstellen. Allerdings sehen wir die Einschränkung, dass SAP Cloud Integration aktuell nur als Cloud-Option angeboten wird. Insbesondere bei der On-Premise-zu-On-Premise-Integration sehen wir einen großen Vorteil bei einer Middleware, die auch on-premise betrieben wird. SAP arbeitet bereits an einer On-Premise-Variante von SAP Cloud Integration (siehe Abschnitt 4.1, »Vision«), die frühstens 2021 zur Verfügung stehen wird. Sie haben aber die Möglichkeit, schon vorher Schnittstellen in SAP Cloud Integration zu entwickeln und sie in SAP Process Orchestration auszuführen (siehe Abschnitt 5.2.6, »Implementierung von Cloud Content«).

5.2 Funktionen für das Schnittstellenmanagement

In diesem Abschnitt stellen wir Ihnen unterschiedliche Funktionen von SAP Process Orchestration für das Schnittstellenmanagement vor. Beachten Sie, dass wir uns hierbei auf Funktionen der Komponente SAP Process Integration konzentrieren. Für weiterführende Informationen empfehlen wir Ihnen die folgenden Bücher, die bei SAP PRESS erschienen sind:

- *SAP Process Orchestration und SAP Cloud Platform Integration* von M. Banner et al. (siehe *www.sap-press.de/4331*)
- *SAP Process Orchestration* von J. Mutumba Bilay und R. Viana Blanco (siehe *www.sap-press.com/4431*)

5.2.1 Unterstützte Integrationsdomänen

Sie können SAP Process Orchestration bei der Implementierung von Szenarien unterschiedlicher Domänen einsetzen. Prinzipiell besteht die Möglichkeit, SAP Process Orchestration in allen Integrationsdomänen zu verwenden. Allerdings sehen wir die Stärken von SAP Process Orchestration insbesondere bei den Integrationsdomänen *On-Premise-zu-On-Premise* und *On-Premise-zu-Cloud*.

On-Premise-zu-On-Premise

Bei der Integrationsdomäne *On-Premise-zu-On-Premise* kommunizieren in der Regel zwei Anwendungen miteinander, die lokal betrieben werden. Da auch SAP Process Orchestration lokal installiert und betrieben wird, sehen wir insbesondere in dieser Integrationsdomäne die Stärke von SAP Process Orchestration im Vergleich zu den anderen Integrationsprodukten von SAP, die als Cloud-Services angeboten werden. Im Idealfall müssen Sie bei einer Kommunikation von On-Premise-zu-On-Premise über SAP Process Orchestration das eigene Netzwerk nicht verlassen. Auch bei einem temporären Ausfall der Internetverbindung kann die Kommunikation über das lokale Netzwerk weiterhin erfolgen.

On-Premise-zu-Cloud

Eine weitere Integrationsdomäne, bei der wir den Einsatz von SAP Process Orchestration für sinnvoll erachten, ist die Integrationsdomäne *On-Premise-zu-Cloud*. Ein typisches Beispiel in diesem Zusammenhang ist jegliche unternehmensübergreifende Kommunikation. SAP Process Orchestration wird weiterhin lokal betrieben, allerdings erfolgt in diesem Fall die Kommunikation mit einem externen Partner. Sie sollten also darauf achten, wie Sie den Zugriff auf Ihr SAP-Process-Orchestration-System absichern, da die externe Kommunikation ein mögliches Einfalltor in Ihr internes Netzwerk darstellt.

[»]

Cloud-zu-Cloud

Sie können SAP Process Orchestration natürlich auch für weitere Integrationsdomänen einsetzen. Allerdings ergeben sich dabei aus unserer Sicht einige Herausforderungen. Dies wollen wir Ihnen am Beispiel der Integrationsdomäne *Cloud-zu-Cloud* erläutern. Aus unserer Sicht kann es aus Performancegründen keinen Sinn ergeben, eine Cloud-zu-Cloud-Kommunikation über das lokal installierte SAP-Process-Orchestration-System abzuwickeln. Ein Grund ist die Systemverfügbarkeit. Sie müssten sicherstellen, dass Sie Ihr SAP-Process-Orchestration-System mit mindestens der gleichen Verfügbarkeit zur Verfügung stellen, wie beide Cloud-Anbieter ihre Anwendungen. Auch aus Gründen der Performance kann es sinnvoll sein, die Nachrichten nicht über Ihr lokal installiertes SAP-Process-Orchestration-System zu leiten und damit Ihr Netzwerk zu belasten.

An dieser Stelle wollen wir auf zwei weitere Anwendungsfälle eingehen, die allgemein der Integrationsdomäne *On-Premise-zu-Cloud* zuzuweisen sind.

B2B Add-on

Bei der Unternehmen-zu-Unternehmen-Kommunikation sind besondere Nachrichtenformate und Technologien zu beachten. Für SAP Process Orchestration stellt SAP diese Funktionalitäten im sogenannten *SAP Process Integration Business-to-Business Add-on* zur Verfügung. Das B2B Add-on besteht aus drei Bausteinen (siehe Abbildung 5.4):

1. B2B-Services
2. B2B-Adapter
3. B2B-Konvertierungsmodule

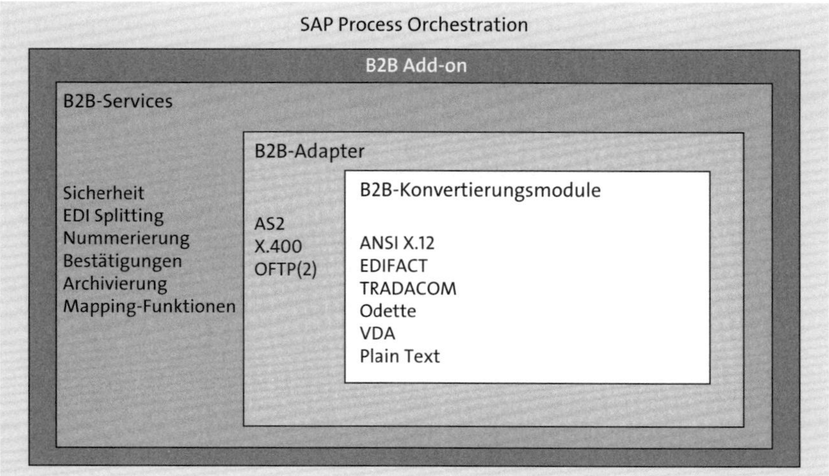

Abbildung 5.4 Überblick über das SAP Process Integration Business-to-Business Add-on

Die B2B-Services sind Funktionen innerhalb von SAP Process Orchestration, die typischerweise im Rahmen einer Unternehmen-zu-Unternehmen-Kommunikation verwendet werden. Sie umfassen z. B. spezielle vordefinierte Funktionen für Message Mappings oder die Möglichkeit, Nummernkreise auf Nachrichten und Partnerebene zu definieren. Mit den B2B-Adaptern werden spezielle Übertragungstechnologien wie AS2, OFTP und X.400 bereitgestellt (AS2 und OFTP beschreiben wir Ihnen genauer in Abschnitt 2.3.6, »Dateitransfer und Datenbanken«). Mit den B2B-Konvertierungsmodulen erhält SAP Process Orchestration die Möglichkeit, spezielle Formate zum digitalen Dokumentenaustausch (sogenannte EDI-Formate) zu verarbeiten und für die Weiterverarbeitung in das SAP-Process-Orchestration-konforme XML-Format zu überführen.

Unternehmen zu Behörden

Bei der Unternehmen-zu-Behörden-Kommunikation handelt es sich meistens um Meldungen an Behörden, die aufgrund von gesetzlichen Vorschriften von Unternehmen zu leisten sind. Das in Deutschland wohl bekannteste Beispiel ist die Umsatzsteuervoranmeldung über Elster. Für diese Form der Kommunikation stellt SAP vordefinierte Inhalte zur Verfügung, die Sie in SAP Process Orchestration lediglich importieren und konfigurieren müssen.

5.2.2 Integrationsfähigkeiten

Für die meisten Schnittstellen sind unterschiedliche Funktionen in SAP Process Orchestration notwendig, um den Anforderungen gerecht zu werden. Die nachfolgend vorgestellten Funktionen sind prinzipiell beliebig kombinierbar und müssen nicht zwangsläufig bei der Verarbeitung von Nachrichten eingesetzt werden. Abbildung 5.5 zeigt schematisch den Ablauf einer Nachrichtenverarbeitung mit SAP Process Orchestration. Nachfolgend beschreiben wir Ihnen die einzelnen Schritte der Verarbeitung genauer.

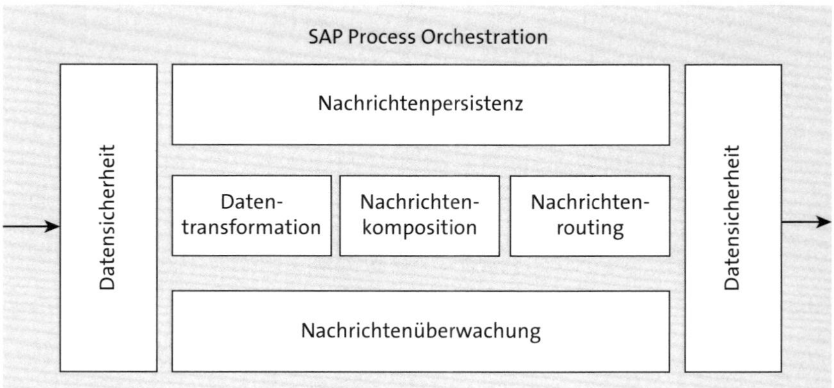

Abbildung 5.5 Schematischer Ablauf einer Nachrichtenverarbeitung in SAP Process Orchestration

- **Datentransformation**
  Im Rahmen der Datentransformation wird bei der Verarbeitung eine Nachricht von der sendenden Struktur in die Zielstruktur des Zielsystems überführt. Hierzu stehen Ihnen im Rahmen des grafischen Mappings verschiedene Operatoren zur Verfügung, und ergänzend zum grafischen Mapping stehen noch weitere Optionen bereit: Mit XSLT- und Java-Mappings können Sie komplexere Anforderungen bei der Datentransformation realisieren. Allerdings müssen Sie diese Mappings außerhalb von SAP Process Orchestration entwickeln, da SAP Process Orchestration keinen Editor für sie mitliefert. Daher können Sie die Entwicklung dieser

Mappings in Ihrem favorisierten Editor bzw. in einem in Ihrem Unternehmen verfügbaren Editor vornehmen.

- **Nachrichtenpersistenz**
  Prinzipiell ist eine Middleware kein Nachrichtenspeicher. Trotzdem ist es möglich, unter gewissen Umständen Daten temporär zu speichern. Beachten Sie allerdings, diese Option lediglich in Ausnahmefällen einzusetzen, da dies die Performance des Systems negativ beeinflussen kann. Wir schätzen die Notwendigkeit für eine Datenspeicherung in der Middleware als eher gering ein. SAP Process Orchestration kann Nachrichten je nach Konfiguration des Systems in unterschiedlichen Zuständen speichern, um eine Fehleranalyse und eine Fehlerbehandlung zu ermöglichen; daher ist eine zusätzliche Speicherung meist nicht sinnvoll.
- **Datensicherheit**
  Die Datensicherheit spielt im Rahmen des Schnittstellenmanagements eine wichtige Rolle. Zum einen sollten Sie bei der Verbindung stets auf gesicherte Protokolle setzen – z. B. SFTP (Secure File Transfer Protocol) anstelle von FTP (File Transfer Protocol) und HTTPS (Hypertext Transfer Protocol Secure) anstelle von HTTP (Hypertext Transfer Protocol). In SAP Process Orchestration können Sie mit dem *SAP Process Integration Secure Connectivity Add-on* Funktionen zur Erhöhung der Datensicherheit bereitstellen. Hierdurch erhalten Sie z. B. die Möglichkeit, Nachrichten zu ver- und entschlüssen. Außerdem können Sie im Rahmen des Monitorings über Berechtigungen steuern, welche Benutzer*innen welche Informationen sehen können sollen. Bestimmte Mitarbeitende sollten z. B. Personaldaten, die per Schnittstelle übertragen werden, nicht sehen dürfen.
- **Nachrichtenrouting**
  Eine der Kernaufgaben einer Middleware ist die Ermittlung des korrekten Empfängers einer Nachricht (das *Routing*). Nachrichten können sowohl an einen Empfänger als auch an mehrere Empfänger weitergeleitet werden. Die Ermittlung des Empfängers ist anhand verschiedener Kriterien möglich, z. B. anhand der Art der Nachricht, anhand des Nachrichtensenders oder anhand des Nachrichteninhalts. Genauso wichtig wie das Routing selbst ist die Fehlerbehandlung, wenn kein Empfänger ermittelt werden konnte. Dies ist in SAP Process Orchestration ebenfalls für jede Schnittstelle einzeln konfigurierbar.
- **Nachrichtenkomposition**
  Sollten die gesendeten Daten des Quellsystems für eine erfolgreiche Nachrichtenverarbeitung im Zielsystem nicht ausreichen, können mittels Look-up weitere Daten aus den Anwendungen gelesen werden. Im

Standard stellt SAP Process Orchestration Look-ups per JDBC (Java Database Connectivity), siehe Abschnitt 2.3.6, »Dateitransfer und Datenbanken«, oder RFC, siehe Abschnitt 2.3.4 zur Verfügung. Dabei sollten Sie jedoch beachten, dass jedes Look-up die Verarbeitungszeit erhöht und damit den allgemeinen Datendurchsatz von SAP Process Orchestration verringert. Zudem müssen Sie eine erweiterte Fehlerbehandlung in SAP Process Orchestration implementieren, falls das Look-up fehlschlägt oder keine Daten zurückliefert.

- **Nachrichtenüberwachung**
  Mit der Nachrichtenverarbeitung haben Sie eine weitere übergreifende Funktion in SAP Process Orchestration, mit der Sie den gesamten Verarbeitungsprozess überwachen können. In Log-Dateien werden die einzelnen Verarbeitungsschritte dokumentiert, sodass Sie Fehler einfach identifizieren und beheben können. Zusätzlich können Sie, ergänzend zur bereits beschriebenen Nachrichtenpersistenz, die Nachrichten protokollieren, um eine Fehleranalyse zu unterstützen. Da die Nachrichtenüberwachung ein wichtiges Thema im Schnittstellenmanagement ist, gehen wir in Abschnitt 5.2.5, »Monitoring von Schnittstellen«, noch einmal detaillierter auf die Funktionen ein.

5.2.3 Konnektoren

Vordefinierte Adapter

Für die Integration zu SAP- und Nicht-SAP-Anwendungen bietet SAP Process Orchestration viele Adaptertypen an (siehe Tabelle 5.2); weitere Adaptertypen werden von Drittanbietern bereitgestellt.

Adaptertyp	Beschreibung
AS2	Ermöglicht das Anbinden von B2B-Partnern über das AS2-Protokoll. Dieser Adapter ist Bestandteil des B2B Add-ons.
BC	Ermöglicht den Aufbau von Verbindungen zum SAP Business Connector.
CIDX	Chemical Industry Data Exchange; Unterstützung von Chemie-Standards.
EDISeparator	Ein spezieller Adapter aus dem B2B Add-on, mit dem mehrere EDI-Nachrichten (Electronic Data Interchange) aus einer technischen Übertragung getrennt werden können.
File	Ermöglicht den Austausch von Daten über die File-Schnittstelle bzw. einen FTP-Server (File Transfer Protocol).

Tabelle 5.2 SAP Process Orchestration – Adaptertypen

Adaptertyp	Beschreibung
http_AAE	Ermöglicht die Anbindung von Anwendungen via HTTP(S)-Protokoll.
IDoc_AAE	Ermöglicht den Austausch von IDocs via SAP Process Orchestration.
JDBC	Ermöglicht den Datenbankzugriff auf beliebige Datenbanken per JDBC. Der passende JDBC-Treiber muss auf SAP Process Orchestration deployt werden.
JMS	Ermöglicht eine asynchrone Nachrichtenverarbeitung über Message Queues auf SAP Process Orchestration.
Mail	Ermöglicht SAP Process Orchestration das Senden oder Empfangen von E-Mails via verbundener E-Mail-Server.
Marketplace	Ermöglicht die Umwandlung des XI-Message-Formats in das Marktplatz-Format *MarketSet Markup Language* (MML).
OData	Adaptertyp, um die OData-basierte Kommunikation einzurichten. Er ist Bestandteil des Connectivity Add-ons.
OFTP	Das *Odette File Transfer Protocol* ist ein spezielles Übertragungsformat aus dem B2B Add-on.
REST	Ermöglicht den Austausch von Nachrichten zwischen Remote-Clients oder Web-Service-Servern nach dem REST-Prinzip (Representational State Transfer), siehe Abschnitt 2.3.2, »RESTful-Services«.
RFC	Ermöglicht SAP Process Orchestration den Aufruf von Remote Function Calls auf lokale On-Premise-Systeme (siehe Abschnitt 2.3.4, »Remote Function Call«).
RNIF(11)	Das *RosettaNet Implementation Framework* ermöglicht den Austausch von Nachrichten zwischen dem Integrations-Server und einem Rosetta-Net-konformen System (RNIF-Protokoll 1.1/2.0).
SFSF	Adaptertyp zur Verbindung mit SAP-SuccessFactors-Systemen; dieser ist Bestandteil des Connectivity Add-ons.
SFTP	Ermöglicht die dateibasierte Kommunikation über SFTP; es ist Bestandteil des Secure Connectivity Add-ons.
SOAP	Ermöglicht die Übertragung von SOAP-Nachrichten zwischen Remote-Clients bzw. Webservices-Servern und dem Integrations-Server.

Tabelle 5.2 SAP Process Orchestration – Adaptertypen (Forts.)

Adaptertyp	Beschreibung
WS_AAE	Zuständig für den Austausch von SOAP-Nachrichten zwischen Remote-Clients oder Webservices-Servern und dem Integrations-Server
X.400	X.400 ist eine spezielle Übertragungstechnologie aus dem B2B Add-on.

Tabelle 5.2 SAP Process Orchestration – Adaptertypen (Forts.)

Erweiterung der Adapter um Module

In SAP Process Orchestration haben Sie die Möglichkeit, die Funktionalität von Kommunikationskanälen durch sogenannte *Adaptermodule* zu erweitern. Jeder Kommunikationskanal ist genau einem Adaptertyp zugewiesen. Zwischen Adapter und Messaging Service wird das Adaptermodul aufgerufen. Sie können im Kommunikationskanal weitere Module einfügen, die zusätzlich ausgeführt werden sollen. Dafür fügen Sie die Module bei einer asynchronen Kommunikation jeweils vor dem Adaptermodul ein. Abbildung 5.6 zeigt ein Beispiel, bei dem die Module 1 und 2 vor dem jeweiligen Adaptermodul (abhängig von der Kommunikationsrichtung) eingefügt wurden.

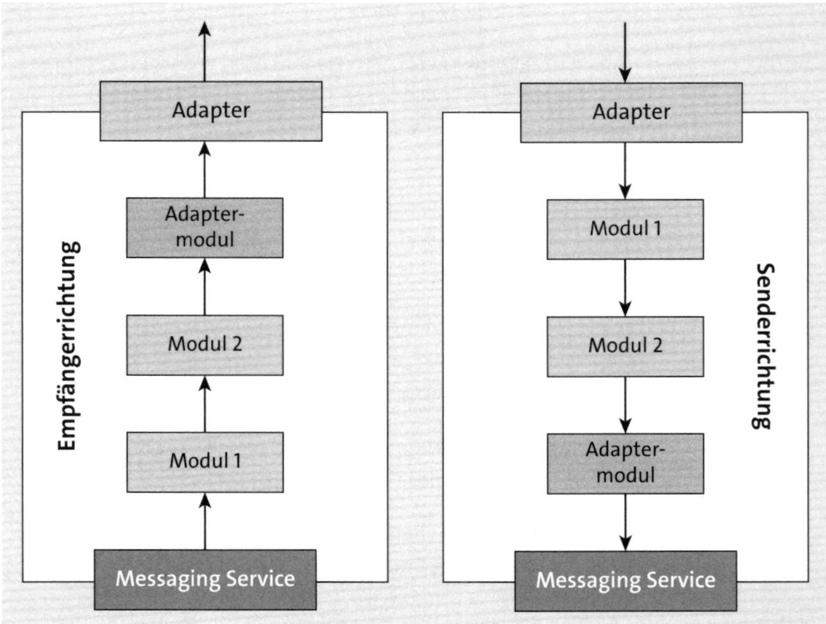

Abbildung 5.6 Schematische Darstellung von Modulketten bei asynchroner Kommunikation

Von SAP werden einige Module ausgeliefert, die Sie für die Erweiterung der Modulprozessierung verwenden können. Ein Beispiel ist das *PayloadZip*-Modul. Mit diesem Modul können Sie die gesamte Nachricht ver- oder entpacken. Zusätzlich haben Sie die Möglichkeit, eigene Module zu entwickeln und in die Modulprozessierung einzubinden. Die Entwicklung erfolgt in Java und gibt Ihnen nahezu unbegrenzte Möglichkeiten, Nachrichten zu verarbeiten und zu verändern.

Standardmodule und eigenentwickelte Module

5.2.4 Implementierung von Schnittstellen

Die Implementierung von Schnittstellen unterscheidet sich in SAP Process Orchestration grundlegend vom Ansatz in der SAP Cloud Integration (siehe Kapitel 6, »SAP Cloud Integration«). Mit SAP Process Orchestration erfolgt die Implementierung von Schnittstellen in zwei Schritten:

1. Designzeit
2. Konfigurationszeit

Designzeit

Während der Designzeit definieren Sie die Schnittstellen strukturell. Dies bedeutet, dass sie festlegen, wie die Quell- und Zielstrukturen definiert sind, wie das Mapping zwischen den Strukturen aussieht und welche Eigenschaften die Schnittstellen der Systeme haben. Dabei geben Sie z. B. vor, ob eine Schnittstelle synchron oder asynchron ist und aus welchen Nachrichtenteilen die Schnittstelle besteht. Prinzipiell definieren Sie in der Designzeit ein großes Repository von Strukturen und Struktur-Mappings – ohne einen direkten Bezug zu bestimmten Anwendungen.

Konfigurationszeit

Die eigentliche Verknüpfung der Strukturen und Schnittstellendefinitionen zu den Anwendungen erfolgt während der Konfigurationszeit. In der Konfigurationszeit definieren Sie den tatsächlichen technischen Nachrichtenfluss. Erst an dieser Stelle legen Sie fest, mit welcher Technologie die einzelnen Anwendungen kommunizieren und definieren in den Kommunikationskanälen die technischen Verbindungsparameter für die Verbindung von SAP Process Orchestration zur jeweiligen Anwendung.

SAP NetWeaver Developer Studio

Sie können zwei unterschiedliche Werkzeuge für die Implementierung von Schnittstellen in SAP Process Orchestration verwenden: Der empfohlene Weg sind die SAP Process Orchestration Tools in dem von SAP bereitgestellten *SAP NetWeaver Developer Studio*. Dabei handelt es sich um eine auf Eclipse basierende Entwicklungsumgebung. Über unterschiedliche Sichten arbeiten Sie entweder in der Design- oder in der Konfigurationszeit.

[»]

Verwendung der korrekten Version des SAP NetWeaver Developer Studios

Achten Sie darauf, bei der Verwendung des SAP NetWeaver Developer Studios stets die korrespondierende Version zu Ihrer SAP-Process-Orchestration-Version und dem Support-Package-Level zu verwenden. Zwar funktionieren theoretisch auch ältere Versionen des SAP NetWeaver Developer Studios mit neueren Versionen von SAP Process Orchestration, allerdings können Sie dann nicht alle neuen Funktionen von SAP Process Orchestration verwenden.

Java Web Start UI (Swing UI)

Noch verfügbar, allerdings von SAP nicht mehr empfohlen und weiterentwickelt, werden die *Java-Web-Start*-Anwendungen. Diese können Sie über die Startseite Ihres SAP-Process-Orchestration-Systems starten. In der Designzeit verwenden Sie den Enterprise Service Builder und in der Konfigurationszeit den Integration Builder.

Integration Flows (iFlows)

Seit SAP Process Orchestration 7.31 haben Sie die Möglichkeit, innerhalb der Konfigurationszeit mit sogenannten *Integrationsflüssen* (Integration Flows oder iFlows) zu arbeiten. Dabei handelt es sich um grafische Darstellungen der Integrationsflüsse, die über eine Art Modellierung definiert werden. Sie können iFlows lediglich mit dem SAP NetWeaver Developer Studio einsetzen.

5.2.5 Monitoring von Schnittstellen

Eine wichtige Funktion für das Schnittstellenmanagement ist das Monitoring der beteiligten Systeme und Nachrichtenflüsse, um einen reibungslosen Betrieb zu gewährleisten. In Abschnitt 17.1, »SAP Solution Manager«, stellen wir Ihnen die Möglichkeiten für ein zentrales Monitoring mit dem SAP Solution Manager genauer vor. In diesem Abschnitt erläutern wir Ihnen kurz die Möglichkeiten für das Monitoring in SAP Process Orchestration.

Komponentenmonitor

Der *Komponentenmonitor* gibt Ihnen einen Überblick über den allgemeinen Zustand Ihres SAP-Process-Orchestration-Systems. Er überprüft die verschiedenen Komponenten des Systems (z. B. Enterprise Services Repository (ES Repository), die Mapping-Laufzeit, Business Process Engine usw.) allgemein auf Verfügbarkeit und führt für jede Komponente einen Selbsttest durch. Beim Selbsttest werden, abhängig von der Komponente, verschiedene Prüfungen durchgeführt (z. B. ob Kommunikationskanäle fehlerhaft sind, ob notwendige Konfigurationsparameter definiert sind usw.).

Beispiel

Abbildung 5.7 zeigt Ihnen ein Beispiel für den Komponentenmonitor. Der Selbsttest für die zentrale Adapter Engine ist fehlerhaft, da ein Kommunikationskanal einen Fehlerzustand anzeigt. Zusätzlich ist aus dem Protokoll des Selbsttests zu erkennen, dass ein weiterer Kommunikationskanal deaktiviert ist.

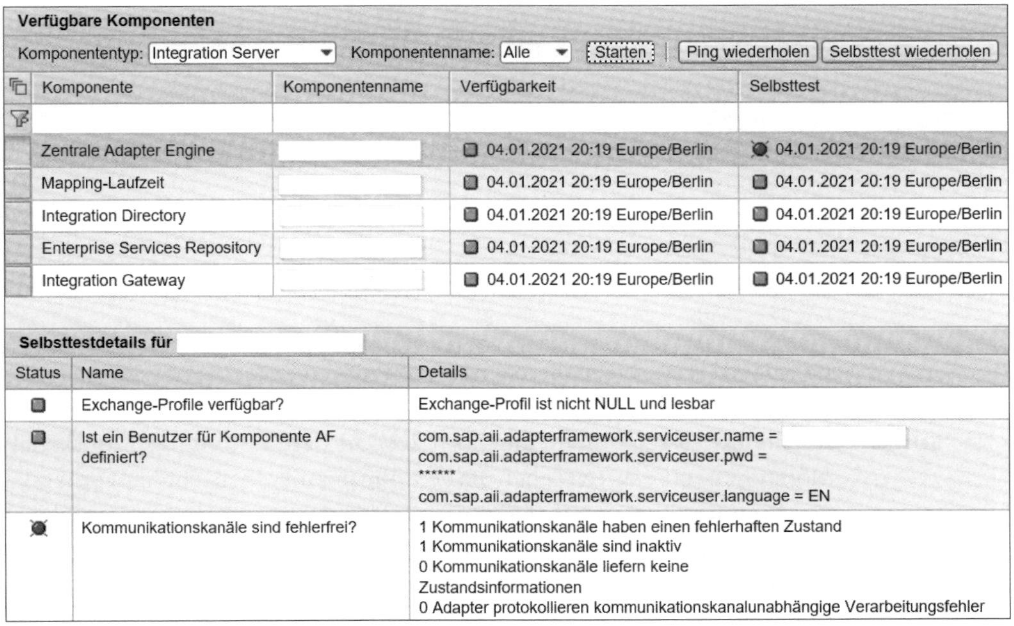

Abbildung 5.7 Der Komponentenmonitor in SAP Process Orchestration 7.5

Nachrichtenmonitor

Der *Nachrichtenmonitor* gibt Ihnen einen Überblick über alle prozessierten Nachrichten in Ihrem SAP-Process-Orchestration-System. Die Darstellung erfolgt auf der Basis von iFlows bzw. integrierten Konfigurationen. Sie haben die Möglichkeit, sich das Verarbeitungs-Log für einzelne Nachrichten anzuschauen und gegebenenfalls den Nachrichteninhalt für eine Fehleranalyse anzuzeigen.

Beispiel

In Abbildung 5.8 sehen Sie ein Beispiel aus dem Nachrichtenmonitor. Pro Kombination aus **Sender-Komponente**, **Empfänger-Komponente** und **Interface** sehen Sie die Nachrichten zusammengefasst. Über die angezeigten Nachrichtenanzahlen können Sie in ein Detailmonitoring für einzelne Nachrichten navigieren.

Kommunikationskanal-Monitor

Neben dem Nachrichtenmonitor ist der *Kommunikationskanal-Monitor* ein weiterer elementarer Monitor für den operativen Betrieb Ihrer Schnittstellen. Mit dem Kommunikationskanal-Monitor haben Sie die Möglichkeit, einzelne Kommunikationskanäle zu stoppen oder zu starten. In den Verarbeitungsdetails können Sie bei erfolgreich verarbeiteten Nachrichten in den Nachrichtenmonitor springen, um die Details einer Nachricht zu sehen. Im Fall von fehlerhaften Kommunikationskanälen erhalten Sie im Kommunikationskanal-Monitor Detailinformationen zu aufgetretenen Fehlern.

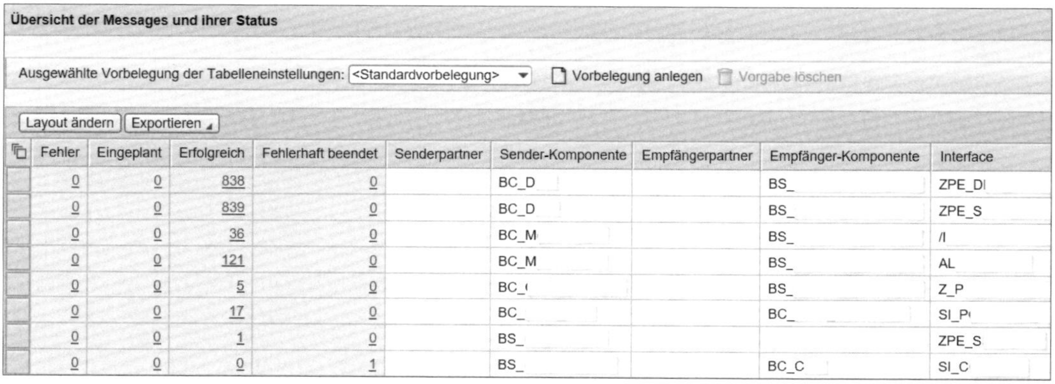

Übersicht der Messages und ihrer Status

Ausgewählte Vorbelegung der Tabelleneinstellungen: <Standardvorbelegung> | Vorbelegung anlegen | Vorgabe löschen

Layout ändern | Exportieren

Fehler	Eingeplant	Erfolgreich	Fehlerhaft beendet	Senderpartner	Sender-Komponente	Empfängerpartner	Empfänger-Komponente	Interface
0	0	838	0		BC_D		BS_	ZPE_DI
0	0	839	0		BC_D		BS_	ZPE_S
0	0	36	0		BC_M		BS_	/I
0	0	121	0		BC_M		BS_	AL
0	0	5	0		BC_		BS_	Z_P
0	0	17	0		BC_		BC_	SI_P
0	0	1	0		BS_			ZPE_S
0	0	0	1		BS_		BC_C	SI_C

Abbildung 5.8 Nachrichtenmonitor in SAP Process Orchestration 7.5

Beispiel Abbildung 5.9 zeigt Ihnen einen Auszug aus dem Kommunikationskanal-Monitor. Im oberen Teil sehen Sie eine allgemeine Übersicht der vorhandenen Kommunikationskanäle. Standardmäßig werden fehlerhafte und inaktive Kanäle am Anfang der Liste angezeigt. Bei der Auswahl eines Kommunikationskanals sehen Sie im unteren Bereich Verarbeitungsdetails und im Fehlerfall eine Beschreibung des aufgetretenen Fehlers.

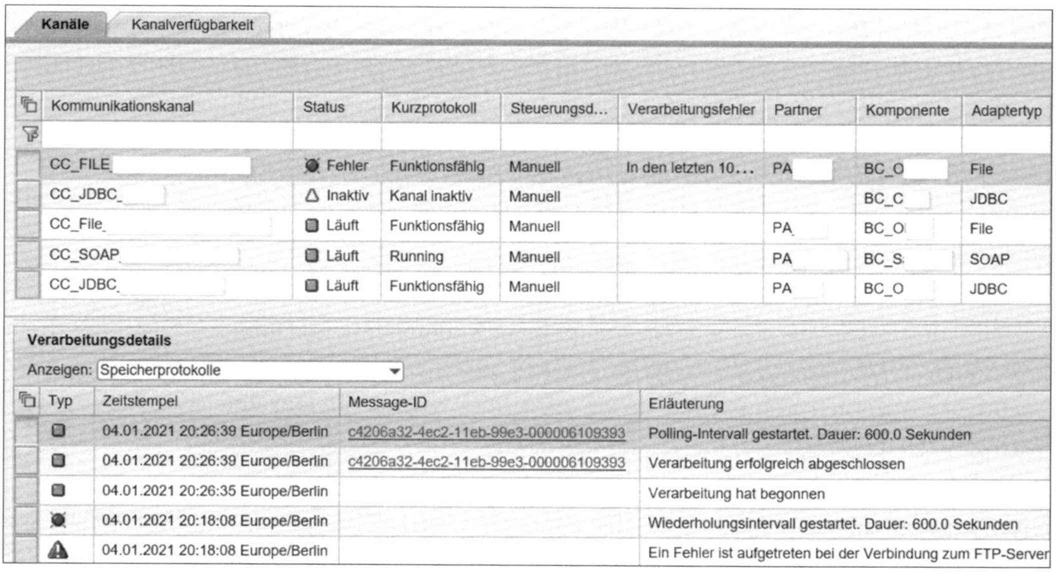

Kanäle | Kanalverfügbarkeit

Kommunikationskanal	Status	Kurzprotokoll	Steuerungsd...	Verarbeitungsfehler	Partner	Komponente	Adaptertyp
CC_FILE_	Fehler	Funktionsfähig	Manuell	In den letzten 10...	PA	BC_O	File
CC_JDBC_	Inaktiv	Kanal inaktiv	Manuell			BC_C	JDBC
CC_File_	Läuft	Funktionsfähig	Manuell		PA	BC_O	File
CC_SOAP_	Läuft	Running	Manuell		PA	BC_S	SOAP
CC_JDBC_	Läuft	Funktionsfähig	Manuell		PA	BC_O	JDBC

Verarbeitungsdetails

Anzeigen: Speicherprotokolle

Typ	Zeitstempel	Message-ID	Erläuterung
	04.01.2021 20:26:39 Europe/Berlin	c4206a32-4ec2-11eb-99e3-000006109393	Polling-Intervall gestartet. Dauer: 600.0 Sekunden
	04.01.2021 20:26:39 Europe/Berlin	c4206a32-4ec2-11eb-99e3-000006109393	Verarbeitung erfolgreich abgeschlossen
	04.01.2021 20:26:35 Europe/Berlin		Verarbeitung hat begonnen
	04.01.2021 20:18:08 Europe/Berlin		Wiederholungsintervall gestartet. Dauer: 600.0 Sekunden
	04.01.2021 20:18:08 Europe/Berlin		Ein Fehler ist aufgetreten bei der Verbindung zum FTP-Server

Abbildung 5.9 Kommunikationskanal-Monitor in SAP Process Orchestration 7.5

B2B-Nachrichtenmonitor

Ein spezieller Monitor ist der *B2B-Nachrichtenmonitor*, der mit dem B2B Add-on ausgeliefert wird. Der Monitor ist darauf spezialisiert, Ihnen Details zu B2B-spezifischen Prozessen darzustellen. So werden Ihnen die Informationen zur *Message Disposition Notification* (MDN), eine Art Empfangsbestätigung im AS2-Protokoll, detaillierter dargestellt, als dies im Nachrichtenmonitor der Fall ist, und Sie haben die Möglichkeit, Nachrichten nach anderen Kriterien zu filtern und zu selektieren.

[«]

Weitere Monitore in SAP Process Orchestration

Sie finden in Ihrem SAP-Process-Orchestration-System noch viele weitere Monitore zur Überwachung des Systems und der Nachrichtenverarbeitung. In diesem Abschnitt haben wir Ihnen die wichtigsten Monitore für den operativen Betrieb vorgestellt. Für Informationen zu den anderen Monitoren lesen Sie die in Abschnitt 5.2, »Funktionen für das Schnittstellenmanagement«, empfohlene Literatur.

5.2.6 Implementierung von Cloud Content

Wie bereits in Abschnitt 5.1, »Übersicht über SAP Process Orchestration«, beschrieben, ist das Ende von SAP Process Orchestration bereits angekündigt. Als Nachfolger hat SAP die SAP Integration Suite vorgestellt und arbeitet aktuell an einer On-Premise-Version (siehe Abschnitt 4.1, »Vision«). Aus diesem Grund ist es aus unserer Sicht sinnvoll, dass Sie diesen Umstand bereits heute bei Ihren Schnittstellen-Neuentwicklungen berücksichtigen.

SAP-Cloud-Integration-Schnittstellen für SAP Process Orchestration

Unserer Meinung nach kann nicht jede Schnittstellanforderung sinnvoll in einer ausschließlich cloudbasierten Middleware-Plattform umgesetzt werden. Aus diesem Grund hat SAP die Möglichkeit geschaffen, bereits heute Schnittstellen für die SAP Integration Suite in einer Laufzeit auf einem SAP-Process-Orchestration-System zu betreiben. Sie entwickeln diese Schnittstellen komplett in der cloudbasierten Umgebung der SAP Integration Suite. Dabei wählen Sie im Integrationsfluss als Laufzeitprofil SAP Process Orchestration 7.50 mit der zu Ihrem System passenden Support-Package-Version aus. Dadurch werden Ihnen beim Design des Integrationsflusses lediglich die von Ihrer SAP-Process-Orchestration-Version unterstützten Artefakte angezeigt.

Integrationsfluss in SAP Process Orchestration bereitstellen

Anschließend können Sie den fertigen Integrationsfluss in SAP Process Orchestration bereitstellen. Hierzu können Sie entweder eine zuvor eingerichtete Verbindung nutzen oder den erstellten Integrationsfluss aus SAP Cloud Integration herunterladen und in SAP Process Orchestration wieder hochladen. Nun steht die Schnittstelle in SAP Process Orchestration zur Verfügung und kann verwendet werden.

Voraussetzungen

Um die beschriebene Funktionalität nutzen zu können, benötigen Sie ein SAP-Process-Orchestration-System mindestens auf dem Stand von Support Package 05. Mit jeder neuen Support-Package-Version werden neue Funktionen der SAP Cloud Integration in SAP Process Orchestration verfügbar gemacht. Details zu den Support-Package-Versionen finden Sie im SAP Help Portal unter *http://s-prs.de/v798228*. Zusätzlich benötigen Sie einen Zugang zur SAP Integration Suite, um Schnittstellen für die Cloud-Laufzeit in SAP Process Orchestration zu entwickeln.

[»]

Empfohlene Mindestversion für SAP Process Orchestration

Wir empfehlen Ihnen die Nutzung des Cloud Integration Contents auf einem SAP-Process-Orchestration-System mit mindestens Support Package 12. In diesem Support Package wurde der Process Direct Adapter in SAP Process Orchestration erstmals verfügbar gemacht, der aus unserer Sicht ein elementares Designelement für Schnittstellen für die SAP Integration Suite darstellt.

Des Weiteren empfehlen wir Ihnen bei der Nutzung von Cloud Integration Content, Ihr SAP-Process-Orchestration-System regelmäßig zu aktualisieren.

Nutzungsempfehlung

Wir empfehlen Ihnen die Nutzung dieser Möglichkeit, wenn Sie generell beide Middleware-Plattformen einsetzen und (insbesondere für On-Premise-zu-On-Premise) neue Schnittstellenanforderungen implementieren wollen. Sie können dadurch spätere Migrationsaufwände verringern und bereits heute wertvolle Erfahrung bei der Implementierung von Schnittstellen mit SAP Cloud Integration sammeln.

5.3 Anwendungsmöglichkeiten

In diesem Abschnitt stellen wir Ihnen einige Anwendungsmöglichkeiten für SAP Process Orchestration vor.

SAP Cloud Integration und SAP Process Orchestration

In einem Unternehmen setzten wir als zentrale Integrationsplattform SAP Cloud Integration ein. Für einige Schnittstellen zu einem Altsystem bestand die Anforderung, Verbindungen mit einer Datenbank aufzubauen. Zum Zeitpunkt der Implementierung war kein JDBC-Adapter in SAP Cloud Integration verfügbar, bzw. es konnte nur in Verbindung mit einer cloudbasierten SAP-HANA-Datenbank verwendet werden. Aus diesem Grund haben wir für das Szenario eine Kombination aus SAP Cloud Integration und SAP Process Orchestration verwendet.

Schematischer Aufbau der Schnittstellen

Der schematische Aufbau der Schnittstellen wird in Abbildung 5.10 dargestellt. Prinzipiell ruft das Sendersystem einen Endpunkt von SAP Cloud Integration auf. Für den Empfang haben wir einen Integrationsfluss verwendet. Die Aufbereitung der Nachricht zur Verarbeitung mit einem JDBC-Adapter erfolgt in einem Integrationsfluss in SAP Cloud Integration. Als dritter Integrationsfluss in SAP Cloud Integration wird ein iFlow aufgerufen, der wiederum eine generische Schnittstelle in SAP Process Orchestration aufruft. SAP Process Orchestration leitet die empfangenen Daten ohne jegliche Verarbeitung direkt an die Datenbank weiter.

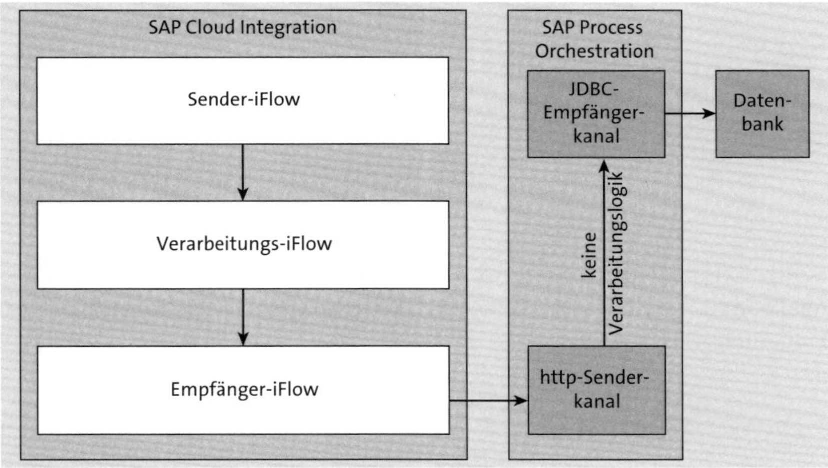

Abbildung 5.10 Schematischer Aufbau eines Pass-through-Szenarios von SAP Process Orchestration für eine JDBC-Verbindung aus SAP Cloud Integration

Globale SAP-Process-Orchestration-Landschaft

Sie haben verschiedene Möglichkeiten, um eine globale SAP-Process-Orchestration-Landschaft aufzubauen. Im einfachsten Fall haben Sie ein zentrales SAP-Process-Orchestration-System, an das alle Anwendungssysteme angeschlossen sind (siehe Abbildung 5.11).

Allerdings hat das zentrale SAP-Process-Orchestration-System den Nachteil, dass jede Kommunikation auch darüber erfolgt, unabhängig von den Standorten der anderen Systeme. Insbesondere aus Performancegründen kann es daher sinnvoll sein, die Integrationsplattform physisch näher an die Anwendungssysteme zu bringen.

Dezentrale Adapterlaufzeit

Für SAP Process Orchestration haben Sie die Möglichkeit, in diesem Fall mit sogenannten *dezentralen Adapterlaufzeiten* zu arbeiten. Das Design der Schnittstellen erfolgt weiterhin auf dem zentralen SAP-Process-Orchestration-System. Während der Konfiguration entscheiden Sie jedoch, in welcher Adapterlaufzeit die jeweiligen Konfigurationsobjekte ausgeführt werden sollen. Somit können Sie z. B. eine Schnittstelle zwischen zwei amerikanischen Anwendungssystemen in der in Amerika betriebenen dezentralen Adapterlaufzeit ausführen lassen (siehe Abbildung 5.12).

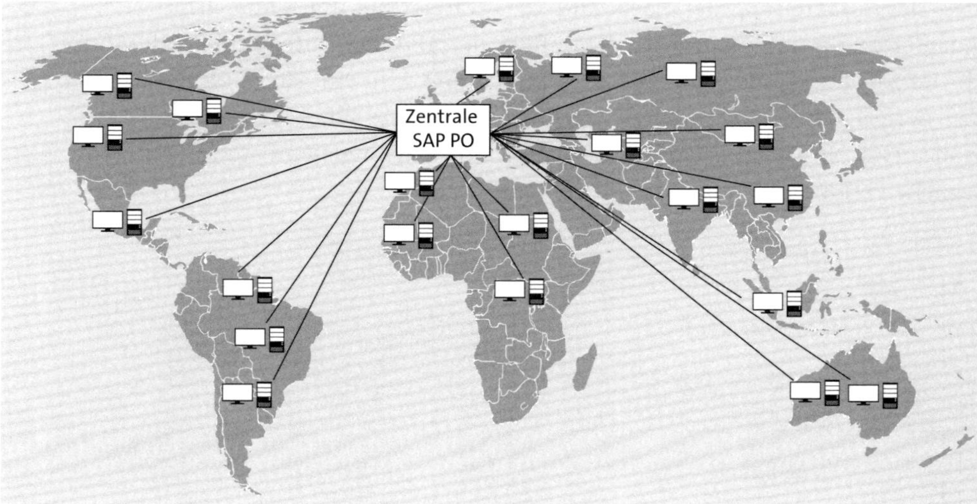

Abbildung 5.11 Ein zentrales SAP-Process-Orchestration-System für eine globale Kommunikation

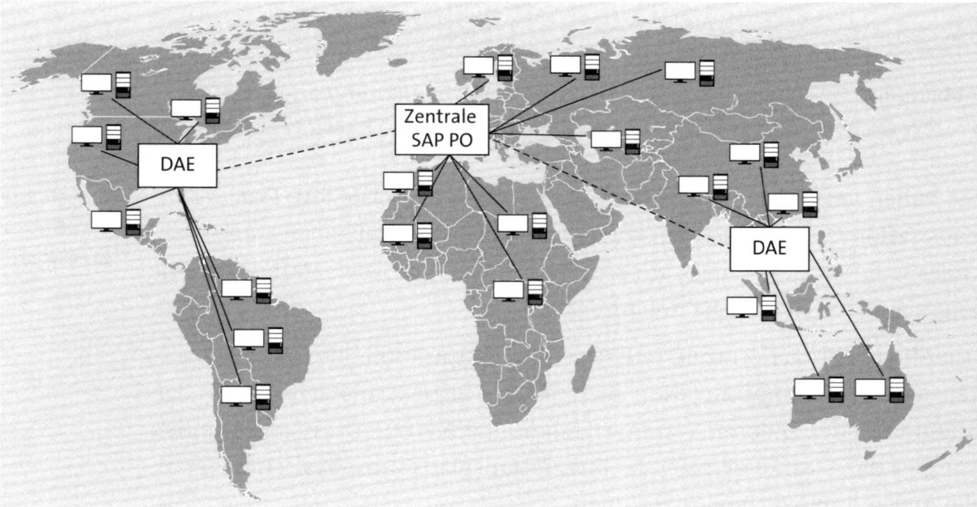

Abbildung 5.12 Eine zentrale SAP Process Orchestration mit zwei dezentralen Adapterlaufzeiten

Adapterkomponenten

Wie bereits in Abschnitt 5.2, »Funktionen für das Schnittstellenmanagement«, erwähnt, können Sie zusätzliche Verarbeitungsschritte in Schnittstellen durch Adaptermodule in Schnittstellen einbauen. In Abbildung 5.13 sehen Sie ein Beispiel für Adaptermodule, die in einem SFTP-Kommunikationskanal aufgerufen werden. Als Erstes wird das Adaptermodul **IDOCXmlToFlatConvertor** aufgerufen. Mit diesem Modul wird ein IDoc im XML-Format in eine flache Struktur überführt (z. B. in eine CSV-Datei). Im Bereich **Modulkonfiguration** sehen Sie Parameter, die für die unterschiedlichen Module angegeben werden. Wichtig ist in diesem Fall die **SourceDestination**, die Sie verwenden, um die Metadaten des IDocs zu laden. Im zweiten Schritt kommt das Modul **TextCodePageConversionBean** zum Einsatz. Im Bereich **Modulkonfiguration** sehen Sie, dass in diesem Fall der Zeichensatz ISO-8859-15 ausgewählt wird. Im dritten und letzten Schritt wird der eigentliche Adaptertyp aufgerufen (in diesem Fall ein SFTP-Adapter).

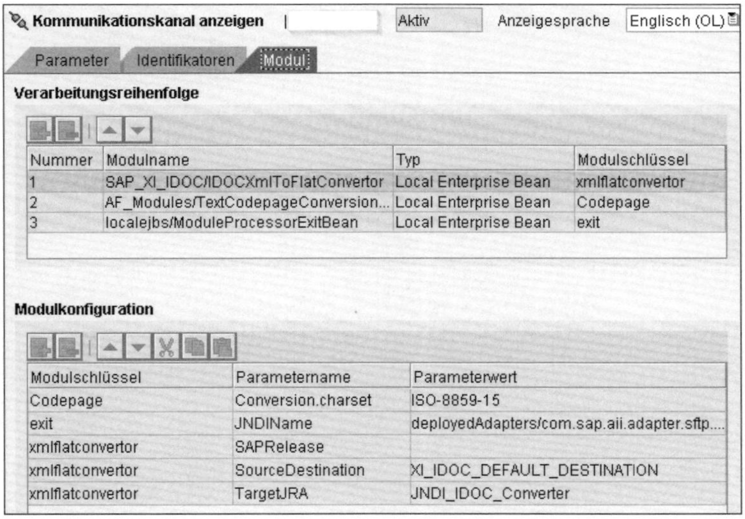

Abbildung 5.13 Adaptermodule in SAP Process Orchestration 7.5

Zusammenfassung und Ausblick

In diesem Kapitel haben wir Ihnen SAP Process Orchestration als SAP-Middleware vorgestellt. Es handelt sich dabei um eine etablierte Anwendung, die von vielen Unternehmen eingesetzt wird. Allerdings hat SAP bereits angekündigt, SAP Process Orchestration nicht weiterzuentwickeln. SAP legt den Fokus der Entwicklung auf andere Anwendungen der SAP Integration Suite. Im nächsten Kapitel stellen wir Ihnen die nächste Anwendung SAP Cloud Integration aus der SAP Integration Suite vor.

Kapitel 6

SAP Cloud Integration

Der digitale Wandel betrifft Unternehmen ebenso wie Technologien und hybride Architekturen im Zentrum neuer IT- Landschaften. Der Bedarf an einer domänenübergreifenden Integration wächst. Erfahren Sie, wie Sie dieser Anforderung mithilfe von SAP Cloud Integration begegnen können.

Heterogene Applikationslandschaften stellen die IT vor die verschiedensten Probleme. Besonders betroffen sind hier hybride Integrationslandschaften (siehe Abschnitt 1.4, »Herausforderungen an das Schnittstellenmanagement«). Gleichzeitig zeigt sich, dass für digitale Transformationsprojekte, die auf einer hybriden IT-Landschaft aufbauen, die Integration der Daten und der systemübergreifende Zugriff eine zentrale Rolle spielen (siehe Kapitel 1, »SAP-Schnittstellenverwaltung im Zeitalter der Digitalisierung«). Um den wachsenden Anforderungen gerecht zu werden, bietet die SAP Business Technology Platform (SAP BTP) einen eigenen Service, *SAP Cloud Integration*, an. Mithilfe dieser iPaaS-Lösung (Integration Platform as a Service) können Unternehmen Daten, Anwendungen, Prozesse und Systeme sauber, einheitlich und übersichtlich vernetzen. IT- und Business-Prozesse lassen sich nahtlos verketten und unterbrechungsfrei betreiben. SAP Cloud Integration ermöglicht die nahtlose Verbindung von Cloud-Anwendungen mit anderen Cloud- und On-Premise-Anwendungen, sowohl von SAP als auch von Drittanbietern, und unterstützt Sie bei der Umsetzung einer hybriden Landschaft.

[!]

Wann sollten Sie dieses Kapitel lesen?

Wir empfehlen Ihnen, dieses Kapitel zu lesen, um sich mit den Grundlagen und Funktionsweisen von SAP Cloud Integration vertraut zu machen. Sie erfahren, welche Möglichkeiten Ihnen IPaaS für die Umsetzung verschiedener Integrationsszenarien bietet.

6.1 Übersicht

Integration von systemübergreifenden Prozessen

Der Aufbau hybrider Landschaften erscheint wenig zielführend, wenn die verarbeiteten Daten in den Systemen nicht in einen Prozesskontext gebracht werden. Im Rahmen von Digitalisierungsprojekten oder anderen Neustrukturierungsprojekten müssen die neu hinzugekommenen Cloud-Applikationen in die bestehende Prozesskette integriert werden. Neben der fachlichen Anpassung der Geschäftsprozesse und Wertschöpfungskette ist dabei auch die technische Kommunikation zwischen den Systemen innerhalb der vorhandenen IT-Landschaft zu beachten. *SAP Cloud Integration* als Teil der *SAP Integration Suite* stellt dabei eine solche Integrationsplattform dar (siehe Kapitel 4, »Die hybride Integrationsplattform von SAP«). Architektonisch entspricht sie dem in Abschnitt 2.1.3, »Enterprise Service Bus«, vorgestellten Modell eines *Enterprise Service Bus*. Als zentrale nachrichtenorientierte Plattform stellt sie sicher, dass eine von System A gesendete Nachricht in der Form transformiert und übertragen wird, dass sie von System B empfangen und verarbeitet werden kann.

Integration Flow

Zentraler Bestandteil von SAP Cloud Integration ist dabei der Integrationsfluss (auch *Integration Flow* bzw. kurz *iFlow* genannt), der die Protokolle und Transformationsschritte einer Nachricht zwischen den beteiligten Applikationen definiert. Abbildung 6.1 zeigt eine schematische Darstellung. Über verschiedene Internetprotokolle und Adapter kann dabei auf die Daten von Anwendung A zugegriffen werden, bzw. es können Daten von ihr empfangen werden. Die Daten werden entsprechend einer definierten Verarbeitungslogik prozessiert und Anwendung B über unterstützte Protokolle und Adapter zur Verfügung gestellt.

Integration Designer

Die Modellierung dieser Integrationsflüsse erfolgt dabei über den *Integration Designer*, einer webbasierten Oberfläche. Je nach Szenario können dabei auch mehrere Empfängersysteme angesprochen sowie umfassende Routing- und Verarbeitungslogiken definiert werden. Mehr dazu finden Sie in Abschnitt 6.2.

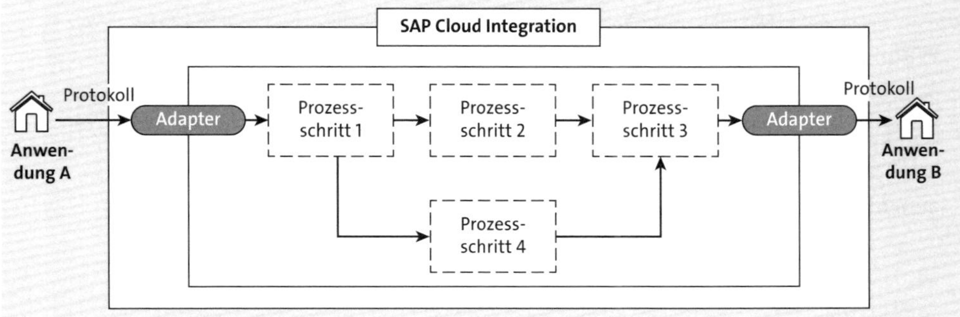

Abbildung 6.1 Schematischer Integrationsfluss von SAP Cloud Integration

Vordefinierte Integrationspakete

Neben der Möglichkeit, solche Integrationsflüsse frei im Integration Designer zu modellieren und hierbei selbst die notwendigen Integrationsschritte und Transformationen zu bestimmen, bietet SAP Cloud Integration auch Zugriff auf viele bereits *vordefinierte Integrationspakete* und Templates für die Integration von Prozessen und Daten zwischen SAP- und Nicht-SAP-Anwendungen. So können Sie beispielsweise bei der Integration von *SAP S/4HANA Cloud, SAP SuccessFactors, SAP C/4HANA* und vielen weiteren Anwendungen auf diese vordefinierten Mappings der Datenstrukturen und ganze Integrationsflüsse zurückgreifen. Dies minimiert den Integrationsaufwand und spart Zeit und Kosten bei der Implementierung.

Citizen Integrator

Diese Vorgehensweise folgt der Idee der Rolle des *Citizen Integrators*, den wir Ihnen in Abschnitt 3.1.7, »Rollen und Verantwortlichkeiten«, vorgestellt haben. Ziel ist es, Integrationsaufgaben näher an den Fachbereich zu bringen. Anpassungen der Integrationspakete können direkt über den Integration Designer erfolgen. Dort können Sie den Integrationsfluss, der auf bestehenden Inhalten aufbaut, Ihren Anforderungen anpassen. Der gesamte Integrationskatalog mit allen verfügbaren Integrationspakten ist im SAP API Business Hub beschrieben (unter *http://s-prs.de/v798229*). Weitere Informationen finden Sie außerdem in Abschnitt 6.3.1, »Nutzung von Standard-Integrationsflüssen«.

Monitoring

Neben der Konfiguration von Integrationsinhalten im Integration Designer bietet SAP Cloud Integration eine eigene Monitoring-Umgebung zur Überwachung von Integrationsartefakten und Nachrichtenflüssen. Die verschieden Monitoring-Bereiche geben darüber Aufschluss, welchen Status eine Nachricht hat, ob Fehler vorliegen oder ob Kommunikationszertifikate abzulaufen drohen und erneuert werden müssen. Die zur Verfügung stehenden Bereiche sehen Sie in Tabelle 6.1.

Monitoring-Bereich	Beschreibung
Nachrichtenverarbeitung	Zeigt Informationen über Anzahl und Status der verarbeiteten Nachrichten innerhalb eines bestimmten Zeitfensters.
Integrationsartefakte	Gibt Auskunft über den Status und die Anzahl der aktuell deployten Integrationsflüsse.
Sicherheit	Zeigt Informationen zu Anzahl und Status von sicherheitsbezogenen Artefakten (z. B. Zertifikaten) an.
Zugriffsprotokolle	Bietet Informationen und Protokollierung von Systemänderungen und Systemaufrufen.

Tabelle 6.1 Monitoring-Bereiche in SAP Cloud Integration

Monitoring-Bereich	Beschreibung
Nachrichtensperren	Zeigt Sperreinträge von Nachrichten an und verwaltet sie, um zu verhindern, dass Nachrichten mehrfach parallel verarbeitet werden.

Tabelle 6.1 Monitoring-Bereiche in SAP Cloud Integration (Forts.)

6.2 Funktionen für das Schnittstellenmanagement

Domänenübergreifende Integration

Geschäftsprozesse finden selten in nur einer Applikation statt. Häufig müssen Daten von einer in eine andere Applikation übertragen werden. Beispielweise müssen auf der Basis von erfassten Kundenbestellungen des Außendienstes bestimmte Backend-Prozesse für die Serviceauftragsabwicklung angestoßen werden, oder lokale Daten in einer Cloud-Applikation müssen einem Lieferanten zugänglich gemacht werden. Ihr vorrangiges Ziel sollte es sein, hier keine neuen Datensilos aufzubauen, sondern vorhandene Informationen systemübergreifend zur Verfügung zu stellen. Je mehr Applikationen beteiligt sind, desto heterogener ist die gesamte IT-Landschaft, da unterschiedliche Protokolle zum Einsatz kommen oder sich die Datenstrukturen von Applikation zu Applikation unterscheiden.

6.2.1 Unterstützte Integrationsdomänen

SAP Cloud Integration unterstützt Sie bei der Implementierung von Integrationsszenarien, die verschiedene Integrationsdomänen umspannen können. Einen Überblick über die verschiedenen Integrationsdomänen erhalten Sie in Abschnitt 3.1, »Integration Solution Advisory Methodology (ISA-M)«. Wir gehen im Folgenden auf alle unterstützten Domänen genauer ein, sehen die Stärken von SAP Cloud Integration aber insbesondere im Bereich der Integration von On-Premise-zu-Cloud und von Cloud-zu-Cloud.

On-Premise-zu-On-Premise

Integration lokaler Applikationen

Eine typische Integrationsdomäne, die immer noch sehr häufig anzutreffen ist, ist die klassische Integration zweier lokal betriebener Applikationen. In Kapitel 5, »SAP Process Orchestration«, sind wir auf SAP Process Orchestration als On-Premise-Middleware-Plattform eingegangen. Einer der Hauptunterschiede zwischen dieser Integrationsplattform und SAP Cloud Integration besteht darin, dass SAP Process Orchestration lokal in den unternehmenseigenen Datenzentren betrieben wird, während SAP Cloud Integration als Service, je nach Systemumgebung, in SAP-Rechenzentren oder in Rechenzentren von Amazon, Microsoft, Google usw. läuft. Damit befindet sich SAP Cloud Integration außerhalb der unternehmenseigenen Netzwerklandschaft.

Integrationsszenario mit SAP Cloud Integration

Angenommen, Ihr lokales ERP-System und Ihr Lagerverwaltungssystem tauschen Daten miteinander aus, und Ihnen stehen als Integrationsplattformen sowohl SAP Process Orchestration als auch SAP Cloud Integration zur Verfügung. Während beide Szenarien technisch möglich sind, empfehlen wir hier dennoch SAP Process Orchestration. Dies hat vor allem Performancegründe: Unserer Ansicht nach ist es selten sinnvoll, lokale Daten über SAP Cloud Integration zu leiten. Insbesondere hinsichtlich der Netzwerkauslastung werden hier bei einer Übertragung sowohl ein- als auch ausgehende Datenströme im Unternehmensnetzwerk erzeugt, sodass es zu Latenzen kommen kann. Zudem muss netzwerkseitig sichergestellt werden, dass der Zugriff auf die internen Systeme abgesichert ist. Abbildung 6.2 zeigt im Überblick, wie eine mögliche Integrationslandschaft mit SAP Cloud Integration aussehen könnte. In Abhängigkeit von der Middleware-Strategie und individuellen Faktoren kann dieses Szenario aber ebenfalls eine valide Alternative zu SAP Process Orchestration darstellen.

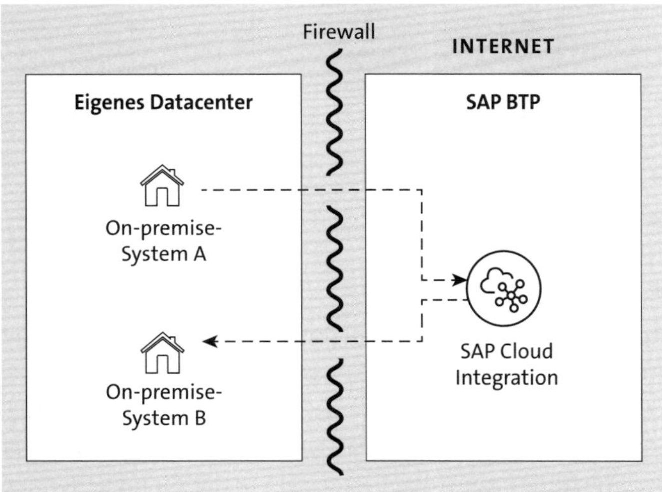

Abbildung 6.2 SAP Cloud Integration in einer On-Premise-zu-On-Premise-Integration

On-Premise-zu-Cloud

Integration externer Applikationen

Wird das in Abbildung 6.2 vorgestellte Szenario um weitere externe Applikationen erweitert, kann sich der Schwerpunkt der Integrationsszenarien von zuvor rein on-premise-basierten Szenarien zu einer Mischform aus On-Premise- und Cloud-Applikationen verschieben. Typische Anwendungsfälle sind jegliche Formen der unternehmensübergreifenden Kommunikation, z. B. mit externen Dienstleistern oder einzelnen ausgelagerten Cloud-Anwendungen. Ziel ist es, die Integration in Richtung Cloud zu gewährleisten, ohne bestehende Investitionen in die On-Premise-Landschaft zu gefährden. Diese Domäne findet insbesondere bei Kunden Anwendung, die auf ihren bestehenden On-Premise-Lösungen aufbauen möchten, gleichzeitig aber nach leichtgewichtigen Anwendungen für spezifische Probleme suchen.

Integrationsszenario mit SAP Cloud Integration

Abbildung 6.3 stellt ein solches Szenario schematisch dar. Besonders wichtig ist, wie bereits im vorangehenden Beispiel, die Absicherung der unternehmensseitig ein- und ausgehenden Netzwerkkommunikation.

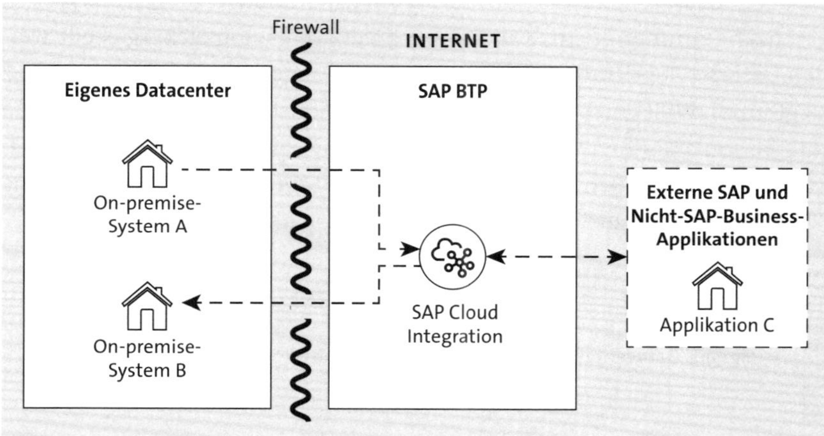

Abbildung 6.3 SAP Cloud Integration in einer On-Premise-zu-Cloud-Integration

Cloud-zu-Cloud

Integration mit Fokus auf unternehmensexterne Applikationen

Als cloudbasierte Integrationsplattform unterstützt SAP Cloud Integration natürlich auch rein cloudbasierte Integrationsszenarien. In diesen Fall befinden sich alle oder zumindest große Teile der IT-Landschaft in der Cloud. Neben der Kommunikation mit externen Partnern bzw. Anwendungen liegt der Fokus auf der Integration zwischen diesen rein in der Cloud laufenden Anwendungen. Abbildung 6.4 zeigt einen schematischen Überblick über eine solche Integrationslandschaft. Die gesamte Nachrichtenverarbeitung findet in SAP Cloud Integration statt. Medienbrüche, d. h. die Kommunikation in die eigene Unternehmenslandschaft, finden nur noch an unbedingt notwendigen Stellen statt.

Der Vollständigkeit halber wollen wir an dieser Stelle noch auf zwei weitere Anwendungsfallmuster eingehen, die allgemein der Integrationsdomäne *On-Premise-zu-Cloud* zuzuweisen sind. Auch wenn sie damit streng genommen keine eigenständigen Integrationsdomänen mehr sind, möchten wir sie dennoch kurz erwähnen (siehe Abschnitt 3.3, »Integration Competency Center of Excellence«).

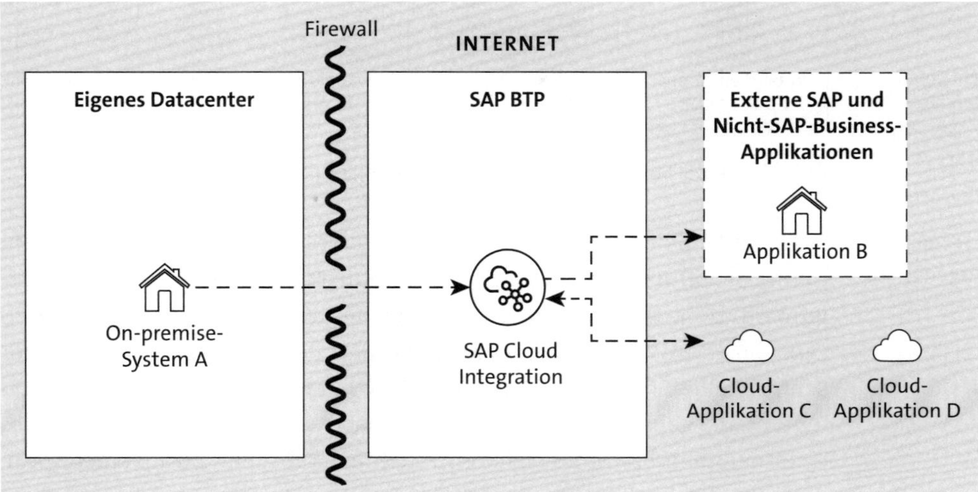

Abbildung 6.4 SAP Cloud Integration in einer Cloud-zu-Cloud-Integration

Unternehmen-zu-Unternehmen

Neben der systemübergreifenden Integration der eigenen Geschäftsprozesse und der Bereitstellung von Daten spielt auch die Integration von Partnern und Dritten in einer hybriden Integrationslandschaft eine Rolle. Diese Integrationsdomäne wird auch als *B2B-Integration* bezeichnet.

Integration Content Advisor

Um bei der unternehmensübergreifenden Kommunikation die verschiedenen Industriestandards und Nachrichtenstrukturen (wie z. B. EDIFACT, EANCOM, VDA, X12 usw.) und die Protokolle (OFTP, AS2 usw.) abzubilden, wird der Service *SAP Integration Advisor* als Laufzeitumgebung innerhalb von SAP Cloud Integration genutzt. Ziel des Service ist es, sowohl den Aufwand bei der Definition von neuen Nachrichtenformaten zwischen dem eigenen Unternehmen und Partnerunternehmen zu vereinfachen als auch die Aufwände bei der Implementierung der Schnittstelle zu minimieren. Mittels Machine-Learning-Algorithmen und einer geteilten Wissensdatenbank werden, basierend auf einer zuvor festgelegten Schnittstellenbeschreibung, Vorschläge für das Mapping der verschiedenen Datenstrukturen ermittelt und die erstellten Artefakte direkt auf die SAP Cloud Integration deployt. Abbildung 6.5 verdeutlicht den grundlegenden Prozess der Schnittstellenentwicklung von Unternehmen zu Unternehmen mittels des SAP Integration Advisors.

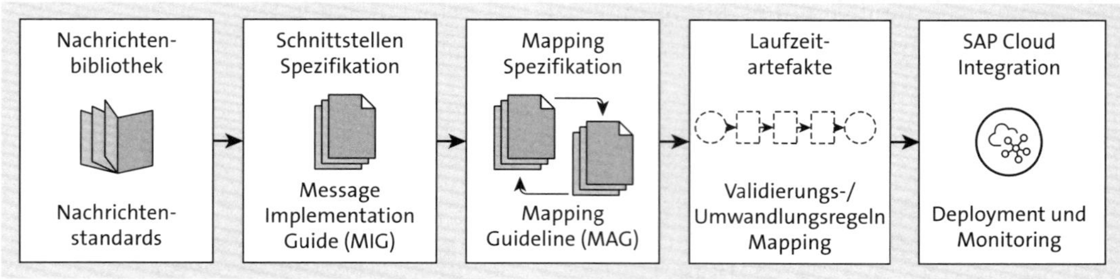

Abbildung 6.5 SAP Integration Advisor als Teil der SAP Integration Suite

Zentrale Nachrichtenobjekte

Basierend auf der enthaltenen Nachrichtenbibliothek verschiedener Nachrichtenstrukturen und typischen B2B-Industriestandards und deren Dokumentation, wird zunächst eine sogenannte *Message Implementation Guideline* (MIG) erstellt. Diese MIG definiert den formalen Rahmen einer Schnittstelle. Sie ist eine detaillierte Dokumentation eines B2B-Nachrichtentyps, die genau auf die notwendigen Aspekte und Einschränkungen des Unternehmens bzw. des Partnerunternehmens abstellt und auf einen spezifischen Geschäftskontext abgestimmt ist. Da sich die Nachrichtenstruktur im eigenen Unternehmen oft von der Struktur des Partnerunternehmens unterscheidet, ist eine formale Strukturdefinition sowohl für den Sender als auch für den Empfänger notwendig. Basierend auf den zuvor erstellten MIGs für die Sender- und die Empfängerstruktur wird eine *Mapping Guideline* (MAG) generiert. Diese Erstellung des Mappings geschieht weitestgehend vollautomatisiert auf der Grundlage der zuvor definierten MIG unter Zuhilfenahme einer zentralen Wissensdatenbank. Individuelle Anpassungen des Mappings sind aber jederzeit möglich. Abschließend kann ein Integrationsfluss generiert werden, der in SAP Cloud Integration deployt und betrieben werden kann.

Business-zu-Behörden

Integration zu Behörden

Bei der Kommunikation von Unternehmen zu Behörden (B2G) handelt es sich um die Integration mit Behörden, um gesetzliche Anforderungen zu erfüllen. Dies betrifft z. B. die Meldepflichten.

International agierende Unternehmen müssen in verschiedenen Ländern verschiedene Standards und Regulatorien hinsichtlich elektronischer Rechnungsverfahren unterstützen. Um die Einhaltung dieser Vorgaben zu vereinfachen, bietet SAP Cloud Integration vorgefertigte Integrationspakete für die Umsetzung an. Um einen Eindruck von den verschiedenen Integrationspaketen zu erhalten, bietet sich der in Abschnitt 1.3.1 vorgestellte SAP API Business Hub an (siehe *http://s-prs.de/v798229*).

6.2.2 Integrationsfähigkeiten

Für die Umsetzung von Integrationsszenarien in den zuvor vorgestellten Integrationsdomänen bedarf es unterschiedlicher Funktionen hinsichtlich der Integration zwischen Sender und Empfänger. Je nach Einsatzgebiet und Anwendungsfall sind unterschiedliche Integrationsmuster notwendig. Im Folgenden gehen wir näher auf die verschiedenen Integrations- bzw. Transformationsfähigkeiten von SAP Cloud Integration ein.

Datentransformation

Datentransformation bezeichnet das Überführen der Datenstruktur der gesendeten Nachricht in ein für das Zielsystem verständliches und verarbeitbares Format. Hierzu stehen verschiedene Operatoren zur Verfügung: Im grafischen Mapping werden die Datenfelder der Quellstruktur in einem Editor auf die Datenfelder der Zielstruktur gemappt. Dabei werden XSD-, JSON- und EDMX-Nachrichtenschemata unterstützt (siehe Abschnitt 2.3.1, »Webservices«, bis Abschnitt 2.3.3, »OData-Services«). Auch XSLT-Mappings zur Transformation und Formatierung von XML-Dokumenten werden unterstützt. Eigene Transformationen können mittels Skripten selbst programmiert werden, wodurch auch eine Unterstützung für JavaScript und Groovy Script möglich wird. Über sogenannte *Content-Modifier-Operatoren* können darüber hinaus gezielt verschiedene Parameter der Nachricht (z. B. Header) gesetzt werden.

Nachrichtenpersistenz

Während der Nachrichtenlaufzeit können Nachrichten in der SAP-Cloud-Integration-eigenen Datenbank gespeichert werden. Dies kann notwendig sein, wenn eine Nachricht bzw. ihr Inhalt zu einem späteren Zeitpunkt der Laufzeit noch einmal benötigt wird oder die Nachricht für spätere Analysezwecke gespeichert werden soll. *Nachrichtenpersistenz* bezeichnet dabei das Bestehenbleiben des Zustands der Nachricht zu einem bestimmten Moment.

Datensicherheit

Durch das Verschlüsseln und Entschlüsseln durch Encryptor- und Decryptor-Operatoren kann die *Datensicherheit* der ausgetauschten Nachrichten erhöht werden. Die Nachrichten können so entweder in der Datenbank verschlüsselt persistiert oder während der Nachrichtenverarbeitung verschlüsselt werden. Dabei werden Verschlüsselungsprogramme wie *Pretty Good Privacy* oder *Public Key Cryptography Standards* unterstützt. Mittels Signier- und Verifier-Operator können Sie darüber hinaus Nachrichten digital signieren sowie vorhandene Signaturen prüfen.

Nachrichtenrouting

Dass dabei der oder die korrekten Empfänger adressiert werden, kann mittels *Nachrichtenrouting* bestimmt werden. Nachrichten können einen oder auch mehrere Empfänger haben. Durch den Multicast-Operator können Sie festlegen, ob die Nachricht parallel oder sequenziell verarbeitet werden soll, d. h., ob sie gleichzeitig an alle Empfänger gehen soll, oder in einer definierten Reihenfolge. Über den Router-Operator lassen sich auch Regeln definieren, die den Nachrichtenverlauf zur Laufzeit, basierend auf dem Nachrichteninhalt, steuern.

Nachrichtenkomposition

Sollten die gesendeten Daten des Quellsystems für eine erfolgreiche Nachrichtenverarbeitung im Zielsystem nicht ausreichen, kann mittels Content-Enricher-Operator auf die Daten weiterer Applikationen zugegriffen und die ursprüngliche Nachricht um diese Daten angereichert werden. Dieser Vorgang nennt sich *Nachrichtenkomposition*. Mittels Request-Reply-Operator lassen sich zur Laufzeit synchrone Prozessaufrufe zu externen Systemen tätigen, um die Antwort des Service im Prozess weiterzuverarbeiten.

Ereignisbasiert

Auslöser einer Nachrichtenverarbeitung muss nicht zwangsläufig das Versenden einer Nachricht aus dem Quellsystem sein. Über verschiedene Event-Operatoren lässt sich die Nachrichtenverarbeitung so automatisieren bzw. steuern, dass die Nachrichtenverarbeitung *ereignisbasiert* gestartet wird, z. B. zu einer bestimmten Uhrzeit. Über hinterlegte Zeitpläne kann die Nachrichtenverarbeitung auch periodisch eingeplant werden.

6.2.3 Konnektoren

Vordefinierte Adapter

Für die Integration zu verschiedenen SAP- und Nicht-SAP-Anwendungen bietet SAP Cloud Integration diverse Adaptertypen an (siehe Tabelle 6.2).

Adaptertyp	Beschreibung
AMQP	Ermöglicht die Anbindung von SAP Cloud Integration an Message Broker über das *Advanced Message Queuing Protocol* (AMQP).
Ariba	Ermöglicht die Anbindung von SAP Cloud Integration an das Lieferantennetzwerk SAP Ariba.
AS2	Ermöglicht die Anbindung von B2B-Partnern über das AS2-Protokoll.
AS4	Ermöglicht die Anbindung von B2B-Partnern über das AS4-Protokoll.
Elster	Ermöglicht die Anbindung des Finanzamtes und eine elektronische Steueranmeldung.
Facebook	Ermöglicht die Abfrage von Daten und Informationen aus Facebook.
HTTP(S)	Ermöglicht die Anbindung von Anwendungen über das HTTP(S)-Protokoll.

Tabelle 6.2 Adaptertypen in SAP Cloud Integration (Quelle: SAP)

Adaptertyp	Beschreibung
IDoc	Ermöglicht den Austausch von IDoc-Nachrichten über SAP Cloud Integration.
JDBC	Ermöglicht den Datenbankzugriff auf SAP Cloud HANA oder ASE-Datenbanken und weitere Drittanbieter-Datenbanken.
JMS	Ermöglicht die asynchrone Nachrichtenverarbeitung über Message Queues in SAP Cloud Integration.
LDAP	Ermöglicht die Anbindung an Systeme über das *Lightweight Directory Access Protocol* (LDAP).
Mail	Ermöglicht SAP Cloud Integration das Senden oder Empfangen von E-Mails via verbundener Mailserver.
OData	Ermöglicht SAP Cloud Integration die Anbindung von Service Providern via OData.
ODC	Ermöglicht die Anbindung von SAP Gateway via OData.
Open Connectors	Ermöglicht den Zugriff auf zusätzliche Adapter, bereitgestellt durch den Open-Connectors-Service (siehe Kapitel 9, »Open Connectors«).
Process Direct	Ermöglicht eine direkte Kommunikation von Integrationsflüssen innerhalb desselben SAP-Cloud-Integration-Systems.
RFC	Ermöglicht SAP Cloud Integration den Aufruf von Remote Function Calls (RFC) auf lokale On-Premise-Systeme.
SFTP	Ermöglicht SAP Cloud Integration den Zugriff auf Applikationen über das *Secure File Transfer Protocol* (SFTP).
SOAP	Ermöglicht SAP Cloud Integration eine webservicebasierte Kommunikation über das *Simple Object Access Protocol* (SOAP).
SuccessFactors	Ermöglicht den Zugriff auf Systemressourcen von SAP SuccessFactors via OData oder das SOAP-Protokoll.
Twitter	Ermöglicht die Abfrage von Daten und Informationen aus Twitter.
XI	Anbindung an Anwendungen über das XI-Nachrichtenprotokoll.

Tabelle 6.2 Adaptertypen in SAP Cloud Integration (Quelle: SAP) (Forts.)

Adapter Development Kit

Neben den erwähnten vordefinierten Adaptern können Sie über das *Adapter Development Kit* (ADK) eigene Adapter programmieren. Je nach Applikation, geforderten Protokollen und Sicherheitsstandards können so Adapter für Sender- und Empfängersysteme individuell erstellt werden. Da sowohl die Entwicklung als auch die Infrastruktur von SAP Cloud Integration selbst auf der Routing Engine *Apache Camel* basiert, können Sie auf eine Vielzahl bereits verfügbarer Apache-Camel-Komponenten zugreifen. Eine Liste dieser Komponenten finden Sie unter *https://camel.apache.org/components*. Das ADK bietet eine separate Entwicklungsumgebung und stellt die Kompatibilität der neu entwickelten Komponenten zur SAP-Cloud-Integration-Infrastruktur sowie deren Entwicklungsumgebung für die Nutzung in eigenen Integrationsflüssen sicher. SAP-Partnerlösungen umfassen so weitere Adapter, z. B. für die Anbindung von Microsoft Dynamics oder Salesforce.

6.2.4 OData Provisioning

Zusätzlich zu den in Abschnitt 6.2.1, »Unterstützte Integrationsdomänen«, bis Abschnitt 6.2.3, »Konnektoren«, erwähnten Funktionalitäten im Bereich der Prozess- und Datenintegration bietet SAP Cloud Integration auch Möglichkeiten im Bereich der Konsolidierung von bestehenden Datenquellen und deren Aufbereitung als OData-Service.

Aggregation von Datenquellen

Während dem Sendersystem bei klassischen Integrationsabläufen ein Endpunkt angeboten wird, dem ein definierter Prozessablauf mit Nachrichtenverarbeitungsschritten und dem entsprechenden Empfängeradapter zugrunde liegt, ermöglicht es *OData Provisioning*, in SAP Cloud Integration mehrere Objektressourcen und Entitäten innerhalb eines Service zu bündeln und zur Verfügung zu stellen. Dies ermöglicht es Ihnen, einen OData-Service zu publizieren, der auf mehrere Datenquellen im Hintergrund zurückgreift und diese in einem Service konsolidiert und dem Sendersystem anbietet. Im Gegensatz zu klassischen Integrationsflüssen ist es so möglich, dem Sendersystem mehrere Entitäten mit mehreren zugehörigen Operationen gleichzeitig zur Verfügung stellen. Existierende Datenquellen können hierbei auf der Basis von Protokollen wie SOAP, REST, OData und ODC-Endpunkten für die Verwendung in einem OData-Service konsolidiert werden (siehe Abbildung 6.6). Dieser Endpunkt kann dann genutzt werden, um bestehenden Anwendungen den Zugriff auf die Datenquellen via OData zu ermöglichen.

SAP Cloud Integration: Capability Map

Die *Capability Map* in Abbildung 6.7 fasst die in Abschnitt 6.2.1, »Unterstützte Integrationsdomänen«, Abschnitt 6.2.2, »Integrationsfähigkeiten«, Abschnitt 6.2.3, »Konnektoren«, und Abschnitt 6.2.4, »OData Provisioning«, vorgestellten Fähigkeiten grafisch zusammen. Sie zeigt, wie Daten sowohl aus Cloud- als auch aus On-Premise-Applikationen über vorgefertigte oder selbst entwickelte Adapter empfangen und mittels eigener Verarbeitungslogik prozessiert und dem Empfänger zur Verfügung gestellt werden können. Ein integriertes Monitoring erlaubt die Überwachung und Nachverfolgung der Nachrichtenübermittlung.

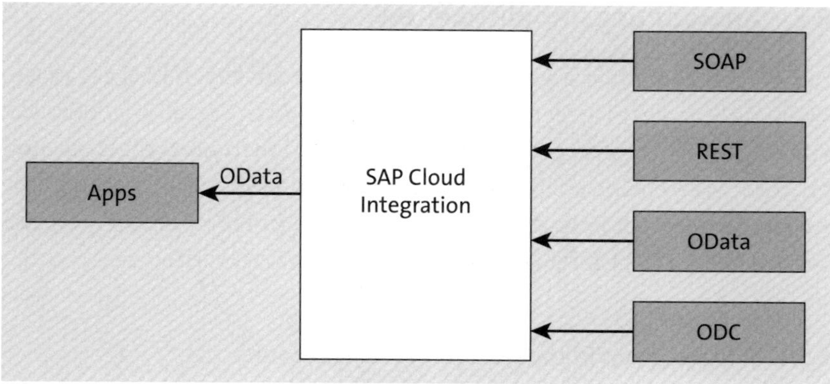

Abbildung 6.6 OData Provisioning in SAP Cloud Integration

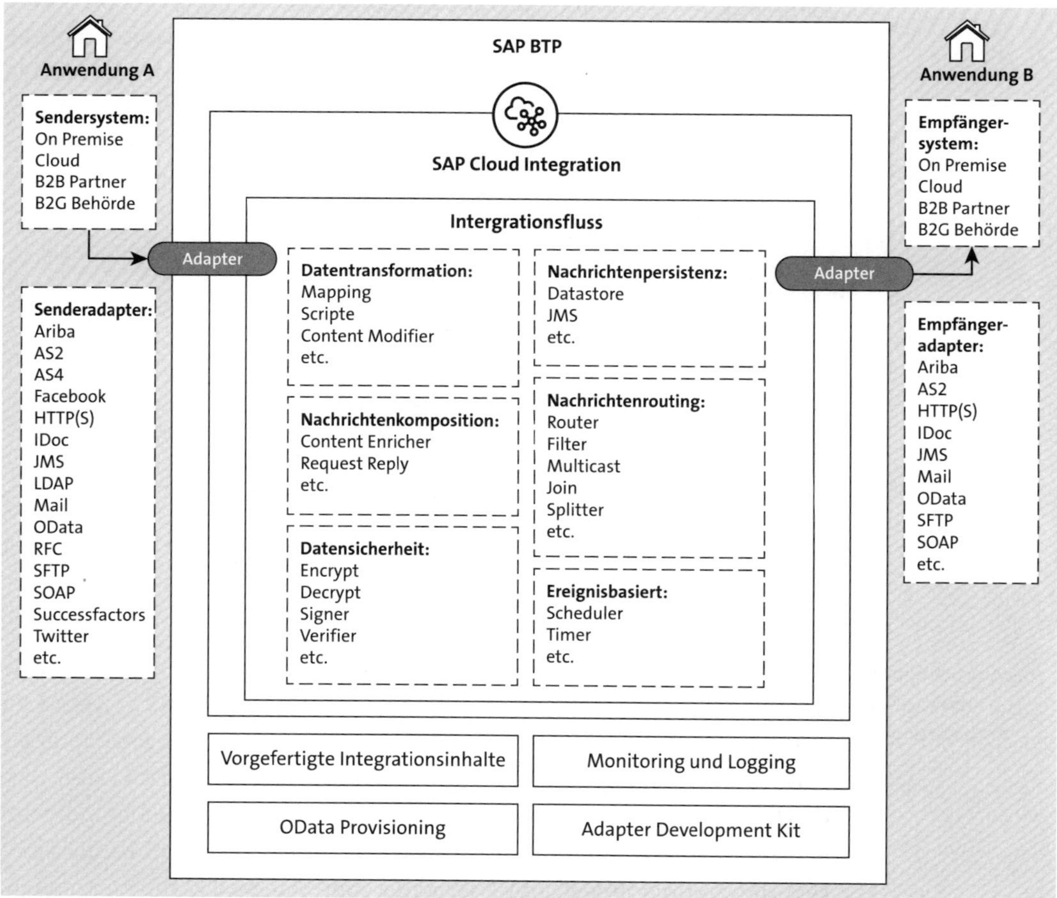

Abbildung 6.7 Capability Map von SAP Cloud Integration

6.3 Anwendungsmöglichkeiten

Der Aufbau von Integrationsarchitekturen ist einen langen Weg gegangen. Während die Peer-to-Peer-Integration (siehe Abschnitt 2.1.1, »Punkt-zu-Punkt«) bei einer geringen Anzahl von Applikationen noch machbar und praktikabel erscheint, sollten Sie ab einer bestimmten Anzahl von Schnittstellen über den Einsatz einer Middleware, z. B. in Form eines Enterprise Service Bus (ESB) nachdenken, um die Komplexität zu verringern.

6.3.1 Nutzung von Standard-Integrationsflüssen

Als cloudbasierte Integrationsplattform sind die Stärken von SAP Cloud Integration natürlich in der reinen cloudbasierten Integration zu finden. Insbesondere hier steht eine Vielzahl an standardmäßig für die in SAP Cloud Integration verfügbaren Integrationsinhalte für die Integration verschiedener Cloud-Anwendungen bereit. Schauen wir uns hierfür exemplarisch den vordefinierten Integrationsfluss für die Replikation von Business-Partnern von SAP S/4HANA in Richtung *SAP Sales Cloud* (ehemals SAP Cloud for Customer) an. Weitere Integrationspakete finden Sie im SAP API Business Hub (siehe *http://s-prs.de/v798229*).

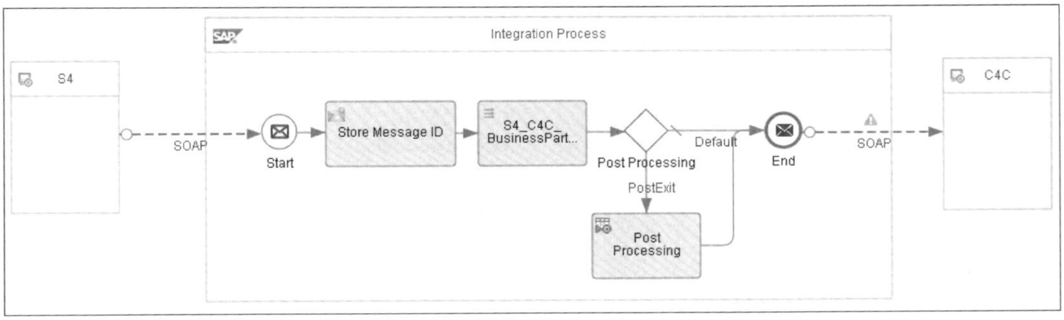

Abbildung 6.8 Integrationsfluss mit Transformation

Berücksichtigung individueller Anforderungen

Wie Sie in Abbildung 6.8 sehen, sind alle relevanten Transformationsobjekte für die initiale Übermittlung eines Geschäftspartners von SAP S/4HANA zu SAP Sales Cloud vorhanden. Sowohl die Sender- und Empfängeradapter als auch das Mapping zwischen den unterschiedlichen Datenstrukturen werden bereits im Standard ausgeliefert. Da dennoch vielfach kundenindividuelle Anpassungen an den Mappings vorgenommen werden müssen, lassen sich diese durch eingebaute User-Exits vom Standard-Mapping trennen. Hierdurch bleibt der ausgelieferte Integrationsfluss in seiner Form erhalten und updatefähig, sollte es seitens der beteiligten Applikationen zu Strukturänderungen oder Anpassungen am Mapping kommen. Kundenindividuelle Mapping-Anpassungen lassen sich also auslagern und nach dem Standard-Mapping separat durchlaufen. Durch den Schritt **Post Processing** wird ein weiterer Integrationsintegrationsfluss aufgerufen, der die entsprechenden kundenindividuellen Anpassungen vornimmt. Ein solcher modifikationsfreier Anpassungsprozess ist schematisch in Abbildung 6.9 abgebildet. Der Ansatz ist hierbei, dass SAP einen Integrationsstandard ausliefert und Kunden ihre individuellen Anpassungen in einem separaten iFlow vornehmen können.

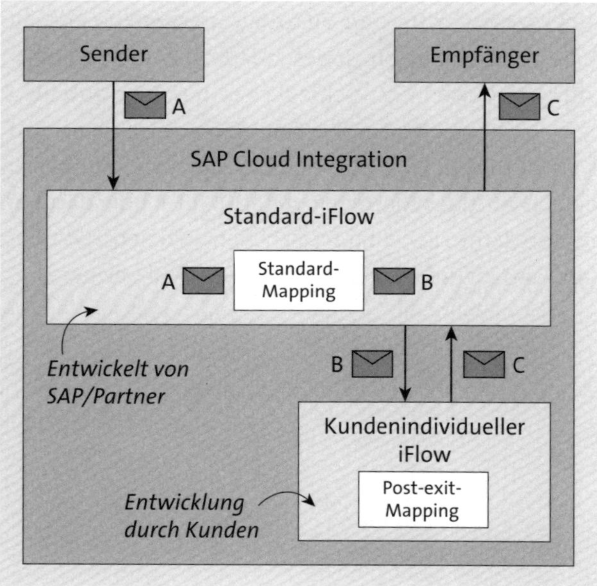

Abbildung 6.9 Erweiterung von Standard-Integrationsinhalten (Quelle: SAP)

Ergänzung des Standard-Mappings

In diesem Beispiel wird Nachricht A vom Sender an SAP Cloud Integration übermittelt. Resultat des ausgelieferten Standard-Mappings ist die Nachrichtenstruktur B. Statt diese nun direkt an das Empfängersystem zu übermitteln, sollen weitere Anpassungen vorgenommen werden: Ein typischer Anwendungsfall ist es, weitere Felder zu mappen oder vom Standard-Mapping abweichende Mapping-Schritte vorzunehmen. Über den im Integrationsfluss hinterlegten User-Exit wird Nachricht B an den nachgelagerten individuellen Integrationsfluss geschickt, wodurch Nachricht C erzeugt wird. Diese Nachricht basiert nun sowohl auf dem ausgelieferten SAP-Standard, als auch auf der individuellen Transformationslogik. Somit ist gewährleistet, dass Änderungen am Standard-Mapping (z. B. durch Updates) nicht die kundenindividuell vorgenommenen Anpassungen betreffen.

6.3.2 Erstellung individueller Integrationsszenarien

Sollte sich gemäß dem vorliegenden Integrationsszenario und für die Integration der beteiligten Applikationen kein Standardinhalt identifizieren lassen, können Sie, basierend auf den in Abschnitt 6.2.2, »Integrationsfähigkeiten«, und Abschnitt 6.2.3, »Konnektoren«, vorgestellten Artefakten und Konnektoren, auch gänzlich individuelle Integrationsflüsse modellieren.

Individuelle Gestaltung von Integrationsflüssen

Die den Prozessflüssen ähnelnden iFlows geben Ihnen viele Möglichkeiten, um den Integrationsprozess umzusetzen. Wir möchten dies anhand des folgenden Beispiels veranschaulichen. Abbildung 6.10 zeigt einen Integrationsfluss, der verschiedene Prozessschritte und Verarbeitungslogiken enthält. In diesem Szenario soll ein durch System A gesendeter Kundenauftrag in Abhängigkeit vom Auftragsvolumen unterschiedliche Mappings durchlaufen, bevor er in der Zielstruktur an System B gesendet wird. Sollte das Auftragsvolumen unter 10.000 EUR liegen, wird der Kundenauftrag direkt an System B gesendet. Liegt das Auftragsvolumen bei 10.000 EUR oder darüber, muss der Zielnachricht der Name des verantwortlichen Vertriebsmitarbeiters hinzugefügt werden. Dieser wird ebenfalls aus System A abgerufen.

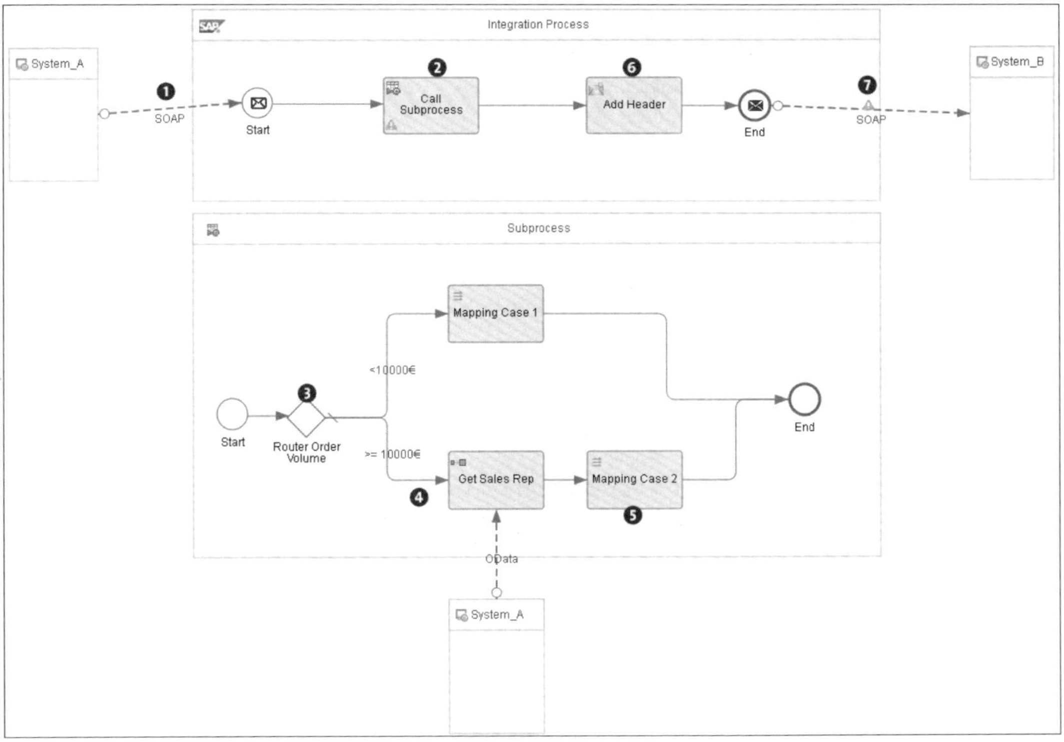

Abbildung 6.10 Individueller Integrationsfluss

Beispiel für den Prozessdurchlauf

In diesem Szenario sendet System A die Nachricht aus Listing 6.1 an SAP Cloud Integration ❶. Das Auftragsvolumen beträgt 11.000 EUR und liegt damit über der Grenze von 10.000 EUR, bis zu der der Auftrag direkt an System B weitergeleitet werden kann.

```
<order>
   <orderID>1001</orderID>
   <customer>AB005</customer>
   <orderVolume>11000</orderVolume>
   ...
   <orderItems>
      <orderItem>
      ...
      </orderItem>
      ...
   </orderItems>
</order>
```

Listing 6.1 Ausgangsnachricht 1 in System A

Aufruf eines Subprozesses

In Schritt ❷ wird über das Artefakt **Call Process** ein lokaler Subprozess aufgerufen, der die eigentliche Nachrichtenverarbeitung vornimmt. Wir empfehlen diese Vorgehensweise nicht nur, um die Lesbarkeit der Integrationsflüsse zu verbessern, sondern auch, um bei komplexen Anforderungen einzelne Prozessschritte wiederverwenden zu können. Weitere Informationen hinsichtlich Design- und Modellierungsempfehlungen finden Sie übrigens im SAP Help Portal unter *http://s-prs.de/v798230* im Bereich **Integration Flow Design Guidelines**.

Routing der Nachricht

Nachdem die Nachricht dem Subprozess übergeben worden ist, entscheidet das Artefakt **Router** in Schritt ❸, welcher der beiden Pfade gewählt wird. Basierend auf der hinterlegten Regel, die das Auftragsvolumen mit der Abfragesprache xPath ausliest, wird die Nachricht dem entsprechenden Pfad übergeben. Die Regel lautet:

```
/order/orderVolume '= <10000'
```

Nachrichtenanreicherung

Da das Auftragsvolumen den Schwellenwert von 10.000 übersteigt und die Regel damit erfüllt wird, wird der Pfad in Schritt ❹ eingeschlagen. Entsprechend den Geschäftsanforderungen muss dem Kundenauftrag der Name des entsprechenden Vertriebsmitarbeiters hinzugefügt werden. Dieser ist systembedingt nicht in der Ausgangsnachricht enthalten, kann aber über eine entsprechende OData-Schnittstelle aus System A abgefragt werden. Über das Artefakt **Content Enricher** kann die Ausgangsnachricht um das Ergebnis einer Abfrage angereichert bzw. ergänzt werden. Das Ergebnis ist in Listing 6.2 dargestellt.

```
<order>
   <orderID>1001</orderID>
   <customer>AB005</customer>
   <orderVolume>11000</orderVolume>
   ...
   <orderItems>
      <orderItem>
      ...
      </orderItem>
      ...

   </orderItems>
</order>

<salesRep>
   <orderID>1001</orderID>
   <salesRepID>ID5489</salesRepID>
</salesRep>
```

Listing 6.2 Um den Vertriebsmitarbeiter angereicherte Nachricht

Entsprechend der hinterlegten Aggregationsmethode wurde der Originalnachricht das Ergebnis der Abfrage nach dem für den Auftrag zuständigen Vertriebsmitarbeiter angehängt.

Mapping der Nachricht

Über das Artefakt **Message Mapping** in Schritt ❺ kann die Nachricht nun, da alle relevanten Information vorliegen, gemäß der erforderlichen Struktur von System B mappen. Nachdem dieser Vorgang abgeschlossen worden ist, endet der Subprozess, und die Nachricht wird dem übergeordneten Prozess übergeben.

Ergänzung von Parametern

Im letzten Verarbeitungsschritt ❻ werden mittels des Artefakts **Content Modifier** empfängerrelevante Nachrichtenparameter für den Header gesetzt. Im vorliegenden Beispiel wird neben dem Content Type, der den Typ der gesendeten Nachricht weiter spezifiziert, auch ein Authentifizierungsschlüssel für die Verifikation des Senders, hier SAP Cloud Integration, gegenüber System B übergeben.

Folgende Header-Parameter werden gesetzt:

```
Content-Type = application/xml
API-KEY = 46d8d52f4...
```

Da nun die von System A versendete Nachricht alle relevanten Informationen enthält und der von System B erwarteten Struktur entspricht, wird sie über einen SOAP-Adapter in Schritt ❼ an den bereitgestellten Endpunkt von System B weitergeleitet.

6.3.3 Aligned APIs

Klassische Integrationsszenarien betreffen die Integration zwischen zwei Applikationen mit unterschiedlichen Nachrichtenstrukturen. Bei der Modellierung von Integrationsflüssen zeichnet sich allerdings eine Trendwende hin zu sogenannten *angeglichenen APIs* (oder Aligned APIs) zwischen zwei Anwendungen ab (siehe Abbildung 6.11).

Minimierung von Integrationsaufwänden

Ziel ist es, den Integrationsaufwand für neue Applikationen zu minimieren, indem alle beteiligten Applikationen »dieselbe Sprache sprechen«. Dadurch ist keine Nachrichtentransformation mehr notwendig, was den Weg für das *One-Domain-Modell* ebnet (siehe Kapitel 4, »Die hybride Integrationsplattform von SAP«). Ausgangspunkt hierfür bildet der in Abschnitt 1.3.1 vorgestellte SAP API Business Hub, auf dem Sie sowohl konkrete Informationen über alle APIs als auch vordefinierte Integrationspakete für die Integration der verschiedenen Applikationen finden.

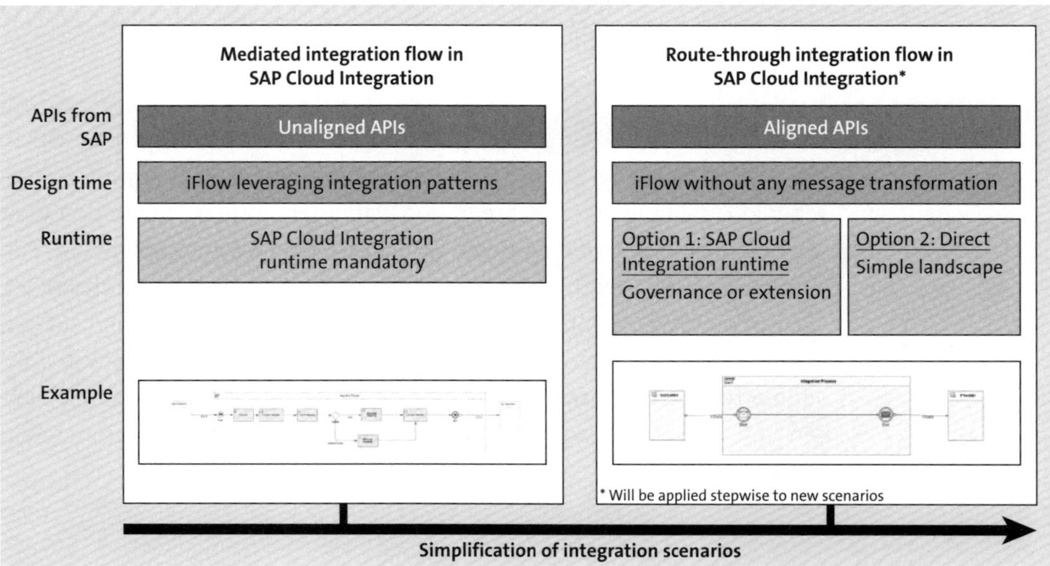

Abbildung 6.11 Wandel von Integrationsflüssen (Quelle: SAP)

Pass-through Integration

Das Ergebnis dieser angeglichenen APIs sind Integrationsflüsse, die lediglich die Verbindung zwischen den Systemen herstellen, ohne die Nachricht verändern zu müssen, auch *Pass-through Integrationsszenario* genannt. Ein solcher Integrationsfluss ist in Abbildung 6.12 dargestellt. Da die Nachrichtenstrukturen sowohl auf Sender- als auch auf Empfängerseite identisch sind, ist keine weitere Transformation der Nachricht erforderlich.

Abbildung 6.12 Integrationsfluss ohne Transformation

Konsequenz für den Verzicht auf die Integrationsplattform

Es wäre sogar denkbar, gänzlich auf die Integration via SAP Cloud Integration zu verzichten und beide Systeme direkt miteinander zu verbinden. Vielfach zeigt sich jedoch, dass dies dem architektonischen Ansatz eines ESB widerspräche und auch aus Gründen des Monitorings nicht zu empfehlen ist. Das Resultat wäre eine Rückkehr zur Peer-to-Peer-Integration. Dafür müssen folgende Vorrausetzungen erfüllt sein:

- angeglichenes Domänenmodell
- angeglichene technische Protokolle
- angeglichene Orchestrierung, z. B. Push oder Pull

Zusammenfassung

Die in diesem Kapitel vorgestellten Potenziale und Anwendungsmöglichkeiten wie die Nutzung bzw. die Erweiterung von Standard-Integrationsflüssen, die Erstellung eigener Integrationsszenarien und die Integration über Aligned APIs bilden einen guten Überblick über die Einsatzgebiete und den Nutzen von SAP Cloud Integration. Anhand der Beispiele in Abschnitt 6.3, »Anwendungsmöglichkeiten«, haben Sie gelernt, wie Sie, basierend auf den vorgestellten Artefakten aus Abschnitt 6.2.2, »Integrationsfähigkeiten«, vordefinierte Integrationsinhalte entsprechend den individuellen Anforderungen verändern oder auch gänzlich neue Integrationsszenarien erstellen können.

Kapitel 7
SAP API Management

Moderne IT-Architekturen sind von verteilten Anwendungen geprägt. Zur Unterstützung von Geschäftsprozessen müssen diese Anwendungen sinnvoll miteinander integriert werden. Das API-Management ist ein Ansatz für die Integration in verteilten Anwendungslandschaften.

Die digitale Transformation ist für Unternehmen mit großen und komplexen Anwendungslandschaften von großer Bedeutung. Prozesse erstrecken sich über viele Anwendungen, die alle Zugriff auf wichtige Unternehmensdaten benötigen. Der Trend zu cloudbasierten Anwendungen verstärkt diese Entwicklung weiter. Programmierschnittstellen (auch Application Programming Interfaces, kurz *APIs* genannt) bieten einen Ansatz, um dieser Komplexität zu begegnen und Unternehmensdaten und -prozesse zugreifbar bereitzustellen.

Funktion des API-Managements

Das API-Management ist ein Prozess zur Erstellung und Veröffentlichung von APIs mit Funktionen zur Definition von Ausführungsrichtlinien und Zugangsbeschränkungen. Bei der Ausführung sammelt das API-Management Benutzungsstatistiken und bietet Analysen zur Performance der APIs.

Komponenten des API-Managements

Typischerweise besteht ein API-Management aus den folgenden Komponenten:

- *Gateway* zur Ausführung von APIs
- *Veröffentlichungswerkzeuge* zur Erstellung von APIs
- *Entwicklerportal* bzw. *API Shop* als Katalog für verfügbare APIs eines Anbieters
- *Auswertungsmöglichkeiten* bezüglich der Nutzung und Performance von APIs
- *Monetarisierungsfunktionen* für die Umwandlung von Nutzungsdaten zu Abrechnungen
- *Traffic Management* für die Steuerung von API-Aufrufen und die Regulierung der Aufrufmöglichkeiten

SAP API Management

SAP API Management ist die Lösung von SAP für Ihr API-Management. Sie ist Bestandteil der SAP Integration Suite. SAP API Management ermöglicht es Ihnen, den kompletten Lebenszyklus Ihrer APIs zu verwalten und unterstützt Sie während Entwicklung, Betrieb und Analyse. SAP API Management bietet Ihnen die soeben genannten, typischen Komponenten eines API-Managements.

Aufbau des Kapitels

In Abschnitt 7.1, »Übersicht«, geben wir Ihnen einen allgemeinen Überblick über das API-Management. Außerdem beschreiben wir den API-Lebenszyklus in SAP API Management. Der Abschnitt schließt mit der Vorstellung der Rollen in SAP API Management. Einen detaillierteren Blick auf die Komponenten und Funktionen von SAP API Management werfen wir in Abschnitt 7.2, »Funktionen für das Schnittstellenmanagement«. Abgeschlossen wird das Kapitel in Abschnitt 7.3 mit verschiedenen Anwendungsmöglichkeiten von SAP API Management aus unserem Berufsalltag.

[!]

Wann sollten Sie dieses Kapitel lesen?

Wir empfehlen Ihnen, dieses Kapitel zu lesen, um sich mit den Grundlagen und Funktionsweisen von SAP API Management vertraut zu machen. Sie erfahren, welche Möglichkeiten Ihnen SAP API Management für die Einführung eines API-Managements in Ihrem Unternehmen bietet.

7.1 Übersicht

Was sind APIs?

APIs sind bereits seit langer Zeit fester Bestandteil der Softwareentwicklung. Vereinfacht gesagt, beschreiben APIs eine Art Vertrag, nach dessen Bedingungen Anwendungen miteinander kommunizieren können. Der Remote Function Call (kurz RFC, siehe Abschnitt 2.3.4, »Remote Function Call«) ist z. B. eine sehr etablierte API zum Zugriff auf ABAP-basierte Systeme. In Abschnitt 2.3.1, »Webservices«, haben Sie mit den SOAP-Webservices eine weitere Form von APIs kennengelernt, die durch Verträge als WSDL-Dokumente beschrieben werden.

Moderne APIs

Moderne APIs basieren in der Regel auf Internetstandards, wie z. B. dem *HTTP(S)-Protokoll* oder dem Datenformat *JSON*. SAP API Management unterstützt APIs als REST-Services (siehe Abschnitt 2.3.2, »RESTful-Services«), als SOAP-Webservices (siehe Abschnitt 2.3.1, »Webservices«) oder als OData-Services (siehe Abschnitt 2.3.3, »OData-Services«).

Wann verwenden Sie APIs

Verwenden Sie in Ihrer SAP-Landschaft bereits Remote Function Calls, BAPIs (Business Application Programming Interfaces) oder IDocs? Dann arbeiten Sie bereits mit APIs. Auch der Einsatz von *SAP Fiori* bringt die Nutzung von APIs in Ihrem SAP-System mit sich. Man kann sagen, dass APIs bereits an vielen Stellen *verwendet* werden (ob wissentlich oder unwissentlich), allerdings noch nicht im Sinne eines API-Managements *verwaltet* werden. Doch was ist darunter zu verstehen?

Management

Unter *Management* verstehen wir im Allgemeinen die Leitung, Organisation und Planung von Dingen. Wie bereits beschrieben, setzen Sie in Ihrer Anwendungslandschaft vermutlich bereits APIs ein. Unbewusst betreiben Sie daher bereits heute ein Management dieser APIs. Die Idee des API-Managements ist es, sich diesen Prozess bewusst zu machen und APIs aktiv zu organisieren und zu planen.

Warum APIs managen

Wie bereits beschrieben, stellen APIs einen wichtigen Bestandteil in der digitalen Transformation für Unternehmen dar. Jede API kapselt den Zugriff auf einen Teil Ihrer Geschäftsfunktionen und ermöglicht so den Zugriff auf diese Daten oder Prozesse in Ihrem Unternehmen. Genauso wie sich Ihr Unternehmen weiterentwickelt und sich neuen Bedingungen am Markt anpasst, müssen Sie dafür sorgen, dass sich auch Ihre APIs weiterentwickeln können. Hierzu benötigen Sie Werkzeuge, um den Lebenszyklus Ihrer APIs zu verwalten.

Einheitlicher Zugriff auf APIs

APIs können sowohl intern als auch extern bereitgestellt werden. In beiden Fällen ist es sinnvoll, für Ihre APIs einen einheitlichen Zugriffsweg bereitzustellen. Im einfachsten Fall ist dies eine einheitliche URL, unter der Ihre APIs verfügbar sind. Allerdings betrifft diese Einheitlichkeit auch Aspekte wie eine einheitliche Authentifizierungsmethode.

Vereinfachung von APIs

SAP stellt mit RFCs, BAPIs, IDocs oder SOAP-Webservices viele APIs zur Verfügung, die Sie selbstverständlich nutzen können. Allerdings können diese Standard-APIs von Anwendungen sehr komplex sein: Ein Beispiel ist der SOAP-Webservice für Geschäftspartnerinformationen. Mit einem API-Management haben Sie die Möglichkeit, diese APIs zu vereinfachen und nur die Felder in der vereinfachten API bereitzustellen, die Sie verfügbar machen wollen.

Verknüpfung von APIs

Ein weiterer Aspekt ist die Verknüpfung von APIs. Aufgrund der Heterogenität von Anwendungslandschaften können auch Daten über mehrere Anwendungen verteilt sein. Mit einem API-Management können Sie mehrere APIs unterschiedlicher Anwendungen miteinander verknüpfen, sodass der Aufrufer nur einen einzelnen API-Aufruf durchführen muss, um alle APIs anzusprechen. Die sogenannte *Komposition* der unterschiedlichen API-Aufrufe zu einem einheitlichen API-Aufruf erfolgt dabei im API-Management.

Marktplatz für APIs

Ein weiterer Grund für die Verwaltung von APIs ist die Möglichkeit, APIs über einen einheitlichen Marktplatz zur Verfügung zu stellen. Dadurch haben sowohl interne als auch potenzielle externe Verwender Ihrer APIs einen zentralen Anlaufpunkt, um sich über die APIs zu informieren und diese gegebenenfalls sogar zu testen. Für Sie bietet der zentrale Marktplatz zusätzlich die Möglichkeit, Ihre APIs an einer zentralen Stelle zu dokumentieren.

[»]

Marktplatzkonzepte in anderen Architekturen

Marktplatzkonzepte gibt es auch in der serviceorientierten Architektur (siehe Abschnitt 2.1.4, »Serviceorientierte Architektur«) mit UDDI (Universal Description, Discovery and Integration). Das Modell hat sich dort aber nicht durchgesetzt.

Self-Service für APIs

Sie sehen, dass Ihnen ein API-Management viele Funktionen bietet, um einen Self-Service für APIs einzuführen. Verantwortliche von Anwendungen können beim richtigen Einsatz eines API-Managements die APIs ihrer Anwendungen selbstständig für andere externe und interne Interessengruppe verfügbar machen. Ein Beispiel hierzu finden Sie in Abschnitt 7.3, »Anwendungsmöglichkeiten«.

API-Lebenszyklus

SAP API Management unterstützt Sie bei der Verwaltung Ihrer APIs über deren gesamten Lebenszyklus. An dieser Stelle wollen wir genauer auf den in Abbildung 7.1 dargestellten Lebenszyklus eingehen. SAP beschreibt den Lebenszyklus von APIs in fünf Phasen:

1. Design (Entwurf)
2. Implement (Implementierung)
3. Manage (Management)
4. Analyze and Monetize (Analyse und Monetarisierung)
5. Engage (Bereitstellung)

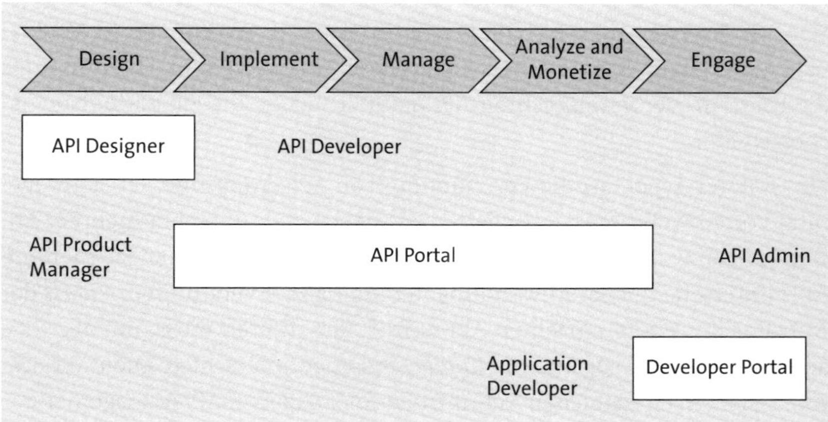

Abbildung 7.1 Der Lebenszyklus einer API in SAP API Management

Design

Während des *Designs* entwerfen und beschreiben Sie Ihre APIs. Diese Phase kann auch außerhalb von SAP API Management erfolgen oder wegfallen, wenn Sie bereits existierende APIs (z. B: RFCs, SOAP-Webservices, OData-

Services) verwenden wollen. In SAP API Management nutzen Sie den sogenannten *API Designer*. Wir stellen Ihnen den API Designer in Abschnitt 7.2, »Funktionen für das Schnittstellenmanagement«, genauer vor.

Implement

In der Phase *Implement* dreht sich alles um die Konfiguration Ihrer APIs. In dieser Phase arbeiten Sie im sogenannten *API Portal*. Dieses stellen wir Ihnen detaillierter in Abschnitt 7.2, »Funktionen für das Schnittstellenmanagement«, vor. Während der Implementierungsphase erstellen Sie API-Proxys, die im einfachsten Fall auf einem Service oder einer API im Backend-System basieren. API-Proxys können allerdings auch aus mehreren Services oder APIs erstellt werden, indem diese miteinander verknüpft werden.

Manage

Auch in der Phase **Manage** arbeiten Sie die meiste Zeit im API Portal. Allerdings nutzen Sie in dieser Phase des API-Lebenszyklus hauptsächlich den *Policy Designer* innerhalb des API Portals. Mit dem Policy Designer können Sie Regeln auf Ihre APIs anwenden. SAP liefert in SAP API Management einige vordefinierte Regeln aus. Sie können allerdings auch eigene Regeln erstellen und Templates definieren, die Sie für die Wiederverwendung bereitstellen möchten.

Analyze and Monetize

Die Phase **Analyze and Monetize** ist wie bei anderen Integrationen auch bei APIs von großer Bedeutung. Verschiedene Kennzahlen geben Ihnen einen Überblick über das Verhalten Ihrer APIs. Sie haben die Möglichkeit, Engpässe zu erkennen oder ungenutzte APIs zu identifizieren. Mithilfe der Analyse haben Sie auch die Möglichkeit, ungewöhnliches Verhalten bei den API-Aufrufen und damit eventuelle Sicherheitslücken zu identifizieren (siehe Abschnitt 14.4 für Informationen zum Reporting und Abschnitt 15.1, »Monitoring und Alerting«, für Informationen zum Monitoring). Ein weiterer Aspekt dieser Phase ist die Monetarisierung von API-Aufrufen: Dabei können Sie die Kosten für die API-Aufrufe definieren und diese den unterschiedlichen Aufrufern zuweisen.

Engage

Für die Nutzung durch andere stellen Sie Ihre APIs während der Phase **Engage** im *Developer Portal* zur Verfügung (siehe Abschnitt 7.2, »Funktionen für das Schnittstellenmanagement«). Das Developer Portal ist die zentrale Anlaufstelle für alle Entwickler*innen (unabhängig ob intern oder extern), die Ihre APIs nutzen möchten. Über Berechtigungen können Sie steuern, welche Benutzer*innen welche APIs im Developer Portal sehen dürfen.

Personenkreise

Wie in Abbildung 7.1 dargestellt, sind in den Lebenszyklus der APIs unterschiedliche Personenkreise involviert. Beachten Sie, dass es sich hierbei um allgemeine Rollen handelt und nicht jede Rolle zwangsläufig von unterschiedlichen Personen ausgeführt werden muss. Nachfolgend stellen wir Ihnen diese Personenkreise kurz vor:

- API Developer
- API Admin
- API Product Manager
- Application Developer

API Developer

Die *API Developer* sind für das Design der APIs zuständig. Sie entwickeln entweder neue APIs im API Designer oder stellen APIs in den Backend-Systemen zur Verfügung. Insbesondere bei der Entwicklung von APIs kann ein API Developer auch zusätzlich die Rolle des Application Developers besetzen. API Developer arbeiten nahezu ausschließlich im API Designer.

API Admin

API Admins arbeiten hauptsächlich im API Portal. Sie erfüllen unterschiedliche Aufgaben: Zum einen überwachen Sie das SAP API Management generell, um einen stabilen Betrieb zu gewährleisten, ergänzend überwachen sie aber auch den »Gesundheitszustand« einzelner APIs, um gegebenenfalls die API Product Manager über Probleme zu informieren. Eine weitere Aufgabe der API Admins ist die Bereitstellung von Richtlinien in Form von sogenannten *Policy Templates*. Im Policy Designer erstellen die API Admins Sicherheits-, Traffic-Management- und Mediation-Templates, die von den API Product Managern wiederverwendet werden. Ihre Aufgabe ist es somit, sicherzustellen, dass APIs einheitlich konfiguriert werden.

API Product Manager

API Product Manager sind für eine oder mehrere APIs verantwortlich. Sie arbeiten hauptsächlich im API Portal und konfigurieren dort die einzelnen, von API Developern zur Verfügung gestellten APIs. API Product Manager entscheiden über einen potenziellen Kostenplan für APIs. Zusätzlich entscheiden sie über die Weiterentwicklung oder Abschaltung von bestehenden APIs. Häufig sehen wir einen API Product Manager pro angeschlossenem Backend-System. Prinzipiell gibt es aber auch die Möglichkeit, API Product Manager anhand von Geschäftsprozessen oder Geschäftsobjekten zu benennen.

Application Developer

Als *Application Developer* bezeichnet SAP alle Entwickler*innen (intern oder extern), die APIs aus dem SAP API Management konsumieren wollen. Sie informieren sich im Developer Portal über verfügbare APIs. Im SAP API Management haben Application Developer die Möglichkeit, APIs direkt im Developer Portal auszuprobieren (siehe Abschnitt 7.2 , »Funktionen für das Schnittstellenmanagement«).

7.2 Funktionen für das Schnittstellenmanagement

In diesem Abschnitt stellen wir Ihnen die Werkzeuge und Funktionen von SAP API Management detaillierter vor. Dabei orientieren wir uns in der Reihenfolge grob am in Abschnitt 7.1, »Übersicht«, beschriebenen API-Lebenszyklus. Wir beginnen daher in Abschnitt 7.2.1, »API Designer«, mit einer Vorstellung des API Designers zur Definition der APIs. Anschließend widmen wir uns in Abschnitt 7.2.2 dem API Portal. In Abschnitt 7.2.3 stellen wir Ihnen mit dem Developer Portal den Marktplatz für APIs innerhalb von SAP API Management vor. Abschließend gehen wir in Abschnitt 7.2.4, »Weitere Funktionen«, kurz auf die Rolle des Cloud Connectors im Zusammenhang mit SAP API Management ein.

7.2.1 API Designer

Überblick

Mit dem API Designer können Sie Ihre APIs definieren. Die Definition erfolgt in *Swagger* mit dem Standard *OpenAPI*. Der API Designer teilt sich in zwei Bereiche auf (siehe Abbildung 7.2). In der linken Hälfte des Fensters können Sie Ihre API-Definition einpflegen. In der rechten Hälfte sehen Sie eine Vorschau.

Abbildung 7.2 Der API Designer in SAP API Management

Import von APIs

Statt APIs manuell im API Designer zu erstellen, haben Sie auch die Möglichkeit, APIs zu importieren. Sie können z. B. bestehende OData-Services als APIs importieren. Zusätzlich haben Sie die Möglichkeit, APIs aus *YAML*- oder *JSON*-Dateien zu importieren.

Generieren von Server-Stubs

Eine weitere Möglichkeit des API Designers ist die Funktion, *Server-Stubs* zu generieren. Diese können für die Frameworks Node.js, JAX-RS oder Spring erzeugt werden. Dadurch generieren Sie Quellcode, den Sie entweder in Ihre Programme einbinden oder direkt ausführen können, um die APIs zu testen.

7.2.2 API Portal

Überblick

Das *API Portal* ist die zentrale Stelle in SAP API Management, um APIs zu konfigurieren, zu analysieren und zu testen. In Abbildung 7.3 sehen Sie die Menüstruktur des API Portals mit den verschiedenen Arbeitsbereichen, die wir Ihnen im Folgenden näherbringen.

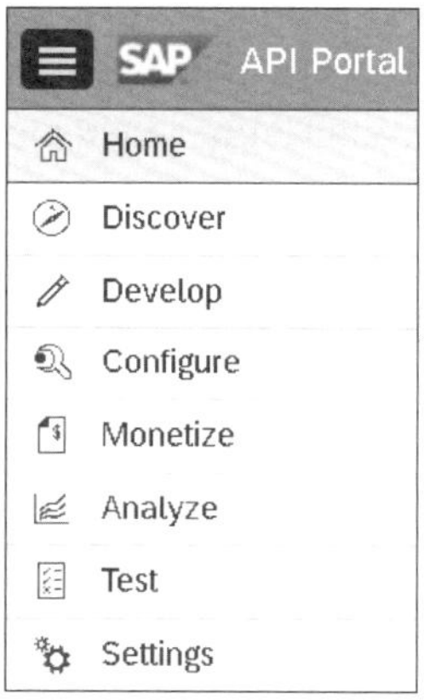

Abbildung 7.3 Menüstruktur des API Portals in SAP API Management

Home

Home

Der **Home**-Bereich ist das Einstiegsbild in das API Portal. Dort finden Sie in der aus SAP Fiori bekannten Kacheldarstellung unterschiedliche Informationen zu Ihrem SAP-API-Management-System. Prinzipiell unterteilt sich der **Home**-Bereich in zwei Unterbereiche (siehe Abbildung 7.4). Im ersten Bereich sehen Sie die letzten Aktivitäten auf Ihrem Tenant und haben die Möglichkeit, über Quicklinks verschiedene Entwicklungsobjekte von SAP API Management anzulegen. Im zweiten Bereich erhalten Sie Monitoring-Informationen zu Ihrem Tenant. Über verschiedene Kennzahlen können Sie einen ersten Eindruck über die Aktivitäten in der Laufzeit erhalten.

Artefakte im API Portal

SAP API Management ist geprägt durch verschiedene Artefakte, die von verschiedenen Personenkreisen in unterschiedlichen Werkzeugen angelegt und gepflegt werden können. Abbildung 7.5 zeigt eine Übersicht über diese Artefakte und ihre Beziehungen zueinander. Einige dieser Artefakte werden im API Portal durch die API Product Manager bzw. die API Admins gepflegt und im weiteren Verlauf dieses Abschnitts genauer beschrieben.

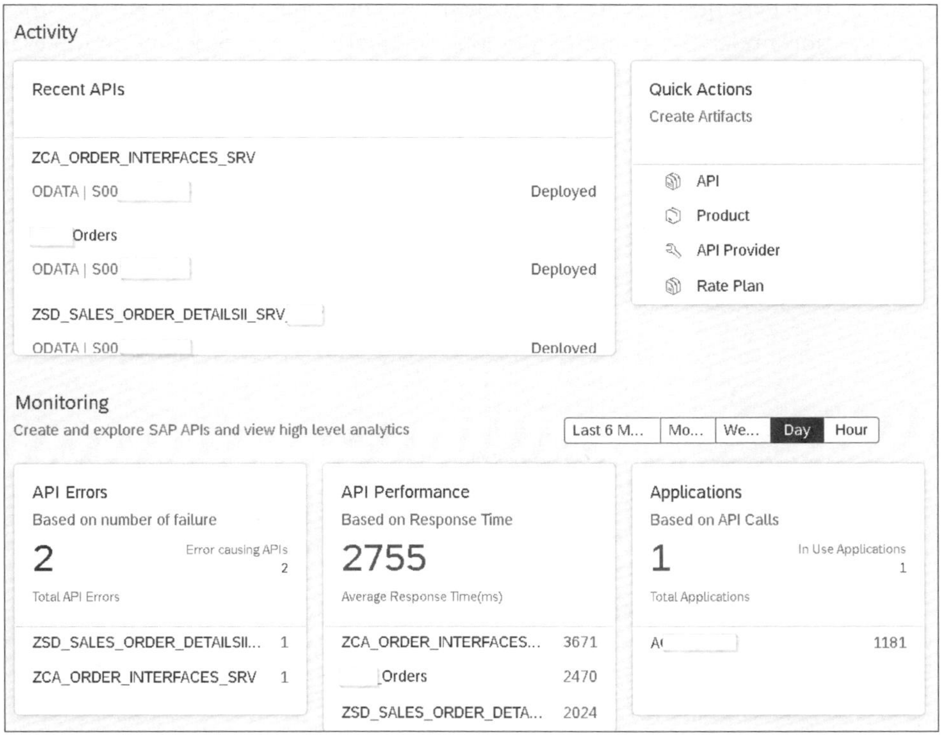

Abbildung 7.4 Der Home-Bereich im API Portal

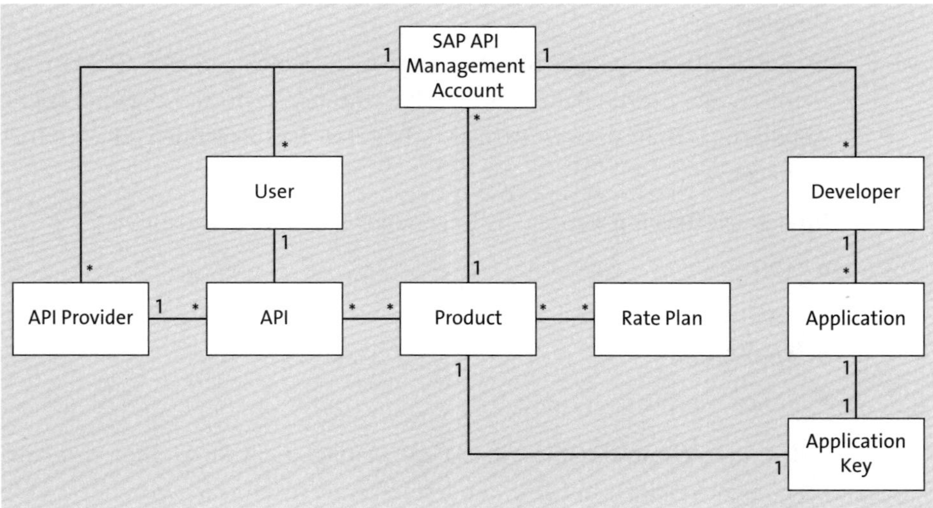

Abbildung 7.5 Die Beziehungen zwischen Artefakten und Anwendern in SAP API Management (Quelle: SAP)

Discover

Discover

Im **Discover**-Bereich des API Portals können Sie von SAP oder Drittanbietern bereitgestellte APIs durchsuchen (siehe Abbildung 7.6). Dieselbe Funktion finden Sie auch in SAP Cloud Integration, um vordefinierte Integrationsinhalte zu finden. Sie haben die Möglichkeit, die vordefinierten APIs in Ihren SAP-API-Management-Tenant zu kopieren, um diese zu verwenden. Dabei können Sie die importierten APIs selbstverständlich auch durch eigene Anpassungen erweitern (wie z. B. Ergänzung von Policys).

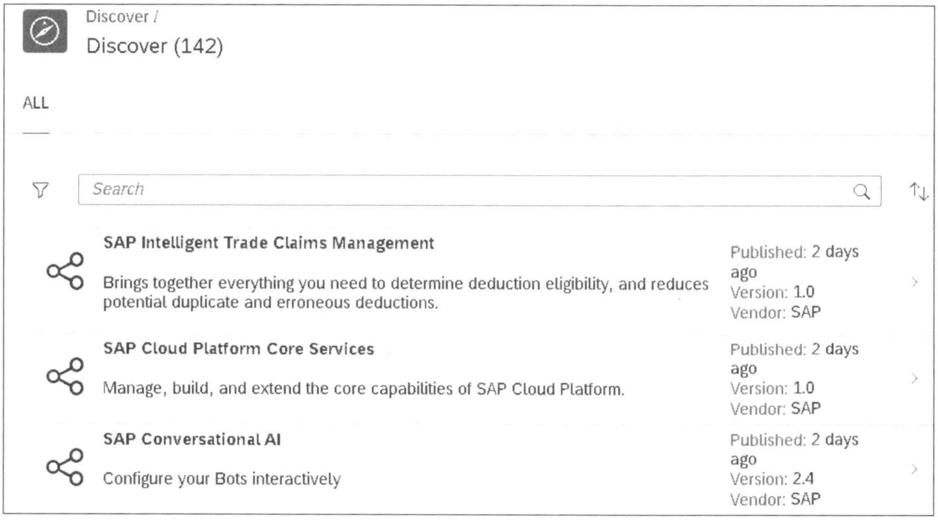

Abbildung 7.6 Der Bereich »Discover« in SAP API Management

Develop

Develop

Im Bereich **Develop** legen Sie unterschiedliche Objekte in SAP API Management an, die für die Funktionsfähigkeit Ihrer APIs notwendig sind (siehe Abbildung 7.7). In diesem Bereich arbeiteten hauptsächlich API Product Manager.

Im Bereich **Develop** werden die folgenden vier Objekte verwaltet:

- APIs
- Products
- Applications
- Policy Templates

APIs

APIs sind das zentrale Objekt in SAP API Management. Sie können eine Ausprägung des Objekts auf eine der drei folgende Arten anlegen:

- Manuelle Erstellung im API Portal (**Create**).
- Per Dateiimport. Die API muss als JSON- oder ZIP-Datei auf dem lokalen Computer verfügbar sein (**Import API**).
- Erstellung aus dem API Designer beim Speichern eines API-Designs (**Create in API Designer**).

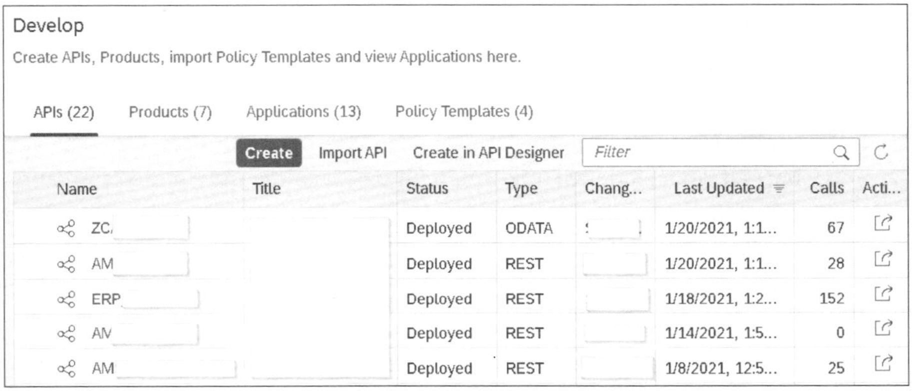

Abbildung 7.7 Der Bereich »Develop« in SAP API Management

In Abbildung 7.8 sehen Sie die Detailansicht einer API in SAP API Management.

Abbildung 7.8 Übersicht einer API in SAP API Management

Policy Editor

Über eine API haben Sie die Möglichkeit, den *Policy Editor* über den Button **Policies** aufzurufen. Im Policy Editor beschreibt der API Product Manager die Verarbeitung von API-Aufrufen innerhalb von SAP API Management. Eine solche Policy können Sie, vereinfacht gesagt, mit einem Verarbeitungsschritt gleichsetzen. SAP stellt unterschiedliche Standard-Policys bereit, die in einen der folgenden Bereiche fallen:

- **Security**
  Enthält sicherheitsrelevante Policys, z. B. für unterschiedliche Anmeldevarianten (Basic, OAuth, SAML).
- **Traffic Management**
  Enthält verschiedene Funktionen für das Caching und für die Ermittlung der *Quota*. Mithilfe einer Quota können Sie die Anzahl der zulässigen API-Aufrufe beschränken.
- **Mediation**
  Enthält unterschiedliche Funktionen, um Nachrichten zu manipulieren, z. B. die Konvertierung von XML zu JSON, die Einbindung von Werte-Mappings oder den Aufruf von XSLT-Mappings.
- **Extension**
  Enthält generelle Funktionen, um Skripte (JavaScript oder Python) einzubinden oder um Open Connectors aufzurufen.

Beispiel für Policys
Policy Templates

Unabhängig von APIs können Sie auch sogenannte *Policy Templates* erstellen. Dadurch können Sie einzelne oder auch die Kombination aus mehreren Policys für andere Anwender von SAP API Management bereitstellen. Typischerweise werden Policy Templates von API Admins angelegt. Je nach Ausprägung müssen die Templates verpflichtend von den API Product Managern eingesetzt werden, oder sie können als Hilfestellungen verwendet werden.

Applications

Applications sind Objekte, die eigentlich über das Developer Portal (siehe Abschnitt 7.2.3, »Developer Portal«) angelegt werden. Applications werden einem Application Developer zugewiesen und repräsentieren letztendlich einen Konsumenten von APIs. Applications werden Products und Ressourcen zugewiesen, um den Zugriff zu gestatten. Dadurch können Sie anhand der Applications Berechtigungen und Quotas für den Zugriff auf die APIs definieren. Auf der Basis von Applications können Sie dann Auswertungen und Abrechnungen durchführen.

Products

Products werden verwendet, um APIs zu gruppieren. Bei der Erstellung von Products sollten Sie beachten, dass diese ebenfalls zur Gruppierung der APIs im Developer Portal verwendet werden.

Configure

Configure

Im Bereich **Configure** pflegen API Product Manager hauptsächlich technische Informationen für Ihr SAP API Management. In diesem Bereich wird mit den folgenden drei Objekten gearbeitet:

- API Provider
- Certificates
- Key Value Maps

API Provider

API Provider können Anwendungssysteme in Ihrer Landschaft sein. API Provider stellen anderen Anwendungen APIs zur Verfügung. Daher können Sie im Bereich **Design** einer API einen API Provider zuweisen. Prinzipiell können Sie auch APIs erstellen, ohne diese einem API Provider zuzuweisen. Allerdings empfehlen wir Ihnen, grundsätzlich immer mit API Providern zu arbeiten, da Sie am API Provider weitere Einstellungen vornehmen können (z. B. Zugangsdaten pflegen, Zertifikate zuzuweisen usw.).

Certificates

Zertifikate legen Sie als Objekt *Certificate* ab. Es wird zwischen zwei Arten von Zertifikaten unterschieden:

- Trust Store
- Key Store

Als **Trust Store** legen Sie alle Zertifikate ab, die für die Validierung einer korrekten Verbindung notwendig sind (z. B. SSL-Zertifikate). Im **Key Store** legen Sie private Schlüssel ab. Sie können mit unterschiedlichen Store-Namen arbeiten, um zusammengehörige Zertifikate zu gruppieren.

Key Value Maps

Mit **Key Value Maps** können Sie Informationen speichern, die übergreifend über mehrere Objekte verfügbar sein sollen. Dabei können Sie innerhalb einer Key Value Map mehrere Schlüssel-Wert-Informationen speichern. Über diese Einstellung lassen sich die Werte in Key Value Maps verschlüsseln, sodass diese im API Portal nicht im Klartext angezeigt werden.

Monetize

Monetize

Im Bereich **Monetize** legen API Product Manager die Berechnung von API-Aufrufen fest. Dies ist eine optionale Funktion in SAP API Management. Die Einstellung erfolgt im sogenannten **Rate Plan**, der den Produkten zugeordnet wird. Es kann zwischen den Plänen **Basic** und **Tier** unterschieden werden. In beiden Fällen legen Sie eine Basisrate fest, die pauschal für jeden Aufrufer der entsprechenden APIs berechnet wird. Zusätzlich können Sie Raten pro API-Aufruf definieren. **Tier**-basierte Abrechnungspläne unterscheiden sich von **Basic**-Plänen dadurch, dass Sie Bereiche von API-Aufrufen mit unterschiedlichen Raten festlegen können, während bei **Basis**-Plänen alle API-Aufrufe denselben Preis haben. Die Abrechnungen finden Sie ebenfalls im Bereich **Monetize**. Üblicherweise verwenden Sie die Monetarisierung von API-Aufrufen, wenn Sie Leistungen über APIs anbieten, die Bestandteil Ihres Geschäftsmodells sind.

Analyze

Analyze

Im Bereich **Analyze** finden API Product Manager und API Admins Monitoring- und Auswertungsmöglichkeiten. Von SAP werden zwei Ansichten zur Verfügung gestellt: Im **Performance View** erhalten Sie Informationen zur Gesamtzahl von API-Aufrufen, Antwortzeiten und Statistiken für die unterschiedlichen Objekte (z. B. APIs, Products, Applications usw.). Im **Error View** werden Ihnen Details zu API-Fehlern dargestellt. Hier können Sie Fehler in API-Aufrufen identifizieren und durch Anpassungen beheben. Zusätzlich haben Sie die Möglichkeit, im **Custom View** ein eigenes Dashboard nach Ihren Bedürfnissen zusammenzustellen. In allen Views können Sie den Anzeigezeitraum über Filteroptionen einstellen.

Test

Test

Im Bereich **Test** haben Sie die Möglichkeit, Ihre APIs zu testen. Sie wählen die jeweilige API aus und können bei Bedarf zusätzliche Header und URL-Parameter übergeben. Diese Möglichkeit haben auch Application Developer im Developer Portal; allerdings können API Product Manager den Aufruf auch im Debug-Modus starten, um genauere Verarbeitungsinformationen zu erhalten. Dadurch können die API Product Manager bereits frühzeitig Fehler erkennen und beheben.

7.2.3 Developer Portal

Überblick

Das *Developer Portal* ist der zentrale Einstiegspunkt für Application Developer (also Konsumenten von APIs) in SAP API Management. Einfach gesagt, handelt es sich um einen Katalog aller verfügbaren APIs in Ihrem SAP API Management. Application Developer können das Developer Portal nutzen, um APIs zu identifizieren, die sie in ihrer Anwendung nutzen möchten. Sie können sich das Developer Portal als Erweiterung Ihres Schnittstellenkatalogs vorstellen (siehe Abschnitt 14.3, »Katalogisierung«).

Aufbau

APIs werden im Developer Portal anhand von Products strukturiert. Beim Einstieg in das Developer Portal sehen Application Developer alle verfügbaren Products im SAP API Management (bzw. alle Products, für die der jeweilige Benutzer Berechtigungen hat). Beim Aufruf eines Products sehen Application Developer alle verfügbaren APIs des Products sowie die zugewiesenen Abrechnungspläne.

Darstellung von APIs

Beim Aufruf einer API werden den Application Developern die auf der jeweiligen API verfügbaren Operationen angezeigt. Wie im SAP API Business Hub (siehe Abschnitt 1.3.1) können Application Developer die APIs direkt im Developer Portal ausprobieren. Zusätzlich haben sie die Möglichkeit, Code Snippets für verschiedene Entwicklungssprachen zu generieren.

Beispiel-API im Developer Portal

In Abbildung 7.9 sehen Sie ein Beispiel für eine API im Developer Portal. Es handelt sich um einen OData-Service, der in SAP ERP bereitgestellt und über SAP API Management zur Verfügung gestellt wird. Im linken Bereich ❶ finden Sie eine Liste der verfügbaren Ressourcen der API. Bei der Auswahl einer Ressource werden im rechten Bereich ❷ die verfügbaren Operationen für die Ressource dargestellt.

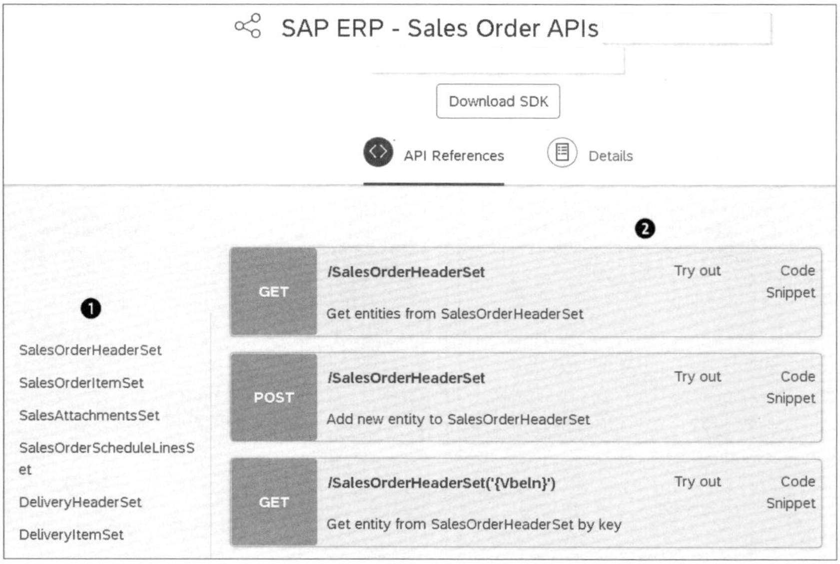

Abbildung 7.9 Beispieldarstellung einer API im Developer Portal

My Workspace

Im Bereich **My Workspace** finden Application Developer alle Informationen zu den ihnen zugewiesenen Applications. Hier können auch neue Applications erstellt werden. Zusätzlich finden Application Developer in diesem Bereich Informationen zu den eventuell entstandenen Kosten der letzten sechs Monate und können sowohl Performance- als auch Fehlerstatistiken einsehen.

Testen von APIs

Zum Testen von APIs gibt es für Application Developer zwei Möglichkeiten: Zum einen können Sie Tests direkt aus den einzelnen APIs heraus starten (siehe Abbildung 7.9). Im rechten Bereich ❷ können Sie über den Button **Try**

out zum Testbereich einer speziellen API-Operation gelangen. Zum anderen wird im Developer Portal eine Testkonsole bereitgestellt, über die Sie Ihre APIs ebenfalls testen können.

7.2.4 Weitere Funktionen

On-Premise-Anwendungen via Cloud Connector

Wie in Abschnitt 4.2, »Komponenten«, beschrieben, liefert SAP mit dem *Cloud Connector* als Teil des Service *SAP Connectivity* eine leichtgewichtige Komponente aus, die Sie in Ihrem Rechenzentrum installieren, um eine Verbindung zwischen der SAP Business Technology Platform (SAP BTP) und Ihren On-Premise-Anwendungen herzustellen. Diese Komponente wird auch in SAP API Management verwendet, um APIs von On-Premise-Anwendungen aufzurufen.

Architektur

Aufgabe des Cloud Connectors ist es, eine sichere Verbindung zu SAP BTP aufzubauen. Typischerweise wird der Cloud Connector in der demilitarisierten Zone Ihres Rechenzentrums installiert. Per Konfiguration wird das Routing von Anfragen im Cloud Connector definiert. Abbildung 7.10 zeigt Ihnen eine Architektur für die Verbindung von SAP API Management mit einer On-Premise-Anwendungslandschaft über den Cloud Connector.

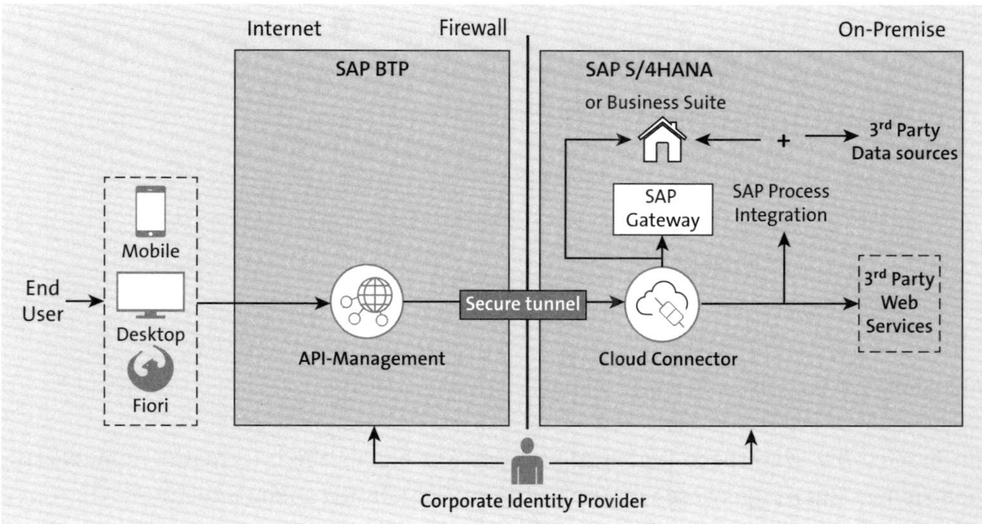

Abbildung 7.10 Verbindung zwischen SAP API Management und einer On-Premise-Landschaft via Cloud Connector herstellen (Quelle: SAP)

Konfiguration in SAP API Management

Die Konfiguration des Cloud Connectors erfolgt direkt über Ihren SAP-BTP-Tenant. In SAP API Management legen Sie im API Provider fest, ob der jeweilige Provider über das Internet erreichbar ist, oder ob es sich um eine On-Premise-Anwendung handelt. Bei On-Premise-Anwendungen wird die

Verbindung automatisch über den im Tenant konfigurierten Cloud Connector aufgebaut.

7.3 Anwendungsmöglichkeiten

Einsatzmöglichkeiten

In diesem Abschnitt möchten wir Ihnen einige Anwendungsmöglichkeiten für SAP API Management aus unserem Berufsalltag vorstellen. In Abschnitt 7.3.1, »Erstellung einer ERP Facade mit SAP API Management«, stellen wir Ihnen ein größeres Projekt zur Einführung von SAP API Management in einem Unternehmen vor. Abschnitt 7.3.2, »Logging von API-Aufrufen in Elastic Search«, zeigt Ihnen anhand einer Logging-Funktion ein Beispiel, wie Sie die Policy Templates verwenden können.

7.3.1 Erstellung einer ERP Facade mit SAP API Management

Ausgangslage

In diesem Beispiel wird SAP API Management in einem Unternehmen eingeführt, um eine Facade für das SAP-ERP-System des Unternehmens aufzubauen. Die Facade ist eine einheitliche Zugriffsschicht für Funktionen des SAP-ERP-Systems. Es besteht die folgende Ausgangslage: Das Unternehmen stellt Services in SAP ERP als SOAP-Webservices für interne und externe Partner zur Verfügung. Diese Services werden entweder in Microsoft Word oder gar nicht dokumentiert. Darüber hinaus sind einige Services im SAP-ERP-System mehrfach implementiert, um unterschiedliche Anforderungen von internen und externen Partnern zu unterstützen. Die Services werden von internen Partnern in der Regel direkt aufgerufen. Externe Partner sind zum Teil direkt angebunden oder über eine Middleware integriert. Aus diesem Grund ist eine Überwachung der Serviceaufrufe nur schwer möglich.

Ziel

Ziel des Projekts ist die Einführung von SAP API Management als zentralen Anlaufpunkt für Services des SAP-ERP-Systems. Die Dokumentation der Services erfolgt vollständig im Developer Portal von SAP API Management. Zusätzlich sollen die Services in SAP ERP im Rahmen der Projektdurchführung auf OData umgestellt werden. (Dies entspricht der präferierten Technologie des Unternehmens für synchrone Kommunikation). Zukünftig erhofft sich das Unternehmen eine bessere Überwachung von Serviceaufrufen, eine bessere Steuerung von externen Partnern mithilfe des Developer Portals, sowie Erleichterungen beim Onboarding von neuen Partnern.

Ist-Analyse

Gestartet wurde das Projekt mit einer Ist-Analyse. Dadurch, dass die meisten Serviceaufrufe direkt erfolgen und die Dokumentation unvollständig ist, bestand die größte Herausforderung in der Identifizierung der relevanten Partner. In einzelnen Fällen konnten Partner nur durch detaillierte Analysen von Systemanmeldungen ermittelt werden.

Soll-Definition

Im Rahmen der Soll-Definition wurden die zukünftigen ERP-Services definiert. Die Entscheidung, alle Services neu als OData-Service bereitzustellen, erleichterte die Umsetzung, da für eine Übergangszeit beide Kommunikationswege bereitgestellt werden konnten. Zusätzlich wurde definiert, welche Services im Rahmen der Neuimplementierung harmonisiert werden und wie die OData-Services strukturiert werden sollen.

SOAP vs. OData

Im Rahmen eines Vorprojekts wurde prinzipiell untersucht, wie die Services am sinnvollsten als APIs in SAP API Management bereitgestellt werden können. Dabei wurde festgestellt, dass die Bereitstellung von SOAP-Webservices prinzipiell möglich ist, hierzu allerdings ein hoher manueller Aufwand entstehen würde. Da OData im Unternehmen bereits aus anderen Gründen als präferierte Technologie für eine synchrone Kommunikation festgelegt wurde und eine Erstellung von APIs auf der Basis von OData-Services sehr einfach ist, wurde die Entscheidung zugunsten von OData-Services getroffen.

Umsetzung

Die neuen Services wurden schrittweise implementiert und getestet. Anschließend wurden im Rahmen einer Übergangsphase alle internen Partner auf die neuen APIs in SAP API Management umgestellt. Hierzu war ein Umsetzungszeitraum von insgesamt drei Monaten vorgesehen. Nach der Umstellung der internen Partner startete die Übergangsfrist für externe Partner, um ihre API-Aufrufe auf die neuen APIs umzustellen. Hierzu war ein Zeitraum von ungefähr 6 Monaten eingeplant. Ungefähr 12 Monate nach der Bereitstellung der neuen APIs in SAP API Management wurden die alten Services in SAP ERP endgültig abgeschaltet.

7.3.2 Logging von API-Aufrufen in Elastic Search

Überblick

An dieser Stelle wollen wir Ihnen noch ein zweites Beispiel für den Einsatz von SAP API Management zeigen. Mit SAP API Management haben Sie die Möglichkeit, API-Aufrufe zu analysieren sowie Fehler zu identifizieren. Allerdings haben Sie keine Möglichkeit, um die fachliche Korrektheit der API-Aufrufe zu überprüfen. Normalerweise sollte dies bei einer synchronen Kommunikation auch nicht notwendig sein. Allerdings wollte das Unternehmen in diesem Fall die Inhalte speichern, insbesondere, um gegenüber externen Partner inhaltlich fehlerhafte API Aufrufe nachweisen zu können.

Speicherung in Elastic Search

Für die Speicherung der Nachrichteninhalte wird im Unternehmen die Open-Source-Suchmaschine *Elastic Search* eingesetzt. Mit ihr können Nachrichteninhalte gespeichert und durchsuchbar vorgehalten werden.

Policy Template zum Logging

Für die Speicherung der Inhalte des API-Aufrufs wurde ein Policy Template erstellt, in dem die Logik für die Speicherung implementiert wurde. Dieses Template wurde in alle APIs eingebunden, für die Inhalte in Elastic Search gespeichert werden sollen. Die Speicherung in Elastic Search erfolgt nicht direkt aus SAP API Management heraus, sondern über einen Webservice in SAP Cloud Integration.

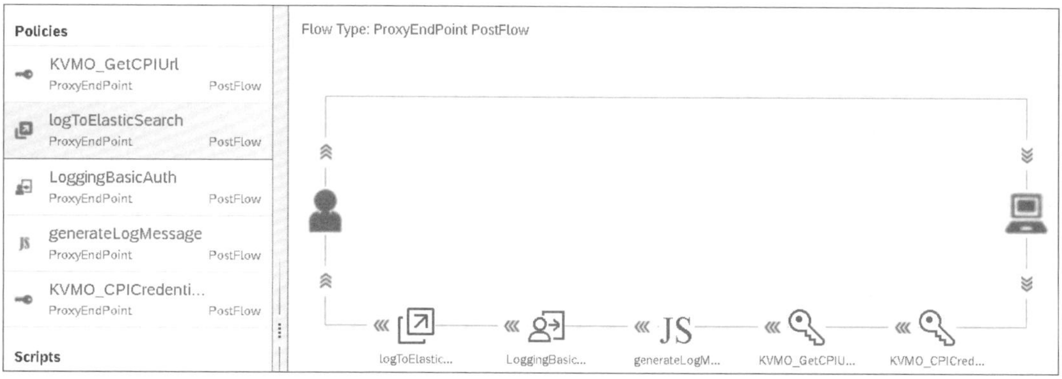

Abbildung 7.11 Ein Policy Template zum Logging in SAP API Management

Das Policy Template umfasst fünf Schritte (siehe Abbildung 7.11):

1. Ermittlung der Zugangsdaten für SAP Cloud Integration aus einer Key Value Map
2. Ermittlung des SAP-Cloud-Integration-Endpunkts aus einer Key Value Map
3. Generierung der Nachricht zur Speicherung in Elastic Search per JavaScript. Hierbei werden spezielle Kopfparameter gesetzt, die später die Nachrichtensuche in Elastic Search vereinfachen
4. Aufbau der Basis-Authentifizierung für SAP Cloud Integration
5. Aufruf des Endpunkts in SAP Cloud Integration

Mögliche Erweiterung

Das Unternehmen überlegt, die Aktivierung der Logging-Funktion in einer neuen Version des Policy Templates über eine weitere Key Value Map zu steuern. Dadurch kann das Policy Template in alle APIs integriert werden, und die Logging-Funktion wird ausschließlich durch Einträge in der Key Value Map aktiviert. Diese Beispiel zeigt Ihnen, wie Policy Templates eingesetzt werden können, um weitere Funktionalitäten einheitlich in mehreren APIs bereitzustellen.

Zusammenfassung

In diesem Kapitel haben wir Ihnen SAP API Management und seine zahlreichen Funktionen vorgestellt. Sie haben zwei Anwendungsbeispiele aus unserem Einsatz von SAP API Management kennengelernt, die Ihnen eine

Vorstellung davon vermitteln sollen, welche Vorteile Ihnen der Einsatz von SAP API Management bieten kann. Im folgenden Kapitel wechseln wir von der prozessablauforientierten zur ereignisorientierten Architektur und stellen Ihnen eine weitere Komponente der SAP Integration Suite, *SAP Enterprise Messaging*, vor.

Kapitel 8
SAP Enterprise Messaging

Wie kann das Messaging als persistierende Nachrichtenschicht für eine asynchrone Kommunikation im Unternehmen realisiert werden? Dieses Kapitel stellt Ihnen SAP Enterprise Messaging als Plattform hierzu vor.

Die in Kapitel 5, »SAP Process Orchestration«, und Kapitel 6, »SAP Cloud Integration«, vorgestellten Integrationswerkezuge SAP Process Orchestration und SAP Cloud Integration sind zwei sehr gute Hilfsmittel, um *prozessablauforientierte Architekturen* zu unterstützen. Beide Werkzeuge stellen Möglichkeiten zur Verfügung, um systemübergreifende Prozesse zwischen mehreren Anwendungen zu unterstützen und umzusetzen, die aus mehreren Arbeitsschritten, Abfragen oder Transformationen bestehen. Es können mehrere Services genutzt und verbunden werden, um komplexe Geschäftsprozesse abzubilden. Ein Beispiel für eine prozessablauforientierte Implementierung ist die Übertragung eines Kundenauftrags aus einem Webshop in ein SAP-ERP-System zur Verbuchung und für weitere systeminterne Folgeprozesse. Hierbei werden gegebenenfalls mehrere Transformationsprozesse angestoßen und während des Prozesses Informationen hinzugelesen, um die betreffende Nachricht in der gewünschten Form an das SAP-ERP-System zu senden.

Ereignisbasierte Architektur

Einen anderen Ansatz dazu stellt die *ereignisbasierte Architektur* (engl. Event-driven Architecture) dar. Hierbei wird nicht die gesamte Nachricht gesendet, sondern lediglich eine Ereignismeldung ausgelöst. Auch erfolgt hier keine an einzelne Empfänger gerichtete Kommunikation, sondern an einen Pool aus »interessierten« Anwendungen, die über Statuswechsel informiert werden wollen. Tritt z. B. das Ereignis ein, dass ein neuer Kundenauftrag in Ihrem Webshop erfasst wurde, wird die Meldung über die Anlage eines neuen Kundenauftrags an alle Anwendungen geschickt, die sich zuvor für das Ereignis registriert haben. Diese *Publish/Subscribe* genannte Art der Kommunikation erlaubt es Ihnen somit, eine Art der losen Kopplung zu erzielen, in der der Ereignisauslöser nichts über die Anwendungen »wissen« muss, die sich auf seine Events hin registriert haben.

Die Idee dahinter ist es, den gestiegenen Bedarf an feingranularen Informationen möglichst in Echtzeit zu bedienen. Denken Sie hier z. B. an Statusmeldungen für Start-, Stopp- oder Pausenmeldungen in der Fertigung oder an das Auslesen von Temperatursensordaten von Maschinen in der Produktion. Jede einzelne Veränderung kann dabei als Ereignis aufgefasst und entsprechend verarbeitet werden.

Aufbau des Kapitels

In Abschnitt 8.1 geben wir Ihnen einen allgemeinen Überblick über SAP Enterprise Messaging. Einen detaillierteren Blick auf die Nachrichtenkonzepte und Funktionen von SAP Enterprise Messaging werfen wir in Abschnitt 8.2, »Funktionen für das Schnittstellenmanagement«. Abgeschlossen wird das Kapitel in Abschnitt 8.3, »Anwendungsmöglichkeiten«, mit verschiedenen praktischen Anwendungsmöglichkeiten von SAP Enterprise Messaging aus unserem Berufsalltag.

[!]

Wann sollten Sie dieses Kapitel lesen?

Im Rahmen des Aufbaus einer ereignisbasierten Architektur bietet Ihnen SAP Enterprise Messaging Möglichkeiten, um Ereignisbenachrichtigungen zwischen heterogenen Anwendungen oder Mikroservices zu etablieren. Lesen Sie dieses Kapitel, um mehr über mögliche Architekturmuster im Zusammenhang mit SAP Enterprise Messaging zu erfahren.

8.1 Übersicht über SAP Enterprise Messaging

Nachrichten-/ Event Broker

Im Kern stellt *SAP Enterprise Messaging* einen zentralen Nachrichten- bzw. Event Broker dar. Dies ermöglicht es Ihnen, ereignisbasierte Architekturen aufzubauen, die, basierend auf dem Publish/Subscribe-Prinzip, das asynchrone Versenden von Nachrichten oder Events ermöglichen. Doch was heißt das genau?

Ansatz von SAP Enterprise Messaging

Die Idee von SAP Enterprise Messaging setzt auf *Message Queues* auf, die Sie bereits in Abschnitt 2.3.5, »Message Queues«, kennengelernt haben. Bei einer klassischen Message Queue können mehrere Sender ihre Nachrichten in die Queue stellen. Jede Nachricht kann jedoch nur einmal von einem einzelnen Empfänger abgeholt werden. Es findet also eine enge Kopplung von Sender und Empfänger statt: Meist gibt es sogar nur genau eine Sender- und eine Empfängerapplikation.

Publish/Subscribe

Hierauf basierend, hat sich der Kommunikationsmechanismus Publish/Subscribe entwickelt, der mithilfe mehrerer Queues und einem zentralen Router die Kommunikation und den Nachrichtenversand von beliebig vielen Sendern an beliebig viele Empfänger erlaubt. Die Nachrichten des Senders werden dazu, anstatt direkt an die einzelnen Message Queues der Empfänger geschickt zu werden, an ein sogenanntes *Topic* gesendet und hier veröffentlicht (Publish). Die konsumierenden Anwendungen können dann selbst entscheiden, ob sie über neue Nachrichten bezüglich eines Topics informiert werden und sich für ein Topic registrieren möchten (Subscribe). Die Anwendung wird also zum *Abonnenten* eines Topics. Die herkömmliche Punkt-zu-Punkt-Kommunikation wird durch die Einführung eines zentralen Nachrichten-Brokers ersetzt. Obwohl die Punkt-zu-Punkt-Kommunikation für den Datenaustausch zwischen einer begrenzten Anzahl an Sendern und Empfängern gut geeignet ist (siehe Abschnitt 2.1.1, »Punkt-zu-Punkt«), kann die Skalierbarkeit bei einer steigenden Anzahl von Systemen schnell zum Problem werden.

Entkopplung von Anwendungen

Die Entkopplung der Anwendungen über den Nachrichten-Broker stellt sicher, dass die Kommunikation asynchron verläuft und nicht blockiert. Dies ermöglicht Ihnen insgesamt eine verbesserte Skalierbarkeit und Performanz der Übertragung.

Vorteile

Sendende Anwendungen werden nicht mehr dadurch verlangsamt, dass auf eine Antwort des Empfängers gewartet werden muss, der gegebenenfalls offline ist und derzeit keine Anfragen bearbeiten kann. Empfangende Anwendungen abonnieren nur jene Nachrichten, die für sie von geschäftlicher bzw. prozessualer Bedeutung sind. Dadurch wird sichergestellt, dass die empfangenden Anwendungen alle relevanten Informationen erhalten und die Nachrichten in ihrem eigenen Tempo konsumieren können.

SAP Enterprise Messaging stellt dabei sicher, dass Nachrichten im großen Maßstab zwischen den Sendern und Empfängern ausgetauscht werden. Es unterstützt den Nachrichtenaustausch zwischen unabhängig voneinander arbeitenden Microservices und Anwendungen, um ereignisgesteuerte Geschäftsprozesse innerhalb des Unternehmens und mit externen Partnern zu gewährleisten. Abbildung 8.1 zeigt die Einordnung von SAP Enterprise Messaging in den Kontext weiterer beteiligten Applikationen.

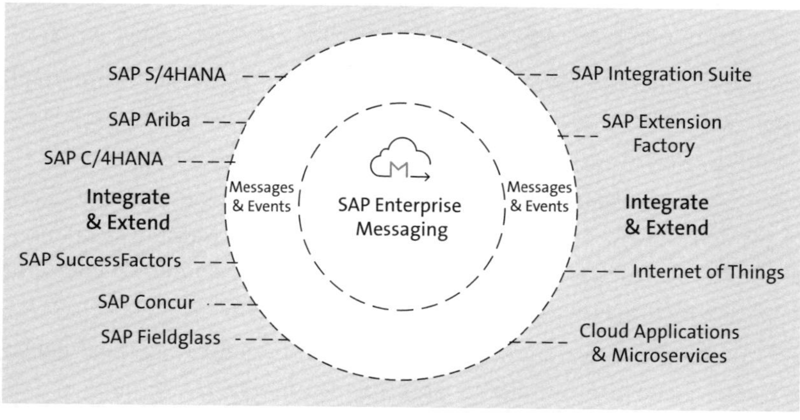

Abbildung 8.1 Einordnung von SAP Enterprise Messaging

8.2 Funktionen für das Schnittstellenmanagement

Heutige IT-Landschaften sind komplex und stark dezentralisiert. Dies trifft ebenso auf die Informationen innerhalb dieser Landschaften zu. SAP Enterprise Messaging erleichtert Ihnen die Integration von Anwendungen sowohl intern als auch extern durch das Bereitstellen folgender Funktionalitäten:

- Message-Clients
- Servicebeschreibung
- Nachrichtenkonzepte
- ...

Im Folgenden stellen wir Ihnen diese Funktionen genauer vor.

8.2.1 Message-Client

Message-Clients

Message-Clients im Kontext von SAP Enterprise Messaging repräsentieren die jeweiligen empfangenen und sendenden physischen Anwendungen, Services und Dienste von Events, die Nachrichten erhalten bzw. senden. Ein Message-Client besteht dabei aus einer oder mehreren ihm zugewiesenen Queues und Topics. Die eigentlichen physischen Systeme hinter den Message-Clients, wie z. B. ein SAP-SuccessFactors-System können Nachrichten an die zugewiesenen Queues und Topics senden bzw. Nachrichten von ihnen konsumieren. Alle angebunden Message-Clients werden durch eine Servicebeschreibung eindeutig beschrieben: Sie definiert neben allgemeinen Parametern wie dem Namen des Message-Clients vor allem den Namensraum des Message-Clients und mögliche Verbindungsregeln. Diese Regeln legen fest, an welche Queues und/oder Topics der Message-Client Nachrichten senden bzw. von welchen er Nachrichten empfangen darf.

Service-beschreibung

Jeder Message-Client wird über eine Servicebeschreibung definiert. Die folgenden Parameter dienen dabei der Beschreibung des Message-Clients:

- `emname`: Definiert den Namen des Message-Clients. Dieser sollte innerhalb eines SAP-BTP-Subaccounts eindeutig sein und klassischerweise auf die dahinter liegende Anwendung wie z. B. SAP SuccessFactors verweisen.
- `namespace`: Der Namensraum stellt sicher, dass jeder Message-Client innerhalb eines SAP-BTP-Accounts eindeutig ist. Der Namensraum dient als Präfix für Queue und Topic. Dadurch sind die einzelnen Queues und Topics eindeutig einem Message-Client zugewiesen.
- `options`: Definiert die Zugriffskanäle eines Message-Clients. Diese geben z. B. an, welche Kommunikationsprotokolle unterstützt werden.

- `rules`: Definiert die Zugriffrechte eines Message-Clients. Um den Zugriff auf eine Queue bzw. ein Topic zu erlauben, müssen Sie den Namensraum des entsprechenden Message-Clients, der Zugriff erhalten soll, hinzufügen.

Beispiel für eine Service-beschreibung

Listing 8.1 zeigt, wie eine solche Servicebeschreibung für einen Message-Client aussehen kann. In diesem Beispiel haben wir den Message-Client `Successfactors` definiert. Dieser Message-Client darf aktuell auf alle Topics und Queues innerhalb seines Namensraums zugreifen und hier Nachrichten publizieren und konsumieren, da noch keine weiteren Einschränkungen auf einzelne spezifische Queues und Topics bei den Regeln vorgenommen worden sind.

```
{
    "emname": "Successfactors",
    "namespace": "org/sf/testing",
    "version": "1.1.0",
    "options": {
        "management": true,
        "messagingrest": true,
        "messaging": true
    },
       "rules": {
        "queueRules": {
            "publishFilter": [
                "${namespace}/*"
            ],
            "subscribeFilter": [
                "${namespace}/*"
            ]
        },
        "topicRules": {
            "publishFilter": [
                "${namespace}/*"
            ],
            "subscribeFilter": [
                "${namespace}/*"
            ]
        }
    }
}
```

Listing 8.1 Beispielhafter Aufbau einer Servicebeschreibung

Service-Instanzen

In SAP BTP werden die Message-Clients durch Service-Instanzen repräsentiert. Jede SAP-Enterprise-Messaging-Instanz stellt dabei einen Message-Client dar. Wie Sie Abbildung 8.2 entnehmen können, wurden in diesem Beispiel zwei Service-Instanzen, also zwei Message-Clients, erstellt. In diesem Beispiel existiert eine Service-Instanz für SAP S/4HANA Cloud und eine Service-Instanz für SAP SuccessFactors. Die Ausprägung des Message-Clients `Successfactors` haben Sie bereits in Listing 8.1 gesehen.

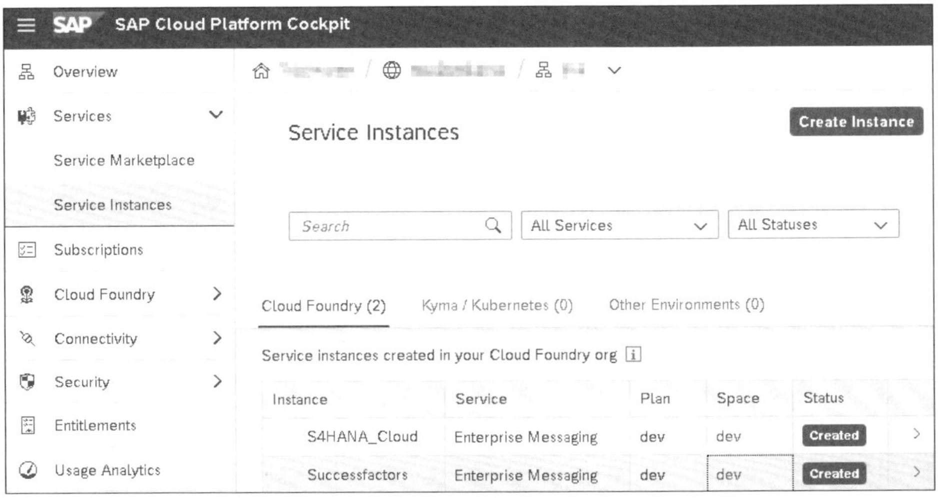

Abbildung 8.2 Übersicht über die SAP-Enterprise-Messaging-Instanzen im SAP BTP Cockpit

Service Key

Wie nun die physischen Anwendungen wie z. B. ein SAP-SuccessFactors-System mit den erstellten Message-Clients kommunizieren können, ist im sogenannten *Service Key* definiert. Dieser enthält die unterstützten Nachrichtenprotokolle wie z. B. MQTT oder REST, die jeweiligen Endpunkte sowie die Client-Credentials für die Authentifizierung mittels OAuth2.

8.2.2 Nachrichtenkonzepte

SAP Enterprise Messaging unterstützt im Bereich der asynchronen Kommunikation zwei zentrale Ausprägungen: den Austausch rein über Queues, und den Austausch via Publish/Subscribe mittels Topics. Das Grundprinzip haben Sie bereits in Abschnitt 8.1, »Übersicht über SAP Enterprise Messaging«, kennengelernt. Nachfolgend wollen wir Ihnen beide Ausprägungen noch einmal anhand konkreter Beispiele vorstellen.

Queues

Mittels *Queues* können Sie einfache Szenarien gestalten. Hierbei gibt es eine 1:1-Korrelation zwischen der empfangenen Anwendung und der Queue (siehe Abschnitt 2.3.5, »Message Queues«). Die sendende Anwendung stellt eine Nachricht in die Warteschlange, in der sie so lange gespeichert wird, bis die empfangende Anwendung sie konsumiert. Durch das Queueing wird dabei sichergestellt, dass die gesendeten Nachrichten in der korrekten Reihenfolge eingestellt und abgeholt werden. Eine schematische Darstellung dieses Anwendungskonzepts sehen Sie in Abbildung 8.3.

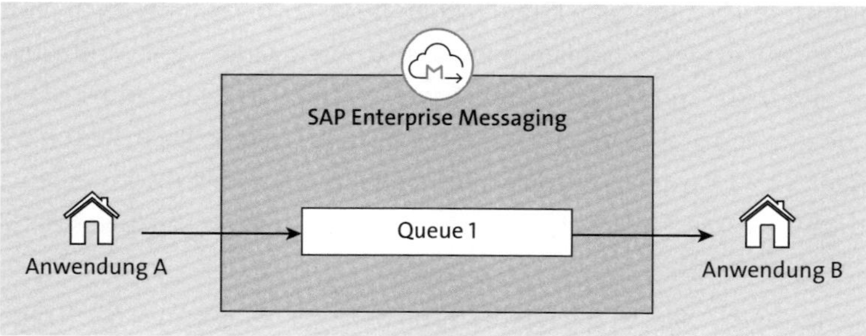

Abbildung 8.3 Das Prinzip der Queues

Verwaltung in SAP Enterprise Messaging

In der Oberfläche von SAP Enterprise Messaging sehen Sie auf der Registerkarte **Queues** alle Queues des Message-Clients `Successfactors` (siehe Abbildung 8.4). Alle Queues weisen dabei das gleiche Präfix auf, den Namespace, der zuvor innerhalb der Servicebeschreibung vergeben wurde, in diesem Beispiel das Präfix `org/sf/testing` (siehe Listing 8.1). Der Name der eigentlichen Queue ist `sales_order`.

Neben diesen Informationen erhalten Sie in der Oberfläche eine Übersicht über die aktuelle Anzahl der Nachrichten in der Queue (hier sind es 128), die Anzahl der derzeit unbestätigten Nachrichten (hier 0) und über die Gesamtgröße der Queue in Bytes (hier 1.485.234).

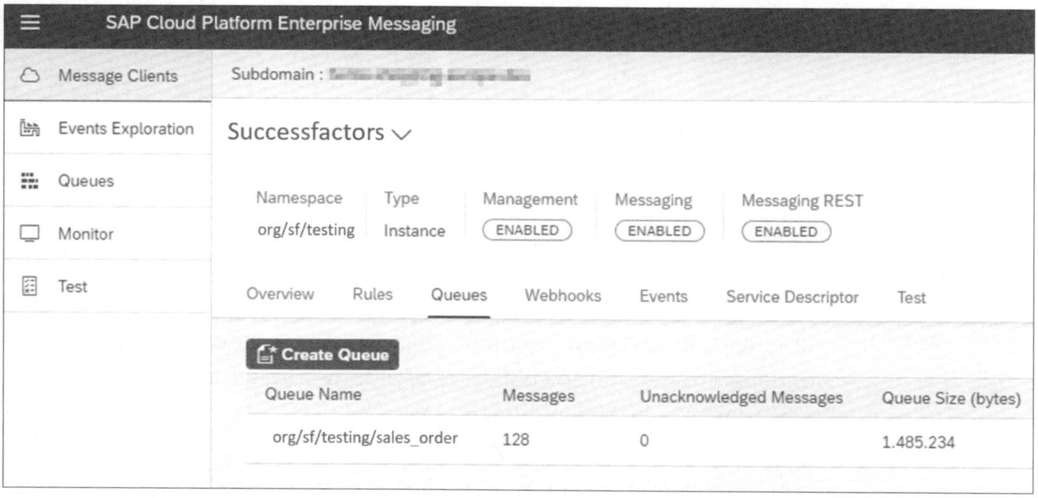

Abbildung 8.4 Übersicht über die Queues in SAP Enterprise Messaging

Der Nachrichtenaustausch via *Publish/Subscribe* funktioniert etwas anders. Wie bereits für die Queues beschrieben, ist es möglich, Nachrichten zu publizieren und Anwendungen bereitzustellen. Statt diese jedoch einzeln in die Queues jeder Zielanwendung zu stellen, erfolgt die Verteilung über Topics.

Topics Topics repräsentieren logische Kanäle, über die Nachrichten innerhalb von SAP Enterprise Messaging publiziert werden können. Jedes Topic sollte idealerweise einen klaren Bezug zu einem bestimmten Geschäftsobjekt aufweisen. Sie können z. B. Topic 1 so definieren, dass es alle Nachrichten zu Änderungen bzw. Aktualisierungen von einzelnen Kundenaufträgen enthält, und unter Topic 2 alle Nachrichten zu neu angelegten Business-Partnern zusammenfassen.

Abonnieren von Topics Alle Anwendungen, die z. B. die Nachrichten bezüglich der Kundenaufträge erhalten wollen, können gezielt das entsprechende Topic abonnieren, hier also Topic 1. Die Topics selbst persistieren dabei keine Nachrichten, sondern leiten sie nur an alle ihnen zugewiesenen Queues weiter. Dieses Konzept empfiehlt sich immer dann, wenn eine einzelne Nachricht an mehrere Anwendungen gesendet werden soll. Abbildung 8.5 stellt das Konzept noch einmal grafisch vor.

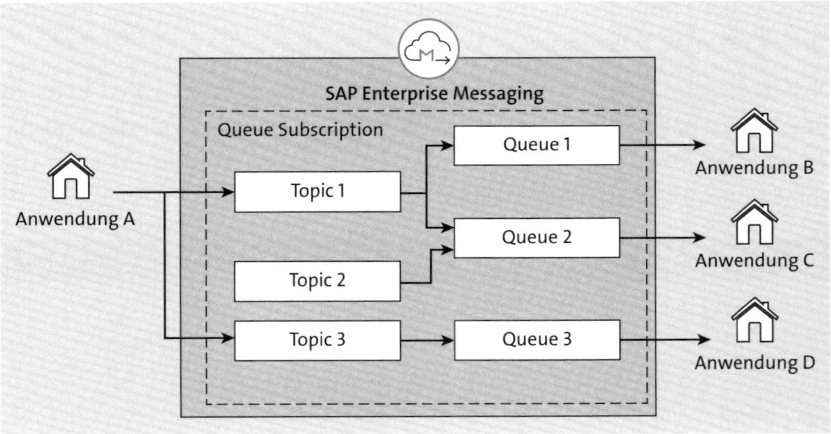

Abbildung 8.5 Funktionsweise von Publish/Subscribe

Anwendungsbeispiel Anwendung A sendet Nachrichten an SAP Enterprise Messaging, nun aber mit einem festgelegten Themenbezug. Die Nachrichten zu Topic 1 (neue Kundenaufträge) sind sowohl für Anwendung B als auch für Anwendung C interessant. Beide Anwendungen haben Topic 1 entsprechend abonniert, was zu einer Weiterleitung der Nachrichten in die entsprechenden Queues führt. Sendet nun Anwendung A eine Nachricht über einen neuen Kundenauftrag an Topic 1, wird diese Nachricht sowohl in Queue 1 als auch in

Queue 2 gestellt. Die Anwendungen können dann unabhängig voneinander die Nachricht aus ihrer eigenen Queue heraus konsumieren und verarbeiten.

Es ist dabei auch möglich, dass eine Anwendung mehrere Topics abonniert: In diesem Beispiel erhält Anwendung C die Nachrichten aus Topic 1 und Topic 2. Wenn nun Nachrichten zu Topic 2 gesendet werden, werden diese Nachrichten ebenfalls in die Queue von Anwendung C gestellt.

Mehrere Empfänger für einzelne Nachrichten

Publish/Subscribe ermöglicht es, dass eine Nachricht an beliebig viele Empfänger gesendet werden kann und gleichzeitig sichergestellt ist, dass die Nachricht so lange in der Queue aufbewahrt wird, bis sie von »ihrer« Anwendung konsumiert wird.

8.2.3 Konsum von Nachrichten

Pull-Konsum von Nachrichten

Sie kennen nun die verschiedenen Arten, wie Nachrichten in Queues publiziert werden können. Als Nächstes müssen die Nachrichten von der empfangenden Anwendung konsumiert werden. SAP Enterprise Messaging unterstützt zwei Arten für den Konsum von Nachrichten, *Pull* und *Push*. Das klassische Konzept der Message Queues basiert darauf, dass die konsumierenden Anwendungen proaktiv in der Queue nach neuen Nachrichten suchen, wenn sie bereit sind, sie zu verarbeiten. Sie »ziehen« (engl. to pull) die Nachrichten aus der Queue. Hierzu bietet SAP Enterprise Messaging verschiedene APIs an.

REST-API

Wollte nun also wie im vorangehenden Bespiel Anwendung B die Informationen zu neu erstellten Kundenaufträgen aus Queue 1 abfragen, kann dies über folgenden REST-Aufruf geschehen:

```
POST /messagingrest/v1/queues/{queue-name}/messages/consumption
```

Als Antwort erhält Anwendung B die Nachricht, die sich an vorderster Stelle in Queue 1 befindet.

Quality of Service REST-API

Die Nachricht wird dabei jedoch noch nicht zwangsläufig aus der Queue entfernt. Bei Abruf einer Nachricht aus der Queue kann der Message-Client B durch die Übergabe eines Header-Parameters bestimmen, ob eine weitere Bestätigungsnachricht an SAP Enterprise Messaging für den Erhalt und die korrekte Verarbeitung erforderlich ist (ein sogenanntes *Acknowledgement*) oder ob die Nachricht nach dem Abruf direkt aus der Queue entfernt werden soll. Diesen Header-Parameter bezeichnet man auch als *Quality of Service* mit dem der Client die Nachrichtenübertragung absichern kann. Er wird in der Form `x-qos` im Nachrichten-Header mit den möglichen Ausprägungen `0` oder `1` mitgesendet. Bei Quality of Service 1 wird die Nachricht erst nach Erhalt einer Acknowledgement-Nachricht mit Bezug zu der Queue und der zuvor empfangenen Nachrichten-ID aus der Queue entfernt:

```
POST /messagingrest/v1/queues/{queue-name}/messages/{message-id}/
acknowledgement
```

Der Empfang der Nachricht kann garantiert werden, indem der Erhalt und die Verarbeitung aktiv durch den Message-Client bestätigt werden.

Wenn Sie den Quality of Service 0 verwenden, wird bei Abruf der Nachricht aus der Queue die Nachricht ohne weitere Bestätigung des Clients aus der Queue gelöscht.

Push-Konsum von Nachrichten

Im Gegensatz zum Pull-Konsum werden Nachrichten beim Push-Konsum proaktiv und direkt von der Queue an den verbundenen Message Client gesendet, ohne dass die empfangene Anwendung die Queue aktiv ansprechen muss. Der Versand aus der Queue geschieht dabei über sogenannte *Webhooks*.

Webhook

Ein Webhook stellt dabei eine Art Verweis an einen HTTP-Endpunkt dar, an den via HTTP-POST die Nachrichten einer Queue automatisch gesendet werden. Er verzahnt quasi die Queue mit einem Webservice. Im Webhook ist dabei sowohl ein konkreter URL-Endpunkt innerhalb der Zielanwendung definiert, an die die Nachricht gesendet wird, als auch Informationen zum Quality of Services. Dies geschieht im Gegensatz zum pull-basierten Ansatz direkt innerhalb des Webhooks, da hierbei kein separater Aufruf von außen durch den Client selbst erfolgt.

Quality of Service

Sofern Sie im Webhook den Quality of Service 0 definiert haben, ist keine Bestätigungsnachricht des Clients erforderlich. Die Nachricht wird automatisch bestätigt, an den Client versendet und aus der Queue entfernt. Beim Quality of Service 1 ist, wie zuvor beim pull-basierten Ansatz, eine Bestätigungsnachricht erforderlich. Da die Nachricht jedoch nicht aktiv abgeholt wird, sondern via HTTP-POST an die hinterlegte Webhook-URL gesendet wird, werden alle 2XX-HTTP-Antwortcodes als positives Acknowledgement betrachtet, und die Nachricht wird aus der Queue entfernt. Sollte die Antwort des empfangenen Systems nicht innerhalb von 30 Sekunden erfolgen, oder sollte ein HTTP-Fehlercode empfangen werden (also alles *außer* einem 2XX-Antwortcode), wird SAP Enterprise Messaging etwa sieben weitere Male im Abstand von 15 Minuten versuchen, die Nachricht zuzustellen. Danach wird die Wiederholungshäufigkeit verlangsamt, solange, bis die Nachricht positiv bestätigt wurde oder die Nachrichtengültigkeit von 30 Tagen (Standardwert) abgelaufen ist. Das Konzept ist schematisch in Abbildung 8.6 dargestellt.

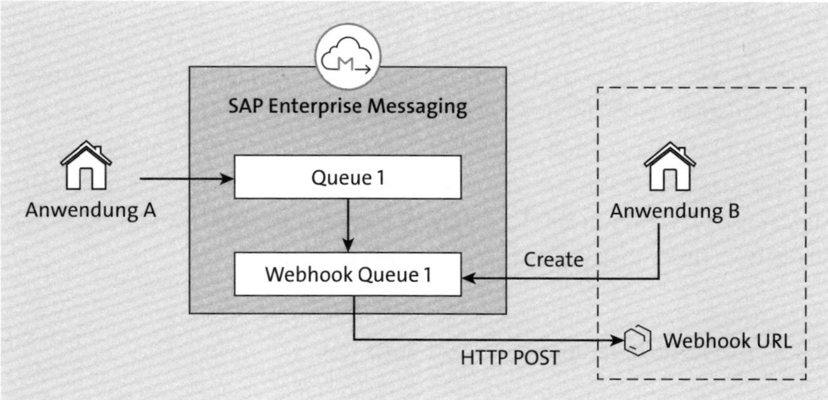

Abbildung 8.6 Funktionsweise der Webhooks

8.2.4 Unterstützte Protokolle

SAP Enterprise Messaging unterstützt verschiedene Standard-Nachrichtenprotokolle für die Integration von externen Anwendungen und Diensten innerhalb der IT-Landschaft. Die zur Verfügung stehenden Protokolle sehen Sie in Tabelle 8.1.

Protokoll	Beschreibung
AMQP	Das *Advanced Messaging Queuing Protocol* (AMQP) ist ein offenes standardisiertes und plattformunabhängiges Protokoll für den Nachrichtenaustausch zwischen verteilten Systemen, Anwendungen und Organisationen. Es unterstützt verschiedene Message Broker und erlaubt das Senden und Empfangen sowie Queueing und Routing von Nachrichten.
MQTT	*Message Queuing Telemetry Transport* (MQTT) ist ein leichtgewichtiges Nachrichtenprotokoll, das sich besonders für die Kommunikation mit Systemen eignet, die selbst über wenig Rechenleistung und/oder über eine geringe Bandbreite verfügen. Heutzutage wird es insbesondere im Umfeld des Internet of Things (IoT) verwendet.
HTTP-REST	Über eine bereitgestellte REST-API können einzelne Messaging-Funktionen von SAP Enterprise Messaging aufgerufen werden. Nachrichten können über die API etwa an Queues oder Topics gesendet werden, aber auch der Konsum ist möglich.

Tabelle 8.1 Übersicht zu unterstützten Nachrichtenprotokollen

8.3 Anwendungsmöglichkeiten

Schauen wir uns nun in diesem Abschnitt nun einige praktische Anwendungsbeispiele dazu an, in welchen Szenarien Sie SAP Enterprise Messaging konkret einsetzen können. Neben den erwähnten Messaging-Fähigkeiten wie Queues und Publish/Subscribe ergeben sich insbesondere im Zusammenspiel mit weiteren Services der SAP Business Technology Platform Möglichkeiten, Ihre Integrationsarchitektur aufzubauen.

8.3.1 Anwendungsbeispiel: Event Hub

SAP Enterprise Messaging und SAP Cloud Integration

Im ersten Beispiel wollen wir Ihnen vorstellen, wie SAP Enterprise Messaging in Kombination mit SAP Cloud Integration als zentrale Drehscheibe für Ereignisse (Events), Nachrichtenaufbereitung und Versand genutzt werden kann. Dieses Zusammenspiel beider Plattformen wollen wir im Folgenden als Event Hub bezeichnen. Hierbei soll SAP S/4HANA Cloud als Auslöser der Events dienen. Events können dabei z. B. neu angelegte Geschäftsobjekte oder Änderungen an existierenden Geschäftsobjekten sein. In unserem Beispiel soll ein neu angelegter Kundenauftrag als Event-Trigger dienen. Den Ablauf sehen Sie in Abbildung 8.7.

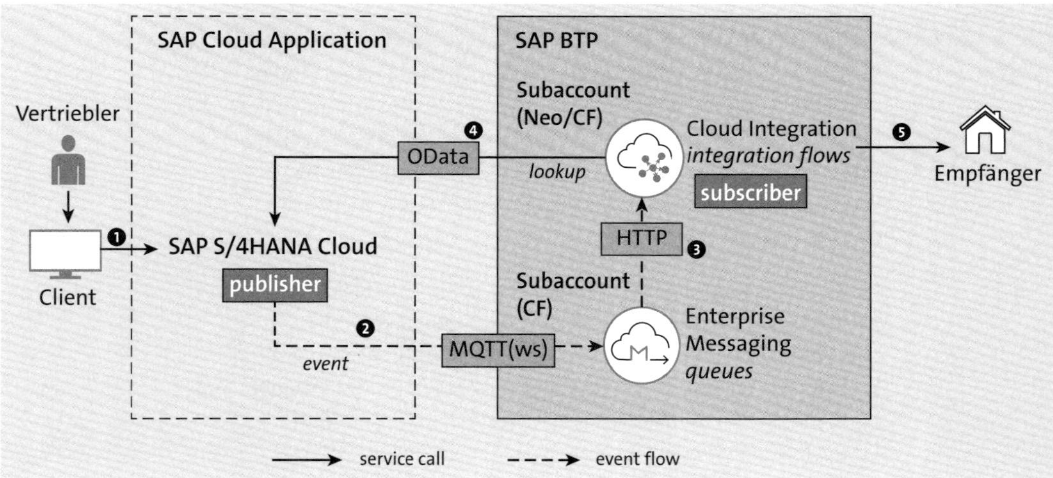

Abbildung 8.7 SAP Cloud Integration und SAP Enterprise Messaging als Event Hub (Quelle: SAP)

Nachrichtenverlauf

❶ SAP S/4HANA Cloud erzeugt einen neuen Kundenauftrag und triggert das entsprechende Event.

❷ Eine Nachricht, die die ID des soeben erstellen Kundenauftrags enthält, wird an eine Queue in SAP Enterprise Messaging gesendet.

❸ SAP Cloud Integration als Subscriber auf die Queue erhält die Nachricht.

❹ Mittels OData-Aufruf auf die Sales-Order-API von SAP S/4HANA Cloud werden die benötigen Feldinformationen abgerufen.

❺ SAP Cloud Integration sendet die aufbereitete Nachricht an den Empfänger.

Event-Katalog

Eine Auflistung der aktuell verfügbaren Events in SAP S/4HANA Cloud finden Sie unter folgender URL: *https://api.sap.com/package/SAPS4HANACloudBusinessEvents*. So lassen sich für Kundenaufträge z. B. die folgenden Events auslösen:

- Kundenauftrag erstellt
- Kundenauftrag geändert
- Kundenauftrag gelöscht

8.3.2 Anwendungsbeispiel ohne Nachrichten-Broker

Exkurs: Beispiel ohne Nachrichten-Broker

Technisch ließe sich das Szenario aus Abbildung 8.7 in abgewandelter Form auch ohne den Einsatz von Nachrichten-Brokern wie SAP Enterprise Messaging lösen. In diesem Fall würde SAP Cloud Integration direkt die OData-API aufrufen und die Daten abfragen. Jedoch wäre hierbei eine regelmäßige Anfrage der API nach neuen Kundenaufträgen notwendig, die zusätzlich in der Lage sein muss, lediglich die Kundenaufträge abzufragen, die sich in der Zwischenzeit seit der letzten Abfrage geändert haben. Abbildung 8.8 zeigt einen solchen exemplarischen iFlow in SAP Cloud Integration.

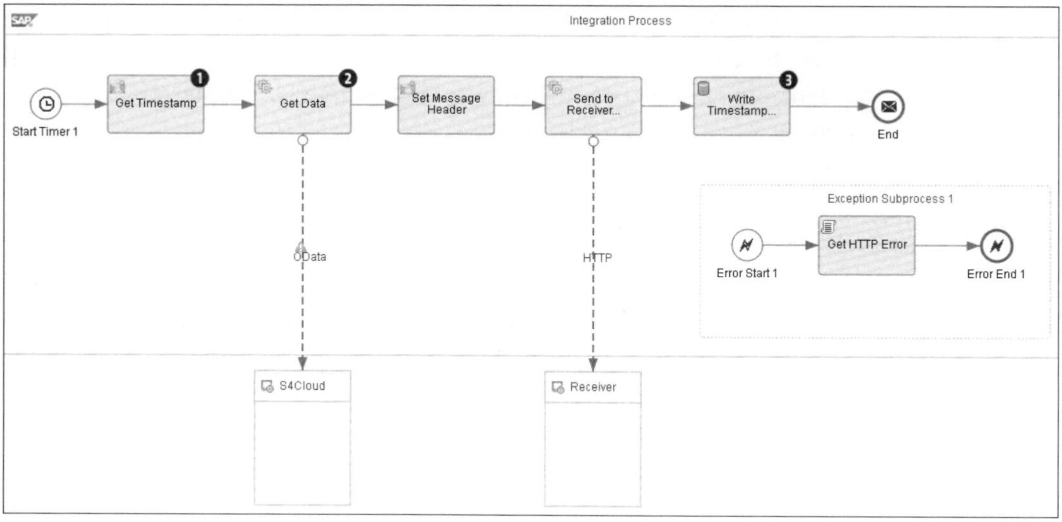

Abbildung 8.8 Abfrage von Daten mittels SAP Cloud Integration ohne SAP Enterprise Messaging

Abrufen der Startzeit

Im ersten Schritt speichert das Artefakt **Content Modifier** ❶ den Zeitstempel des letzten Laufs des iFlow als Variable an der Nachricht (siehe Abbildung 8.8). Um Zeitstempel über mehrere Läufe eines iFlow hinweg zu verwenden, speichern Sie den jeweiligen aktuellen Zeitstempel in der lokalen Variable `timestamp_project_run`, wie Sie später in Schritt ❸ sehen werden. Da diese Variable im ersten und initialen Durchlauf des iFlow noch nicht gefüllt ist, wird der Standardwert `1900-01-01T00:00:00Z` hinterlegt, sodass initial alle Kundenaufträge abgefragt werden (siehe Abbildung 8.9).

Abbildung 8.9 Abfrage der Zeitstempel durch den Content Modifier

Filter des OData-Aufrufs

Der in der Eigenschaft `timestamp` gespeicherte Wert für den zuletzt getätigten Aufruf der OData-API wird nun in Schritt ❷ (siehe Abbildung 8.8) als Filtervariable für den aktuellen Aufruf der API verwendet (siehe Listing 8.2).

```
?filter=LastChangeDateTime ge datetimeoffset'${property.timestamp}'
```

Listing 8.2 Zeitliche Filterbedingung des OData-Aufrufs

Durch das Hinzufügen des Filters werden nun lediglich die Kundenaufträge abgeholt, bei denen das Feld `LastChangeDateTime` einen Wert größer/gleich dem aktuellen Zeitstempel aufweist. Hierdurch vermeiden Sie, dass ältere Kundenaufträge (also kleiner dem gespeicherten Zeitstempel) erneut abgeholt werden.

Speichern des Endzeitpunkts

Im letzten Schritt ❸ wird der alte Wert des Zeitstempels in der Variable `timestamp_project_run` durch das aktuelle Datum und die Uhrzeit mittels Write-Variable-Artefakt überschrieben (siehe Abbildung 8.10). Hierdurch wird sichergestellt, dass im nächsten Lauf des iFlow der aktualisierte Zeitstempel in Schritt ❶ genutzt wird (siehe Abbildung 8.8). Auch ist sichergestellt, sollte im Prozessverlauf ein Fehler entstehen, dass der letzte Schritt ❸ nicht durchlaufen und der Zeitstempel nicht aktualisiert wird. So können die Aufträge im nächsten Lauf erneut abgeholt werden.

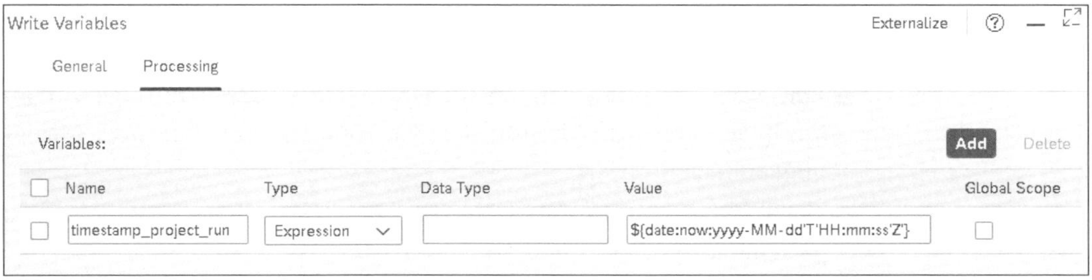

Abbildung 8.10 Neuer Zeitstempel wird geschrieben

Szenario ohne Nachrichten-Broker nur bedingt empfehlenswert

Um das Szenario aus Abbildung 8.7 nachzubilden, könnten Sie SAP Enterprise Messaging durch entsprechende Logik in SAP Cloud Integration umgehen und, wie gezeigt, durch iFlows nachbilden. Dadurch verlieren Sie jedoch zum einen die echtzeitnahe Übertragung der Daten. Zum anderen steigt die Komplexität der einzelnen iFlows durch die Verwendung von Variablen zur Speicherung der einzelnen Zeitstempel enorm an. Wägen Sie unbedingt ab, inwieweit das Nachrichten-Handling, das SAP Enterprise Messaging nativ über das Queuing mitbringt, durch umfassende Logikschritte in SAP Cloud Integration adaptiert werden soll und kann. Wir empfehlen daher, sofern möglich, immer auf SAP Enterprise Messaging zurückzugreifen und dessen Queuing-Mechanismen zu nutzen.

8.3.3 Anwendungsbeispiel mit mehreren Empfängern

Event Hub bei mehreren Empfängern

Erweitern wir nun das vorangehende Beispiel um den Versand an mehrere Empfänger. Dies ließe sich ebenfalls in SAP Cloud Integration lösen, indem die Nachricht an mehrere Empfänger gesendet wird. Was aber passiert, wenn die erste Übertragung glückt, die zweite aber nicht? Durch Datenspeicher könnten Sie dieses Problem zwar lösen, jedoch steigt dadurch die Komplexität, da Sie diese Lösung händisch implementieren müssen.

Nachrichtenverlauf

Einfacher und effizienter lässt sich dieses Szenario mit einem Event Hub als Kombination aus SAP Cloud Integration und SAP Enterprise Messaging abbilden (siehe Abbildung 8.11). Ähnlich wie im Beispiel aus Abbildung 8.7 wird hier die Nachricht zentral an SAP Enterprise Messaging geschickt. Hier wird sie jedoch bereits auf die einzelnen Queues der Empfängersysteme verteilt. Entsprechend werden die folgenden Schritte durchlaufen:

❶ SAP S/4HANA erzeugt einen neuen Kundenauftrag und löst das entsprechende Event aus.

❷ Eine Nachricht mit der ID des soeben erstellen Kundenauftrags wird an das in SAP S/4HANA hinterlegte Event Topic von SAP Enterprise Messaging publiziert.

❸ Die Nachricht wird in die einzelnen, den Topic zugewiesenen Queues gestellt.

❹ Die einzelnen iFlows in SAP Cloud Integration erhalten als individuelle Subscriber auf die Queues die entsprechende Nachricht.

❺ Mittels OData-Call auf die Sales-Order-API von SAP S/4HANA Cloud werden die benötigten Feldinformationen abgerufen.

❻ SAP Cloud Integration sendet die aufbereitete Nachricht an den Empfänger.

❼ Alternativ erhält Empfängersystem 3 lediglich die Information über den neu angelegten Kundenauftrag, da es selbst keine weiteren Informationen hierüber benötigt.

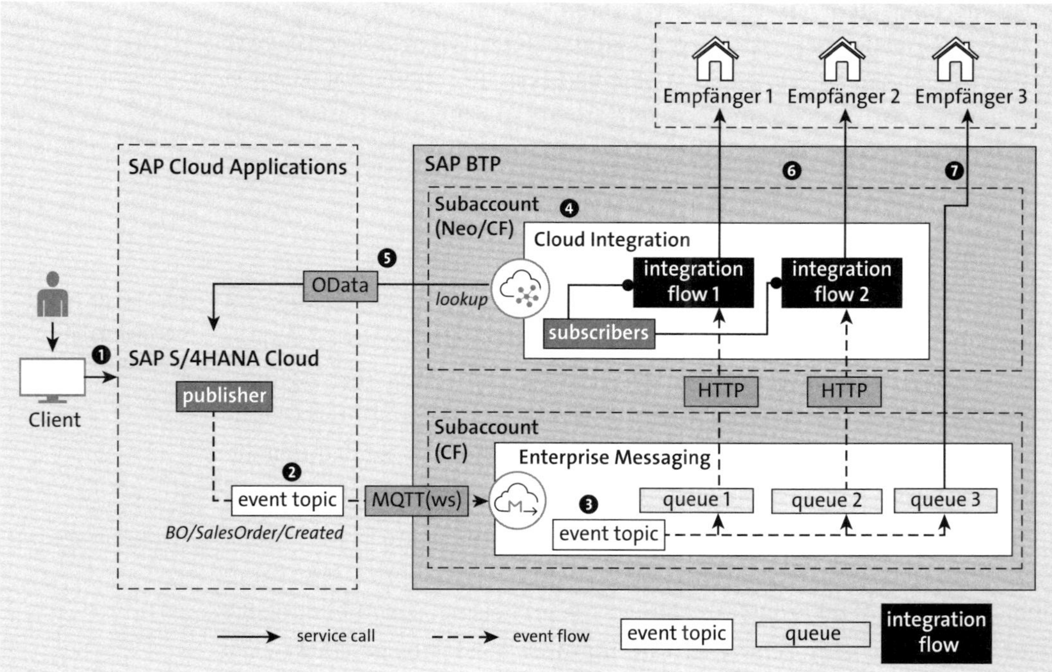

Abbildung 8.11 Nachrichtenrouting mittels Event Hub (Quelle: SAP)

iFlows als individuelle Konsumenten

In diesem Szenario agieren die einzelnen iFlows in SAP Cloud Integration als individuelle Subscriber auf Queues in SAP Enterprise Messaging. Die Nachrichtenverarbeitung, also das Abfragen weiterer Informationen in SAP S4HANA und das Senden an die Zielanwendung kann somit losgelöst von den anderen Zielanwendungen erfolgen. Es ist auch möglich, dass einzelne Anwendungen die Nachricht direkt aus der Queue konsumieren, z. B. wenn keine weitere Aufbereitung notwendig ist (siehe Schritt ❼).

Zusammenfassung

Zusammenfassend bieten sich folgende Kernaspekte im Einsatz von SAP Enterprise Messaging: Durch SAP Enterprise Messaging findet eine Entkopplung der Kommunikation statt. Verteilte Applikationen, Dienste und Systeme kommunizieren über Message-Queues und das Publish/Subscribe-Pattern, anstatt einander direkt Nachrichten zu senden. Ebenfalls ermöglicht SAP Enterprise Messaging den Austausch von Geschäftsereignissen. Die Übertragung von Events aus SAP- und Nicht-SAP-Anwendungen erlaubt eine direkte Verarbeitung von oder eine Reaktion auf einzelne Geschäftsereignisse wie z. B. neu erstellte Kundenaufträge. Konsumierende Anwendungen können selbstständig entscheiden, wie einzelne Ereignismeldungen verarbeitet werden sollen. Wie in dem Anwendungsbeispiel ist es so möglich, Ereignismeldungen direkt zu konsumieren oder über eine Integrationsplattform wie SAP Cloud Integration weiter aufbereiten zu lassen.

Kapitel 9
Open Connectors

Wie kann die Integration mit Nicht-SAP-Systemen vereinfacht und vereinheitlicht werden? Dieses Kapitel stellt Open Connectors als Plattform für diesen Zweck vor.

Moderne IT-Landschaften beginnen sich zu verändern. Waren sie früher noch stark von einzelnen zentralen Anwendungen geprägt, werden zuletzt Arbeitsabläufe und Teilprozesse zunehmend in Satellitensysteme und spezialisierte Anwendungen verlagert (siehe z. B. SOA und Microservices in Abschnitt 2.1.4, »Serviceorientierte Architektur«, und Abschnitt 2.1.5, »Microservices«). Die IT-Systemlandschaften werden heterogener und bestehen nun nicht mehr nur aus einzelnen monolithischen Anwendungssystemen, sondern immer mehr als Zusammenspiel aus verschiedenen SAP-Produkten und häufig auch Nicht-SAP-Produkten. Wie bereits in Kapitel 4, »Die hybride Integrationsplattform von SAP«, ausgeführt, arbeitet SAP daran, alle APIs zwischen den verschiedenen SAP-Produkten weitestgehend anzugleichen (Stichwort: Aligned APIs) und so die Integration von SAP-System zu SAP-System nach Möglichkeit zu vereinfachen. Dies wirft allerdings die Frage auf, welche Möglichkeiten es fernab der SAP-Welt und der Integration von reinen SAP-Produkten untereinander gibt. In diesem Kapitel stellen wir dazu Open Connectors als Teil der SAP Integration Suite vor, deren Ziel es ist, die Integration zu Nicht-SAP-Produkten zu vereinheitlichen und zu vereinfachen.

[!]

Wann sollten Sie dieses Kapitel lesen?

Open Connectors bietet u. a. zahlreiche Adapter für Nicht-SAP-Produkte an. Lesen Sie dieses Kapitel, um mehr über die einzelnen Bestandteile von Open Connectors zu erfahren und wie es Sie u. a. in Kombination mit SAP Cloud Integration bei der Integration von Nicht-SAP-Produkten unterstützen kann.

9.1 Übersicht über Open Connectors

Was ist Open Connectors?

Was ist *Open Connectors*? Vereinfacht gesprochen, ist Open Connectors das, was *SAP Gateway* (siehe auch API Gateway in Abschnitt 2.1.5, »Microservices«) für SAP-Backend-Produkte ist. Genau wie SAP Gateway bildet Open Connectors eine Schicht zwischen den aufrufenden Anwendungen, z. B. zwischen einem SAP-S/4HANA-System und den dahinter liegenden Drittanbieter-Applikationen, die die teils komplexen Datenstrukturen und Prozesslogiken maskiert. Open Connectors stellt als Teil der SAP Integration Suite einen Service dar, der den Aufbau von Schnittstellen zu Nicht-SAP-Produkten und damit die Integration der von diesen Produkten angebotenen APIs vereinfachen soll (siehe Abbildung 9.1). Neben SAP Cloud Integration sind auch weitere Kombinationen mit Open Connectors denkbar. So ergeben sich in Kombination mit SAP API Management, den SAP-Mobile-Services und den SAP-Workflow-Services Szenarien, in denen die harmonisierten APIs für die Drittanbieter-Integration genutzt werden können. Im gleichen Maße lassen sich die erstellten und harmonisierten Endpunkte von Open Connectors aber auch direkt von Drittanbieter- Anwendungen konsumieren.

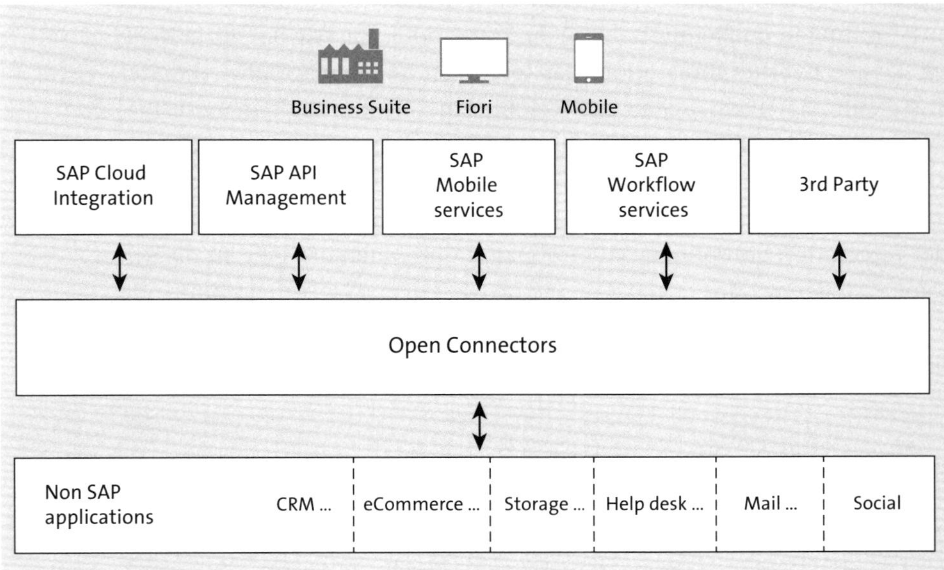

Abbildung 9.1 High-Level-Architektur von Open Connectors

Drittanbieter-Integration

Hintergrund ist, dass der reine Aufbau und der Konsum von Daten einer Drittanbieter-API häufig nicht das zentrale Problem sind. Schnell lassen sich z. B. vom Anbieter direkt oder innerhalb der Dokumentation Beispiele und Hinweise finden, wie die API aufgebaut ist und wie eine Abfrage aufgebaut sein muss. Häufig entsteht die Problematik erst im Nachgang, da sich APIs verschiedener Anbieter oft in der Art und Weise unterscheiden, wie sie z. B. mit der Authentifizierung, dem Fehlerhandling, oder mehreren Nachrichten im Batch umgehen. Die Herausforderung liegt dabei weniger in der Anbindung solcher APIs als vielmehr in der Orchestrierung und der tatsächlichen Integration dieser APIs.

Anwendungsbeispiel

Eine mögliche Architektur und Nutzung von Open Connectors ist ergänzend zu Abbildung 9.1 in Abbildung 9.2 dargestellt. In diesem Szenario ermöglicht es die Kombination von Open Connectors und SAP Cloud Integration, die Transformation der Nachricht zentral in SAP Cloud Integration abzubilden und für die Anbindung an eine Drittanbieter-Applikation einen der bereitgestellten Adapter zu nutzen. Dies macht die Integrationsflüsse innerhalb von SAP Cloud Integration ebenfalls wiederwendbarer, da Sie keine produktspezifischen API-Logiken berücksichtigen müssen.

9

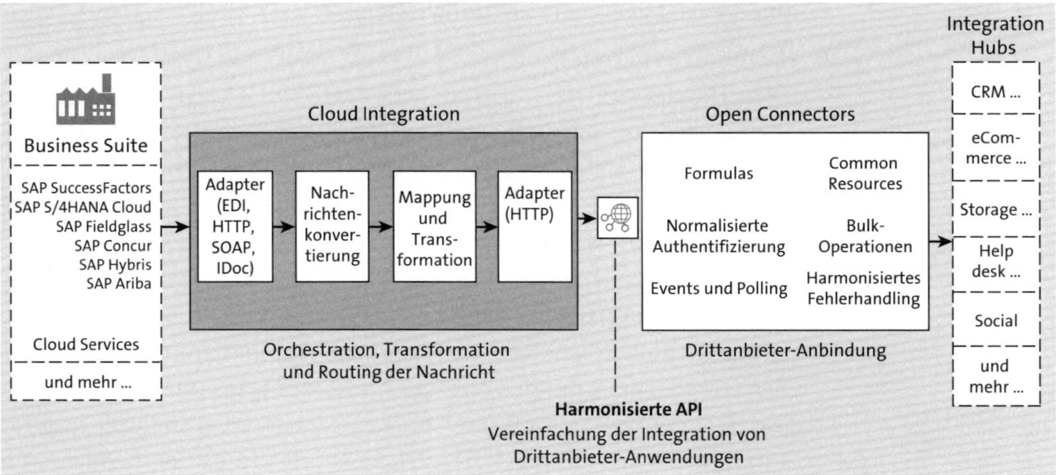

Abbildung 9.2 Architektur von Open Connectors mit SAP Cloud Integration

9.2 Funktionen für das Schnittstellenmanagement

Kernbestandteile von Open Connectors

Um die im vorangehenden Abschnitt 9.1, »Übersicht über Open Connectors«, erwähnte Vereinfachung der Integration von Drittanbieter-Anwendungen zu erreichen, bietet Open Connectors die folgenden zentralen Funktionen:

- *Standardisierte Adapter (Connectors)* für die Integration von mehr als 170 Nicht-SAP-Applikationen.

- *Geteilte Ressourcen* (*Common Ressources*) für die Entwicklung und den Aufbau von teils kanonischen Datenmodellen (siehe Abschnitt 2.1.2, »Hub and Spoke«), die die Standardadapter erweitern.
- *Formeln* (*Formulas*), die es Ihnen ermöglichen, mehrere API-Aufrufe automatisiert zu verketten.

Im Folgenden möchten wir auf jede dieser zentralen Funktionen kurz eingehen und sie anhand eines Beispiels verdeutlichen.

9.2.1 Standardisierte Adapter

Konnektoren und Funktionalitäten

Zentraler Bestandteil von Open Connectors sind die verschiedenen Adapter, auch *Konnektoren* genannt, zu den über 170 verfügbaren Drittanbieter-Anwendungen. Im Kern stellen die Konnektoren eine vorgefertigte API-Integrationsschicht über die eigentlichen APIs der Hersteller dar, indem sie die zur Verfügung stehenden Funktionen standardisieren. Dies betrifft insbesondere die folgenden Funktionalitäten:

- **Harmonisierte URIs**
  Open Connectors stellt harmonisierte RESTful-API-Endpunkte bereit, unabhängig von der Implementierung auf Anbieterseite. Darüber hinaus bietet es eine interaktive API-Dokumentation, indem die zur Verfügung stehenden Endpunkte direkt innerhalb von Open Connectors angesprochen werden können.
- **Normalisierte Authentifizierung**
  Für die Authentifizierung gegenüber Open Connectors bzw. dem Adapter werden einheitliche Authentifizierungs-Header-Parameter generiert. Dies ermöglicht es Ihnen, von jeder Anwendung aus über die SAP Business Technology Platform (SAP BTP) eine sichere Verbindung zu Ihrer Drittanbieter-Anwendung herzustellen. Hierbei ist es unerheblich, welche Authentifizierungsmethode der API-Anbieter seinerseits jeweils unterstützt.
- **Bulk-Operationen**
  Das Ziel von Bulk-APIs ist es, große Datenmengen zu verschieben. Open Connectors unterstützt dabei das Abfragen und Senden von Daten an einen bereitgestellten normalisierten Endpunkt. Dies wird auch dann unterstützt, wenn der Anbieter selbst keinen Bulk-fähigen Endpunkt zur Verfügung stellt, da dies entsprechend von Open Connectors über einzelne Abfrageschleifen oder POST-Aufrufe emuliert werden kann.
- **Events und Polling**
  Über das SAP Open Connectors Events Framework ist es möglich, direkte Benachrichtigungen über Änderungen an einzelnen Ressourcen zu

erhalten. Hierbei besteht, ähnlich wie in Abschnitt 2.3.5, »Message Queues«, erklärt, die Möglichkeit, einzelne Ereignismeldungen, z. B. die Aktualisierung eines Geschäftspartners, von API-Anbietern wie Salesforce oder HubSpot zu abonnieren (Stichwort: Publish/Subscribe). Für die Abfrage der Ereignisbenachrichtigungen wird Polling, je nach Anbieter der API, als auch Webhook unterstützt.

- **Harmonisiertes Fehlerhandling**
  Open Connectors vereinheitlicht mögliche Kommunikationsfehler in zwei Kategorien: Fehler bei Aufrufen des Tools selbst (sogenannte Platform Errors); hierzu zählen z. B. falsche Authentifizierungsparameter und Fehler bei der Verwendung des Konnektors (sogenannte API Provider Errors). Diese Fehler entstehen, wenn z. B. auf ein Objekt zugegriffen werden soll, das nicht existiert. Beide Fehlercodes weisen unabhängig von der API immer dieselbe Struktur auf, wodurch Sie Fehler schneller entdecken und analysieren können.

- **Paging**
  Paging wird verwendet, um die Anzahl der übermittelten Abfrageergebnisse zu limitieren und in einzelne zurückgelieferte Blöcke (Pages) aufzuteilen. Die Variable `pageSize` gibt dabei an, wie groß ein Block maximal sein darf, also wie viele Ergebnisse bei einer Abfrage maximal zurückgeliefert werden. Über ein in der Antwort enthaltenes Token kann auf die nächsten Seiten zugegriffen werden.

API Hubs

Für eine bessere Navigation und die Suche nach Konnektoren sind diese in Kategorien, sogenannten *Hubs*, nach Themenschwerpunkt logisch zusammengefasst (siehe Abbildung 9.3). So befinden sich z. B. im CRM Hub Konnektoren zu Drittanbieter-Anwendungen wie Salesforce, HubSpot CRM, Microsoft Dynamics CRM und zu vielen weiteren CRM-Produkten. Die einzelnen Hubs stellen dabei normalisierte API-Bibliotheken für die Anwendungen bereit, sodass API-Aufrufe auf relevante Ressourcen wie Ansprechpartner, Leads und Opportunitys innerhalb eines Hub gleich aufgebaut sind.

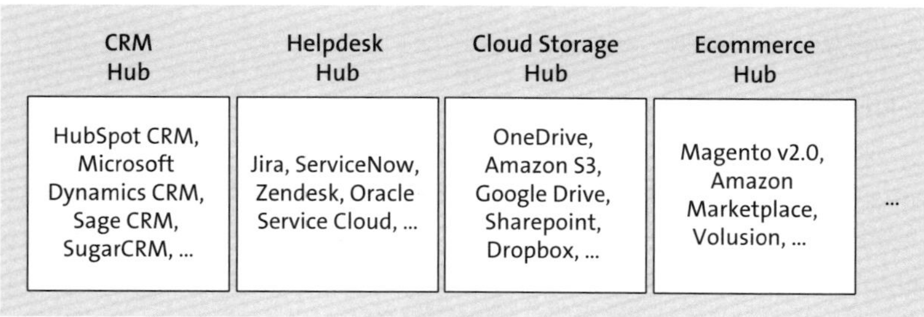

Abbildung 9.3 Verschiedene API Hubs in Open Connectors

Funktion von API Hubs

Die API Hubs bilden so den Einstiegspunkt und bieten verschiedene Vorteile:

- eine vereinheitlichte API-Bibliothek, bezogen auf eine Sammlung von Konnektoren
- vereinheitlichte Aufrufe von Ressourcen
- RESTful-APIs mittels JSON, unabhängig von der Technologie der anzubindenden Anwendung
- eine interaktive API-Dokumentation für die einzelnen Konnektoren

Schauen wir uns exemplarisch den Konnektor für die Anbindung von Jira an. Wie in Abbildung 9.4 dargestellt, erhalten Sie in der Übersicht jedes Konnektors allgemeine Informationen, wie mögliche Authentifizierungsarten für die Erzeugung einer Instanz des Konnektors, oder dazu, welche Funktionen (z. B. Paging oder Bulk) Ihnen zur Verfügung stehen.

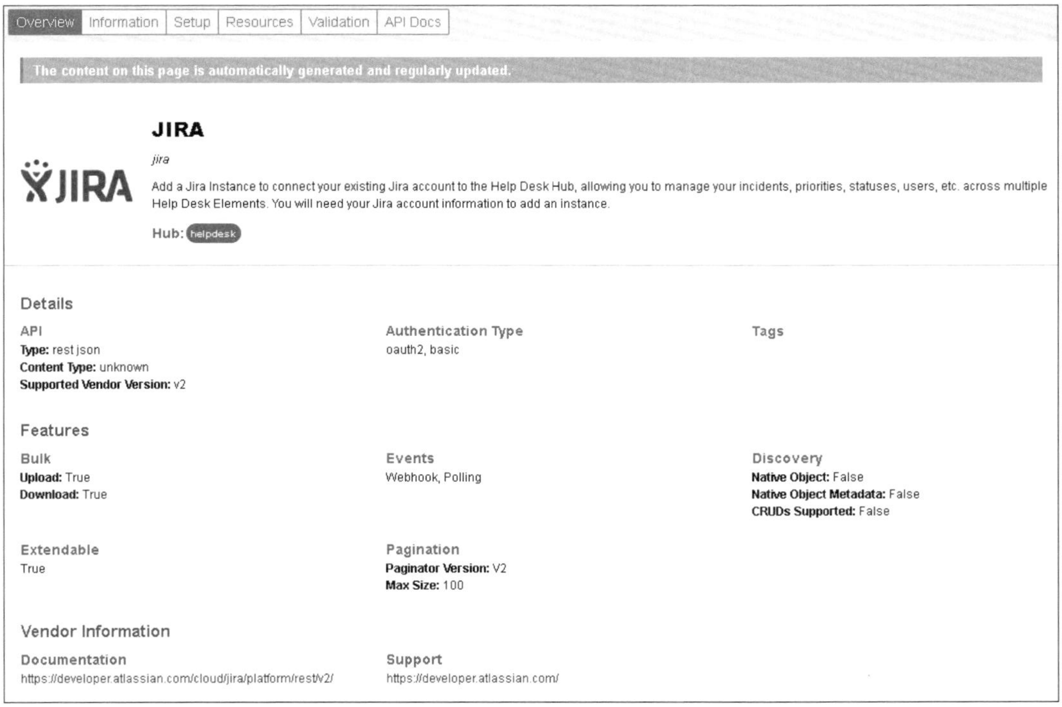

Abbildung 9.4 Übersichtsseite des Jira-Konnektors

Neben weiteren allgemeinen Informationen zum Konnektor und dem Produkt, bildet der Bereich **Resources** das Kernstück. Hier können Sie die zur Verfügung stehenden APIs direkt testen. Im folgenden Beispiel (siehe Abbildung 9.5) haben wir eine Instanz des Jira-Konnektors erstellt und somit eine Verbindung zu unserem Jira-System hergestellt. Im Anschluss ist es nun möglich, die API direkt innerhalb dieser Oberfläche zu testen. In diesem Fall fragen wir eine Liste aller Projekte ab (siehe Abbildung 9.5); die Rückmeldung wird direkt im Anschluss angezeigt (siehe Abbildung 9.6).

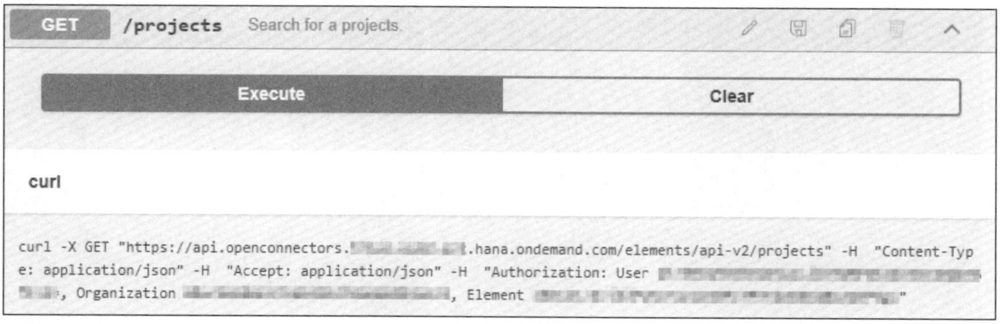

Abbildung 9.5 Jira-API testen

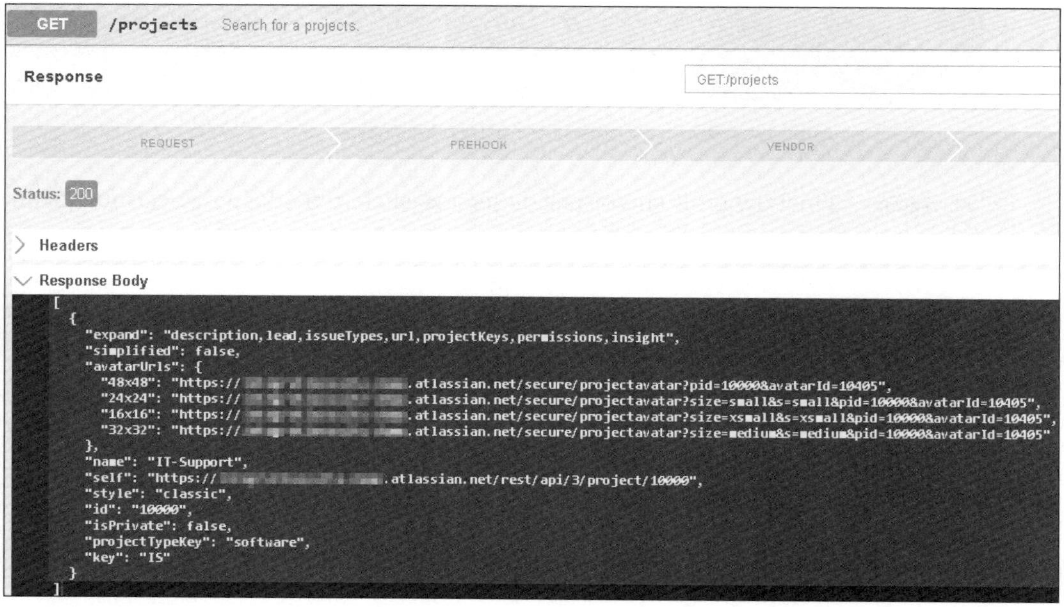

Abbildung 9.6 Jira-API-Rückmeldung

Die hier generierte URL von Open Connectors kann nun auch direkt in Drittanwender-Software eingebunden werden. Hierzu lassen sich die im Bereich **curl** erstellte URL sowie die Authentifizierungsparameter direkt in anderen Anwendungen verwenden (siehe Abbildung 9.5). So stellt Abbildung 9.7 exemplarisch einen Aufruf in Postman dar, in dem die gleiche URL wie im Beispiel zuvor verwendet und die Autorisierungsparameter als Header-Parameter übermittelt werden.

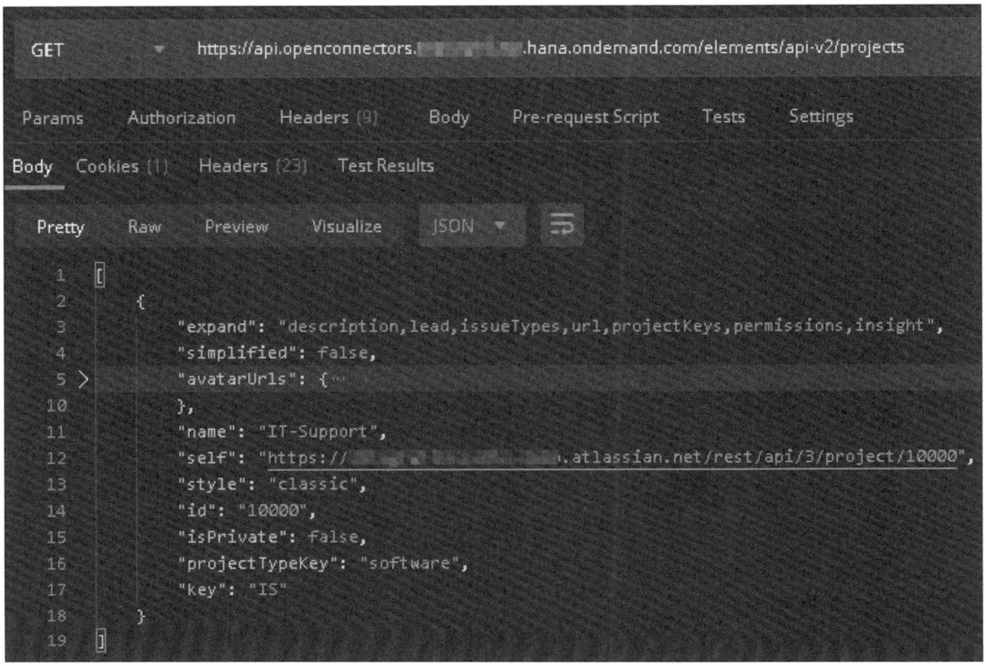

Abbildung 9.7 Jira-Konnektor mittels Postman

Abwägung

Einer der größten Vorteile dieser ausgelieferten Adapter ist vermutlich die standardisierte Authentifizierung. Der kleinteilige API-Aufruf, z. B., um eine Session-ID mit begrenzter Gültigkeitsdauer abzufragen und sie anschließend in weiteren APIs zu verwenden, kann somit entfallen. Dies geschieht bereits automatisiert im Adapter.

Trotz dieser Einfachheit sollten Sie jedoch auch beachten, dass eventuell nicht alle angebotenen Adapter den vollen Funktionsumfang der nativen API bieten. Es kann auch vorkommen, dass einzelne Objekte oder Methodenaufrufe wie GET oder POST nur eingeschränkt oder nicht zu Verfügung stehen.

Unsere Empfehlung ist es daher, vor der Implementierung etwaiger Schnittstellen mit Open Connectors das Szenario dahingehend zu überprüfen, ob alle benötigen Ressourcen zur Verfügung stehen. Dadurch vermeiden Sie, dass eine Cluster-Bildung der Schnittstellen über Open Connectors und die Verwendung der nativen API (z. B. mittels SAP Cloud Integration) entsteht. Sollte dies dennoch der Fall sein und einzelne Ressourcen nicht unterstützt werden, ist unsere Empfehlung dennoch, dies gesamtheitlich (z. B. in SAP Cloud Integration) abzubilden. Der Grund hierfür ist, dass die initialen Aufwände für das Ansprechen der nativen APIs unausweichlich sind, Sie aber Vorteile hinsichtlich eines überschaubaren Integrationsszenarios erzielen, in dem nicht pro Schnittstelle unterschiedliche Integrationswerkzeuge zum Einsatz kommen.

9.2.2 Geteilte Ressourcen

Vereinheitlichung der Datenstruktur

Die geteilten Ressourcen oder *Common Resources* bauen auf den Konnektoren auf und ermöglichen es Ihnen, für mehrere dieser Konnektoren die Rückgabe der jeweiligen Webservices zu vereinheitlichen, sodass bereits im Konnektor das Mapping auf ein einheitliches Datenformat erfolgt.

Beispiel

Stellen Sie sich vor, Sie haben zwei Konnektoren zu verschiedenen Helpdesk-Systemen im Einsatz. Während die Authentifizierung bereits durch die verfügbaren Konnektoren vereinheitlicht wurde, hat jedes Helpdesk-System noch seine eigene Datenstruktur inklusive unterschiedlicher Feldbezeichnungen. Durch die Common Resources ist es nun möglich, eine Transformationsschicht hinzuzufügen, die die Daten vor der Rückmeldung des Systems gemäß einer definierten Struktur aufbereitet, sodass beide Helpdesk-Systeme für die aufrufende Applikation eine identische Datenstruktur liefern. Abbildung 9.8 verdeutlicht dieses Konzept der Common Resources, indem die Rückgabestrukturen der beiden Helpdesk-Anwendungen vereinheitlicht wurden.

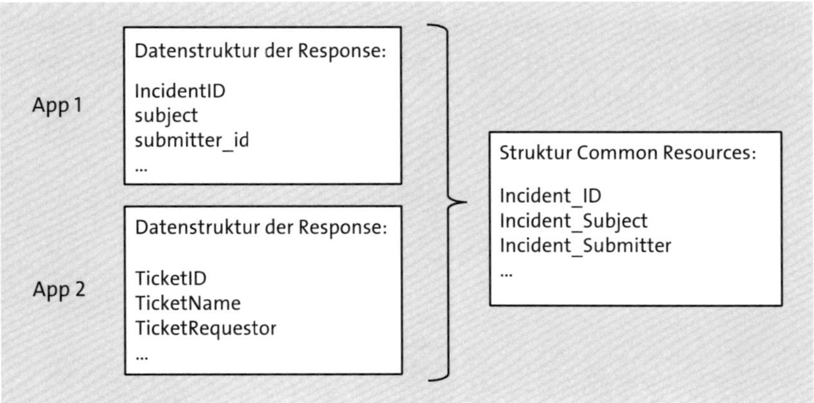

Abbildung 9.8 Konzept der Common Resources

Aufbau von Common Resources

Der Aufbau eines solchen generischen Datenmodells erfolgt dabei in drei Schritten:

1. Definition des generischen Datenmodells
2. Mapping auf Konnektoren
3. Mapping der generischen Datenstruktur auf die Struktur der Konnektorinstanz

Definition des Datenmodells

Zunächst wird innerhalb von Open Connectors eine Art kanonisches Datenmodells inklusive Felddefinition aufgebaut, das für die Konnektoren verwendet werden soll (siehe Abbildung 9.9). Innerhalb der angelegten Ressource `Generic_Resource` haben wir zunächst alle Felder unseres generischen Datenmodells definiert. In diesem Beispiel sind das die Felder `Incident_ID`, `Incident_Subject` und `Incident_Submitter`.

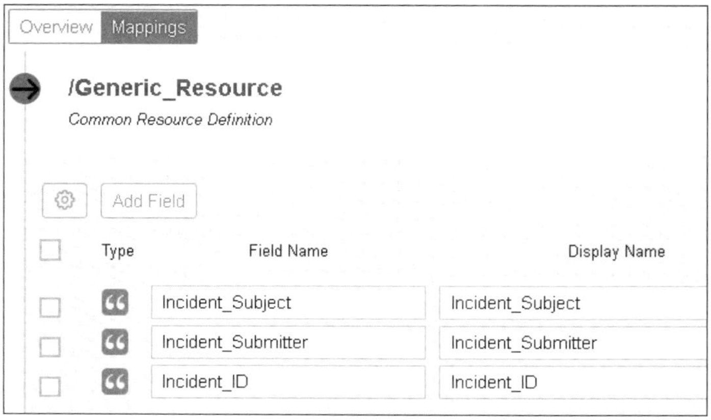

Abbildung 9.9 Definition eines Common-Resources-Datenmodells

Mapping auf Konnektoren

Im nächsten Schritt definieren Sie, für welche erstellten Konnektorinstanzen dieses Mapping verwendet werden soll. In diesem Beispiel möchten wir das Datenmodell für das Abfragen von Tickets (`/tickets`) aus Zendesk verwenden (siehe Abbildung 9.10).

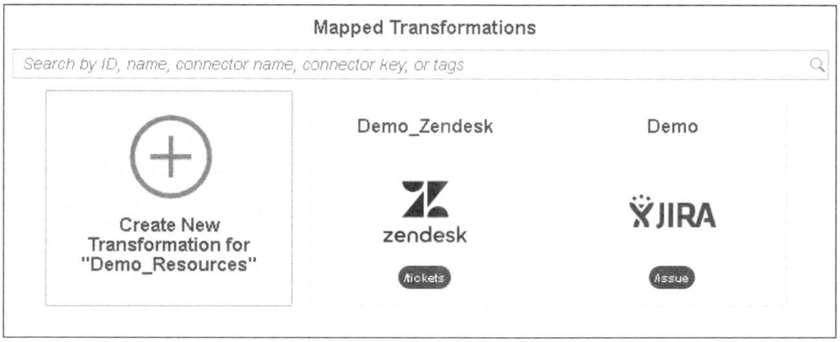

Abbildung 9.10 Mapping von Common Resources auf Konnektoren

Mapping auf Konnektor-Datenstruktur

Nachdem Sie den entsprechenden Konnektor ausgewählt haben, können Sie im Weiteren die Felder der zuvor definierten generischen Datenstruktur auf die Felder des jeweiligen Webservice mappen, sodass hier die entsprechenden Datenstrukturen zusammengeführt werden (siehe Abbildung 9.11).

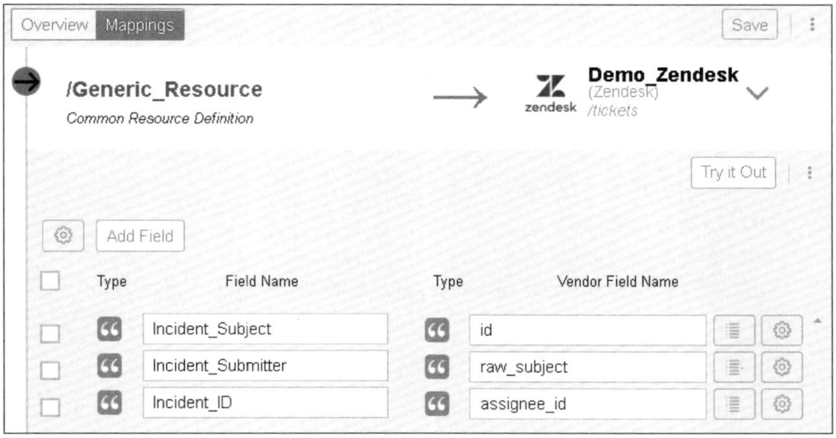

Abbildung 9.11 Mapping der Common Resources auf das Datenmodell

Test der Transformation

Über das eingebaute Testwerkzeug können Sie im Anschluss sehen, wie die transformierte Datenstruktur aussieht, welche Struktur Ihrem eigenen Datenmodell folgt und so auch an die aufrufenden Anwendungen weitergereicht wird. Diese wird im Bereich **Transformed Body** angezeigt. Das Resultat der Transformation ist in Listing 9.1 dargestellt.

```
[
  {
    "Incident_Submitter": "377528549938",
    "Incident_
Subject": "Beispielticket: erster Blick auf das Ticket",
    "Incident_ID": "1"
  },
  {
    "Incident_Submitter": "377528549938",
    "Incident_Subject": "Ich brauche Hilfe",
    "Incident_ID": "2"
  }
]
```

Listing 9.1 Transformierter Nachrichteninhalt

Gleichzeitig sehen Sie im Bereich **Raw Body** die originale Response-Struktur, in diesem Fall der Anwendung Zendesk. Listing 9.2 zeigt dazu einen Auszug aus der originalen Nachricht.

```
  {
    "subject": "Beispielticket: erster Blick auf das Ticket",
```

```
    "email_cc_ids": [],
...
    "id": 1,
    "assignee_id": 377528549938,
    "raw_subject": "Beispielticket: erster Blick auf das Ticket",
    "submitter_id": 377528549938,
    "priority": "normal",
    "collaborator_ids": [],
    "url": "https://demo5240.zendesk.com/api/v2/tickets/1.json",
"requester_id": 377528560838
...
  }
```

Listing 9.2 Ursprünglicher Nachrichteninhalt

Weitere Einstellungen

Nach dem Speichern der Ressource können Sie in den Optionen u. a. noch festlegen, dass die Ressource zur API-Dokumentation hinzugefügt werden soll (siehe Abbildung 9.12).

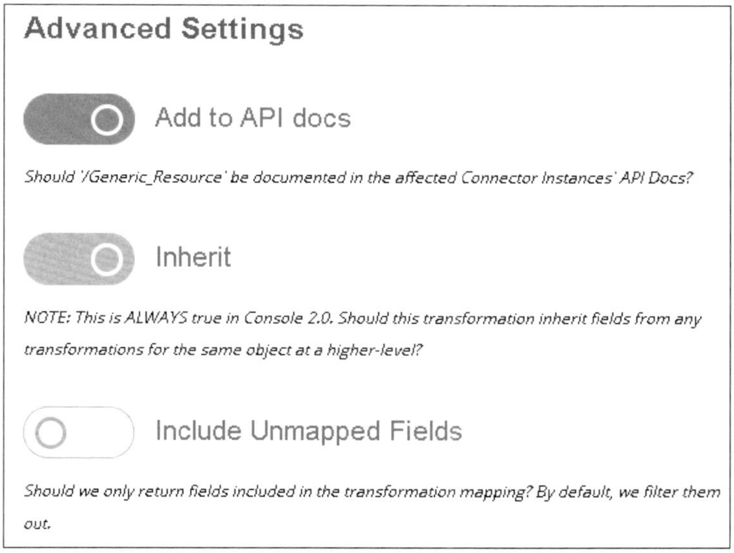

Abbildung 9.12 Einstellungen der Common Resources

Aufnahme in die API-Dokumentation

Der neu angelegte API-Aufruf steht nun, ebenso wie alle weiteren nativ angebotenen API-Ressourcen, in der API-Dokumentation zur Verfügung und kann ebenfalls direkt getestet und verwendet werden (siehe Abbildung 9.13).

Abbildung 9.13 Aufnahme der Common Resources in die API-Dokumentation

9.2.3 Formeln

Verkettung von Konnektoren und Aufrufen

Formeln (auch *Formulas* genannt) ermöglichen es Ihnen, den Aufruf von mehreren Konnektoren oder externen Webservices innerhalb von Open Connectors automatisiert miteinander zu verketten. So können Sie beispielsweise einzelne Prozessschritte zeit- oder eventgesteuert aufrufen, um Prozesse zu automatisieren. Dabei stehen u. a. die folgenden Prozessschritte zur Verfügung:

- **ActiveMQ-Abfrage**
  Stellt eine AMQP-Anfrage an den angegebenen Endpunkt.
- **Connector-API -Abfrage**:
  Führt einen API-Aufruf an die angegebene Konnektorinstanz durch.
- **HTTP-Abfrage**
  Führt einen API-Aufruf an einen beliebigen angegebenen Endpunkt aus.
- **JavaScript-Filter**
  Ein JavaScript-Schritt, der einen Wahrheitswert zurückgeben muss, ob der linke oder rechte Prozessbaum als Nächstes aufgerufen werden muss.
- **JavaScript**
  Ein JavaScript-Schritt, der es Ihnen ermöglicht, ein beliebiges JavaScript-Objekt zu übergeben, das in allen nachfolgenden Prozessschritten verfügbar ist.

Denkbar sind hier Szenarien, wie beispielsweise die automatische Erstellung eines Servicetickets, in einer Helpdesk-Anwendung, inklusive direkter Berichtigung des zuständigen Mitarbeiters, oder die Datensynchronisierung zwischen verschiedenen Anwendungen.

Die Modellierung einer solchen Prozesskette startet, wie in Abbildung 9.14 dargestellt, mit einem Trigger-Event und kann dann um die entsprechenden, zuvor dargestellten Prozessschritte erweitert werden.

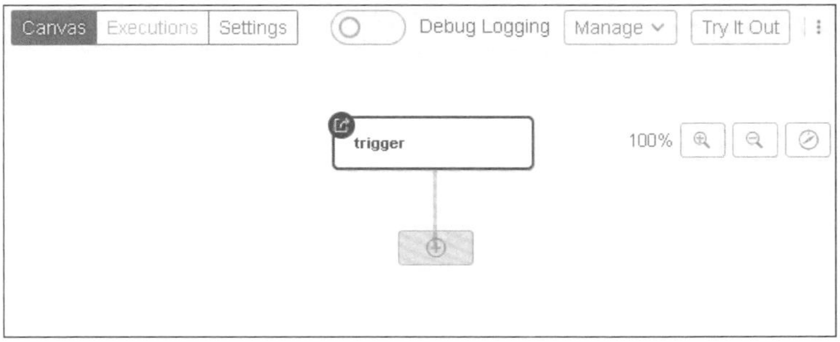

Abbildung 9.14 Datenfluss in Formeln

Trigger von Prozessketten

Die folgenden Trigger stehen Ihnen zur Verfügung:

- **Event**
  Start der Prozesskette anhand eines definierten Events innerhalb einer Konnektorinstanz
- **Connector Request**
  Start der Prozesskette, wenn ein bestimmter Aufruf an eine Konnektorinstanz getätigt wird.
- **Scheduled**
  Start der Prozesskette zu einer bestimmten Uhrzeit oder zu einem bestimmten Datum.
- **Manual**
  Start der Prozesskette mit einem POST-API-Aufruf an die URL */formulas/instances/{formula_id}/executions*

Abwägung

Auch wenn der Aufbau von Prozessen hier möglich ist, bleibt es aus unserer Sicht dennoch fraglich, inwieweit Anwender*innen von Open Connectors damit umfangreiche Prozessketten aufbauen sollten. Wir sehen den Anwendungsfall eher im Bereich eines Citizen-Integrator-Werkzeugs (siehe Abschnitt 3.2, »Reifegradmodell«, zu den Reifegraden). Jedoch ist auch hier abzuwägen, inwieweit die Prozesslogik applikationsweit gestreut werden sollte. So gibt es Überlappungen zu SAP API Management, SAP Cloud Integration und SAP Workflow, in denen Sie ebenfalls Prozesse modellieren und API-Aufrufe verbinden können.

Unsere Empfehlung ist es daher, den Aufbau von Prozessketten vornehmlich in den jeweiligen Integrationswerkzeugen vorzunehmen, deren Fokus auf der Orchestrierung und Prozessmodellierung liegt. Wir sehen den Anwendungsfall von Open Connectors hauptsächlich im Bereich der (Cloud-)API-Connectivity.

9.3 Anwendungsmöglichkeiten

Welche praktischen Anwendungsmöglichkeiten ergeben sich nun durch Open Connectors? Sehen wir uns dazu im Folgenden zwei Szenarien an, die auf den Beispielen aus Abschnitt 9.2, »Funktionen für das Schnittstellenmanagement«, aufsetzen und diese weiterführen.

Kombination mit SAP Cloud Integration

Der einfachste Fall ist die Verwendung von Open-Connectors-Adaptern innerhalb von SAP Cloud Integration (siehe Abbildung 9.15). In diesem Szenario wird eine Nachricht über einen Senderkanal (hier SOAP ❶) an SAP Cloud Integration gesendet. Die Nachricht wird anhand einer definierten Logik im Integrationsprozess ❷ transformiert bzw. verarbeitet. Statt z. B. eines SOAP- oder HTTP-Adapters wird in Schritt ❸ für das Empfängersystem entsprechend der Adaptertyp `OpenConnectors` ausgewählt.

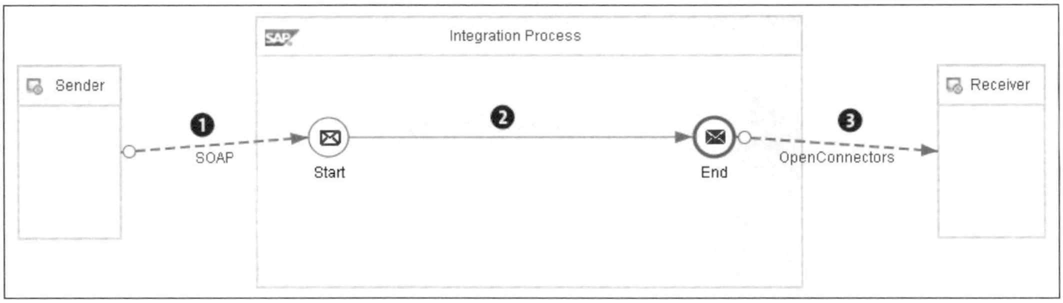

Abbildung 9.15 Open Connectors in SAP Cloud Integration

Open Connectors: Adapter

Dieser Adapter stellt zunächst nur einen Mantel dar; die Ausprägung, um welchen Adapter es sich im Detail handelt, wird in den Adapteroptionen definiert (siehe Abbildung 9.16). Hier bestimmen Sie neben der URL der Open-Connectors-Instanz und dem Authentifizierungsartefakt, bestehend aus User, Organisation und Element-ID, insbesondere die Ressource, die angesprochen werden soll. Aufbauend auf dem Beispiel aus Abschnitt 9.2.2, »Geteilte Ressourcen«, steht Ihnen hier die selbst definierte Ressource `/Generic_Resource` zur Verfügung. Sie bereitet die native Rückgabe der Zendesk-Ticket-API entsprechend des von Ihnen definierten Datenmodells auf und gibt sie an SAP Cloud Integration zurück.

Kombination mit SAP API Management

Ein weiteres Szenario ist die Verwendung von Open Connectors in Kombination mit SAP API Management (siehe Abbildung 9.17). Als Beispiel möchten wir die bestehenden URLs weiter anonymisieren und mit Sicherheitsparametern versehen, bevor sie nach außen hin publiziert werden.

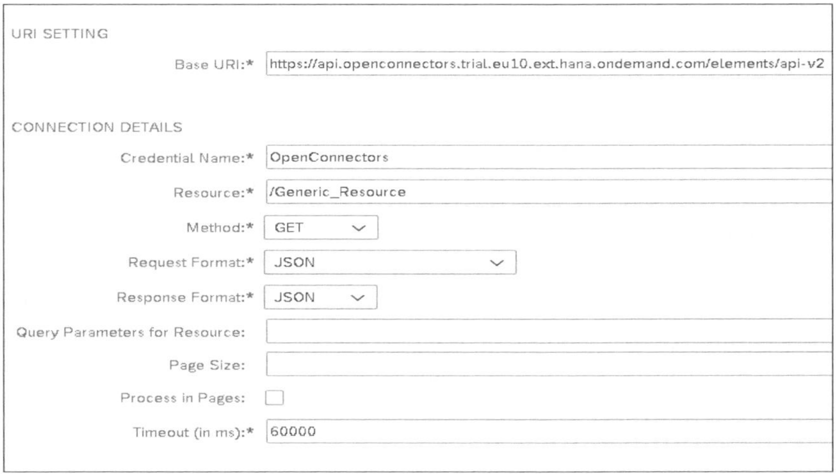

Abbildung 9.16 Konfiguration von Open Connectors in SAP Cloud Integration

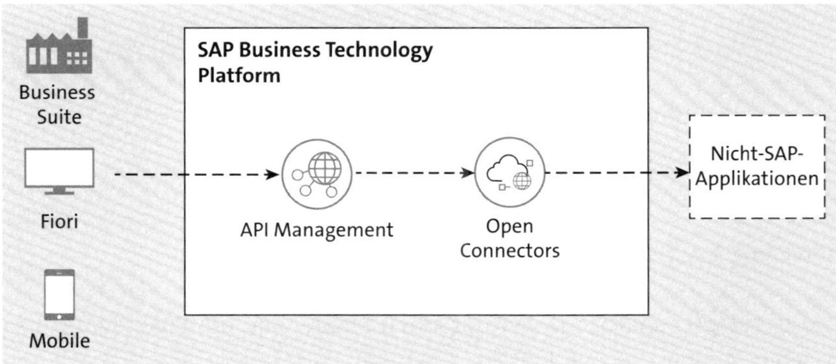

Abbildung 9.17 Open Connectors mit SAP API Management

Open Connectors als API Provider

In diesem Fall steht Ihnen Open Connectors direkt als API Provider zur Verfügung und kann in SAP API Management direkt angesprochen und verwendet werden. Basierend auf bestehenden Konnektorinstanzen können Sie hier APIs konfigurieren, die über das API-Management publiziert werden und dann nach außen Partnern zur Verfügung stehen. Zu diesem Zwecke können Sie den API Provider, also Open Connectors in SAP API Management direkt nach verfügbaren Konnektorinstanzen durchsuchen (siehe Abbildung 9.18).

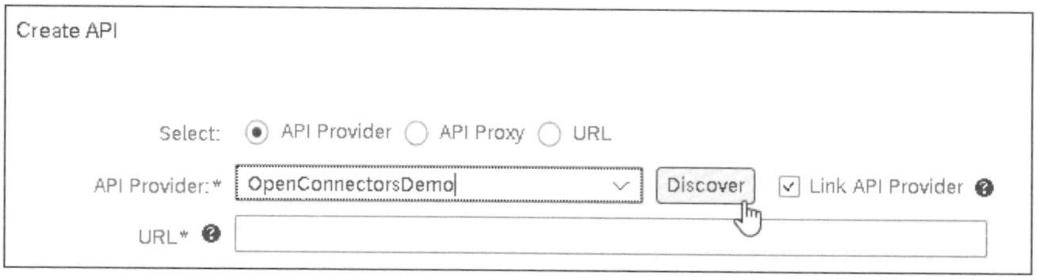

Abbildung 9.18 Durchsuchen des API Providers in SAP API Management

Auswählbare Konnektorinstanzen

Entsprechend der Beispiele in den vorangehenden Abschnitten stehen Ihnen hier nun die Konnektorinstanzen von Zendesk und Jira zur Verfügung (siehe Abbildung 9.19). Im Nachfolgenden wählen Sie Ihre Zendesk-Instanz `Demo_Zendesk` aus.

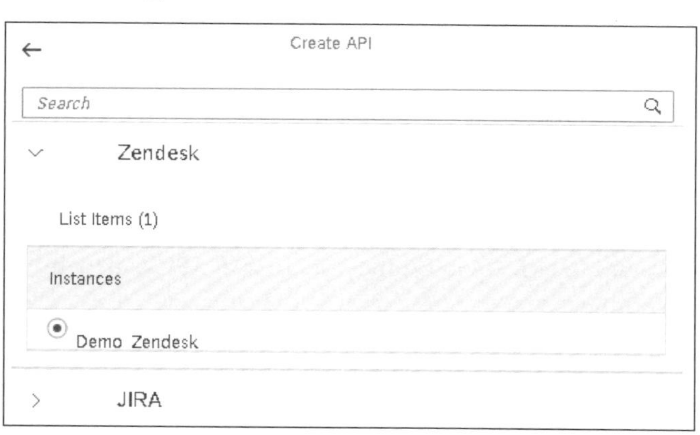

Abbildung 9.19 API-Konnektorinstanz auswählen

Generierung der Proxy-URL und weitere Schritte

Abschließend erhalten Sie die von SAP API Management generierte Proxy-URL, mit der Sie nun die Ressourcen über SAP API Management geroutet ansprechen können (siehe Abbildung 9.20). In unserem Beispiel wäre das also z. B. die Ressource `/incidents`:

*https://***eu10.hana.ondemand.com:443/***/Zendesk/incidents*

Diese können Sie nun verwenden, um sie in SAP-Fiori-Apps oder anderen Anwendungen anzusprechen.

Für weitere Konfigurationsmöglichkeiten, insbesondere hinsichtlich der Möglichkeiten weiterer Sicherheitsaspekte, verweisen wir auf Kapitel 7, »SAP API Management«.

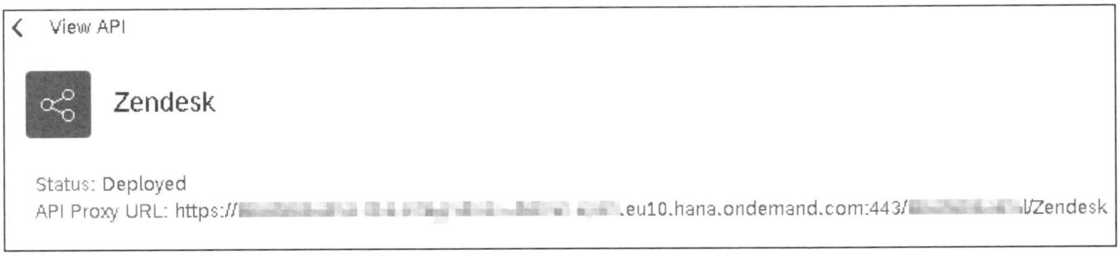

Abbildung 9.20 Die API-Proxy-URL in SAP API Management

Zusammenfassung

Zusammenfassend sehen wir den Vorteil von Open Connectors, vor allem im Bereich der API-Connectivity. Das Werkzeug bietet einen guten Einstiegspunkt, um Drittsysteme leicht in die eigene IT-Landschaft zu integrieren und insbesondere Authentifizierungsmechanismen zu vereinfachen. Dennoch sollten Sie beachten, dass nicht alle Funktionen und Features der nativen APIs des Herstellers zur Verfügung stehen und dies im Einzelfall geprüft werden muss. Anhand der Beispiele in Abschnitt 9.3, »Anwendungsmöglichkeiten«, haben Sie gelernt, wie sich Open Connectors mit anderen SAP-Integrationswerkzeugen verbindet, wie Sie z. B. Integrationsflüsse in Kombination mit SAP Cloud Integration aufbauen können und wie Sie die API-Endpunkte von Open Connectors in SAP API Management weiter aufbereiten können.

Kapitel 10
SAP Data Intelligence

Die Integration und Auswertung von Daten stellt viele Unternehmen vor große Herausforderungen. Komplexe Anwendungslandschaften mit verteilten Daten zu integrieren, ist daher ein wichtiges Thema.

Daten sind in unserem Privatleben und im Geschäftsleben allgegenwärtig. Dies ist zwar nichts Neues, allerdings hat das Volumen der verfügbaren digitalen Informationen stark zugenommen. Einer der Gründe hierfür ist, dass sich unser Leben immer digitaler abspielt und somit mehr Informationen entstehen. Zudem war Speicher früher teuer. Deshalb musste genau abgewogen werden, welche Informationen persistiert werden. Heutzutage ist die Speicherung großer Datenmengen kein Problem mehr, und es stehen somit viele Daten für Auswertungen zur Verfügung. Unternehmen stehen allerdings vor der Herausforderung, diese Informationen sinnvoll zu nutzen, um ihr bestehendes Geschäft zu optimieren oder neue Geschäftsfelder zu identifizieren. Ein Unternehmen, das diese Herausforderung zu meistern weiß, wird auch als *Data-driven Company* bezeichnet.

SAP Data Intelligence

In diesem Kapitel stellen wir Ihnen *SAP Data Intelligence*, eine Komponente aus der *SAP Business Technology Platform* (SAP BTP), vor. Mit SAP Data Intelligence haben Sie die Möglichkeit, Daten aus verschiedenen Quellen zu kombinieren und mithilfe von Machine-Learning-Funktionalitäten zu analysieren, sowie diese Funktionen in Ihre Geschäftsprozesse einzubinden. SAP Data Intelligence integriert sich in Ihre bestehende Datenintegrationslandschaft und kann, ergänzend zu bereits eingesetzten Werkzeugen, verwendet werden. Dadurch werden bereits getätigte Investitionen in diese Werkzeuge gesichert.

Aufbau des Kapitels

Wir stellen Ihnen in den folgenden Abschnitten SAP Data Intelligence genauer vor. In Abschnitt 10.1, »Übersicht«, geben wir Ihnen einen Überblick über SAP Data Intelligence. Dabei gehen wir auf die Notwendigkeit der Datenorchestrierung und eine genauere Abgrenzung zu anderen Werkzeugen für die Datenintegration ein. In Abschnitt 10.2, »Funktionen für das Schnittstellenmanagement«, stellen wir Ihnen ausgewählte Funktionen von SAP Data Intelligence vor. Insbesondere legen wir in Abschnitt 10.2.5, »ABAP-Integration«, und Abschnitt 10.2.6, »Integration mit der SAP Business Technology Platform«, einen Fokus auf die Integration von SAP Data Intelligence zu anderen SAP-Produkten. Abgeschlossen wird das Kapitel in Abschnitt 10.3, »Anwendungsmöglichkeiten«, mit einigen Anwendungsbeispielen für SAP Data Intelligence.

[!]

Wann sollten Sie dieses Kapitel lesen?

Wir empfehlen Ihnen, dieses Kapitel zu lesen, um sich mit den Grundlagen und Funktionsweisen von SAP Data Intelligence vertraut zu machen. Sie erfahren, welche Möglichkeiten Ihnen SAP Data Intelligence für die Orchestrierung Ihrer Daten bietet.

10.1 Übersicht

Was ist Datenorchestrierung?

Unter Orchestrierung verstehen wir allgemein die Kombination von Dingen (in diesem Fall Daten). Daten aus unterschiedlichen Quellen werden miteinander kombiniert, um bestehende Geschäftsfelder eines Unternehmens zu unterstützen oder neue Geschäftsfelder zu entwickeln. SAP beschreibt die Datenorchestrierung als Kombination aus Datenintegration, Datenbehandlung und Datenbereitstellung.

Datenintegration

Als *Datenintegration* wird das Vorgehen beschrieben, Daten aus unterschiedlichen Quellen zu sammeln und an einer zentralen Stelle verfügbar zu machen, damit diese ausgewertet und verwendet werden können.

Datenbehandlung

Datenbehandlung beschreibt die tatsächliche Ausführung der Datenübertragungen zwischen zwei Anwendungen. Im Rahmen der Datenübertragungen können verschiedene Manipulationen an den Daten vorgenommen werden.

Datenbereitstellung

Im Rahmen der *Datenbereitstellung* geht es darum, gesammelte Daten für den richtigen Geschäftsprozess in der richtigen Qualität und benötigten Form bereitzustellen. Nur dadurch können die Daten im Unternehmen genutzt werden und einen Mehrwert für das Unternehmen generieren.

Warum ist Datenorchestrierung wichtig?

In Abschnitt 2.1, »Integrationsarchitekturen«, haben wir uns mit verschiedenen Integrationsarchitekturen beschäftigt. Im Grundsatz sehen wir heute in Unternehmen komplexe Anwendungslandschaften mit vielen Anwendungen. Geschäftsprozesse werden anwendungsübergreifend ausgeführt, und die Daten werden verteilt in den beteiligten Anwendungen verarbeitet. Unternehmen stehen also vor der Herausforderung, Daten in den richtigen Anwendungen so bereitzustellen und aufzubereiten, dass diese nutzbar sind. Die Datenorchestrierung wird eingesetzt, um die Komplexität beherrschbar zu machen und mit den Daten einen Mehrwert für das Unternehmen zu erzeugen.

SAP Data Intelligence

SAP Data Intelligence ist eine Komponente innerhalb der SAP Integration Suite mit dem Fokus auf die Datenorchestrierung. Diese Komponente ist seit 2019 verfügbar und stellt eine Weiterentwicklung des *SAP Data Hub* dar. Durch die Einbindung von *SAP Leonardo Machine Learning Foundation* wird ein starker Fokus auf die Operationalisierung von Data Science und Maschinenlernen gelegt.

Bereitstellungsoptionen

SAP Data Intelligence wird entweder als Service auf der SAP Business Technology Platform oder als On-Premise-Anwendung bereitgestellt. Die Vor- und Nachteile der beiden Bereitstellungsoptionen wollen wir an dieser Stelle nicht weiter ausführen, da diese ähnlich zu allen anderen Cloud- und On-Premise-Anwendungen sind. Wir finden, Sie sollten sich für die Bereitstellungoption entscheiden, die besser zu Ihrer bestehenden Anwendungslandschaft passt. Haben Sie zum Großteil On-Premise-Anwendungen im Einsatz (bzw. wollen Sie vorrangig On-Premise-Anwendungen mit SAP Data Intelligence integrieren), empfehlen wir Ihnen, SAP Data Intelligence ebenfalls on-premise bereitzustellen.

Abgrenzung zu anderen Werkzeugen

SAP Data Intelligence wird von SAP regelmäßig als Flaggschiff-Produkt für die Datenorchestrierung bezeichnet und ist unserer Meinung nach aktuell das Produkt mit dem höchsten Investment von SAP in diesem Bereich. Funktionen aus weiteren SAP-Werkzeugen werden in SAP Data Intelligence eingebracht (siehe Abbildung 10.1), und SAP platziert SAP Data Intelligence auch zur Implementierung des *Digital Integration Hub* (siehe Kapitel 13, »Digital Integration Hub«).

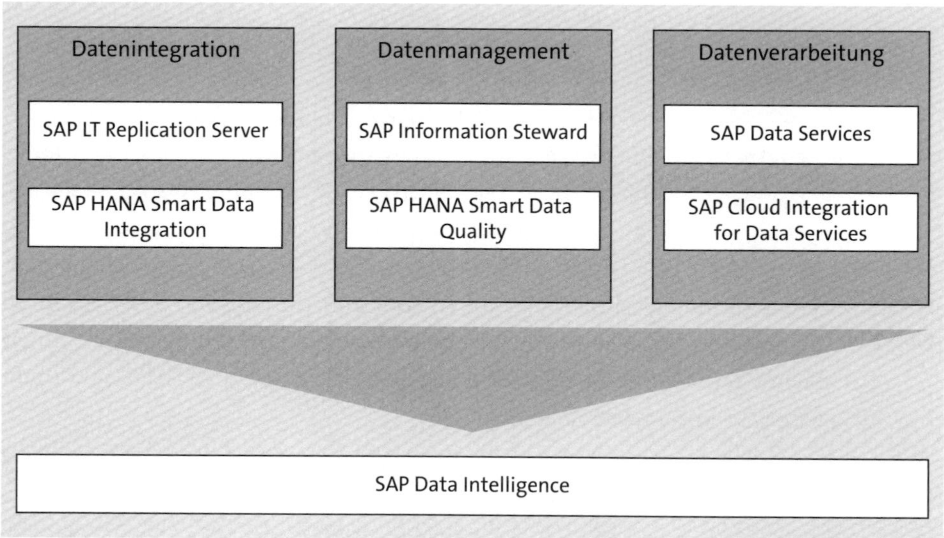

Abbildung 10.1 Zusammenführung von Fähigkeiten unterschiedlicher Werkzeuge in SAP Data Intelligence

In Kapitel 11, »Werkzeuge zur Datenintegration«, stellen wir Ihnen diese Werkzeuge von SAP zur Datenintegration detaillierter vor. SAP betont immer, dass SAP Data Intelligence keines der in Kapitel 11, »Werkzeuge zur Datenintegration«, vorgestellten Werkzeuge ersetzen soll. Alle dort vorgestellten Werkzeuge sind für sehr spezielle Zwecke entwickelt worden, z. B. *SAP HANA Smart Data Integration* für die Datenintegration mit SAP-HANA-Datenbanken. Deshalb bietet SAP in SAP Data Intelligence Funktionen an, um die Werkzeuge zur Datenintegration in Kombination mit SAP Data Intelligence einzusetzen.

Einordnung in die SAP Business Technology Platform

SAP ordnet SAP Data Intelligence innerhalb der SAP Business Technology Platform im Bereich Datenbank- und Datenmanagement ein. Es richtet sich an andere Anwenderkreise als die bisher vorgestellten Werkzeuge: Integrationsteams kümmern sich hauptsächlich um die Integration von Anwendungen miteinander. Sie sind Expert*innen für Integrationstechnologien, die Entwicklung von Mappings und die Bewertung von Integrationsarchitekturen. SAP Data Intelligence hat eine starke Ausrichtung auf die Datenanalyse und Datenverarbeitung, was aus unserer Sicht in den meisten Unternehmen keine Skills des Integrationsteams sind, sondern eher bei Data Scientists in Business-Analytics-Abteilungen zu finden ist. Data Scientists sind darauf spezialisiert, Wissen und Informationen aus Daten durch Analyse zu extrahieren.

[»]

Konzentration auf Integrationsthemen

Aufgrund der beschriebenen Ausrichtung von SAP Data Intelligence konzentrieren wir uns in den folgenden Abschnitten auf die Integrationsaspekte. Der Vollständigkeit halber stellen wir Ihnen in Abschnitt 10.2, »Funktionen für das Schnittstellenmanagement«, zwar auch die datenanalytischen Funktionen vor; allerdings konzentrieren wir uns dabei auf grundlegende Informationen, die Ihnen lediglich ein einfaches Verständnis dieser Funktionen geben werden.

Weiterführende Informationen

Leider können wir Ihnen den vollen Funktionsumfang von SAP Data Intelligence in diesem Kapitel nicht im Detail vorstellen. Daher haben wir Ihnen nachfolgend einige Quellen für weitere Informationen zu SAP Data Intelligence zusammengestellt:

- Buch *SAP Data Intelligence – Das umfassende Handbuch* von Kästner et al., siehe *www.sap-press.de/5138*
- die offizielle Produktseite auf der SAP-Website unter *http://s-prs.de/v798231*

- Eintrag zu SAP Data Intelligence Cloud im SAP Help Portal, siehe *http://s-prs.de/v798232*
- Tutorials, Lernpfade und Use Cases für SAP Data Intelligence im Developer Portal unter *http://s-prs.de/v798233*
- Der sehr interessante Blog-Beitrag in der SAP Community mit Links zu allen Vorträgen der SAP TechEd 2020 zum Thema SAP Data Intelligence, siehe *http://s-prs.de/v798234*

10.2 Funktionen für das Schnittstellenmanagement

Wie in Abschnitt 10.1, »Übersicht«, beschrieben, ist SAP Data Intelligence eine sehr mächtige Lösung mit umfangreichen Funktionen für die Datenanalyse und Datenverarbeitung.

Abbildung 10.2 gibt Ihnen einen Überblick über den Aufbau von SAP Data Intelligence. Die Funktionen lassen sich generell in die folgenden vier Bereiche einordnen:

- Data Governance
- intelligente Funktionen
- Datenorchestrierung und Monitoring
- Datenverarbeitung

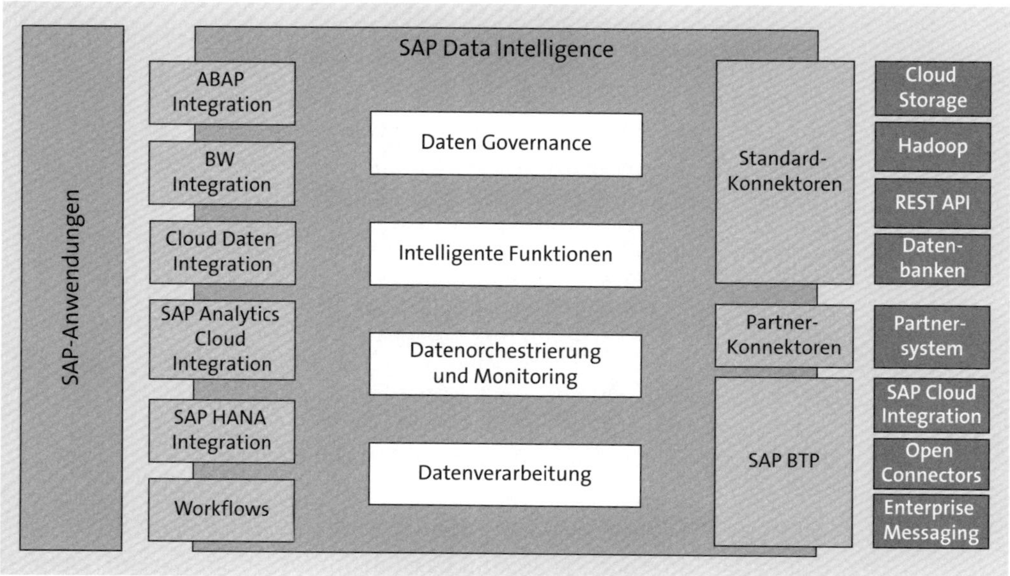

Abbildung 10.2 Überblick über SAP Data Intelligence

Zusätzlich bietet SAP Data Intelligence viele Möglichkeiten für die Integration von anderen Anwendungen, Datenbanken oder sonstigen Datenquellen an.

Aufbau des Abschnitts

Zunächst stellen wir Ihnen in Abschnitt 10.2.1, »Data Governance«, bis Abschnitt 10.2.4, »Datenverarbeitung«, die grundlegenden Funktionen von SAP Data Intelligence anhand der vier Funktionsbereiche vor. Anschließend gehen wir in Abschnitt 10.2.5, »ABAP-Integration«, genauer auf die Möglichkeiten zur Integration mit ABAP-basierten Anwendungen ein. Wir beenden das Kapitel in Abschnitt 10.2.6, »Integration mit der SAP Business Technology Platform«, mit der Vorstellung der Möglichkeiten zur Integration mit verschiedenen Komponenten der SAP Business Technology Platform.

10.2.1 Data Governance

Data Governance steht für ein ganzheitliches Management von Daten über den gesamten Lebenszyklus in Ihrem Unternehmen. Im *Metadata Explorer* in SAP Data Intelligence finden Sie unterschiedliche Funktionen, die Sie bei Ihrer Data Governance unterstützen (siehe Abbildung 10.3).

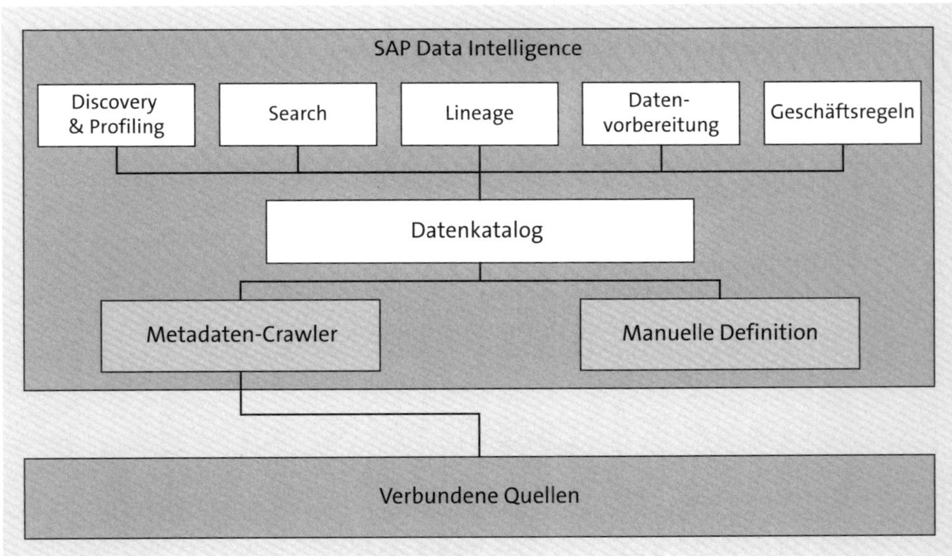

Abbildung 10.3 Metadata Explorer in SAP Data Intelligence

Datenkatalog

Zentrales Objekt im Metadata Explorer ist der *Datenkatalog*. Hierbei handelt es sich um einen Katalog mit Datendefinitionen. Einträge im Datenkatalog können auf zwei unterschiedlichen Wegen angelegt werden:

- über den Metadaten-Crawler
- über eine manuelle Definition

Metadaten-Crawler

Mit dem *Metadaten-Crawler* können Sie Datendefinitionen aus angebundenen Anwendungen importieren. Dies erleichtert den Aufbau des Datenkatalogs, da Sie keine Informationen doppelt pflegen müssen. Den Metadaten-Crawler können Sie auf unterschiedliche Anwendungen anwenden. Dabei sind zwei unterschiedliche Arten von Quellen zu unterscheiden: Eine mögliche Quelle sind alle denkbaren Arten von Anwendungssystemen, die über Konnektoren an SAP Data Intelligence angebunden werden können (z. B. Datenbanken, SAP-Anwendungen, APIs usw.). Die zweite mögliche Quelle sind andere Metadatensammlungen wie z. B. *SAP Information Steward, SAP EA Designer, Hive* usw.

[«]

Wiederverwendung von Investitionen

Der Metadaten-Crawler ist ein Beispiel dafür, dass SAP die Anwendung SAP Data Intelligence als Ergänzung zu Ihren bereits im Einsatz befindlichen Werkzeugen zur Datenintegration begreift. Wenn Sie z. B. SAP Information Steward im Unternehmen einsetzen, können Sie mithilfe des Metadaten-Crawler die Datendefinitionen übernehmen. Dies sichert Ihre Investition in SAP Information Steward, und Sie können weiterhin Ihre gewohnten Prozesse nutzen.

Manuelle Definition

Selbstverständlich haben Sie auch die Möglichkeit, Datendefinitionen im Datenkatalog manuell anzulegen. Allerdings sehen wir hierfür ausschließlich die Notwendigkeit, wenn Sie keine andere Möglichkeit haben, um die Definitionen mithilfe des Metadaten-Crawlers zu laden.

Discovery und Profiling

Mit der Funktion *Discovery und Profiling* haben Sie die Möglichkeit, Datensätze zu bestimmten Datendefinitionen aus den angebundenen Anwendungen zu laden und zu durchsuchen. Dadurch können Sie bereits vor der Einrichtung von Verarbeitungen in SAP Data Intelligence ein Verständnis für die Daten entwickeln.

Lineage

Wie bereits dargestellt, sind wichtige Unternehmensdaten heutzutage meistens über verschiedene Informationen verteilt gespeichert. Durch die Datenintegration können Sie unterschiedliche Datenbestände zusammenführen und für die weitere Verarbeitung bereitstellen. Mit *Data Lineage* können Sie den Ursprung der Daten analysieren. Dabei können Sie feststellen, aus welcher Anwendung welcher Teil der Daten stammt und wie er dort verwendet wird.

Datenvorbereitung

Die Funktion zur *Datenvorbereitung* richtet sich an Expert*innen aus den Fachbereichen Ihres Unternehmen. In einem tabellenbasierten User Interface (UI) können Sie Datensätze anreichern oder Datendefinitionen um weitere Informationen erweitern.

Geschäftsregeln

Mit *Geschäftsregeln* können Sie Regeln für die Analyse Ihrer Daten definieren. Regeln verwenden Sie, um Ihre Daten zu verstehen und die Datenqualität der Daten zu messen. Eine einfache Regel wäre z. B., die Vollständigkeit einer Information innerhalb der Daten zu prüfen. Komplexere Regeln können z. B. die Prüfung von Adressdaten sein.

10.2.2 Intelligente Funktionen

Die intelligenten Funktionen in SAP Data Intelligence basieren auf den Anwendungen der SAP Leonardo Machine Learning Foundation. Wie bereits beschrieben, wurde 2019 der SAP Data Hub mit diesen Anwendungen ergänzt und in SAP Data Intelligence umgewandelt.

[»]

Anwender*innen der intelligenten Funktionen

Aus unserer Sicht ist für die Anwendung der intelligenten Funktionen ein spezielles Wissen erforderlich, das in der Regel durch Data Scientists im Unternehmen bereitgestellt wird. Daher halten wir diesen Arbeitsbereich von SAP Data Intelligence nicht für das klassische Arbeitsgebiet von Integrationsspezialist*innen.

Ziel der intelligenten Funktionen

Ziel der intelligenten Funktionen ist es, mithilfe von Machine-Learning-Algorithmen Wissen aus Ihren Datenbeständen zu generieren. Im Kern wird Wissen generiert, indem die Machine-Learning-Anwendung bestimmte Muster in den Daten erkennt und diese Muster einem bestimmten Verhalten oder Ereignis zuordnet. Anschließend können Sie andere Datenbestände auf dieselben Muster hin untersuchen und somit auf Basis der Analyse Entscheidungen treffen.

Prozess zur Erstellung

Die Erstellung von intelligenten Funktionen erfolgt in mehreren Schritten, die wir Ihnen im Folgenden genauer vorstellen wollen (siehe Abbildung 10.4):

- Identifikation
- Daten verarbeiten
- Modellerstellung
- Bereitstellung und Verwendung

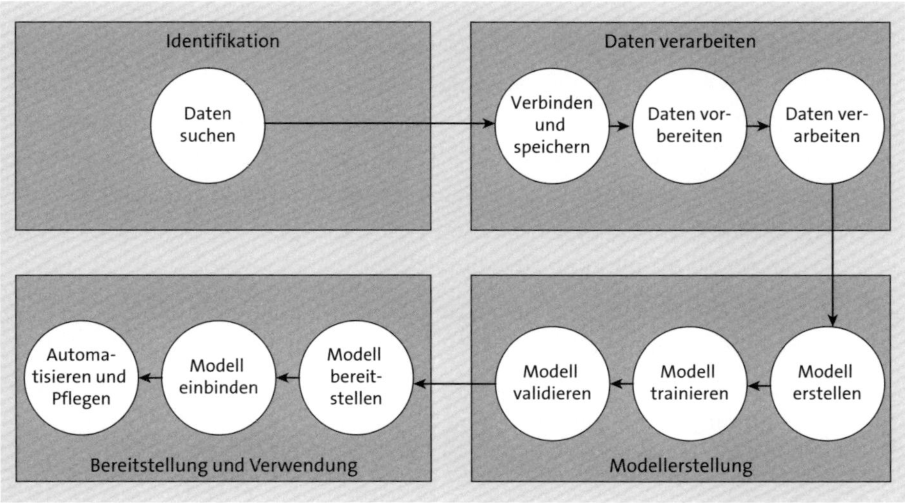

Abbildung 10.4 Prozess zur Erstellung von intelligenten Funktionen in SAP Data Intelligence

10

Identifikation

In der ersten Phase geht es um die *Identifikation* von möglichen und relevanten Datenbeständen in Ihrem Unternehmen. Im einfachsten Fall liegen Ihnen alle notwendigen Informationen in einer Datenquelle vor. Allerdings haben wir die Erfahrung gemacht, dass häufig unterschiedliche Datenbestände kombiniert werden müssen.

Daten verarbeiten

Im Rahmen der *Datenverarbeitung* bereiten Sie den Datenbestand bzw. die unterschiedlichen Datenbestände für die Verarbeitung mit dem Machine-Learning-Algorithmus vor. Zunächst werden die Datenbestände aus den Quellsystemen gelesen und in SAP Data Intelligence gespeichert. Unter Umständen müssen Sie die gespeicherten Daten aufbereiten, bevor Sie diese mit dem Machine-Learning-Algorithmus verarbeiten können.

[«]

Umfang der Daten

Beachten Sie den Umfang der Daten, den Sie für den Machine-Learning-Algorithmus bereitstellen. Prinzipiell sollte ein möglichst großer Datenumfang für die Modellerstellung verwendet werden. Zu kleine Datenmengen erhöhen die Gefahr, falsche Muster zu erkennen.

Modellerstellung

Die *Modellerstellung* ist das Kernstück zur Erstellung von intelligenten Funktionen. Sie erfolgt in drei Schritten:

1. Modell anlegen
2. Modell trainieren
3. Modell validieren

Im ersten Schritt legen Sie das Modell an. Anschließend trainieren Sie das Modell mithilfe der zuvor in SAP Data Intelligence geladenen und vorbereiteten Daten. Dabei werden vom Algorithmus Muster in den Daten erkannt, die für den Eintritt eines zuvor definierten Ereignisses oder Verhaltens relevant sein können. Im letzten Schritt validieren Sie die erkannten Muster anhand eines weiteren Auszugs der vorbereiteten Daten. Hierzu ist es wichtig, im Vorfeld die bereitgestellten Daten in Daten für das Training und Daten für die Validierung zu trennen.

Bereitstellung und Verwendung

Nachdem Sie Ihre Modelle erstellt und validiert haben, können Sie diese zur Verwendung bereitstellen. Sobald Sie die Modelle bereitgestellt haben, können Sie sie z. B. in Pipelines während der Verarbeitung von Daten in SAP Data Intelligence einbinden.

10.2.3 Datenorchestrierung und Monitoring

Die Funktionen zur Datenorchestrierung und zum Monitoring beschäftigen sich vorrangig mit der Verwaltung und Überwachung von SAP Data Intelligence selbst. Aus Sicht der Integration haben Sie hier zwei wichtige Bereiche:

- Connection Management
- Monitoring

Connection Management

Mit dem *Connection Management* wird Ihnen in SAP Data Intelligence ein zentrales Verzeichnis für die Pflege von Verbindungen zu Anwendungen und Systemen bereitgestellt. Durch die zentrale Pflege können Sie die Verbindungseinstellungen leichter verändern oder gegebenenfalls sogar austauschen. Die Pflege der Zugangsdaten und Verbindungsparameter erfolgt also nicht in den Pipelines, sondern an einem zentralen Ort.

Monitoring

Mit dem *Monitoring* haben Sie die Möglichkeit, SAP Data Intelligence und die Ausführung einzelner Pipelines zu überwachen. Wie bei anderen SAP-Anwendungen wird auch in SAP Data Intelligence mit Dashboards gearbeitet. Dabei existieren Kacheln zum allgemeinen Status der Pipeline-Ausführungen, Laufzeitanalysen und Statistiken zu aktuellen und erfolgreichen Ausführungen. Zusätzlich können Sie eingeplante Jobs überwachen.

10.2.4 Datenverarbeitung

Im Bereich der Datenverarbeitung dreht sich alles um die Verarbeitung von Daten innerhalb von SAP Data Intelligence. Sie definieren Datenflüsse (auch *Pipelines* genannt) im *Data Intelligence Modeler*, einem grafischen Editor zur Modellierung von Datenflüssen. Ähnliche Funktionen finden Sie auch in Komponenten der SAP Integration Suite wie z. B. SAP Cloud Integration (siehe Kapitel 6) oder Open Connectors (siehe Kapitel 9).

ETL-Prinzip

Im Allgemeinen definieren Sie eine Pipeline nach dem ETL-Prinzip (Extrahieren, Transformieren, Laden). Ein Datenfluss besteht somit aus mindestens drei Schritten:

1. Lesen von Daten aus einer oder mehreren Quellen
2. Transformieren/Aufbereiten der Daten
3. Schreiben der Daten in ein Ziel oder in mehrere Ziele

Das Prinzip von ETL beschreiben wir Ihnen in Abschnitt 11.1.1, »SAP Data Services«, bei der Vorstellung von SAP Data Services detaillierter.

Operatoren

Wie bereits erwähnt, definieren Sie eine Pipeline mithilfe eines grafischen Editors. Mithilfe von *Operatoren* stellt Ihnen SAP verschiedene vordefinierte Operatoren zur Verfügung. Ein Operator repräsentiert somit einen Verarbeitungsschritt in der Pipeline. Die von SAP vordefinierten Operatoren werden nach der Art der Funktionalität gruppiert. In Tabelle 10.1 finden Sie eine Übersicht dieser Gruppen.

Gruppe von Operatoren	Beschreibung
ABAP	verschiedene Operatoren zur Verbindung mit ABAP-basierten Anwendungen (siehe Abschnitt 10.2.5, »ABAP-Integration«)
Connectivity	Operatoren zur Verbindung mit verschiedenen Anwendungen, wie z. B. Kafka, MQTT, OpenAPI, E-Mail
Converter	diverse Operatoren zur Konvertierung von Daten zwischen verschiedenen Formaten
Files	Operatoren für die Behandlung von Dateien
Apache Hadoop und Apache Spark	Operatoren, um Jobs auf Apache Hadoop oder Apache Spark auszuführen
Processing	verschiedene Operatoren für Verarbeitungsschritte wie z. B. die Erzeugung von Konstanten oder den Aufruf von Code in unterschiedlichen Programmiersprachen
SAP HANA	Operatoren für die Verbindung mit einer cloudbasierten SAP-HANA-Datenbank

Tabelle 10.1 Gruppierung von Operatoren in SAP Data Intelligence

Gruppe von Operatoren	Beschreibung
SAP Integration	unterschiedliche Operatoren für die Verbindung mit anderen Komponenten der SAP Business Technology Platform (siehe Abschnitt 10.2.6, »Integration mit der SAP Business Technology Platform«)
SAP Machine Learning Core Operators	mehrere Operatoren, um mit Modellen aus den intelligenten Funktionen zu interagieren
SAP Vora	Operatoren zur Interaktion mit SAP Vora, einer In-Memory-Abfragelaufzeit für die Analyse auf der Basis von Daten aus Apache Hadoop
Structured Data Operators	Operatoren zur Verbindung mit strukturierten Datenquellen wie z. B. SQL-Datenbanken und Dateien
Tables	Operatoren zur Verarbeitung von tabellenbasierten Daten
Utilities	verschiedene sonstige Operatoren für spezielle Verarbeitungsschritte, z. B. HTML Viewer zum Rendern von HTML-Code

Tabelle 10.1 Gruppierung von Operatoren in SAP Data Intelligence (Forts.)

Weitere Operatoren Wie bei Komponenten der SAP Integration Suite können Sie die Funktionalität erweitern. Zusätzliche Operatoren können von Drittanbietern bereitgestellt und von Ihnen eingebunden werden. Darüber hinaus können Sie eigene Operatoren entwickeln und verwenden.

Parallelisierung Im *Data Intelligence Modeler* können Sie mehrere Operatoren in einer *Group* zusammenfassen. Dies ist sinnvoll, wenn Sie bestimmte Verarbeitungssequenzen in Ihrer Pipeline parallelisieren wollen. Die Konfiguration der Parallelisierung erfolgt anhand der definierten Groups.

Wiederverwendung Sie können Pipelines als Templates bereitstellen und dadurch wiederverwenden. Außerdem stellt SAP einige Templates für Pipelines zur Verfügung.

10.2.5 ABAP-Integration

Überblick In diesem Abschnitt wollen wir explizit auf die Integration von SAP Data Intelligence mit ABAP-basierten Anwendungen eingehen. Wir gehen davon aus, dass dies für Sie möglicherweise eines der wichtigsten Anwendungsszenarien darstellt und möchten es daher etwas genauer beleuchten.

Unterschiedliche Szenarien Generell wird bei der Integration mit ABAP-Anwendungen zwischen unterschiedlichen Anwendungsfällen unterschieden. Dies ist notwendig, da die

Integration und die technischen Möglichkeiten der ABAP-Anwendungen unterschiedlich sind. Mit SAP HANA wurden sogenannte *CDS Views* (CDS = Core Data Services) eingeführt, die den Zugriff auf die Daten ermöglichen. Für ABAP-Anwendungen, die auf einer klassischen Datenbank basieren (z. B. ein SAP-ECC-System mit DB2-Datenbank), erfolgt die Integration mit SAP Data Intelligence über den *SAP Landscape Transformation Replication Server*. Für analytische Anwendungen auf der Basis von ABAP (SAP BW und SAP BW/4HANA) erfolgt die Integration über *Operational Data Provisioning* (ODP).

Aufbau der Integration mit CDS Views

In Abbildung 10.5 sehen Sie den Aufbau der Integration zwischen den ABAP-Anwendungen und SAP Data Intelligence. Prinzipiell erfolgt die Integration über das RFC-Protokoll (*Remote Function Call*, siehe Abschnitt 2.3.4, »Remote Function Call«). Wie bei anderen Integrationen erstellen Sie die Integration mit ABAP-Anwendungen ebenfalls in SAP Data Intelligence im Data Intelligence Modeler (siehe Abschnitt 10.2.4, »Datenverarbeitung«). Im Data Intelligence Modeler finden Sie spezielle *ABAP Operators* für die Integration mit ABAP-Anwendungen. Diese Operatoren unterscheiden sich von anderen Operatoren in SAP Data Intelligence, da sie zur Laufzeit nicht in SAP Data Intelligence ausgeführt werden.

ABAP Pipeline Engine

Für die Integration mit SAP Data Intelligence wird in den ABAP-Anwendungen die sogenannte *ABAP Pipeline Engine* bereitgestellt. In der ABAP Pipeline Engine werden die zuvor in SAP Data Intelligence modellierten ABAP-Operatoren während der Laufzeit ausgeführt. Somit wird ein Teil der SAP-Data-Intelligence-Pipeline in den externen ABAP-Anwendungen ausgeführt. Dies sollten Sie auch in Bezug auf die Performance der jeweiligen Anwendungen berücksichtigen.

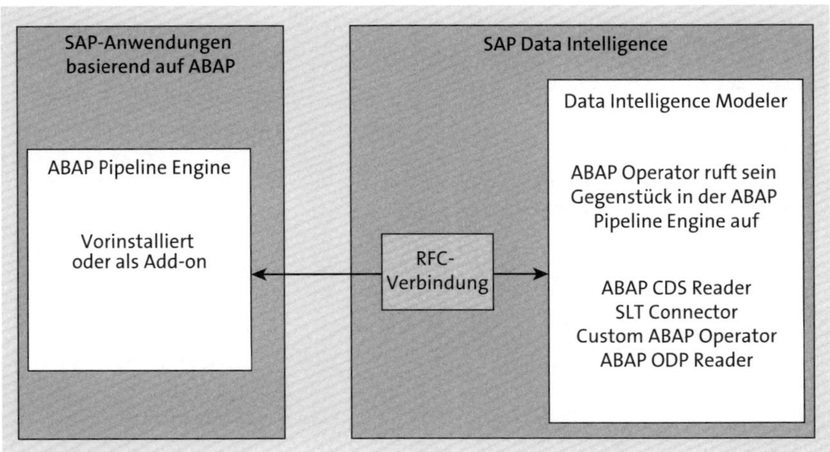

Abbildung 10.5 Überblick über die ABAP-Integration mit der ABAP Pipeline Engine

Verfügbarkeit der ABAP Pipeline Engine

Für alle Kunden mit SAP S/4HANA Cloud wird die ABAP Pipeline Engine standardmäßig bereitgestellt. In der On-Premise-Version von SAP S/4HANA ist die ABAP Pipeline Engine ab Release 1909 inkludiert. Für alle anderen ABAP-Systeme muss das *Data Migration Server Add-on* (DMIS) installiert werden. Dabei ist jedoch zu beachten, dass das Add-on nur in kompatiblen SAP-NetWeaver-Versionen, abhängig von der Anwendung, installiert werden kann.

SAP Landscape Transformation Replication Server

Die Integration für ABAP-Anwendungen, die nicht auf der SAP-HANA-Datenbank basieren, erfolgt über den SAP Landscape Transformation Replication Server. Der Grund dafür ist sehr einfach: In diesen Anwendungen ist die Funktion der CDS Views nicht verfügbar. In Abbildung 10.6 sehen Sie den Aufbau der Integration mit dem SAP Landscape Transformation Replication Server. Mit dem SAP Landscape Transformation Replication Server erfolgt die Integration auf der Basis von Tabellen. Mithilfe dieser Mechanismen können auch Deltas übertragen werden. Wir stellen Ihnen den SAP Landscape Transformation Replication Server und seine Funktionen detaillierter in Abschnitt 11.1.2, »SAP Landscape Transformation Replication Server«; vor. Bei der Ausführung der Pipeline in SAP Data Intelligence ruft der *SAP Landscape Transformation Connector* den SAP Landscape Transformation Replication Server auf, der sich anschließend zur ABAP-Anwendung verbindet und die Replikation der Daten anhand der Konfiguration im SAP Landscape Transformation Replication Server durchführt. Zum Abschluss der Replikation werden die Daten an SAP Data Intelligence übergeben. Beachten Sie, dass der SAP Landscape Transformation Replication Server nicht zum Funktionsumfang von SAP Data Intelligence gehört und separat bereitgestellt werden muss.

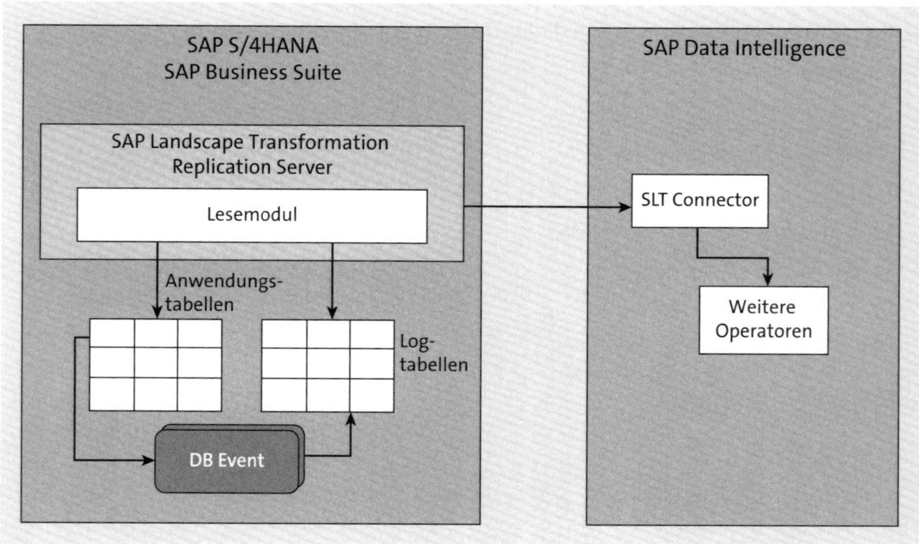

Abbildung 10.6 Integration mit SAP Data Intelligence via SAP Landscape Transformation Replication Server

Zur Integration mit *SAP Business Warehouse* oder *SAP BW/4HANA* können Sie den *ODP Reader* verwenden. ODP ist ein Framework, das ursprünglich für die Datenbereitstellung aus transaktionalen Anwendungen in analytische Anwendungen entwickelt wurde. Über das ODP-Framework werden spezielle Objekte bereitgestellt, die mithilfe von Konnektoren abgerufen werden können.

Integration via ODP

Die drei bisher vorgestellten Integrationsmöglichkeiten sind hauptsächlich für den Transfer von Daten von ABAP-Anwendungen nach SAP Data Intelligence gedacht. Mit dem *Custom ABAP Operator* erhalten Sie eine flexible Möglichkeit, um beliebigen Programmcode in der ABAP-Anwendung aufzurufen. Damit können Sie z. B. auch Daten aus einer Pipeline heraus in eine ABAP-Anwendung schreiben. Prinzipiell haben Sie mit diesem Operator nahezu grenzenlose Möglichkeiten. Die Ausführung des Custom ABAP Operators erfolgt ebenfalls in der ABAP Pipeline Engine.

Integration via Custom ABAP Operator

10.2.6 Integration mit der SAP Business Technology Platform

Überblick

Neben der Integration mit ABAP-Anwendungen haben Sie die Möglichkeit, SAP Data Intelligence mit anderen Anwendungen der SAP Business Technology Platform zu integrieren. Hierzu werden in im Data Intelligence Modeler in SAP Data Intelligence entsprechende Operatoren bereitgestellt, um die Verbindung zu den Anwendungen aufzubauen.

Integration mit SAP Cloud Integration

Mit diesen Operatoren haben Sie die Möglichkeit, aus der Komponente SAP Cloud Integration heraus iFlows aufzurufen (siehe Kapitel 6, »SAP Cloud Integration«). Damit erhalten Sie die Möglichkeit, bestehende Entwicklungen in Form von iFlows weiterzuverwenden, ohne diese neu in SAP Data Intelligence entwickeln zu müssen. Zusätzlich erhalten Sie mit dem Operator die Möglichkeit, Datenintegration mit Prozessintegration zu kombinieren.

Integration mit Open Connectors

SAP Data Intelligence bietet bereits von Haus aus viele Integrationsmöglichkeiten mit SAP- und Nicht-SAP-Anwendungen (siehe Abbildung 10.2). Mit Open Connectors stellt SAP eine Möglichkeit innerhalb der SAP Integration Suite zur Verfügung, verschiedene Cloud-Anwendungen zu integrieren. Über den *Cloud Connector Operator* in SAP Data Intelligence haben Sie die Möglichkeit, Open-Connectors-Verbindungen auch in SAP Data Intelligence zu verwenden. Dies erweitert die Integrationsmöglichkeiten von SAP Data Intelligence. Wir stellen Ihnen Open Connectors in Kapitel 9 vor.

Integration mit SAP Enterprise Messaging

Mit SAP Data Intelligence 3.1 gibt es die zusätzliche Möglichkeit, eine Integration mit SAP Enterprise Messaging aufzubauen. Dabei kann SAP Data Intelligence sowohl Events auslösen als auch ausgelöste Events abonnieren und, basierend auf dem Eintreten der Events, Aktivitäten ausführen. Ein

Anwendungsbeispiel ist die Erstellung eines Angebots in SAP S/4HANA. Die Erstellung löst ein Event aus, das in SAP Enterprise Messaging bereitgestellt wird. Auf der Basis dieses Events kann in SAP Data Intelligence in einer Pipeline, z. B. mithilfe von Machine Learning, die Wahrscheinlichkeit dazu bestimmt werden, ob der Kunde das Angebot annehmen wird.

10.3 Anwendungsmöglichkeiten

In diesem Abschnitt stellen wir Ihnen einige Anwendungsmöglichkeiten für SAP Data Intelligence vor.

Hybrides Datenmanagement

Ein Anwendungsfall ist die Kombination der beiden Produkte SAP Data Services und SAP Data Intelligence für die Etablierung eines hybriden Datenmanagements. Der Grundgedanke dabei ist, dass viele Unternehmen bereits sehr große SAP-Data-Services-Installationen betreiben und auf diesen eine hohe Anzahl von ETL-Prozessen läuft. Durch die Erweiterung der Landschaft um SAP Data Intelligence erhalten die Unternehmen die Möglichkeit, bestehende ETL-Prozesse zu erweitern, um Daten insbesondere in der Cloud verfügbar zu machen. Durch die Vielzahl von Operatoren für die Verbindung zu SAP- und Nicht-SAP-Anwendungen erhalten Kunden mit SAP Data Intelligence eine gute Ergänzung zu SAP Data Services.

SAP Information Steward

SAP Data Intelligence kann auch sehr gut parallel zu SAP Information Steward eingesetzt werden. Wie bereits beschrieben, können Regeln und Glossare aus SAP Information Steward in SAP Data Intelligence importiert werden.

SAP selbst beschreibt drei typische Anwendungsfallmuster für den Einsatz von SAP Data Intelligence:

- die Anwendungstransformation
- die IoT-Orchestrierung
- das Data Warehousing

Anwendungstransformation

Im Rahmen der Anwendungstransformation arbeiten Unternehmen an Innovationsinitiativen in unterschiedlichen Geschäftsanwendungen. Ein Beispiel aus dem SAP-Umfeld ist *Customer Risk Intelligence*, umgesetzt in SAP S/4HANA Cloud. Hierbei werden Informationen zu Geschäftspartnern aus sozialen Medien ermittelt und mithilfe von intelligenten Technologien (ehemals SAP Leonardo Machine Learning) verarbeitet. Dadurch kann pro Geschäftspartner eine Bewertung in Form eines Social Score berechnet werden. Unternehmen haben die Möglichkeit, diesen bei der Auswahl Ihrer Geschäftspartner zu berücksichtigen, um z. B. schlechte Presse zu vermeiden.

[«]

Mehr Details zu Customer Risk Intelligence

Für weitere Informationen zu Customer Risk Intelligence legen wir Ihnen den Extensibility Guide ans Herz, den Sie unter dem folgenden Link finden: *http://s-prs.de/v798235*

IoT-Orchestrierung

Im Rahmen der IoT-Orchestrierung geht es um die Einbindung von Gegenständen oder Dingen in die IT-Landschaft. Grundlegende Informationen hierzu finden Sie in Abschnitt 2.2.4, »Integration der Dinge«. Ein klassischer Anwendungsfall ist *Predictive Maintenance*. Dabei werden die Daten der Gegenstände bzw. Dinge ausgewertet, um notwendige Wartungsschritte vorherzusagen oder Fehlerszenarien bereits vor dem Eintritt zu erkennen. Dadurch können Produktionsstillstände vermieden oder verringert und bei Bedarf frühzeitig Ersatzteile bestellt werden.

Data Warehousing

Beim *Data Warehousing* geht es um die Kombination von Daten aus unterschiedlichen Datenquellen in einem *Data Warehouse*. Häufig geht es dabei um klassische ETL-Prozesse, bei denen die Daten aus einer Quelle extrahiert, dann transformiert und schließlich ins Data Warehouse geladen werden. Mit SAP Data Intelligence haben Sie die Möglichkeit, solche Prozesse aufzusetzen und zusätzlich um intelligente Funktionen zu erweitern.

Auf der SAP TechEd 2020 hat SAP Anwendungsfälle von Unternehmen vorgestellt. Wir wollen Ihnen an dieser Stelle eine Auswahl dieser Beispiele vorstellen.

Erneuerbare Energien

Bei diesem Anwendungsfall eines deutschen Energieanbieters war es das Ziel, Gemeinden ein Dashboard als *Renewables Simulation Center* zur Verfügung zu stellen. Mit dem Dashboard haben Gemeinden die Möglichkeit, ihren Energieverbrauch, nach unterschiedlichen Kriterien gefiltert, zu betrachten und die Netzlast auszuwerten. Über eine Simulationsfunktion kann zusätzlich der Einfluss von Investitionen in bestimmten Bereichen dargestellt werden. Im Rahmen des Anwendungsfalls wurden Daten aus unterschiedlichen Datenquellen kombiniert. Im Kern sind zwei Berechnungen notwendig, die auf Daten der unterschiedlichen Quellen basieren (siehe Abbildung 10.7). Mithilfe der berechneten Energieproduktion und der Netzkapazität einer Gemeinde kann die Simulation vorgenommen werden.

360-Grad-Kundenanalyse

In einem zweiten Beispiel werden zwei unterschiedliche Informationen eines Kunden miteinander verknüpft: Zum einen hat das Unternehmen Zugriff auf das Einkaufsverhalten des Kunden über den eigenen Online-Shop. Diese Informationen werden mit den Daten einer Lauftracking-Anwendung kombiniert, um das Kundenverhalten zu analysieren und Vorhersagen zu dessen zukünftigen Verhalten zu treffen (siehe Abbildung 10.8).

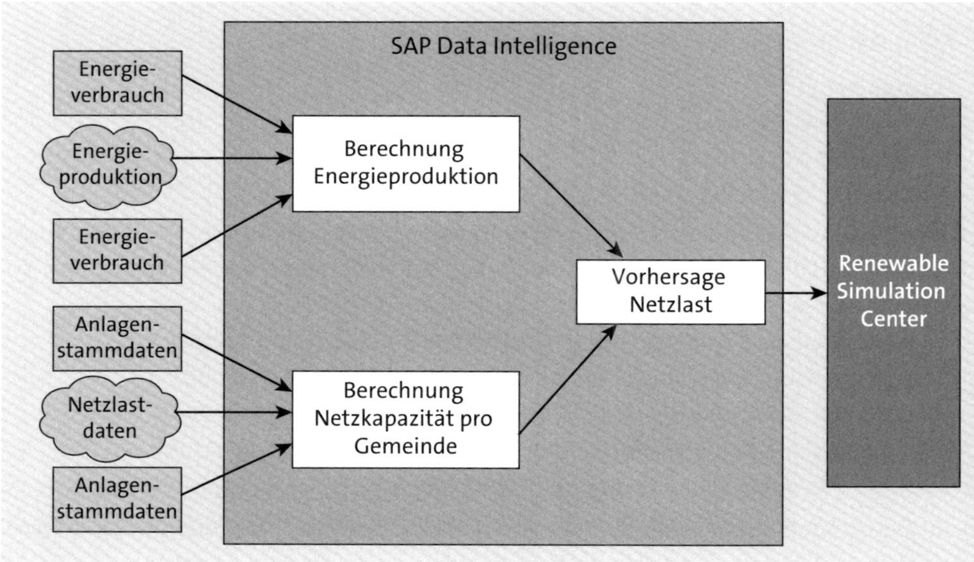

Abbildung 10.7 Beispielszenario-Dashboard eines Energieversorgers

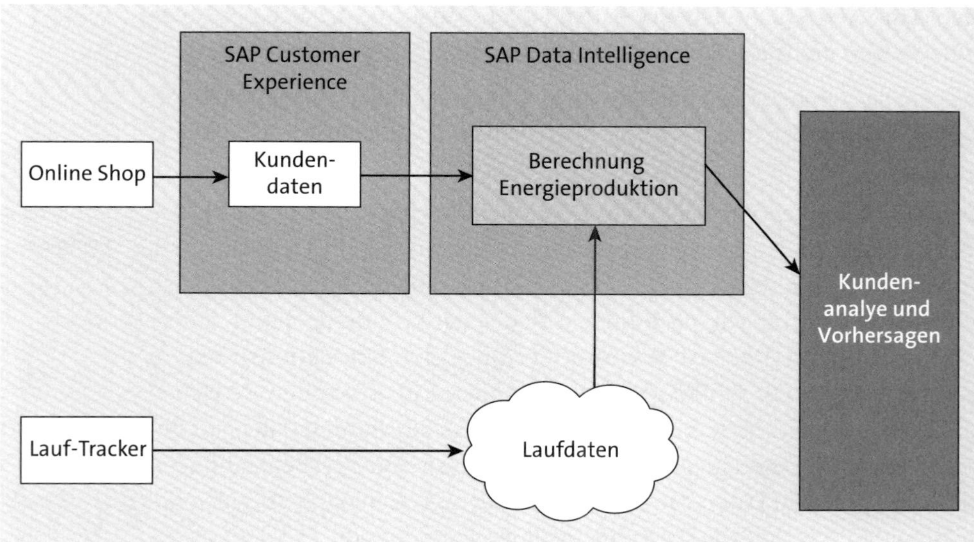

Abbildung 10.8 Beispiel der 360-Grad-Sicht eines Kunden

Zusammenfassung

In diesem Kapitel haben wir uns mit SAP Data Intelligence beschäftigt. Es handelt sich um die präferierte Lösung von SAP für die Integration von Daten innerhalb einer Anwendungslandschaft. In Kapitel 11, »Werkzeuge zur Datenintegration«, beschäftigen wir uns mit weiteren Werkzeugen zur Datenintegration.

Kapitel 11
Werkzeuge zur Datenintegration

Neben der prozessbasierten Integration stellt die datenbasierte Integration den wohl häufigsten Anwendungsfall in heutigen Unternehmen dar. Mit speziellen Werkzeugen haben Sie die Möglichkeit, die Datenintegration in Ihrem Unternehmen zu optimieren.

Wenn in Unternehmen über Integration oder Schnittstellen gesprochen wird, denken unserer Erfahrung nach die meisten Personen an Themen rund um die prozessbasierte Integration. Dies entspricht in der Praxis aber nur einem Teil der Integration. In Teil I, »Grundlagen«, haben wir Ihnen das Konzept der Integrationsstile (siehe Abschnitt 2.2, »Integrationsstile«) vorgestellt, und Sie haben gelernt, dass die prozessbasierte Integration lediglich einen von fünf Integrationsstilen darstellt. Auch die Integration Solution Advisory Methodology (ISA-M) verfolgt diesen Ansatz und verwendet unterschiedliche Integrationsstile, siehe Abschnitt 3.1, »Integration Solution Advisory Methodology (ISA-M)«.

Werkzeuge zur Datenintegration

Wir sind in Abschnitt 2.2.2, »Datenbasierte Integration«, darauf eingegangen, dass sich die datenbasierte Integration in ihren Eigenschaften grundlegend von anderen Integrationsstilen unterscheidet. Dies ist auch der Grund, warum Unternehmen für Szenarien innerhalb der datenbasierten Integration separate Werkzeuge einsetzen. Hersteller optimieren diese Werkzeuge entsprechend den Eigenschaften des datenbasierten Integrationsstils.

Organisatorische Sicht zur Datenintegration

Häufig sehen wir in Unternehmen auch eine organisatorische Unterscheidung zwischen prozessbasierter und datenbasierter Integration. Dies bedeutet, dass z. B. die prozessbasierte Integration (und damit verbunden die entsprechenden Werkzeuge) vom Integrations- bzw. Schnittstellenteam implementiert und betreut wird, wohingegen die datenbasierte Integration und deren Werkzeuge z. B. oft durch das BI- bzw. Analytics-Team implementiert und betrieben werden. Dies liegt unserer Meinung nach daran, dass die wohl bekannteste Aufgabe der Datenintegration die Bereitstellung von Daten aus transaktionalen Systemen für analytische Systeme darstellt (klassische ETL-Szenarien; ETL = Extract, Transform, Load). Wir sehen hierin allerdings die Gefahr, dass dadurch andere Themen der datenbasierten Integration in Unternehmen vernachlässigt werden könnten.

Aufbau des Kapitels

Dieses Kapitel ist wie folgt aufgebaut: In Abschnitt 11.1, »Übersicht«, geben wir Ihnen eine Übersicht über die verschiedenen SAP-Werkzeuge für die Datenintegration. Hier erhalten Sie Informationen zu den einzelnen Tools und Verweise dazu, wo Sie bei Bedarf weitere Informationen finden. In Abschnitt 11.2, »Funktionen«, beschreiben wir allgemein die Funktionen von Werkzeugen zur Datenintegration. Außerdem vergleichen wir die in Abschnitt 11.1 vorgestellten Werkzeuge und geben Ihnen Empfehlungen, wann Sie diese am besten einsetzen können. Mit Abschnitt 11.3, »Anwendungsmöglichkeiten«, schließen wir das Kapitel und geben Ihnen ein paar Beispiele aus der Praxis, wie Sie die Werkzeuge einsetzen können.

[!]

Wann sollten Sie dieses Kapitel lesen?

Wie empfehlen Ihnen, dieses Kapitel zu lesen, wenn Sie sich über verschiedene Werkzeuge zur Datenintegration aus dem SAP-Produktportfolio informieren möchten. Des Weiteren finden Sie in diesem Kapitel unsere Einschätzung dazu, für welche Zwecke Sie die unterschiedlichen Werkzeuge einsetzen können.

11.1 Übersicht

In diesem Abschnitt geben wir Ihnen einen Überblick über verschiedene SAP-Werkzeuge zur Datenintegration. Wir stellen Ihnen insgesamt vier Werkzeuge vor, die für die Datenintegration eingesetzt werden können. In Abschnitt 11.1.1, »SAP Data Services«, starten wir mit der Vorstellung von SAP Data Services, dem wahrscheinlich umfangreichsten Werkzeug zur Datenintegration. Abschnitt 11.1.2 beschreibt den SAP Landscape Transformation Replication Server, also das Werkzeug zur Integration von SAP-Systemen untereinander. In Abschnitt 11.1.3 stellen wir Ihnen die Lösung SAP HANA Smart Data Integration vor. Dieses Werkzeug ist standardmäßig in allen SAP-HANA-Systemen verfügbar. Abschnitt 11.1.4 behandelt SAP Cloud Integration for Data Services. Abschließend beschreiben wir in Abschnitt 11.1.5 den SAP Replication Server, der zwar vorrangig in der Systemadministration zum Einsatz kommt, aber trotzdem die Möglichkeit zur Datenintegration bietet.

11.1.1 SAP Data Services

Überblick

SAP Data Services gehört aus unserer Sicht zu den bekanntesten SAP-Werkzeugen für die Datenintegration. Im Jahr 2007 hat SAP das Unternehmen *Business Objects* übernommen und dessen Produkt *BusinessObjects Data*

Integrator zur aktuellen Lösung SAP Data Services weiterentwickelt. Vereinfacht gesagt, handelt es sich bei SAP Data Services um ein klassisches ETL-Produkt. Daher hat es auch einen entsprechenden Funktionsumfang zu bieten. In Abbildung 11.1 sehen Sie einen groben Funktionsüberblick von SAP Data Services.

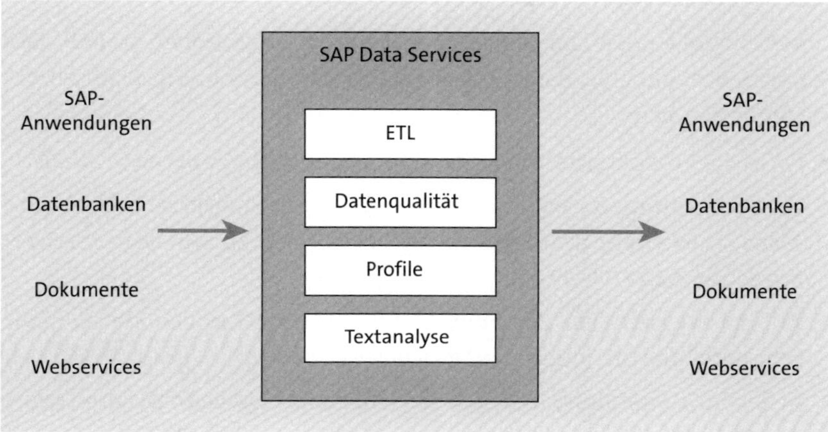

Abbildung 11.1 SAP Data Services – Überblick (Quelle: SAP)

Extrahieren

Mit SAP Data Services haben Sie die Möglichkeit, aus unterschiedlichen Quellen (z. B. aus SAP-Systemen, Datenbanken und Cloud-Systemen) Daten zu extrahieren. Hierzu werden, ähnlich wie z. B. bei SAP Cloud Integration (siehe Kapitel 6) unterschiedliche Konnektoren zur Verfügung gestellt.

Transformieren

Nach der Extraktion der Daten können diese transformiert werden. Sie können unterschiedliche Datenbestände kombinieren, strukturelle Umwandlungen vornehmen oder die Daten anreichern. Eine Stärke von SAP Data Services sehen wir in den Möglichkeiten zum Data Profiling, also in der Analyse von Daten, um z. B. Datenqualitätsprobleme festzustellen. Zum Teil sind hierzu aber noch weitere Produkte notwendig (z. B. SAP Information Steward), um das volle Potenzial ausschöpfen zu können.

Laden

Laden ist der letzte Schritt im klassischen ETL-Prozess. Die zuvor extrahierten und transformierten Daten werden nun an das Ziel weitergegeben. Auch hier verwendet SAP Data Services unterschiedliche Konnektoren, mit denen Sie die Daten in verschiedenen Formaten an die entsprechenden Empfänger senden können.

Befüllen von BI-Systemen

Häufig wird SAP Data Services von BI- oder Analytics-Teams zur Befüllung eines SAP Business Warehouse (SAP BW) verwendet. Mit SAP Data Services werden dabei im Rahmen der Stapelverarbeitung Daten aus transaktionalen Systemen (häufig SAP-Systemen) extrahiert, für das BW-System aufbereitet und schließlich in SAP BW geladen.

Migration

In den letzten Jahren sehen wir vermehrt den Anspruch, SAP Data Services als Werkzeug für die Migration nach z. B. SAP S/4HANA einzusetzen. SAP selbst empfiehlt den Einsatz von SAP Data Services bei einer sehr komplexen Migration. Mithilfe von SAP Information Steward können Sie Funktionen in SAP Data Services verwenden, um Ihre Datenqualität zu analysieren und zu verbessern.

Weitere Informationen

Unter den folgenden Links finden Sie weitere Informationen zu SAP Data Services. Beachten Sie, dass viele der Informationen nur auf Englisch zur Verfügung stehen:

- Offizielle Produktseite von SAP Data Services: *http://s-prs.de/v798236*
- Im SAP Community Wiki finden Sie im Bereich Enterprise Information Management sehr umfangreiche Informationen zu SAP Data Services: *http://s-prs.de/v798237*
- Auf der Webseite der *Compamind mindsquare AG* finden Sie ebenfalls sehr gute Informationen zu SAP Data Services: *http://s-prs.de/v798238*
- In der SAP Community finden Sie verschiedene Blog-Beiträge zum Thema SAP Data Services, allerdings meist zu sehr speziellen Themen im Umgang mit dem Tool und seltener grundlegende Informationen. Für interessierte Leser*innen kann die Lektüre trotzdem sehr spannend sein: *http://s-prs.de/v798239*

11.1.2 SAP Landscape Transformation Replication Server

Überblick

Der *SAP Landscape Transformation Replication Server* ist das ETL-Tool von SAP für die Echtzeitreplikation von Daten zwischen zwei Systemen. Die Quelle ist entweder ein SAP-System oder ein anderes Datenbanksystem. Das Ziel muss immer eine SAP-HANA-Datenbank sein. In Abbildung 11.2 sehen Sie die Funktionsweise des SAP Landscape Transformation Replication Servers.

Echtzeitreplikation

Von Anfang an ist der SAP Landscape Transformation Replication Server dazu ausgelegt, die Echtzeitreplikation durchzuführen. Im Gegensatz dazu wird mit SAP Data Services häufig eine jobgesteuerte Stapelverarbeitung implementiert (auch wenn SAP Data Services mittlerweile, zumindest eingeschränkt, auch eine Echtzeitverarbeitung ermöglicht). Um dies zu ermöglichen, verwendet der SAP Landscape Transformation Replication Server auf dem Quellsystem sogenannte *Datenbank-Trigger*. Diese werden bei jeder Änderung aktiviert und schreiben Einträge in Log-Tabellen, mit denen das Delta ermittelt wird.

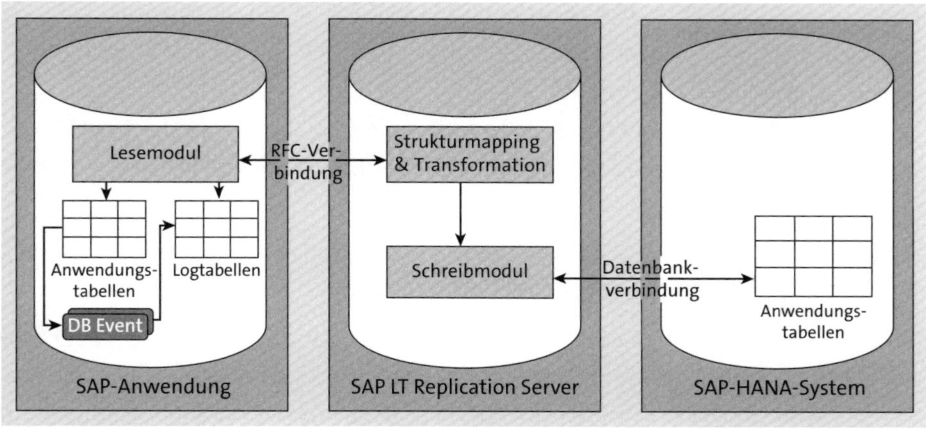

Abbildung 11.2 Funktionsweise des SAP Landscape Transformation Replication Servers

Installationsoptionen

Prinzipiell wird der SAP Landscape Transformation Replication Server on-premise auf einem beliebigen ABAP-System installiert. Dabei kann unterschieden werden, ob der SAP Landscape Transformation Replication Server auf dem Quellsystem oder auf einem separaten ABAP-System installiert wird.

ETL-Prinzip

Auch der SAP Landscape Transformation Replication Server arbeitet nach dem ETL-Prinzip. Der Unterschied zu SAP Data Services liegt zum einen in der Replikation der Daten in Echtzeit. Zum anderen sind im SAP Landscape Transformation Replication Server die Möglichkeiten im Transformationsschritt eingeschränkter als mit SAP Data Services. So können z. B. während der Transformation keine weiteren Daten aus anderen Quellen gelesen werden. Außerdem verfügt der SAP Landscape Transformation Replication Server über keine dedizierten Funktionen zur Analyse und Bereinigung der Datenqualität.

Anwendungsszenario

Verwenden Sie den SAP Landscape Transformation Replication Server z. B., wenn Sie in Echtzeit Daten in Ihr SAP-S/4HANA-System integrieren wollen. Ein bekannter Anwendungsfall hierfür ist SAP S/4HANA Central Finance. Dieses stellen wir Ihnen detaillierter in Abschnitt 11.3, »Anwendungsmöglichkeiten«, vor.

Weitere Informationen

Auf den folgenden Seiten finden Sie weitere Informationen zum SAP Landscape Transformation Replication Server. Beachten Sie, dass viele der Informationen nur auf Englisch zur Verfügung stehen:

- Offizielle Produktseite zum SAP Landscape Transformation Replication Server: *http://s-prs.de/v798240*

- Ein sehr guter Blog-Beitrag von Pratap Naidu mit allgemeinen Hinweisen zum SAP Landscape Transformation Replication Server und einem Anwendungsbeispiel: *http://s-prs.de/v798241*
- Ein weiterer guter Blog-Beitrag zu den Möglichkeiten des SAP Landscape Transformation Replication Servers mit einer Abgrenzung zu SAP Data Services: *http://s-prs.de/v798242*

11.1.3 SAP HANA Smart Data Integration

Überblick

SAP HANA Smart Data Integration ist das in SAP HANA standardmäßig verfügbare ETL-Werkzeug. Vereinfacht ausgedrückt, kann es als Mischung aus SAP Data Services und SAP Landscape Transformation Replication Server angesehen werden, denn es ermöglicht sowohl eine jobbasierte Stapelverarbeitung als auch die Echtzeitintegration von Daten. Allerdings ist SAP HANA Smart Data Integration integraler Bestandteil der SAP-HANA-Plattform und daher nur auf diesen Systemen verfügbar. Einen Überblick über die Architektur von SAP HANA Smart Data Integration erhalten Sie in Abbildung 11.3.

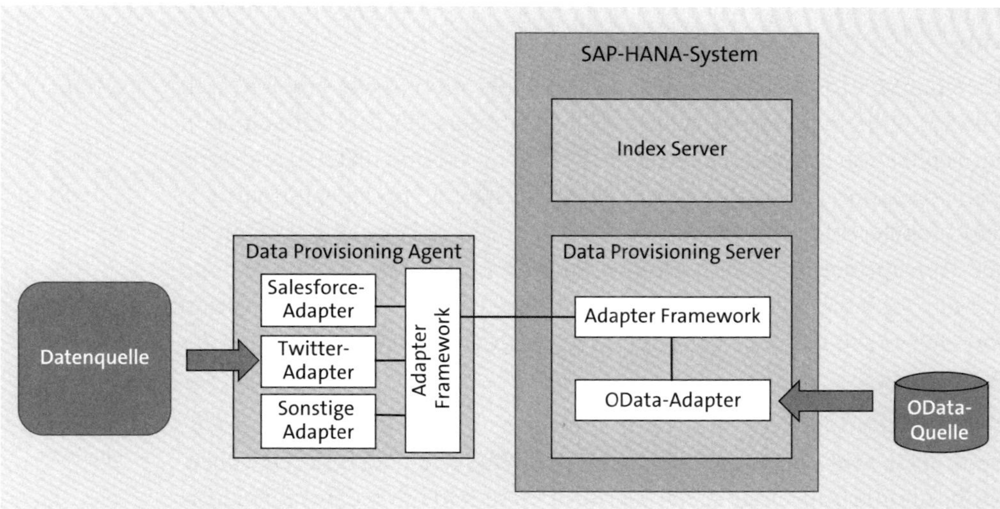

Abbildung 11.3 SAP HANA Smart Data Integration – Überblick

ETL-Prinzip

Auch SAP HANA Smart Data Integration arbeitet nach dem ETL-Prinzip, allerdings mit der Einschränkung, dass SAP HANA Smart Data Integration ausschließlich unidirektional verwendet werden kann. Die Integration von Daten ist nur in das SAP-HANA-System möglich, und es können keine Daten exportiert werden.

Datenvirtualisierung vs. Datenreplikation

Eine weitere Besonderheit von SAP HANA Smart Data Integration ist die Möglichkeit, Daten auf zwei unterschiedliche Arten in das SAP-HANA-System zu integrieren. Im Rahmen der *Datenreplikation* werden die Informationen tatsächlich in der SAP-HANA-Datenbank gespeichert. Im Gegensatz dazu werden bei der *Datenvirtualisierung* keine Informationen in der SAP-HANA-Datenbank gespeichert. Stattdessen werden die Informationen, sobald sie von der Anwendung benötigt werden, über SAP HANA Smart Data Integration in Echtzeit aus der Quelle gelesen. Hierzu wird *SAP HANA Smart Data Access* eingesetzt.

Data Provisioning Agent

Für die Extraktion von Daten aus Quellsystemen wird der *Data Provisioning Agent* verwendet. Der Data Provisioning Agent ist ein flexibles Framework, in dem Sie unterschiedliche Konnektoren für diverse Quellen installieren können. SAP liefert bereits eine Vielzahl von Konnektoren aus; weitere Konnektoren werden von Drittanbietern (kostenpflichtig) bereitgestellt.

[«]

Funktionsumfang abhängig vom Konnektor

Beachten Sie, dass der mögliche Funktionsumfang vom jeweiligen Konnektor abhängig ist. So unterstützen z. B. nicht alle Konnektoren die Datenvirtualisierung mit SAP HANA Smart Data Access.

Datenqualität

Für die Analyse und Verbesserung der Datenqualität umfasst die SAP-HANA-Plattform ebenfalls eine spezielle Komponente. Mit *SAP HANA Smart Data Quality* haben Sie die Möglichkeit, Ihre Daten zu untersuchen, zu bereinigen und anzureichern.

Weitere Informationen

Auf den folgenden Seiten finden Sie weitere Informationen zu SAP HANA Smart Data Integration. Beachten Sie, dass viele dieser Informationen nur auf Englisch zur Verfügung stehen:

- Offizielle Support-Seite für SAP HANA Smart Data Integration und SAP HANA Smart Data Quality im SAP Help Portal: *http://s-prs.de/v798243*
- In der SAP Community finden Sie viele hilfreiche Blog-Beiträge zum Thema. Eine allgemeine Übersicht aller Beiträge finden Sie hier: *http://s-prs.de/v798244*
- Einen sehr guten Blog-Beitrag von Ashish Bahl mit einer allgemeinen Beschreibung von SAP HANA Smart Data Integration und der Darstellung eines Anwendungsfalls zur Integration von Salesforce finden Sie hier: *http://s-prs.de/v798245*
- Blog-Beitrag von Jeetnedra Kapase mit einer allgemeinen Beschreibung von SAP HANA Smart Data Integration und hilfreichen Informationen zur Konfiguration: *http://s-prs.de/v798246*

- Tolle Blog-Serie von Geerha Madhuri Bobbili mit detaillierten Informationen zur Konfiguration von SAP HANA Smart Data Integration und einem Anwendungsbeispiel zur Integration von SAP S/4HANA und SAP BW in zwei Teilen:

  Teil 1: *http://s-prs.de/v798247*

  Teil 2: *http://s-prs.de/v798248*
- Hilfreiche allgemeinen Informationen zu SAP HANA Smart Data Integration von der Compamind mindsquare AG: *http://s-prs.de/v798249*
- Offizielle Seite im SAP Help Portal für SAP HANA Smart Data Access im SAP HANA Administration Guide: *http://s-prs.de/v798250*
- Offizielle Seite im SAP Help Portal für SAP HANA Smart Data Access und SAP Hana Smart Data Integration im SAP HANA Cloud Administration Guide: *http://s-prs.de/v798251*

11.1.4 SAP Cloud Integration for Data Services

SAP Cloud Integration for Data Services

SAP Cloud Integration for Data Services ist eine cloudbasierte Lösung für die Datenintegration. SAP Cloud Integration for Data Services unterstützt nur eine sehr kleine Anzahl von SAP-Anwendungen.

Verwendung mit SAP IBP

Wir kennen SAP Cloud Integration for Data Services aus der Integration von *SAP Integrated Business Planning for Supply Chain* (SAP IBP) mit anderen Anwendungen.

Weitere SAP-Anwendungen

Folgende weitere SAP-Anwendungen werden von SAP Cloud Integration for Data Services unterstützt:

- SAP HANA Cloud
- SAP HANA Service
- SAP Lumira
- SAP SuccessFactors API

Architektur

Ähnlich wie SAP HANA Smart Data Integration (siehe Abschnitt 11.1.3) besteht SAP Cloud Integration for Data Services grundlegend aus zwei Komponenten:

- *SAP Data Services Agent*: Ein leichtgewichtiger Agent, der on-premise für die Verbindung zu den Systemen installiert werden muss.
- *SAP HANA Cloud Integration*: Die cloudbasierte Serverkomponente, auf der die Datenintegration ausgeführt wird.

Data Stores

Der Zugriff auf die Anwendungen wird über sogenannte *Data Stores* definiert. Für die oben genannten SAP-Cloud-Anwendungen werden von SAP vordefinierte Datastores bereitgestellt. Sie können aber auch eigene Datastores anlegen. Zusätzlich können Sie Daten aus Anwendungen über weitere Kommunikationsarten integrieren. Sie können Datastores mit den folgenden Kommunikationsarten anlegen:

- zeichengetrennte Dateien (z. B. CSV-Dateien)
- XML-Dateien
- SOAP-Webservice
- REST-Webservice
- OData

Data Flows

Die Verarbeitung der Daten in SAP Cloud Integration for Data Services definieren Sie über sogenannte *Data Flows*. Innerhalb der Data Flows können Sie verschiedene Arbeitsschritte kombinieren. Beachten Sie, dass es sich bei SAP Cloud Integration for Data Services um ein sehr leichtgewichtiges System zur Datenintegration handelt; daher sind die Möglichkeiten der Data Flows eingeschränkt. Es stehen lediglich grundlegende Funktionen für Filterung, Mapping, Aggregation und den Aufruf von Data Stores zur Verfügung.

Auf den folgenden Seiten finden Sie weitere Informationen zu SAP Cloud Integration for Data Services. Viele dieser Informationen sind nur auf Englisch verfügbar:

- Offizielle Seite im SAP Help Portal für SAP Cloud Integration for Data Services: *http://s-prs.de/v798252*
- Die *Product Availability Matrix* (PAM) für SAP Cloud Integration for Data Services mit hilfreichen Information zu unterstützten Anwendungen, Data Stores, Betriebssystemversionen usw.: *http://s-prs.de/v798253*
- SAP-Blog-Beitrag zur Anbindung von SAP ERP an SAP IBP über SAP Cloud Integration for Data Services und Webservice-Kommunikation: *http://s-prs.de/v798254*
- SAP-Blog-Beitrag zur Anbindung von SAP Cloud Integration and SAP Cloud Integration for Data Services über Webservices: *http://s-prs.de/v798255*

11.1.5 SAP Replication Server

Überblick

Der *SAP Replication Server* ist ein weiteres Werkzeug von SAP zur Datenintegration. Allerdings ist der SAP Replication Server anders einzuordnen als die drei bereits besprochenen Werkzeuge. Der SAP Replication Server wurde 2010 durch den Zukauf von *Sybase* in das SAP-Produktportfolio aufgenommen (früher bekannt als *Sybase Replication Server*) und wird auch heute noch weiterentwickelt.

System-administration Hauptsächlich wird der SAP Replication Server durch die Systemadministration zur Implementierung von hochverfügbaren Systemlandschaften aufgesetzt. Ziel dabei ist es, den kompletten Datenbestand zwischen zwei Datenbanken abzugleichen. Dies erfolgt mit dem SAP Replication Server in Echtzeit. Durch den Abgleich besteht die Möglichkeit, auf ein inaktives System umzuschalten, wenn das aktive System ausfällt. Durch den permanenten Abgleich der Datenbestände wird der Datenverlust bei der Umstellung minimiert.

Weitere Informationen Auf den folgenden Seiten finden Sie weitere Informationen zum SAP Replication Server. Die Informationen stehen nur auf Englisch zur Verfügung.

- Offizielle Produktseite des SAP Replication Servers: *http://s-prs.de/v798256*
- Offizielle Support-Seite für den SAP Replication Server im SAP Help Portal: *http://s-prs.de/v798257*
- Übersicht zu den verfügbaren SAP-Community-Blog-Artikeln zum Thema SAP Replication Server: *http://s-prs.de/v798258*

11.2 Funktionen

In diesem Abschnitt gehen wir detaillierter auf die Funktionen von Werkzeugen zur Datenintegration ein. Einige der Funktionen haben wir Ihnen bereits in Abschnitt 11.1, »Übersicht«, vorgestellt; diese greifen wir hier noch einmal auf.

[»]

Vorstellung der Funktionen – allgemein

Beachten Sie, dass wir in diesem Abschnitt die Funktionen von Werkzeugen zur Datenintegration auf einem hohen Level beschreiben. Eine detaillierte Betrachtung ist aufgrund des Umfangs und der Vielzahl von Lösungen nicht möglich. Am Ende dieses Abschnitts finden Sie allerdings eine kurze Gegenüberstellung der drei Werkzeuge (siehe Tabelle 11.1).

Datenreplikation Die Kernfunktion von Werkzeugen zur Datenintegration ist die Replikation von Daten von einer Quelle zu einem Ziel. Im Gegensatz zu Werkzeugen für die prozessbasierte Integration (siehe Kapitel 5, »SAP Process Orchestration«, und Kapitel 6, »SAP Cloud Integration«) haben die Werkzeuge zur Datenintegration den Vorteil, dass der Datentransfer in der Regel direkt auf der Ebene der Datenbank stattfindet. Dies bringt insbesondere bei großen

Datenmengen erhebliche Performanceverbesserungen mit sich. Bei der Datenreplikation werden Informationen aus der Quelle in das Ziel geschrieben. Dies bedeutet, dass die Daten anschließend in beiden Systemen verfügbar sind.

Datenvirtualisierung

Im Gegensatz dazu werden die Daten bei der Datenvirtualisierung nicht physisch im Ziel gespeichert. Stattdessen werden sie nur bei Bedarf von der Quelle gelesen. Stellen Sie sich z. B. vor, dass bei der Erstellung einer Bestellung im Online-Shop der aktuelle Lagerbestand aus dem ERP-System gelesen und angezeigt wird. Der Vorteil ist, dass zum Zeitpunkt der Ausführung die tatsächlich aktuellen Daten im Ziel verfügbar sind. Bei einer Replikation sind die Daten im Ziel immer nur direkt nach der Replikation aktuell. Ein Nachteil ist, dass die Quelle bei der Datenvirtualisierung auch erreichbar sein muss, während die Bestellung im Online-Shop angelegt wird.

ETL-Prinzip

Generell erfolgt die Replikation von Daten nach dem ETL-Prinzip: Dabei handelt es sich um einen Prozess, bei dem der Datentransfer in die drei Stufen Extraktion, Transformation und Laden aufgeteilt wird. Dabei können die Daten für die jeweiligen Schritte in unterschiedlichen Zuständen gespeichert werden. Abbildung 11.4 zeigt ein Beispiel für einen ETL-Prozess.

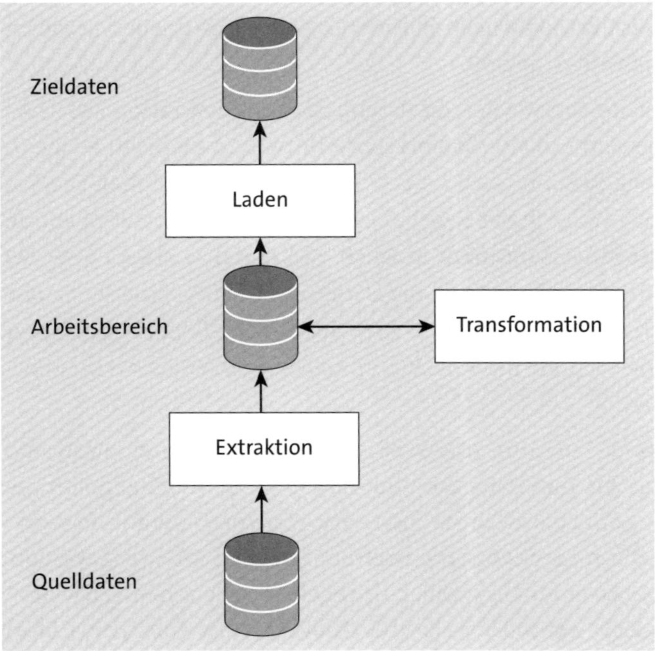

Abbildung 11.4 ETL-Prinzip

Konnektoren

Ein Grundprinzip, das Sie auch bereits bei den Werkzeugen für die prozessbasierte Integration wie SAP Process Orchestration (siehe Kapitel 5) oder

SAP Cloud Integration (siehe Kapitel 6) kennengelernt haben, ist das Prinzip der Konnektoren. Mit Konnektoren können Sie die Verbindung von Ihrem Werkzeug zu unterschiedlichen Anwendungen, Datenbanken oder anderen Technologien herstellen. Auch in den Werkzeugen zur Datenintegration sind Konnektoren ein wichtiges Prinzip, da über sie die Fähigkeit zur Verbindung mit anderen Systemen hergestellt wird. Auch ist die Funktionalität der hier vorgestellten Werkzeuge zum Teil abhängig von den jeweiligen Konnektoren. So besteht die Möglichkeit, dass eine Funktion z. B. nur für bestimmte Konnektoren oder beim Einsatz von bestimmten Konnektoren zur Verfügung steht.

Transformationslogik

Eine weitere zentrale Funktion von Werkzeugen zur Datenintegration ist die Bereitstellung einer Transformationslogik. Allerdings gibt es auch hier große Unterschiede zwischen den verschiedenen Werkzeugen. Generell hat die Transformationslogik die Aufgabe, Informationen von der Quelle so aufzubereiten, dass sie anschließend im Format des Ziels verfügbar sind. Einfache Funktionen, z. B. zur Umwandlung von Datumsformaten, sind heutzutage eine Selbstverständlichkeit. Aber auch komplexere Transformationen, bei denen z. B. die Daten der Quelle mit weiteren Daten aus anderen Quellen angereichert werden, sind möglich. Die Werkzeuge unterscheiden sich sehr stark, was die Möglichkeiten für Transformationslogik und die Erweiterungsmöglichkeiten angeht.

Ausführungszeitpunkt

Prinzipiell unterscheiden wir bei der datenbasierten Integration zwischen zwei Ausführungszeitpunkten: Stapelverarbeitung und (nahezu) Echtzeitverarbeitung (siehe Abschnitt 2.2.2, »Datenbasierte Integration«). Die Datenvirtualisierung erfolgt in der Regel in Echtzeit. Bei der Datenreplikation sind beide Ausführungszeitpunkte möglich. Sie sollten insbesondere bei der Datenreplikation beachten, dass die Datenübertragung eine sehr hohe Last für Ihre Systeme bedeuten kann. Dies müssen Sie beim Design Ihrer Datenintegration beachten, um Ausfälle, ausgelöst durch die Datenreplikation, zu vermeiden.

Datenqualität

Eine weitere wichtige Funktion von Werkzeugen zur Datenintegration sind die Möglichkeiten zur Datenanalyse und -bereinigung. Abhängig vom jeweiligen Werkzeug sind diese Funktionen entweder von Haus aus im Werkzeug enthalten oder müssen durch erweiterte Lizenzen integriert werden. Bei der Analyse der Datenqualität sollen Unregelmäßigkeiten in den Datenbeständen aufgedeckt werden. Ein Beispiel ist die Prüfung von Adressinformationen, die Sie sowohl inhaltlich als auch strukturell prüfen können. Durch eine inhaltliche Prüfung können Sie z. B. herausfinden, ob eine Adresse tatsächlich existiert. Bei der strukturellen Prüfung wird lediglich geprüft, ob die Adresse einem bestimmten Format entspricht.

In Abschnitt 11.1, »Übersicht«, haben wir Ihnen vier unterschiedliche SAP-Werkzeuge zur Datenintegration vorgestellt. Alle Werkzeuge haben aus unserer Sicht ihre Daseinsberechtigung, da sie jeweils für unterschiedliche Anwendungszwecke ausgelegt sind. Trotzdem gibt es auch bei den Werkzeugen gewisse Überschneidungen, die eine Auswahl nicht immer leicht machen. In Tabelle 11.1 stellen wir die drei Werkzeuge SAP Data Services, SAP Landscape Transformation Replication Server und SAP HANA Smart Data Integration noch einmal gegenüber.

SAP-Werkzeuge zur Datenintegration

[«]

Bedeutung des SAP Replication Servers

Aus unserer Sicht grenzt sich der SAP Replication Server deutlich von den anderen drei Werkzeugen ab. Wir sehen die Notwendigkeit des SAP Replication Servers hauptsächlich im Systembetrieb in Hochverfügbarkeitsszenarien. Aus diesem Grund macht der Vergleich des SAP Replication Servers mit den anderen drei Werkzeugen wenig Sinn.

Beschreibung	SAP Data Services	SAP Landscape Transformation Replication Server	SAP HANA Smart Data Integration	SAP Cloud Integration for Data Services
Datenreplikation	ausgeprägte Möglichkeiten auch in der Transformation	eingeschränktere Möglichkeiten bei der Transformation	Replikation mit Transformation möglich	leichtgewichtige Lösung zur Datenintegration
Datenvirtualisierung	nein	nein	ja	ja
Quellen	Datenbanken, Anwendungen, Dateien	SAP-Anwendungen, wenige weitere Datenbanken	SAP-HANA-Datenbank, Social Media und Webservices, einige Datenbanken	SAP IBP, SAP SuccessFactors, SAP-HANA-Datenbank, File, Webservice, OData

Tabelle 11.1 Gegenüberstellung der drei SAP-Werkzeuge zur Datenintegration

Beschreibung	SAP Data Services	SAP Landscape Transformation Replication Server	SAP HANA Smart Data Integration	SAP Cloud Integration for Data Services
Ziele	Datenbanken, Dateien	Datenbanken	nur SAP-HANA-Datenbank	SAP IBP, SAP SuccessFactors, SAP-HANA-Datenbank, File, Webservice, OData
Echtzeitreplikation	eingeschränkt	triggerbasiert	logbasiert	eingeschränkt
Datenqualität	mit separater Lizenz	nein	mit separater Lizenz für SAP HANA Smart Data Quality	nein

Tabelle 11.1 Gegenüberstellung der drei SAP-Werkzeuge zur Datenintegration (Forts.)

Einsatz der Werkzeuge

SAP HANA Smart Data Integration sollten Sie auswählen, wenn Sie im Rahmen Ihrer Datenintegration ausschließlich Ihr SAP-S/4HANA-System als Ziel haben. Auch für die Datenvirtualisierung mit Ihrer SAP-HANA-Datenbank sehen wir hier Einsatzmöglichkeiten. Die Stärke des *SAP Landscape Transformation Replication Servers* sehen wir bei der Verbindung von SAP ECC mit einem beliebigen weiteren SAP-System und wenn bei dieser Integration keine großen Transformationen stattfinden sollen. *SAP Data Services* halten wir für besonders sinnvoll, wenn Sie das Werkzeug in Ihrer kompletten IT als Werkzeug zur Datenintegration verwenden möchten. Dies ist insbesondere der Fall, wenn Sie auch viele Nicht-SAP-Systeme bei der Datenintegration berücksichtigen. Auch bei komplexen Migrationsprojekten ist SAP Data Services, z. B. im Rahmen der Einführung von SAP S/4HANA, zu empfehlen.

Anwendungsempfehlung von SAP

Auch SAP gibt eine Empfehlung für den Einsatz der verschiedenen Werkzeuge zur Datenintegration. Abbildung 11.5 gibt Ihnen einen Überblick über die Empfehlungen. Für alle Bereiche, in denen das Thema Datenqualität in ETL-Prozessen wichtig ist, empfiehlt SAP den Einsatz von SAP Data Services. Für die Datenintegration mit SAP IBP rät SAP Ihnen den Einsatz von SAP Cloud Integration for Data Sercices. Bei allen anderen ETL-basierten Prozessen empfiehlt SAP den Einsatz des SAP Landscape Transformation Replication Servers oder von SAP S/4HANA Smart Data Integration.

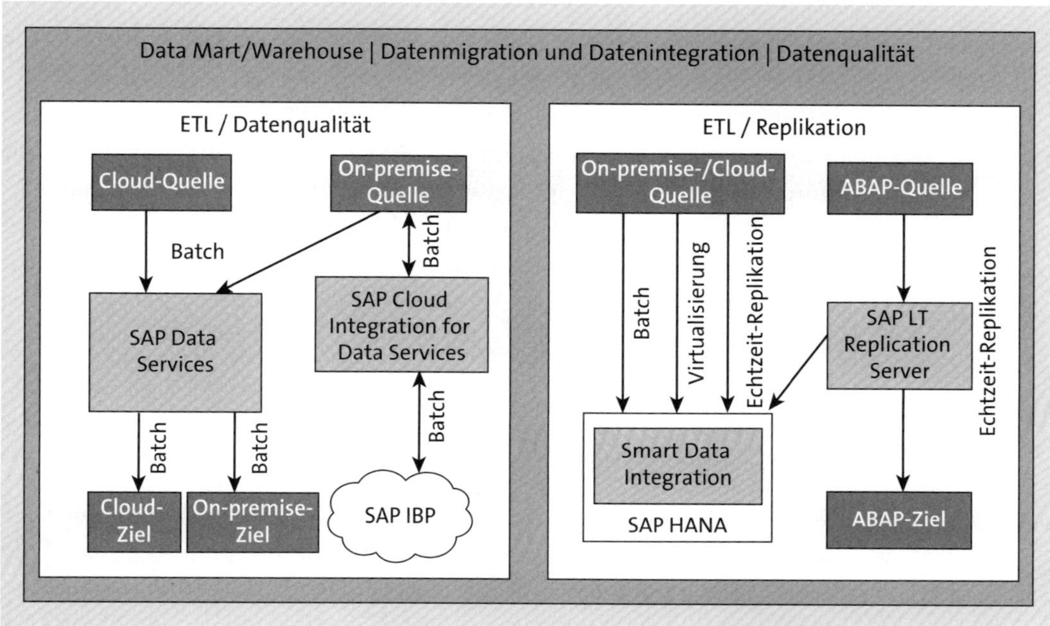

Abbildung 11.5 Anwendungsempfehlungen für die Werkzeuge zur Datenintegration (Quelle: SAP)

11.3 Anwendungsmöglichkeiten

In diesem Abschnitt wollen wir Ihnen anhand von drei Beispielen die Anwendungsmöglichkeiten der Werkzeuge zur Datenintegration darstellen.

Migration mit SAP Data Services

Betrachten wir zuerst die Migration mit SAP Data Services. Im Rahmen von komplexen Migrationsprojekten haben wir bereits mehrfach den Einsatz von SAP Data Services gesehen. Einfache Migrationsprojekte wurden früher häufig mit der *SAP Legacy System Migration Workbench* oder in SAP S/4HANA mit dem Migration Cockpit umgesetzt. Allerdings haben beide Migrationstools den Nachteil, dass sie keine Funktionen zur Datenbereinigung bieten und die Daten aus der Quelle nicht durch das Tool extrahiert werden. Mit SAP Data Services können Sie die Daten direkt aus der Quelle extrahieren und mithilfe der Transformationslogik für das Migrationsziel aufbereiten. Insbesondere mit dem zusätzlichen Einsatz von SAP Information Steward erhalten Sie gute Funktionen zur Analyse und Bereinigung Ihrer Daten.

Kombination unterschiedlicher Migrationswerkzeuge

Selbstverständlich können Sie auch eine Kombination aus unterschiedlichen Migrationswerkzeugen einsetzen. In einigen Fällen ist dies sogar notwendig, da SAP Data Services noch nicht alle Objekte in SAP S/4HANA unterstützt. Markus Andres beschreibt den Ansatz in einem Blog-Artikel in der SAP Community: *http://s-prs.de/v798259*

Beschleunigung durch die Rapid Data Migration

Für Ihre Migration mit SAP Data Services bietet SAP im SAP Best Practices Explorer Pakete für die sogenannte *Rapid Data Migration* an. Dies sind vordefinierte SAP-Data-Services-Entwicklungen für verschiedene Datenobjekte. Durch den Einsatz dieser Pakete können Sie die Entwicklung für die Migration mit SAP Data Services deutlich beschleunigen. Alle wichtigen Informationen finden Sie hier:

- Migration nach SAP S/4HANA:
  http://s-prs.de/v798260
- Migration zu SAP ERP oder SAP CRM:
  http://s-prs.de/v798261

Weitere Informationen

Weitere Informationen zum Einsatz von SAP Data Services im Rahmen der Migration innerhalb von SAP-S/4HANA-Einführungsprojekten finden Sie in der SAP Community. Ein Beispiel ist der Blog-Beitrag von Corrie Brague mit einem Vergleich zwischen SAP Data Services und dem SAP S/4HANA Migration Cockpit: *http://s-prs.de/v798262*

Central Finance mit dem SAP Landscape Transformation Replication Server

Zum Abschluss betrachten wir Central Finance in Kombination mit dem SAP Landscape Transformation Replication Server. Mit Central Finance haben Sie die Möglichkeit, innerhalb Ihrer verteilten Systemlandschaft ein zentralisiertes SAP-S/4HANA-System aufzubauen, um Finanzdaten zu konsolidieren und eine einheitliche Berichtsstruktur aufzubauen. Ihre Systemlandschaft kann hierbei aus SAP-Systemen und Nicht-SAP-Systemen bestehen. Die SAP-Systeme können dabei sogar in unterschiedlichen Releaseständen laufen. Alle FI- und CO-Buchungen der dezentralen Systeme werden in das zentrale Central-Finance-System repliziert. Die Replikation der Belege erfolgt über den SAP Landscape Transformation Replication Server. Dieser sammelt die Daten in den dezentralen Quellsystemen in (nahezu) Echtzeit und übergibt die Buchungen an die Rechnungswesen-Schnittstellen im Central-Finance-System.

Aufbau der Central-Finance-Systemlandschaft

Abbildung 11.6 zeigt den schematischen Aufbau einer Central-Finance-Systemlandschaft. Der SAP Landscape Transformation Replication Server ist die zentrale Komponente in dieser Landschaft, um die dezentralen Quellsysteme mit dem zentralen Central-Finance-System zu integrieren. Optional haben Sie die Möglichkeit, SAP Master Data Governance einzusetzen, um die Stammdaten zwischen den dezentralen Quellsystemen und dem zentralen Central-Finance-System zu harmonisieren.

Weitere Informationen

Weitere Informationen zu Central Finance und dem Einsatz des SAP Landscape Transformation Replication Servers für Ihre Central-Finance-Systemlandschaft finden Sie in der SAP-Dokumentation: *http://s-prs.de/v798263*

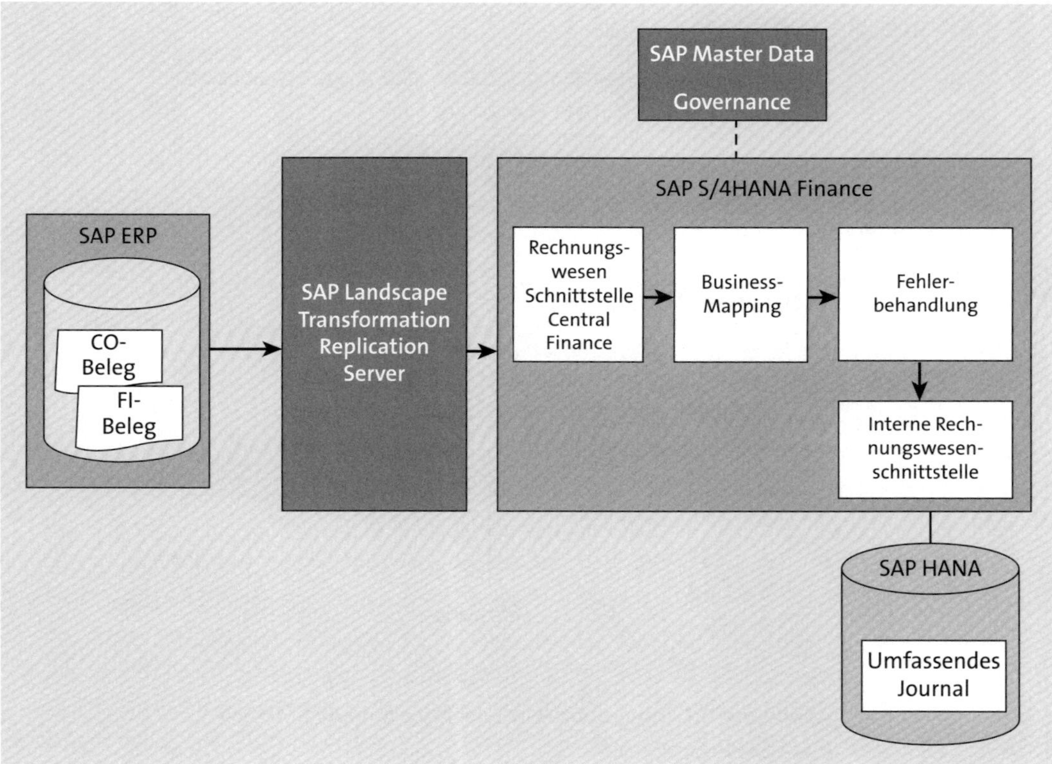

Abbildung 11.6 Schematischer Aufbau einer Central-Finance-Systemlandschaft (Quelle: help.sap.com)

Salesforce-Integration mit SAP HANA Smart Data Integration

Ein Beispiel für den Einsatz von SAP HANA Smart Data Integration gibt Ashish Bahl in einem Blog-Artikel innerhalb der SAP Community (*http://s-prs.de/v798264*). In diesem Beitrag beschreibt Ashish Bahl wie Daten zwischen Salesforce und SAP S/4 HANA repliziert werden können. Dabei wird der Salesforce Adapter von Advantco verwendet.

Systemarchitektur

Abbildung 11.7 zeigt Ihnen einen Überblick über die Systemarchitektur für die Integration von Salesforce mit SAP S/4 HANA. Der Data Provisioning Server ist standardmäßig in allen SAP-HANA-Systemen verfügbar und muss lediglich durch Konfiguration aktiviert werden. Der Data Provisioning Agent muss separat aufgesetzt werden. Auf diesem wird der Drittanbieter-Konnektor für die Verbindung mit Salesforce bereitgestellt. Anschließend können Sie die Integration in dem Data Provisioning Server konfigurieren.

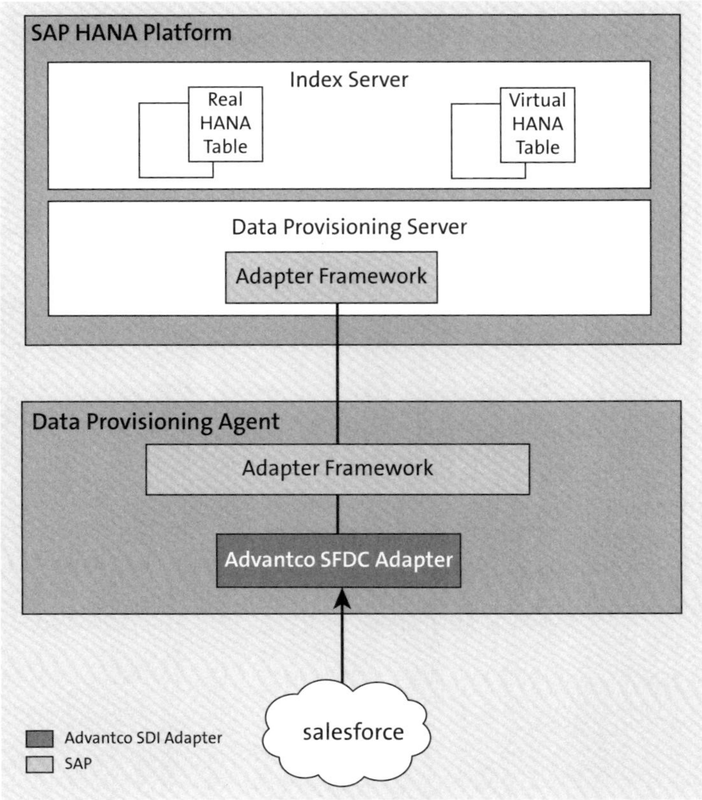

Abbildung 11.7 Integration von Salesforce mit SAP S/4HANA (Quelle: blogs.sap.com)

Kapitel 12
SAP Application Interface Framework

Das Monitoring von Schnittstellen ist auch in Anwendungssystemen ein wichtiger Erfolgsfaktor für die Stabilität. In diesem Kapitel stellen wir Ihnen das SAP Application Interface Framework vor, das Sie bei der Überwachung Ihrer Schnittstellen unterstützt.

Wir stellen Ihnen in den folgenden Abschnitten das *SAP Application Interface Framework* vor. Abschnitt 12.1, »Übersicht«, liefert Ihnen einen Überblick über die Lösung und für welche Anwendungsfälle sie genutzt werden kann. Abschnitt 12.2, »Funktionen für das Schnittstellenmanagement«, erläutert Ihnen die Technologien, Funktionen, Aktionen und Tests etwas ausführlicher hinsichtlich der wesentlichen Einsatzgebiete. Das Kapitel schließt in Abschnitt 12.3, »Anwendungsmöglichkeiten«, mit typischen Anwendungsbeispielen für das SAP Application Interface Framework.

[!]

Wann sollten Sie dieses Kapitel lesen?

Wir empfehlen Ihnen, dieses Kapitel zu lesen, um sich mit den Grundlagen und Funktionsweisen des SAP Application Interface Frameworks vertraut zu machen und einen Überblick zu erhalten, in welchem Zusammenhang dessen Einsatz für Sie sinnvoll sein kann.

12.1 Übersicht

Historie

Das SAP Application Interface Framework ist in erster Linie ein Werkzeug für die Überwachung von Schnittstellen in den SAP-Kernprodukten (SAP Business Suite und SAP S/4HANA, siehe Abschnitt 1.2, »Evolution der Schnittstellentechnologien von SAP R/3 bis SAP S/4HANA«). Es wurde zunächst als kundenindividuelle Lösung durch SAP entwickelt, um SOAP-Webservices, die designierten Nachfolger von IDocs (siehe Abschnitt 2.3, »Integrationstechnologien, Standards und Protokolle«), besser überwachen zu können, da diese nur über einen sehr technischen XML-Monitor verfügen.

Damit (vor allem) auch Benutzerinnen und Benutzer aus den Fachbereichen die Überwachung von Schnittstellen durchführen können, wurde eine Abstraktionsschicht hinzugefügt, die die XML-Nachrichten besser lesbar machen und eine Nachbearbeitung ermöglichen. Daraus ist ein eigenständiges Produkt entstanden, das SAP mittlerweile als Standardfunktionalität in SAP S/4HANA implementiert und damit den Fokus auf unterschiedliche Schnittstellentechnologien ausgeweitet hat.

Business Monitoring

Mit dem SAP Application Interface Framework sind Anwenderinnen und Anwender aus den Fachbereichen in der Lage, Nachrichten von ein- und ausgehenden Schnittstellen zu überwachen (Monitoring) und nachzubearbeiten (Error Handling). Bei Schnittstellenfehlern werden die Mitarbeitenden via E-Mail benachrichtigt (Alerting). So können Sie die Überwachung des technischen Schnittstellen-Monitorings durch das Integrationsteam (siehe Abschnitt 15.2, »Testmanagement«) an die Fachbereiche abgeben, da anwendungsspezifische Fehler dort am besten beurteilt und behandelt werden können (z. B. wenn die Buchungsperiode in der Finanzbuchhaltung gesperrt ist).

Schnittstellendesign

Zusätzlich zum Monitoring verfügt das SAP Application Interface Framework auch über Funktionen zur Implementierung von Schnittstellen, darunter Möglichkeiten zur Konvertierung von Feldinhalten (Werte-Mappings), aber auch über ganze Transformationen von XML-Dokumenten. Sie können Prüfungen hinterlegen, die ausgeführt werden, bevor die Anwendungsfunktionen aufgerufen werden.

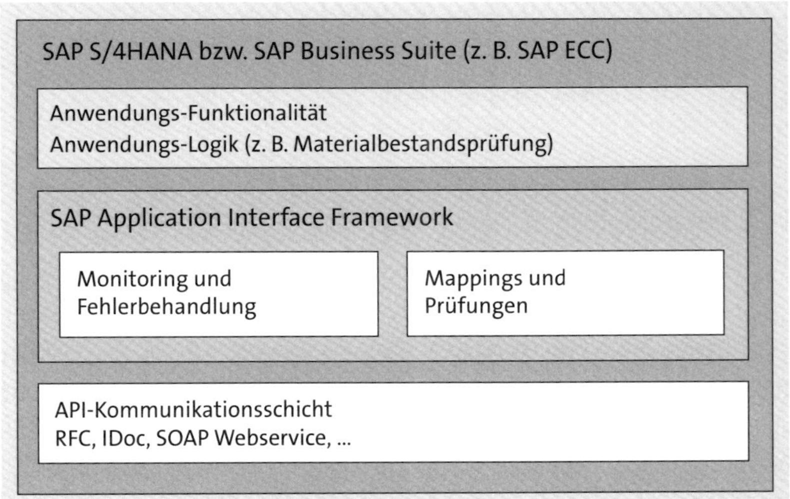

Abbildung 12.1 Überblick über das SAP Application Interface Framework

Abbildung 12.1 zeigt ein vereinfachtes Schaubild, das das SAP Application Interface Framework als Schicht zwischen der Kommunikationsschicht (API Layer) und der Anwendung selbst darstellt.

Inbound und Outbound

Sie können das SAP Application Interface Framework nicht nur einsetzen, um eingehende Schnittstellen zu überwachen und gegebenenfalls anzureichern (Inbound), denn es ermöglicht Ihnen auch das Monitoring ausgehender Schnittstellen (Outbound), um zu überprüfen, ob eine Nachricht erfolgreich versendet wurde.

Auslieferung

Die Auslieferung der Lösung erfolgt im Standardlieferumfang von SAP S/4HANA; für die SAP Business Suite ist eine separate Lizenz erforderlich. In SAP S/4HANA Cloud stellt das SAP Application Interface Framework sogar die einzige Benutzeroberfläche dar, mit der Sie Schnittstellen überwachen können. In der On-Premise-Version von SAP S/4HANA ist das Monitoring von durch SAP ausgelieferte SAP-Application-Interface-Framework-Schnittstellen ebenfalls in der Lizenz enthalten. Nähere Informationen zur Lizenzierung finden Sie im folgenden Blog-Beitrag: *http://s-prs.de/v798265*

[«]

Weiterführende Informationen

Weitere Informationen zum SAP Application Interface Framework finden Sie in der SAP Community unter dem folgenden Link:

http://s-prs.de/v798266

Dort finden Sie auch Hinweise für Entwickler*innen und die aktuellen Roadmaps.

12.2 Funktionen für das Schnittstellenmanagement

In diesem Abschnitt erläutern wir Ihnen die Funktionen des SAP Application Interface Frameworks etwas ausführlicher. Neben den unterstützten Technologien stellen wir Ihnen vor allem das Monitoring und die Fehlerbehandlung von Schnittstellen, aber auch Prüfungen, Mappings und ganze Prozesse vor, die Sie damit abbilden können.

Abbildung 12.2 zeigt die Funktionen, die im Application Interface Framework enthalten sind, bzw. die Interaktion der einzelnen Komponenten, die wir nachfolgend näher erläutern.

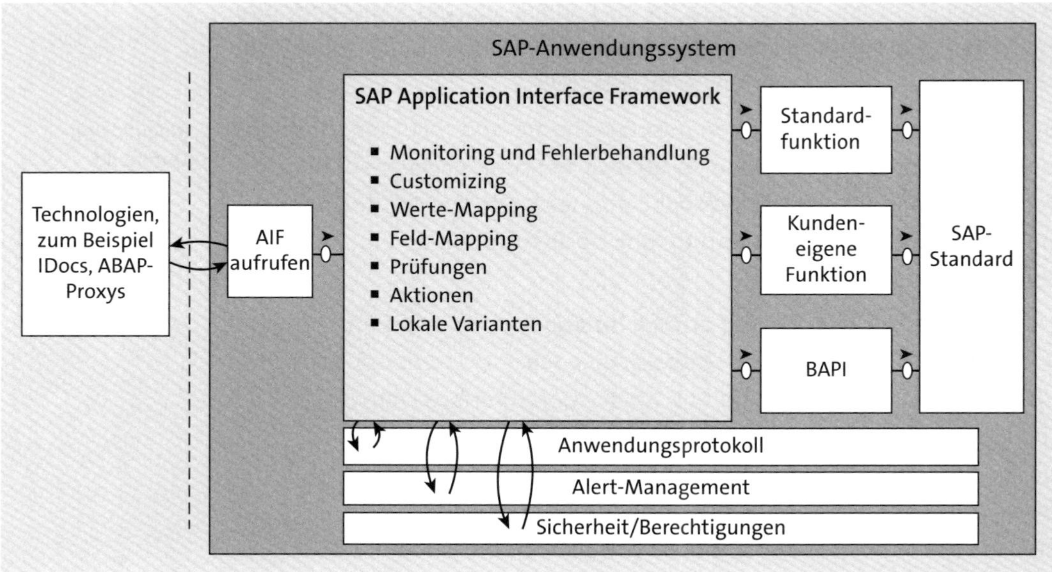

Abbildung 12.2 Die Architektur des SAP Application Interface Frameworks

12.2.1 Technologien

Unterstützte Technologien

Das SAP Application Interface Framework unterstützt alle in einem auf ABAP basierenden SAP-System verfügbaren Schnittstellentechnologien. Einige davon werden nur für das reine Monitoring (siehe Abschnitt 12.2.2) und die Fehlerbehandlung (siehe Abschnitt 12.2.3) bereitgestellt, andere auch für die Implementierung in der Laufzeit des SAP Application Interface Frameworks mit Prüfungen und Mappings (siehe Abschnitt 12.2.4, »Prüfungen, Mappings und Aktionen«). Es werden verschiedene Technologien unterstützt (siehe Tabelle 12.1).

Technologie	Monitoring	Implementierung
SOAP-Webservice	ja	ja
IDoc	ja	ja
tRFC und qRFC	ja (nur Fehler)	keine Datenbearbeitung
OData	ja (nur Fehler)	keine Datenbearbeitung
Batch-Input	ja (nur Fehler)	ja (neue Mappe wird erstellt)

Tabelle 12.1 Von SAP Application Interface Framework unterstützte Technologien

Technologie	Monitoring	Implementierung
Datei	ja	ja
Core-Interface-Nachbearbeitung	ja	keine Datenbearbeitung

Tabelle 12.1 Von SAP Application Interface Framework unterstützte Technologien (Forts.)

Core Interface (CIF)

Die meisten der in Tabelle 12.1 dargestellten Technologien haben wir bereits in Abschnitt 2.3, »Integrationstechnologien, Standards und Protokolle«, erläutert. *Core Interface* (CIF) ist eine direkte, auf qRFC (queued RFC) basierende Integration zwischen SAP ECC bzw. SAP S/4HANA und einem SAP-Extended-Warehouse-Management-System (SAP EWM), d. h. *SAP Advanced Planning and Optimization* (SAP APO) oder *SAP Supply Network Collaboration* (SAP SNC).

Engine Factory

Es stehen Ihnen für jede Technologie unterschiedliche Engines zur Verfügung, die bestimmte Aufgaben übernehmen, um eine technologieneutrale Abstraktion vorzunehmen. Es handelt sich dabei um ABAP-Klassen, die die schnittstellenspezifische Funktionalität, z. B. das Neustarten eines IDocs, implementieren. Sie wählen diese Engines aus, wenn Sie eine Schnittstelle im SAP Application Interface Framework definieren. Zudem können Sie eigene Engines als ABAP-Klassen anlegen, wenn Sie besondere Anforderungen an die Verarbeitung stellen; SAP Application Interface Framework stellt hierzu eine sogenannte *Engine Factory* bereit. Folgende Engines existieren pro Schnittstellentechnologie (siehe Abbildung 12.3):

- *Applikations-Engine*: Verarbeitung, Neustart oder Abbruch von Nachrichten; Navigation zu einem externen Monitor.
- *Persistenz-Engine*: Transformation und Anzeige der Nachrichtendaten in einer sogenannten *Dateninhaltsicht* und Aktualisierung der geänderten Daten in der Persistenzschicht.
- *Selektions-Engine*: Auswahl und Transformation der Nachrichten aus Tabellen, in denen die Kopfdaten stehen, in die sogenannte *Datennachrichtensicht*.
- *Protokollierungs-Engine*: Auswahl und Anzeige der aufgetretenen Meldungen (z. B. Fehler, Warnungen, Informationen) in der *Protokollnachrichtensicht*.

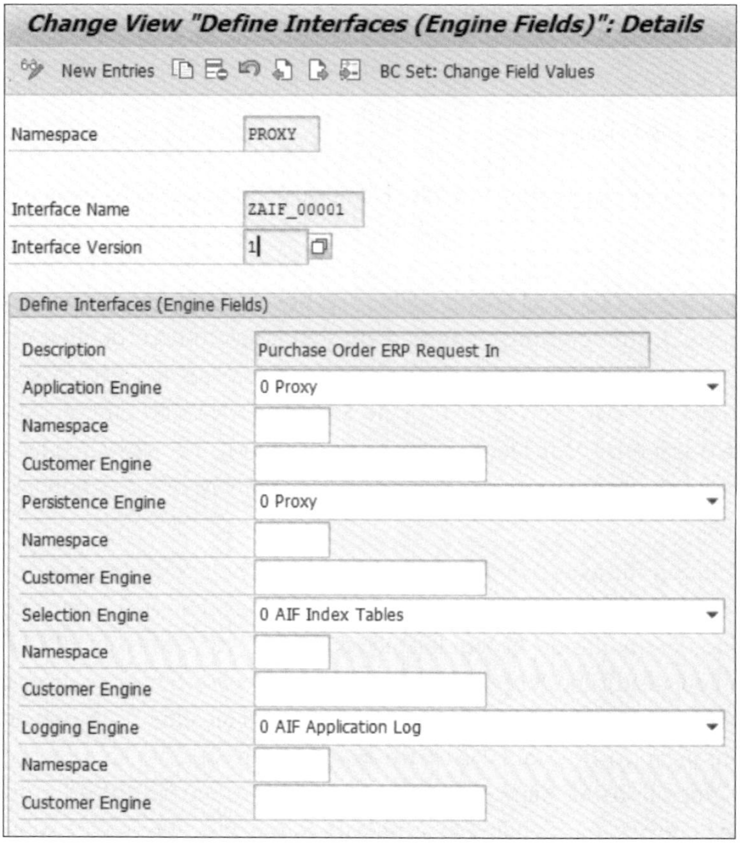

Abbildung 12.3 Auswahl der Engine

12.2.2 Monitoring

Die Überwachung von Nachrichten erfolgt technologieübergreifend und wird typischerweise durch Anwender*innen in den Fachbereichen (sogenannte *Power-User*) durchgeführt. Grundsätzliche Empfehlungen zur Überwachung von Schnittstellen finden Sie in Abschnitt 15.2, »Testmanagement«.

Empfängerzuordnung Die Zuordnung von Schnittstellen zu den entsprechenden Empfänger*innen und die Erteilung von Berechtigungen erfolgt rollenspezifisch und wird typischerweise nach Abteilungen vorgenommen (z. B. Einkauf, Vertrieb, Finanzbuchhaltung usw.).

Übersicht Sie erhalten zunächst eine Übersicht über den Zustand der Schnittstellen bzw. über die damit verbundenen Nachrichten (siehe Abbildung 12.4).

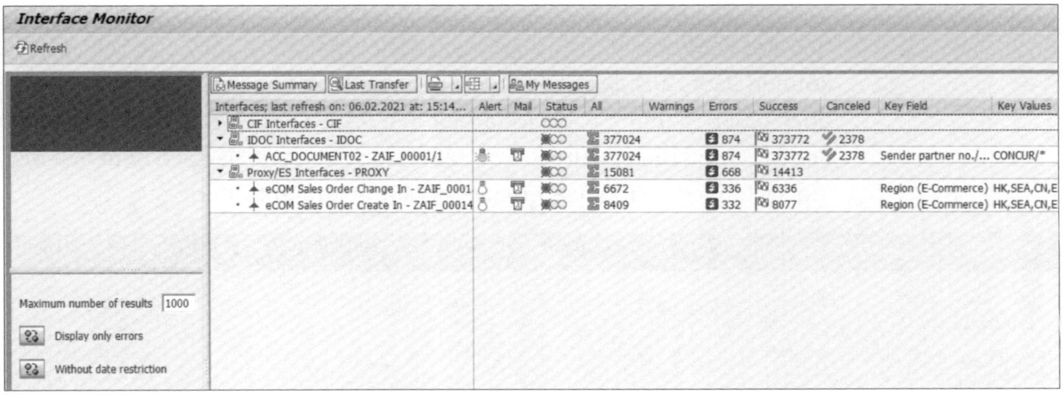

Abbildung 12.4 Übersicht – Nachrichten-Monitoring

Das Monitoring steht Ihnen sowohl im SAP GUI als auch im Browser über SAP-Fiori-Apps zur Verfügung (siehe Abbildung 12.5). Weitere Informationen zur Auslieferung mit SAP S/4HANA finden Sie im folgenden SAP-Blog-Beitrag: *http://s-prs.de/v798267*

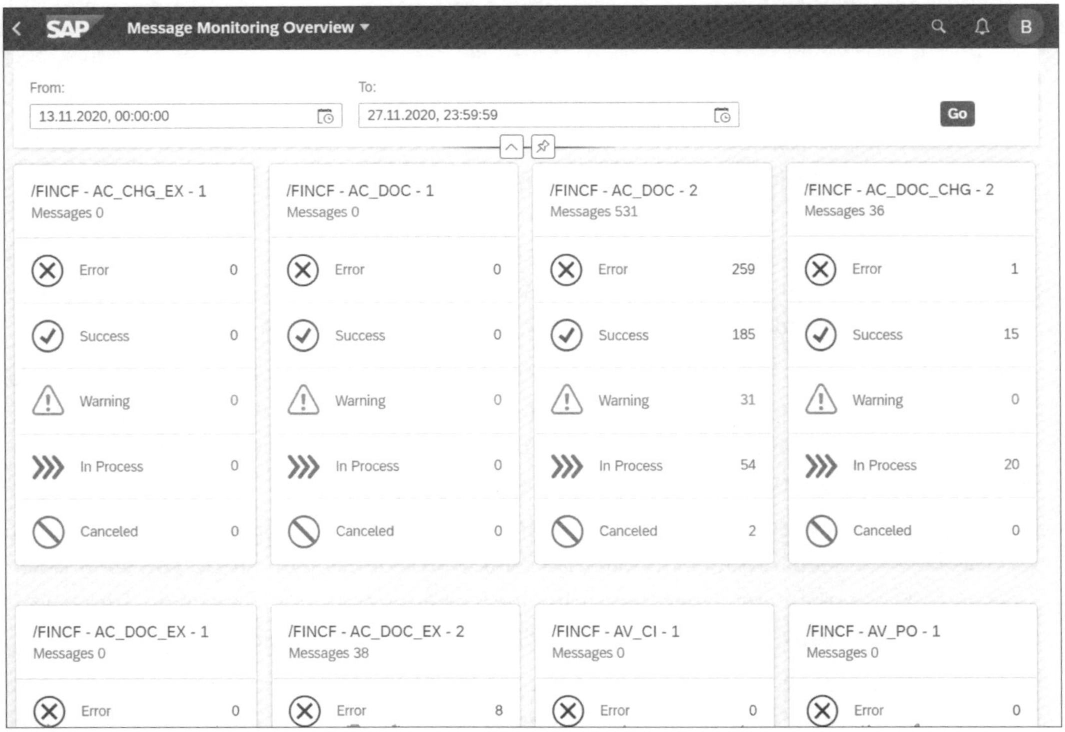

Abbildung 12.5 Beispielübersicht

Schnittstellensicht

In der Sicht pro Schnittstelle werden einzelne Nachrichten mit ihrem Status und der Fehlermeldung aufgelistet (siehe Abbildung 12.6). Die Fehlertexte können dabei aus der SAP-Standardanwendung kommen, oder sie werden übersteuert, damit z. B. die Mitarbeitenden aus dem Fachbereich besser mit den Beschreibungen zurechtkommen. Auch können Sie nach dem beteiligten System oder einem referenzierenden Dokument filtern.

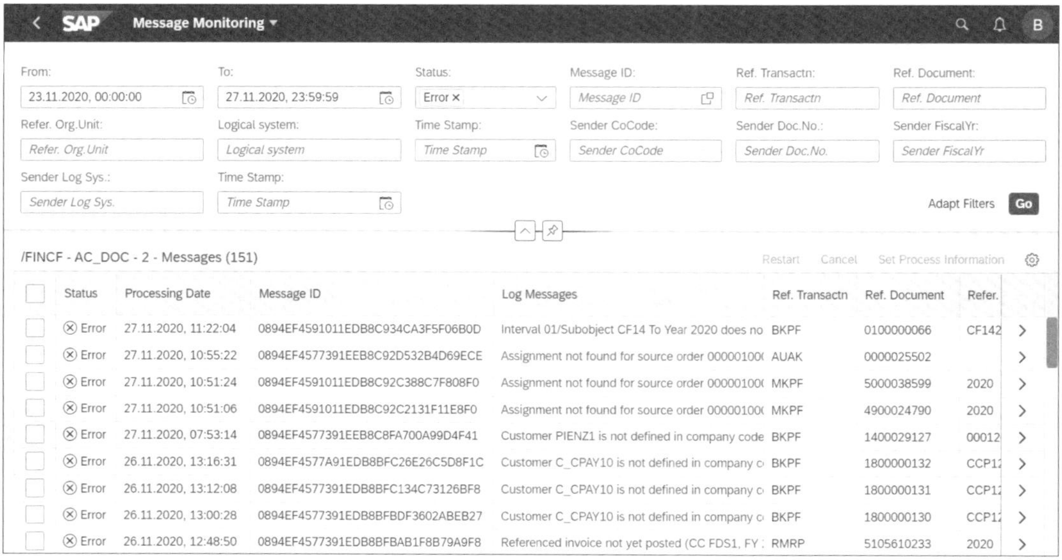

Abbildung 12.6 Nachrichten-Monitoring

Zusätzlich stehen Ihnen die Möglichkeiten einer inhaltsbasierten Suche zur Verfügung. Dazu definieren Sie ein Schlüsselfeld (z. B. Belegnummer oder Kundennummer) und suchen dann anhand dieser Werte nach Nachrichten.

Dokumentation

Sie können auch eine Dokumentation zu jeder Schnittstelle im Monitoring hinterlegen, um den Anwenderinnen und Anwendern eine Erläuterung zu den Fehlersituationen und (z. B. manuelle oder organisatorische) Lösungsoptionen zur Verfügung zu stellen.

Navigationsmöglichkeiten

Es besteht zudem die Möglichkeit, von einer Anwendung (z. B. einem Kundenauftrag) zum Nachrichten-Monitor zu navigieren bzw. von einer Nachricht aus dem Monitor in eine Anwendung hineinzuspringen. Dieser Vorgang wird auch *schlüsselfeldbasierte Navigation* genannt.

Statistiken

Auch Statistiken stehen Ihnen zur Verfügung, die Sie verwenden können, um Schnittstellen bzw. deren Alerts, Fehler- und Nachrichtenanzahl nachzuverfolgen. Dazu können Sie z. B. täglich einen Snapshot erzeugen, der eine Art Zustandsbericht über die im SAP Application Interface Framework überwachten Nachrichten darstellt (siehe Abbildung 12.7).

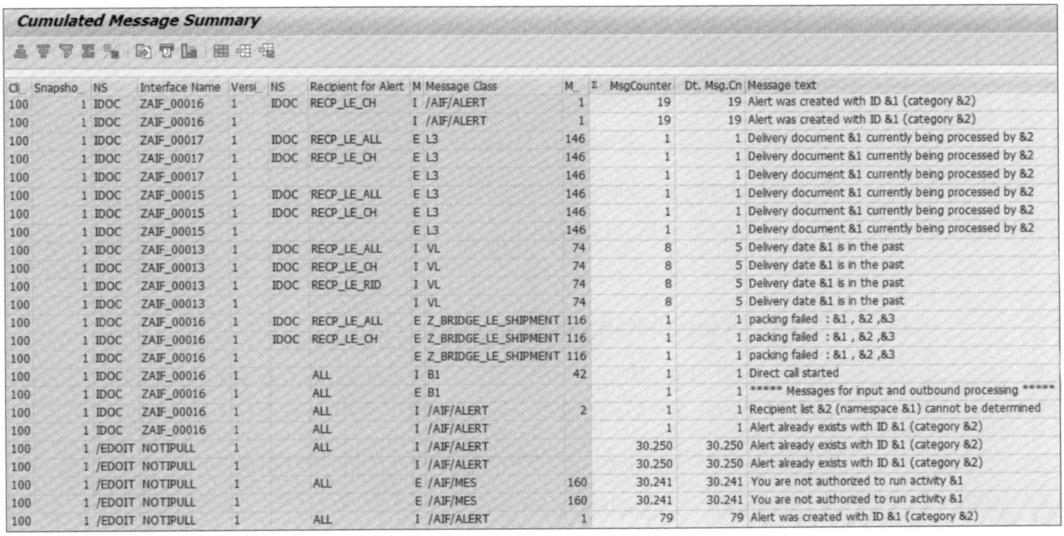

Cl..	Snapsho..	NS	Interface Name	Versi..	NS	Recipient for Alert	M	Message Class	M..	Σ MsgCounter	Dt. Msg.Cn	Message text
100	1	IDOC	ZAIF_00016	1	IDOC	RECP_LE_CH	I	/AIF/ALERT	1	19	19	Alert was created with ID &1 (category &2)
100	1	IDOC	ZAIF_00016	1			I	/AIF/ALERT	1	19	19	Alert was created with ID &1 (category &2)
100	1	IDOC	ZAIF_00017	1	IDOC	RECP_LE_ALL	E	L3	146	1	1	Delivery document &1 currently being processed by &2
100	1	IDOC	ZAIF_00017	1	IDOC	RECP_LE_CH	E	L3	146	1	1	Delivery document &1 currently being processed by &2
100	1	IDOC	ZAIF_00017	1			E	L3	146	1	1	Delivery document &1 currently being processed by &2
100	1	IDOC	ZAIF_00015	1	IDOC	RECP_LE_ALL	E	L3	146	1	1	Delivery document &1 currently being processed by &2
100	1	IDOC	ZAIF_00015	1	IDOC	RECP_LE_CH	E	L3	146	1	1	Delivery document &1 currently being processed by &2
100	1	IDOC	ZAIF_00015	1			E	L3	146	1	1	Delivery document &1 currently being processed by &2
100	1	IDOC	ZAIF_00013	1	IDOC	RECP_LE_ALL	I	VL	74	8	5	Delivery date &1 is in the past
100	1	IDOC	ZAIF_00013	1	IDOC	RECP_LE_CH	I	VL	74	8	5	Delivery date &1 is in the past
100	1	IDOC	ZAIF_00013	1	IDOC	RECP_LE_RID	I	VL	74	8	5	Delivery date &1 is in the past
100	1	IDOC	ZAIF_00013	1			I	VL	74	8	5	Delivery date &1 is in the past
100	1	IDOC	ZAIF_00016	1	IDOC	RECP_LE_ALL	E	Z_BRIDGE_LE_SHIPMENT	116	1	1	packing failed : &1 , &2 ,&3
100	1	IDOC	ZAIF_00016	1	IDOC	RECP_LE_CH	E	Z_BRIDGE_LE_SHIPMENT	116	1	1	packing failed : &1 , &2 ,&3
100	1	IDOC	ZAIF_00016	1			E	Z_BRIDGE_LE_SHIPMENT	116	1	1	packing failed : &1 , &2 ,&3
100	1	IDOC	ZAIF_00016	1		ALL	I	B1	42	1	1	Direct call started
100	1	IDOC	ZAIF_00016	1		ALL	E	B1		1	1	***** Messages for input and outbound processing *****
100	1	IDOC	ZAIF_00016	1		ALL	I	/AIF/ALERT	2	1	1	Recipient list &2 (namespace &1) cannot be determined
100	1	IDOC	ZAIF_00016	1		ALL	I	/AIF/ALERT		1	1	Alert already exists with ID &1 (category &2)
100	1	/EDOIT	NOTIPULL	1		ALL	I	/AIF/ALERT		30.250	30.250	Alert already exists with ID &1 (category &2)
100	1	/EDOIT	NOTIPULL	1			I	/AIF/ALERT		30.250	30.250	Alert already exists with ID &1 (category &2)
100	1	/EDOIT	NOTIPULL	1		ALL	E	/AIF/MES	160	30.241	30.241	You are not authorized to run activity &1
100	1	/EDOIT	NOTIPULL	1			E	/AIF/MES	160	30.241	30.241	You are not authorized to run activity &1
100	1	/EDOIT	NOTIPULL	1		ALL	I	/AIF/ALERT	1	79	79	Alert was created with ID &1 (category &2)

Abbildung 12.7 Snapshot im SAP Application Interface Framework

12

Fehlerweiterleitung

Sie können Fehlernachrichten aus anderen Middleware-Lösungen über eine API im SAP Application Interface Framework übermitteln. Dies hat den Vorteil, dass auch die Fehler, die außerhalb des SAP-Anwendungssystems auftreten, im Monitoring des SAP Application Interface Frameworks gemeldet werden können. Eine Nachbearbeitung ist jedoch (soweit überhaupt) nur in der Middleware und nicht im SAP Application Interface Framework selbst möglich. Für Fehler, die bei der Überwachung von CIF-Schnittstellen festgestellt werden, erfolgt die Nachbearbeitung bereits zentral aus dem SAP Application Interface Framework heraus, und Sie müssen sich nicht am SAP-EWM-System anmelden.

[zB]

Weiterleitung von Fehlern in SAP Cloud Integration zum SAP Application Interface Framework

Unter dem nachfolgenden Link finden Sie eine Beispiel-Implementierung für SAP-Cloud-Integration-Fehler, die zum SAP Application Interface Framework weitergeleitet werden:

http://s-prs.de/v798268

SAP Solution Manager

Im *SAP Solution Manager* (siehe Abschnitt 17.1) können Sie ebenfalls ein Monitoring der Schnittstellen des SAP Application Interface Frameworks durchführen. Dieses Monitoring macht für Mitarbeitende aus der IT mehr Sinn als für den Fachbereich. Es stehen Ihnen über ein *Workcenter* zur Schnittstellenüberwachung folgende Metriken zur Verfügung:

- Gesamtanzahl der Nachrichten
- Anzahl der Fehler
- Anzahl der Warnungen
- erfolgreich verarbeitete Nachrichten
- fehlerhaft beendete Nachrichten
- Nachrichten in Bearbeitung

12.2.3 Fehlerbehandlung

Als Fehlerbehandlung bezeichnen wir die Reaktion auf Fehlersituationen, die während der Ausführung von Schnittstellen auftreten können.

Fehlerhafte Nachrichten können Sie wie folgt behandeln:

- Beenden der Nachricht(en)
- Wiederholen der Nachricht(en)
- Korrektur der Inhalte von Nachrichten(en)

Nachrichten beenden

Sie beenden eine Nachricht (oder eine Liste von Nachrichten mit gleichartigem Fehler), wenn die Daten z. B. versehentlich (mehrfach) gesendet wurden und eine Verarbeitung der Nachrichten nicht (mehr) erwünscht ist.

Nachrichten wiederholen

Das Wiederholen von Nachrichten ist z. B. sinnvoll, wenn eine temporäre Fehlersituation vorlag, die mittlerweile aufgelöst wurde, z. B. wenn ein Objekt durch einen Benutzer gesperrt war oder die Änderung eines Dokuments erst erfolgen kann, nachdem es angelegt worden ist.

Nachrichten korrigieren

Manchmal ist es auch erforderlich, die Inhalte der in den Nachrichten übermittelten Daten zu verändern. Dazu stehen Ihnen Anzeige- und Änderungsoberflächen zu Verfügung, die (wie die Schnittstellen des SAP Application Interface Frameworks selbst) von der eigentlichen Schnittstellentechnologie abstrahiert wurden.

So können Sie z. B. Nachrichten, die eigentlich als XML-Dateien übermittelt werden, in einem lesbaren, strukturierten Format anzeigen und die Feldinhalte bei Bedarf bearbeiten. Die Änderungen an den Nachrichten werden dabei protokolliert, damit sie im Nachhinein nachvollzogen werden können. Auch können Sie Einschränkungen vornehmen, um zu entscheiden, dass nur bestimmte Felder pro Schnittstelle geändert werden dürfen. Abbildung 12.8 zeigt, wie der Fehler eines unbekannten Länderschlüssels **XE** korrigiert werden kann (z. B. in den zulässigen Wert **DE**).

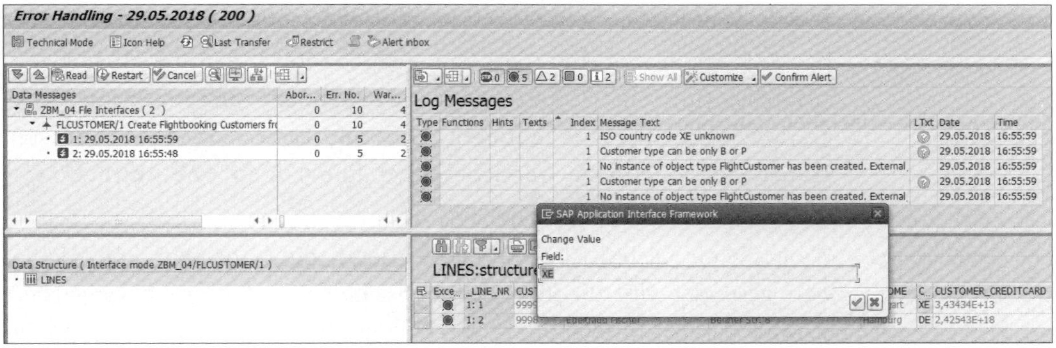

Abbildung 12.8 Feldwerte ändern

Massenänderungen

Das Beenden, Wiederholen und Nachbearbeiten ist dabei sowohl für einzelne als auch für mehrere Nachrichten gleichzeitig möglich und erlaubt es Ihnen z. B., eine ganze Liste von Nachrichten auf einmal zu ändern und anschließend zu wiederholen.

Alerts

Sie müssen dabei nicht regelmäßig das Monitoring aufrufen, um eine Behandlung von Fehlern zu initiieren, sondern Sie können sich über *Alerts* benachrichtigen lassen, wenn Fehler aufgetreten sind. Dazu stehen Ihnen folgende Möglichkeiten zur Verfügung:

- **E-Mail**
  Sie können für jede Schnittstelle direkte E-Mail-Benachrichtigungen aktivieren. Dabei können Sie wählen, ob Sie eine Benachrichtigung für jeden einzelnen Fehler erhalten möchten oder nur für einen Fehler, bis dieser durch Sie oder durch andere Benutzer*innen bestätigt wurde.
- **SAP Alert Notification Service**
  Über diesen Dienst erhalten Sie Alerts für die Schnittstellen, die Sie abonniert haben.
- **SAP Workflow Management**
  Sie können im Fehlerfall eine Workflow-Instanz erstellen lassen, über die die Situation behandelt werden kann.

Beispielszenario für das SAP Application Interface Framework mit Workflow

Unter dem nachfolgenden Link finden Sie ein lauffähiges Beispielszenario, das die Funktionsweise eines Workflows beinhaltet, über das eine Nachbearbeitung von Nachrichten erfolgen kann: *http://s-prs.de/v798269*

12.2.4 Prüfungen, Mappings und Aktionen

Integrationslogik

Das SAP Application Interface Framework bietet Ihnen die Möglichkeit, zusätzlich zum reinen Überwachen und Behandeln von Fehlern auch Integrationslogik zu implementieren. Dies sind typischerweise Prüfungen, Transformationen bzw. Anreicherungen, die nah am SAP-Anwendungssystem stattfinden sollen.

Mappings

Wenn Sie eine Schnittstelle implementieren, die nicht über eine Middleware gesendet wird, die in das erforderliche SAP-Datenformat konvertiert (z. B. als Dateischnittstelle), können Sie mithilfe eines grafischen Mapping-Editors (dem sogenannten *Interface Builder*) Transformationen durchführen (siehe Abbildung 12.9).

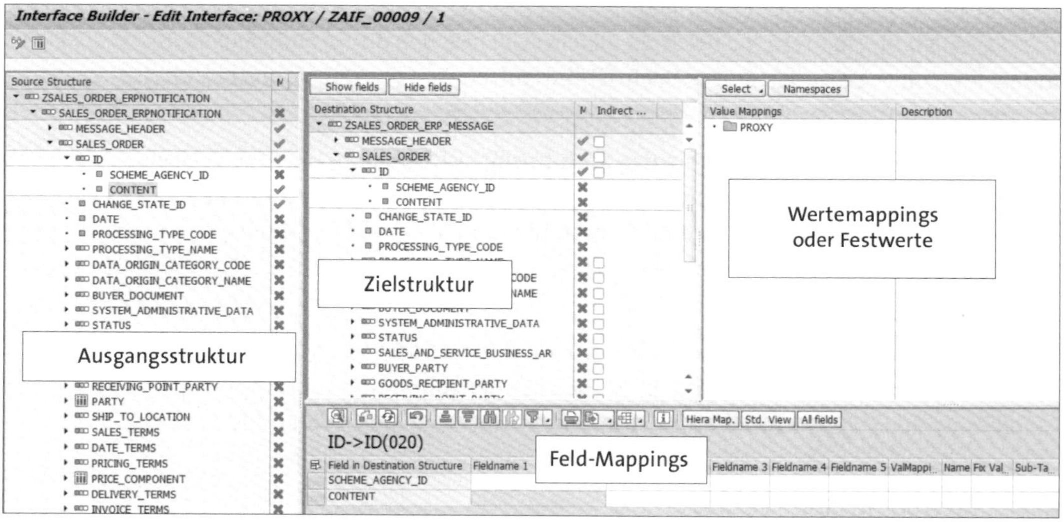

Abbildung 12.9 Interface Builder

Dabei können Sie neben einer Zuweisung der Ausgangs- auf die Zielstrukturen vor allem Feld-Mappings und Werte-Mappings hinterlegen. Mit Feld-Mappings weisen Sie den einzelnen Zielfeldern entsprechende Ausgangsfelder zu, während Sie mit Werte-Mappings ganze Codelisten konvertieren können (z. B. Mengeneinheiten von »kilogram« nach »KGM«, siehe das Beispiel in Abbildung 12.10). Sie können als Werte-Mapping-Quelle auch das *SAP Business Rules Framework* (BRFplus) hinterlegen, eine Technologie, die eine standardisierte Abbildung von Geschäftsregeln ermöglicht.

Prüfungen

Bevor die Standardanwendungslogik aufgerufen wird, können Prüfungen sinnvoll sein. Damit können Sie z. B. verhindern, dass eine Buchung in der Finanzbuchhaltung durchgeführt wird, die zwar technisch erfolgreich wäre, jedoch gegebenenfalls unvollständig ist. Prüfungen können Sie auf der Feldebene im Mapping implementieren oder in Funktionen von Aktionen verwenden und somit den Ablauf der Schnittstelle beeinflussen. Sie definieren eine neue Fehlermeldung, die beim Eintreffen der Prüfung ausgegeben wird.

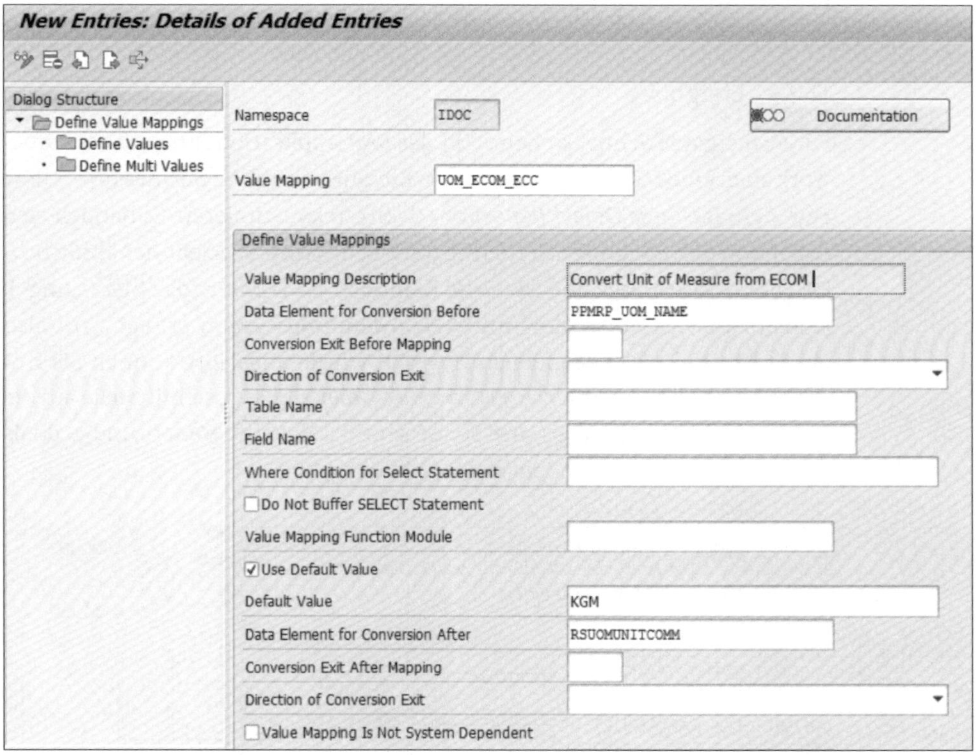

Abbildung 12.10 Werte-Mappings anlegen

Aktionen

Aktionen sind Aktivitäten, die die Schnittstellenlogik als ABAP-Programm ausführen. Dabei hinterlegen Sie kundenindividuelle Funktionsbausteine, die zusätzliche ABAP-Programmlogik ausführen (z. B. den Aufruf eines BAPIs oder einer Klasse).

Prozesslogik

Mit Mappings, Prüfungen und Aktionen können Sie somit sowohl eingehende als auch ausgehende Schnittstellen beeinflussen und eine Prozesslogik hinterlegen. Ein Beispiel: Eine Datei soll (ausgehend) bereitgestellt werden und wird über ein Mapping für den Empfänger aufbereitet; die Feldinhalte werden konvertiert und auf Konsistenz und Vollständigkeit überprüft. Im Fehlerfall werden Anwender*innen aus dem Fachbereich hinzugezogen, und die Daten bzw. Werte-Mappings werden ergänzt, bis die Prüfung erfolgreich durchlaufen werden kann.

Automatische Wiederholung

Sie können Schnittstellen des SAP Application Interface Frameworks auch für eine automatische Wiederholung vorsehen, z. B. wenn eine bestimmte Fehlersituation eingetreten ist, die als temporär bekannt ist (z. B. wenn ein Objekt durch eine Benutzerin oder einen Benutzer gesperrt wurde und eine Bearbeitung nicht möglich ist).

12.2.5 Ereignisse

Für ausgehende Schnittstellen stellt das SAP Application Integration Framework auch eine Möglichkeit bereit, um Ereignisse aus SAP Business Workflow bzw. dem *Business Object Repository* (BOR) zu konsumieren. Es handelt sich dabei um eine ereignisbasierte Integration, die vom Konzept her ähnlich zu SAP Enterprise Messaging ist (siehe Kapitel 8, »SAP Enterprise Messaging«), jedoch zunächst vollständig im SAP-Anwendungssystem erfolgt. Tritt also ein Ereignis ein (z. B. Kundenauftrag 4711 wurde angelegt), können Sie mit dem SAP Application Interface Framework über eine Leseschnittstelle auf die Daten zugreifen, sie über eine Sendeschnittstelle aufbereiten und z. B. als SOAP-Webservice versenden (siehe Abbildung 12.11).

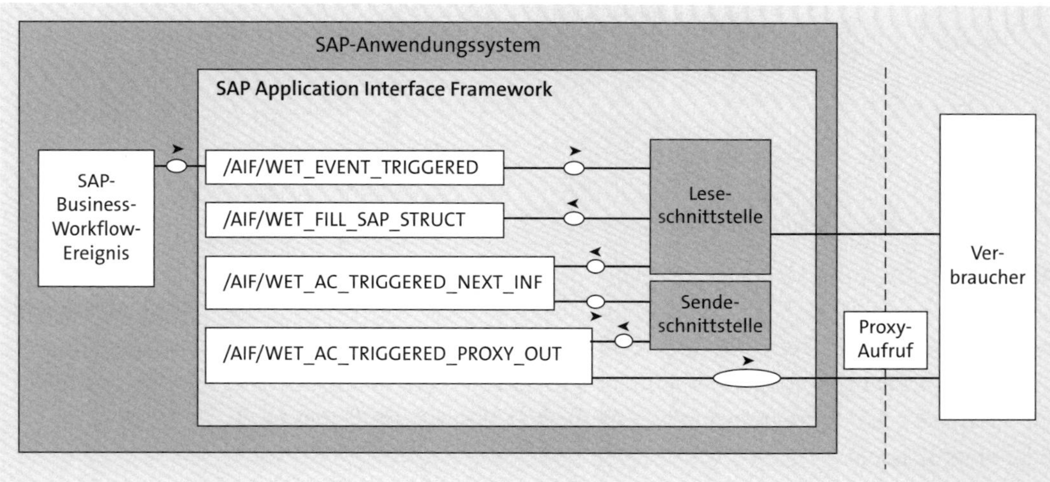

Abbildung 12.11 Ereignisse im SAP Application Interface Framework konsumieren

12.2.6 Tests

Das SAP Application Interface Framework bietet Ihnen die Möglichkeit, Schnittstellen zu testen. Eine allgemeinere Erläuterung zum Testen von Schnittstellen finden Sie in Abschnitt 15.1, »Monitoring und Alerting«. Sie können mithilfe des sogenannten *Analyzer* Testdaten in einem zentralen Repository ablegen und für (automatisierte) Tests verwenden. Das Schnittstellen-Testwerkzeug im SAP Application Interface Framework ermöglicht Ihnen das Einrichten von Testfällen direkt aus dem Monitoring heraus für die Integration mit eCATT (siehe Abbildung 12.12); weitere Informationen zu eCATT finden Sie in Abschnitt 15.1, »Monitoring und Alerting«.

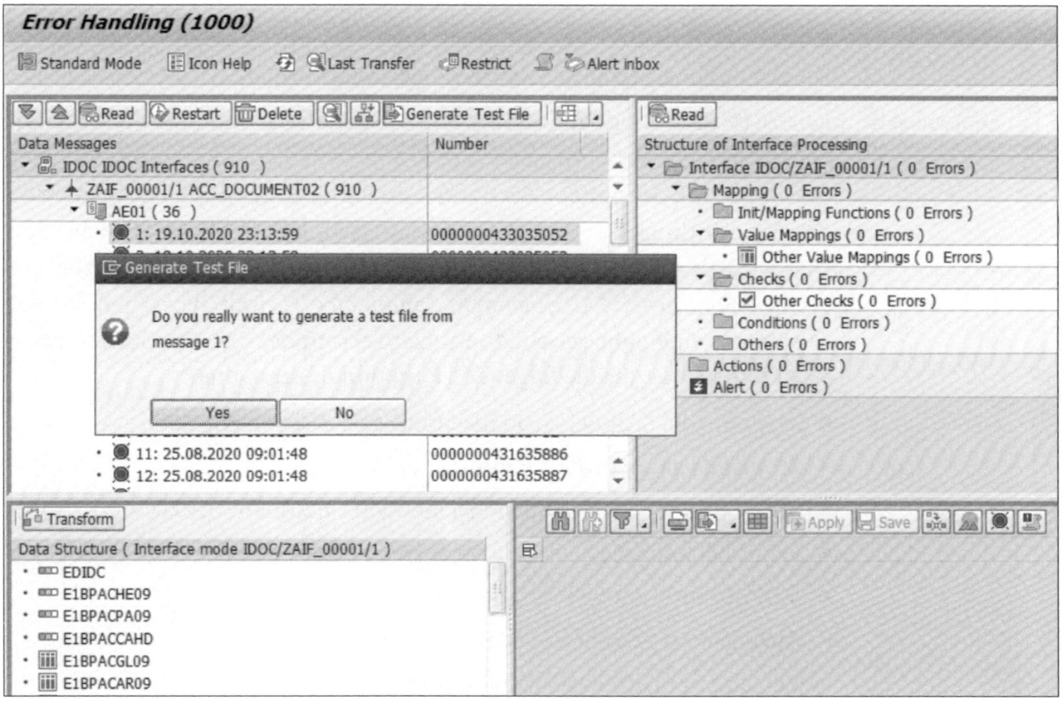

Abbildung 12.12 Testdatei erzeugen

12.3 Anwendungsmöglichkeiten

CIF, IDoc, SOAP-Webservice

Sie können das SAP Application Interface Framework in der SAP Business Suite bzw. in SAP S/4HANA (On-Premise- oder Cloud-Version) für ein anwendungsspezifisches Monitoring unterschiedlicher Schnittstellentechnologien einsetzen. Einige international agierende Unternehmen, die wir in der Praxis kennengelernt haben, überwachen damit sowohl ihre SAP-EWM-Schnittstellen, die via CIF implementiert worden sind, als auch einige IDocs und SOAP-Webservices, die sie mit SAP- und Nicht-SAP-Systemen direkt oder über eine Middleware (SAP Process Orchestration bzw. SAP Cloud Integration) austauschen.

Monitoring durch Fachbereiche

Der Fokus liegt dabei auf der Überwachung und der Fehlerbehandlung, gegliedert nach Region und Unternehmensfunktion bzw. Gesellschaft. Der Konfigurationsaufwand, der mit der Verwendung des SAP Application Interface Frameworks einhergeht, ist zwar überschaubar, aber aufgrund der Abstraktionsschicht dennoch vorhanden, und somit erfolgt die Einrichtung einer Schnittstellenüberwachung nur, wenn es wirklich erforderlich ist. Insbesondere die IT-Abteilung profitiert von einer Verlagerung der Fehlerbehandlung an die Fachbereiche. Mit dem SAP Application Interface Framework erhalten die Mitarbeitenden das notwendige Werkzeug, um Schnittstellenfehler direkt selbst beheben zu können.

eDocuments

Seit 2018 sind einige neue, von SAP ausgelieferte Szenarien erschienen. Sie kommen in verschiedenen Ländern für eine Behördenkommunikation (Business-zu-Government, B2G) zum Einsatz, darunter z. B. SII in Spanien für die Übermittlung von digitalen Rechnungskopien an die Finanzbehörden. Dies wird als *eDocument-Lösung* bezeichnet und heißt bei SAP offiziell *On-Premise-Edition von SAP Document Compliance*. Technisch gesehen, handelt es sich um eine eingeschränkte Laufzeitversion des SAP Application Interface Frameworks, die die folgenden Funktionen beinhaltet:

- Mapping der SAP-Belege in die landesspezifischen Formate
- Monitoring und Protokollierung der Verarbeitung
- Verarbeitung von ein- und ausgehenden Dokumenten bzw. Nachrichten
- Fehlerbehandlung
- Verknüpfung zum Ursprungsbeleg
- Anzeige und Speicherung der XML-Dateien
- Versand bzw. erneute Zustellung an die Behörde
- Verbindung zur Kommunikationsschicht (typischerweise SAP Cloud Integration)

[»]

SAP-Hinweis zu SAP Document Compliance

Weitere Informationen zu SAP Document Compliance finden Sie in SAP-Hinweis 2378414.

Im nachfolgenden Kapitel stellen wir Ihnen den Digital Integration Hub vor, eine Kombination verschiedener SAP-Technologien für das Replizieren und Cachen von Daten in der SAP-Cloud.

Kapitel 13
Digital Integration Hub

Zur Unterstützung neuer digitaler Geschäftsmodelle oder Transformationsprojekte werden neue architektonische Ansätze implementiert, die auf der einen Seite einen API-basierenden Zugriff auf Anwendungen ermöglichen und auf der anderen Seite die Arbeitslast auf die Kernsysteme minimieren.

In den vorangehenden Kapiteln in Teil II, »Werkzeuge der hybriden Integrationsplattform von SAP«, lag der Fokus auf der Vorstellung der jeweiligen SAP-Integrationslösungen und deren Funktionen für das Schnittstellenmanagement. In diesem Kapitel wollen wir uns weniger auf ein konkretes Produkt konzentrieren und Ihnen mit dem *Digital Integration Hub* (DIH) eine moderne Plattformarchitektur vorstellen. Der DIH erfreut sich unserer Erfahrung nach immer größerer Beliebtheit bei Unternehmen, die solch eine Form von Architektur benötigen, um ihre digitalen Transformationsprojekte und -Initiativen umsetzen zu können. Der DIH fungiert dabei als Datenspeicher und Integrationsplattform und sorgt dafür, dass mehrere Backend-Systeme und verteilte Datenbanken mit geringer Latenz in einem gemeinsamen Cloud-Datenspeicher zusammengeführt werden können. Die Daten selbst können somit in diesem Zwischenspeicher über eine performante API-Schicht weiteren Anwendungen bereitgestellt und von diesen konsumiert werden.

Stilübergreifende Integration

Der Digital Integration Hub ist zwar kein Werkzeug, wird aber innerhalb von ISA-M (Siehe Kapitel 3, »Methoden und Frameworks«) auch als Lösung für die *stilübergreifende Integration* aufgeführt, die wir u. a. in Abschnitt 2.2.5, »Stilübergreifende Integration«, beschrieben haben.

Aufbau des Kapitels

In Abschnitt 13.1, »Übersicht über den Digital Integration Hub«, geben wir Ihnen zunächst einen Überblick über das Architekturkonzept des Digital Integration Hub. Dabei schauen wir uns im Detail die einzelnen Komponenten der Architektur an und stellen deren Nutzen und die Idee in den Vordergrund. In Abschnitt 13.2, »Digital Integration Hub von SAP«, schauen wir uns die Definition von SAP zum Digital Integration Hub an. Dazu zeigen wir Ihnen, mit welchen Integrationslösungen SAP den Aufbau eines Digital Integration Hub sicherstellt und wie die einzelnen Lösungen im Verbund zusammenspielen. In Abschnitt 13.3, »Anwendungsmöglichkeiten und Empfehlungen«, schließen wir das Kapitel mit einigen Anwendungsbeispielen aus der Praxis ab.

[!]

Wann sollten Sie dieses Kapitel lesen?

Wir empfehlen Ihnen, dieses Kapitel zu lesen, wenn Sie mit Ihren SAP-Integrationslösungen eine moderne Architektur aufzusetzen möchten, die es Ihnen ermöglicht, Ihre Kernanwendungen zu entkoppeln und über APIs Funktionen nach außen provisionieren wollen. Des Weiteren finden Sie in diesem Kapitel Ansätze, wie Sie Services auf der SAP Business Technology Platform (SAP BTP) entwickeln können.

13.1 Übersicht über den Digital Integration Hub

In diesem Abschnitt geben wir Ihnen einen generellen Überblick zur Definition und Architektur eines Digital Integration Hub.

[»]

Begriff und Einordnung

Neben dem Begriff Digital Integration Hub hat das gleiche Architekturmuster noch weitere Namen, z. B. *Acceleration Layer, Data Cache Layer* bzw. *In-Memory Cache Layer* oder *Decoupling Layer*. Wir verwenden in diesem Kapitel ausschließlich den Begriff Digital Integration Hub.

13.1.1 Definition

Grundidee

Der Begriff *Digital Integration Hub* wurde zum ersten Mal im Jahr 2018 von Gartner in einer Studie zu Innovationen und Trends beschrieben. Ziel der Studie war es, mit dem DIH eine moderne Anwendungsarchitektur zu entwickeln, die maßgeblich drei Anwendungsfälle eines digitalen Unternehmens adressiert:

1. **Reduzierung der Arbeitslast auf den Kernanwendungen im Unternehmen**
   Die Anzahl der Konsumenten steigt, und die Bereitstellung von Funktionen über APIs in Unternehmen nimmt zu. In der Regel benötigen die Konsumenten Daten und Prozessinformationen in Echtzeit aus den Backend-Systemen. Um die Anfragen an die Backend-Systeme zu reduzieren, können Sie die Zugriffe mit dem DIH auf einen performanten Datenspeicher auslagern.
2. **Komplexität von Integration beherrschbar machen**
   Die Aufgabe, aus unterschiedlichen und verteilten Anwendungssystemen APIs bereitzustellen und zu managen, hat sich ohne eine zentrale

Lösung als sehr komplex bzw. sogar als unlösbar erwiesen. Ein Wildwuchs von APIs und Schnittstellen ohne klare Verantwortlichkeiten entsteht.

3. **Analytische Fähigkeiten bereitstellen**
   Neben den beiden genannten Anwendungsfällen kann ein DIH auch für analytische Zwecke verwendet werden und ermöglicht durch den zentralen Datenspeicher einen Rundumblick auf die Unternehmensdaten, die aus den unterschiedlichen Anwendungssystemen bereitgestellt wurden.

Merkmale des DIH

Unter Berücksichtigung dieser Anwendungsfälle und dem Ziel, eine skalierbare, durchsatzstarke und latenzarme API-Plattform zu ermöglichen, lässt sich der DIH am besten mit den folgenden Merkmalen beschreiben:

- **Hochperformanter Datenspeicher**
  Ein DIH konsolidiert Daten aus den wertschöpfenden Kernanwendungssystemen in einen zentralen Datenspeicher.
- **API-Services**
  Der DIH bietet für den Zugriff auf die Daten aus dem Datenspeicher eine API-Schicht an.
- **Integration**
  Der DIH synchronisiert die Daten zwischen den Kernanwendungen bzw. Quellsystemen und dem zentralen Datenspeicher über batch- oder eventbasierte Verfahren.

In Abbildung 13.1 sind diese Merkmale in Form eines Architekturmodells visualisiert.

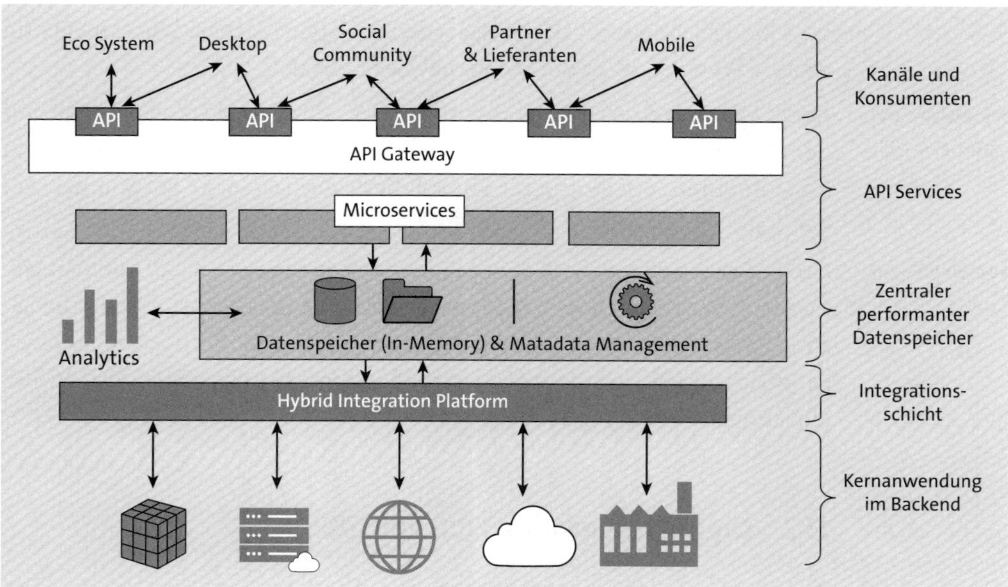

Abbildung 13.1 Definition eines Digital Integration Hub, angelehnt an Gartner

Mit einem DIH können Sie viele unterschiedliche Anforderungen an eine moderne Architektur abbilden und die Grundlage für die Digitalisierung Ihres Unternehmens schaffen. Die Hauptvorteile eines DIH sind zusammengefasst:

- Zentrierung auf den Kunden
- Entkopplung von Quellsystem und Konsumenten
- Schutz der Kernanwendung vor übermäßigen Zugriffen
- Modernisierung der Altsysteme durch Microservices und Side-by-Side-Ansätze
- Normalisierung von APIs auf unterschiedliche Datenquellen
- Echtzeitanalysen auf Geschäftsdaten

13.1.2 Beschreibung und Konzept

Integration von Kernanwendungen

Wie es in Abbildung 13.1 zu sehen ist, werden zunächst die Kernanwendungen im Unternehmen über eine zentrale Integrationsplattform integriert und orchestriert. An dieser Stelle können eine oder mehrere Integrationslösungen zum Einsatz kommen (siehe Kapitel 5 bis Kapitel 12). Im besten Fall haben Sie hierzu bereits eine Hybrid Integration Platform (HIP) für Ihr Unternehmen etabliert (siehe Abschnitt 3.4, »Hybrid Integration Platform«, und Kapitel 4, »Die hybride Integrationsplattform von SAP«).

Datenspeicher

Über die zentrale Integrationsplattform werden nun die relevanten Daten für die Konsumenten in einen hochperformanten und skalierbaren Datenspeicher geschrieben. Auf der Basis dieses Datenspeichers können Sie nun weitere Werkzeuge für die Datenanalyse einsetzen.

Microservices und Frontend-APIs

Auch Microservices (siehe Abschnitt 2.1.5, »Microservices«) können auf dem Datenspeicher implementiert werden, die den jeweiligen Clients und Konsumenten, entsprechend konsolidiert, die Daten in Form einer API bereitstellen.

API-Management

Für die Bereitstellung der APIs können Sie, wie in Kapitel 7, »SAP API Management«, beschrieben eine API-Management-Lösung einsetzen. Über die Lösung eines API Gateway lassen sich Funktionen zur Definition von Ausführungsrichtlinien und Zugangsbeschränkungen für das Konsumieren der einzelnen Services implementieren.

13.2 Digital Integration Hub von SAP

Basierend auf den Grundgedanken eines Digital Integration Hub können Sie durch den Einsatz von SAP-Lösungen einen DIH in Ihrem Unternehmen implementieren. Grundsätzlich bietet SAP hier keine Out-of-the-Box-Lösung an, jedoch lässt sich das Architekturmodell auf einer Kombination verschiedener SAP-Lösungen, Cloud-Diensten und Technologien gut umsetzen. In diesem Abschnitt stellen wir Ihnen diese Möglichkeiten und Optionen genauer vor. Dabei gehen wir auf zwei Varianten von SAP ein, die wir anschließend miteinander vergleichen.

Hinweis zum Lesen dieses Abschnitts

Dieser Abschnitt beschreibt den Einsatz mehrerer SAP-Lösungen zur Abbildung eines DIH. Um die Fähigkeiten und die Verortung der einzelnen Lösungen besser zu verstehen, empfehlen wir Ihnen, die Kapitel 5 bis Kapitel 12 zu lesen.

Variante 1: Digital Integration Hub von SAP

Jegadeesan Harshavardhan beschreibt in einem Vortrag auf der SAP TechEd 2020 die Implementierung eines Digital Integration Hub mit SAP-Lösungen, wie in Abbildung 13.2 dargestellt.

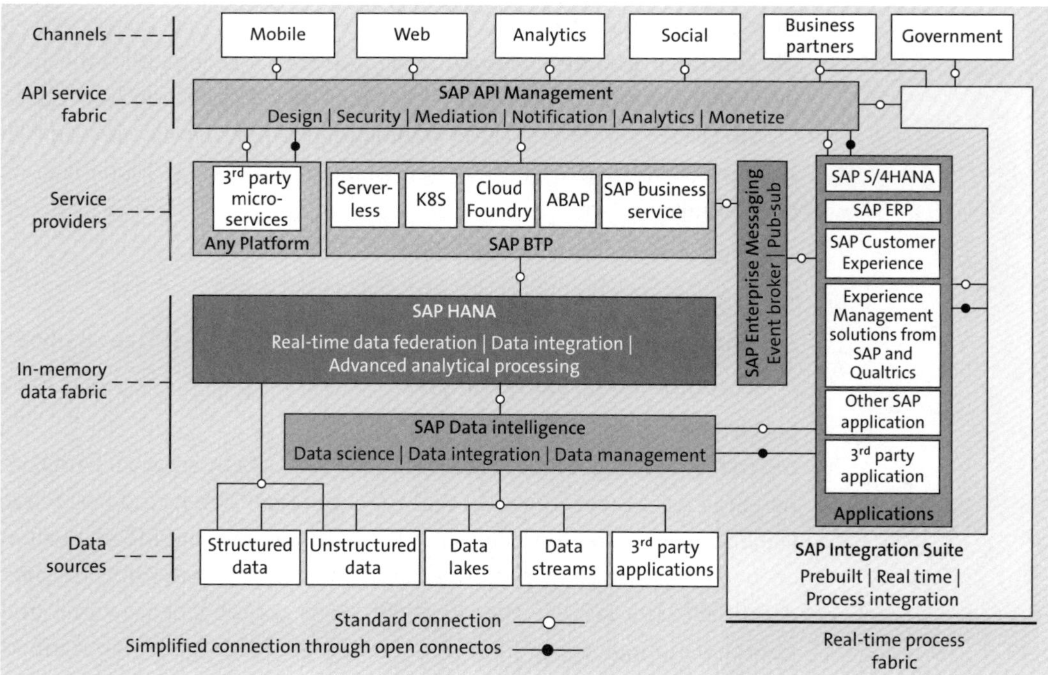

Abbildung 13.2 Beschreibung eines Digital Integration Hub von SAP

Im Folgenden wollen wir genauer auf die Schichten und SAP-Lösungen eingehen. Wir besprechen die einzelnen Komponenten von den Data Sources aufsteigend:

- **Data Sources**
  In Abbildung 13.2 werden unterschiedliche Datenquellen und Anwendungen zur Integration aufgeführt. Datenquellen können sowohl strukturierte Daten als auch unstrukturierte Daten wie Bilder, Objekte und Texte enthalten. Des Weiteren listet SAP zur Anbindung an den zentralen Datenspeicher sowohl SAP- als auch Nicht-SAP-Anwendungen auf. Als zentrale Integrationslösung zur Anbindung empfiehlt SAP, die Lösung SAP Data Intelligence zu nutzen. Die Funktionen von SAP Data Intelligence, wie in Kapitel 10 beschrieben, lassen sich generell in die folgenden vier Bereiche einordnen:
  - Data Governance
  - intelligente Funktionen
  - Datenorchestrierung und Monitoring
  - Datenverarbeitung

  Des Weiteren bietet diese Lösung durch eine Vielzahl von Operatoren die Möglichkeit, zahlreiche weitere Quellen anzubinden.
- **In-Memory Data Fabric**
  Als zentralen Datenspeicher wird die SAP-HANA-Datenbank innerhalb des DIH positioniert. Wir empfehlen hier den Einsatz von SAP HANA Cloud. Diese In-Memory-Cloud-Datenbank kann als Service in SAP BTP konsumiert werden. Zusammengefasst bietet SAP HANA Cloud folgende Kernfähigkeiten an:
  - Cloud- oder hybride Bereitstellung
  - geringere und flexible Gesamtbetriebskosten
  - hohe Verarbeitungsleistung durch hybride Multimodell-Transaktionen
  - Echtzeit-Analyseverarbeitung
- **Service Provider**
  Geschäftslogik und -Funktionen innerhalb des Data Integration Hub können Sie über Microservices in SAP BTP implementieren und betreiben. Die Plattform bietet eine Vielzahl von Technologien und Möglichkeiten an, um Dienste nach diesem Architekturmuster zu entwickeln. Entscheidend dabei ist, dass die Dienste nicht mehr auf die Quellsysteme und Kernanwendungen zugreifen müssen und die benötigten Daten direkt aus SAP HANA Cloud beziehen können. Aus praktischen Gründen kann ein Service jedoch auch direkt auf die Kernanwendungen zugreifen. Dieser Zugriff erfolgt über den Event Bus SAP Enterprise Messaging (siehe Kapitel 8, »SAP Enterprise Messaging«) nach dem Integration Pattern bzw. Entwurfsmuster *Command Query Responsibility Segregation* (CQRS). Das Entwurfsmuster für Datenbankabfragen propagiert eine Aufteilung

hinsichtlich der Zugriffe auf ein Objektmodell. Das Objektmodell soll in zwei Modelle für den lesenden und schreibenden Zugriff getrennt werden: So erfolgen z. B. im DIH die Grundausprägung und Abfragen ausschließlich in SAP HANA Cloud, während Aktualisierungen direkt auf den Kernanwendungen erfolgen.

- **API Service Fabric**
  Wie in Abbildung 13.2 dargestellt, stellt die API Service Fabric den zentralen Zugriff der Konsumenten auf die jeweiligen Services dar. SAP platziert innerhalb des DIH die Cloud-Komponente SAP API Management als API-Service-Schicht und ermöglicht somit einen zentralen Prozess zur Erstellung und Veröffentlichung der APIs. Die Funktionen von SAP API Management (siehe Kapitel 7, »SAP API Management«) lassen sich generell in die folgenden Bereiche einordnen:
  - *Gateway* zur Ausführung von APIs
  - *Veröffentlichungswerkzeuge* zur Erstellung von APIs
  - *Entwicklungsportal* als Katalog für verfügbare APIs eines Anbieters
  - *Auswertungsmöglichkeiten* bezüglich der Nutzung und Performance von APIs
  - *Monetarisierung* für die Umwandlung von Nutzungsdaten zu Abrechnungen

  Des Weiteren lassen sich über dieses Produkt auch relevante Sicherheitsanforderungen hinsichtlich der Authentifizierung und Autorisierung erfüllen.

Zur Vervollständigung von Abbildung 13.2 wird die Integrationsschicht des DIH um SAP Cloud Integration komplementiert. Mit den technischen Integrationswerkzeugen von SAP Cloud Integration wird u. a. die Integration zwischen den Kernanwendungen im Unternehmen ermöglicht. Die Komponente bietet zudem weitere Werkzeuge zur Anbindung von Geschäftspartnern, Behörden oder des API-Managements an. Weitere Informationen hierzu finden Sie auch in Kapitel 4, »Die hybride Integrationsplattform von SAP«. Dort wird die SAP Integration Suite in Gänze vorgestellt.

Variante 2: Digital Integration Hub mit ISA-M

Neben dem Architekturbild eines Digital Integration Hub aus Abbildung 13.2 findet sich im ISA-M-Framework noch eine weitere Variante zur Abbildung der HIP, basierend auf SAP-Lösungen und Technologien wieder. Im Folgenden wollen wir Ihnen diese Variante und insbesondere die Unterschiede zur ersten Variante genauer darstellen.

Innerhalb des Frameworks ISA-M wird der Digital Integration Hub als Architektur-Blueprint für Cross Use Cases verwendet. Der Architekturansatz wird mit den folgenden SAP-Technologien beschrieben:

- **SAP HANA Database**
  Die SAP-HANA-Datenbank fungiert als hochleistungsfähiger Datenspeicher für die Zwischenspeicherung (auch Caching genannt) der relevanten Geschäftsdaten aus den Kernanwendungssystemen. Der Datenspeicher ermöglicht einen konsolidierten Blick auf die Daten aus unterschiedlichen Quellen.
- **SAP Cloud Integration**
  SAP Cloud Integration ermöglicht die Integration sämtlicher verteilter Anwendungen mit dem SAP-HANA-Datenspeicher und sorgt für aktuelle Datenbestände.
- **SAP Enterprise Messaging**
  Als Event Broker innerhalb des DIH sorgt die Lösung SAP Enterprise Messaging für eine lose Kopplung der Architektur und ermöglicht die ereignisbasierende Integration zwischen den Kernanwendungen und dem zentralen Datenspeicher SAP HANA.
- **SAP API Management**
  Zugriffe von Endanwender*innen und konsumierenden Anwendungen werden über SAP API Management ermöglicht. Der Fokus liegt dabei auf dem lesenden Zugriff via APIs. Das Aktualisieren und der schreibende Zugriff kann direkt über SAP Cloud Integration mit den Kernanwendungen erfolgen.
- **SAP Smart Data Integration**
  SAP Smart Data Integration wird benötigt, um die Geschäftsdaten aus unterschiedlichen Datenbanken und Quellsystemen mit der SAP-HANA-Datenbank zu integrieren und die Daten (möglichst in Echtzeit) synchron zu halten.
- **Cloud Connector**
  Der Cloud Connector dient zum Aufbau einer sicheren Verbindung zwischen SAP BTP und den im Rechenzentrum betriebenen Anwendungen.

Zur Verdeutlichung finden Sie in Abbildung 13.3 eine schematische Darstellung der aufgeführten Produkte.

Vergleich der beiden Varianten

Zusammenfassend betrachtet, unterscheiden sich die beiden Varianten hauptsächlich auf der Ebene der Integrationsschicht und in der Synchronisation bzw. Bereitstellung der Daten aus den jeweiligen Kernanwendungssystemen und Datenquellen mit der SAP-HANA-Datenbank: So wird in der ersten Variante SAP Data Intelligence zentral als Integrationslösung in Richtung SAP HANA Cloud positioniert. In der zweiten Variante nach ISA-M erfolgt die Integration je nach Kontext eher via SAP Smart Data Integration oder SAP Cloud Integration. Unserer Meinung nach stellen beide Varianten eine gute Option dar, um, basierend auf SAP-Lösungen und -Technologien, ein Digital Integration Hub im Unternehmen aufzubauen. Zum jetzigen Zeitpunkt empfehlen wir jedoch die zweite Variante aus ISA-M, da sie eine höhere Flexibilität hinsichtlich der Integrationslösung zulässt. Entscheidend für den Einsatz von SAP Smart Data Integration oder SAP Data Intelligence ist Ihr Wissen über diese Werkzeuge: Wenn Sie bereits eines der beiden Werkzeuge im Einsatz haben, können Sie leichtgewichtig und kostengünstig damit starten.

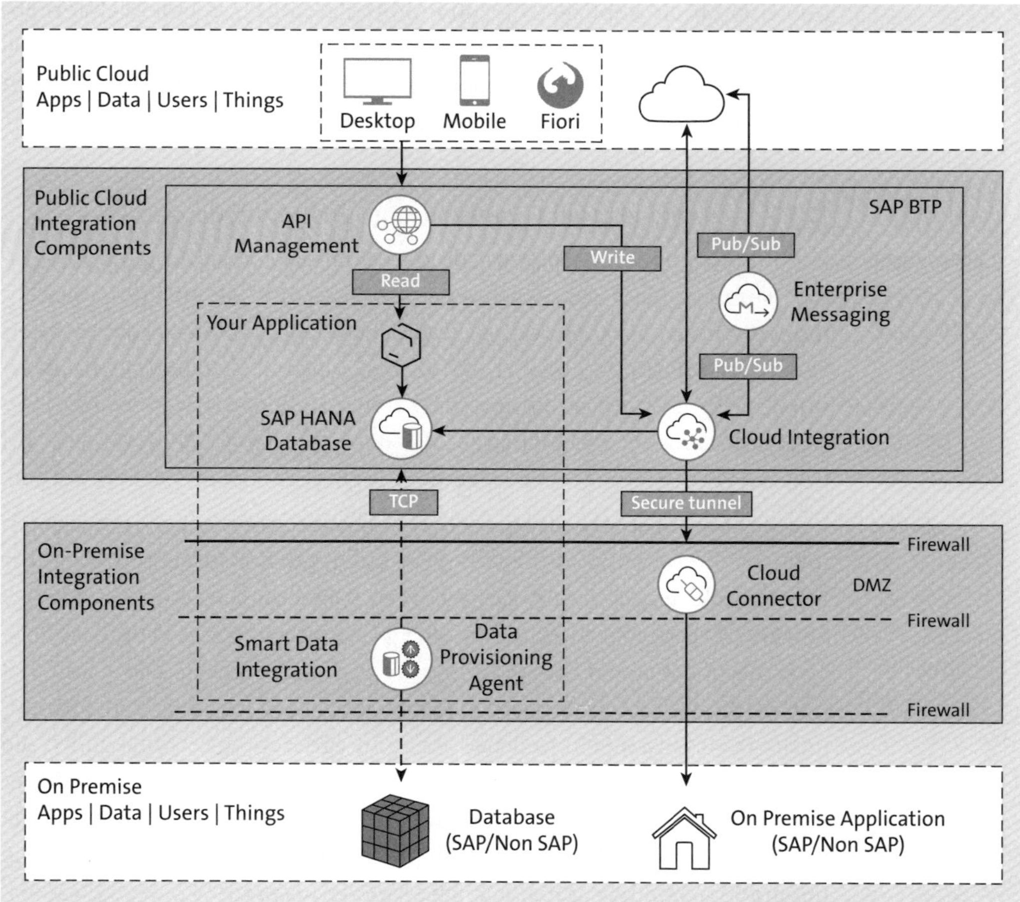

Abbildung 13.3 Definition eines Digital Integration Hub in ISA-M (Quelle: SAP)

13.3 Anwendungsmöglichkeiten und Empfehlungen

Die Implementierung eines DIH richtet sich überwiegend an Unternehmen mit hohen Anforderungen an die Integration. Die technischen und finanziellen Mittel und die entsprechenden Ressourcen für eine Implementierung müssen zur Verfügung stehen. Unser Erfahrung nach werden diese Architekturen hauptsächlich in Industrien wie Einzelhandel, Banken und Versicherungen sowie in der Konsumgüterindustrie eingesetzt. Die Art der Implementierung und der Reifegrad variieren hier natürlich stark.

Im Nachfolgenden wollen wir Ihnen zwei konkrete Anwendungsfälle vorstellen und den Aufwand sowie den Nutzen bestmöglich darstellen. In Abschnitt 13.3.1, »Anwendungsfall 1: Publizierung von Produktdaten-APIs«, stellen wir Ihnen ein größeres Projekt zur Anwendung eines Digital Integration Hub für die Publizierung von Produktdaten-APIs in einem Unternehmen vor. Abschnitt 13.3.2, »Anwendungsfall 2: Von Reaktivität zu Echtzeit«, zeigt, wie die Daten anhand einer Digital-Integration-Hub-Architektur im zentralen Datenspeicher in Echtzeit analysiert werden können.

13.3.1 Anwendungsfall 1: Publizierung von Produktdaten-APIs

Ausgangslage

Bei diesem Kundenbeispiel wurde der Architekturansatz Digital Integration Hub auf Basis der SAP Integration Suite und deren Komponenten implementiert. Aufgabe war es, sämtliche Produktdaten an die weltweit verteilten Webshops, Händlerplattformen und Industriepartner in diversen Verfahren und Datenformaten bereitzustellen. Als weitere Anforderung mussten die Produktdaten aus den jeweiligen ERP-Systemen um transaktionale Daten wie Preise und Verfügbarkeiten angereichert werden.

Zielbild

In der zukünftigen Architektur soll es möglich sein, dass die Produktdaten inklusive Preisen und Verfügbarkeiten durch die Konsumenten über eine Schnittstelle abrufbar sind. Des Weiteren sollen die Backend-Systeme wie SAP ERP, SAP Advanced Planning and Optimization, SAP PLM und das PIM-System vor zu vielen Produktanfragen geschützt werden. Das dritte Ziel war es, die verteilten Backend-Systeme möglichst von der Transformationslogik zu entkoppeln und sie lose zu integrieren. Im Zielbild sollen die konsolidierten Daten auswertbar sein, um aufbauende Analysen durchführen zu können. Ziel des Projekts war es, auf der Basis eines Digital Integration Hub die gestellten Anforderungen bestmöglich umzusetzen und die Integrationsarchitektur maßgeblich zu modernisieren.

Vorbereitung

Gestartet wurde das Projekt mit einer detaillierten Analyse. Schwerpunkte lagen dabei auf der Analyse und Beschreibung der benötigten Datenmodelle der Backend-Systeme, des zentralen Datenspeichers sowie den benötigten Schnittstellen. Des Weiteren wurde geprüft, welche Integrationslösungen und Technologien benötigten werden, um die Anforderungen abzubilden.

Realisierung

Auf Basis der Analyseergebnisse wurde der Digital Integration Hub mit den SAP-Lösungsbausteinen definiert. Die Lösung, für die der Kunde sich entschied, sehen Sie in Abbildung 13.4.

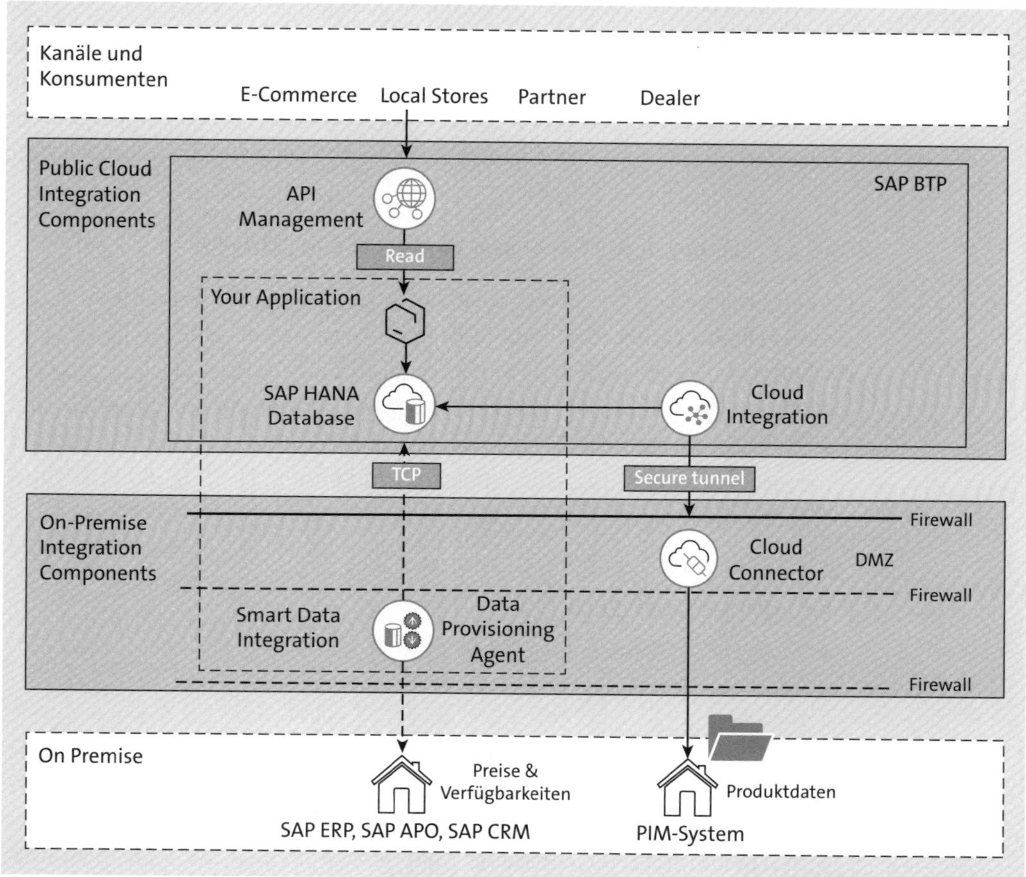

Abbildung 13.4 Digital-Integration-Hub-Architektur aus einem Kundenprojekt

Backend-Integration

Die Produktdaten werden regelmäßig als XML-Dateien in einem Austauschverzeichnis abgelegt. Über SAP Cloud Integration werden die Dateien abgeholt, transferiert und über einen OData-Adapter in die SAP-HANA-Datenbank geschrieben. Ziel ist es hier, die Daten im zentralen Datenspeicher harmonisiert abzubilden.

Preise und Verfügbarkeiten werden aus unterschiedlichen Backend-Systemen wie SAP ERP, SAP APO und SAP CRM zunächst in eine zentrale Tabelle geschrieben und danach über SAP Smart Data Integration in SAP HANA Cloud repliziert. Ziel dabei ist es, dass bei Änderungen der Preise oder Verfügbarkeiten nur die Deltas (und diese möglichst in Echtzeit) repliziert werden.

Datenspeicher

Als zentralen und performanten Datenspeicher hat sich der Kunde für SAP HANA Cloud entschieden. Aus architektonischen Gründen wurde je Geschäftsobjekttyp ein dedizierter HDI-Container erzeugt, um so die Datenmodelle weitestgehend zu entkoppeln.

Kommunikationsschicht via APIs

Auf Basis des SAP Cloud Application Programming Model wurden einzelne Services je Geschäftsobjekt entwickelt. Ziel war es, je Geschäftsobjekt und Funktion einen eigenen Service abzubilden. Über SAP API Management konnten die Services nun den einzelnen Konsumenten angeboten werden.

13.3.2 Anwendungsfall 2: Von Reaktivität zu Echtzeit

In einem zweiten Anwendungsfall lag der Fokus bei der Implementierung eines Digital Integration Hub auf der Notwendigkeit, eine Architektur zu wählen, die es ermöglicht, Daten aus mehreren verteilten Anwendungssystemen in der Cloud in Echtzeit auszuwerten. Basierend auf dieser Lösung, sollte dem Endkunden eine neues Benutzererlebnis ermöglicht werden, um neue Geschäftsmodelle entwickeln zu können. Die folgenden Technologien kamen dabei zum Einsatz:

- SAP Business Technology Platform
- SAP Integration Suite
- SAP HANA Cloud
- SAP Analytics Cloud

SAP Cloud Integration wurde dazu genutzt, um die Daten aus unterschiedlichen Backend-Systemen abzurufen und in SAP HANA Cloud in einem einheitlichen Format abzuspeichern. SAP Cloud Integration ermöglichte es, durch den Einsatz verschiedener Adapter sowohl SAP- als auch Nicht-SAP-Systeme zu integrieren. Dabei erfolgt der Datenaustausch in Echtzeit. Auf der Basis von SAP Analytics Cloud lassen sich die Daten in Echtzeit in SAP HANA Cloud analysieren. In Abbildung 13.5 ist die Gesamtarchitektur für den beschriebenen Anwendungsfall noch einmal grafisch dargestellt.

[»]

Empfehlung und Einsatz eines Digital Integration Hub

Die Implementierung eines Digital Integration Hub ist sinnvoll, wenn Sie eine steigende Anzahl von Zugriffen auf Ihre Kernanwendungen erwarten. Sie benötigen eine Lösung, um die Anfragen auf einen performanten Datenspeicher auszulagern, oder Sie haben bisher keine geeignete Lösung, um die hohe Anzahl von APIs aus verteilten Anwendungssystemen zu managen.

Da die Erfahrungen am Markt noch sehr überschaubar sind, sammeln Sie am besten selbst einige Erfahrungen, indem Sie das Zusammenspiel Ihrer SAP-Integrationslösungen in Verbindung mit SAP HANA Cloud aufsetzen. Es bietet sich an, im Rahmen Ihrer Integrationsstrategie bzw. bei der Etablierung einer Hybrid Integration Platform (Siehe Kapitel 3, »Methoden und Frameworks«) die Implementierung eines Digital Integration Hub voranzutreiben.

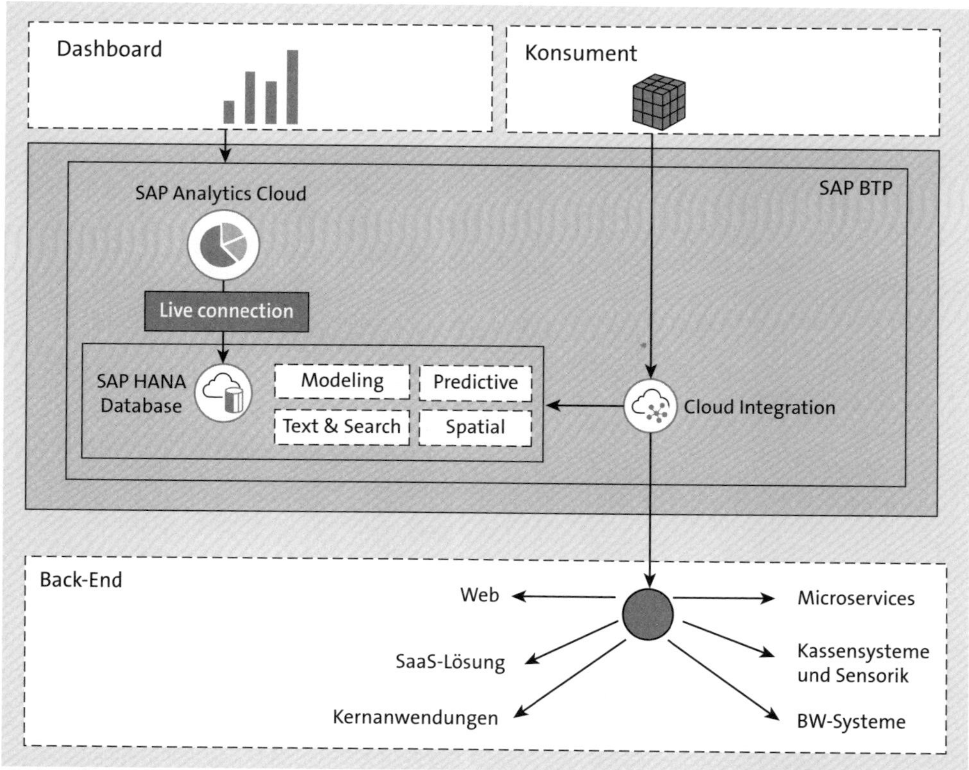

Abbildung 13.5 Digital-Integration-Hub-Architektur aus einem Kundenprojekt

TEIL III

Aufgaben des Schnittstellenmanagements

Kapitel 14
Governance

Lernen Sie in diesem Kapitel, nach welchen Richtlinien sich ein Schnittstellenmanagement im SAP-Umfeld richten kann.

Dieses Kapitel behandelt integrationsrelevante Regeln und Maßnahmen, die definiert werden, um ein standardisiertes Vorgehen bei der Entwicklung und beim Betrieb von Schnittstellen herbeizuführen. Ziel dieser Regeln ist es, eine hohe Qualität der Schnittstellen zu erreichen. In Abschnitt 14.1, »Prinzipien und Policys«, stellen wir zunächst einige Prinzipien und Policys vor, die als klare Verhaltensregeln im Bereich des Integrationsmanagements etabliert werden sollten. In Abschnitt 14.2, »Entwicklungsrichtlinien«, stellen wir Entwicklungsrichtlinien vor, die beim Design von Schnittstellen sinnvoll sind, wie z. B. Namenskonventionen. Außerdem geben wir einige Best Practices an Sie weiter. In Abschnitt 14.3, »Katalogisierung«, erläutern wir, warum es notwendig ist, Übersichten und Dokumentationen zu erstellen. Den Abschluss dieses Kapitels bildet in Abschnitt 14.3 das Thema Schnittstellen-Reporting. Wir erläutern, wie ein solches Reporting bei der Verwaltung des Nachrichtenaufkommens hilfreich sein kann.

[!]

Wann sollten Sie dieses Kapitel lesen?

Wir empfehlen Ihnen, sich mit dem Thema Governance von Schnittstellenlandschaften vertraut zu machen, wenn Sie eine komplexe und gegebenenfalls hybride Integrationsarchitektur beherrschen möchten.

14.1 Prinzipien und Policys

In diesem Abschnitt widmen wir uns den Prinzipien und Policys im Bereich der Integration, die als Leitplanken der Entwicklung und Verwaltung von Schnittstellen dienen sollen. Ein klar definiertes Regelwerk, basierend auf Prinzipien und Policys, soll Ihnen dabei helfen, klare Verhaltens- und Verwendungsrichtlinien innerhalb Ihres Unternehmens zu definieren.

14.1.1 Richtlinien für die IT-Nutzung

Prinzipien vs. Policys

Die Begriffe *Prinzip* und *Policy* sind in der Literatur nicht eindeutig definiert und werden mitunter als Synonyme verwendet. Zur Einordnung dieser Begriffe stützen wir uns im Folgenden auf die in Abbildung 14.1 dargestellte Struktur.

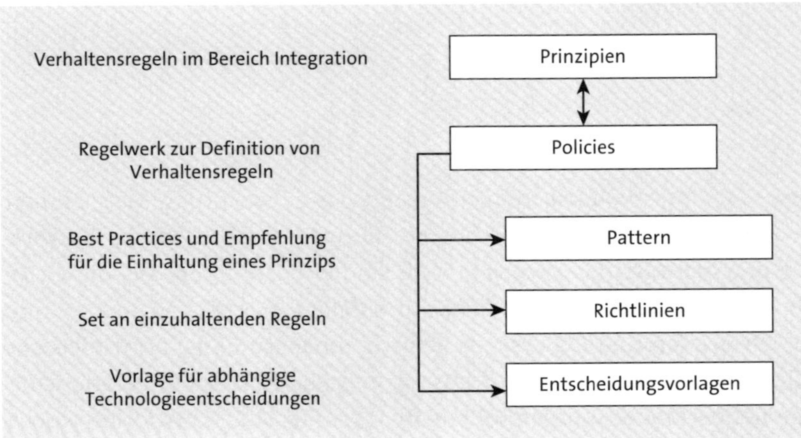

Abbildung 14.1 Abgrenzung von Prinzipien und Policys

Die Prinzipien bilden das Fundament der Definition eines Regelwerkes. Im Allgemeinen ist ein Prinzip entweder ein Konzept oder eine Verhaltensregel für ein bestimmtes System oder einen Anwendungsfall. Es bezieht sich auf eine Gesetzmäßigkeit, die in einem idealtypisch konstruierten System befolgt werden sollte. Von diesen Prinzipien müssen geeignete Policys abgeleitet und Richtlinien sowie Verfahren entwickelt werden, die die Umsetzung der Prinzipien unterstützen. Somit unterstützt eine Policy bei der Entscheidungsfindung im konkreten Anwendungsfall, indem sie definiert, was im Endergebnis erreicht werden soll.

Prinzipienebenen

Je nach Einsatzziel können Prinzipien auf unterschiedlichen Ebenen einer Organisation festgelegt werden:

- **Unternehmensprinzipien**
  Unternehmensprinzipien bilden die Grundlage für die Entscheidungsfindung im gesamten Unternehmen und geben vor, wie die Organisation ihren Auftrag erfüllen will. Sie sind ein wesentliches Schlüsselelement einer erfolgreichen Unternehmensstrategie.
- **IT-Prinzipien**
  IT-Prinzipien definieren Richtlinien für die Nutzung und den Einsatz aller verfügbaren IT-Ressourcen im gesamten Unternehmen. Sie werden ent-

wickelt, um die IT-Landschaft so effektiv und kosteneffizient wie möglich zu gestalten und zu betreiben.

- **Architekturprinzipien und Integrationsprinzipien**
  Architekturprinzipien sind als Teilmenge der IT-Prinzipien anzusehen und beziehen sich auf die IT-Architektur. Hierunter fallen zum einen Prinzipien, die den Architektur-Entwicklungsprozess definieren, d. h. Regeln in Bezug auf die Pflege und die Nutzung der Unternehmensarchitektur. Zum anderen fallen hierunter Prinzipien, die sich auf die Implementierung der Architektur fokussieren und damit Regeln zum Entwurf und zur Entwicklung von Informationssystemen definieren. Als Teilbereich der IT-Architektur fokussieren sich Architekturprinzipien vor allem auf die Applikationsarchitektur und deren Integration. Prinzipien für den Teilbereich der Integration bezeichnen wir im Folgenden als *Integrationsprinzipien*.

Ziel von Integrationsprinzipien

In diesem Buch konzentrieren wir uns vor allem auf Prinzipien im Kontext der Integrationsarchitektur und begreifen sie als unternehmensweites Regelwerk für den Aufbau, die Umsetzung und die Nutzung von Integrationswerkzeugen. Integrationsprinzipien verfolgen dabei die folgenden Ziele:

- interne und externe Kommunikation von Vorgaben in Form von Prinzipien, Standards und Richtlinien
- Basis für die Qualitätssicherung zur Bewertung bestehender Konzepte und Lösungsarchitekturen
- Leitplanken für die Ausarbeitung von Zielarchitekturen für Schnittstellen

14.1.2 Architektur- und Integrationsprinzipien aufbauen

In diesem Abschnitt zeigen wir Ihnen einen praxisnahen Ansatz, mit dem Sie Integrationsprinzipien in Ihrem Unternehmen aufbauen können. Wir setzen dazu den in Abbildung 14.2 schematisch dargestellten Prozess um. Grundlage für die Definition der Integrationsprinzipien ist ihre Herleitung aus der Geschäfts- bzw. der IT-Vision Ihres Unternehmens, die auch als Mission oder Geschäfts- und IT-Ziel bzw. -Strategie bezeichnet wird.

Geschäfts- und IT-Strategie

An oberster Stelle steht die Geschäftsstrategie. Diese bildet neben der IT-Strategie die Grundlage für die spätere Definition der Architektur- und der Integrationsprinzipien. Die abgeleiteten Prinzipien sollten sich immer an den Zielen der Organisation und der IT orientieren. Dies ist nicht nur aus praktischen Gesichtspunkten sinnvoll, z. B. weil es den Integrationsverantwortlichen so leichter fällt, die Integrationsprinzipien aufzubauen, sondern stellt auch eine konsistente Ausrichtung sicher. Ohne eine klare Ausrichtung der IT besteht die Gefahr, dass die aufgebauten Integrationsprinzipien später übergangen werden oder dass sich einzelne Mitglieder des IT-Teams in diesen nicht wiederfinden. Fehlt eine klare Vision, bleibt auch die Positionierung der IT unklar. Ziel der obersten Stufe des Prozesses ist es zunächst, klare Vorgaben zu machen, wie die Ziel-IT-Architektur in Zukunft ausgerichtet werden soll.

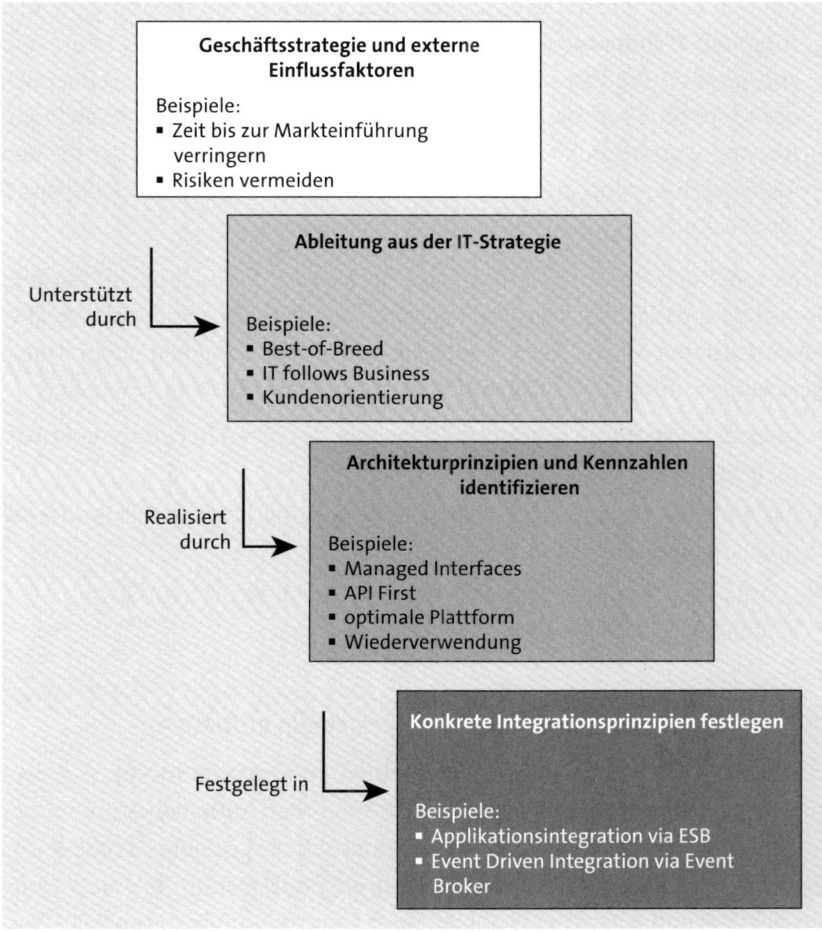

Abbildung 14.2 Entwicklungsprozess von Integrationsprinzipien

Architekturprinzipien

Erst auf dieser Basis ist es in der Folge möglich, Architekturprinzipien zu identifizieren, die als Leitplanken für die zukünftige Ausrichtung dienen. Architekturprinzipien sind ein wichtiges Werkzeug der *Geschäfts- und IT-Governance* und bilden die Grundlage für die damit verbundenen Standards und Richtlinien. Welche Integrationsprinzipien Sie formulieren, ist letztlich von der Definition der allgemeinen Architekturprinzipien abhängig.

Die einzelnen Prinzipien sind klassischerweise voneinander unabhängig und grundsätzlich einzuhalten. Abweichungen von den Prinzipien sind nur in Ausnahmefällen mit Begründung möglich. Architekturprinzipien dienen einer Organisation somit als allgemeine Orientierungshilfe und betreffen jeden, der die Unternehmensarchitektur ändern bzw. betreiben möchte.

Zu beachten ist dabei, dass die verabschiedeten Architekturprinzipien zu den innerhalb der Geschäfts- und IT-Strategie definierten Standards und Richtlinien passen müssen. Außerdem müssen die einzelnen Architekturprinzipien im Zusammenspiel ein konsistentes Bild ergeben. Des Weiteren sollten Sie bei der Definition von Architekturprinzipien darauf achten, diese im Konsens mit den relevanten Personen in Ihrem Unternehmen zu definieren. Folgende Abhängigkeiten zur Unternehmensführung sollten Sie im Blick haben:

- Eine erfolgreiche Durchsetzung der Architekturprinzipien ist nur über ein starkes Kommittent des Managements erreichbar.
- Als Fixpunkt der Ausrichtung der Strategie machen Architekturprinzipien die Konsequenz von Neuausrichtungen transparent.

Definition von Architekturprinzipien

Bei der Definition von Architekturprinzipien sollten Sie die folgenden Punkte beachten:

- Definieren Sie abstrakte Prinzipien für jede Architekturebene:
  - Business-Ebene
  - Anwendungsebene
  - Datenebene
  - Technologieebene
  - optional: Sicherheits- und Governance-Ebene
- Abstrakte Prinzipien sollten als Leitplanken mit der Geschäftsführung abgestimmt werden.
- Leiten Sie aus den abstrakten Prinzipien konkrete messbare Prinzipien ab.
- Die Messkriterien für die Einhaltung der Prinzipien sollten einfach und konsistent sein.
- Geschäftsziele und Architekturprinzipien sollten gewichtet und aufeinander bezogen werden.
- Prinzipien können einander widersprechen bzw. unterschiedliche Absichten für einzelne Szenarien verfolgen.

Die entwickelten Architekturprinzipien sollen Sie in den folgenden Bereichen unterstützen:

- Treffen grundlegender IT-bezogener Entscheidungen
- Schaffung von Maßnahmen und Kriterien
- Definition funktioneller architektonischer Anforderungen
- Bewertung von IT-Systemen
- Architektur-Governance

Versuchen Sie keinesfalls, zu viele Prinzipien zu definieren, sondern bleiben Sie nach Möglichkeit im unteren zweistelligen Bereich. Tabelle 14.1 führt einige Beispiele für abstrakte und messbare Architekturprinzipien auf.

Abstrakte Architekturprinzipien	Messbare Architekturprinzipien
■ Kosteneffizienz ■ Zuverlässigkeit ■ Wiederverwendung ■ Sicherheit ■ Benutzerfreundlichkeit ■ Normen ■ Homogenität	■ Einsatz von Open-Source-Software ■ an SOA-Prinzipien festhalten ■ Verwendung von ISO-9241-konformen Anwendungen

Tabelle 14.1 Beispiele für Architekturprinzipien

Das *The Open Group Architecture Framework* (TOGAF) hat einen Ansatz zur Erstellung und Verwaltung von Unternehmensarchitekturen entwickelt und stellt auf seiner Homepage weitere Beispiele für Architekturprinzipien zur Verfügung (*http://s-prs.de/v798270*).

Definition von Integrationsprinzipien

Liegt ein Katalog von Architekturvorgaben in Form von Prinzipien und Randbedingungen aus dem Unternehmens-Architekturmanagement vor, können diese Leitplanken in Integrationsmustern verankert werden. In den Integrationsprinzipien werden die wesentlichen Integrationsanforderungen generisch formuliert. Dazu gehören funktionale und nicht funktionale Anforderungen, z. B zur Echtzeitintegration, Batch-Integration oder zur Integration von Massendaten. Typischerweise werden diese Integrationsprinzipien von einem Integrationsteam in Abstimmung mit dem Architektur-Managementteam entwickelt.

Innerhalb der Integrationsprinzipien sollten Sie zum einem festhalten, was typische Integrationsszenarien innerhalb Ihres Unternehmens sind (z. B. Cloud-zu-Cloud oder Cloud-zu-On-Premise). Zum anderen sollten Sie die wesentlichen internen und externen Integrationspartner berücksichtigen (siehe Abschnitt 3.3, »Integration Competency Center of Excellence«). Wir empfehlen Ihnen folgende Vorgehensweise, um Integrationsprinzipien aufzubauen:

- Definieren Sie Integrationsprinzipien auf den verschiedenen Architekturebenen (Geschäft, Anwendung, Daten, Technologie).
- Holen Sie die Zustimmung der Führungskräfte bzw. des Architektur-Managementteams zu den formulierten Integrationsprinzipien ein.
- Definieren Sie einen Entscheidungsprozess.
- Verwenden Sie gewichtete Integrationsprinzipien z. B. nach Priorität, und überwachen Sie diese.

Best Practices

Im Folgenden möchten wir unsere Best Practices zur Definition von Integrationsprinzipien mit Ihnen teilen. Typischerweise werden dazu vier Dokumente erstellt (siehe Abbildung 14.3):

- ein Integrationssteckbrief
- ein Komponentendiagramm
- mehrere Richtlinien
- eine Entscheidungsmatrix

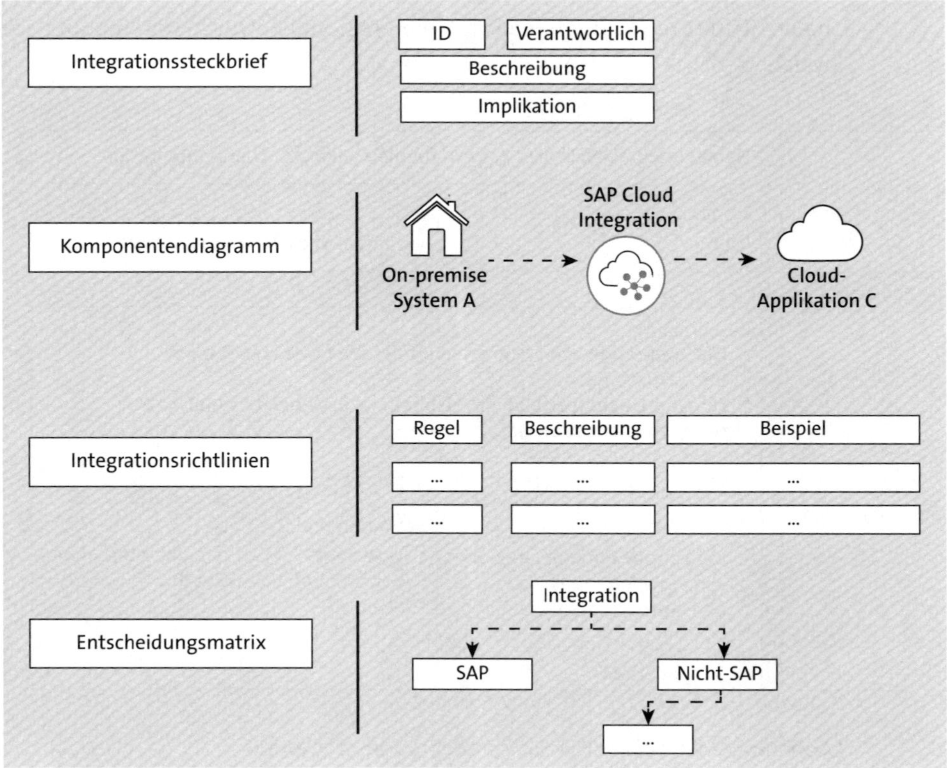

Abbildung 14.3 Spezifikation von Integrationsprinzipien

Mit diesen Dokumenten verfolgen Sie die folgenden Ziele:

- Übersicht über die mit den Integrationsprinzipien verbunden Integrations-Pattern
- eine ausformulierte, begründete und abgestimmte Liste der wesentlichen Integrationsprinzipien, inklusive der damit verbunden Regeln und Standards

Wir zeigen Ihnen die Erarbeitung der einzelnen Dokumente anhand eines Beispielszenarios. Unser Ziel ist dabei die Erarbeitung des Integrationsprinzips »Verwendung des Event Broker Pattern für eine ereigniszentrierte Integration«.

Integrationssteckbrief

Für die Beschreibung jedes Integrationsprinzips sollten Sie eine Standardvorlage für einen Steckbrief in Microsoft Word oder PowerPoint definieren. Neben einer aussagekräftigen Definition sollen sich hier Angaben wie eine eindeutige ID, eine nähere Beschreibung und eine Begründung bzw. mögliche Implikation des Prinzips finden. Darüber hinaus können Sie Szenarien festhalten, in denen das Prinzip Anwendung findet. Optional können Sie in dem Steckbrief auch den Gültigkeitszeitraum und Gültigkeitsbereich des Prinzips definieren. Gerade in global agierenden Unternehmen mit regionalen Strukturen können die Prinzipien regional bewusst voneinander abweichen.

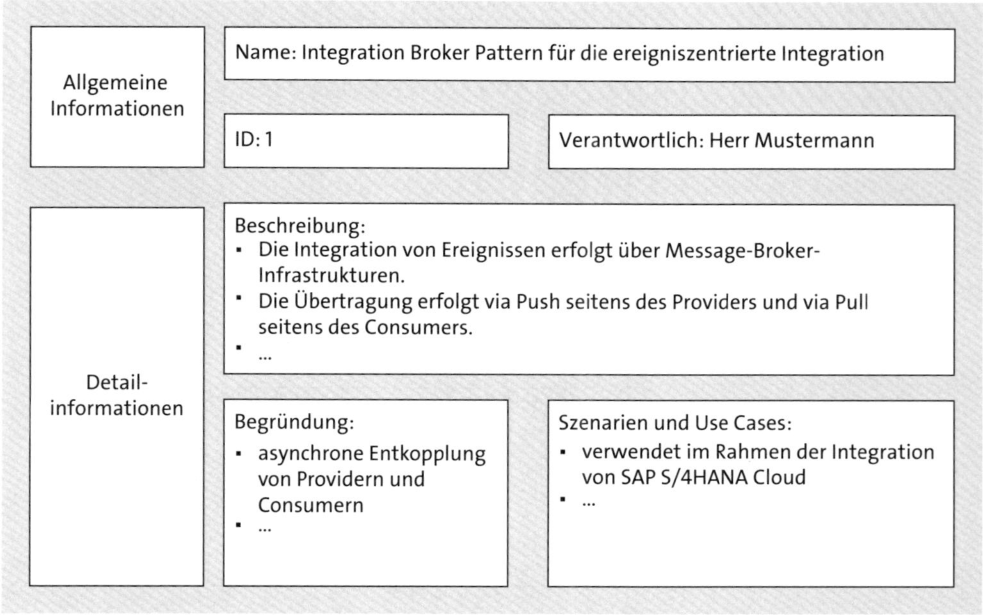

Abbildung 14.4 Beispiel für einen Integrationssteckbrief

Abbildung 14.4 zeigt ein Beispiel für einen Integrationssteckbrief. Aus der Summe Ihrer Integrationssteckbriefe ergibt sich ein Prinzipienkatalog, auf dessen Basis Sie Entscheidungsprozesse etablieren und mit neuen oder bestehenden Anforderungen umgehen können.

Komponentendiagramm

Für jedes definierte Integrationsprinzip erzeugen Sie als Nächstes ein Komponentendiagramm, das die Referenzarchitektur und das Zielbild verdeutlicht. Eine gute Grundlage bilden hier das in Abschnitt 3.1, »Integration Solution Advisory Methodology (ISA-M)«, erläuterte ISA-M-Framework und die damit bereitgestellten Templates für Integrations-Patterns (siehe Abbildung 14.5). Das ISA-M-Framework verwendet für Komponentendiagramme den Begriff *Blueprint*. Letztendlich handelt es sich bei einem solchen Diagramm um ein Muster bzw. eine Blaupause für die Integration.

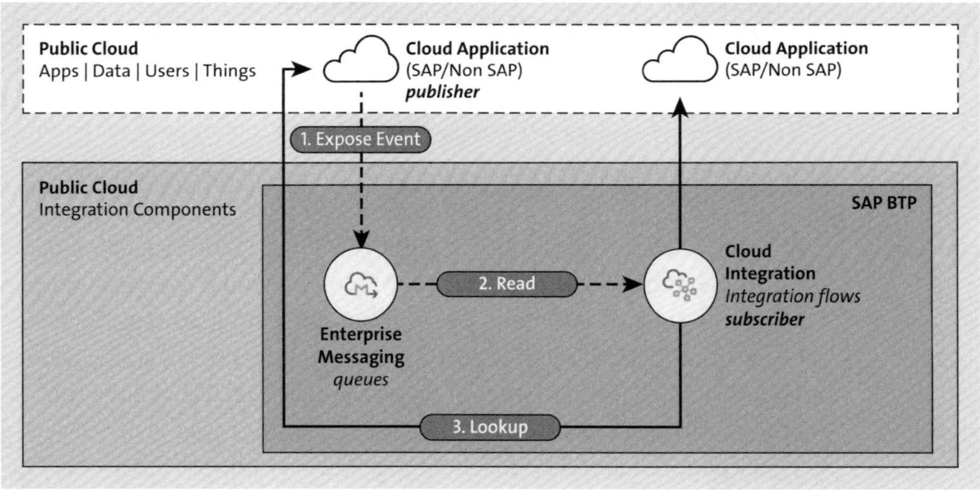

Abbildung 14.5 Integrations-Pattern

Integrationsrichtlinie

Aufbauend auf dem im Komponentendiagramm definierten Integrations-Pattern spezifizieren Sie als Nächstes die Integrationsrichtlinien, die im Rahmen der gewählten Referenzarchitektur von Entwicklungsteams einzuhalten sind. Im besten Fall kann die Einhaltung dieser Richtlinien anhand von Kennzahlen gemessen und bewertet werden.

In unserem Beispiel sieht die in Abbildung 14.6 definierte Richtlinie vor, dass ausgelöste Ereignisse ausschließlich in den Topics des Event Brokers veröffentlicht werden dürfen, aber nicht in den individuellen Queues. In den Integrationsrichtlinien wird also das gewählte Pattern weiter ausgeprägt und für die Entwicklerteams anwendbar gemacht.

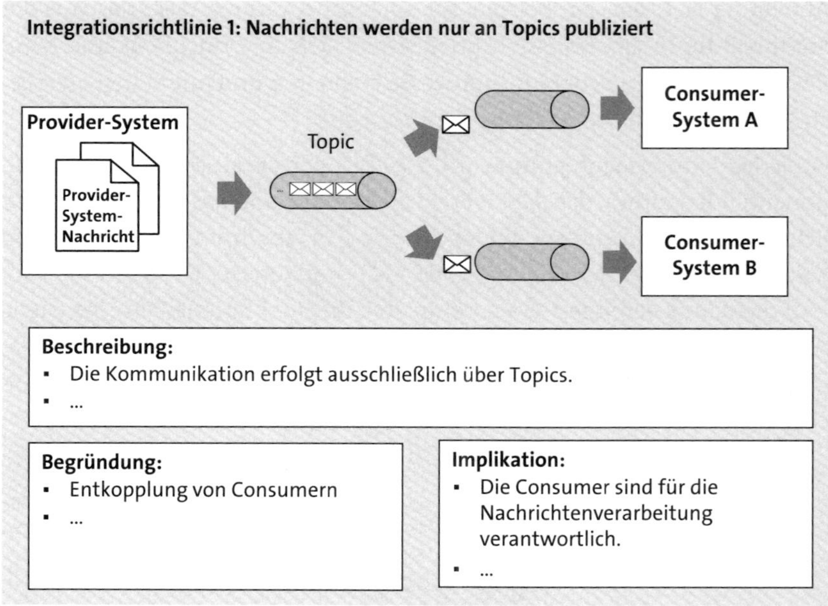

Abbildung 14.6 Beispiel für eine Integrationsrichtlinie

Entscheidungsmatrix

Den letzten Schritt bei der Ausprägung von Integrationsprinzipien bildet die Entscheidungsmatrix. Je nach Anwendungsfall und Szenario können Sie auf eine solche Matrix auch verzichten, sie kann jedoch als Entscheidungsgrundlage bzw. für die Auswahl einer geeigneten Integrationstechnologie hilfreich sein. Entscheidungsmatrizes finden vor allem dann Anwendung, wenn es um Technologie-Entscheidungen geht. In unserem Beispiel könnte etwa die Entscheidung, welches Protokoll für den Austausch von Ereignissen zu verwenden ist (MQTT, AMQP oder REST) anhand einer Entscheidungsmatrix getroffen werden (siehe Abschnitt 2.3.5, »Message Queues«).

Um eine Entscheidungsmatrix zu erstellen, überlegen Sie sich Kriterien, anhand derer Sie sich für die eine oder andere Technologie entscheiden möchten. Für unser Beispiel haben wir verschiedene anzuwendende Technologien für einzelne Anwendungsfälle definiert (siehe Abbildung 14.7). Die so entstehende Matrix gibt schließlich dem Integrationsentwickler eindeutige Empfehlungen, welche Technologie in dem einen oder anderen Fall zu bevorzugen ist. Das macht nicht nur die Entscheidungsfindung einfacher, sondern sorgt auch für weniger Heterogenität in der Integrationslandschaft: Gleichartige Anwendungen werden so stets auf die gleiche Weise integriert.

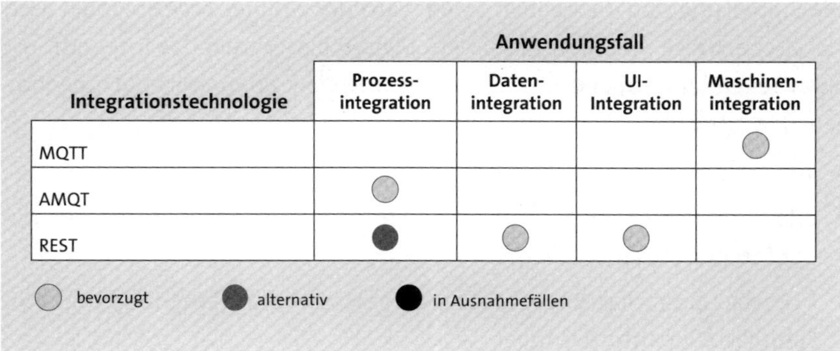

Abbildung 14.7 Entscheidungsmatrix mit Technologie-Mapping

14.1.3 Überwachung und Review der Integrationsprinzipien

Die Steuerung und stetige Kontrolle der etablierten Prinzipien ist neben der Prüfung ihrer Einhaltung eine nicht zu vernachlässigende Aufgabe der Schnittstellen-Governance, für die das Integrationsteam zuständig ist. Erweisen sich die definierten Integrationsprinzipien gegenüber den fachlichen Anforderungen oder technischen Entwicklungen als veraltet, wirken sie blockierend. Dies kann sogar dazu führen, dass die Prinzipien in Entscheidungsprozessen umgangen und ausgehöhlt werden.

Governance-Prozess

Der typische Governance-Prozess für Prinzipien über ihren Lebenszyklus hinweg ist in Abbildung 14.8 dargestellt.

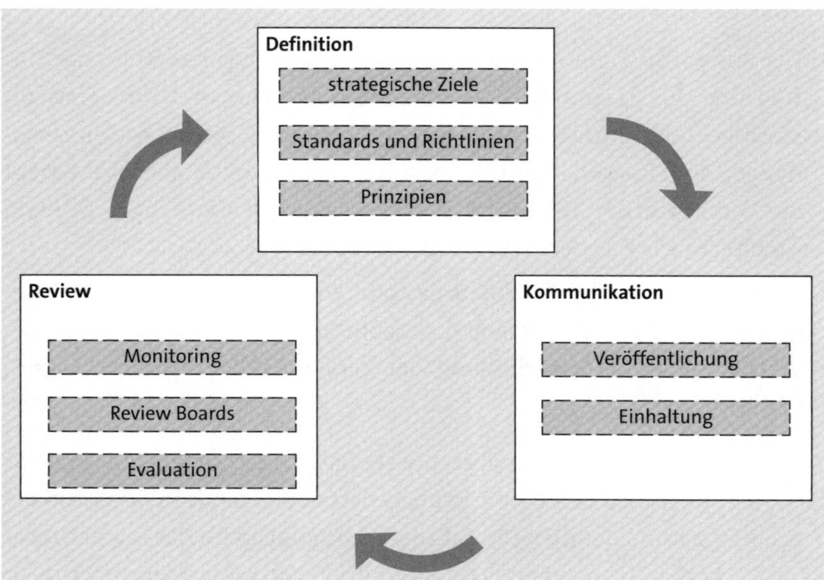

Abbildung 14.8 Lebenszyklus von Prinzipien

Review Board

Die Einhaltung und die bleibende Relevanz der etablierten Prinzipien wird klassischerweise in einem Architektur-Board bzw. durch das Integrationsteam regelmäßig überwacht. Ein solches *Review Board* verfolgt folgende zentrale Aufgaben:

- kontinuierliche Pflege der Integrationsarchitektur
- effektives Management und Sicherstellung der korrekten Umsetzung der Integrationsarchitekturen
- Überwachung des Entscheidungsprozesses und Genehmigung von Schnittstellenanforderungen
- Sicherstellen der korrekten und effektiven Implementierung der Integrationsarchitektur mit Kontrollmechanismus
- Etablierung eines Prozesses zur Genehmigung von Ausnahmen

Die Abstimmungen innerhalb des Integrationsteams bzw. mit dem Architektur-Board sollten einer klar definierten Agenda folgen. Jedes Mitglied des Review Boards sollte bereits vor einer Sitzung Zugriff auf die Tagesordnungspunkte haben, um sich vorbereiten zu können. Ein Tagesordnungspunkt ist es, über die Status der einzelnen Integrationsprinzipien zu berichten, für die jeweils ein Mitglied des Boards verantwortlich ist.

Enterprise Architect vs. Integration Architect

Um integrative Fragestellungen klären zu können, sehen wir hier vor allem zwei Schlüsselpersonen innerhalb des Review Boards: den Enterprise Architect und den Integration Architect. Sie nehmen unterschiedliche Verantwortlichkeiten wahr:

- Der Enterprise Architect mit seinem strategischen Fokus ist für die Entwicklung der gesamten Unternehmensarchitektur und für deren zukünftige Ausrichtung verantwortlich. Technologische Einzelentscheidungen sind für den Enterprise Architect eher zweitrangig. Er überträgt die Verantwortung für solche Entscheidungen den jeweiligen Domain Architects, wie z. B. dem Integration Architect.
- Dem gegenüber liegt der Fokus des Integration Architects auf der Integrationsstrategie. Ihm obliegt die technologische Umsetzung der Integration unter Berücksichtigung der verabschiedeten Architekturleitplanken.

Die Aufgabe des Enterprise Architects ist es daher, Leitplanken und Ziele für die IT-Architektur zu definieren. Er analysiert neue Trends in Bezug auf die IT-Architektur und definiert die Rahmenbedingungen für das Integrationsteam. Die konkrete Ausprägung und Definition von Integrationsprinzipien zur Untermauerung und technologischen Umsetzung dieser Ziele ist Aufgabe des Integrationsteams. Es sollte Integrationsentscheidungen weitestgehend eigenständig treffen dürfen. Das übergeordnete Architektur-Board kann als Eskalationsinstanz bei Konflikten zwischen dem Integrationsteam und den Projektteams fungieren. Als zentrale Instanz verabschiedet es neben Architekturprinzipien auch neue Integrationsprinzipien und lässt veraltete auslaufen.

Zentrale Governance, dezentrale Implementierung

Über die beschriebene Aufgabenteilung ist es möglich, Abstimmungsarbeiten und -aufwände zu minimieren. Für den Aufbau und die Einhaltung der Architektur- und Integrationsprinzipien ist das jeweilige Team zuständig. Gleichzeitig hat man mit dem Architektur-Board eine zentrale Steuerungsebene für alle verabschiedeten Prinzipien.

Zusammenfassung

Abschließend rufen wir uns die Kernaussagen dieses Abschnitts noch einmal ins Gedächtnis.

1. Legen Sie die Integrationsprinzipien fest und bestimmen Sie, wie Sie diese konkret ausprägen und einhalten wollen.
2. Kommunizieren Sie die Integrationsprinzipien an alle beteiligten Personen innerhalb der IT, und schaffen Sie Akzeptanz.
3. Etablieren Sie eine regelmäßige Sichtung der Integrationsprinzipien, um zu prüfen, ob diese noch relevant sind bzw. dem Stand der Technik entsprechen, und um sie bei Bedarf zu überarbeiten.

14.2 Entwicklungsrichtlinien

Entwicklungsrichtlinien sind ein Hilfsmittel, um persönliche Erfahrungen bei der Entwicklung von Schnittstellen weiterzugeben und im Unternehmen zu etablieren. Sie helfen Schnittstellenentwickler*innen und Integrationsarchitekt*innen dabei, einheitlich vorzugehen und Fehler bei der Implementierung zu vermeiden.

14.2.1 Technologierichtlinien

Technologische Perspektive

In diesem Abschnitt besprechen wir, welche Richtlinien aus technologischer Sicht zu definieren sind, um die Entwicklung von Schnittstellen zu systematisieren. Die organisatorische Perspektive erläutern wir in Kapitel 16, »Organisation«.

ISA-M

In Abschnitt 3.1, »Integration Solution Advisory Methodology (ISA-M)«, haben Sie mit ISA-M bereits eine Methodik kennengelernt, die Ihnen Entscheidungskriterien für die Auswahl von Technologien zur Umsetzung von

Integrationsanforderungen an die Hand gibt. Die Zuordnung von Technologien zu den Anforderungen wird damit systematisiert und erfolgt im Schritt *Technologiezuordnung* (siehe Abschnitt 3.1.4). Die Entscheidungskriterien für die Auswahl einer Technologie sind, je nach Perspektive, unterschiedlich und werden in diesem Abschnitt näher beleuchtet.

Auf Basis der Integrationsprinzipien erfolgt die Umsetzung der Schnittstellen in der vorgesehenen Technologie. Wir gehen hier von der Nutzung von SAP-Technologie aus (vornehmlich der SAP Integration Suite als hybride Integrationsplattform, die in Teil II, »Werkzeuge der hybriden Integrationsplattform von SAP«, dieses Buches vorgestellt wurde), und geben konkrete Empfehlungen für ihren sinnvollen Einsatz.

Fokus auf die Prozessintegration

Unsere Integrationsempfehlungen sprechen wir hauptsächlich für die Entwicklung von prozessorientierten Schnittstellen aus, weil diese eine größere Auswahl an Entscheidungsmöglichkeiten eröffnen. Dies ist Fluch und Segen zugleich. So kann die Übertragung von Daten von einer Anwendung in eine andere Anwendung auf vielen Wegen erfolgen (z. B. via Dateitransfer, IDoc, API-Aufruf usw.). Dazu gilt es, eine klare Richtlinie zu etablieren. Im SAP-Umfeld kommen vor allem die Cloud-Integration mit der SAP Integration Suite sowie SAP Process Orchestration als SAP-Middleware zum Einsatz.

Integrationsstil »Prozessintegration«

Die in ISA-M für jeden Integrationsstil definierten Use Case Patterns helfen Ihnen dabei, eine Kategorisierung vorzunehmen. Für den Integrationsstil Prozessintegration werden die Use Case Patterns primär nach den beteiligten Parteien unterschieden:

- *Application-to-Application* (A2A) bezeichnet eine Kommunikation zwischen zwei Anwendungen, die innerhalb des Unternehmens stattfindet. Dabei kann es sich um Anwendungen im eigenen Rechenzentrum (On-Premise-Anwendungen) oder auch um SaaS-Anwendungen (Cloud-Anwendungen) handeln.
- *Business-to-Business* (B2B) bezeichnet die unternehmens-übergreifende Kommunikation zwischen Geschäftspartnern. Es handelt sich dabei sowohl um einen Austausch von Geschäftsdokumenten über offene Standards (z. B. EDIFACT) als auch um den Aufruf bzw. die Bereitstellung von Diensten über APIs.
- *Business-to-Government* (B2G) meint die Kommunikation mit Behörden, z. B. zur Übermittlung von Rechnungsnachweisen zur Vermeidung von Korruption oder als Nachweis von gezahlten/eingeforderten Unternehmenssteuern oder Sozialversicherungsbeiträgen.

14.2.2 Standardisierung

B2G-Schnittstellen

Die Use Case Patterns dienen hauptsächlich der Ermittlung des Grades an Standardisierung von Schnittstellen. B2G-Schnittstellen werden beispielsweise stets durch Behörden bereitgestellt und verfügen über einen hohen Grad an Standardisierung. Die Verwendung einer solchen API durch das kommunizierende Unternehmen ist häufig ebenfalls standardisiert, da entweder ein Hersteller (z. B. SAP) hierfür eine Lösung bereitstellt oder eine dritte Partei. Abbildung 14.9 zeigt die B2G-Integration mithilfe von Standard-Integration-Content, der innerhalb einer Middleware oder im Sendersystem (als Add-on) eingesetzt wird.

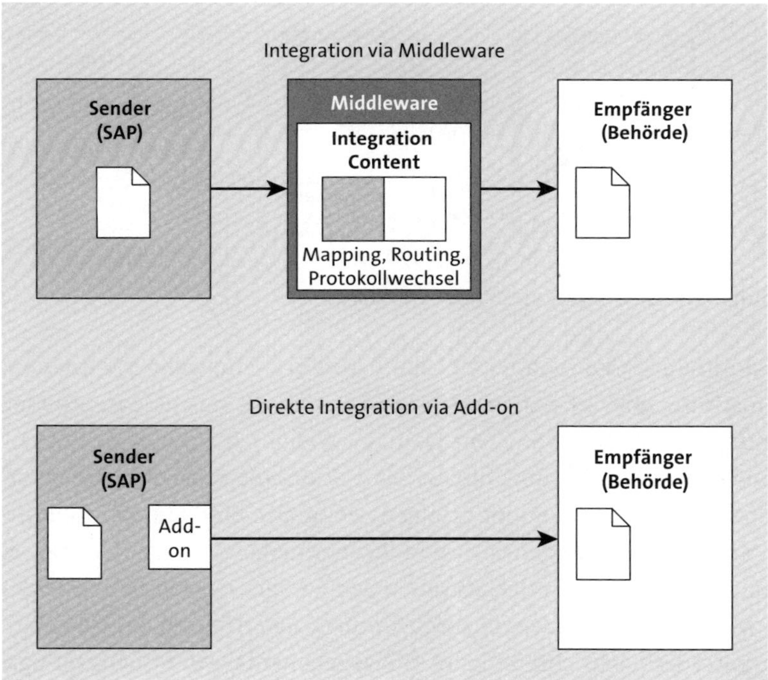

Abbildung 14.9 B2G-Integration mithilfe von Standard-Integration-Content

B2B-Schnittstellen

Bei B2B-Schnittstellen kommen häufig Industriestandards (z. B. ANSI X.12, EDIFACT, EANCOM) zum Einsatz. Daher kann man auch in diesem Bereich von einem hohen Standardisierungsgrad sprechen. Geschäftspartner wenden jedoch auch branchen- und unternehmensspezifische Regeln an, die mit entsprechendem Implementierungsaufwand umgesetzt werden müssen. Hier ist der Einsatz des Integration Advisors als Teil der SAP Integration Suite hilfreich. Er dokumentiert und verwaltet die unterschiedlichen Nachrichtenformate und Transformationen und erzeugt Laufzeitobjekte, die für das Mapping verwendet werden können.

Unter B2B-Kommunikation verstehen wir jedoch auch eine proprietäre Integration, bei der z. B. ein Unternehmen die API eines Geschäftspartners aufruft, um den Materialbestand abzufragen oder eine Bestellung auszulösen. Abbildung 14.10 stellt die standardisierte Integration über offene Standards dar und zeigt, wie in solch einem Szenario beide Unternehmen ihre Nachrichten in das Standardformat konvertieren und über einen standardisierten Kommunikationsweg übertragen. Über eine eingebaute, native EDI-Kommunikation verfügen die wenigsten Anwendungssysteme.

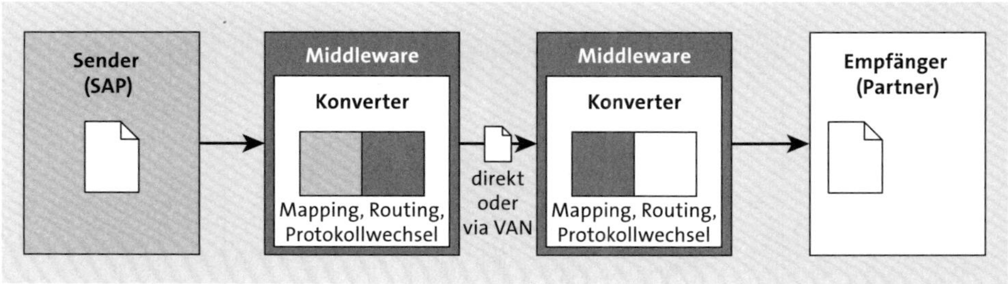

Abbildung 14.10 B2B-Integration über Standards

A2A-Schnittstellen

A2A-Schnittstellen können bereits standardisiert sein, wenn sie über ein übereinstimmendes Übertragungsprotokoll und das gleiche Datenmodell kommunizieren (z. B. das SAP One Domain Modell, das wir in Abschnitt 4.1, »Vision«, vorstellen). Darüber hinaus kann eine Standardisierung über vorhandenen Integration Content erfolgen, wenn also eine Standardschnittstelle existiert, die heterogene Anwendungen miteinander verbindet. Dieser Integration Content kann sich aufseiten des Senders, des Empfängers oder in der Middleware befinden. Er sorgt für die Konvertierung der Nachrichtenformate, der Nachrichteninhalte und gegebenenfalls der Übertragungsprotokolle.

A2A mit gleichem Datenmodell

Abbildung 14.11 zeigt eine Integration über das gleiche Datenmodell aufseiten des Senders und Empfängers, einmal als Punkt-zu-Punkt-Integration und einmal über eine Middleware (als *Pass-through-Integration*). Die Middleware übernimmt in diesem Fall nicht die Aufgabe, unterschiedliche Nachrichtenformate und -inhalte zu transformieren oder zwischen Kommunikationsprotokollen hin und her zu schalten, sondern beschränkt sich auf die Weiterleitung von Nachrichten.

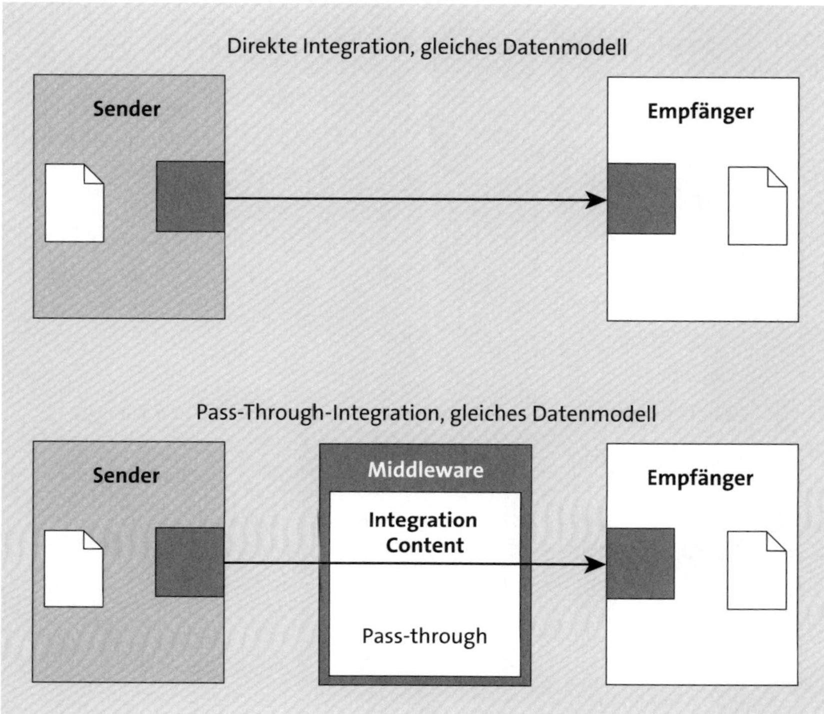

Abbildung 14.11 A2A-Integration über das gleiche Datenmodell

A2A über Middleware

Die alternative Anbindung über Integration Content zeigt Abbildung 14.12: Mapping, Routing und Protokollwechsel finden hier im Integration Content der Middleware statt, und die beteiligten Systeme können ihre bestehenden Nachrichtenformate und Protokolle weiterhin nutzen.

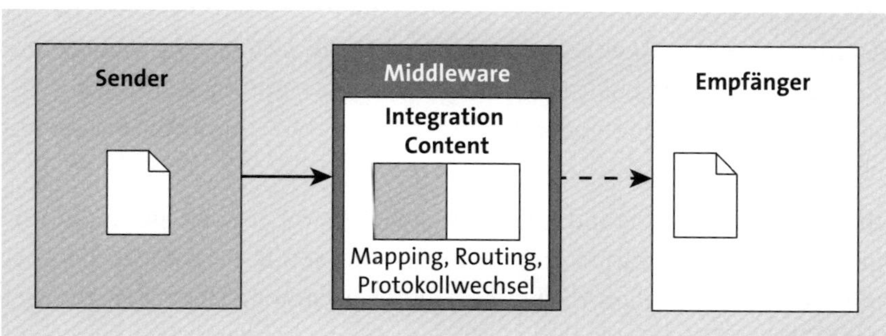

Abbildung 14.12 A2A-Integration über Middleware

A2A mit Integrationslogik in der Anwendung

Eine Platzierung des Integration Contents in das Sendersystem zeigt Abbildung 14.13. Die Kommunikation erfolgt in diesem Fall entweder direkt oder als Pass-through-Integration über die Middleware.

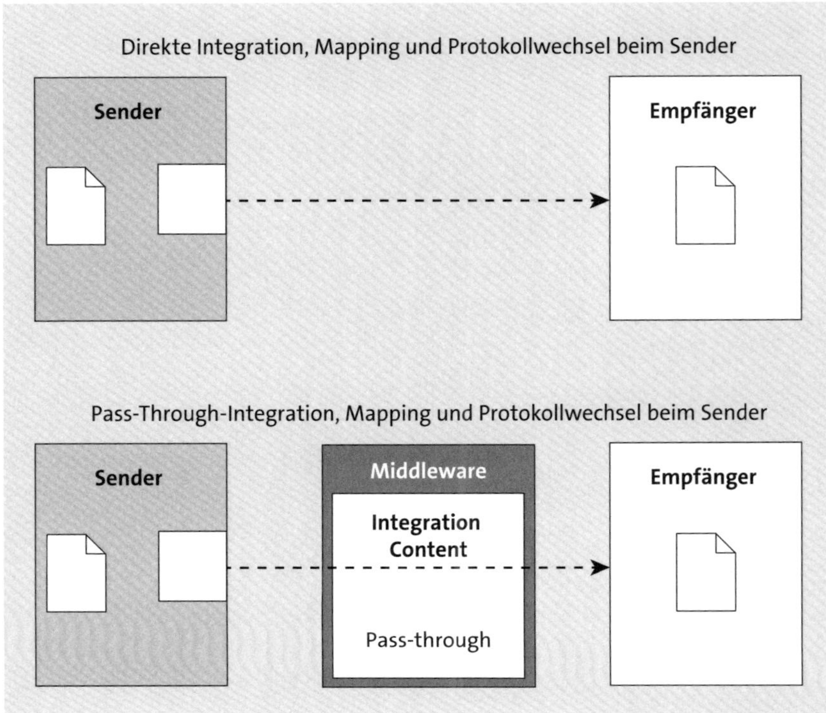

Abbildung 14.13 A2A-Integration mit Integration Content aufseiten des Senders

Standardschnittstellen als Best Practice

Zusammenfassend lässt sich sagen, dass Standardschnittstellen generell bevorzugt werden sollten. Sie haben im Allgemeinen den Vorteil, ausgereifter, stabiler und von höherer Qualität als selbst entwickelte Schnittstellen zu sein. Diese Vorteile überwiegen gegenüber der Konsequenz, dass man nicht die vollständige Kontrolle über diese Schnittstellen hat. In bestimmten Fällen ist es jedoch möglich, dass Sie sich bewusst gegen eine Standardlösung entscheiden, weil Sie z. B. keine Add-ons in Ihrem SAP-System nutzen möchten oder die Punkt-zu-Punkt-Kommunikation generell ablehnen.

Unsere Empfehlung, Standardschnittstellen zu verwenden, gilt nicht nur für die Gesamtintegration einer Schnittstelle, sondern auch für die Auswahl von Schnittstellen in den beteiligten Systemen. Insbesondere bei SAP-Systemen empfiehlt sich der Einsatz einer Standardschnittstelle gegenüber der einer selbst entwickelten Schnittstelle. Eine Auswahl von Standardschnittstellen stellen wir in Abschnitt 1.3, »SAP-Schnittstellenbibliotheken« vor. Diese sind im SAP API Business Hub an zentraler Stelle vereint und werden dort nach unterschiedlichen Kategorien sortiert und dokumentiert.

In der Praxis haben sich jedoch vielfach Mischformen bewährt, z. B. wenn im SAP-Standard keine Standardschnittstelle als API (OData- oder Webservice) angeboten wird, sondern »nur« ein Business Application Programming Interface (BAPI). In einem solchen Fall kann es sinnvoll sein, das BAPI als Funktionsbaustein zu verwenden, diesen jedoch mit einem ABAP-Proxy als Webservice zu verschalen. Auf diese Weise erzielen Sie (insbesondere bei asynchroner Kommunikation) eine bessere Steuerbarkeit im Monitoring und vereinfachen die Fehlerbehandlung, da sich BAPIs über das RFC-Protokoll schlecht bis gar nicht überwachen lassen.

Mischformen aus Standard- und proprietären Schnittstellen

14.2.3 Zentralisierung

Vermittelte vs. direkte Integration

Ein weiterer Aspekt, der in den Entwicklungsrichtlinien berücksichtigt werden sollte, ist die Frage, ob eine direkte oder eine vermittelte Integration (Mediated Integration) bevorzugt werden sollte. Die Grundidee der vermittelten Integration besteht in der Zentralisierung der Nachrichtenflüsse und ermöglicht ein zentrales Monitoring. In der Praxis lässt sich hier keine einheitliche Lösung finden. Uns sind nur sehr wenige Unternehmen begegnet, die eine vermittelte Integration über die SAP-Middleware konsequent einfordern und umsetzen. Häufig ist der Mehrwert eines zentralen Monitorings nicht gegeben, wenn z. B. zwei SAP-Systeme via IDoc/ALE miteinander kommunizieren, gerade wenn es sich um ein Pass-through-Szenario handelt. Hier müssen die Nachrichten in den SAP-Systemen ohnehin lokal überwacht werden.

Wir empfehlen generell die Verwendung einer Middleware. Ausnahmen sollten nur zulässig sein, wenn die Kopplung so direkt wie möglich erfolgen muss, z. B. wenn jede Millisekunde Verzögerung hinderlich wäre oder bei einem hohen Nachrichtenaufkommen. Natürlich existieren auch Anforderungen, die eine Middleware erzwingen, z. B. wenn ein Protokollwechsel erfolgt (Sender und Empfänger verwenden unterschiedliche Kommunikationsprotokolle), ein Routing erforderlich ist (ein Sender soll inhaltsabhängig Nachrichten an unterschiedliche Systeme schicken) oder Nachrichten gesammelt (*aggregiert*) bzw. in mehrere einzelne Nachrichten aufgeteilt werden müssen (*gesplittet*).

14.2.4 Integrationslogik

Integrationslogik richtig positionieren

Die Frage, welches an einer Integration beteiligte System eine Transformation durchführt, d. h. wo die Mapping-Logik stattfindet, lässt sich nicht so einfach beantworten. Wir hören häufig die Aussage, dass die Geschäftslogik im Backend umgesetzt werden muss – aber was bedeutet das? Komplexe

Transformationen in der Middleware durchzuführen ist kein Vergehen; im Gegenteil: Kann dies doch in der Middleware oft besser und effizienter als im Sender- oder Zielsystem erfolgen! Selbst wenn Anreicherungen der Daten in Form von Abfragen (Look-ups) erfolgen müssen (z. B. die Ermittlung des Ursprungslandes eines Produkts oder die Abfrage der Warengruppe eines Artikels), ist dies in manchen Fällen besser in der Middleware als im Backend umzusetzen, da das Backend idealerweise in seiner (Standard-)Sprache agieren sollte.

Fehlerbehandlung

In diesem Kontext müssen jedoch auch die organisatorischen Auswirkungen berücksichtigt werden. Fehlersituationen, die eindeutig den Sender oder den Empfänger betreffen, sollten auch aufseiten des Senders oder des Empfängers behandelt und gelöst werden. Wenn z. B. eine Anreicherung mit Daten aus dem Zielsystem über ein Look-up fehlschlägt, sollte die Behandlung des Fehlers nicht in der Middleware, sondern im Zielsystem erfolgen, indem die unvollständige Nachricht an den Empfänger gesendet und dort gegebenenfalls manuell korrigiert wird.

Nachrichten-Transformationen

Bei Nachrichten-Transformationen wird zwischen strukturellen und inhaltlichen (Werte-)Mappings unterschieden: Während strukturelle Mappings primär der Zuordnung von Feldinhalten von einer Quell- in eine Zielnachricht dienen, ohne den Inhalt zu verändern, dienen Werte-Mappings der Konvertierung von Inhalten (z. B. zur Ermittlung alternativer Werte bei den Codelisten).

[»]

Mapping mit dem SAP Application Interface Framework

In SAP-Systemen (insbesondere in SAP S/4HANA) existiert mit dem SAP Application Interface Framework eine standardisierte Mapping- und Transformationsschicht, die ebenfalls als Teil der Middleware gesehen werden und wesentliche Konvertierungsaufgaben übernehmen kann (z. B. Anreicherungen und Werte-Mappings). Diese Ebene haben wir in Kapitel 12, »SAP Application Interface Framework«, behandelt.

Auswahl der Middleware-Komponente

Innerhalb der Middleware stellt sich die Frage, welche Komponente die Integrationslogik umsetzt. Dies sollten Sie bereits im Schritt der Technologiezuordnung von ISA-M entschieden haben (siehe Abschnitt 3.1.4). Falls dies noch nicht der Fall ist, kann Tabelle 14.2 hilfreich sein. Sie grenzt die Middleware-Komponenten SAP Cloud Integration und SAP API Management voneinander ab, indem sie die wesentlichen Funktionen gegenüberstellt.

Funktion	SAP Cloud Integration	SAP API Management
Mapping	komplexe Mappings	eingeschränkt
Prozessorchestrierung	umfangreiche Funktionalität, EAI-Patterns, Persistenz	Request-Reply-Pattern, Mash-up-Funktionen
Adapter und Konnektoren	umfangreiche Liste	SOAP und APIs über HTTP
Authentifizierung	SAML, OAuth, Zertifikate	SAML, OAuth
Sicherheit	WS-Security, Ver- und Entschlüsselung, Signaturen	JSON, XML, RegEx Schutz vor Angriffen
Nachrichtenformate	umfangreiche Liste	keine spezifischen Typen, Fokus auf JSON und XML
Entwicklerportal	nein	Self-Service-Portal mit API-Katalog
Einschränkung von Aufrufen (Traffic Management)	nein	umfangreiche Funktionalität

Tabelle 14.2 Funktionsvergleich der Middleware-Komponenten SAP Cloud Integration und SAP API Management

Ein XSLT-Mapping (XSL-Transformation) zur Nachrichtentransformation können Sie z. B. sowohl in SAP Cloud Integration als auch in SAP API Management verwenden, jedoch sind solche funktionalen Überschneidungen eher selten. Wir empfehlen Ihnen, die passende Middleware-Komponente auf der Basis Ihrer Integrationsanforderung systematisch auszuwählen.

Auswahl nach Kernkompetenzen

Falls mehrere Komponenten in Ihrem Szenario zum Einsatz kommen, empfehlen wir Ihnen. die Integrationslogik in der Komponente zu positionieren, deren Kernkompetenz die jeweilige Anforderung ist. Wir sehen folgende Kernkompetenzen bei den einzelnen Komponenten:

- **SAP Cloud Integration (nachrichtenbasiert)**
  Mapping, Konvertierung, Routing, Connectivity
- **SAP API Management**
  API-Bereitstellung über ein Portal, Traffic Management, Monetarisierung

- **SAP Enterprise Messaging**
  Verarbeitung von Ereignissen in Queues und Topics
- **Open Connectors**
  Plug-and-Play-Anbindung von Cloud-Applikationen
- **Data Integration (datenbanktabellenbasiert)**
  Replikation großer Datenmengen (ETL und Big Data), Data Science und Machine Learning

14.2.5 Lose Kopplung

Ein weiteres Kriterium, das die Qualität von Schnittstellen beeinflusst, ist die Form der Entkopplung. Eine zu enge und direkt voneinander abhängige Integration wird nicht empfohlen. *Lose Kopplung* ist ein Lösungsansatz, der mit verschiedenen Werkzeugen realisiert werden kann.

Arten der Entkopplung

Anwendungen können auf unterschiedliche Weise voneinander entkoppelt sein, z. B. durch die Synchronität oder den Zeitpunkt des Nachrichtenaustausches, durch das zugrunde liegende Datenmodell oder das Kommunikationsprotokoll. Als sinnvoll haben sich folgende Kommunikationsvarianten erwiesen:

- **Asynchrone Kommunikation**
  Die asynchrone Kommunikation sollte gegenüber der synchronen Kommunikation bevorzugt werden. Für die Entwicklung ist die asynchrone Kommunikation allerdings nicht unbedingt die einfachste Lösung, da gegebenenfalls ein Zwischenspeichern (Queueing) sowie eine Fehlerbehandlung (z. B. Wiederholung) für den Fehlerfall vorgesehen werden müssen. Bei der synchronen Kommunikation fällt ein Fehler hingegen sofort auf, weil der Prozess im Sendersystem unterbrochen wird. Idealerweise wird bei der asynchronen Kommunikation auch die Anzahl der Interaktionen zwischen den Systemen reduziert, und die Kommunikation erfolgt zustandslos, d. h. ohne dass eine Sitzung (Session) den Verlauf der Interaktion erfassen und nachverfolgen muss, da dies fehleranfällig sein kann.
- **Echtzeit- bzw. ereignisorientierte Kommunikation**
  Die Echtzeitkommunikation sollte einer Batch-Verarbeitung vorgezogen werden. Um die Synchronität von Anwendungen zu gewährleisten, hat sich die ereignisorientierte Nachrichtenverarbeitung als nützliches Muster etabliert. In SAP-Systemen kann diese Art der Kommunikation bei Anwendungen in Einkauf, Vertrieb und Logistik mithilfe der Nachrichtensteuerung umgesetzt werden. Derzeit schwenkt SAP mit seinen Anwendungen jedoch auf eine ereignisgesteuerte Architektur um. Dabei

werden Ereignisse nur mit ihren Kopfdaten an einen Event Hub gesendet, der über die weitere Verarbeitung entscheidet (siehe Kapitel 8, »SAP Enterprise Messaging«).

Die generelle Empfehlung einer losen Kopplung bezieht wieder nicht 100 % aller Fälle ein. Auch hier mag es gute Gründe für eine abweichende Implementierung geben.

Integrationsstil »Datenintegration«

Für die übrigen Integrationsstile bieten sich andere Anwendungsfälle an, die durch entsprechende Kriterien beeinflusst werden. So unterscheidet der Integrationsstil Datenintegration zwischen den Anwendungsfällen Replikation, Virtualisierung, Datenqualitätsmanagement und Orchestrierung. Als Auswahlkriterien für entsprechende Lösungen ergeben sich primär die verfügbaren Konnektoren, d. h., hier spielen ebenfalls Standards eine Rolle, die von SAP oder von SAP-Partnern abgedeckt werden. Auch welche Anforderungen Sie an das Transformieren oder die Orchestrierung von Daten über Pipelines stellen, entscheidet über die Auswahl und die Verwendung einer Datenintegrationslösung. Ähnlich verhält es sich mit den Integrationsstilen Integration von Benutzeroberflächen und Integration der Dinge. Technologiespezifische Kriterien beeinflussen die Auswahl einer Lösung.

Entkopplung über Integrationsstile hinweg

Integrationsstilübergreifende Muster vereinen meist mehrere Lösungen oder beziehen sich auf eine ganz konkrete Lösung. So wird z. B. die ereignisbasierte Integration von ISA-M als übergreifender Integrationsstil positioniert, weil auftretende Ereignisse in allen vier Stilen relevant sind. Das Ziel der losen Kopplung von Anwendungen oder Sensoren wird in allen Fällen unterstützt.

14.2.6 Moderne Übertragungstechnologien

Vermeidung von Dateitransfers

Ein weiterer Aspekt, den wir erwähnen möchten, ist das Thema des Dateitransfers, weil uns Dateien in unserer Arbeit mit Schnittstellen immer wieder begegnen, auch wenn es sich dabei eigentlich um eine veraltete Methode handelt. Schnittstellen dienen ja letztlich zur Übertragung von Nachrichten, die sich fast immer als Datei auf dem Computer speichern lassen, z. B. aus dem Schnittstellen-Monitoring heraus. Zur Laufzeit der Schnittstelle, d. h. während der Integration, ist dies jedoch nicht wünschenswert. Das Übertragungsprotokoll sollte auf HTTP oder einem Message-Queueing-Standard (z. B. AMQP) basieren und nicht auf einem dateibasierten Protokoll, wie z. B. FTP.

Grund für diese Empfehlung ist eher die Überlegenheit der neueren Protokolle als die ausgewiesene Schwäche von Dateisystemen. Aspekte wie konkurrierende Dateizugriffe, Sperren, unvollständige Dokumente oder mangelnde Sicherheitskonzepte sind Begründungen dafür, warum reine Dateiübertragungen in vielen Unternehmen kategorisch abgelehnt werden, wenn es um den automatisierten Austausch von Geschäftsdokumenten zwischen Anwendungen geht. Dass unstrukturierte Nachrichtenformate wie Flat Files mit festen Längen oder CSV-Dateien (trotz ihrer geringen Größe) keinen Platz mehr in modernen IT-Landschaften finden, ist Formaten wie XML und JSON geschuldet, die Nachrichtendaten strukturiert darstellen und somit (vor allem für Menschen) einfacher lesbar und verständlicher sind.

API-Management für die B2B-Integration als Best Practice

Für konkrete Fälle, wie die Bereitstellung von Schnittstellen an Geschäftspartner, kann SAP API Management eine separate Schicht bereitstellen, um die Verwendung von (meist vorhandenen) APIs zu verwalten und zu organisieren (siehe Kapitel 7, »SAP API Management«). Natürlich wird man eine Kunden-Lieferanten-Beziehung, für die der Dateitransfer EDIFACT bereits etabliert ist, nicht einfach auf einen API-basierten Datentransfer umstellen. Es besteht jedoch die Möglichkeit, über die Standard-EDI-Kommunikation hinaus auf effiziente Weise eine B2B-Integration zu betreiben, indem man einen Teil seiner IT-Landschaft für seine Kunden oder Lieferanten öffnet und die Geschäftsprozesse enger miteinander verzahnt.

14.2.7 Namenskonventionen und Dokumentation

Namenskonventionen

Jede Integrationslösung benötigt Namenskonventionen, um die Übersichtlichkeit von Inhalten zu gewährleisten. Primäres Ziel dieser Konventionen ist die Wiederauffindbarkeit und Strukturierung von Schnittstellen. Bei SAP Process Orchestration erfolgt die Strukturierung über das Enterprise Service Repository (ESR) und das Integration Directory. Die Schnittstellen werden in Softwarekomponenten modelliert (Senderkomponenten separat von Empfängerkomponenten) und über eine Konfiguration miteinander verknüpft, immer nach dem Prinzip Sender – Routing – Mapping – Empfänger. Dadurch ergibt sich zwangsläufig eine Strukturierung und, wenn man die Schnittstellen nach den transportierten Dokumenten bzw. Objekten benennt, auch eine verständliche Namensgebung.

SAP Cloud Integration verwendet Integration Packages, die wiederum Integration Flows (iFlows) und OData-Services (als spezifische Gruppe von iFlows) enthalten. iFlows sind hinsichtlich der Anzahl an Sendern und Empfängern sowie in der Abfolge von Verarbeitungsschritten flexibel. Hier empfiehlt es sich, den Objekten aussagekräftige Namen zu geben. Dabei sollten das transportierte Dokument oder das Objekt erkennbar sein, gegebenenfalls in Verbindung mit dem Sender und/oder Empfänger. Eine Ergänzung des (gegebenenfalls verkürzten) Paketnamens erleichtert zudem die Auffindbarkeit der Schnittstellen.

[+]

Empfehlungen für Namenskonventionen

Es existieren diverse Empfehlungen, wie Namenskonventionen im Detail aufgebaut sein können, beispielsweise im SAP Community Network, von der Deutschsprachigen SAP-Anwendergruppe (DSAG) oder auch von SAP-Partnern.

Strukturierung nach Geschäftsbereichen

Des Weiteren ist eine Strukturierung nach Geschäftsbereichen (z. B. Einkauf, Produktion, Vertrieb, Finanzwesen oder Logistik) sinnvoll, um die Prozesse abzubilden und eine Zuordnung zum Nachrichtenkontext zu ermöglichen. Idealerweise erfolgt diese Strukturierung über alle Systeme hinweg, also über alle beteiligten Anwendungen und Integrationskomponenten. Zusätzlich empfehlen wir die Verwendung von regionalen (z. B. landesspezifischen) Kennungen und/oder die Unterteilung nach Tochtergesellschaften, sofern dies notwendig erscheint.

Dokumentation

Neben den Namenskonventionen möchten wir das Thema Dokumentation nicht unerwähnt lassen. Die Art und Weise, wie Schnittstellen dokumentiert werden, ist nicht standardisiert. Für APIs wie Webservices gibt es zwar WSDL-Dokumente (Web Service Description Language), die deren Struktur und Syntax erläutern, jedoch fehlen hier meist wichtige Attribute, die nur in einem Dokument oder als Metadaten zu den Objekten selbst festgehalten werden können.

Wertvolle Zusatzinformationen

Insbesondere wenn es sich um Schnittstellen in SAP API Management, SAP Process Integration bzw. SAP Process Orchestration oder SAP Cloud Integration handelt, die mit weiteren Schnittstellen in Anwendungen (z. B. SAP S/4HANA oder Microsoft Dynamics) interagieren, ist das Hinzufügen zusätzlicher Informationen zum Kontext der Integration und zum Geschäftsprozess wichtig. Diese Metadaten sollten bereits in den Objekten abgelegt werden, z. B. im API-Proxy, im Konfigurationsszenario in SAP Process Orchestration oder im Integration Package in SAP Cloud Integration. Es handelt sich bei diesen Metadaten jedoch immer um Zusatzinformationen, die für die Laufzeit nicht notwendig sind. Umso wichtiger ist es, dass die Entwicklerteams der Schnittstellen die Disziplin aufbringen, diese wertvollen Zusatzinformationen bereitzustellen. Manche Branchen fordern sogar das Vorhandensein einer Dokumentation, z. B. für Auditoren, die regelmäßig die Einhaltung bestimmter Anforderungen überwachen (z. B. ob in allen Kommunikationskanälen verschlüsselte Protokolle wie HTTPS via TLS/SSL verwendet werden).

Anforderungsformulare In der Praxis hat es sich als hilfreich erwiesen, Schnittstellenanforderungen in Formularen zu erfassen. In solchen Formularen formulieren die Fachbereiche, welche Dokumente/Objekte in welchem Zeitraum und in welchem Prozess- bzw. Geschäftskontext von wo nach wo gesendet werden sollen. Mit der Person oder der Abteilung, die eine Schnittstellenanforderung stellt, steht auch die Verantwortlichkeit fest und kann in die Dokumentation der Schnittstelle übernommen werden. Wird die Schnittstelle im Laufe Ihres Lebenszyklus verändert, ist dieses Festhalten der Verantwortlichen aus den Fachbereichen sehr hilfreich, z. B. für die Ausführung regelmäßiger Tests (siehe Abschnitt 15.2, »Testmanagement«).

Im Zentrum der Anforderungsanalyse stehen also der Geschäftsprozess und die verantwortlichen Beteiligten. Die Schnittstellen sind »nur« ein Ergebnis der anwendungsübergreifenden Integration. Somit gehen sämtliche Informationen aus dem Anforderungsformular, die für das Verständnis und den Betrieb der Schnittstelle wichtig sind, in die Dokumentation über, gemeinsam mit den technischen Informationen, die das Resultat der Implementierung sind (z. B. Adressen der beteiligten Systeme, verwendete Benutzer/Zertifikate, Mappings, Routing-Regeln).

Automatische Dokumentation Es gibt auch Lösungen, die solche technischen Dokumentationen automatisch generieren (siehe Abschnitt 17.2, »SAP-Partnerlösungen«). Dies hat den Vorteil, dass die Dokumentation stets aktuell gehalten wird. Eine nicht mehr aktuelle Dokumentation ist zumindest hinsichtlich ihrer technischen Inhalte wertlos. Ein Leser oder eine Leserin kann nicht sicher sein, ob die Dokumentation mit jeder Änderung an der Schnittstelle aktualisiert wurde und ist gezwungen, bei den Schnittstellen-Entwickler*innen nachzufragen, um eine verbindliche Auskunft zu erhalten.

[»]

Best Practices

Zusammenfassend lassen sich folgende Entwicklungsrichtlinien als Best Practices benennen, die für alle Komponenten der hybriden Integrationsplattform von SAP gelten:

- Verwendung von Standard-APIs und Standard-Integration-Content (Qualität durch Standardisierung)
- Umsetzung einer indirekten Integration (Kontrolle durch Zentralisierung)
- Umsetzung einer losen Kopplung (durch eine asynchrone Verarbeitung in Echtzeit, gegebenenfalls ereignisgesteuert)
- Vermeidung von Dateitransfers (besser Nachrichten-Queues und APIs)
- Einsatz von SAP API Management für die B2B-Integration (sofern möglich)

- Einhaltung von Namenskonventionen (nach Geschäftsbereichen strukturiert)
- Dokumentation (aktuell halten)

14.3 Katalogisierung

In diesem Abschnitt stellen wir Ihnen *Schnittstellenkataloge* als Möglichkeit vor, um die Integrationslandschaft Ihres Unternehmens zu beschreiben. Diese werden häufig auch als *Schnittstellenlisten* bezeichnet.

14.3.1 Anwendungsbeispiele für Schnittstellenkataloge

Änderungen der IT-Landschaft

Je nach Komplexität Ihrer IT-Landschaft fällt es mitunter nicht leicht, den Überblick zu behalten. Eine Auflistung von Schnittstellen ist immer dann besonders wertvoll, wenn Änderungen an der IT-Landschaft durchgeführt werden. Wenn z. B. durch einen Zusammenschluss mit einem anderen Unternehmen oder durch eine Übernahme IT-Landschaften zusammengeführt werden oder wenn im Rahmen eines Verkaufs die IT-Landschaft abgespalten werden muss, ist es hilfreich, wenn man auf einen Schnittstellenkatalog zurückgreifen kann. Existiert kein Schnittstellenkatalog, muss man sich die Informationen (manchmal mühsam) zusammensuchen.

Abbildung 14.14 zeigt exemplarisch zwei Systemlandschaften, die zusammengeführt werden sollen. Während Unternehmen A seine Schnittstellen konsequent über eine Middleware betreibt (verbunden über ein Zentralsystem), verwendet Unternehmen B Punkt-zu-Punkt-Verbindungen. Es wäre für die Durchführung des Projekts einer Zusammenführung sehr hilfreich über eine Auflistung darüber zu verfügen, welche Nachrichten zwischen den Anwendungen auf welche Art und Weise ausgetauscht werden.

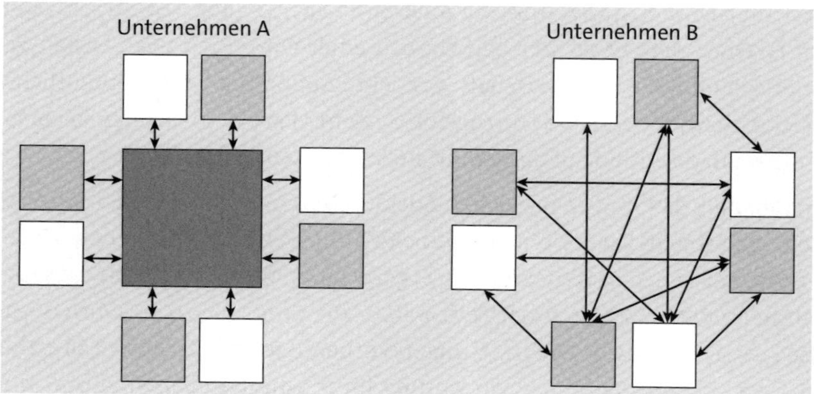

Abbildung 14.14 Zusammenschluss von IT-Landschaften

Umzug der Systeme in ein neues Rechenzentrum

Der Nutzen von Schnittstellenkatalogen zeigt sich auch, wenn ein Umzug der Systeme in ein anderes Rechenzentrum erfolgen würde, z. B. wenn man sich für den Betrieb (eines Teils) der IT-Landschaft durch SAP als Managed Service entscheidet, wie es bei den Angeboten von SAP HANA Enterprise Cloud der Fall ist. In solchen Fällen ändern sich zumindest die (IP-)Adressen der Systeme, oder es werden aufgrund der veränderten Netzwerkkommunikation alternative Protokolle verwendet. In jedem Fall gilt es, die Umstellung zu planen und die anzupassenden Schnittstellen zu identifizieren.

Abbildung 14.15 skizziert den Umzug von SAP-Systemen aus einem eigenen Rechenzentrum in die SAP HANA Enterprise Cloud. Alle (dunkel markierten) SAP-Systeme kommunizieren lokal miteinander, und für alle Nicht-SAP-Systeme muss die Kommunikation mit der Middleware angepasst werden.

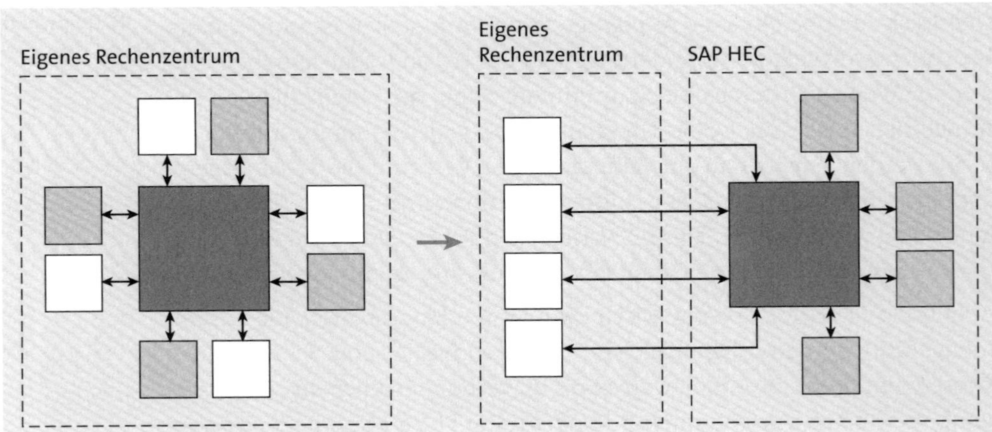

Abbildung 14.15 Umzug der SAP-Systeme ins SAP-Rechenzentrum

Digitalisierung und Cloud

Weitere Gründe für die Notwendigkeit eines Schnittstellenkatalogs können ein Unternehmensprogramm zur Ausweitung der Digitalisierung sein oder ein IT-Strategiewechsel, der den Umbau einer On-Premise-Landschaft zu einer cloudbasierten Landschaft vorsieht. Abbildung 14.16 verdeutlicht, welche Auswirkungen ein Umzug von Systemen aus dem eigenen Rechenzentrum in die Cloud auf die Schnittstellenlandschaft hat.

Kontrolle durch Transparenz

Unabhängig davon, durch welchen Auslöser Veränderungen in der Schnittstellenlandschaft im großen Stil herbeigeführt werden, ist bei einer größeren Anzahl von Schnittstellen in solchen Fällen immer eine Bestandsaufnahme notwendig, um durch Transparenz die Kontrolle zu gewährleisten. Wie gut Sie auf solche Veränderungen vorbereitet sind, zeigt sich u. a. daran, wie effizient Sie in der Verwaltung Ihrer Schnittstellen sind und wie schnell Sie Aussagen zu Ihrer Integrationslandschaft treffen können.

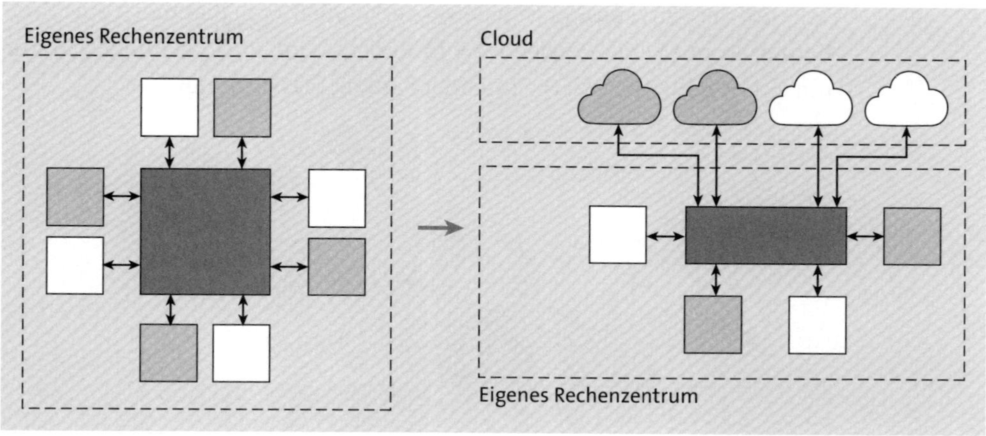

Abbildung 14.16 Wechsel zu Cloud-Anwendungen

14.3.2 Schnittstellenkataloge anlegen

Unterschiedliche Schnittstellen-technologien

Wie bereits ausgeführt, gibt es unterschiedliche Formen von Schnittstellen, etwa als Punkt-zu-Punkt-Verbindungen oder vermittelte Integrationen über verschiedene Middleware-Lösungen. Im Zuge einer Inventarisierung ist es wichtig, sämtliche Schnittstellen zu betrachten, auch wenn diese mit unterschiedlichen Technologien realisiert wurden.

Abbildung 14.17 zeigt eine typische SAP-Landschaft mit verschiedenen Middleware-Lösungen. Jede dieser Lösungen sollte entsprechend katalogisiert werden. Idealerweise werden die Schnittstellen dabei auch miteinander in Beziehung gesetzt. Wenn z. B. ein Ereignis in SAP S/4HANA ausgelöst wird, handelt es sich um eine SAP-Enterprise-Messaging-Schnittstelle. Falls SAP Cloud Integration dieses Event über einen Webhook konsumiert, sollte diese Schnittstelle doppelt katalogisiert werden: einmal als SAP-Cloud-Integration-iFlow und einmal als Webhook aus SAP Enterprise Messaging. Auch SAP-Anwendungssysteme wie SAP ERP, SAP Extended Warehouse Management (SAP EWM) oder SAP S/4HANA verfügen über eine Vielzahl an unterschiedlichen Schnittstellen, die entsprechend transparent gemacht werden sollten.

Punkt-zu-Punkt-Verbindungen

Die lückenlose Katalogisierung gelingt jedoch meist nur, wenn auch Punkt-zu-Punkt-Verbindungen berücksichtigt werden, vor allem bei solchen für die ausgehende Kommunikation, wenn z. B. das SAP-System die API eines Dienstes aufruft. Für solche Verbindungen existiert entweder eine Webservice-Konfiguration im *SOA Manager* oder eine entsprechende RFC-Destination. Bei eingehenden Schnittstellen ist die Katalogisierung schwieriger, da der Verwender der API meist nicht klar zu erkennen ist. In einem solchen

Fall wird der Nutzen einer Middleware erkennbar, weil hier meist eine Konfiguration pro Senderanwendung hinterlegt wird, auch wenn es sich nur um ein Durchleiten von Nachrichten handelt (Pass-through).

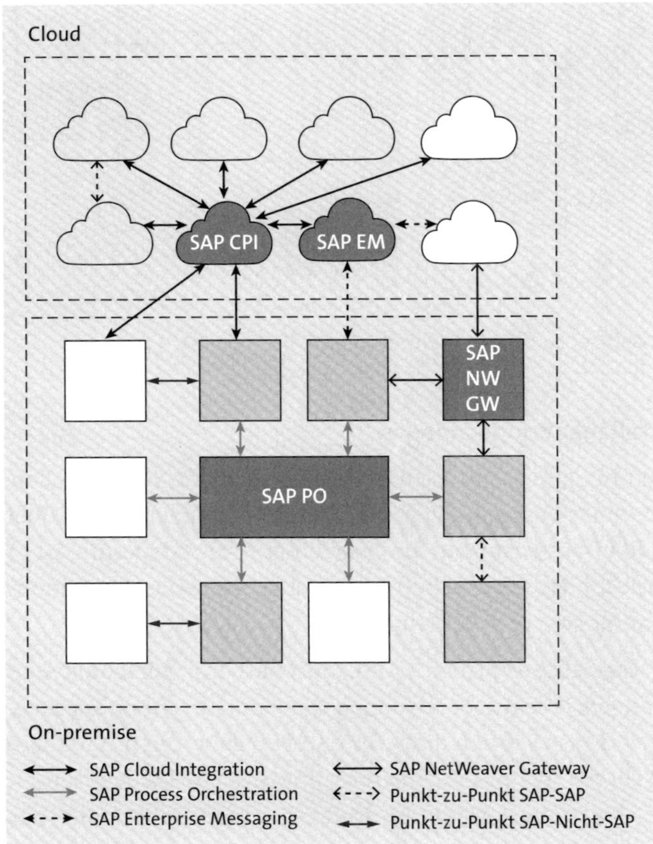

Abbildung 14.17 Typische SAP-Schnittstellenlandschaft

Wenn die Anwendungssysteme mit einer Middleware-Komponente interagieren, ist der Sender oder der (finale) Empfänger der Nachrichten häufig unbekannt. Somit ist für solche Schnittstellen nur in SAP Process Orchestration oder in SAP Cloud Integration erkennbar, welche Systeme miteinander interagieren. Der exemplarische Schnittstellenkatalog in Abbildung 14.18 beschreibt die Schnittstellen aus Abbildung 14.17, die aus verschiedenen Quellen zusammengeführt wurden, in einer Liste. Es wird z. B. erkennbar, dass die Schnittstellen 3, 4, 5 und 6 zusammengehören. Die Schnittstellen 3 und 4 beschreiben ein Ereignis, das von einem SAP-ERP-System an SAP Enterprise Messaging gesendet wird, aus der Perspektive dieser beiden Systeme. Die Schnittstellen 5 und 6 beschreiben den Webhook, der von SAP Cloud Integration konsumiert und an den Webshop übertragen wird.

Nr.	Quelle	Sender			Empfänger			Laufzeit
		System	Interface	Protokoll	System	Interface	Protokoll	
1	SAP ECC 1	SAP ECC		HTTPS	Creditreform	Bonitätsabfrage	HTTPS	Punkt-zu-Punkt SAP-NonSAP
2	SAP NW GW	Partnerportal	Materialverfügbarkeit	Odata	SAP ECC	Materialverfügbarkeit	Odata	SAP NetWeaver Gateway
3	SAP CPI	SAP ECC	Kundenauftrag	IDoc	SAP C4C	Kundenauftrag	SOAP	SAP Cloud Platform Integration
4	SAP ECC 2	SAP ECC	Rechnung	MQTT	SAP EM			SAP Enterprise Messaging
5	SAP EM	SAP ECC	Rechnung	MQTT	SAP CPI	Webhook	HTTPS	SAP Enterprise Messaging
6	SAP CPI	SAP ECC	SAP EM Webhook	HTTPS	Webshop	Rechnung	SOAP	SAP Cloud Platform Integration
7	SAP ECC 3	SAP HR	Gehaltsabrechnung	IDoc	SAP ECC	Gehaltsabrechnung	IDoc	Punkt-zu-Punkt SAP-SAP
8	SAP HR 1	SAP HR	Gehaltsabrechnung	IDoc	SAP ECC	Gehaltsabrechnung	IDoc	Punkt-zu-Punkt SAP-SAP
9	SAP PO	SAP ECC	Kostenstellen	IDoc	SAP HR	Kostenstellen	IDoc	SAP Process Orchestration
10	SAP ECC 3	SAP ECC	Kostenstellen	IDoc	SAP HR	Kostenstellen	IDoc	SAP Process Orchestration
11	SAP HR 1	SAP ECC	Kostenstellen	IDoc	SAP HR	Kostenstellen	IDoc	SAP Process Orchestration
12	SAP ECC 3	SAP ECC	Bestellbestätigung	SOAP	Webshop	Auftragsstatus	REST	SAP Process Orchestration

Tabelle1

Abbildung 14.18 Schnittstellenkatalog zu einer typischen SAP-Landschaft

Verwaltung in Microsoft Excel

Als Best Practice hat sich eine Verwaltung der Schnittstellenliste in Microsoft Excel bewährt, da die Möglichkeiten der Suche, Sortierung/Gruppierung und Verknüpfung in diesem Tabellenkalkulationsprogramm sehr gut ausgeprägt sind. Einige Unternehmen verwalten die Informationen auch in eigenen Datenbanken oder in Werkzeugen für das Enterprise Architecture Management (EAM). Letztere eignen sich vor allem für die Planung von IT-Landschaften und sprechen daher Teams an, die sich um die Architektur der IT-Landschaft und die Einhaltung der definierten Architekturprinzipien kümmern. Falls Sie solche EAM-Werkzeuge nutzen, verfügen Sie idealerweise über eine Möglichkeit, um Ihre Schnittstellenkataloge in diese Werkzeuge zu importieren. Eine entsprechende Lösung wird in Abschnitt 17.2, »SAP-Partnerlösungen«, vorgestellt. Generell empfehlen wir, bei der Gestaltung des Katalogs alle benötigten Integrationen zu berücksichtigen und gleichzeitig nicht zu viele Spalten vorzusehen. Folgende Attribute haben sich in der Praxis als nützliche Informationen erwiesen:

- Kurzbeschreibung
- Sender- und Empfängerkomponente
- Kommunikationsprotokoll (z. B. SOAP)
- Nachrichteninhalt (Objekt, Dokument oder Dienst)
- Middleware-Komponente (z. B. SAP Cloud Integration)
- Name des Schnittstellenobjekts (für die Zuordnung in der IT)
- Zuordnung zu Geschäftseinheit/Szenario (z. B. Vertrieb)
- Zuständigkeit bzw. verantwortet durch (Team, Mitarbeitende)

Interface-IDs

Manchmal erweist es sich auch als nützlich, Schnittstellen mit eindeutigen Nummern zu versehen (*Interface-* oder *Schnittstellen-IDs*), gegebenenfalls sogar unter der Verwendung einer sprechenden Logik (z. B. OTC-SO-001 für Order-to-Cash, Salesorder oder Nummer 001). Die Vorteile solcher sprechender IDs liegen vor allem in ihrer Eindeutigkeit. Entsprechende Namenskonventionen sollten auch über Abteilungen hinweg eingehalten werden. Sowohl die IT-Abteilungen als auch die Fachbereiche wissen so sofort, welche Schnittstelle gemeint ist. Auch Fehlersituationen (Incidents) können so schnell den einzelnen Schnittstellen zugeordnet werden. Gegen eine Verwendung von sprechenden IDs spricht nur der zusätzliche organisatorische Aufwand, die Schnittstellennummer zentral zu vergeben und in der Dokumentation und Verwaltung zu berücksichtigen.

Aussagen aus dem Katalog ableiten

Mithilfe des Schnittstellenkatalogs sollten Sie in der Lage sein, Aussagen zu den folgenden Fragestellungen zu treffen:

- Welche Schnittstellen verwendet System X?
- Mit welchen Systemen interagiert System Y?
- Welche Schnittstellen verwenden welche Laufzeit?
- Welche Protokolle werden verwendet?
- Nach welchen Regeln werden Nachrichten verteilt (Routing)?

Sie können z. B. die Interaktion mit einem bestimmten Server auffinden, wenn dieser ausgetauscht werden soll. Zudem können Sie sämtliche Dateischnittstellen identifizieren (und gegebenenfalls modernisieren, siehe Abschnitt 14.2.6, »Moderne Übertragungstechnologien«) oder nach Routing-Regeln suchen, die einen bestimmten Vertriebsbereich betreffen.

14.3.3 Komponentenspezifische Kataloge

Zusätzliche Informationen für SAP Process Orchestration

Je nachdem, wie gut Sie in der Lage sind, einen solchen Katalog ausführlich zu gestalten, empfehlen wir Ihnen, weitere Details für bestimmte Komponenten der hybriden Integrationsplattform hinzuzufügen. Für SAP Process Orchestration können Sie z. B. auf einen Blick erkennen, wie komplex eine Schnittstelle ist, indem Sie das Mapping (sofern vorhanden) auflisten und Routing-Regeln sowie Details zu den Kommunikationskanälen hinterlegen, wie z. B. Host/Adresse oder Benutzer/Zertifikat. Auf diese Weise können Sie schnell nach Werten suchen, wenn Änderungen durchgeführt werden müssen, um z. B. die folgenden Fragestellungen zu klären:

- Wo wird der SFTP-Server ABC verwendet?
- Wo wird das Zertifikat XYZ verwendet?

Ebenso sinnvoll können Informationen zu Routing-Regeln sein, die z. B. Organisationseinheiten, wie Buchungskreise, Kostenstellen oder Werke enthalten können. Abbildung 14.19 zeigt einen Ausschnitt aus einem generierten Katalog, der die Sender-Empfänger-Beziehung samt Mapping und Routing-Regeln auflistet.

Receiver		Mapping		Routing	
Component	Interface	Name	Parameter	Receiver	Interface
SAP_ERP_P	DESADV.DELVRY03	Tracked_Invoice_EHN_to_DELVRY03		XPath //INVH01[IM7008!=''] EX	XPath //INVH03/NA3039 NE Constant BTQ
SAP_ERP_P	INVOIC.INVOIC02	InvoiceNotification_EHN_Splitted_to_INVOIC 02		XPath //INVH01[IM7008!=''] EX	XPath //INVH10[M5004A>0] EX --AND-- XPath
SAP_ERP_P	InvoiceNotification_EHN			XPath //INVH01[IM7008!=''] EX	XPath //Vendor EQ Constant 0000506429 --AND--
SAP_ERP_P	INVOIC.INVOIC02	InvoiceNotification_Splitted_to_INVOIC02		XPath //INVH01[IM7008!=''] EX	XPath //INVH10[M5004A>0] EX --AND-- XPath //INVH01/PARTID NE Constant BMM -
SAP_ERP_P	DESADV.DELVRY03	Tracked_Invoice_to_DELVRY03		XPath //INVH01[IM7008!=''] EX	XPath //INVH03/NA3039 NE Constant CHM
SAP_ERP_P	ACC_DOCUMENT.ACC_DOCUMENT02	InvoiceNotification_Aggregate_To_ACC_DOC UMENT02		XPath //INVH01[IM7008!=''] EX	XPath //INVH01/PARTID EQ Constant BMM --OR--
EDI_P	OrdersNotification_NOBPM	ORDERS05_To_OrdersNotification_NOBPM		XPath //ORDERS05/IDOC/E1EDK14/ORGID EQ Constant CZ01 --AND--	XPath //ORDERS05/IDOC/E1EDK14/QUALF EQ Constant 011 --AND--
EDI_P	Mail_In	ORDERS05_To_OrdersNotification_NOBPM		XPath //ORDERS05/IDOC/E1EDK14/ORGID EQ Constant CZ01 --AND--	XPath //ORDERS05/IDOC/E1EDK14/QUALF EQ Constant 011 --AND--
C1_B2C_CN_P	BoutiqueDocumentFlow_In	POSlogTransaction_To_BoutiqueDocumentFl ow	RFC_Channel: SAP_ERP_P	Mapping: GK_POSLog_ReceiverDetermination	XPath /p1:POSLog/p1:Transaction/p2:ReceiptHead
M2_B2C_CN_P	BoutiqueDocumentFlow_In	POSlogTransaction_To_BoutiqueDocumentFl ow	RFC_Channel: SAP_ERP_P	Mapping: GK_POSLog_ReceiverDetermination	XPath /p1:POSLog/p1:Transaction/p2:ReceiptHead
SAP_ERP_P	WPUBON.WPUBON01	PosLogTransaction_To_WPUBON_WPUBON0 1	ERP_RFC: SAP_ERP_P RFC_Receiver	Mapping: GK_POSLog_ReceiverDetermination	XPath /p1:POSLog/p1:Transaction/p1:RetailTransa

Abbildung 14.19 Beispielkatalog für SAP Process Orchestration

Katalog für SAP Cloud Integration

Für SAP Cloud Integration existieren ebenfalls wichtige spezifische Merkmale. So verwenden Sie hier landschaftsabhängige Werte wie Hostname, IP-Adresse und Benutzer als externalisierte Parameter, die Sie auch im Katalog erfassen sollten. Dies hat den Vorteil, dass Sie nicht jedes Artefakt einzeln öffnen müssen, wenn Sie nach den Werten für die Verbindungsparameter suchen. Abbildung 14.20 zeigt einen exemplarischen Katalog für die Cloud-Integration, der die genannten zusätzlichen Felder enthält.

Package	Integration Artifact	Description	Version	Configuration Parameters		Service Endpoints / Scheduler
				Key	Value	
SAP Document Compliance: Electronic Invoicing for Italy (eDocumentElectronicInvoicingforItaly)	**Italy Receive Invoice**	Receive B2B and B2G invoices from the Exchange System (SdI)	1.1.2	SAP_DeleteInvoice_userRole	ESBMessaging.send	https://<tenant>/cxf/ItalyPullInvoice
				SAP_PullInvoice_senderAuth	RoleBased	https://<tenant>/cxf/ItalyDeleteInvoice
				ProcessDirectAddress	ItalyReceiveNotificationIncomi	https://<tenant>/cxf/ItalyReceiveInvoice
				SenderAddress	/ItalyReceiveInvoice	
				SAP_DeleteInvoice_senderA	RoleBased	
				SenderAddressDeleteInvoice	/ItalyDeleteInvoice	
	Italy Receive Notification	Receive Notifications related to Inbound and Outbound Invoices from the Exchange System (SdI)	1.1.2	ProcessDirectAddress	ItalyReceiveNotificationIncomi	https://<tenant>/cxf/ItalyPullNotification
				SenderAddress	/ItalyReceiveNotification	https://<tenant>/cxf/ItalyDeleteNotification
				SenderAddressPullNotificatio	/ItalyPullNotification	https://<tenant>/cxf/ItalyReceiveNotification
				SAP_PullNotification_sender	RoleBased	DAILY | 06:00, 14:00 (Europe/Zurich)
				SAP_DeleteNotification_send	RoleBased	
				SAP_DeleteNotification_user	ESBMessaging.send	
				SAP_PullNotification_userRol	ESBMessaging.send	
				SenderAddressDeleteNotifica	/ItalyDeleteNotification	
	Italy Send Invoice	Send B2B and B2G Invoices to the Exchange System (SdI)	1.2.1	SenderAddress	/ItalySendInvoice	https://<tenant>/cxf/ItalySendInvoice
				SAP_Backend_senderAuthTy	RoleBased	
				SignB2BInvoice	NO	
				Mode	PROD	
				SignServiceAdapterAddress	/ItalySignServiceAruba	
				SAP_Backend_userRole_56	ESBMessaging.send	
	Italy Send Outcome Notification	Send Outcome Notifications related to Inbound B2G Invoices to the Exchange System (SdI)	1.1.2	SAP_Backend_userRole_342	ESBMessaging.send	https://<tenant>/cxf/ItalySendOutcomeNotif
				SAP_Backend_senderAuthTy	RoleBased	
				SenderAddress	/ItalySendOutcomeNotification	

Abbildung 14.20 Beispielkatalog für SAP Cloud Integration

Katalog zu SAP API Management

In SAP API Management tritt der Aspekt der Übersichtlichkeit der Verarbeitungsschritte besonders hervor. Da Sie auf den Verwaltungsoberflächen dieses Werkzeugs, insbesondere in den Policys, sehr versteckt Details hinterlegen können (siehe Abbildung 14.21), müssen Sie diese in den unterschiedlichen Flows suchen, wenn kein zusätzlicher Katalog gepflegt wurde.

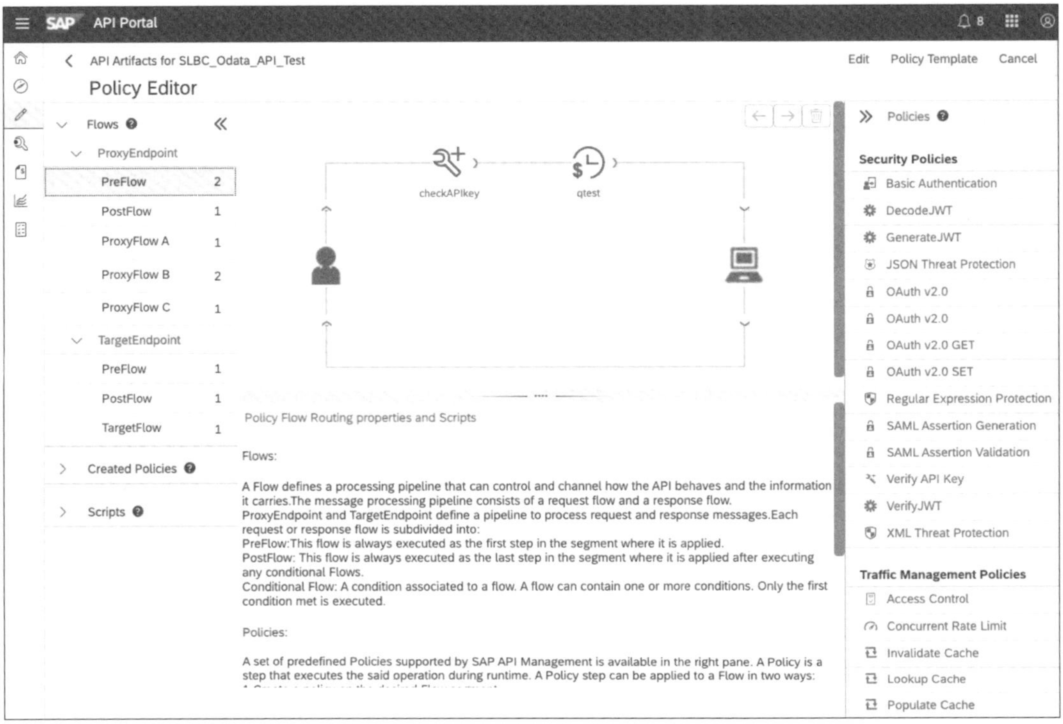

Abbildung 14.21 Policy Editor in SAP API Management

Hier bietet es sich daher an, die Policys in den jeweiligen Flows, z. B. in einer Microsoft-Excel-Liste, transparent zu machen (siehe Abbildung 14.22). Dazu unterscheiden Sie die Policys nach ihrer Datenflussrichtung (**Stream Direction**) und ihren Endpunkten (**Proxy EndPoint**, **Target EndPoint**). Auf dieser Basis können Sie klar erkennen, an welcher Stelle welche Policy (welches Typs) ausgeführt wird und bei Bedarf danach suchen.

Verantwortlichkeiten

Neben einer Kurzbeschreibung, die den Inhalt und Kontext der Schnittstelle enthält, empfehlen wir für SAP API Management die Erfassung von Verantwortlichkeiten. Das kann z. B. eine technische Mitarbeiterin sein, die Expertin für diese Schnittstelle ist oder ein Kollege aus dem Fachbereich, der (wie bereits in der Dokumentation erfasst) aus Prozess- und Geschäftssicht das beste Verständnis von der Schnittstelle hat und für sie verantwortlich ist.

Aktualität des Katalogs

Ähnlich wie für die Dokumentation von Schnittstellen empfehlen wir, die Aktualität der Daten des Schnittstellenkatalogs so gut wie möglich sicherzustellen. Dabei helfen Lösungen, die die Erstellung solcher Kataloge automatisieren und sie regelmäßig aktualisieren.

Overview	Stream Direction	Proxy EndPoint				Target EndPoint	
		Policy				Policy	
URL		Name	Type	Flow Type	Condition	Name	Type
https://[illegible].apimanagement.hana.ondemand.com:443/gw/odata/[illegible] CUSTOMERFRONTEND C4C CUSTSERVICE;v=1	>>> in >>>	ReadConfig	KeyValueMapOperations	preflow		RemoveSapClient	AssignMessage
		ReadScenarioConfig	KeyValueMapOperations	preflow		RewriteXSRFFetchVerb	AssignMessage
		ReadSystemConfig	KeyValueMapOperations	preflow		AddRequestingUserID	AssignMessage
		RestrictAccessSCP	AccessControl	preflow	config.control.condition.a	AddUserTypeRegular	AssignMessage
		CheckAPIKey	VerifyAPIKey	preflow	config.control.condition.v	AddUserTypeNotProvided	AssignMessage
		ExtractSAMLAssertion	ExtractVariable	preflow	config.control.condition.s		
		executeSAMLSecurityChecks	ServiceCallout	preflow	config.control.condition.s		
		CheckCalloutRes	RaiseFault	preflow	config.control.condition.s		
		executeSecurityMessageChecks	ServiceCallout	preflow			
		setProxyHost	Javascript	preflow			
		defaultRaiseFaultPolicy	RaiseFault	conditionalflow:			
		checkUserLocked	ServiceCallout	conditionalflow:			
		extractUserLockResult	ExtractVariable	conditionalflow:			
		CheckUserLockFault	RaiseFault	conditionalflow:	user.lock.validity = 'true'		
		LimitUserCalls	Quota	conditionalflow:	config.control.condition.s		
		SendUserQuotaError	RaiseFault	conditionalflow:	ratelimit.LimitUserCalls.fa		
		LimitUserLock	Quota	conditionalflow:	config.control.condition.s		
	<<< out <<<					DebugHelper	Javascript
						maskUrlFromResponse	Javascript
https://[illegible] apimanagement.hana.ondemand.com:443/[illegible] PADM COLO MASTERDATA SRV	>>> in >>>	ReadConfig	KeyValueMapOperations	preflow		RemoveSapClient	AssignMessage
		ReadScenarioConfig	KeyValueMapOperations	preflow		ReadGWCredentials	KeyValueMapOp
		ReadSystemConfig	KeyValueMapOperations	preflow		GWBasicAuth	BasicAuth
		RestrictAccessSCP	AccessControl	preflow	config.control.condition.a		
		VerifyAPIKey	VerifyAPIKey	preflow	config.control.condition.v		
	<<< out <<<					DebugHelper	Javascript
						maskUrlFromResponse	Javascript

API Proxy | API Product | API Provider

Abbildung 14.22 Schnittstellenkatalog für SAP API Management

14.4 Reporting

Transparenz über die Laufzeit

Ein weiterer wichtiger Aspekt für die Verwaltung von Schnittstellen ist das Reporting über das Laufzeitverhalten. Damit wird die Transparenz über sämtliche Schnittstellen hinsichtlich ihrer Anzahl, Größe und der Verarbeitungsgeschwindigkeit geschaffen. Das Reporting versetzt Sie nicht (nur) in die Lage, Aussagen hinsichtlich der zu erwarteten Hardware bzw. eines Sizings zu treffen, sondern gibt vor allem Aufschluss über die Qualität der Schnittstellen. Es dient als Quelle für Erkenntnisse zur Laufzeit von Schnittstellen.

Anhand von Kennzahlen können Sie z. B. den Durchsatz von Nachrichten und deren Größe (Volumen) oder die Ausfallquote (Anzahl von Fehlern, Wiederholungen) bestimmen. Die Werte zu solchen Kennzahlen erlauben es Ihnen, die Performance (Geschwindigkeit) von Schnittstellen zu untersuchen und gegebenenfalls die Installation bzw. das Sizing anzupassen, wenn Sie eine On-Premise-Middleware einsetzen. Sie ermöglichen auch Rückschlüsse auf das Geschäftsverhalten, in dem Sie z. B. auswerten können, wann der Nachrichtendurchsatz besonders hoch ist (z. B. Uhrzeit, Wochentag) und wie die Last gegebenenfalls besser verteilt werden kann. In SAP API Management haben Sie sogar die Möglichkeit, Grenzwerte zu definieren, um die Anzahl der API-Aufrufe pro Verwender zu beschränken und das Zielsystem vor einer Überladung zu schützen.

14.4.1 SAP EarlyWatch Alert

Automatisch generierte Reports

Der SAP Solution Manager liefert zwar sogenannte *EWA-Reports* (SAP Early-Watch Alert), die bei SAP-Process-Orchestration-Systemen auch Informationen zur Schnittstellenlaufzeit enthalten, der Hauptfokus liegt jedoch auf der Ebene der Basisadministration. Abbildung 14.23 zeigt ein Beispiel für einen EWA-Report mit Informationen zu einem SAP-Process-Integration-System.

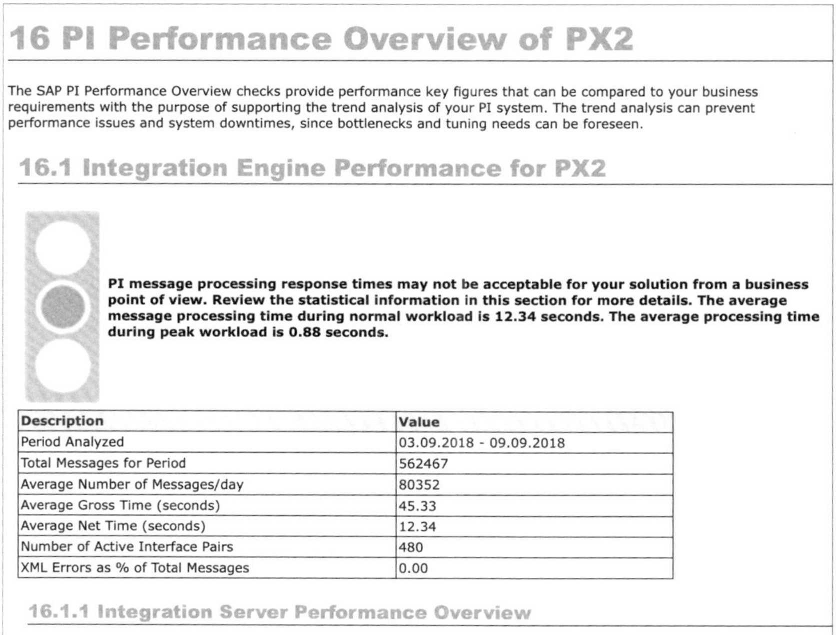

16 PI Performance Overview of PX2

The SAP PI Performance Overview checks provide performance key figures that can be compared to your business requirements with the purpose of supporting the trend analysis of your PI system. The trend analysis can prevent performance issues and system downtimes, since bottlenecks and tuning needs can be foreseen.

16.1 Integration Engine Performance for PX2

PI message processing response times may not be acceptable for your solution from a business point of view. Review the statistical information in this section for more details. The average message processing time during normal workload is 12.34 seconds. The average processing time during peak workload is 0.88 seconds.

Description	Value
Period Analyzed	03.09.2018 - 09.09.2018
Total Messages for Period	562467
Average Number of Messages/day	80352
Average Gross Time (seconds)	45.33
Average Net Time (seconds)	12.34
Number of Active Interface Pairs	480
XML Errors as % of Total Messages	0.00

16.1.1 Integration Server Performance Overview

Abbildung 14.23 Beispiel für einen EWA-Report

Der Report liefert Ihnen Erkenntnisse zur Aktualität der Software und des Betriebssystems bzw. der Datenbank und enthält auch Warnungen und Empfehlungen hinsichtlich Dateisystemgröße, Speichernutzung, Antwortzeiten und anderer für SAP Basis relevanter Aspekte. Hinsichtlich der Schnittstellenlaufzeit bietet er zwar nützliche Informationen, jedoch werden nur die Top 20 der am häufigsten genutzten Schnittstellen mit recht technischen Informationen angezeigt (siehe Abbildung 14.24).

Top-Schnittstellen

Aufgeteilt nach Sender- und Empfängerschnittstellen erhält man durchaus nützliche Informationen. So werden die Anzahl und Verarbeitungsdauer der Top-8- bzw. Top-9-Schnittstellen aufgeführt (siehe Abbildung 14.25). Jedoch ist diese Liste nicht vollständig verfügbar, und problematische Schnittstellen (z. B. an Position 30) können so mitunter übersehen werden. Eine Nutzung von EWA-Reports empfehlen wir daher nur bedingt, wenn Sie ein umfassendes Schnittstellenmanagement in Ihrem Unternehmen etablieren möchten.

16.1.1.4 Top 20 Messages by Net Time

Top 20 Messages Ranked by Net Time

Message ID	Gross Latency (s)	Net Latency (s)	Size (bytes)	Date	Time	Sender ID	Receiver ID
DA7443A96B021ED8ABE2B02EB1DDDA62	2137.78	2136.65	216932	03.09.2018	00:30:18	58	265
DA7443A96B021ED8ABE2B02EB3EADA62	2137.78	2136.65	144982	03.09.2018	00:30:18	58	265
DA7443A96B021ED8ABE2B02EB5B45A62	2137.78	2136.65	166618	03.09.2018	00:30:18	58	265
DA7443A96B021ED8ABE2B02EB7751A62	2137.78	2136.65	166618	03.09.2018	00:30:18	58	265
DA7443A96B021ED8ABE2B02EB9065A62	2137.78	2136.65	166618	03.09.2018	00:30:18	58	265
DA7443A96B021ED8ABE2B02F40A79A62	2137.78	2136.65	189974	03.09.2018	00:30:18	58	265
DA7443A96B021ED8ABE2B02F426E9A62	2137.78	2136.65	152882	03.09.2018	00:30:18	58	265
DA7443A96B021ED8ABE2B02F4445DA62	2137.78	2136.65	152882	03.09.2018	00:30:18	58	265
DA7443A96B021ED8ABE2B02F4891DA62	2137.78	2136.65	152882	03.09.2018	00:30:18	58	265
DA7443A96B021ED8ABE2B02F4A849A62	2137.78	2136.65	152882	03.09.2018	00:30:18	58	265
DA7443A96B021ED8ABE2B02F4CABDA62	2137.78	2136.65	152882	03.09.2018	00:30:18	58	265
DA7443A96B021ED8ABE2B02F4EA39A62	2137.78	2136.65	152882	03.09.2018	00:30:18	58	265
DA7443A96B021ED8ABE2B02F508EDA62	2137.78	2136.65	152882	03.09.2018	00:30:18	58	265
DA7443A96B021ED8ABE2B02F52611A62	2137.78	2136.65	201948	03.09.2018	00:30:18	58	265
DA7443A96B021ED8ABE2B02F54015A62	2137.78	2136.65	150106	03.09.2018	00:30:18	58	265
DA7443A96B021ED8ABE2B02F55DD9A62	2137.78	2136.65	201948	03.09.2018	00:30:18	58	265
DA7443A96B021ED8ABE2B02F57C29A62	2137.78	2136.65	150106	03.09.2018	00:30:18	58	265
DA7443A96B021ED8ABE2B02F5A735A62	2137.78	2136.65	201948	03.09.2018	00:30:18	58	265
DA7443A96B021ED8ABE2B02F64D11A62	2137.78	2136.65	150106	03.09.2018	00:30:18	58	265
DA7443A96B021ED8ABE2B02F6691DA62	2137.78	2136.65	201948	03.09.2018	00:30:18	58	265

Abbildung 14.24 Top-20-Schnittstellen im EWA-Report

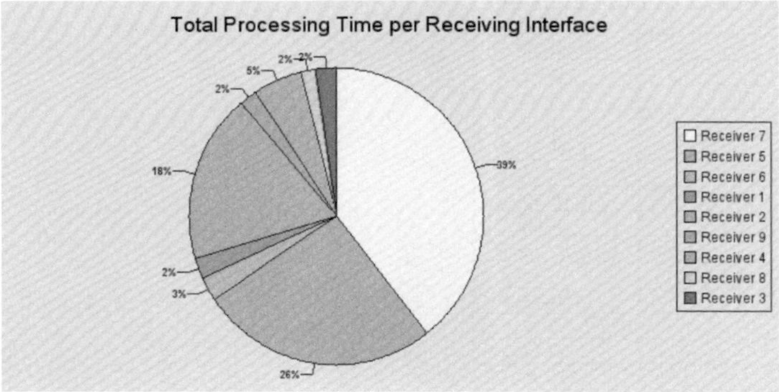

Workload Distribution by Receiver

Receiver ID	Number of Messages	Total Processing Time	Average Processing Time
7	145.230	134.688	0,9
5	75.271	89.302	1,2
6	26.288	8.689	0,3
1	20.536	7.570	0,4
2	18.623	62.854	3,4
9	13.342	6.797	0,5
4	12.213	18.078	1,5
8	11.374	5.504	0,5
3	11.371	8.006	0,7

Receiver IDs

ID	Service	Name	Namespace
1	[illegible]	ORDRSP.ORDERS05	urn:sap-com:document:sap:idoc:messages
2	[illegible]	ARTMAS.ARTMAS04	urn:sap-com:document:sap:idoc:messages
3	[illegible]	InvoicePDFArchiveRequest_In	[illegible]
4	[illegible]	Import_In	[illegible]
5	[illegible]	InterfaceCollection	http://sap.com/xi/XI/System
6	[illegible]	ReplenishmentOrderNotification_In	http://sap.com/xi/SNC/Global
7	XI	InterfaceCollection	http://sap.com/xi/XI/System

Abbildung 14.25 Top-9-Empfänger im EWA-Report

14.4.2 Kostenverteilung

Manche Unternehmen verwenden selbst entwickelte Reports, um eine verursachungsgerechte Kostenverteilung herbeizuführen. Dabei wird jede Schnittstelle einem Kostenträger zugeordnet (z. B. einer Landes- oder Tochtergesellschaft oder einem Funktionsbereich wie Vertrieb, Produktion oder Finanzbuchhaltung). Die Anzahl der Schnittstellenaufrufe oder des Nachrichtenvolumens (Anzahl × Größe) werden dann prozentual auf diese Kostenstellen verteilt. Abbildung 14.26 zeigt eine monatliche Aufstellung des Nachrichtenvolumens nach Bereichen (**Area**). Die Spalte **Overall** zeigt das Volumen in Kilobyte (KB) an. Auf der Basis einer solchen Aufstellung kann man erkennen, dass von insgesamt ca. 450 GB Daten pro Monat mit 178 bzw. 86 GB der größte Anteil auf die Bereiche B2B (Business-to-Business) und RB (Retail Business) fällt.

<table>
<tr><th>Area</th><th>Overall</th></tr>
<tr><td>(not assigned)</td><td>6.252.616,60</td></tr>
<tr><td>B2B</td><td>178.565.369,17</td></tr>
<tr><td>B2B|CS|FASHION|FICO|RB</td><td>1.232.998,72</td></tr>
<tr><td>B2B|ECOM|FASHION|LE</td><td>120.142,10</td></tr>
<tr><td>B2B|ECOM|FASHION|LE|MDM|SD</td><td>536.924,86</td></tr>
<tr><td>B2B|ECOM|FASHION|RB</td><td>3.917.752,16</td></tr>
<tr><td>B2B|ECOM|RB</td><td>865,72</td></tr>
<tr><td>B2B|ECS</td><td>10.918.199,49</td></tr>
<tr><td>B2B|FICO|SD</td><td>166.750,45</td></tr>
<tr><td>BW</td><td>1.415.468,54</td></tr>
<tr><td>CCP</td><td>890.235,22</td></tr>
<tr><td>CRM</td><td>2.968.719,27</td></tr>
<tr><td>CS</td><td>2.173.194,10</td></tr>
<tr><td>ECOM</td><td>40.538.364,24</td></tr>
<tr><td>ECOM|FASHION|LE</td><td>14.686,19</td></tr>
<tr><td>ECOM|RB|SD</td><td>5.512.338,84</td></tr>
<tr><td>ECOM|SD</td><td>11,11</td></tr>
<tr><td>FASHION</td><td>714.949,09</td></tr>
<tr><td>FICO</td><td>5.447.103,58</td></tr>
<tr><td>FICO|RB</td><td>31.774.437,83</td></tr>
<tr><td>GTS</td><td>1.690.463,17</td></tr>
<tr><td>HR</td><td>16.154.195,87</td></tr>
<tr><td>LE</td><td>5.234.025,38</td></tr>
<tr><td>LE|MM</td><td>32.234,15</td></tr>
<tr><td>LE|MM|SD</td><td>206.806,63</td></tr>
<tr><td>MDM</td><td>27.900.094,68</td></tr>
<tr><td>MES</td><td>3.973.349,00</td></tr>
<tr><td>MM</td><td>5.087.816,73</td></tr>
<tr><td>PLM</td><td>418.140,70</td></tr>
<tr><td>PP</td><td>32.503,73</td></tr>
<tr><td>QM</td><td>14.015,94</td></tr>
<tr><td>RB</td><td>86.781.082,03</td></tr>
<tr><td>SCM</td><td>9.562.938,14</td></tr>
<tr><td>SD</td><td>594.959,87</td></tr>
<tr><td>SFY|YPS</td><td>2.707.892,07</td></tr>
<tr><td>Total</td><td>453.551.645,37</td></tr>
</table>

Abbildung 14.26 Beispiel für ein Reportergebnis zur Verteilung des Nachrichtenvolumens nach Bereichen

14.4.3 Qualität und Performance

Qualität verbessern

Der häufigste Grund, warum man ein Schnittstellen-Reporting betreibt, ist die Herbeiführung oder die Erhaltung einer hohen Qualität der Schnittstellen. Eine hohe Qualität kennzeichnet sich vor allem durch Robustheit und Performance aus. Sie sollten diese beiden Aspekte daher genauer unter die Lupe nehmen.

Robuste Schnittstellen

Die Robustheit einer Schnittstelle erkennt man an einer geringen Fehlerquote bzw. daran, das wenig Verzögerungen während der Verarbeitung auftreten. Wenn es häufiger zu Fehlersituationen in einer Schnittstelle kommt, liegt ein Design-Problem vor. Das muss nicht zwangsläufig am Design innerhalb der Middleware (z. B. Routing oder Mapping) liegen, sondern kann auch durch fehlerhafte Daten (z. B. inkonsistente oder unvollständige Daten) begründet sein.

Jegliche Fehler gilt es (soweit möglich) innerhalb der Middleware zu korrigieren. Komplexe Routings können z. B. ausgelagert werden, Mappings durch alternative Algorithmen oder andere Mapping-Techniken optimiert oder die Sequenz der Nachrichtenverarbeitung umgestellt werden. Durch Sender verursachte Fehler können z. B. durch die Verweigerung der Annahme der Nachricht in Richtung der Quelle verlagert werden, indem man eine XML-Schema-Validierung durchführt oder die Schnittstelle auf bekannte Fehler hin prüft, bevor man eine Nachricht für die weitere Verarbeitung freigibt.

Performante Schnittstellen

Angaben zur Performance beziehen sich auf die Verarbeitungsdauer einzelner Schnittstellen. Die Geschwindigkeit bemisst sich abhängig vom Netzwerk bzw. der Übertragungsdauer, der Dauer für das Routing und der Laufzeit des Mappings. Zudem spielt das Queueing von Nachrichten eine Rolle, d. h. wie lange eine Nachricht warten muss, bevor sie an der Reihe ist. Wartesituationen ergeben sich etwa durch die Verarbeitung eines Vorgängers, wenn mehrere Nachrichten in der gleichen logischen Queue verarbeitet werden oder weil keine freien Ressourcen verfügbar sind, da andere Nachrichten sämtliche Threads belegt haben. Hier hilft es, zunächst die Schnittstellen zu untersuchen, die langsame Mapping-Geschwindigkeiten aufweisen. Sofern es möglich ist, sollten Sie das fragliche Mapping durch eine andere Technik optimieren. Schnittstellen, die insgesamt langsam sind, jedoch über performante Mappings verfügen, verlieren ihre Zeit bei der Übertragung oder durch das Warten auf freie Ressourcen.

Je nach Middleware-Komponente existieren Techniken, wie die Performance einer Schnittstelle ermittelt werden kann.

14.4.4 Komponentenspezifisches Reporting

Innerhalb der SAP-Landschaft gibt es spezifische Übersichten für einzelne Komponenten der hybriden Integrationsplattform von SAP, die wir Ihnen in diesem Abschnitt vorstellen.

SAP Process Orchestration

SAP Process Orchestration verfügt über einen Performance-Monitor, der die Analyse von Nachrichten ermöglicht und über die Monitoring-Umgebung PIMON aufgerufen wird. Asynchrone Nachrichten werden häufig bereits nach einer Woche gelöscht. Wir kennen sogar Unternehmen, die ihre Nachrichten bereits nach Stunden aus der Datenbank löschen müssen, weil die Anzahl der Nachrichten die Datenbank sonst zu stark anwachsen lassen würde. Der Performance-Monitor behält die Laufzeitinformationen über einen längeren Zeitraum; sie können die Konfiguration z. B. für einen Monat oder länger vornehmen.

Im Performance-Monitor für SAP Process Orchestration können nicht nur asynchrone Nachrichten angezeigt werden, sondern auch synchrone Nachrichten, die sonst gegebenenfalls nicht in den Message-Monitor-Übersichten aufgeführt werden, weil kein Logging erfolgt. Abbildung 14.27 zeigt eine Übersicht über die Nachrichten der letzten sieben Tage, die tageweise aggregiert wurden.

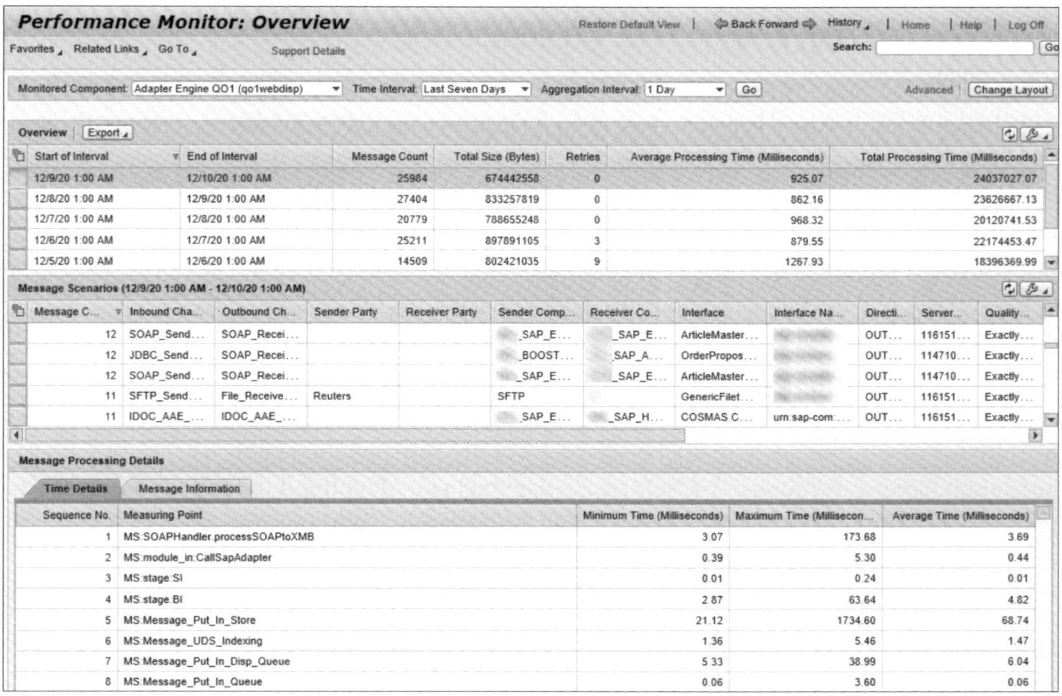

Abbildung 14.27 Performance-Monitor in SAP Process Orchestration

Für jeden Tag wird jeweils die Anzahl der Nachrichten sowie ihre Gesamtgröße aufgeführt. Zudem sind die durchschnittliche und die Gesamtverarbeitungszeit aufgeführt. Pro Tag kann man die einzelnen Schnittstellen sowie die Zeiten pro Messpunkt (**Measuring Point**) erkennen und somit ableiten, für welche Schritte in der Verarbeitung wie viel Zeit benötigt wurde.

Auslesen per API

Leider werden in diesem Monitor nur Tageswerte aggregiert. Häufig wären jedoch Wochen- oder gar Monatswerte besonders interessant für die Betrachtung. Zusätzlich werden die Informationen im Monitor pro Server-Knoten bereitgestellt, aber diese Information ist für eine Gesamtbetrachtung wenig hilfreich. Der Performance-Monitor kann jedoch über eine API angesprochen und ausgelesen werden. Dazu können Sie entweder eine eigene Reporting-Lösung implementieren oder eine Lösung eines SAP-Partners einsetzen. Abbildung 14.28 zeigt ein Beispiel, wie dies implementiert sein kann.

Time Range 01.11.2020 30.11.2020													
	Date		Sender	Receiver	Sender/Receiver			Volume (KB)			Processing Time		
Area	Begin	End	System	System	Interface	QoS	Count	Overall	Avg. Size	Max. Size	Total Avg. (s)	Mapping Avg. (ms)	Mapping Max. (ms)
CRM	01.11.2020	01.12.2020	SAP_CRM_P		CustomerInteraction_Out	EO	3.124.212	2.058.675,20	0,66	0,84	0,01	-	-
B2B	01.11.2020	01.12.2020	SAP_ERP_P	B2B_WHS_P	RepairOrders_In	EOIO	891.704	15.729.351,77	17,64	889,21	0,36	11	15.193
B2B	01.11.2020	01.12.2020	SAP_ERP_P	B2B_WHS_P	BackOrder_In	EOIO	693.521	124.598.499,36	179,66	49.199,43	4,27	24	5.166
ECOM	01.11.2020	01.12.2020	SAP_ERP_P		OutboundDeliveryNotification_Out	EO	432.587	116.836,25	0,27	15,77	0,04	-	-
CCP	01.11.2020	01.12.2020	SAP_ERP_P	ESI_P	IndividualMaterialWarrantyBulkNotification_Ou	EO	284.584	810.043,48	2,85	5.238,55	0,20	0	170
RB	01.11.2020	01.12.2020	SAP_ERP_P	SAP_OFFGW_P	RepairOrderNotification_In	EOIO	272.273	41.064.365,74	150,82	1.095,27	0,23	8	854
ECOM	01.11.2020	01.12.2020	SAP_CRM_P	C1_B2C_P	CustomerLegacyNumberFlow_In	EO	195.771	174.734,34	0,89	0,89	0,68	6	7.170
ECOM	01.11.2020	01.12.2020	C1_B2C_P	SAP_CRM_P	CustomerChangeRequest_In	EOIO	175.482	730.023,44	4,16	10,90	0,22	9	6.679
ECOM	01.11.2020	01.12.2020	SAP_CRM_P	C1_B2C_CN_P	CustomerUpFlow_In	EO	170.697	214.338,53	1,26	1,70	126,39	9	3.974
ECOM	01.11.2020	01.12.2020	C1_B2C_P	SAP_CRM_P	CustomerCreateRequest_In	EOIO	142.328	577.084,03	4,05	7,25	0,22	10	2.095
RB	01.11.2020	01.12.2020	GK_POS_P	SAP_ERP_P	InvoicePDFArchiveRequest_In	EO	139.040	21.255.709,09	152,87	257,31	0,33	47	6.798
MDM	01.11.2020	01.12.2020	SAP_ERP_P	SPO	ARTMAS.ARTMAS04	EO	126.133	1.796.928,04	14,25	2.122,93	0,16	113	44.469
ECOM	01.11.2020	01.12.2020	SAP_CRM_P	C1_B2C_CN_P	CustomerLegacyNumberFlow_In	EO	125.840	112.338,53	0,89	0,89	155,16	6	3.782
RB	01.11.2020	01.12.2020	GK_POS_P	SAP_ERP_P	WPUBON.WPUBON01	EO	109.341	158.571,49	1,45	65,72	7,99	96	26.369
ECOM	01.11.2020	01.12.2020	SAP_ERP_P	C1_B2C_P	ServiceOrderFlow_In	EOIO	102.584	164.127,08	1,60	1,82	0,45	75	15.680
ECOM	01.11.2020	01.12.2020	SAP_ERP_P	C1_B2C_CN_P	OrderStatusFlow_In	EOIO	100.311	5.015.831,64	50,00	191,39	84,84	14	2.156
ECOM	01.11.2020	01.12.2020	SAP_ERP_P	C1_B2C_P	OrderStatusFlow_In	EOIO	86.038	2.691.404,41	31,28	238,81	0,44	15	10.204
CS	01.11.2020	01.12.2020	IPASS	SAP_ERP_P	EquipmentDataBySerialNumberQueryResponse_	BE	62.256	21.900,21	0,35	0,38	0,17	4	2.320
B2B	01.11.2020	01.12.2020	B2B_WHS_P	SAP_ERP_P	IndividualMaterialWarrantyUpdateRequest_In	EO	56.866	37.831,78	0,67	0,68	0,86	-	-
ECOM	01.11.2020	01.12.2020	ECOM_Process_	SAP_CRM_P	CustomerSalesAreaCreateRequestConfirmation_	BE	53.665	260.612,32	4,86	40,93	1,06	5	1.247

Abbildung 14.28 Nachrichtenvolumen-Bericht auf der Basis von SAP Process Orchestration

SAP Analytics Cloud

Für SAP Cloud Integration existiert ein sogenanntes *Business Content Package Template* für SAP Analytics Cloud. In diesem Template werden statistische Informationen zur Nachrichtenlaufzeit bereitgestellt, die primär auf den Protokollen zur Nachrichtenverarbeitung (Message Processing Logs, kurz MPL) basieren, die über eine API von SAP Cloud Integration ermittelt werden.

Abbildung 14.29 zeigt das in SAP Analytics Cloud auf der Basis dieses Templates bereitgestellte Dashboard. Es enthält grafisch aufbereiteten Übersichten zur Nachrichtenlaufzeit.

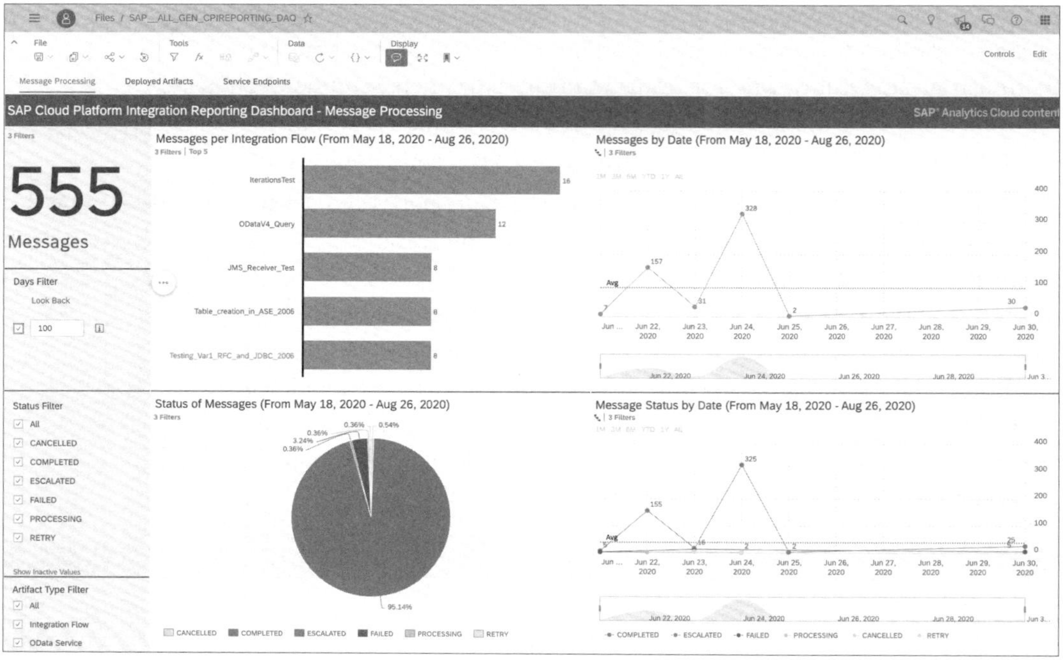

Abbildung 14.29 Dashboard für SAP Cloud Integration in SAP Analytics Cloud

Sie können das genannte Template als Business Content aktivieren und anschließend eine technische Verbindung zum Cloud-Integration-Tenant herstellen, die periodisch verwendet wird, um die Daten in SAP Analytics Cloud zu aktualisieren.

[»]

Weiterführende Informationen zum Nachrichtenverarbeitungs-Dashboard

Informationen zur Einrichtung und Nutzung dieses Dashboards erhalten Sie in folgendem Blog-Beitrag in der SAP Community:

http://s-prs.de/v798271

OData-API Ähnlich wie bei SAP Process Orchestration können Sie das Laufzeitverhalten der Nachrichten auch über eine OData-API im Cloud-Integration-Tenant auslesen oder greifen (wie bei SAP Process Orchestration) auf die Lösung eines SAP-Partners zurück (siehe Abschnitt 17.2, »SAP-Partnerlösungen«).

Das Resultat eines solchen API-Aufrufs kann z. B. wie in Abbildung 14.30 aussehen. Sie sehen hier die Anzahl der Nachrichten pro Monat und nach Status sortiert. Außerdem sehen Sie die Verarbeitungsdauer in Sekunden (**Duration**) für die erfolgreich durchlaufenen Nachrichten (**Completed**).

							Messaging Period: 30.10.20 - 30.11.20				
Package	Custom Tags	Integration Artifact	Description	ID	Version	Type	Completed		Failed	Retry	Escalated
							Msg	Duration (s)			
							492404		246	0	0
eDocument: VAT Register Books for Spain (eDocumentVATRegisterBooksforSpain)		**Communicate to SII**	This is a single, multi-purpose integration flow, which does all types of requests	com.sap.GS.Spain.SII.Communicate	3.0.4.20200720095638	integration flow	145	0.938			
SAP Document Compliance: Electronic Invoicing for Italy (eDocumentElectronicInvoicingforItaly)		**Italy Receive Invoice**	Receive B2B and B2G invoices from the Exchange System (SdI)	com.sap.GS.Italy.ReceiveInvoice	1.1.1.20201111004208	integration flow	70346	0.040			
		Italy Receive Notification	Receive Notifications related to Inbound and Outbound Invoices from the Exchange System (SdI)	com.sap.GS.Italy.ReceiveNotification	1.1.1.20201111004207	integration flow	73167	0.016			
		Italy Send Invoice	Send B2B and B2G Invoices to the Exchange System (SdI)	com.sap.GS.Italy.SendInvoice	1.1.1	integration flow	15869	0.620	46		
eDocument: ePayment and eInvoice for Mexico (eDocumentElectronicPaymentsforMexico)		**Mexico Document Compliance**	Routes the Incoming eDocuments to the specific PAC	com.sap.GS.Mexico.eDocument	1.0.2.20200713135413	integration flow	210	0.639	6		
		Mexico Document Compliance Edicom	Signs the eDocument from ERP and allows Submit/Cancel to SAT through PAC edicom	com.sap.GS.Mexico.eDocument.Edicom	1.0.8.20200928120838	integration flow	216	0.635			

Abbildung 14.30 Per API-Aufruf generierte Nachrichtenübersicht aus SAP Cloud Integration

SAP API Management

SAP API Management bietet ebenfalls Statistiken und Analysemöglichkeiten, aus denen Sie erkennen können, wie es um die Performance der APIs bestellt ist. Abbildung 14.31 zeigt eine Übersicht aus dem Monitoring des API-Portals, aus der abzuleiten ist, welche APIs in einem ausgewählten Zeitraum fehlerhaft sind (**API Errors**) und wie performant die Schnittstellen sind (**API Performance**). Zudem wird aggregiert dargestellt, wie häufig die APIs aufgerufen wurden (**API Traffic**).

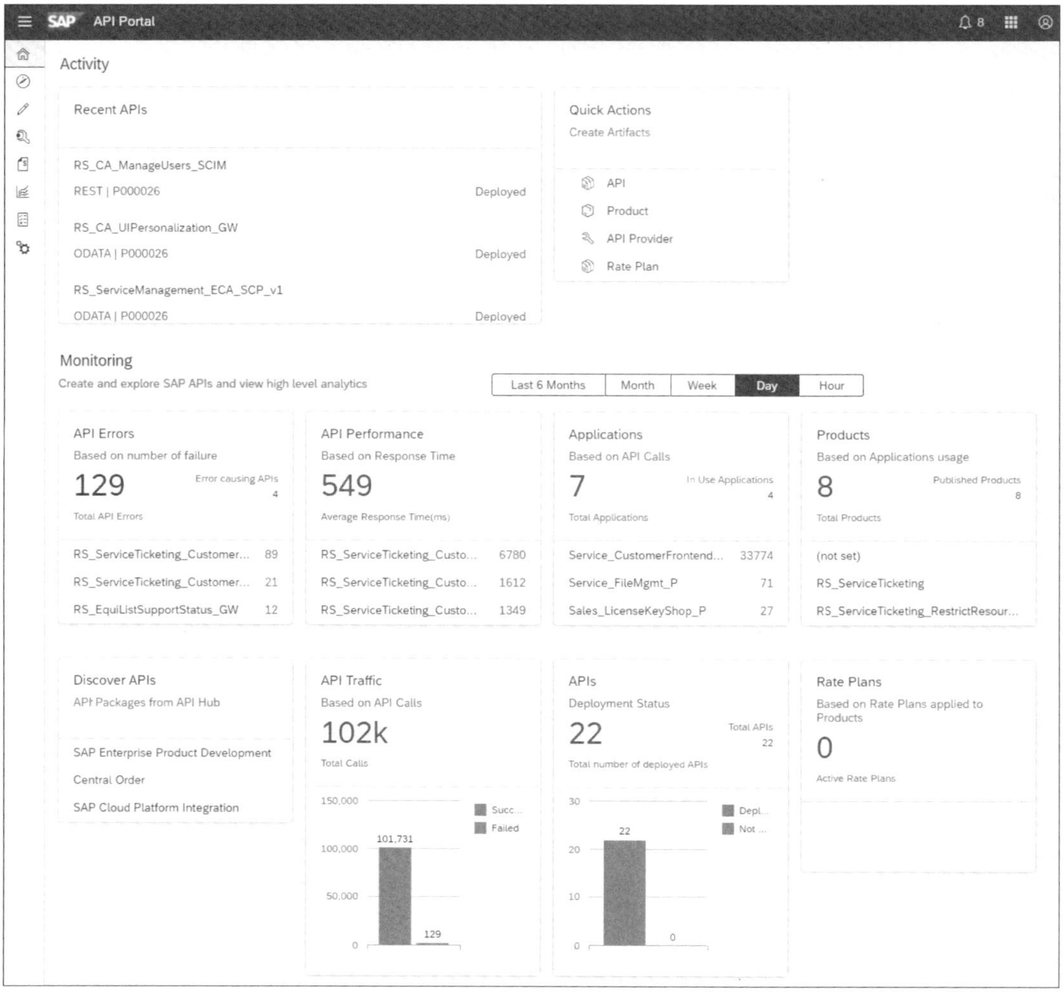

Abbildung 14.31 Monitoring-Sicht in SAP API Management

API Analytics

Darüber hinaus stehen Ihnen mit *API Analytics* im API-Portal ausführliche Analysen mit unterschiedlichen Metriken pro API zur Verfügung. Abbildung 14.32 zeigt eine Auswertung über einen Zeitraum von sechs Monaten für fünf ausgewählte API-Proxys. Sie können neben der Anzahl von Aufrufen (**API Traffic**) auch die Antwortzeiten (**API Response Time**) sowie die Entwicklung pro Monat sehen (**Calls by API Proxy**).

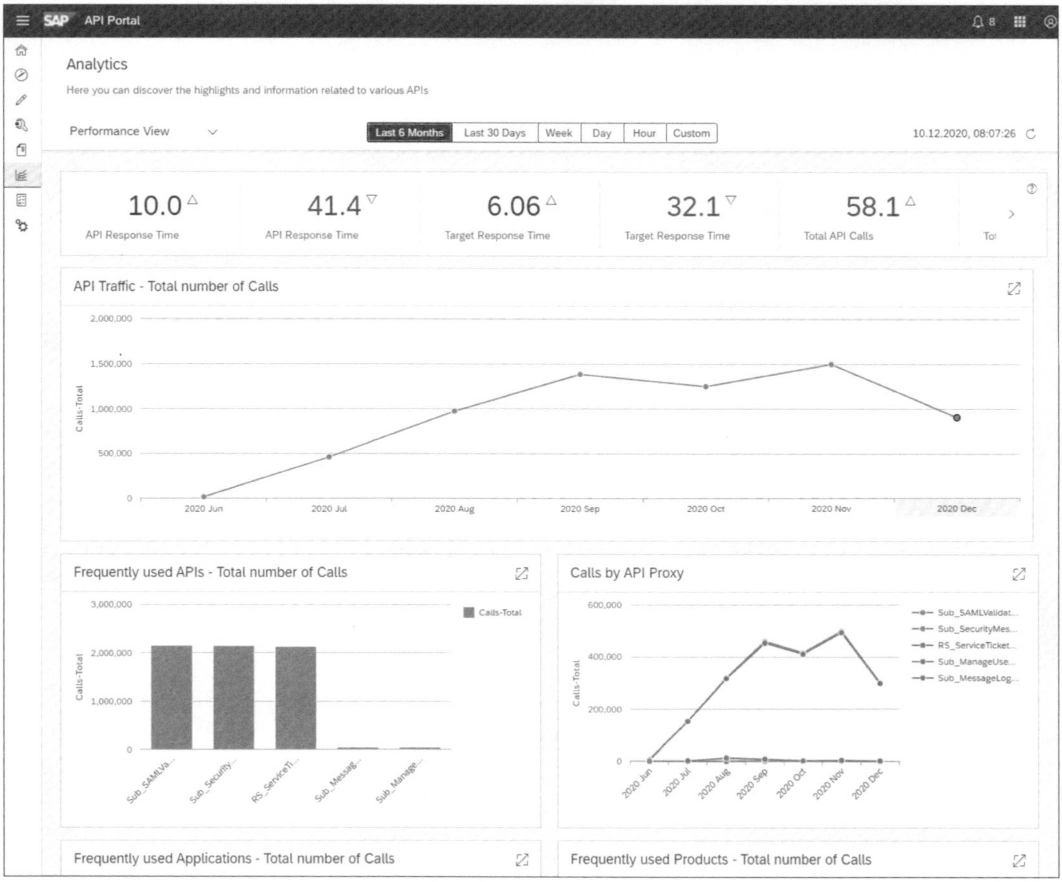

Abbildung 14.32 API-Analytics-Auswertung nach Proxys

Aus der Perspektive von API-Produkten, Applikationen und Providern (also den bereitstellenden Systemen) lassen sich mit API Analytics ebenfalls wertvolle Informationen ableiten. Abbildung 14.33 zeigt die Anzahl von Fehlern in den letzten sechs Monaten (**TotalErrorsAPIProduct**), die Anzahl der Aufrufe pro Applikation (**Calls Per Application**) sowie die durchschnittlichen Antwortzeiten pro API Provider (**GeneralInformation**).

Abbildung 14.33 API-Analytics-Auswertung nach Produkten, Applikationen und Providern

Kapitel 15
Betrieb

In diesem Kapitel stellen wir Ihnen die Steuerung und Überwachung Ihrer hybriden Schnittstellenlandschaft vor.

In diesem Kapitel behandeln wir die Themen, die die tägliche Laufzeit von Schnittstellen betreffen. Dazu gehören die Überwachung von Schnittstellen (siehe Abschnitt 15.1. »Monitoring und Alerting«), das Testmanagement (siehe Abschnitt 15.2) sowie das Change Management und das Transportwesen (siehe Abschnitt 15.3). Durch diese Tätigkeiten wird ein kontrolliertes Aktivieren, Verändern und Betreiben von Schnittstellen in den Produktivsystemen sichergestellt.

[!]

Wann sollten Sie dieses Kapitel lesen?

Lernen Sie, wie Sie Schnittstellen überwachen, testen und sicher transportieren, um damit die Qualität zu sichern bzw. Ausfälle zu vermeiden.

15.1 Monitoring und Alerting

Um den ununterbrochenen Betrieb Ihrer Geschäftsprozesse im Unternehmen gewährleisten zu können, ist eine Überwachung Ihrer Schnittstellen unumgänglich. Dies betrifft vor allem das Erkennen und Analysieren von Fehlersituationen, also Ereignissen, die ungeplant eintreffen und die den reibungslosen Betriebsablauf beeinträchtigen.

Organisation der Schnittstellenüberwachung

Die Überwachung von komplexen Schnittstellenlandschaften ist nicht trivial und umfasst unterschiedliche Dimensionen: Sie müssen sich fragen, welche Ebenen einer Schnittstelle überwacht werden sollen und durch wen. So kann das Monitoring intern durch eigene Mitarbeitende oder durch einen externen Dienstleister erfolgen. Intern haben Sie die Möglichkeit, die Überwachung zentral durch die IT oder den Fachbereich abzudecken. Weitere Aspekte im Sinne einer Aufbauorganisation in Ihrem Unternehmen betrachten wir in Kapitel 16, »Organisation«. In diesem Abschnitt konzentrieren wir uns eher auf die technische Umsetzung.

Abgrenzung zu anderen Begriffen

Unter *Monitoring* verstehen wir hier den Vorgang des aktiven Überwachens von Schnittstellen, z. B. durch den Aufruf von Benutzeroberflächen, die Auskunft über ein überwachtes Objekt geben. Mit *Alerting* meinen wir eine Benachrichtigung, die im Fehlerfall durch das überwachende System an einen oder mehrere Benutzer versendet wird, typischerweise in Form einer E-Mail. Inhalt des Monitorings in diesem Abschnitt sind Ihre Schnittstellen. Ein Monitoring auf der Ebene der Geschäftsprozesse betrachten wir hier nicht. Informationen hierzu finden Sie im *Business Process Monitoring* des *SAP Solution Managers* (siehe *http://s-prs.de/v798272*).

15.1.1 Aspekte der Schnittstellenüberwachung

Schnittstellenebenen

Eine Schnittstelle besteht aus verschiedenen Ebenen, die in Abbildung 15.1 als übereinanderliegende Schichten dargestellt sind.

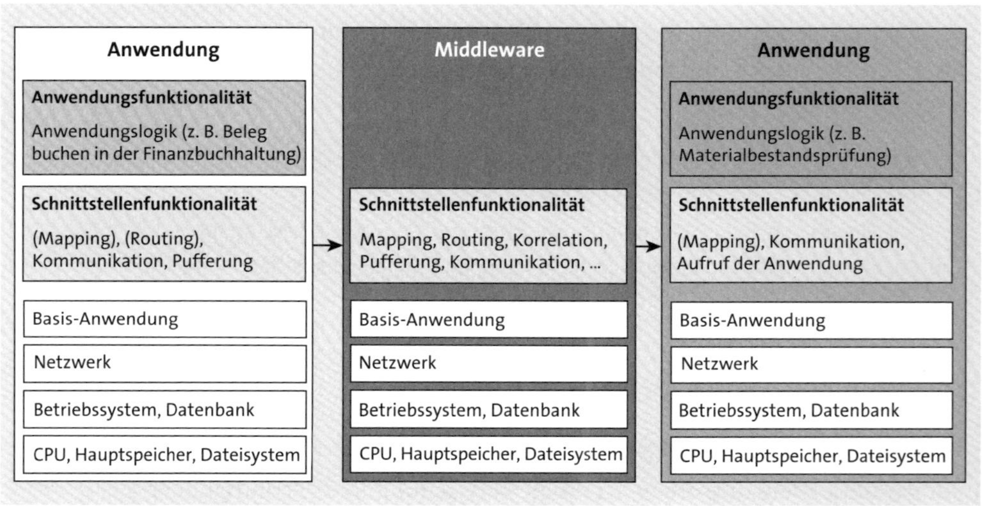

Abbildung 15.1 Schnittstellenebenen

Zugrunde liegt das jeweilige System, das aus physischen (oder virtualisierten) Komponenten wie CPU, Hauptspeicher, Dateisystem usw. besteht. Diese sind mit einem Betriebssystem und einer Datenbank verknüpft. Zusätzlich existiert eine Netzwerkschicht, die die Kommunikation mit anderen Systemen ermöglicht. Als letzte »Basiskomponente« wird die jeweilige Basisanwendung dargestellt, z. B. SAP NetWeaver 7.50 bei ABAP-Systemen. Darüber angeordnet, liegt die Anwendungsebene der Schnittstelle, d. h. die logisch ausgeführten Objekte wie Programme (Mappings, APIs, Programme in den Anwendungssystemen), Kommunikationskanäle und die ausgeführte Laufzeitlogik (Routing, Korrelationen usw.). Die Anwendungssysteme führen ihre jeweilige Funktionalität oberhalb der Schnittstelle aus: Sie rufen die Schnittstellenschicht auf oder werden von ihr aufgerufen.

Technisches Monitoring

Bei Cloud-Lösungen (im Sinne von SaaS bzw. iPaaS) erfolgt die Überwachung der technischen Basisschichten durch den Anbieter. Wenn Sie eine On-Premise-Anwendung an einen Hosting-Betreiber ausgelagert haben (z. B. SAP HANA Enterprise Cloud), findet die Überwachung normalerweise ebenfalls dort statt. Falls das nicht der Fall ist, müssen Sie dies durch eine technische Abteilung innerhalb Ihrer IT sicherstellen oder die Dienstleistung als *Managed Service* auslagern.

Schnittstellenfunktionalität

Im weiteren Verlauf betrachten wir die Schnittstellen auf der Ebene, die folgende Funktionalitäten beinhaltet:

- *Kommunikation*: Übertragung der Nachrichten von einem System zu einem anderen über das jeweilige Protokoll (z. B. HTTP)
- *Pufferung*: Zwischenspeichern von (asynchronen) Nachrichten, um eine Wiederaufsetzbarkeit zu ermöglichen
- *Serialisierung*: Queueing von (asynchronen) Nachrichten in Warteschlangen, die nach dem FIFO-Prinzip (First In, First Out) organisiert sind und die Reihenfolge der Nachrichtenverarbeitung gewährleisten
- *Routing*: die Zustellung von Nachrichten an den/die Empfänger, gegebenenfalls nach einem Regelwerk, das sich auch auf den Inhalt der Nachricht beziehen kann
- *Mapping*: die Transformation der Nachricht von einem Datenmodell in ein anderes
- *Conversion*: die Umwandlung von Nachrichtenformaten (z. B. von JSON nach XML oder von XML nach CSV)
- *Korrelation*: das Verknüpfen von technisch oder logisch zusammenhängenden Nachrichten
- *Interaktion* mit der Anwendung durch das entsprechende Programm (meist ist dies ein Proxy im Sinne einer Facade). In ABAP-Systemen sind dies z. B. IDocs, RFC-fähige Funktionsbausteine oder SOAP-Webservices.

Systemübergreifende Schnittstellenüberwachung

Ihnen ist sicher schon aufgefallen, dass sich viele Funktionen dieser Ebene nicht nur innerhalb der Middleware abspielen, sondern auch in den Anwendungssystemen. Als Konsequenz berücksichtigen wir alle beteiligten Komponenten in der Überwachung von Schnittstellen. Zudem wird deutlich, dass an allen Stellen während der Verarbeitung von Nachrichten Fehler auftreten können, die erkannt und entsprechend ihrer Natur behandelt werden müssen.

15.1.2 Aufgabenteilung im Schnittstellen-Monitoring

Im Folgenden stellen wir Ihnen die Aufgabenteilung im Schnittstellen-Monitoring genauer vor. Dazu differenzieren wir den Bereich der Überwachung weiter nach Schnittstellen und Basis-Monitoring (siehe Abbildung 15.2).

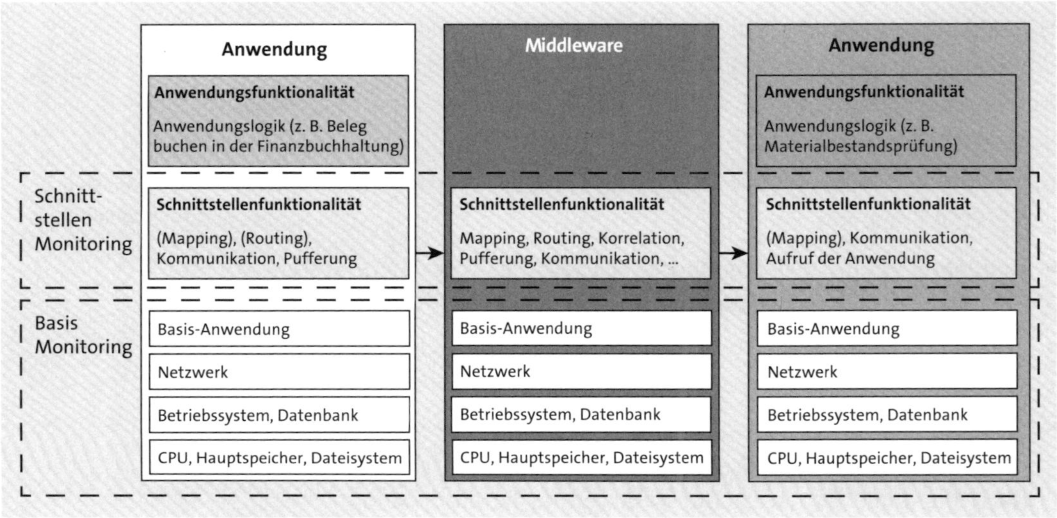

Abbildung 15.2 Aufgabenteilung im Monitoring

Basis-Monitoring

Das Basis-Monitoring kann unterschiedlich ausgeprägt sein, insbesondere wenn Sie einen Teil der beteiligten Systeme bzw. Komponenten on-premise und einen anderen Teil als SaaS in der Cloud betreiben. On-Premise-Systeme können Sie wiederum als *Managed Services* in das Rechenzentrum eines Betreibers auslagern oder nur den Betrieb Ihrer Systeme an einen Dienstleister abgeben.

[»]

Operating Model für SAP Cloud Integration

Im SAP Help Portal finden Sie eine ausführliche Beschreibung des Betriebsmodells für SAP Cloud Integration. Dort wird auch die Zuordnung der Verantwortung für unterschiedliche Bereiche zwischen SAP und den Kunden in Bezug auf die Infrastruktur (Plattform) und die Anwendung (SAP Cloud Integration) erläutert: *http://s-prs.de/v798273*

Abbildung 15.3 zeigt für ausgewählte SAP-Produkte die unterschiedlichen Modelle auf, die wiederum Einfluss auf Ihren Basisbetrieb nehmen. Option 1 und Option 2 beschreiben reine SaaS-Produkte, die Sie entweder in einem SAP-Rechenzentrum oder bei einem Hyperscaler wie z. B. Amazon Web Services (AWS) betreiben können. Die Verantwortung hinsichtlich der Basiskomponenten (wie z. B. die Durchführung von Backups oder die Aufrechterhaltung von Netzwerkfunktionen) liegt hier bei SAP.

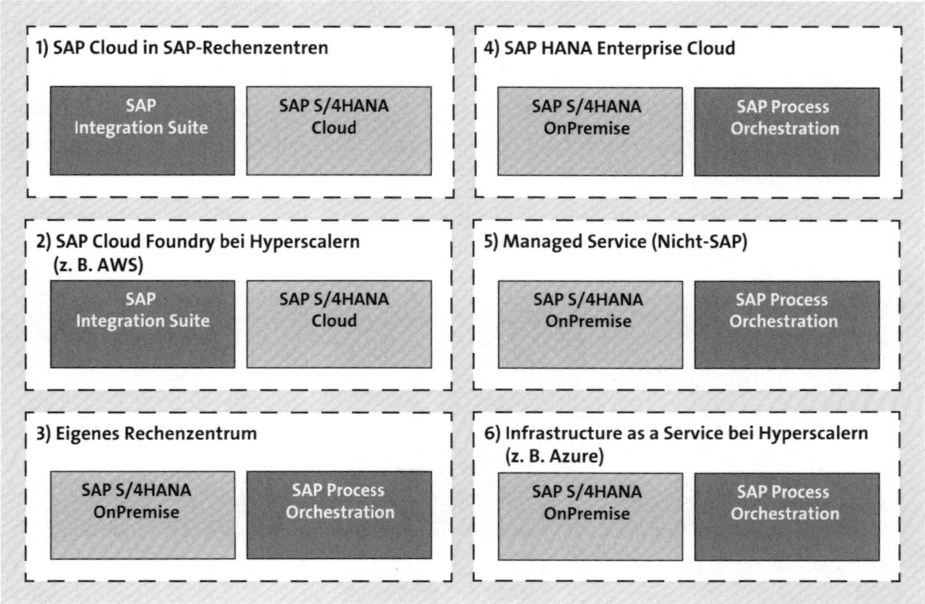

Abbildung 15.3 SAP-Betrieb in unterschiedlichen Rechenzentren

Option 4 und Option 5 beschreiben das Auslagern von On-Premise-Systemen in ein fremdes Rechenzentrum, entweder bei SAP oder bei einem entsprechend qualifizierten Dienstleister (z. B. ein SAP-Partner). Hier stellt der Dienstleister die Verfügbarkeit und Überwachung der Systeme aus der Basissicht sicher. Option 3 beschreibt den Betrieb im eigenen Rechenzentrum; diesen können Sie jedoch ebenfalls auslagern (z. B. an externe Mitarbeitende oder den gesamten Service an ein Unternehmen). Option 6 beschreibt den Betrieb bei einem Hyperscaler; die Verantwortung und den Betrieb übernehmen Sie jedoch als SAP-Kunde oder ein beauftragter Dienstleister. Die grundlegenden Funktionen stellt aber der Hyperscaler bereit, also z. B. die Gewährleistung der Ausfallsicherheit, wenn eine Hardwarekomponente wie Speicher oder Netzwerkkarte ausfällt.

Aufgabenteilung

Hinsichtlich der Ebene der Schnittstellen selbst stellt sich die Frage, wer das Monitoring in welchem System durchführt. Für diese Aufgabenverteilung gibt es unterschiedliche Ansätze: Schnittstellen in der Middleware (also in der HIP) werden typischerweise durch ein Integrationsteam überwacht oder als Managed Service ausgelagert. Häufig werden die Tätigkeiten auch kombiniert: Beispielsweise wird der First-Level-Support durch ein ausgelagertes Monitoring-Team erbracht, das das Wiederholen/Beenden von fehlerhaften Nachrichten, das Anstoßen von Queues und den Neustart von Kommunikationskanälen übernimmt. Im Falle eines komplexeren Fehlers wird das Problem an den Second-Level-Support übergeben, und die Situation wird im Detail durch Expert*innen analysiert. Erst wenn der Fehler hier nicht lösbar ist, wird die Person kontaktiert, die die Schnittstelle entwickelt hat. Sie kann gegebenenfalls eine Anpassung/Korrektur vornehmen. Die Entscheidung darüber, wer das Monitoring durchführt, müssen Sie auch für die beteiligten Anwendungssysteme treffen, die Sie beeinflussen können. Abbildung 15.4 zeigt die drei Monitoring-Level, unterteilt nach Monitoring-Team, Integrationsteam und Entwicklung.

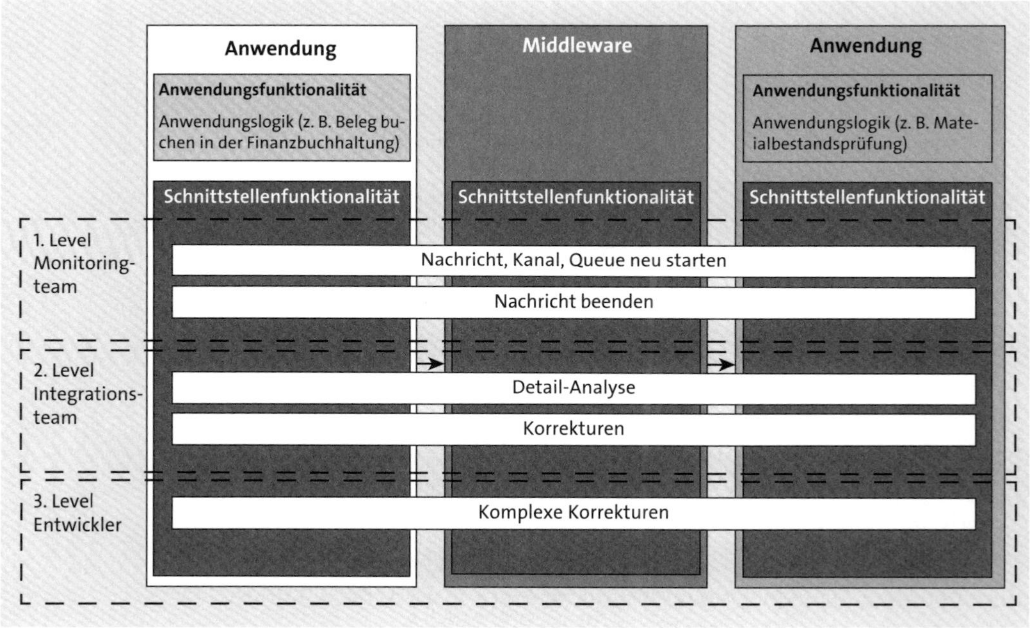

Abbildung 15.4 Aufgabenteilung im Schnittstellen-Monitoring

Incident Management

Als Folgeaktivitäten können Sie zusätzlich sogenannte *Incidents* erstellen, um komplexere Fehlersituationen nachverfolgen und dokumentieren zu können. Sie funktionieren ähnlich wie Tickets. Ein kurzes Beispiel hierzu: Bei der Replikation von Bestandsdaten werden von SAP S/4HANA immer wieder Positionen gesendet, die negative Werte enthalten. Dies führt zum Fehler im Mapping eines SAP Cloud Integration Flows. Da ein Neustart der Nachricht nicht erfolgreich ist (ausgeführt vom First-Level-Support), wird über die Erstellung eines Indicents der Second-Level-Support hinzugezogen. Dieser führt eine Detailanalyse durch und stellt fest, dass es sich um fehlerhafte Daten aus dem Quellsystem handelt. Der Incident wird an die entsprechenden Schnittstellenentwickler*innen weitergeleitet, damit sie eine Korrektur vornehmen können. Die spezialisierten Entwickler*innen können aus verschiedenen Gruppen stammen, je nachdem, welches System beteiligt ist (SAP-Anwendungssystem, SAP-Middleware-Komponente oder Nicht-SAP-System).

IT vs. Fachbereich

Bei fehlerhaften Nachrichten stellt sich die Frage, ob auch die IT oder der entsprechende Fachbereich aktiv werden muss. Um diese Frage zu beantworten, eignet sich z. B. ein auf dem SAP Business Workflow basierendes IDoc-Monitoring oder das SAP Application Interface Framework als Konzept für die Überwachung und Nachbearbeitung von fehlerhaften Nachrichten (siehe Kapitel 12). Auf diese Weise wird die Zuordnung von Fehlersituationen an die zuständigen Sachbearbeiter*innen direkt vollzogen, und die IT muss die Fehlerbehebung nicht koordinieren. Hier wird eine Aufgabe (ein *Task*) als Workitem im Posteingang der entsprechenden Mitarbeitenden erstellt, die eine E-Mail als Benachrichtigung erhalten (siehe Abbildung 15.5).

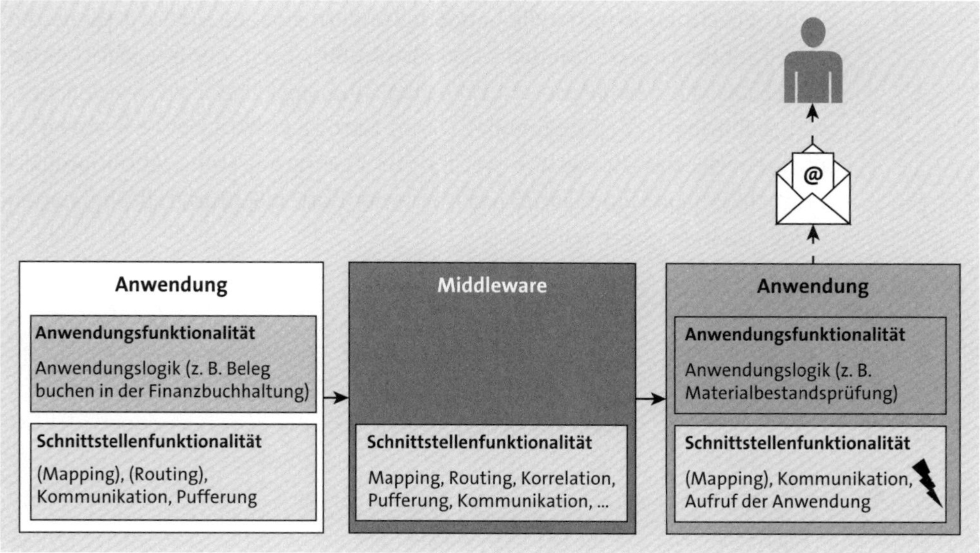

Abbildung 15.5 Fehlermeldungen an den Fachbereich im Backend

Acknowledgements

Dieses Monitoring und Alerting funktioniert jedoch nur für die Überwachung im Zielsystem einer Schnittstelle, also für eingehende Nachrichten (aus Sicht des jeweiligen Anwendungssystems). Das Monitoring von ausgehenden (asynchronen) Nachrichten aus SAP-Systemen erfolgt häufig nur bis zum nächsten System (z. B. bis zur übertragenden Middleware, indem der technische Status des Versands einer Nachricht überprüft wird). Die Nachricht wird an das Zielsystem übertragen, jedoch ist dem Absender nicht klar, ob die Nachricht auch ihr finales Ziel erreicht hat. Um dem Absender darüber Klarheit zu verschaffen, gibt es das Konzept der *Acknowledgements*. Sie werden als technische Quittungen nach einem erfolgreichen (oder fehlerhaften) Empfang bzw. bei einer erfolgreichen Verarbeitung an den Absender zurückgesendet. Somit kann geprüft werden, ob z. B. dem Lieferanten eine Bestellung in SAP S/4HANA erfolgreich zugestellt wurde, auch wenn noch keine inhaltliche Bestellbestätigung als Antwort verschickt worden ist. In ABAP-Systemen unterstützt dieses Konzept sowohl IDocs als auch SOAP-Webservices, die mit SAP Process Orchestration kommunizieren.

15.1.3 Synchrone vs. asynchrone Schnittstellen

Synchrone Schnittstellen

Bei synchronen Schnittstellen erfahren Sie im Gegensatz zu asynchronen Schnittstellen sofort, wenn eine Fehlersituation auftritt, weil der Fehler durch die unmittelbare Kopplung der beteiligten Anwendungen sofort sichtbar wird: Zum Beispiel ist das Zielsystem nicht erreichbar, oder es gibt einen Fehler im Mapping. Es muss sich dabei nicht zwangsläufig um eine Punkt-zu-Punkt-Schnittstelle handeln, sondern auch eine Vermittlung über eine Middleware ist möglich. Die Anwender*innen werden sofort informiert, dass eine Fehlersituation vorliegt und sie selbst aktiv werden müssen, z. B. indem die Eingabe der Daten korrigiert wird oder sie abwarten müssen, bis das Zielsystem wieder zur Verfügung steht. Abbildung 15.6 zeigt ein Beispiel einer synchron implementierten Schnittstelle, bei der ein Fehler im Zielsystem aufgetreten ist.

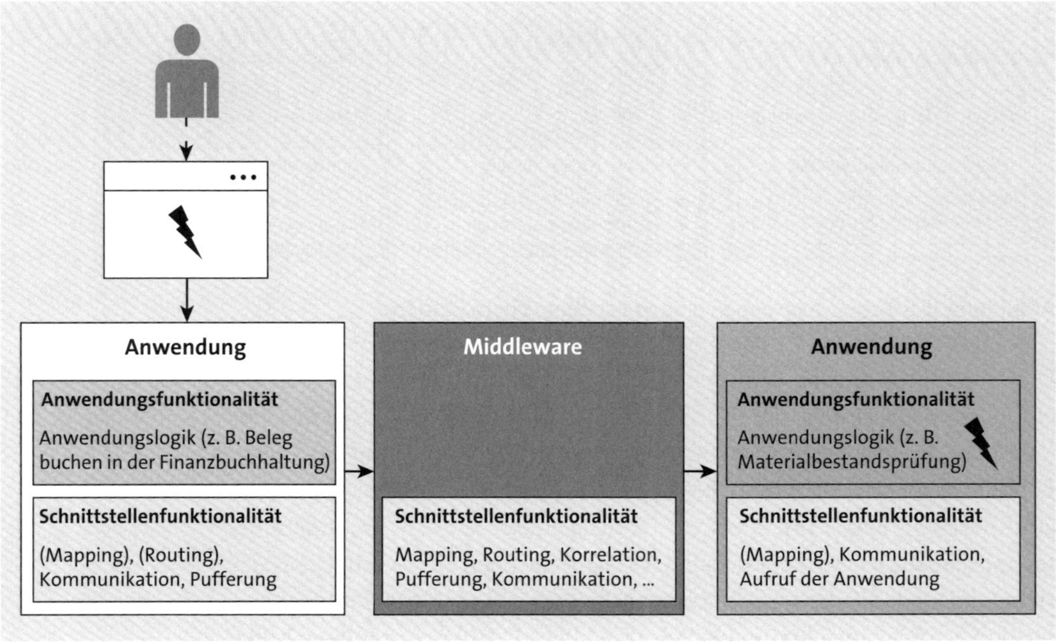

Abbildung 15.6 Synchroner Fehler im Zielsystem

Kein Eingreifen bei sychronen Fehlern

Fehler wie »Der Kundenauftrag 4711 kann nicht geändert werden, weil er durch einen anderen Benutzer gesperrt ist« müssen Sie nicht überwachen, da die Anwender*innen ihn selbst behandeln: Sie warten z. B., bis das Objekt bearbeitet werden kann oder rufen den entsprechenden Kollegen an, der den Auftrag gesperrt hat. Ein Monitoring im Sinne eines Eingriffs ist hier also nicht erforderlich. Gleichzeitig wäre es für die IT natürlich sinnvoll zu erfahren, ob das Problem häufiger auftritt, um solchen Situationen gegebenenfalls entgegenzuwirken.

Exkurs zum Vorteil von asynchroner Kommunikation

Dieses Beispiel zeigt jedoch auch die Schwächen der synchronen Kommunikation bei eng gekoppelten Anwendungen: Wären die Anwendungen asynchron miteinander verbunden, könnten die Benutzer*innen die durchzuführende Änderung sofort speichern und mit ihren weiteren Tätigkeiten fortfahren. Dies schließt auch Situationen ein, in denen eines der beteiligten Systeme nicht verfügbar ist, z. B. wenn die Last im Zielsystem besonders hoch ist, gerade ein Update eingespielt wird oder die Verbindung zum Internet unterbrochen wurde (siehe Abbildung 15.7). Hier sind die Anwender*innen in der Lage, ihre Aktivität trotzdem zu beenden, und die Nachricht wird in der empfangenden Anwendung als fehlerhaft markiert. Es obliegt nun dem Schnittstellen-Monitoring, die Situation zu erkennen und zu behandeln, z. B. indem die Nachricht (automatisch oder manuell) wiederholt wird, wenn das Zielsystem wieder erreichbar ist.

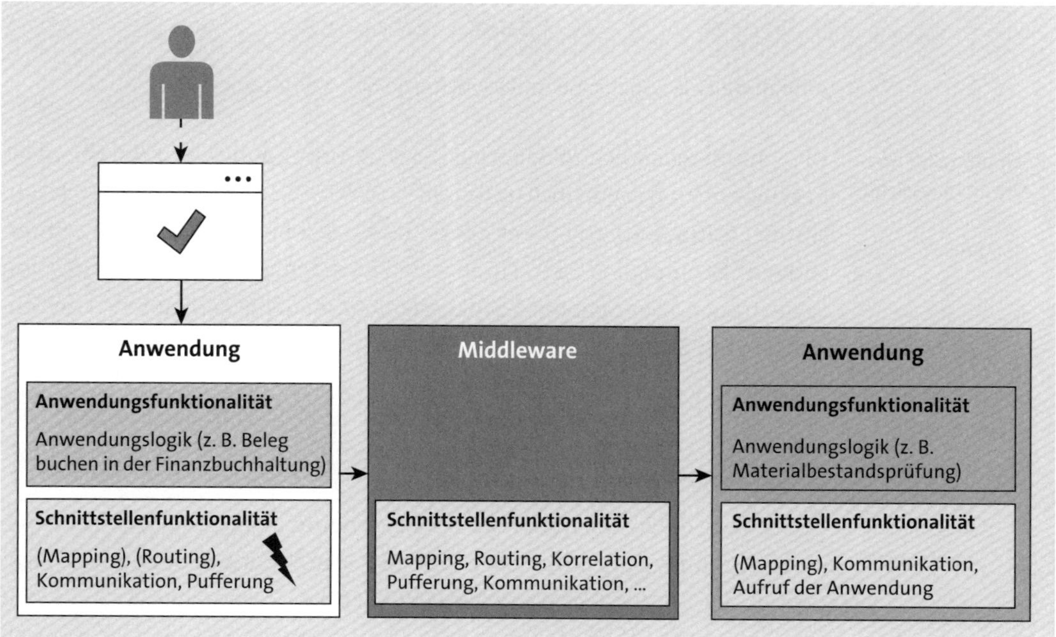

Abbildung 15.7 Asynchroner Fehler beim Aufruf der Middleware

Vergleich der Werkzeuge

Über SAP API Management (siehe Kapitel 7) und Open Connectors (siehe Kapitel 9) ist nur eine synchrone Kommunikation möglich, während in SAP Enterprise Messaging (siehe Kapitel 8) und im SAP Application Interface Framework (siehe Kapitel 12) ausschließlich asynchrone Nachrichten verarbeitet werden. SAP Cloud Integration und SAP Process Orchestration unterstützen hingegen sowohl die synchrone als auch die asynchrone Kommunikation. Data-Integration-Werkzeuge sind immer asynchron, jedoch führen wir SAP Smart Data Integration als Werkzeug auf, das mithilfe von Virtualisierung auch eine synchrone Integration anbietet (siehe Abbildung 15.8).

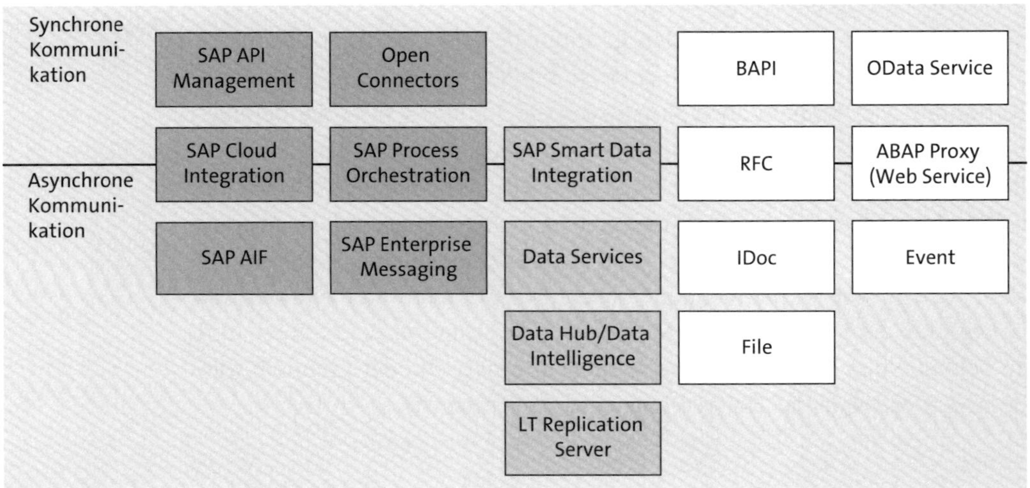

Abbildung 15.8 Synchrone und asynchrone SAP-Kommunikation

Schnittstellen aus Anwendungssicht

Die Schnittstellentechnologien aus der SAP-Anwendungssicht sind ebenfalls in synchron und asynchron unterteilt. So sind z. B. BAPIs ausschließlich synchroner Natur, während IDocs nur eine asynchrone Kommunikation unterstützen. Nachfolgend betrachten wir hauptsächlich das Monitoring von asynchronen Nachrichten und fokussieren uns auf die Behandlung von Fehlern, anstatt auf die Betrachtung von Statistiken (siehe Abschnitt 14.4, »Reporting«).

15.1.4 Fehlerbenachrichtigungen

Alerts für den Fachbereich

Bei Fehlern, die in den Middleware-Komponenten entstehen, kann eine Benachrichtigung des Fachbereichs hilfreich sein. Informationen über Nachrichten, die z. B. auf dem Weg zu SAP ERP Central Components (SAP ECC) auf einen Mapping-Fehler stoßen, können für Mitarbeitende ebenfalls wertvoll sein. In diesem Fall können sie alternative Methoden nutzen, um den Geschäftsprozess erfolgreich weiterzuführen, z. B. indem ein Auftrag manuell erfasst wird, der nicht automatisiert übertragen werden konnte (siehe Abbildung 15.9).

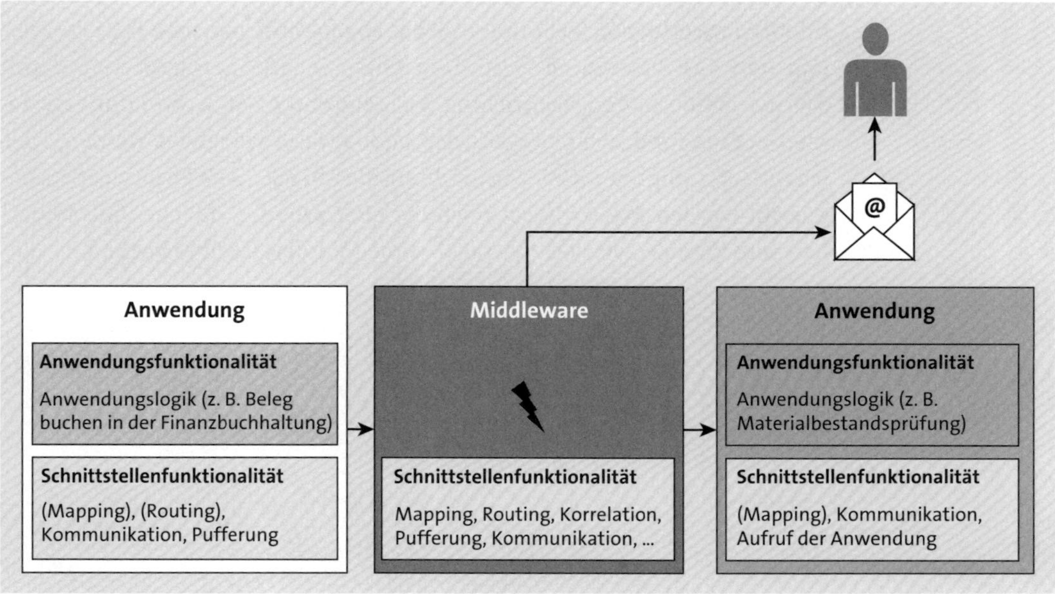

Abbildung 15.9 Fehlermeldungen aus der Middleware an den Fachbereich

Alerts für das Integrationsteam

Grundsätzlich dienen Alerts, die in der Schnittstellenlandschaft erzeugt werden, aber primär der IT. Idealerweise werden Alerts zeitnah erzeugt, um die Dauer einer Fehlersituation so kurz wie möglich zu halten. Damit Sie sich auf die Zuverlässigkeit der Alerts verlassen können, ist es wichtig, dass der Umfang so präzise wie möglich beschrieben ist und alle Komponenten überwacht werden. Dazu gehören typischerweise folgende Objekte, die überwacht werden sollten:

- Kommunikationskanal
- Nachricht
- Warteschlange (Queue)
- Integrationsprozess
- Integration Flow (iFlow)

Qualität der Alerts

Eine korrekte inhaltsabhängige Zuordnung von Alerts an die jeweiligen Empfänger*innen ist ebenso wichtig wie die Vermeidung von zu vielen Alerts. So verhindern Sie, dass Ihre Mitarbeitenden beginnen, die Alerts zu ignorieren. Die Qualität des Alertings ist daher entscheidend für den Erfolg eines effektiven Schnittstellen-Monitorings.

Systemübergreifendes Alerting

Fehlersituationen können in allen beteiligten Systemen erfolgen, also im Sendersystem, in der Middleware und im Empfängersystem. Eine vollständige Überwachung ist nur möglich, wenn Alerts aus allen Systemen gesendet werden (siehe Abbildung 15.10). Dies kann zum Teil auch mithilfe der Middleware erfolgen. So können Sie das sogenannte *message-basierte Alerting* von SAP Process Orchestration entsprechend konfigurieren, damit Alerts zu fehlerhaften Nachrichten auch aus den ABAP-Anwendungssystemen heraus (und nicht nur aus der Middleware) versendet werden. Dies betrifft allerdings nur XML-Nachrichten, die über SOAP-Webservices ausgetauscht werden. Weder IDocs noch die qRFC-Queues, die ebenfalls fehlerhaft sein können, werden zentral über die Middleware überwacht.

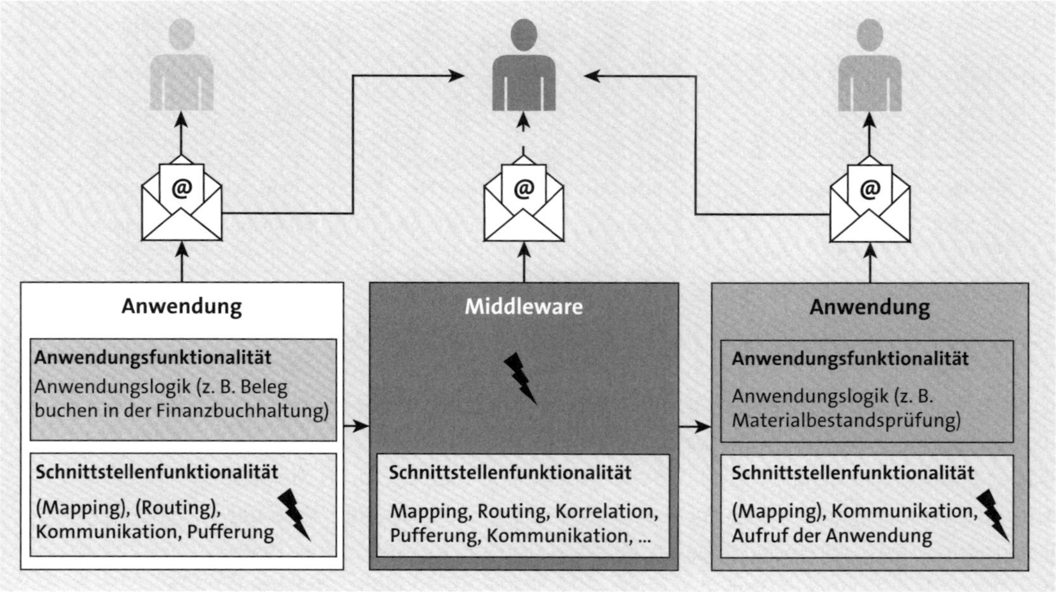

Abbildung 15.10 Systemübergreifendes Alerting

Manuelles Monitoring

Sollte ein effizientes Alerting durch die Middleware-Komponenten nicht möglich sein, empfehlen wir ein manuelles Vorgehen. Dabei wird periodisch und einem Ablaufplan folgend jedes Modul durch eine Person auf die korrekte Funktionsweise bzw. auf das Vorhandensein von Fehlern überprüft. Wird eine Fehlersituation festgestellt, können die Zuständigen direkt eine Korrektur vornehmen oder eine Meldung erstellen, z. B. in Form eines Incidents. Manche Unternehmen verwenden hierfür Microsoft-SharePoint-Listen und Formulare, die vom Support-Team gepflegt werden. Dreimal pro Tag werden Prüfungen in den Systemen durchgeführt und die Ergebnisse entsprechend festgehalten, um sie im Nachgang auswerten zu können.

Fehlende Nachrichten

Eine weitere mögliche Fehlersituation ist das Fehlen von Nachrichten. Falls z. B. eine Nachricht täglich oder wöchentlich verarbeitet werden soll (Kontoauszug von der Hausbank, statistische Daten von Produktionssystemen usw.) und die Übertragung ausbleibt, führt dies zunächst weder zu einer fehlerhaften Nachricht noch zu einem Alert. Es kommt vor, dass das sendende System, das die Nachricht(en) bereitstellt, ein Problem beim Export der Daten hat oder ein periodischer Lauf ausbleibt. Für Systeme, die bei einem Geschäftspartner, z. B. der Hausbank, betrieben werden, ist eine Überwachung unmöglich. Abbildung 15.11 zeigt die Situation, bei der die Datenbereitstellung beim Geschäftspartner fehlschlägt, was dazu führt, dass die Mitarbeitenden im Fachbereich ihre Aufgaben nicht abschließen können. Beispielsweise verzögert sich der Monatsabschluss, weil ein Kontoauszug von der Hausbank nicht rechtzeitig verbucht werden konnte.

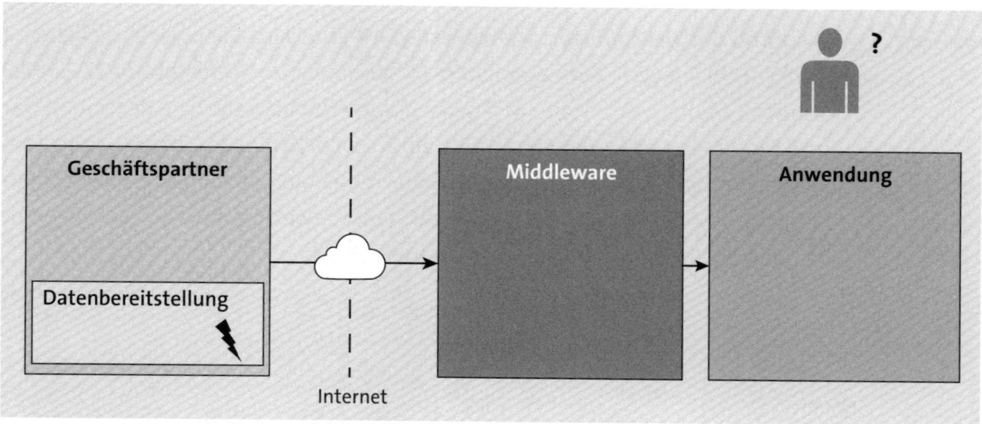

Abbildung 15.11 Datenbereitstellung beim Sender schlägt fehl

Es gibt jedoch Lösungen von SAP-Partnern, die ein Ausbleiben solcher konfigurierten Nachrichten feststellen und entsprechende Alerts auslösen. Diese stellen wir Ihnen in Abschnitt 17.2, »SAP-Partnerlösungen«, vor.

15.1.5 Systemübergreifendes Monitoring

End-to-End-Monitoring

Hinsichtlich eines systemübergreifenden Monitorings (auch *End-to-End-Monitoring* genannt) bietet SAP mittlerweile verschiedene Lösungen an, darunter *Advanced Integration Monitoring in Focused Run for SAP Solution Manager* bzw. *Integration Monitoring in SAP Cloud ALM for Operations*. Beide Ansätze ermöglichen die Nachverfolgung einzelner Nachrichten zu einem Geschäftsvorfall über Systemgrenzen hinweg. Dieses Konzept wird auch *Tracking* genannt. Abbildung 15.12 stellt die Lösungen gegenüber.

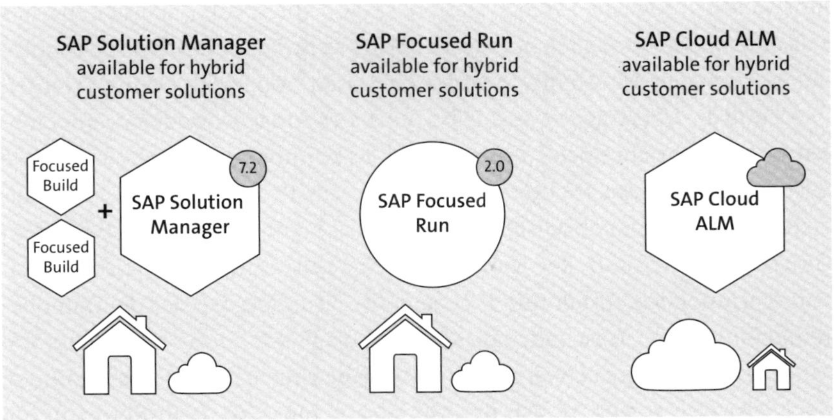

Abbildung 15.12 SAP-Lösungen für den Betrieb hybrider Landschaften

SAP Focused Run

Während der SAP Solution Manager die SAP-Standard-Lösung für das Thema *Application Lifecycle Management* (ALM) darstellt (siehe Abschnitt 17.1, »SAP Solution Manager«), stellt *SAP Focused Run* eine Erweiterung desselben dar und bietet eine erweiterte Funktionalität hinsichtlich des Monitorings von Schnittstellen. Der Fokus liegt dabei auf hybriden Landschaften mit einem Schwerpunkt in der On-Premise-Welt; jedoch werden auch Cloud-Anwendungen miteinbezogen (siehe Abbildung 15.13).

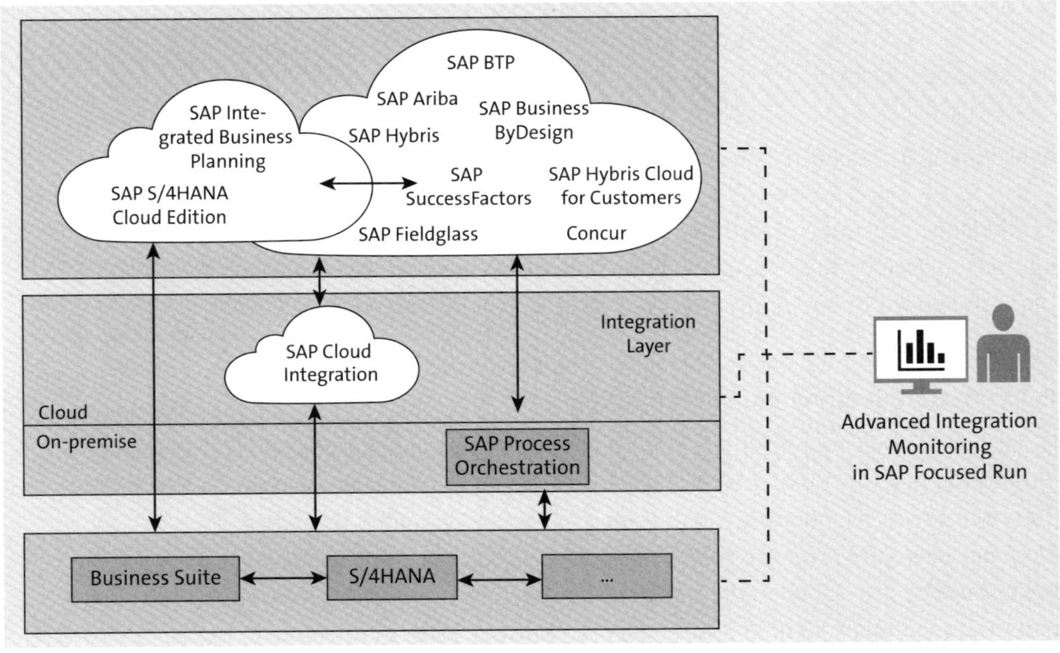

Abbildung 15.13 Advanced Integration Monitoring mit SAP Focused Run

SAP Cloud ALM nimmt stärker die Cloud-Perspektive ein, aber es unterstützt auch die Überwachung von On-Premise-Systemen. Abbildung 15.14 zeigt den Ablauf des Integration Monitorings. Die unterschiedlichen Cloud-Dienste melden ihre Monitoring-Daten über eine API, und die normalisierten Informationen werden entsprechend in der Anwendung dargestellt.

SAP Cloud ALM

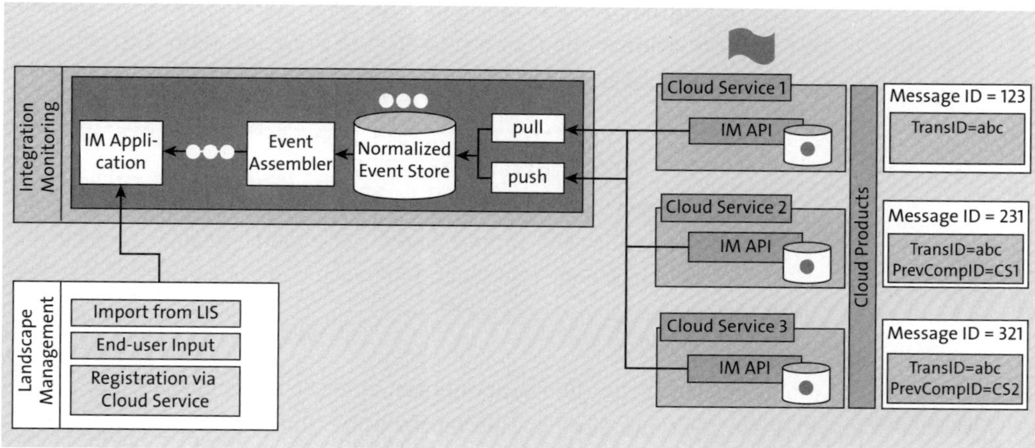

Abbildung 15.14 Integration Monitoring in SAP Cloud ALM

15.2 Testmanagement

Tests sind in der Softwarewelt unerlässlich und zwingend durchzuführen. Auch wenn Sie davon ausgehen können, dass Softwarehersteller wie SAP grundsätzlich umfangreiche Tests durchführen, bevor sie ein Produkt allgemein zugänglich machen, stellt das Zusammenspiel vieler Komponenten (darunter auch Schnittstellen) in Kundenlandschaften immer eine Herausforderung dar. Das Testen von Schnittstellen in verschiedenen Situationen ist Gegenstand dieses Abschnitts.

15.2.1 Anwendungsbereiche von Tests

Wann werden Schnittstellen getestet?

Zunächst gilt es grundsätzlich zu unterscheiden, ob es sich um Tests im Rahmen eines Implementierungsprojekts handelt oder um Regressionstest, d. h. sicherzustellen, dass Schnittstellen weiterhin funktionieren, wenn Änderungen stattgefunden haben. Änderungen können dabei durch Anpassungen oder funktionale Erweiterungen an Teilen der Schnittstelle selbst erfolgen (Sender, Middleware oder Empfänger) oder durch Veränderungen an der Landschaft, z. B. wenn ein System eine neue Version eingespielt oder ein Partner eine API erweitert hat. In diesem Abschnitt betrachten wir Tests daher aus verschiedenen Blickwinkeln, auch systemübergreifend und über die Tests, die während der Realisierung einer Schnittstelle durchgeführt wurden, hinausgehend. Solche sogenannten *Unit-Tests* beschränken sich meist auf die Verbindung zwischen den Systemen (*Connectivity*) und den Transformationen (*Mappings*). Unit-Tests stellen den Abschluss der initialen Entwicklung dar und verwenden, soweit vorhanden, bereits produktionsnahe Daten und Nachrichten, um dem Alltagsbetrieb möglichst nahe zu kommen.

[»]

Literatur zum Thema SAP-Testmanagement

Einen allgemeinen Einstieg und einen umfangreichen Überblick zum Thema Testmanagement im SAP-Umfeld finden Sie in »SAP-Testmanagement – Tests planen, entwickeln und durchführen« von Stefan Huber (SAP PRESS, 2015, siehe *www.sap-press.de/3879*).

Komponenten einer Schnittstelle

Abbildung 15.15 zeigt die Komponenten einer Schnittstelle, verteilt auf die beteiligen Systeme: Sender, Middleware und Empfänger. Sämtliche Komponenten einer Schnittstelle bedürfen eines oder mehrerer Tests, um zu bestätigen, dass die Funktionsweise korrekt implementiert ist. Insofern können und sollten Sie alle Komponenten einzeln entsprechenden Unit-Tests unterziehen und/oder die Gesamtheit aller Komponenten im Zusammenspiel in Form von Integrationstests prüfen.

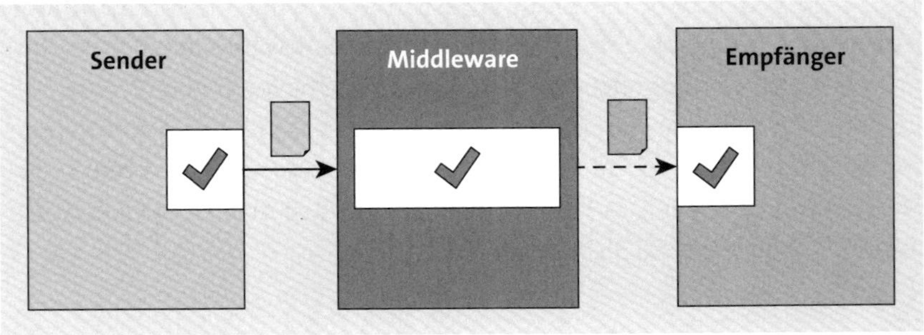

Abbildung 15.15 Schnittstellentests

Testkategorien

Die unterschiedlichen Arten von Tests können nach Quadranten gegliedert und entsprechenden Verfahren zugeordnet werden (siehe Abbildung 15.16). Diese Zuordnung ist unserer Erfahrung nach auch außerhalb von agilen Projekten sinnvoll. Die Testkategorien werden jeweils einer Verwendung zugeordnet und unterscheiden sich hinsichtlich der Qualitätskriterien, die durch den Fachbereich (obere Quadranten) bzw. die Technologie (untere Quadranten) definiert werden. Die linken Quadranten definieren, welche Testergebnisse (Code) erwartet werden, während die Tests auf der rechten Seite dazu beitragen zu verstehen, was entwickelt wurde. Die genaue Aufschlüsselung der Zuordnungen finden Sie unter *http://s-prs.de/v798274*.

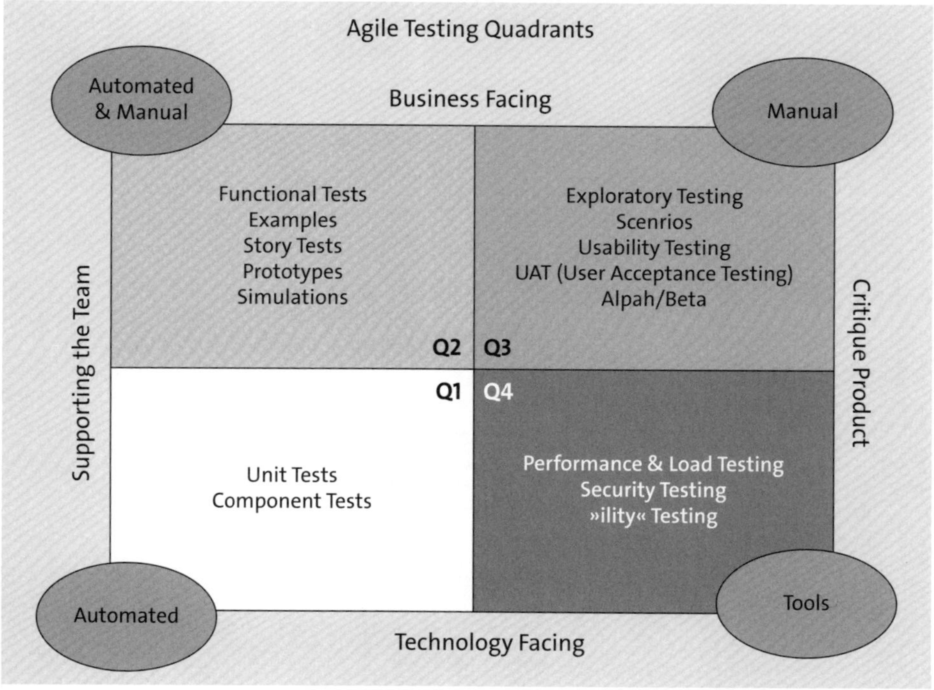

Abbildung 15.16 Quadranten für Softwaretests

Implementierungsprojekte

Im Rahmen eines Implementierungsprojekts werden Schnittstellen als Teilschritte von Geschäftsprozessen getestet. Mit Implementierungsprojekten meinen wir hier die Einführung einer Software für die Abbildung (betriebswirtschaftlicher) Geschäftsprozesse wie z. B. SAP S/4HANA. Wenn z. B. eine Bestellung in System A ausgelöst und an System B übertragen wird, können Sie das Ergebnis in System B überprüfen, meist sogar, ohne die Schnittstelle im Detail zu analysieren. Durch die Bestätigung des korrekten Ergebnisses (»Das Objekt wurde erfolgreich angelegt und alle Felder wurden korrekt befüllt«) wird die Funktionsweise der Schnittstelle implizit getestet. Diese Tests werden *Integrationstests* genannt. Sie erfolgen typischerweise in zwei Stufen, einmal als *System Integration Test* (SIT) und innerhalb von sogenannten *User Acceptance Tests* (UAT). Abbildung 15.17 zeigt einen Geschäftsprozess, der auch Schnittstellen beinhaltet. Im Rahmen von Tests werden somit die darin enthaltenen Schnittstellen auf die korrekte Funktion hin überprüft.

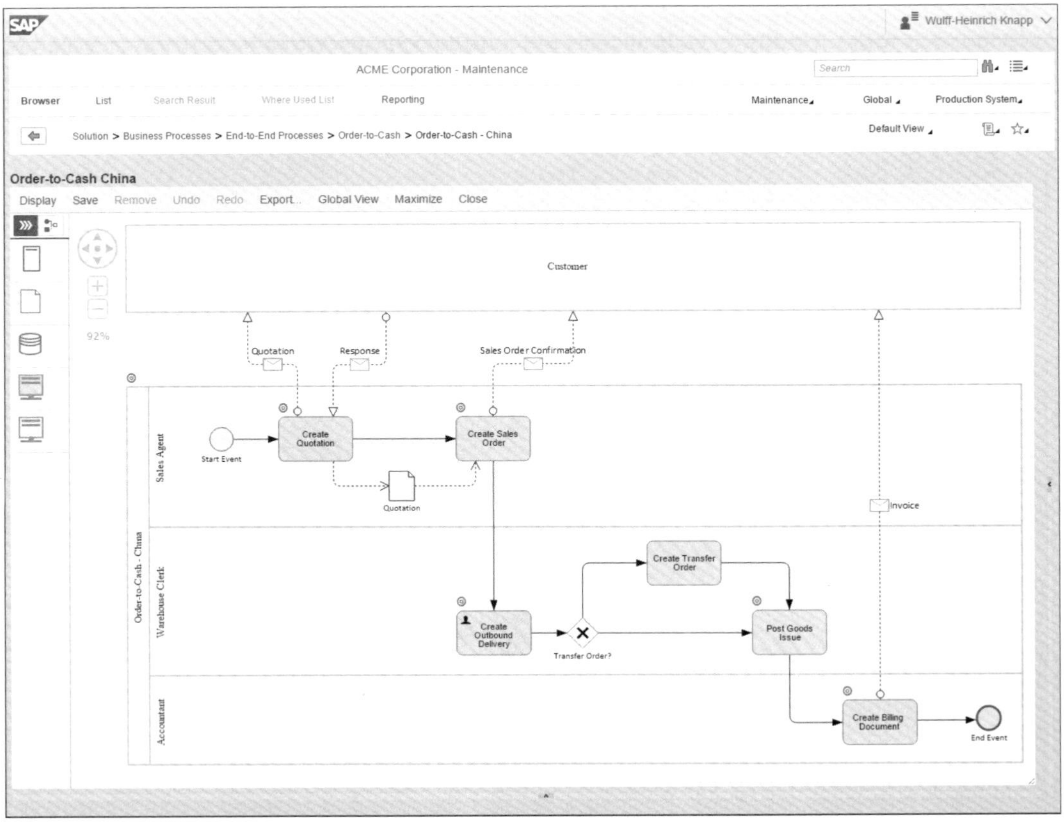

Abbildung 15.17 Prozessdokumentation im SAP Solution Manager

Testen von Fehlersituationen

Sie sollten sich jedoch nicht auf die erfolgreichen Situationen beschränken, sondern auch Fehlersituationen durchspielen, um das Verhalten im Fehlerfall zu überprüfen (z. B. durch das Anzeigen einer nachvollziehbaren Fehlermeldung oder die Benachrichtigung der zuständigen Personen über einen Alert, siehe Abbildung 15.18). Solche Negativtests stellen sicher, dass Fehlersituationen korrekt entdeckt und behandelt werden können. Zudem können Sie bereits in der Testphase Lösungen für die auftretenden Fehler definieren, z. B., indem Nachrichten periodisch wiederholt werden, wenn Fehler nur temporär auftreten (beispielsweise, wenn ein Stammdatenobjekt gerade durch einen Benutzer gesperrt wird).

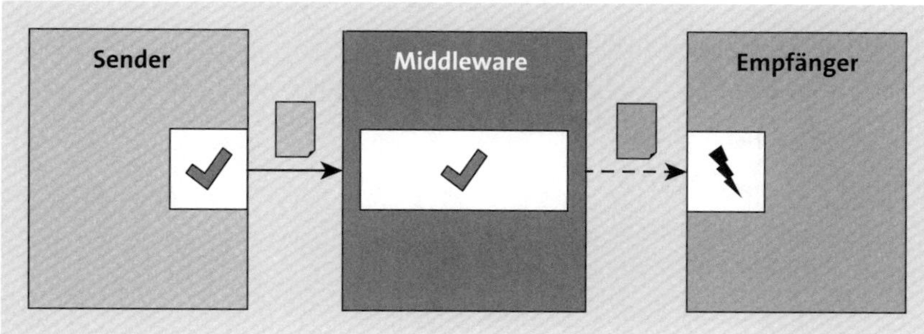

Abbildung 15.18 Fehlersituationen testen

Massentests

Versäumen Sie es nicht, auch Massentests (Last- und Performancetests) durchzuführen, da sich die Reaktion und Stabilität verändern kann, wenn eine große Datenmenge pro Nachricht bzw. eine hohe Anzahl von Nachrichten verarbeitet werden muss. Optimieren Sie die Performance der Schnittstelle, z. B. indem Sie das Mapping optimieren oder den Durchsatz der Nachrichten parallelisieren. Als Tools zum Testen von Massendaten eignen sich z. B. SOAP UI oder Postman. Dabei wird eine konfigurierbare Anzahl von Nachrichten parallel über eine konfigurierbare Anzahl von Threads an die Middleware gesendet und die Antwortzeiten der Übertragung protokolliert (siehe Abbildung 15.19). Dies ist bei der synchronen Kommunikation sinnvoll.

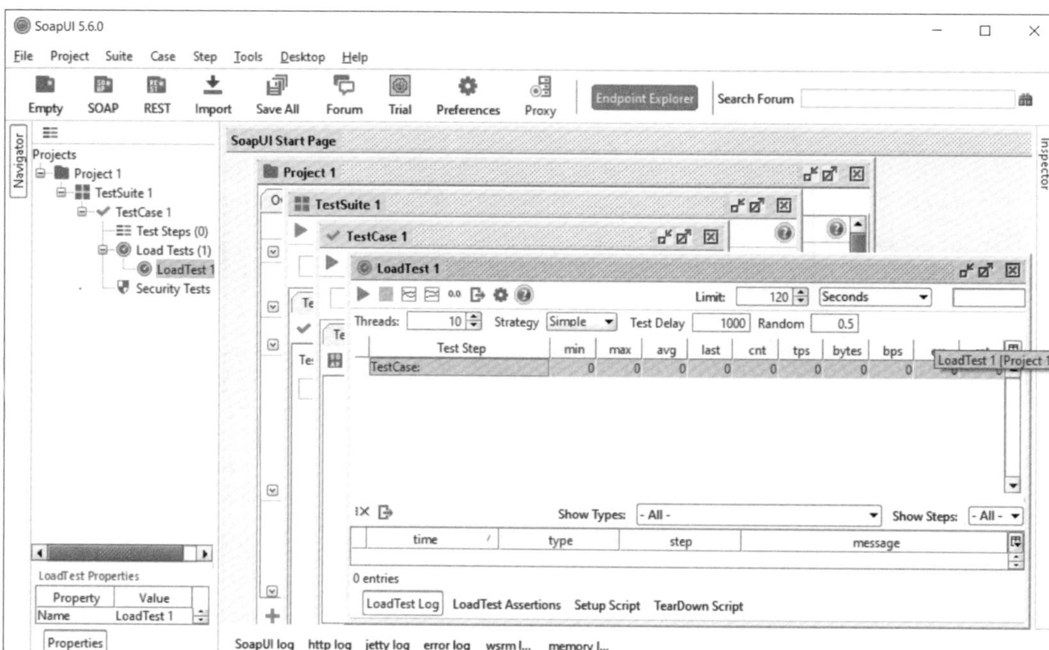

Abbildung 15.19 Massentests mit SOAP-UI-Lasttests

[»]

Weiterführende Informationen

Näheres zu Massentests mit SOAP UI und Postman finden Sie unter den folgenden Links:

http://s-prs.de/v798275

http://s-prs.de/v798276

15.2.2 Organisation und Verwaltung von Tests

Tests verwalten

Die Organisation und Durchführung von Tests im Allgemeinen erfolgt im SAP-Umfeld häufig über den SAP Solution Manager (siehe Abschnitt 17.1). In manchen Unternehmen werden aber auch Werkzeuge außerhalb des SAP-Systems verwendet, wie z. B. *Zephyr*. Häufig werden solche Werkzeuge in agilen Projekten eingesetzt, in denen mit *Atlassian Jira* zur Verwaltung von Softwareprojekten und Fehlersituationen gearbeitet wird (siehe Abbildung 15.20).

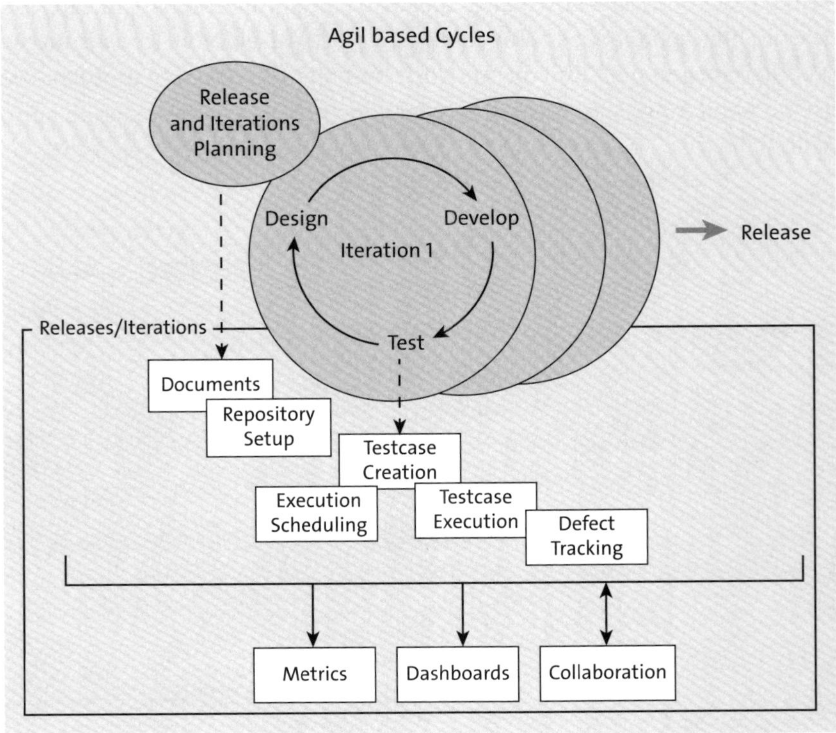

Abbildung 15.20 Agile Softwaretests mit Zephyr

In beiden Fällen werden Testfälle (Testcases) beschrieben, die durch die zuständigen Benutzer*innen (typischerweise aus dem Fachbereich) ausgeführt werden. Dort werden auch die Ergebnisse erfasst. Die Ausführung erfolgt meist manuell und umfasst nicht nur Implementierungsprojekte, sondern auch regelmäßig wiederkehrende Tests. Regelmäßige Tests erfolgen, sobald eine Änderung im Umfeld stattgefunden hat (Aktualisierung/ Veränderung eines der beteiligten Systeme hinsichtlich Software oder Prozessablauf).

Test-Suite im SAP Solution Manager

Abbildung 15.21 stellt den Ablauf im SAP Solution Manager dar. Gegenstand der Test-Suite ist die Bestimmung des Testumfangs, die Planung und Ausführung sowie die Auswertung der Testergebnisse. Dabei können Sie auch Automatisierungen vornehmen, indem Sie das Testautomatisierungs-Framework von SAP oder SAP-Partnern verwenden.

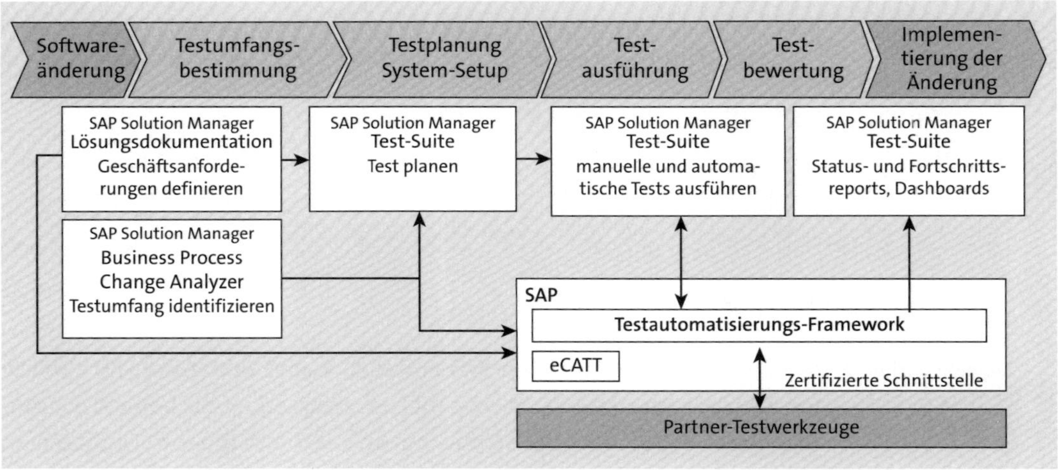

Abbildung 15.21 Aufbau der Test-Suite im SAP Solution Manager

15.2.3 Komponentenspezifische Tests

eCATT

Mit dem SAP-eigenen Testautomatisierungs-Framework *Extended Computer Aided Test Tool* (eCATT) lassen sich folgende Funktionen abbilden:

- Test von Transaktionen, Berichten und Szenarios
- Aufrufen von BAPIs und Funktionsbausteinen
- Testen von entfernten Systemen
- Überprüfung von Berechtigungen

- Testen von Aktualisierungen
- Testen der Auswirkungen geänderter Customizing-Einstellungen
- Prüfen von Systemnachrichten

Abbildung 15.22 zeigt den Prozessverlauf eines eCATT:

1. Sie definieren die Aktivitäten, die innerhalb des Projektrahmens getestet werden sollen.
2. In einem Systemdatencontainer definieren Sie die Systemumgebung für das Projekt.
3. Sie legen die Testskripte an.
4. Sie überprüfen die Daten, die für die Testausführungen erforderlich sind und geben die entsprechenden Daten in den Testdatencontainer ein.
5. Sie kombinieren die Testkonfigurationen anderer eCATT-Objekte.
6. Sie weisen Testkonfigurationen Testkatalogen und Testplänen zu. Die Konfigurationen weisen Sie einzelnen Benutzer*innen für das Testen zu.

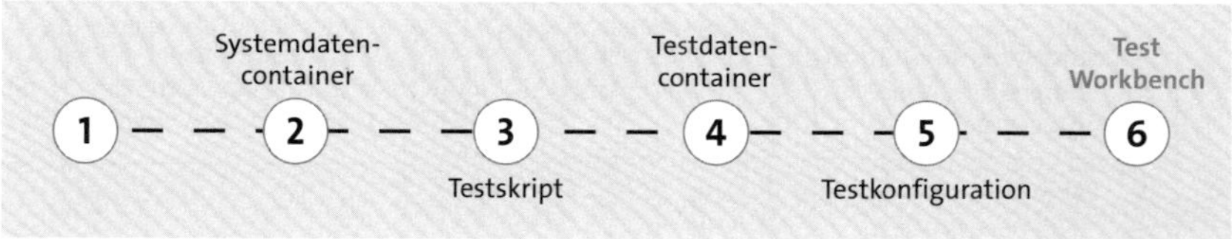

Abbildung 15.22 eCATT-Ablauf

SAP Application Interface Framework: Tests

Im Rahmen von Schnittstellentests sind eCATTs im Rahmen des SAP Application Interface Frameworks interessant (siehe Kapitel 12). Sie können Schnittstellentests somit automatisieren, indem Sie vordefinierte Testdaten in einem zentralen Repository hinterlegen, die in ein eCATT-freundliches XML-Format konvertiert werden und für eine regelmäßige Testdurchführung zur Verfügung stehen. Beachten Sie, dass damit jedoch nur die SAP-Schnittstelle der Anwendung getestet wird (z. B. ein eingehender ABAP-Proxy in SAP S/4HANA) und nicht die komplette Schnittstelle, die mit einer anderen Anwendung interagiert. Weitere Informationen finden Sie im SAP Help Portal unter *http://s-prs.de/v798277*

Kontinuierliches Testen

Insbesondere für regelmäßig wiederkehrende Tests bietet sich das automatisierte (kontinuierliche) Testen von Schnittstellen an. Dies kann sinnvoll sein, wenn das SAP-S/4HANA-System oder ein anderes beteiligtes System ein Update erhält. Hauptziel ist die Sicherstellung der korrekten Funktionsweise, um eine mögliche Regression zu verhindern. Kontinuierliche Tests erfolgen dabei periodisch manuell oder automatisiert. Ein kontinuierliches Testen findet auch in der *testgetriebenen Entwicklung* statt. Hierbei wird die Erstellung von Testfällen bereits vor Beginn der Entwicklung vorgenommen. Sie beschreiben das zu erwartende Ergebnis und die Realisierung in Form von Programmcode orientiert sich an diesen Vorgaben.

Testen von Cloud-Lösungen

Für Cloud-Lösungen wie SAP Cloud Integration stellt sich die Frage, ob ein monatliches Testen aller Schnittstellen realistisch ist, wenn ein Update von SAP Cloud Integration erfolgt. Insbesondere wenn Sie viele Schnittstellen betreiben, sollten Sie überlegen, ob dieser Aufwand zu leisten ist. SAP beschreibt im nachfolgenden Blog-Beitrag, wie interne Tests durchgeführt werden, um Regressionen zu vermeiden und vorhandene Schnittstellen nicht zu verändern: *http://s-prs.de/v798278*

Test als Service

SAP bietet Ihnen die Möglichkeit, mit einem sogenannten *Customer Test Service*, den Sie kostenpflichtig buchen können, um Ihre wichtigsten Integration Flows durch SAP testen zu lassen. Darüber hinaus können Sie Ihren SAP-Cloud-Integration-Tenant (sofern er nicht als produktiver Tenant eingestellt ist) als *Preview-Tenant* einstellen, um die Kompatibilität mit dem kommenden Release zu überprüfen. Dabei erfolgt die Aktualisierung ca. eine Woche vor dem eigentlichen Update. Somit können Sie notwendige Anpassungen rechtzeitig vornehmen, bevor der produktive Tenant aktualisiert wird. Weitere Informationen hierzu finden Sie unter *http://s-prs.de/v798279*.

Process Integration Test Tool

Eine weitere Möglichkeit der Automatisierung von Schnittstellentests bieten Lösungen wie das *SAP Process Integration Test Tool* (PIT). Es handelt sich um eine integrierte Funktionalität von SAP Process Integration 7.50 als Java-only-Version, die mit Support Package 14 ausgeliefert wird. Das Prinzip basiert auf dem Vergleich von Nachrichten vor und nach einer Änderung des Umfeldes: Erfolgreich verarbeitete Nachrichten werden gespeichert und nach einer weiteren Verarbeitung miteinander verglichen. Der Vergleich kann z. B. innerhalb eines SAP-Process-Orchestration-Systems (z. B. vor und nach dem Einspielen eines Support Packages in der Middleware oder in einem beteiligten SAP-System) oder systemübergreifend erfolgen, z. B. bei einem Releasetransfer von SAP PI 7.31 nach SAP PO 7.50. Abbildung 15.23 stellt den Ablauf schematisch dar. Als Quellsystem kann sowohl eine Advanced Adapter Engine dienen, d. h. eine nur im Java-Stack bereitgestellte Schnittstelle, als auch ein Integration Server, also eine auf ABAP basierende SAP-Process-Integration-Schnittstelle.

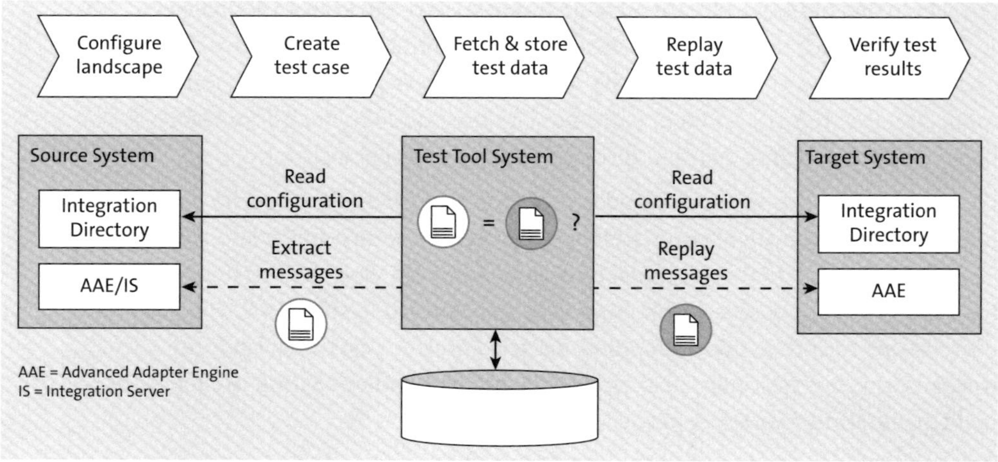

Abbildung 15.23 Schematische Darstellung des SAP Process Integration Test Tools

Vergleichsumfang

Die Nachrichten werden in ihrer Gänze verglichen; dazu gehören neben der Payload auch Metadaten wie Message-Header und Anhänge. Sie können Teile der Nachricht vom Vergleich ausschließen (dies ist sinnvoll, wenn es sich um generierte Daten wie Zeitstempel handelt, die im Mapping erzeugt werden).

Grenzen des PIT

Die Einschränkung der Lösung besteht darin, dass nur Nachrichten aus der Datenbank der Middleware miteinander verglichen werden können. Eine Nachricht wird gegebenenfalls durch die Kommunikationskanäle auf Sender- oder Empfängerseite verändert (Konvertierung im Adapter oder im Adaptermodul, z. B. von CSV nach XML). Diese kommunika-tionsprotokoll- und nachrichtenspezifischen Konvertierungen werden durch das PIT nicht berücksichtigt; es werden ausschließlich das Mapping und das Routing von Nachrichten miteinander verglichen.

[»]

Weiterführende Lektüre zum Testmanagement von Schnittstellen

Zum Thema Testmanagement empfehlen wir Ihnen das E-Bite »Testing SAP APIs: Strategy and Execution« von SAP PRESS (siehe *https://www.sap-press.com/5133*). Es umfasst eine detaillierte Betrachtung der Tests von Schnittstellen im SAP-Umfeld.

15.2.4 Testwerkzeuge

Testwerkzeuge für Schnittstellenkomponenten

Zusammenfassend können wir hinsichtlich der Zuordnung von Schnittstellenkomponenten zu den Quadranten der Testkategorien von Abbildung 15.16 festhalten, dass Sie mit automatisierten Tests wie PIT für SAP

Process Orchestration und eCATT für das SAP Application Interface Framework die einzelnen Komponenten einer Schnittstelle abdecken können (Quadrant Q1, Unit- und Komponententests). Massentests lassen sich mit zusätzlichen Werkzeugen, wie z. B. SOAP UI oder Postman realisieren und decken den Quadranten Q4 mit Performance- und Lasttests ab. Im Rahmen von Prozess- und szenarioorientierten Tests werden Schnittstellentests als Folge funktionaler Testautomatisierungen ebenfalls zum Teil automatisiert ausgelöst (Quadrant Q2 mit funktionalen Tests und Quadrant Q3 mit User-Akzeptanztests). Für die Quadranten Q2 und Q3 empfehlen wir den Einsatz von Teststeuerungslösungen wie der Test-Suite des SAP Solution Managers. Abbildung 15.24 zeigt eine Übersicht der Werkzeuge im Schnittstellenumfeld, bezogen auf die automatisierbaren Tests der Schnittstellenkomponenten sowie die Organisation der oft manuellen Testfälle. Die dort dargestellten eCATTs in SAP-Systemen können dabei nicht nur als Empfänger, sondern auch als Sender fungieren.

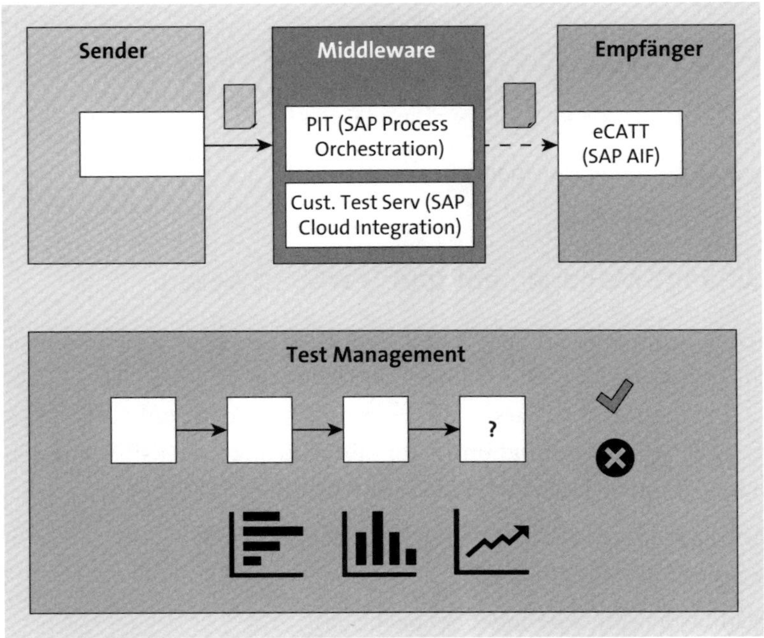

Abbildung 15.24 Testwerkzeuge

SAP- und Nicht-SAP-Tests

Zuletzt möchten wir noch auf die Partnerschaft zwischen SAP und der Firma Tricentis hinweisen. Sie ergänzt das SAP-fokussierte Portfolio um eine Nicht-SAP-Sicht und berücksichtigt vor allem auch das automatisierte Testen von Lösungen, die nicht von SAP angeboten werden, darunter z. B. Microsoft-Office-Produkte und Salesforce (siehe Abbildung 15.25). Nähere Informationen finden Sie unter: *http://s-prs.de/v798280*

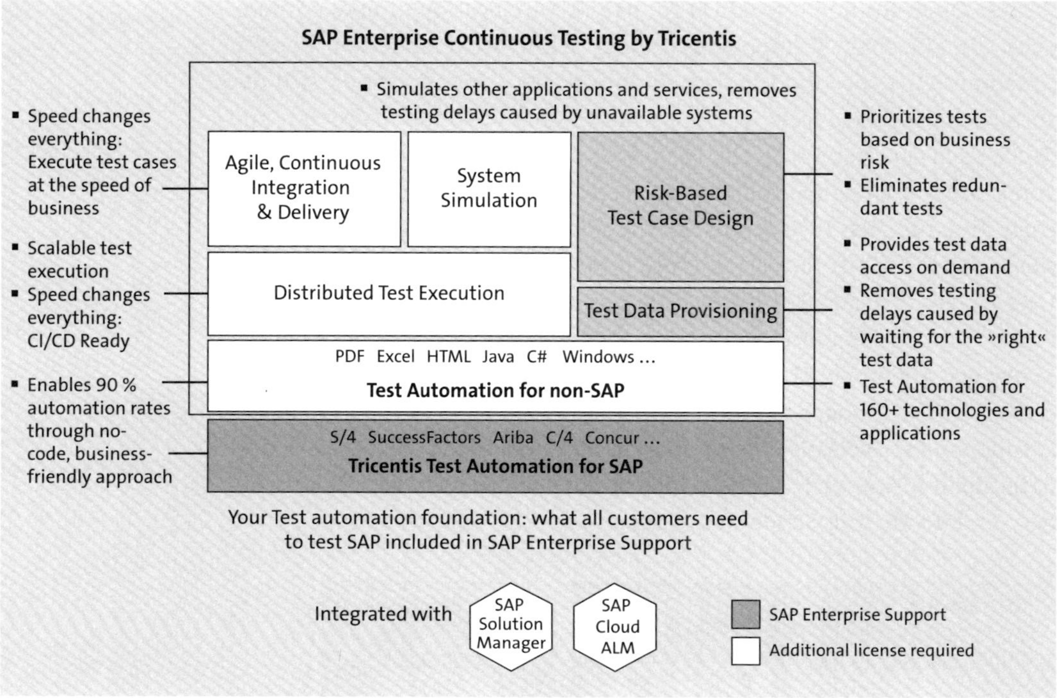

Abbildung 15.25 Test Automation mit Tricentis

15.3 Change Management und Transportwesen

In diesem Abschnitt verstehen wir das Change Management im Sinne der *Information Technology Infrastructure Library* (ITIL) als einen Prozess, der das Ziel hat, sämtliche Anpassungen (hier mit dem Fokus auf Schnittstellen) kontrolliert, effizient und unter der Minimierung von Risiken für den Betrieb bestehender Geschäftsprozesse durchzuführen.

Diese Anpassungen beinhalten, vereinfacht dargestellt, sechs verschiedene Phasen (siehe Abbildung 15.26):

1. Aufnahme der Anforderung (*Change Request*)
2. Implementierung, d. h. Entwicklung bzw. Anpassung der Schnittstelle
3. Transport der Implementierung
4. Test der Implementierung
5. Transport der Implementierung
6. Inbetriebnahme der Implementierung

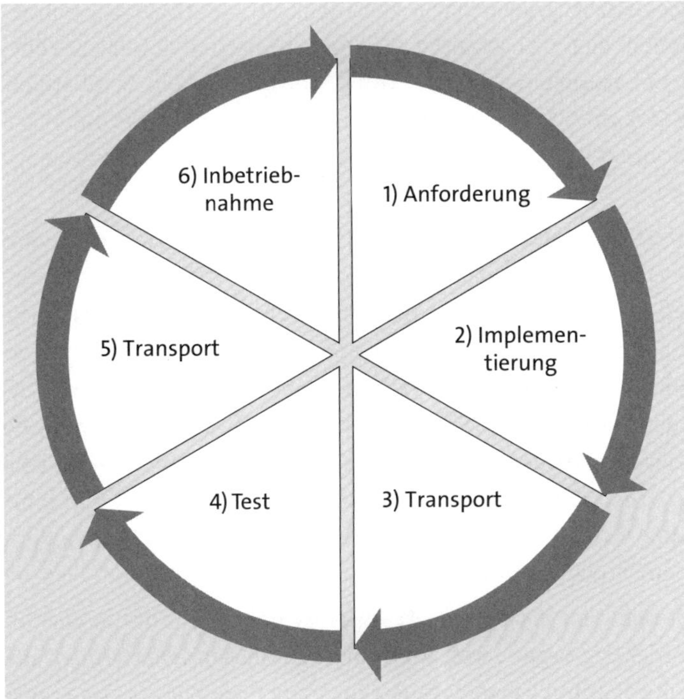

Abbildung 15.26 Vereinfachter Aufbau eines Change-Management-Zyklus

Das Transportwesen ist dabei ein (technischer) Mechanismus, um die Version einer Schnittstelle kontrolliert vom Entwicklungssystem über das/die Qualitätssicherungssystem(e) in das Produktivsystem zu bringen (siehe Abbildung 15.27).

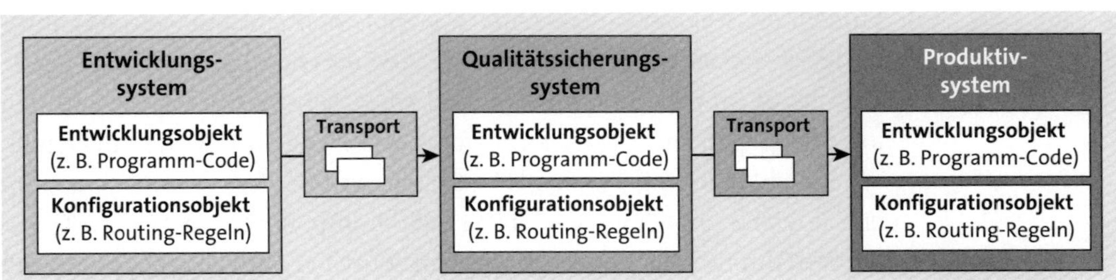

Abbildung 15.27 Transport von Software

15.3.1 Neuentwicklung einer Schnittstelle

Der Lebenszyklus einer Schnittstelle beginnt mit einer Anforderung, die hauptsächlich die Automatisierung eines anwendungsübergreifenden Geschäftsprozesses betrifft. Dies erfolgt (neben der Konfiguration fertiger Standardschnittstellen, siehe Abschnitt 1.3, »SAP-Schnittstellenbibliotheken«) durch die Formulierung einer Anforderung, meist durch den Fachbereich, in Form eines Dokuments oder Formulars, das die zu transferierenden Daten und den Kontext beschreibt (siehe Abschnitt 14.2.7, »Namenskonventionen und Dokumentation«).

Transport von DEV nach QAS

Nach der Fertigstellung der Schnittstelle erfolgt meist ein Transport vom Entwicklungssystem (DEV) in das nachgelagerte Test- bzw. Qualitätssicherungssystem (QAS). Auch haben wir einige Unternehmen kennengelernt, die ihre Entwicklungen und Tests aus Ressourcengründen in einem System verwalten. Von dieser Vorgehensweise raten wir ab, da Sie später keine Änderungen an den vorhandenen Schnittstellen durchführen können, ohne gegebenenfalls laufende oder automatisierte Tests zu beeinträchtigen (siehe Abschnitt 15.2, »Testmanagement«). Dieser Transport erfolgt meistens für eine Entwicklung, die nicht nur in der Middleware durchgeführt wurde, sondern auch in den beteiligten Systemen.

Change Request Management

Hier empfiehlt sich der Einsatz eines Werkzeugs, das nicht nur die Verwaltung der Anforderung organisiert, sondern auch die Transporte über alle beteiligten Komponenten hinweg steuert und synchronisiert in das Transportziel überführt. SAP bietet mit dem Change Request Management eine Lösung als Teil des SAP Solution Managers an (siehe Abschnitt 17.1). Abbildung 15.28 beschreibt den Ablauf und die Rollen, die typischerweise zum Einsatz kommen. Sie können jedoch auch eigene Rollen definieren und den Workflow entsprechend erweitern.

Der Anforderer (Requester) erstellt einen *Request for Change* (RfC) und dokumentiert, welcher Geschäftsprozess implementiert und welche Schnittstelle entwickelt werden soll. Der verantwortliche Change Manager (z. B. Teamleiter*in) genehmigt diesen und weist dem Entwicklungsteam den RfC (Developer) zu. Dort wird ein Transportauftrag im DEV-System erstellt. Erfolgt die Änderung in einem SAP-System und ist dieses via CTS angebunden, lesen Sie unbedingt Abschnitt 15.3.4, »Komponentenspezifische Transportverfahren«. Das Entwicklungsteam führt die Entwicklung durch und gibt die Änderung frei, damit sie ins QAS-System transportiert werden kann. Anschließend erfolgen der Test und die erfolgreiche Bestätigung durch die Tester*innen. Im Falle von Fehlern können die Testenden den Change wieder an die Entwicklung zurückgeben, damit eine Korrektur durchgeführt werden kann. Wenn der Test erfolgreich war, gibt der Change Manager den Change für den Transport in das Produktivsystem frei. Ein automatischer

Batch-Job importiert den Transport zu einem vorgegebenen Zeitpunkt. Dabei können Sie mehrere Changes gleichzeitig in Betrieb nehmen, z. B. wenn eine Schnittstelle in SAP Process Orchestration, in SAP Cloud Integration und in SAP S/4HANA parallel aktiviert werden soll.

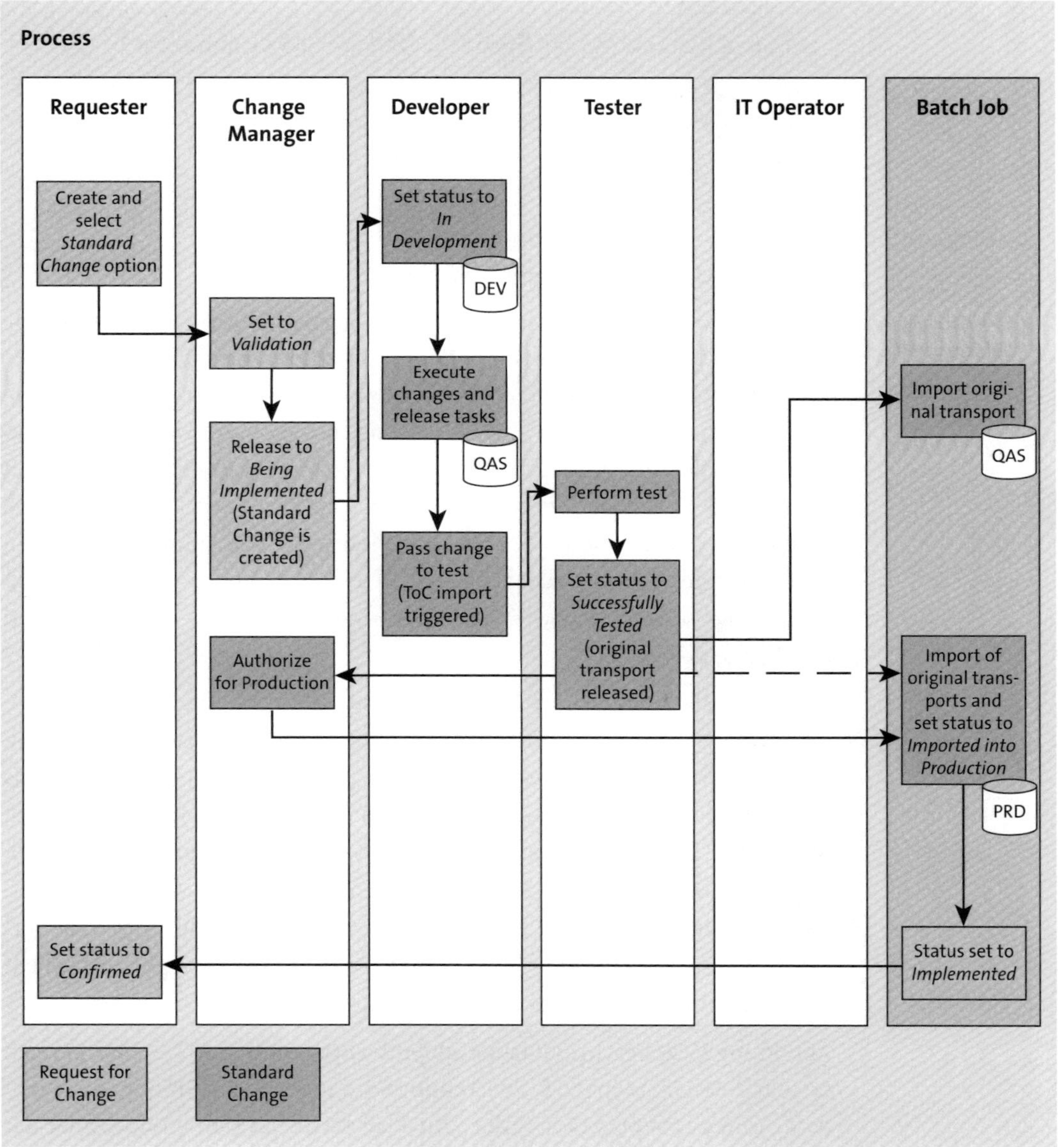

Abbildung 15.28 Change-Request-Management-Prozess

Genehmigungsverfahren für Changes

Damit werden Sie in die Lage versetzt, einen Workflow mit Genehmigungsverfahren abzubilden, den Change zu dokumentieren, ihn kontrolliert von einer Landschaft in die nächste zu transportieren und ihn entsprechend in Betrieb zu nehmen. Dies gilt sowohl für Einführungsprojekte und Roll-outs, z. B. wenn das SAP-System in einem neuen Land implementiert wird, aber auch für die Änderung von Schnittstellen.

[»]

Change Request Management im Wiki der SAP Community

Weiterführende Informationen zum Change Request Management finden Sie im SAP Community Wiki unter dem folgenden Link: *http://s-prs.de/v798281*

15.3.2 Änderung einer Schnittstelle

Erweiterung vs. Fehlerkorrektur

Die Änderung einer Schnittstelle können Sie ebenfalls mithilfe des Change Request Managements implementieren. Die Änderung kann sich auf mehrere Systeme erstrecken und muss nicht zwangsläufig nur in der Middleware implementiert werden. Bei einer Änderung wird typischerweise unterschieden, ob es sich um eine funktionale oder technische Erweiterung handelt oder ob ein Fehler korrigiert werden soll. Erweiterungen können z. B. aus einem Roll-out resultieren, z. B. wenn landesspezifische Anforderungen umgesetzt werden müssen oder rein technischer Natur sind, z. B. wenn eine angebundene Anwendung wie Salesforce eine Schnittstelle deaktiviert und durch eine neue ersetzt.

Incident Management

Fehler werden hier idealerweise durch Incidents gemeldet. Nicht jeder Incident hat einen Change zur Folge, z. B. wenn der Incident durch eine organisatorische Maßnahme gelöst werden kann. Jedoch sollte ein Change, der aus einem Fehler resultiert, jeweils aus einem Incident hervorgehen. Dies hat den Vorteil, dass Sie den Kontext und die Ursache bzw. die geschäftsrelevanten Auswirkungen auf den Fehler dokumentieren und für die Zukunft festhalten. Zudem muss der Change Request nicht erst ausführlich erläutert werden, da die Entstehungsgeschichte bereits durch den Incident vorliegt und nur der Lösungsansatz definiert werden muss.

Abbildung 15.29 beschreibt (stark vereinfacht) den Ablauf: Der Fachbereich erstellt einen Incident (z. B. »Bestellung wird nicht an Lieferant 4711 versendet«), und der Support analysiert ihn. Falls tatsächlich eine Anpassung der Schnittstelle erfolgen muss, erstellt der Support einen Change Request, der durch die Entwickler*innen bearbeitet und entsprechend des Change-Request-Management-Workflows implementiert wird.

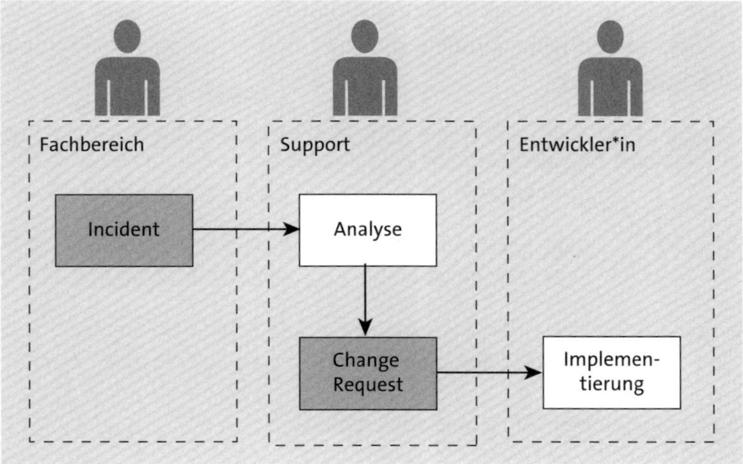

Abbildung 15.29 Incident Management

Bei Erweiterungen sollten Sie darauf achten, dass Sie Ihre Änderungen abwärtskompatibel durchführen, sofern dies technisch möglich ist. Dies ist vor allem dann wichtig, wenn Sie nicht sicher wissen, wer diese Schnittstelle verwendet (z. B. welches System den Aufruf einer API durchführt oder wenn Sie Daten als Datei bereitstellen). Eine kompatible Erweiterung einer Schnittstellendefinition bedeutet, dass vorhandene Felder nicht umbenannt und neue Felder nicht als erforderliche Felder definiert werden dürfen. Damit ermöglichen Sie eine maximale Kompatibilität mit unterschiedlichen Partnern, und der Umstieg erfolgt für die aufrufenden Systeme nicht »hart« (z. B. indem Sie einen Syntaxfehler beim Aufruf mit einem fehlenden Feld erhalten), sondern kann »sanft« erfolgen. Die bisherige Schnittstelle funktioniert weiter, und wenn die Aufrufer*innen ein neues, zusätzliches Feld befüllen, erhalten sie künftig eine umfangreichere Antwort. Falls eine kompatible Erweiterung nicht möglich ist und beide Schnittstellen unterstützt werden sollen, entsteht eine Koexistenz zweier Versionen einer Schnittstelle (siehe Abschnitt 15.3.3, »Versionierung und Verwaltung«).

Kompatible Erweiterungen

15.3.3 Versionierung und Verwaltung

Notwendigkeit von Versionen

Eine Versionierung von Schnittstellen ist immer dann erforderlich, wenn eine zusätzliche Funktionalität bereitgestellt wird, die mit der vorherigen Version nicht kompatibel ist. Das kann sowohl die Struktur der Schnittstelle betreffen als auch die Funktionalität der Verarbeitung (z. B. das Mapping oder das Routing). Dabei werden zwei (oder mehr) Versionen einer Schnittstelle erstellt, die de facto unterschiedliche Objekte darstellen. Häufig handelt es sich um eine Kopie des ursprünglichen Objekts unter der Verwendung eines neuen (sehr ähnlichen) Namens (z. B. neuer IDoc-Typ bei IDocs, siehe Tabelle 15.1).

Kategorie	Alte Version	Neue Version
IDoc	ORDERS.ORDERS04	ORDERS.ORDERS05
BAPI	BAPI_SALESORDER_CREATEFROMDATA	BAPI_SALESORDER_CREATEFROMDAT2
SOAP-Webservice	SalesOrderERPCreateRequestConfirmation_In_V1	SalesOrderERPCreateRequestConfirmation_In_V2

Tabelle 15.1 Versionen von SAP-Schnittstellenobjekten

SAP API Management

In *SAP API Management* (siehe Kapitel 7) erfolgt die Versionierung von APIs über einen Kopiermechanismus. Die Version ist zunächst optional und wird, sofern verwendet, sowohl als Suffix Teil des Namens als auch als Präfix Teil der URL (siehe Abbildung 15.30).

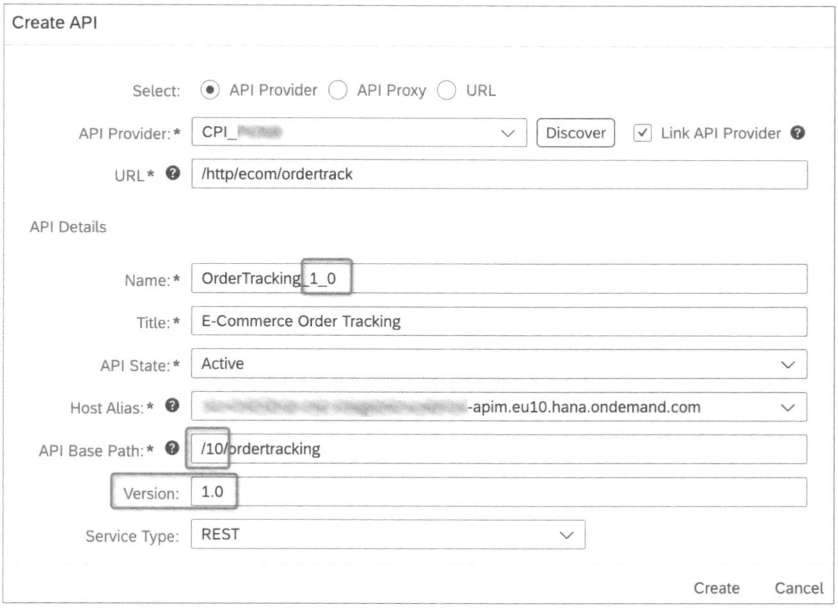

Abbildung 15.30 API mit Version anlegen

Wenn Sie eine neue Version zu einer bestehenden API mit vorhandener Versionierung anlegen möchten, können Sie im API Portal die Funktion **New Version** verwenden (siehe Abbildung 15.31). Diese kopiert den vorhandenen API-Proxy samt der darin enthaltenen Konfigurationen und Policys.

Dieses Vorgehen ermöglicht es Ihnen, einen Parallelbetrieb der alten und Version zu implementieren, wobei Sie natürlich auch die Freiheit haben, in der neuen Version einen anderen API Provider zu verwenden.

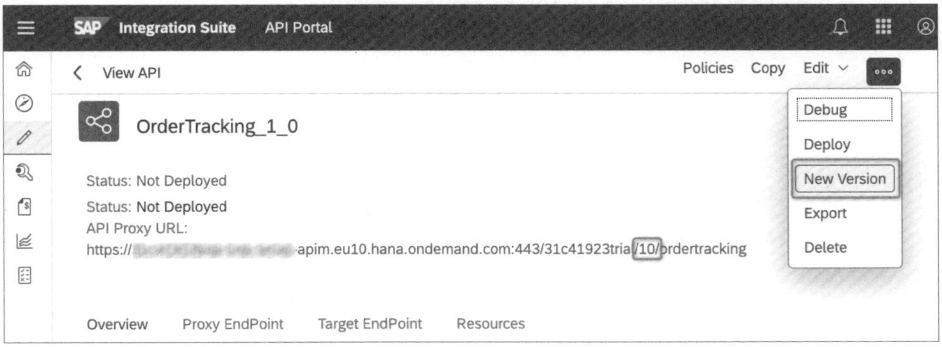

Abbildung 15.31 Neue API-Version erzeugen

Historie

Verwechseln Sie jedoch die Versionierung nicht mit einer Historie: Eine Historisierung von Schnittstellen bietet Ihnen die Möglichkeit, einen älteren, zuvor gespeicherten Zustand eines Objekts zu betrachten, so z. B. in SAP Cloud Integration (siehe Kapitel 6), wenn Sie ein Objekt mithilfe der Funktion **Save as version** speichern. Anschließend haben Sie die Möglichkeit, sich die historischen Versionen anzusehen oder sie zu reaktivieren (siehe Abbildung 15.32).

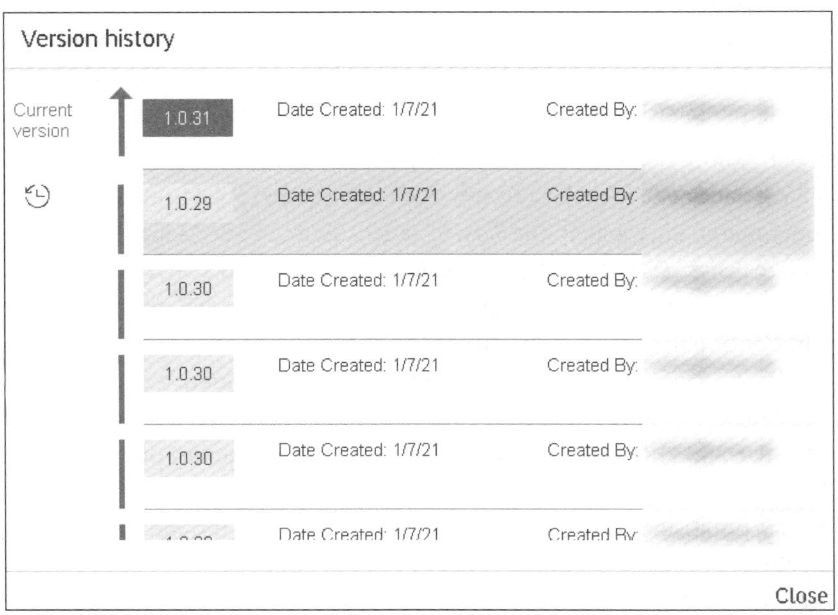

Abbildung 15.32 Versionshistorie in SAP Cloud Integration

SAP Process Orchestration

In SAP Process Orchestration (siehe Kapitel 5) erfolgt die Versionierung ebenfalls über einen Kopiermechanismus. Sie haben die Möglichkeit, die Objekte einer bestehenden Softwarekomponentenversion im Enterprise Service Repository (ESR) über einen Transfer in eine neue Version zu kopieren und dort anzupassen (siehe Abbildung 15.33).

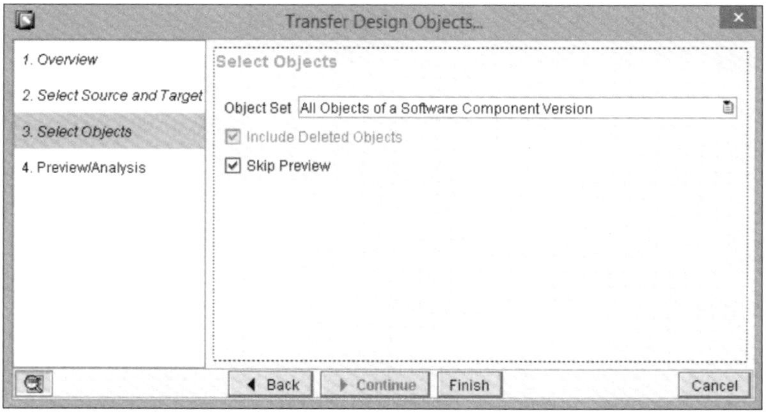

Abbildung 15.33 Transfer von ESR-Objekten in SAP Process Orchestration

Dieses Vorgehen ist jedoch nicht für einen Parallelbetrieb von Schnittstellen zu empfehlen, da die Version nur ein Attribut darstellt und nicht Teil des Objektnamens wird. Falls Sie zwei Versionen einer Schnittstelle parallel betreiben müssen, legen Sie eine Kopie an und konfigurieren somit eine weitere Schnittstelle. Zusätzlich steht Ihnen mit jeder Aktivierung eines Schnittstellenobjekts in SAP Process Orchestration eine Historie zur Verfügung, die Ihnen den Vergleich oder den Wechsel auf eine ältere Version ermöglicht.

Git und CI/CD

In den Komponenten der SAP Business Technology Platform (SAP BTP) wird die Verwaltung des Quellcodes bzw. der Entwicklungsobjekte als Oberbegriff zunehmend über einen *Git-Service* (auch Source-Code-Management-System) realisiert. Das ist ein standardisierter Dienst, der z. B. von Anwendungen wie GitHub oder Bitbucket angeboten wird. Dabei werden auch Konzepte von *Continuous Integration* (CI) und *Continuous Delivery* (CD) verwendet, die das Zusammenspiel von Entwickler*innen organisieren, die gemeinsam eine Softwarelösung realisieren. Abbildung 15.34 stellt den Prozess schematisch dar: Ein Entwickler oder eine Entwicklerin (Developer) publiziert eine Code-Änderung an den Git-Service. Dieser Vorgang triggert einen CI-Server, der automatisierte Paketierungen (*Builds*) und Tests durchführt und das Ergebnis (Feedback) an den Entwickler bzw. die Entwicklerin zurücksendet. Dies automatisiert und organisiert möglicherweise auftretende Konflikte, wenn Quelltexte größerer Softwareprojekte von mehreren Entwickler*innen parallel bearbeitet werden.

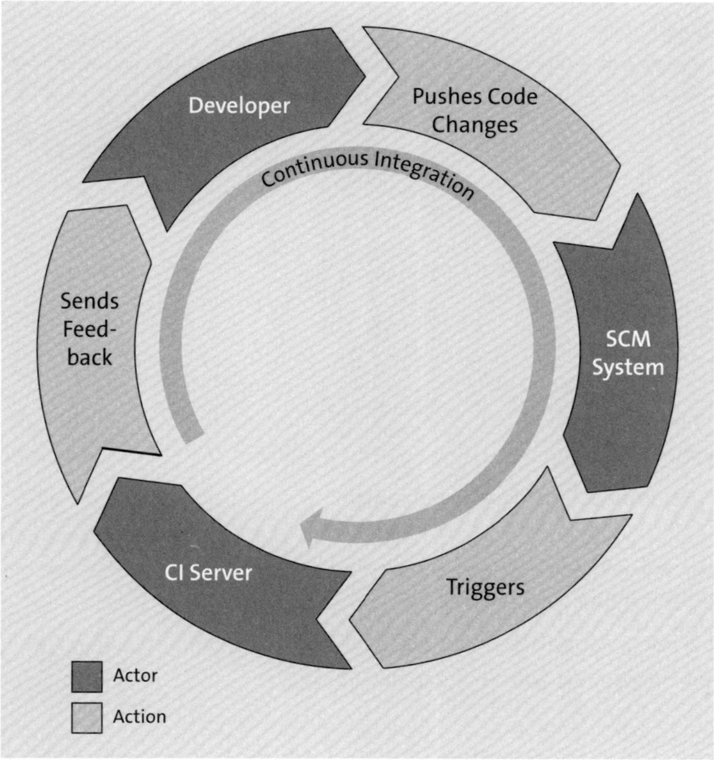

Abbildung 15.34 Schematische Darstellung von Continuous Integration

Continuous Delivery organisiert dabei die Bereitstellung (das Deployment) erfolgreich durchgelaufener CI-Phasen als Release für die Produktivumgebung (siehe Abbildung 15.35).

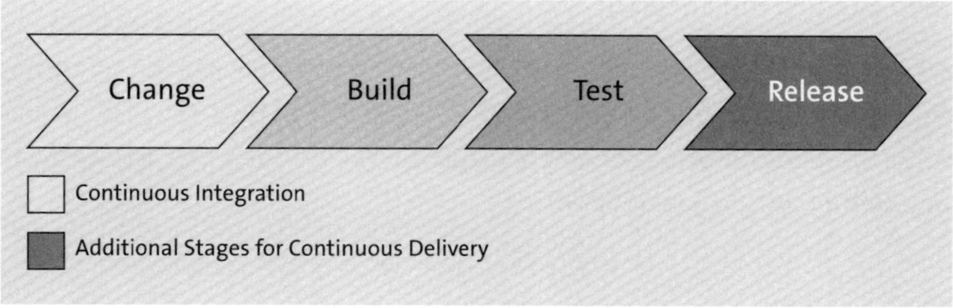

Abbildung 15.35 Schematische Darstellung von Continuous Delivery

Project Piper

SAP stellt mit *Project Piper* vorkonfigurierte Pipelines in Jenkins bereit. Dabei handelt es sich um Automatisierungen, die entsprechend durchlaufen werden, um die Lösung nach erfolgten Tests in der Produktion bereitzustellen (siehe Abbildung 15.36).

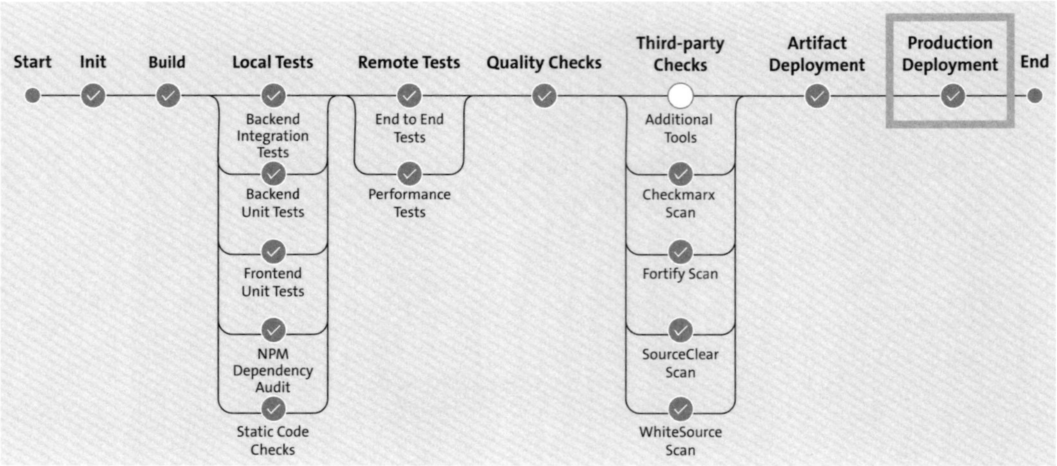

Abbildung 15.36 Project Piper Pipeline in Jenkins

[»]

Project Piper bei SAP

Weiterführende Informationen zu Project Piper finden Sie unter dem folgenden Link: *https://sap.github.io/jenkins-library/*

Aktuell verwenden nur ausgewählte SAP-Produkte die Konzepte von CI/CD, darunter das *SAP Cloud Application Programming Model* (siehe *http://cap.cloud.sap*). Wir halten die Konzepte jedoch für sehr nützlich und gehen davon aus, dass auch die Komponenten der SAP Integration Suite davon profitieren werden. Natürlich können wir zu diesem Zeitpunkt keine Aussage über die Bereitstellung dieser Funktionalität in der SAP Integration Suite machen (Stand: Frühjahr 2021).

[»]

Continuous Integration/Continuous Delivery bei SAP

Weiterführende Informationen zu CI/CD bei SAP finden Sie in diesem Blog-Beitrag: *http://s-prs.de/v798282*

15.3.4 Komponentenspezifische Transportverfahren

Transporte sind immer notwendig, wenn Sie ein Schnittstellenobjekt vom Entwicklungs-, über das Test- in das Produktivsystem bewegen möchten. Dies erfolgt im Rahmen des Change Request Managements automatisch. Aber auch wenn Sie keinen Change-Request-Management-Prozess implementiert haben, müssen Sie Änderungen über die Landschaft transportieren.

CTS+

Die primäre Methode *Enhanced Change and Transport System* (CTS+), die auch im Change Request Management zum Einsatz kommt, kann auch direkt verwendet werden, darunter in den SAP-Middleware-Komponenten SAP Process Orchestration und SAP Cloud Integration.

Dies setzt jedoch voraus, dass Sie eine hybride Landschaft betreiben und z. B. über einen SAP Solution Manager verfügen, da CTS+ in ABAP implementiert ist.

SAP-Cloud-Integration-Transporte

Für SAP Cloud Integration stehen Ihnen darüber hinaus folgende Verfahren zur Verfügung:

- *Manueller Export und Import*: Diese Option bieten nahezu alle Middleware-Komponenten. Wir sprechen hier nicht von Transporten im eigentlichen Sinne, da die Benutzer*innen den Transfer der Objekte selbst durchführen.
- *MTAR-Download*: Diese Option stellt als *Multi-Target Application Archive* (MTAR) innerhalb von SAP Cloud Integration nur den Export von Entwicklungsobjekten dar. Das Deployment in der Zielumgebung muss mithilfe von CTS+ erfolgen.
- *Transport Management Service*: Die Methode des Transport Management Service stellen wir nachfolgend ausführlicher vor, da es sich um ein vom SAP Solution Manager unabhängiges Transportverfahren handelt.

SAP Cloud Transport Management

SAP Cloud Transport Management ermöglicht Ihnen einen direkten Transport als reines Cloud-Szenario zwischen verschiedenen SAP-Cloud-Integration-Tenants (siehe Abbildung 15.37). Dabei wird der Service in Cloud Foundry bereitgestellt, und Sie erstellen über Destinationen die Verbindung zu den SAP-Cloud-Integration-Laufzeitumgebungen her, damit der Transport im Zielsystem importiert und bereitgestellt werden kann (siehe Abbildung 15.37).

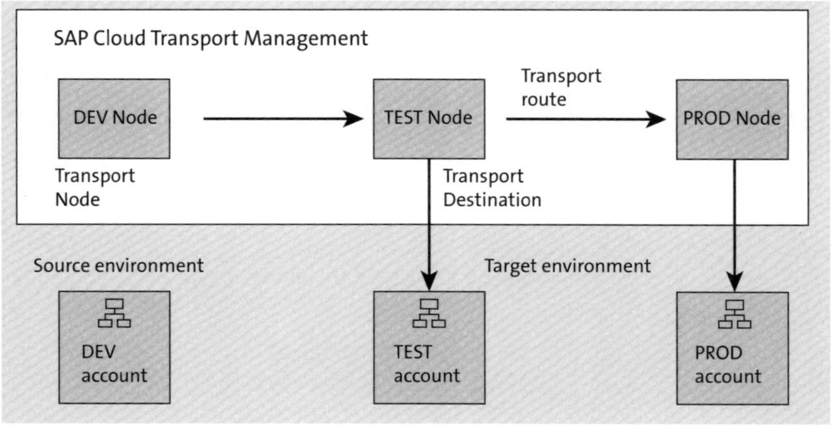

Abbildung 15.37 SAP Cloud Transport Management

In der SAP-Cloud-Integration-Konfiguration müssen Sie das Verfahren entsprechend einstellen und können hier auch die Korrektheit der Einstellungen überprüfen (siehe Abbildung 15.38). Unabhängig vom konfigurierten Transportmodus können Sie weiterhin Integration Content aus Ihrem SAP-Cloud-Integration-Tenant heraus exportieren.

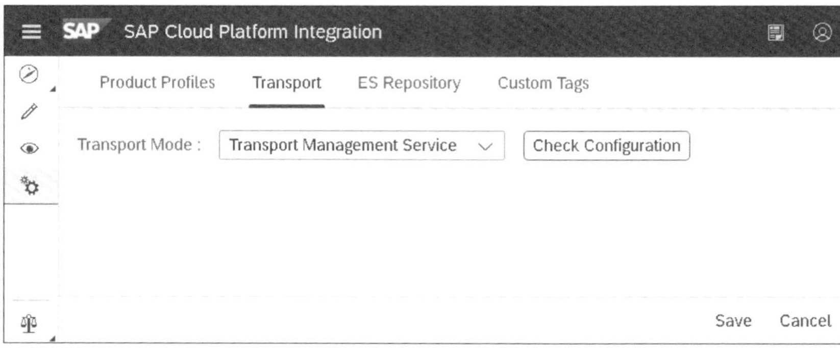

Abbildung 15.38 SAP-Cloud-Integration-Transportverfahren

SAP API Management stellt kein integriertes Transportverfahren zur Verfügung, jedoch existieren APIs, mit deren Hilfe Sie eine Automatisierung implementieren können (siehe Abbildung 15.39).

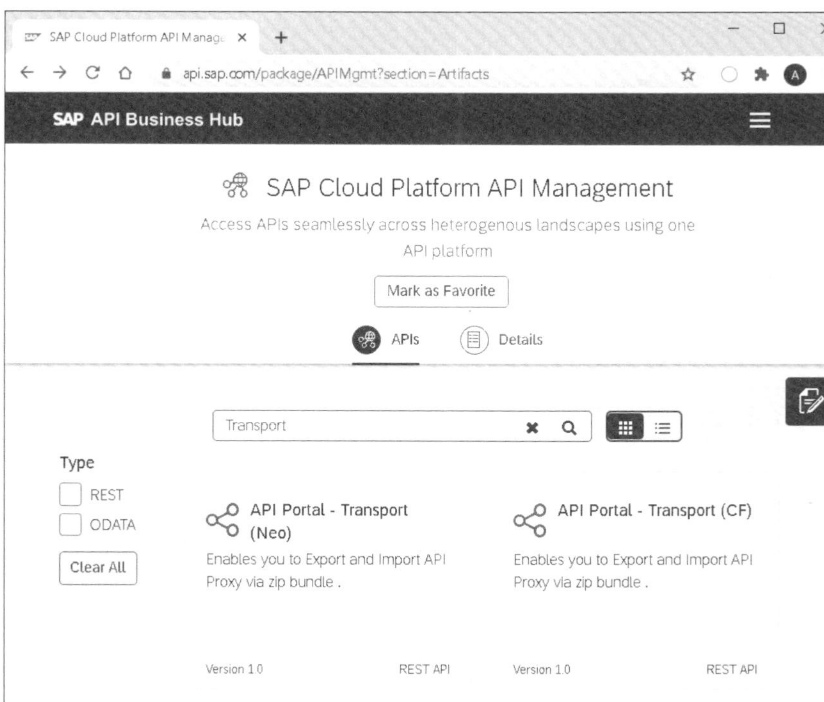

Abbildung 15.39 Transport von API-Management-Proxys

Alternativ stehen auch SAP-Partnerlösungen bereit, die dies unterstützen. Manche Unternehmen, die ohnehin schon CI/CD für ihre Transporte verwenden, integrieren so auch die mit der Anwendung (z. B. SAPUI5) verbundenen APIs.

15.3.5 Landschaftsvergleich von Schnittstellen

Je nachdem, wie komplex Ihre Schnittstellenlandschaft sich gestaltet und wie viele Schnittstellen Sie betreiben, ist es manchmal notwendig zu überprüfen, ob ein Objekt über die Systeme hinweg gleich ist oder ob ein Transport vergessen wurde bzw. ein Transport fehlgeschlagen ist.

Dazu bietet sich ein automatisches Verfahren an, das solche Abweichungen identifiziert und meldet. Da für dieses Szenario keine Standardlösung von SAP bereitgestellt wird, bieten SAP-Partner einen Vergleich von Objekten an, z. B. für SAP Process Orchestration oder für SAP Cloud Integration (siehe Abschnitt 17.2, »SAP-Partnerlösungen«).

Cloud Integration Landscape Check

Abbildung 15.40 zeigt das Resultat eines Vergleichs von zwei SAP-Cloud-Integration-Tenants, damit fehlende Transporte festgestellt und eine ausstehende Synchronisierung der Landschaft durchgeführt werden können. Dabei werden die Designtime- und die Runtime-Versionen miteinander verglichen und farblich gekennzeichnet. Gelb signalisiert hier eine Abweichung zwischen Designtime- und Runtime-Version oder eine tenantübergreifende Abweichung. Grün meldet eine erfolgreiche Synchronisierung, und grau markiert Objekte sind Objekte, die (noch) nicht transportiert wurden.

Integration Artifact	Tenant Comparison		DEVELOPMENT		PRODUCTION	
	Designtime	Runtime	29-tmn.hci.eu2.hana.ondemand.com		16-tmn.hci.eu2.hana.ondemand.com	
	Version	Version	Runtime Version	Active Designtime Version	Runtime Version	Active Designtime Version
SAP EM to Anaplan Good Movements AMQP			1.1.37			
Turkey Invoice via Specific Service Provider			1.0.4.20210301092547	1.0.4	1.0.4.20210301092725	1.0.4
Turkey Delivery Note via Specific Service Provider			1.0.4.20210301092547	1.0.4	1.0.4.20210301092725	1.0.4
Mexico Document Compliance			1.0.2.20210210142607	1.0.2	1.0.2.20210210143719	1.0.2
Greece Send Expense Classification			1.0.2.20210210141825	1.0.2		
Greece Send Invoice			1.0.2.20210210141825	1.0.2		
Greece Receive Documents			1.0.3.20210210141824	1.0.3		
Greece Cancel Invoice			1.0.2.20210210141823	1.0.2		
Mexico Document Compliance Edicom			1.0.9.20201218173446	1.0.9	1.0.9.20210210143723	1.0.9
Italy Receive Invoice			1.1.2.20201124191714	1.1.2	1.1.2	
Italy Receive Notification			1.1.2.20201124191716	1.1.2	1.1.2	
Italy Send Outcome Notification			1.1.2.20201124191709	1.1.2	1.1.2	
Italy Send Invoice			1.2.1.20201124191709	1.2.1	1.2.1	
Replicate-OAAOrder-from-SAP-Commerce-Cloud			1.0.5	1.0.4		
Communicate to SII			3.0.4.20200720095843	3.0.4	3.0.4.20200720095638	3.0.4
Full Payment Submission - 2020-21			1.0.0		1.0.0	
Expense And Benefit - 2019-20			1.0.0		1.0.0	
Earlier Year Update - 2019-20			1.0.0		1.0.0	
Send HR Tax Data			1.0.3		1.0.3	

Abbildung 15.40 SAP-Cloud-Integration-Landschaftsvergleich

Ein solcher Vergleich kann vor allem komplexere Landschaften besser beherrschbar machen. Wir haben auch Unternehmen kennengelernt, die eine umfangreichere Systemlandschaft betreiben, um laufende Änderungen wie Fehlerkorrekturen und Neuentwicklungen voneinander zu trennen (z. B. SAP-Roll-outs in ein neues Land). Abbildung 15.41 stellt ein solches Beispiel dar, bei dem jede Ausprägung (laufende Änderungen und Implementierungsprojekte) jeweils ein Entwicklungs- und ein Qualitätssicherungssystem verwendet. Dies hat den Vorteil, dass die Erweiterung einer Schnittstelle durchgeführt und getestet werden kann, während parallel dazu Fehlerkorrekturen möglich sind, die z. B. in der Produktion aufgetreten sind.

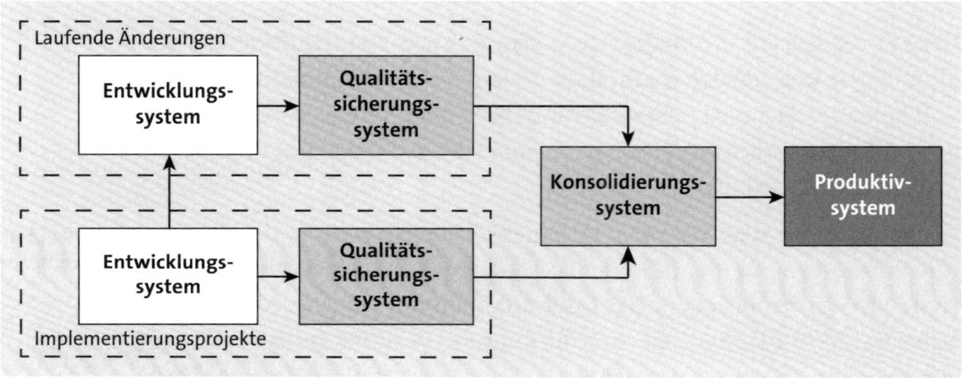

Abbildung 15.41 Komplexe Transportlandschaft

Das nachfolgende Kapitel 16, »Organisation«, beschreibt die organisatorischen Auswirkungen auf die Verwaltung und den Betrieb hybrider Schnittstellenlandschaften.

Kapitel 16
Organisation

In diesem Kapitel lernen Sie, welche Rollen und Verantwortlichkeiten Sie in einem modernen Integrationsteam benötigen und wie Sie dieses Team aufbauen und organisieren.

Das Schnittstellenmanagement versucht, die Herausforderungen, die durch Schnittstellen innerhalb des gesamten Lebenszyklus entstehen, zu bewältigen und einen reibungslosen Betrieb der Prozesse und Systeme zu gewährleisten. In Kapitel 14, »Governance«, und Kapitel 15, »Betrieb«, haben Sie bereits einige praktische Beispiele gesehen, mit welchen Werkzeugen und Methoden Sie das Management Ihrer Schnittstellen sicherstellen können. In diesem Kapitel wollen wir aufzeigen, welche Rollen Sie in Ihrer Organisation benötigen und welche Verantwortung ein Integrationsteam wahrnehmen muss. Gerade unter der Berücksichtigung neuer Cloud-Plattformen und agiler Anwendungsarchitekturen wird von Ihnen verlangt, Schnittstellen in kürzester Zeit zu entwickeln. Um diesen Ansprüchen an das Integrationsteam gerecht zu werden, müssen Sie auf der einen Seite verstehen, welche Fähigkeiten Sie zukünftig benötigen und wie Sie die Integrationsexpert*innen dahingehend entwickeln können.

Aufbau des Kapitels

In Abschnitt 16.1, »Produktorientierte Organisationsmodelle«, stellen wir zunächst die verschiedenen Formen und Organisationmodelle vor. In Abschnitt 16.2, »Rollen«, stellen wir dar, welche Rollen und Fähigkeiten Sie benötigen, um den Ansprüchen der modernen Integrationsarchitektur zu entsprechen. Mit Abschnitt 16.3, »Verantwortlichkeiten«, schließen wir das Kapitel mit einer Auflistung von Verantwortlichkeiten des Integrationsteams im Unternehmen ab.

[!]

Wann sollten Sie dieses Kapitel lesen?

Wir empfehlen Ihnen, dieses Kapitel zu lesen, wenn Sie Ihr Integrationsteam neu ausrichten möchten bzw. von Ihrer IT-Organisation dazu aufgefordert werden, um z. B. neue Fähigkeiten in der Integration entwickeln zu können. In diesem Kapitel finden Sie Impulse zu neuen Organisationmodellen und Rollenprofilen eines modernen und agilen Integrationsteams.

Als Erweiterung zu diesem Kapitel, empfehlen wir Ihnen auch die Lektüre von Abschnitt 3.3, »Integration Competency Center of Excellence«. In diesem Abschnitt werden die Ideen zu den jeweiligen ICC-Organisationsmodellen (ICC = Integration Competency Center), im Detail vorgestellt.

16.1 Produktorientierte Organisationsmodelle

Häufig liest man in Magazinen und Fachzeitschriften, dass deutsche Unternehmen vor einem Wandel stehen bzw. sich aufgrund der Digitalisierung wandeln müssen und gar zum Handeln gezwungen werden. Dabei lautet die Lösung häufig: agile Organisation mit agilen Organisationsstrukturen. Viele IT-Organisationen stehen vor der Herausforderung, neue Fähigkeiten zu entwickeln, um die Transformation im Unternehmen bestmöglich zu unterstützen. Dies bedingt wiederum, die Rolle der Integration zu überdenken. In diesem Abschnitt wollen wir genauer auf produktorientierte agile Kulturen eingehen und die Rolle bzw. Position innerhalb der Organisation schärfen.

16.1.1 Grundlagen zu DevOps

Was ist DevOps?

DevOps beschreibt einen Ansatz, der die Zusammenarbeit zwischen der Softwareentwicklung und dem IT-Betrieb verbessern soll, um als interdisziplinäres Team bestmöglich und eigenständig in allen Fragestellungen agieren zu können. Dabei sollen neben der Zusammenarbeit auch die Produktqualität, Kundenorientierung und Geschwindigkeit innerhalb der Softwareentwicklung und Bereitstellung optimiert werden.

Definition von DevOps

Der Begriff DevOps setzt sich aus dem Wort *Development* (Entwicklung), das für die Softwareentwicklung steht, und dem Begriff *Operations* (Betrieb), der für den IT-Betrieb steht, zusammen. Leider gibt es keine einheitliche Definition. In vielen Literaturen, aber auch unter Anhängern, wird der Begriff als eine Art Unternehmenskultur verstanden.

Unternehmenskultur DevOps

Diese Kultur lässt sich nach John Willis mit fünf Grundprinzipien beschreiben:

- *Kultur*: gegenseitiges Vertrauen, kontinuierlicher Informationsaustausch und Bereitschaft, Neues zu lernen
- *Automation*: Automatisierung von Prozessen und Abläufen
- *Simplifizierung*: Wertbeiträge leisten und Verschwendung minimieren
- *Messbarkeit*: Nutzung von Kennzahlen und regelmäßiges Feedback für Verbesserungen geben

- *Zusammenarbeit*: Bereitschaft, voneinander zu lernen und Erkenntnisse zu teilen

Die Prinzipien machen deutlich, dass DevOps die Menschen in den Vordergrund stellt und maßgeblich die Zusammenarbeit zwischen Betrieb und Entwicklung verbessern möchte. Neben dem Faktor Mensch nutzen DevOps-Implementierungen verschiedene Werkzeuge, Technologien und agile Methoden, um besser auf die Anforderungen der Kunden reagieren zu können.

16.1.2 Kulturwandel in IT-Organisationen

Die Veränderung von klassischen IT-Organisationen hin zu modernen agilen Netzwerkorganisationen gestaltet sich häufig schwierig.

Transformation

Die Zielvorstellung von DevOps wird in großen und etablierten IT-Organisationsstrukturen schwer zu erreichen sein. Abbildung 16.1 stellt grafisch die Unterschiede der beiden Organisationsformen dar.

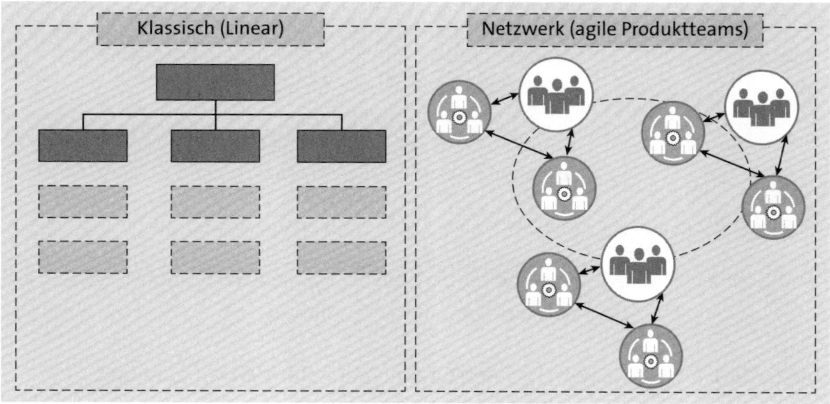

Abbildung 16.1 Darstellung von verschiedenen Organisationsformen

Erste Schritte in Richtung agile Organisationsstrukturen und Arbeit nach DevOps-Prinzipien werden häufig durch die IT-Teams selbst gegangen, indem sie Ansätze von agilen Frameworks und Methoden wie z. B. *Scrum* oder *Kanban* in ihren Projekten einsetzen. An dieser Stelle findet zwar eine Zusammenarbeit unterschiedlicher Rollen statt, sie endet jedoch mit dem Abschluss der Projekte. Dieses Vorgehen führt häufig dazu, dass die Teams weiterhin in ihren Silos arbeiten und losgelöst von anderen Teams agil agieren.

Vernetzung

Aus diesem Grund ist es zu Beginn wichtig, eine hohe Bereitschaft für Agilität im Management herzustellen. Nur mit dieser Akzeptanz können traditionelle Hierarchien aufgelöst und durch eigenständige, vernetzte Teams ersetzt werden. An dieser Stelle spricht man von sogenannten *Netzwerkorganisationen*.

Netzwerkorganisation

Häufig finden wir im Alltag Organisationsformen wie z. B. *Linien-*, *funktionale-*, *divisionale-* oder *Matrix-Organisationen* vor. Mit der Digitalisierung und dem Trend zur agilen Arbeit hat sich in einigen Industrien vermehrt die Netzwerkorganisation durchgesetzt. Unter Netzwerkorganisationen verstehen wir die Zusammenarbeit von autonomen Expert*innen oder Produktteams. Ein Wissensaustausch findet über das Netzwerk zwischen den einzelnen Teams statt. In Tabelle 16.1 werden die primären Eigenschaften einer Netzwerkorganisation im Vergleich zu einer klassischen Linienorganisation aufgeführt.

Eigenschaften	Klassisch (Linie)	Netzwerk (agile Produktteams)
Struktur	linear und statisch	dynamisch in Produktteams innerhalb eines Netzwerks
Ausgestaltung	hierarchisch	autonom und selbstorganisiert
Führung	top-down mit Führungsebenen	individuell in Produkten mit fachlicher Rolle
Prozesse	Management und operative Prozesse	agile Prozesse mit Minimum Viable Products
Entscheidungswege	top-down	konsensbasierend
Philosophie	prozessorientiert mit klaren Hierarchien	kooperativ mit hoher Interaktion

Tabelle 16.1 Vergleich zwischen den Organisationsformen »linear« und »Netzwerk«

Unsere Erfahrung hat gezeigt, dass sich agile Strukturen am ehesten in IT-Abteilungen mit Matrixorganisationen einfügen lassen. Matrixorganisationen haben den Vorteil, dass sie sich aufgrund ihrer bereits hohen Vernetzung und Objektorientierung einfacher in agile und produktorientiere Strukturen überführen lassen. In der Praxis können so bereits erste Teams aus mehreren Expert*innen zusammengestellt werden, um ein Softwareprodukt ganzheitlich von der Entwicklung bis zum Betrieb zu betreuen. Diese kleinen Teams können innerhalb der Organisation als eigenständige Funktionsbereiche agieren. Rollen wie *Product Owner* oder *Scrum Master* können in diesen neuen Bereichen etabliert werden. Abbildung 16.2 zeigt exemplarisch den Aufbau.

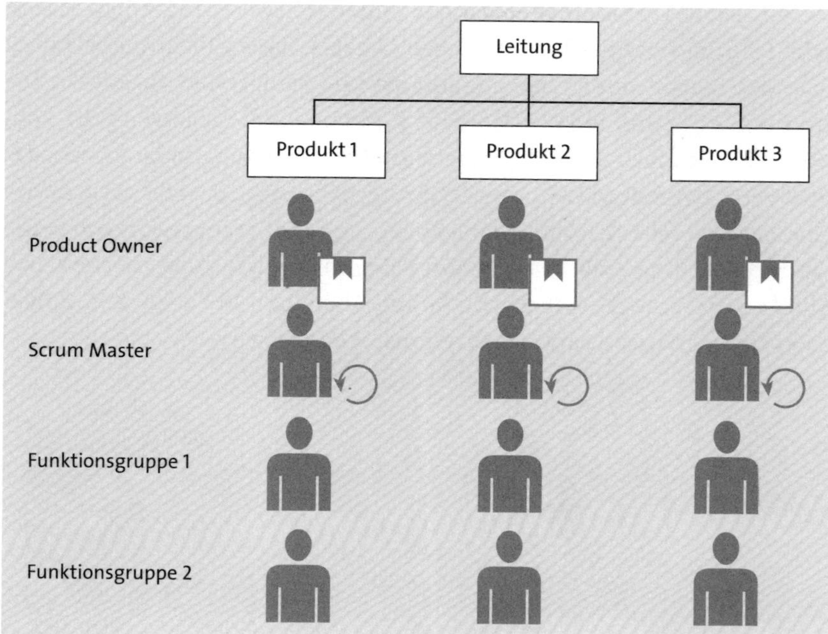

Abbildung 16.2 Matrixorganisation mit ersten Produktteams

Diese Teams bilden mit den Fähigkeiten aus den unterschiedlichen Fachfunktionen ein interdisziplinär aufgestelltes Team.

Zusammenarbeit und Teamzusammensetzung

Falls weitere Fähigkeiten benötigt werden, können sie aus den anderen funktional aufgestellten Bereichen ausgeliehen und eingesetzt werden. Hier sollten Sie beachten, dass diese neue Teamzusammensetzung möglichst stabil sein sollte. Gerade wenn Sie mit externen Dienstleistern zusammenarbeiten, kann dies eine Herausforderung sein. Des Weiteren hat unsere Erfahrung gezeigt, dass die Trennung zwischen einer disziplinarischen Führungsverantwortung für die Mitarbeitenden und einer Produktverantwortung zu Spannungen führen kann. In diesem Fall verändert sich die Aufgabe der Führungskraft, da sie vielmehr als Dienstleister für das agile Team agiert und weniger als Dirigent. Eventuell lohnt es sich, nach ersten Erfolgen in dieser Art der Zusammenarbeit eine Umorganisierung vorzunehmen. Das neue agile Team kann nun vollumfänglich das Produkt betreuen und den ersten Kulturwandel anstoßen. Langfristig können Sie so stufenweise die IT umwandeln.

16.1.3 Produktorientierung

Ist der erste Schritt getan, können die Teams eigenständig in Selbstverantwortung an ihren Produkten arbeiten.

Arbeiten in Produktteams

Die einzelnen Teams arbeiten dann in einem Netzwerk zusammen. Klassische Führungskräfte gibt es in diesen Organisationen nicht mehr. Innerhalb der Teams werden alle Funktionen und Fähigkeiten abgedeckt. Die Größe eines Teams und die Dauer der Zusammenarbeit hängen stark vom jeweiligen Produkt ab. In der Regel bestehen die Teams so lange, wie das Produkt entwickelt wird. Unsere Erfahrung hat gezeigt, dass diese Form von Organisation sehr viel Zeit in der Etablierung benötigt und nicht von heute auf morgen umgestellt werden kann. Grundvoraussetzung ist ein klares Mindset und eine entsprechende Kultur. Abbildung 16.3 zeigt den Aufbau einer Netzwerkorganisation noch einmal schematisch.

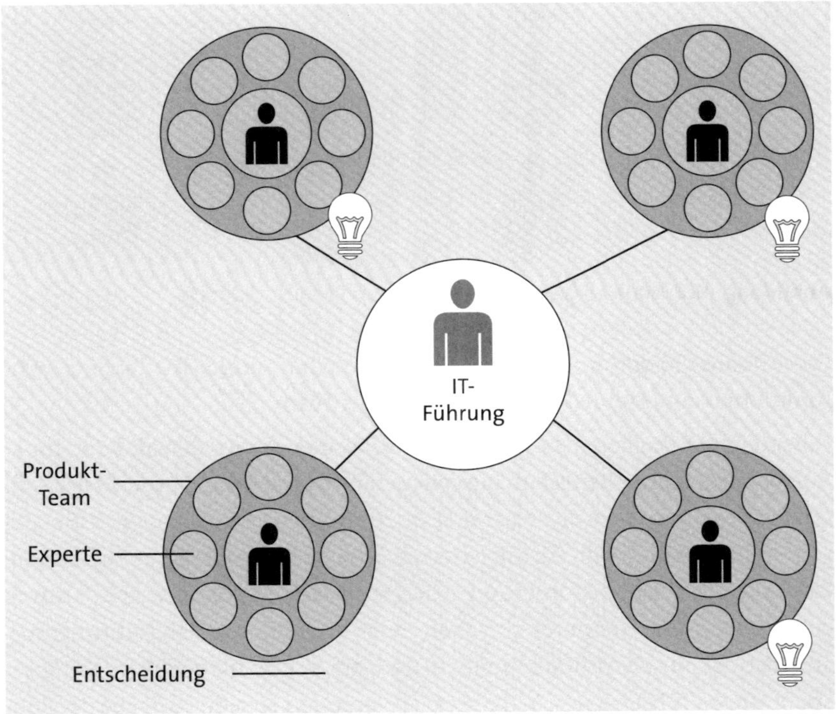

Abbildung 16.3 Exemplarischer Aufbau einer IT mit autonomen Produktteams nach dem DevOps-Prinzip

16.1.4 Auswirkung und Neuausrichtung des Integrationsmanagements

Wie lässt sich nun ein klassisches Integrationsteam aus unterschiedlichen Expert*innen in diese Form von Organisation und Produktorientierung einfügen?

In der Regel besteht das Integrationsteam aus einer Hand voll Mitarbeitenden, sodass nicht in jedem Produktteam ein Integrationsexperte oder eine Integrationsexpertin verankert werden kann. Aus diesem Grund muss Integration unserer Meinung nach weiterhin als Fachfunktion und als eigene Gruppe in der IT vorhanden sein. Jedoch werden sich die Funktion der Integration und ihr Schwerpunkt maßgeblich ändern; hierauf gehen wir in Abschnitt 16.2, »Rollen«, noch detaillierter ein.

Einbindung des Integrationsteams

Die Produktverantwortung mit Kundenbezug bleibt in den jeweiligen agilen interdisziplinären Teams. Je nach Bedarf kann aber für einen gewissen Zeitraum ein Experte oder eine Expertin aus dem Integrationsteam hinzugezogen werden, um die Kundenbedürfnisse bestmöglich zu erfüllen. Das Integrationsteam fungiert somit vielmehr als Dienstleister innerhalb des Netzwerks. Abbildung 16.4 zeigt visuell, wie Sie innerhalb der Produktteams mit zentralen Themen- bzw. Fachteams zusammenarbeiten können. Das Ergebnis ist ein Mix aus verschiedenen Organisationsformen.

Zusammenarbeit

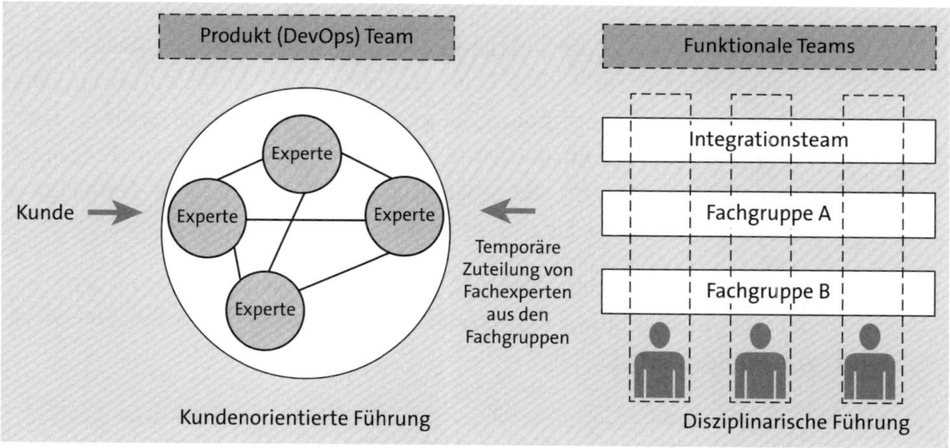

Abbildung 16.4 Zusammenspiel von Fachgruppen mit Produktteams in Netzwerken

Um dieses Modell etablieren zu können, ist ein gewisser Reifegrad des Integrationsteams notwendig. Mehr zu diesem Thema erfahren Sie in Abschnitt 3.2, »Reifegradmodell«, und Abschnitt 3.3, »Integration Competency Center of Excellence«.

Im Folgenden sind die wichtigsten Punkte zusammengefasst:

Kernfähigkeiten

- **Rollen und Fähigkeiten**
  Das Integrationsteam fokussiert sich maßgeblich auf Administration und Betrieb der Integrationstechnologien und -plattformen. Des Weiteren gilt es, Standards im Umgang mit der Integration festzulegen und sie

aktiv in das Netzwerk zu kommunizieren. Als weitere Kernrolle gilt es, die Verbindung zu den autonomen Produktteams aufrechtzuerhalten und bei Bedarf Integrationsarchitekt*innen und Schnittstellenentwickler*innen bereitzustellen.

- **Neue Technologien und bereitgestellte Integrationsplattformen**
  Um bestmöglich zwischen den einzelnen autonomen Produktteams skalieren zu können, muss ein hoher Grad von Automatisierung bezüglich der Schnittstellenbereitstellung und Verwaltung erzielt werden. Es müssen Integrationsplattformen eingesetzt werden, um den Produktteams Schnittstellen als Self-Service anbieten zu können (siehe Abschnitt 3.4 zur Hybrid Integration Platform). Durch die Bereitstellung von APIs wird kein Integrationsexperte mehr benötigt, und die Entwickler*innen innerhalb der Produktteams können auf Basis der API-Spezifikation autark die Geschäftsdaten konsumieren.
- **Erhöhte Governance und Regeln**
  Wie bereits erwähnt, ist es eine der Kernaufgaben, die Verbindung zu und zwischen den Produktteams aufrechtzuerhalten und die Einigung über Standards und klare Governance-Prozesse herbeizuführen. Über diese Standards verhindern Sie auf der einen Seite als zentrale Fachgruppe einen Wildwuchs an Integration, und auf der anderen Seite bietet es den Produktteams die Möglichkeit, nach eigenständig festgelegten Standards Schnittstellen zu entwickeln.

Unter Berücksichtigung dieser Fähigkeiten können Sie ein Integrationsteam, wie in Abbildung 16.5 gezeigt, in eine produktorientiere Netzwerkorganisation einbetten.

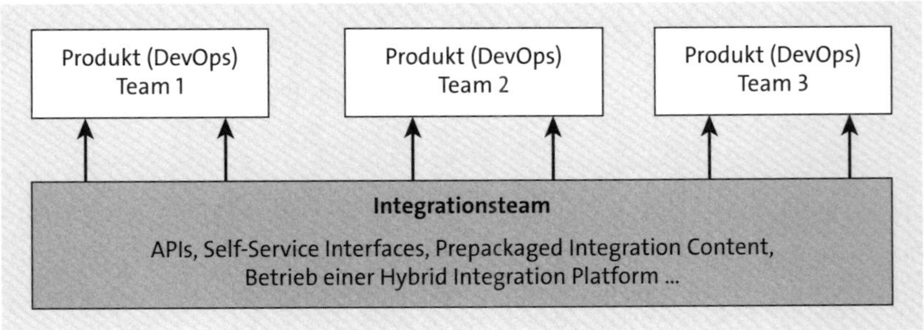

Abbildung 16.5 Zusammenarbeit und Positionierung eines Integrationsteams

Leitplanken einer Transformation

Der Wandel zu einer agilen Organisation braucht Zeit und muss genau geplant werden, um alle Personen im Unternehmen, von den Führungskräften über die Mitarbeitenden bis hin zu den Kunden, mitnehmen zu können. Neben der organisatorischen Veränderung gilt es auch, eine neue

Kultur unter der Berücksichtigung von agilen Prinzipien zu etablieren. Im Buch »Integration Competency Center: An Implementation Methodology« von John G. Schmidt und David Lyle werden neun Leitplanken für ein erfolgreiches Veränderungsmanagement vorgestellt, die wir in Tabelle 16.2 zusammengefasst haben.

Leitplanke	Beschreibung
strategisch denken, taktisch handeln	Bilden Sie eine klare Vision mit entsprechenden Leitplanken. Starten Sie die Umsetzung in kleinen und realistischen Schritten.
Akzeptanz durch Leistung	Verschaffen Sie sich Vertrauen und Respekt, indem Sie Ihre Versprechungen umsetzen.
organisch wachsen	Definieren Sie in Ihrem Integrationsteam den Leistungsumfang, den Sie mit Ihrer jetzigen Mannschaft erfüllen können und der zu Akzeptanz im Unternehmen führt. Besetzen Sie neue Fähigkeiten mit freien Ressourcen, und geben Sie Ihren Mitarbeitenden den Freiraum, sich zu entwickeln.
Umgang mit Kapazitäten	Eine große Herausforderung ist die gemeinsame Ressourcenplanung im Zusammenspiel mit autonomen Produktteams und funktionalen Gruppen; sie alle haben ihre persönlichen Ziele und Releasezyklen. Sorgen Sie dafür, dass Sie innerhalb der Integration über externe Ressourcen skalieren können. Um den guten Ruf von Integration im Transformationsprozess zu erhalten, sollten keine Anfragen aufgrund von Kapazitätsengpässen abgesagt werden.
Durchsetzungsvermögen	Sorgen Sie dafür, dass Ihre Integrationsstandards durch die Produktteams eingehalten werden.
Altlasten beseitigen	Nutzen Sie Ihre Integrationsstandards, und bewerten Sie die aktuelle IT-Landschaft. Sorgen Sie dafür, dass architektonische Schulden beseitigt werden. Denn diese erzeugen nur unnötigen Aufwand.
Wissen nutzen und teilen	Wissen ist Macht: Sorgen Sie in Ihrer Integrationslandschaft für Transparenz, und nutzen Sie dieses Wissen. Teilen Sie Ihr Wissen, um die Produktteams zu befähigen, eigenständig Schnittstellen zu konsumieren.

Tabelle 16.2 Übersicht über die Leitplanken des Veränderungsmanagements nach John G. Schmidt und David Lyle

Leitplanke	Beschreibung
Innovation neu ausrichten	Finden Sie ein gutes Maß aus Standardisierung und Innovation. Verschaffen Sie sich einen Innovationsvorsprung, und bringen Sie sich in die Organisation ein.
Kommunikation	»Tue Gutes und rede darüber«: Nutzen Sie die Chance, und bringen Sie sich und Ihr Integrationsteam entsprechend ein.

Tabelle 16.2 Übersicht über die Leitplanken des Veränderungsmanagements nach John G. Schmidt und David Lyle (Forts.)

Zusammenfassung und Fazit

DevOps und Netzwerkorganisationen helfen der IT, ihre digitalen Produktideen schneller umzusetzen. In der Praxis hat sich jedoch gezeigt, dass diese Veränderung einige Zeit benötigt und neben einer reinen organisatorischen Veränderung auch eine Veränderung des Mindsets und der Kultur notwendig sind. Wir sind der Überzeugung, dass die Integration weiterhin als Funktionsgruppe innerhalb der IT strukturiert sein sollte. Zentrale Aufgabe des Integrationsteams muss es daher sein, sowohl Plattformen für die Integration, als auch Standards im Sinne von vorgefertigten Schnittstellen und APIs für die Produktteams anzubieten.

16.2 Rollen

In Abschnitt 16.1, »Produktorientierte Organisationsmodelle«, haben Sie gesehen, wie sich Integrationsteams in moderne und agile Organisationsformen praxisnah einbetten lassen. In diesem Abschnitt zeigen wir auf, welche Rollen und Fähigkeiten innerhalb des Integrationsteams benötigt werden, um den gestiegenen Ansprüchen an die Integration gerecht zu werden.

16.2.1 Fähigkeiten eines modernen Integrationsteams

Wie bereits zu Beginn dieses Kapitels erwähnt, hat sich der Anspruch an die Integration durch die Vielzahl von Technologietrends erhöht und die Art und Weise, wie wir Integration im Unternehmen implementieren, maßgeblich verändert. Alleine durch die Auflistung der SAP-Integrationsprodukte in den Kapiteln 5 bis 13 wird deutlich, dass sich die Fähigkeiten eines Integrationsteams von der klassischen Punkt-zu-Punkt-Integration bis hin zur modernen eventbasierten Integration erstrecken. Um diese Integrationsherausforderungen zu meistern, müssen Sie neue Fähigkeiten erlernen.

Kernfähigkeiten

Um zu den konkreten Rollen eines modernen Integrationsteams zu kommen, werfen wir zunächst einen Blick auf die benötigten Fähigkeiten. Dabei schauen wir vermehrt auf Fähigkeiten, die Sie in der Zukunft unter der Berücksichtigung von Trends benötigen:

- **Do-it-yourself-Prinzip**
  Das Integrationsteam ermöglicht die Integration nach dem *Do-it-yourself-Prinzip* und ist komplett kundenorientiert aufgebaut. Endbenutzer*innen sowie Endanwender*innen haben die Möglichkeit, ihre Schnittstellen über offene Integrationstechnologien und APIs selbst in Eigenverantwortung zu bauen. Es wird eine hohe Form an Flexibilität gewährleistet. Ein Beispiel wäre die Nutzung von APIs für Versandabfragen, Verfügbarkeiten und Preise.
- **Plattform-Management**
  Alle Integrationsanforderungen und Funktionen werden über eine gemeinsam genutzte, zentral verwaltete und überwachte HIP zur Verfügung gestellt. Alle Integrationsstile (Prozesse, Daten, Benutzer und Dinge) werden darüber implementiert.
- **Ad hoc Integration**
  Autorisierte Benutzer*innen können über die Plattform rollenbasierte Schnittstellen konsumieren bzw. sie selbst entwickeln oder konfigurieren.
- **Trend- und Technologie-Management**
  Das zentrale Integrationsteam ist für die Weiterentwicklung sowie für die Bereitstellung der HIP zuständig. Die Integrationsstrategie wird kontinuierlich anhand neuer Trends weiterentwickelt und operationalisiert. Besonderen Stellenwert haben Technologien wie das API-Management, Datenintegrationswerkzeuge und eventbasierende Integrationstechnologien.
- **Wissensmanagement**
  Übungen und Schulungen im Umgang mit den Integrationswerkzeugen und Methoden werden aktiv angeboten. Wissen wird über die Gruppen und Produktteams verteilt und zentral bereitgestellt.
- **Standards und Integrationsprinzipien**
  Integrationsspezialist*innen entwickeln neue Standards und stellen diese bereit. Es werden Designprinzipien für z. B. die API- oder eventbasierte Integration festgelegt. Neben den Standards für Integrationsent-

wicklungen müssen auch Regeln im Umgang mit IT-Sicherheit und Datenschutz berücksichtigt werden.

Diese Auflistung von Fähigkeiten ist nur ein Auszug und eine Empfehlung. Die zentralen Fähigkeiten werden unserer Meinung nach dazu benötigt, in einer Netzwerkorganisation mit autonomen Produktteams bestmöglich als Fachgruppe agieren und entsprechend den gestellten Anforderungen skalieren zu können, um den Integrationsbedarf zu decken. Entscheidend ist, dass das Integrationsteam mit modernen Integrationslösungen eine Plattform anbietet, die es den Endbenutzer*innen und Endanwender*innen in den Produktteams ermöglicht, ihre benötigten Schnittstellen selbstständig auf der Basis von Standards und vorgefertigten Lösungen zu konfigurieren.

Gleichen Sie diese Fähigkeiten mit den bereits vorhandenen Fähigkeiten in Ihrem Integrationsteam ab, und schließen Sie die Lücken über neue Rollen.

16.2.2 Rollen eines modernen Integrationsteams

Als Nächstes werfen wir einen Blick darauf, welche Rollen Sie benötigen, um die in Abschnitt 16.2.1, »Fähigkeiten eines modernen Integrationsteams«, aufgeführten Fähigkeiten im Unternehmen abzubilden. Diese Rollenbeschreibungen dienen nur als Vorlage, und Sie sollten sie entsprechend auf Ihre Organisation adaptieren. Grundsätzlich trennen wir die benötigten Rollen im Kontext der Integration in zwei Schwerpunktbereiche:

- Rollen im Integrationsteam
- angrenzende Rollen in den Produktteams und Fachgruppen
- Self-Service-Rollen

Rollen im Integrationsteam

Beginnen wir zunächst mit den Rollen im Integrationsteam. Ein modernes Integrationsteam ist in der Lage, ein breites Spektrum von Integrationsthemen abzudecken. Gleichzeitig stellt es Expert*innen bereit, die die Realisierung von komplexen Schnittstellen auf der Basis einer Hybrid Integration Platform (HIP) sicherstellen.

Integrations-architekt*innen

Integrationsarchitekt*innen definieren die Integrationsarchitektur im Unternehmen und erarbeiten, dokumentieren und überwachen Integrationsprinzipien, Vorlagen und Architekturmuster. Zusätzlich sind sie wichtige Ansprechpartner bei der Aufnahme und dem Lösungsdesign der Schnittstellenanforderungen. Die einzelnen Aufgaben und Verantwortlichkeiten der Schnittstellenentwickler*innen und Schnittstellenexpert*innen sind in Tabelle 16.3 zusammengefasst.

Aspekt	Beschreibung
Verantwortlichkeit	Integrationsarchitekt*innen sind für die Definition der Integrationsarchitektur verantwortlich.
Aufgaben	■ Sie stimmen sich regelmäßig mit den Unternehmensarchitekt*innen ab. ■ Sie nutzen Methoden und Frameworks im Integrationsumfeld und adaptieren diese auf das Unternehmen. ■ Sie entwickeln Integrationsprinzipien, -Patterns, Regelwerke und Integrationsmuster ■ Sie sorgen dafür, dass das Integrationswissen und die Anwendung von Patterns geteilt werden. ■ Sie prüfen die Einhaltung der Integrationsregeln. ■ Sie verfolgen die Entwicklung neuer Trends im Integrationsumfeld und bewerten diese für das Unternehmen. ■ Sie sind wichtige Ansprechpartner für die Fachbereiche zur Anforderungsspezifikation.
organisatorische Einbindung	Die Integrationsarchitekt*innen sind mit ihrer Rolle im zentralen Integrationsteam verankert
Fähigkeiten	■ breites Wissen über Integrationstechnologien, Integrationswerkzeuge und Protokolle ■ gute Modellierungskenntnisse (UML, Archimate usw.) ■ gute Kenntnisse in Methoden und Frameworks (TOGAF, ISA-M usw.) ■ hohe Kommunikationsfähigkeiten und Vernetzung in alle Unternehmensbereiche
SAP-Kontext	Anwendung von ISA-M zur Definition unternehmensweiter Integrationsstandards

Tabelle 16.3 Integrationsarchitekt – Rollenbeschreibung

Schnittstellenentwickler*innen/Schnittstellenexpert*innen

Schnittstellenentwickler*innen oder Schnittstellenexpert*innen sind für die Umsetzung von Schnittstellenanforderungen zuständig. Sie sind in der Regel Fach- bzw. Plattformexpert*innen bezüglich einer bestimmten Integrationslösung, für einen Integrationsstil oder eine Domäne. Die Aufgaben und Verantwortlichkeiten sind in Tabelle 16.4 zusammengefasst.

Aspekt	Beschreibung
Verantwortlichkeit	Schnittstellenentwickler*innen bzw. Schnittstellenexpert*innen sind für die Umsetzung einer Schnittstelle auf einer entsprechenden Integrationsplattform oder in einer entsprechenden Domäne verantwortlich.
Aufgaben	■ Konzeptionierung und Entwicklung von komplexen Schnittstellen in entsprechenden Integrationslösungen ■ Betreuung, Wartung und Weiterentwicklung von Schnittstellen ■ Teilnahme an Architekturentscheidungen ■ Mitentwicklung von integrationsplattformspezifischen Patterns und Architekturmustern ■ Teilnahme an Code-Reviews
organisatorische Einbindung	Schnittstellenexpert*innen sind mit ihrer Rolle im zentralen Integrationsteam verankert. Bei global agierenden Unternehmen kann diese Rolle auch dezentral verankert sein.
Fähigkeiten	■ tiefes Wissen über Integrationstechnologien, Integrationswerkzeuge und Protokolle ■ gute Modellierungskenntnisse (UML, Archimate usw.) ■ gute Kenntnisse in Design Patterns und Clean-Code-Techniken ■ gute Kenntnisse von Entwicklungssprachen wie Java, JavaScript, Groovy Script usw.
SAP-Kontext	■ Definition von Entwicklungsrichtlinien von Konventionen für die SAP Integration Suite und deren Integrationskomponenten wie z. B. SAP Cloud Integration ■ Implementierung von Schnittstellen auf Basis der SAP Integration Suite

Tabelle 16.4 Schnittstellenexperte – Rollenbeschreibung

Plattformadministrator*innen

Plattformadministrator*innen sind für das Setup und den Betrieb Ihrer Hybrid Integration Platform zuständig. Sie kümmern sich um das technische Zusammenspiel aller Integrationskomponenten und stellen diese als Plattform unter Berücksichtigung eines einheitlichen Betriebsmodells sicher. Sie definieren und überwachen festgelegte Serviceleistungen und bilden das Bindeglied zu den verschiedenen Infrastruktur- und Cloud-Dienstleistern. Die Rollen und Verantwortlichkeiten sind in Tabelle 16.5 zusammengefasst.

Aspekt	Beschreibung
Verantwortlichkeit	Der Plattformadministrator übernimmt die Gesamtverantwortung für die Hybrid Integration Platform und die zu orchestrierenden Integrationskomponenten.
Aufgaben	■ Konzeption, Verwaltung und Wartung der Hybrid Integration Platform ■ Sicherstellung des reibungslosen und stabilen Betriebs der Hybrid Integration Platform ■ Sicherstellung von Update und Releases ■ Festlegung und Überwachung von Kennzahlen ■ Koordination von Outsourcing und Cloud-Dienstleistung ■ tiefes Wissen zu Virtualisierung, Container Management z. B. Kubernetes, Docker usw. ■ technisches Monitoring der Integrationskomponenten
organisatorische Einbindung	Der Plattformadministrator ist mit seiner Rolle im zentralen Integrationsteam verankert.
Fähigkeiten	■ hohe Motivation, Einsatzbereitschaft und Zuverlässigkeit ■ sicherer Umgang von Infrastruktur-Elementen in On-Premise-, Hybrid- und Cloud-Umgebungen ■ breite Kenntnisse in den Bereichen System- und technisches Monitoring, Netzwerkarchitekturen, Sicherheitslösungen und Cloud Computing
SAP-Kontext	■ Einrichtung und Überwachung des technisches Monitorings, z. B mit dem SAP Solution Manager ■ Verwaltung von Zertifikaten und technischen Benutzern in der Hybrid Integration Suite von SAP

Tabelle 16.5 Plattformadministrator – Rollenbeschreibung

Angrenzende Rollen in den Produktteams und Fachgruppen

Neben dem Integrationsteam gibt es angrenzende Rollen, die im engen Austausch stehen und gemeinsam mit dem Integrationsteam Standards und Entwicklungen vorantreiben.

Anwendungsentwickler*innen und API-Entwickler*innen

Die klassischen Anwendungsentwickler*innen sind für die Definition und Bereitstellung von einheitlichen APIs aus dem Backend-System verantwortlich. Die Zuständigkeiten und Aufgaben sind in Tabelle 16.6 zusammengefasst.

Aspekt	Beschreibung
Verantwortlichkeit	Anwendungsentwickler*innen sind für die Umsetzung eines Microservice, einer Produktfunktionalität oder Kernanwendung zuständig. Neben der Bereitstellung von APIs nutzen sie selbst die im API-Management provisionierten Services zur Erweiterung ihrer Anwendung.
Aufgaben	▪ Planung und Design von APIs, Microservices oder Anwendungen ▪ Entwicklung und Test von APIs, Microservices oder Anwendungen ▪ Produktivsetzung und Betrieb von Microservices und Anwendungen ▪ Versionierung von APIs, Microservices und Anwendungen
organisatorische Einbindung	Anwendungsentwickler*innen sind mit ihrer Rolle entweder in einer klassischen Entwicklungsabteilung oder in einem Produktteam verankert.
Fähigkeiten	▪ tiefe Kenntnisse über verschiedene Programmiersprachen und Paradigmen wie Java, JavaScript, Node.js, Groovy Script usw. ▪ tiefes Wissen zu Entwicklungs-Frameworks, Werkzeugen und Stacks ▪ breites Wissen zu Build- und Deployment-Systemen zur Abbildung von CI/CD-Pipelines ▪ sicherer Umgang mit dem Versionsmanagement und Source-Code-Management-Systemen ▪ sicherer Umgang in Datenbanken ▪ breites Wissen zu Tests und Debugging ▪ gute Kenntnisse zu agilen Methoden
SAP-Kontext	▪ Anpassung von SAP S/4 HANA um weitere Funktionalitäten ▪ Erweiterung über Side-by-Side-Entwicklungen in der SAP Business Technology Platform ▪ Entwicklung und Bereitstellung von OData-Services auf der Basis von CDS (Core Data Services)

Tabelle 16.6 Anwendungsentwickler*innen – Rollenbeschreibung

Unternehmensarchitekt*innen

Unternehmensarchitekt*innen verantworten die gesamte Unternehmensarchitektur und stellen die Ausrichtung der IT an den Zielen des Unternehmens sicher. Sie sind zuständig für die Definition, Kommunikation und

Weiterentwicklung der gesamten IT-Architektur. Die Verantwortlichkeiten und Aufgaben sind in Tabelle 16.7 dargestellt.

Aspekt	Beschreibung
Verantwortlichkeit	Unternehmensarchitekt*innen sind für die Analyse, Definition, Planung und Entwicklung der unternehmensweiten IT-Architektur unter Berücksichtigung der Unternehmensziele und Geschäftsprozesse verantwortlich.
Aufgaben	▪ Mitgestalten von IT-Strategien ▪ Entwicklung und Pflege eines Bebauungsmanagements ▪ Modellierung von Business- und IT-Architekturen ▪ Kommunikation mit allen wichtigen Entscheidungsträgern im Unternehmen ▪ Beratung hinsichtlich der Entwicklung der IT-Landschaft ▪ kontinuierliche Erarbeitung und Überwachung von Architekturprinzipien ▪ Sicherstellung der Architektur-Governance, inklusive Erstellung der notwendigen Standards und Richtlinien ▪ Anleitung der Solution- und Domain-Architekt*innen (z. B. Integrationsarchitekt*innen)
organisatorische Einbindung	Unternehmensarchitekt*innen sind mit ihrer Rolle häufig in einer Stabsfunktion oder in einer Fachgruppe verankert.
Fähigkeiten	▪ Expertenwissen über moderne, digitale IT-Plattformen und Lösungsanbieter ▪ umfassendes Verständnis für digitale Architekturen, moderne Applikationen, Datenhaltung, Cloud usw. ▪ Kenntnisse in der Vereinbarung und Umsetzung von Roadmaps auf der Basis von Digitalisierungs-/IT-Strategien ▪ hohe Belastbarkeit, Durchsetzungsfähigkeit und sehr hohe Kommunikationsfähigkeit ▪ Wissen und Erfahrungswerte zur schrittweisen technischen Digitalisierung der Unternehmens-IT ▪ Interesse an IT-Trends und Entwicklungen in der Digitalisierung ▪ die Fähigkeit, systemübergreifend zu denken, eine hohe Problemlösekompetenz und gesunder Pragmatismus
SAP-Kontext	Planung und Steuerung der SAP-Gesamtarchitektur im Sinne eines intelligenten Unternehmens

Tabelle 16.7 Unternehmensarchitekt*in – Rollenbeschreibung

Self-Service-Integration

Die Self-Service-Integration erhöht die Agilität und Flexibilität im Unternehmen, um die Schnittstellen schnellmöglich bereitstellen zu können. Gerade in einer wie in Abschnitt 16.1.4, »Auswirkung und Neuausrichtung des Integrationsmanagements«, dargestellten Organisationform müssen Plattformen und Architekturen geschaffen werden, damit eine Self-Service-Integration angeboten werden kann. Sie sind die Grundlage, um in einer Netzwerkorganisation als Integrationsteam skalieren zu können. Um die beiden Self-Service-Rollen besser zu verstehen, haben wir das Zusammenspiel zwischen den Self-Service-Rollen und dem zentralen Integrationsteam in Abbildung 16.6 exemplarisch dargestellt.

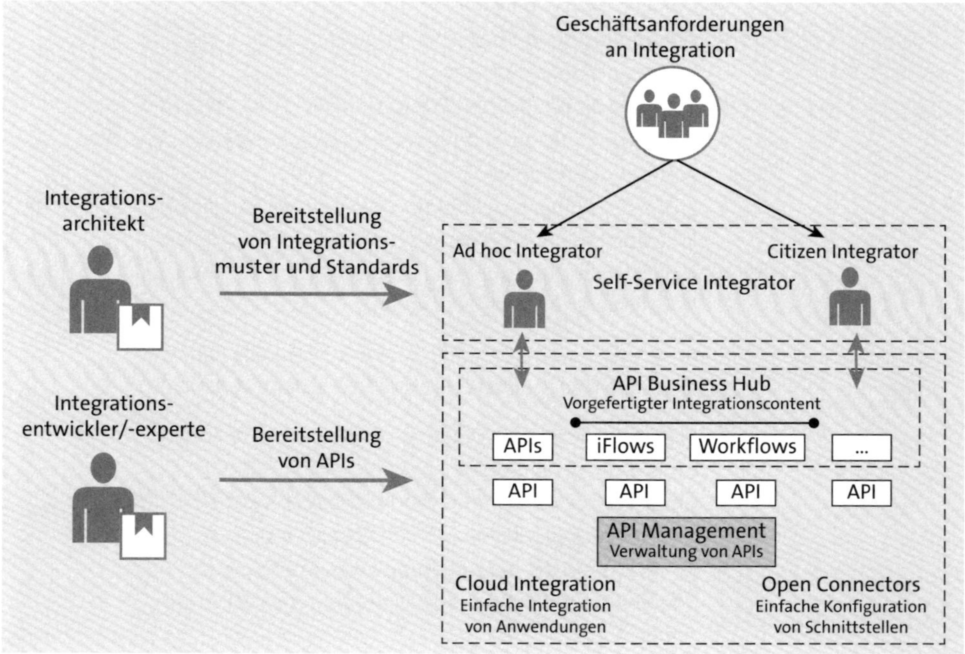

Abbildung 16.6 Zusammenspiel zwischen Self-Service-Rollen und Integrationsteam

Citizen Integrator/ Endanwender*innen

Beim Citizen Integrator handelt es sich um eine Benutzerin bzw. einen Benutzer aus dem Fachbereich, alternativ um eine Endanwenderin oder einen Endanwender. Diese Person hat keine tiefergehenden Kenntnisse in der Softwareentwicklung. Typische Citizen Integrators sind Key-User*innen oder Endanwender*innen. Die Rollen und Verantwortlichkeiten sind in Tabelle 16.8 zusammengefasst.

Aspekt	Beschreibung
Verantwortlichkeit	Der Citizen Integrator hat keine spezielle Verantwortung im Unternehmen. Sein Fokus liegt auf der Integration von Frontend- und Backend-Anwendungen auf der Basis einer reinen Konfiguration.
Aufgaben	▪ Nutzung von Low-Code-Plattformen ▪ Daten extrahieren oder transferieren und das Übermitteln von Daten auf der Basis grafischer Self-Service-Lösungen ▪ Konfiguration von Schnittstellen
organisatorische Einbindung	Der Citizen Integrator ist mit seiner Rolle in den jeweiligen Produktteams verankert.
Fähigkeiten	▪ hohe Eigenmotivation ▪ hohe IT-Affinität und Grundverständnis zu APIs und grafischen Werkzeugen ▪ Verständnis über Integrationsregeln und Bausteine ▪ Verständnis über Datenmodelle und Beschreibungssprachen wie XSD, JSON usw.
SAP-Kontext	▪ Nutzung des SAP API Business Hub ▪ Nutzung von Open Connectors

Tabelle 16.8 Cititzen-Integrator – Rollenbeschreibung

Ad hoc Integrator/ (Fach- und Prozess-expert*innen)

Der Ad hoc Integrator ist in der Lage, vorgefertigten Integration Content zu nutzen oder vorgefertigte APIs zu konsumieren. Er kann seine Integrationsanforderungen möglichst eigenständig in den bereitgestellten Lösungen umsetzen. Typische Personen im Unternehmen sind Power-User*innen oder Datenspezialist*innen. Die Zuständigkeiten sind in Tabelle 16.9 dargestellt.

Aspekt	Beschreibung
Verantwortlichkeit	Der Ad hoc Integrator hat keine spezielle Verantwortung.
Aufgaben	▪ Suche, Interpretation und Konsumierung von APIs ▪ Entwicklung von Schnittstellen auf der Basis vorgefertigter Integrationslösungen ▪ Einhaltung von API-Prinzipien und -Richtlinien

Tabelle 16.9 Ad hoc Integrator – Rollenbeschreibung

Aspekt	Beschreibung
organisatorische Einbindung	Der Ad hoc Integrator ist mit seiner Rolle im Produktteam oder in einer Prozessorganisation u. a. als Power-User*in verankert.
Fähigkeiten	■ hohe IT-Affinität ■ erste Grundlagen in der Softwareentwicklung ■ Interpretationsfähigkeit von APIs und deren Spezifikationssprachen und -Protokollen wie OpenAPI, OData, YAML usw. ■ tiefes Fachwissen und Prozessverständnis ■ klares Wissen über Customizing-Möglichkeiten in den Backend-Systemen
SAP-Kontext	■ Implementierung von Schnittstellen auf der Basis von vorgefertigtem Content, z. B. für die SAP-SuccessFactors-Integration ■ Nutzung von SAP API Management als Konsument

Tabelle 16.9 Ad hoc Integrator – Rollenbeschreibung (Forts.)

Wir haben festgestellt, dass viele Unternehmen diesen Ansatz von Self-Service-Integration auf der Basis der SAP-Produkte verfolgen und ihren Fachbereichen und Endkunden anbieten. So bietet SAP z. B. im SAP API Business Hub vorgefertigte APIs und Integrationspakete an, die letztendlich nur konsumiert werden müssen, ohne dass diese noch entwickelt werden müssten. Das Ergebnis ist, dass Integration keine wirkliche Planung und Entwicklung benötigt und ad hoc konsumiert werden kann.

Ergänzende Rollen

Neben den genannten Rollen können, je nach Reifegrad und Struktur Ihrer IT, weitere Rollen relevant sein. In der folgenden Liste finden Sie eine Auflistung weiterer möglicher Rollen im Integrationsumfeld aus dem Buch von John G. Schmidt und David Lyle »Integration Competency Center: An Implementation Methodology«:

- Change Control Coordinator
- Data Integration Architect
- Engagement Manager
- Integration Business Analyst
- Knowledge Coordinator
- Metadata Administrator
- Product Specialist

- Production Operator
- Project Manager
- Quality Assurance Manager
- Repository Administrator
- Security Administrator
- Standards Analyst
- Technical Architect
- Technology Leader
- Training Coordinator
- Vendor Manager

Auf eine detaillierte Ausprägung wollen wir in diesem Buch verzichten, da in Abschnitt 16.2.2 bereits die wesentlichen Rollen eines modernen Integrationsteams vorgestellt wurden.

Zusammenfassung und Fazit

Die konkrete Definition von Integrationsrollen können nur Sie selbst in Ihrem Unternehmen vornehmen, da sie maßgeblich von der Reife und Struktur Ihrer Organisation abhängt. Nutzen Sie diese Beschreibung als Vorlage!

16.3 Verantwortlichkeiten

Im letzten Abschnitt dieses Kapitels wollen wir Ihnen die typischen Verantwortlichkeiten für das Integrationsmanagement anhand verschiedener Anwendungsfälle beschreiben. Wir unterteilen dabei die Verantwortlichkeiten des Schnittstellenmanagements in drei Bereiche:

1. *Projektkontext*: der Schnittstellenbedarf im Projekt
2. *Betriebskontext*: die Schnittstellenanpassung oder -Erweiterung im laufenden Betrieb
3. *Verteilung von Verantwortlichkeiten im SAP-Kontext*: die Backend-Integration mit und ohne Integrationsplattform

16.3.1 Anwendungsfall 1: Projektkontext

Dieser Anwendungsfall beschreibt exemplarisch die Verantwortlichkeiten des Integrationsteams und der einzelnen Rollen im Rahmen eines Projekts, von der Analyse bis zur Übergabe in den Betrieb. Neben den Rollen werden wir auch je Phase typische Integrationsdokumente auflisten, die entsprechend durch die verantwortlichen Rollen im Projekt erstellt werden müssen. Das Beispiel stellen wir Ihnen auf der Basis einer sogenannten *RACI-Matrix* vor. RACI ist eine Technik zur Analyse und Darstellung von Verantwortlichkeiten. Dabei werden die Begriffe wie folgt interpretiert:

- *Responsible* (durchführungsverantwortlich): Diese Rolle ist zuständig bzw. verantwortlich für die Durchführung der Aufgabe.
- *Accountable* (Gesamtverantwortung): Diese Rolle ist im rechtlichen bzw. kaufmännischen Sinne gesamtverantwortlich. Typischerweise steht dieser Begriff für die Genehmigung oder Freigabe einer Aktivität.
- *Consulted* (beratend): Diese Rolle ist unterstützend oder beratend an einer Aufgabe beteiligt und trägt keine Verantwortung.
- *Informed* (informiert): Diese Rolle wird zu einer bestimmten Aufgabe bzw. zum Verlauf informiert und erhält lediglich eine Auskunft.

Die in Tabelle 16.10 dargestellten Aktivitäten orientieren sich an den Phasen der SAP-Activate-Frameworks. Genauere Informationen zu *SAP Activate* finden Sie auch in »SAP Activate – Project Management for SAP S/4 HANA« (siehe *https://www.sap-press.com/5027*) oder direkt bei SAP im Roadmap Viewer (siehe *http://s-prs.de/v798283*).

Tabelle 16.10 beschreibt die typischen Projektaktivitäten für das Schnittstellenmanagement und stellt deutlich dar, welche Verantwortung das Integrationsteam mit den Rollen *Integrationsarchitekt*in* und *Integrationsexpert*in* wahrnimmt. Die Abkürzungen R, A, C und I beziehen sich auf die Verantwortlichkeiten Responsible, Accountable, Consulted und Informed.

Phase	Aktivität	Projektleitung	Projektteam	Integrationsarchitekt*in	Integrationsexpert*in	Anwendungsentwickler*in	Fach- und Prozessexpert*in	Unternehmensarchitekt*in
Discover	initiale Betrachtung und Überprüfung des möglichen Umfangs und der wichtigsten Integrationsanforderungen			C	I	A, R		

Tabelle 16.10 RACI-Matrix zur Darstellung der Integrationsverantwortung im Rahmen eines Projekts

Phase	Aktivität	Projektleitung	Projektteam	Integrationsarchitekt*in	Integrationsexpert*in	Anwendungsentwickler*in	Fach- und Prozessexpert*in	Unternehmensarchitekt*in
Prepare	▪ Festlegung einer Integrationsarchitektur ▪ Festlegung von Integrationsprinzipien, -Richtlinien, -Mustern, -Vorlagen und -Standards ▪ Aufbau von Governance-Prozessen und -Strukturen für die Integration zur Sicherstellung der Richtlinien und Qualität			A, R	C			C
Explore	Aufnahme von Integrationsanforderungen	I	A	C	C	C	R	
Explore	▪ Aufnahme von Integrationsanforderungen ▪ Identifizierung von Quell- und Zielsystemen sowie Daten und Ansprechpartner*innen für die Schnittstelle ▪ Durchführung von Schnittstellen-Workshops ▪ Erstellung einer Schnittstellenspezifikation	I	I	A, R	C	C	C	
Realize	▪ Entwicklungen im Quell- und Zielsystem ▪ Dokumentation der Entwicklungen ▪ Durchführung von Entwicklertests	I	A	C	C	R	C	

Tabelle 16.10 RACI-Matrix zur Darstellung der Integrationsverantwortung im Rahmen eines Projekts (Forts.)

Phase	Aktivität	Projektleitung	Projektteam	Integrationsarchitekt*in	Integrationsexpert*in	Anwendungsentwickler*in	Fach- und Prozessexpert*in	Unternehmensarchitekt*in
Realize	▪ Entwicklungen der Schnittstelle auf der Integrationsplattform ▪ Dokumentation der Schnittstellenentwicklung ▪ Durchführung von Schnittstellentests	I	A	C	R	C	C	
Deploy	▪ Durchführung von Integrationstests ▪ Durchführung von Abnahmetests ▪ Transport bzw. Bereitstellung der Entwicklungen in den Qualitäts- und Produktivsystemen	I	A	C	C	C	R	
Run	▪ Erstellung eines Betriebskonzepts ▪ Übergabe an die Produktteams bzw. Betriebsverantwortlichen	I	A	C	C	C	R	

Tabelle 16.10 RACI-Matrix zur Darstellung der Integrationsverantwortung im Rahmen eines Projekts (Forts.)

16.3.2 Anwendungsfall 2: Änderungsantrag

In diesem Anwendungsfall wollen wir den IT-Prozess einer Änderungsanforderung (auch *Request for Change*) im Kontext der Integration und die Verantwortlichkeiten der Integrationsrollen entlang des Prozesses beschreiben.

Request for Change

Wie in Abschnitt 13.3, »Anwendungsmöglichkeiten und Empfehlungen«, ausführlich erläutert, beschreibt eine Änderungsanforderung den Bedarf einer Veränderung der Eigenschaften eines Produkts, in unserem Fall einer

Schnittstelle in der IT-Landschaft. Abbildung 16.7 beschreibt exemplarisch einen RFC-Prozess auf der Basis eines BPMN-Diagramms. BPMN steht hier für *Business Process Model and Notation*. Die Rollen und Verantwortlichkeiten werden durch sogenannte *Swimlanes* (Schwimmbahn) repräsentiert. Der Prozess ist sehr vereinfacht dargestellt und soll lediglich das Zusammenspiel der Rollen zeigen.

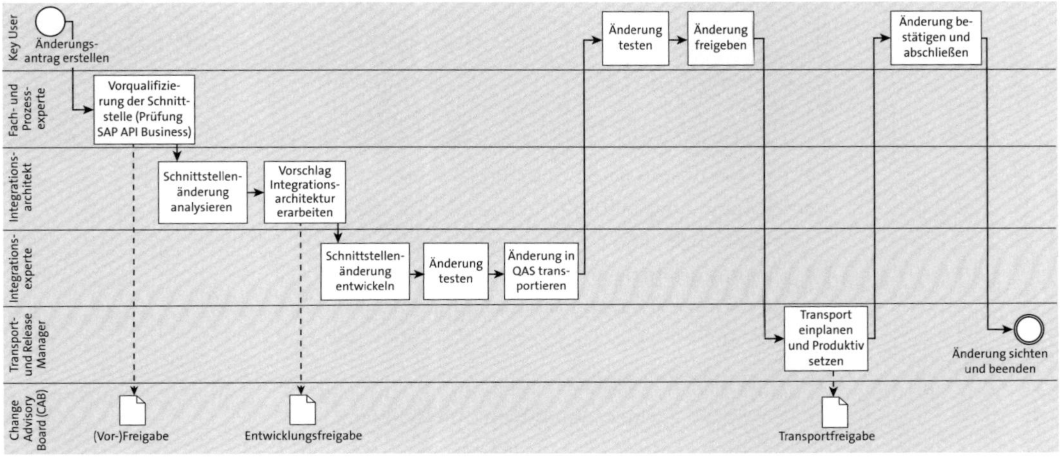

Abbildung 16.7 Exemplarischer Änderungsanforderungsprozess für Schnittstellen

Passend hierzu werden die Verantwortlichkeiten anhand einer RACI-Matrix in Tabelle 16.11 beschrieben. Die Abkürzungen stehen wieder für Responsible, Accountable, Consulted und Informed.

Aktivität	Key-User*in	Fach- und Prozessexpert*in	Integrationsarchitekt*in	Integrationsexpert*in	Transport- und Release-Manager*in	Change Advisory Board (CAB)
■ Feststellung des Änderungsbedarfs ■ Erstellung eines Änderungsantrags für eine Schnittstelle gemäß Prozessvorgaben	R	I				

Tabelle 16.11 RACI-Matrix für einen Änderungsantrag für Schnittstellen

Aktivität	Key-User*in	Fach- und Prozessexpert*in	Integrationsarchitekt*in	Integrationsexpert*in	Transport- und Release-Manager*in	Change Advisory Board (CAB)
▪ Vorqualifizierung des Änderungsantrags ▪ Prüfung möglicher Self-Service-Integrationsmöglichkeiten im SAP API Business Hub ▪ Qualifizierung der Integrationsanforderung gemäß ISA-M (Integrationsstil, Integrationsdomäne usw.)	C	R	I			I
▪ Analyse des Änderungsantrags ▪ Entwicklung eines Lösungsvorschlags anhand der Architekturmuster aus ISA-M		C	R	C		I
▪ Entwicklung der Schnittstelle auf der Integrationsplattform ▪ Dokumentation der Schnittstellenentwicklung ▪ Durchführung von Schnittstellentests ▪ optional: Abstimmung mit Anwendungsentwickler*innen des Quell- und Zielsystems ▪ Bereitstellung der Entwicklung nach Abschluss im Qualitätssystem		I	C	R	I	
▪ Durchführung von Integrationstests ▪ Durchführung von Abnahmetests ▪ optional: Rücksprache mit den Schnittstellenexpert*innen	R	C		C	I	
▪ Planung des Transports in das Release ▪ Transport bzw. Bereitstellung der Entwicklungen in den Produktivsystemen	I	I		I	R	A
▪ Übergabe, Bestätigung und Beendigung des Änderungsantrags	A	I	I	I	C	I

Tabelle 16.11 RACI-Matrix für einen Änderungsantrag für Schnittstellen (Forts.)

16.3.3 Anwendungsfall 3: Backend-Integration

In unserem letzten Anwendungsfall wollen wir unsere Erfahrung mit Ihnen teilen, wie häufig die Verantwortlichkeiten zwischen Quellsystem, Integrationsplattform und Zielsystem getrennt sind und wie tiefgreifend die Verantwortung des Integrationsteams im Backend-System ist.

Häufig liegen Schnittstellentätigkeiten im SAP-Backend-System bei den Fach- und Prozessexpert*innen oder in der Verantwortung der Anwendungsentwickler*innen. Abbildung 16.8 visualisiert das Verhältnis zwischen dem SAP-Anwendungsteam und dem Integrationsteam.

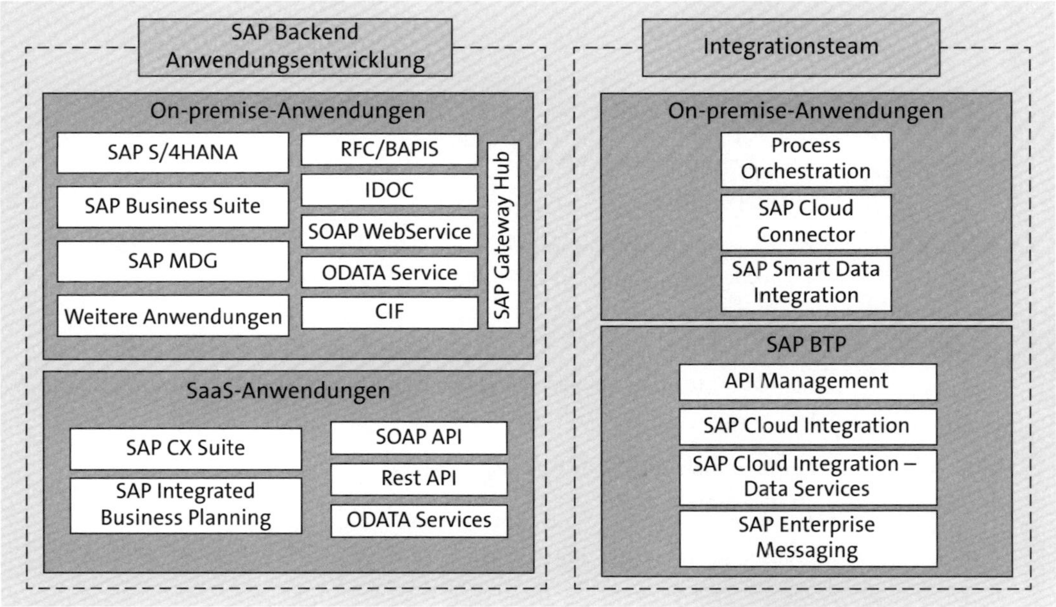

Abbildung 16.8 Exemplarischer Verantwortungsschnitt zwischen Anwendungsentwicklung und Integrationsteam

Die detaillierten Aufgaben einer Backend-Integration sehen Sie in Tabelle 16.12 anhand einer RACI-Matrix. Die Abkürzungen stehen wie gehabt für Responsible, Accountable, Consulted und Informed.

Zusammenfassung und Fazit

Die in Abschnitt 16.3, »Verantwortlichkeiten«, beschriebenen Anwendungsfälle sind Beispiele, die wir über Jahre hinweg gesammelt haben. Nutzen Sie diese als Inspiration für Ihre bestehenden Prozesse, und passen Sie sie an Ihre Bedürfnisse und Rollen an. Als geeignete Technik hierfür lohnt sich die Darstellung der Verantwortlichkeiten in einer RACI-Matrix.

Aktivität	SAP-Anwendungsentwicklung	Integrationsteam	SAP Basis
Spezifizierung des Lösungsdesigndokuments für die SAP-Backend-Integration	R	**A, R, C**	
Anlegen eines Remote-Function-Call-Bausteins	R	**C**	
Anlegen eines SAP-Webservice-Providers (SOAP-Dienst bereitstellen)	R	**C**	
Erstellung eines SAP-Webservice-Consumers (z. B. um SAP-Cloud-Integration-Endpunkte zu konsumieren)	R	**C**	
Implementierung der SAP-Backend-Schnittstellenlogik (in ABAP)	R	**C**	
Konfiguration eines Webservice-Endpunkts (SOAMANAGER und WSDL generieren)	R	**A, R**	
Anpassung der iDocs (WE20/WE*)	R	**R, C**	
Konfiguration des iDoc-Verteilungsmodells (Transaktion BD64)	R	**R, C**	
Konfiguration des OData-Gateway-Dienstes (Transaktion SEGW)	A,R	**C**	
Webservice-Überwachung (für SOAP: Transaktion SRT_MONI, für Proxys: Transaktion SXMB_MONI)	C,I	**A, R**	C/I
Schnittstellenmanagement und Governance	C	**A, R**	C

Tabelle 16.12 RACI-Matrix zur Darstellung der Verantwortlichkeiten innerhalb der Backend-Schnittstellenentwicklung

In Kapitel 17, »Plattformwerkzeuge«, lernen Sie Werkzeuge und Lösungen kennen, die Ihnen konkret dabei helfen, das Management von Schnittstellen sicherzustellen. Wir stellen Ihnen dort sowohl SAP-Partnerlösungen als auch den SAP Solution Manager vor.

Kapitel 17
Plattformwerkzeuge

Das Schnittstellenmanagement ist eine komplexe Aufgabe und umfasst sowohl organisatorische als auch technische Aspekte. Zur Unterstützung Ihres Schnittstellenmanagements können Sie unterschiedliche Hilfsmittel einsetzen, die Ihnen Ihr Schnittstellenmanagement erleichtern.

In den vorangehenden Kapiteln haben wir Ihnen Möglichkeiten aufgezeigt, wie Sie die Herausforderungen des Schnittstellenmanagements in den Bereichen Governance (siehe Kapitel 14), Betrieb (siehe Kapitel 15) und Organisation (siehe Kapitel 16) bewältigen können. Neben den methodischen Ansätzen gibt es eine Vielzahl von Werkzeugen, die Sie bei der Bewältigung der Herausforderungen unterstützen können.

Dieses Kapitel ist in zwei große Abschnitte gegliedert: In Abschnitt 17.1, »SAP Solution Manager«, stellen wir Ihnen den SAP Solution Manager als SAP-Lösung für das Application Lifecycle Management (ALM) vor. Dabei gehen wir insbesondere auf die für das Schnittstellenmanagement relevanten Funktionen ein. Anschließend stellen wir Ihnen in Abschnitt 17.2 SAP-Partnerlösungen vor. Dabei gehen wir insbesondere auf die Alleinstellungsmerkmale der einzelnen Lösungen ein.

[!]

Wann sollten Sie dieses Kapitel lesen?

Wir empfehlen Ihnen, dieses Kapitel zu lesen, wenn Sie Werkzeugunterstützung für Herausforderungen im Schnittstellenmanagement suchen. Sie werden das Kapitel auch hilfreich finden, wenn Sie sich über die Möglichkeiten und Funktionalitäten des SAP Solution Managers und weiterer SAP-Partnerlösungen informieren wollen.

17.1 SAP Solution Manager

SAP Application Lifecycle Management

Der *SAP Solution Manager* ist die SAP-Lösung für Ihr ALM, das Sie bei der Entwicklung und Betreuung von Anwendungen über deren gesamten Lebenszyklus hinweg, von der Einführung bis hin zur Ablösung, unterstützt.

SAP Cloud ALM

Zusätzlich zum SAP Solution Manager bietet SAP für Kunden mit einer starken Ausrichtung auf cloudbasierte Produkte *SAP Cloud ALM* an. Wir haben uns dazu entschieden, in diesem Abschnitt lediglich auf den SAP Solution Manager einzugehen, da dieser in sehr vielen Unternehmen zum Einsatz kommt.

17.1.1 Übersicht

SAP Solution Manager: Überblick

SAP stellt seinen Kunden den SAP Solution Manager ohne Mehrkosten zur Verfügung. Generell unterstützt der SAP Solution Manager eine große Anzahl von SAP-Anwendungen; allerdings haben wir die Erfahrung gemacht, dass er hauptsächlich in Verbindung mit einem SAP-ECC-System oder SAP-S/4HANA-System eingesetzt wird. Neben den bereits allgemein beschriebenen Funktionen einer ALM-Anwendung, wird der SAP Solution Manager auch als Gateway in der Kundenlandschaft verwendet, um z. B. Tickets und weitere Informationen der Kundeninfrastruktur auszutauschen.

Historie des SAP Solution Managers

Der SAP Solution Manager wird mittlerweile in Version 7.2 angeboten. Im Vergleich zu den vorherigen Versionen hat SAP sehr viel in die Weiterentwicklung des SAP Solution Managers investiert. Dies sehen wir auch bei der Verwendung der Lösung in Unternehmen. Wir kennen viele (insbesondere kleinere) Unternehmen, die die früheren Versionen des SAP Solution Managers ausschließlich zur Dokumentenablage und als Gateway für die Kommunikation mit SAP verwendet haben. Dies liegt unserer Meinung nach hauptsächlich an der hohen Hürde für den Einsatz anderer Funktionen. Wir kennen Unternehmen, die lediglich aufgrund der (fehlenden) Usability auf die Verwendung von nützlichen Funktionen verzichtet haben. Häufig sind auch bereits komplementäre Produkte in Unternehmen im Einsatz, die weiterhin verwendet werden sollen.

Focused Solutions for SAP Solution Manager

Um die Einführungshürde für weitere Funktionen des SAP Solution Managers zu reduzieren, bietet SAP mittlerweile die sogenannten *Focused Solutions for SAP Solution Manager* an. Die Idee dieser zielgerichteten Lösungen ist, dass von SAP vorkonfigurierte Funktionen ausgeliefert werden, die ohne weiteren Einstellungsaufwand verwendet werden können. Die Focused Solutions for SAP Solution Manager umfassen aktuell drei unterschiedliche Angebote:

- *Focus Build* – zur Unterstützung von Einführungsprojekten
- *Focus Insight* – Dashboards und KPIs zur Analyse Ihrer SAP-Landschaft
- *Focus Run* – für Service Provider, die mehrere Kunden mit einem SAP Solution Manager betreuen oder für Kunden mit höheren Anforderungen an den Systembetrieb und das Monitoring

Seit 2020 sind die beiden Lösungen Focus Build und Focus Insight ohne weitere Lizenzkosten verfügbar.

Funktionen des SAP Solution Managers

SAP orientiert sich für den Einsatz des SAP Solution Managers am Open-Group-Standard *Referenzarchitektur IT4IT* und beschreibt dabei vier unterschiedliche Szenarien:

- *Portfolio-zu-Projekt* (Portfolio-to-Project)
- *Anforderung zur Bereitstellung* (Requirement-to-Deploy)
- *Erkennen, um zu korrigieren* (Detect-to-Correct)
- *Anfrage zur Erfüllung* (Request-to-Fulfill)

Die einzelnen Funktionen des SAP Solution Managers lassen sich jeweils in Beziehung zu diesen Szenarien setzen. In Abbildung 17.1 sehen Sie eine Zuordnung der Funktionen zu den vier Szenarien.

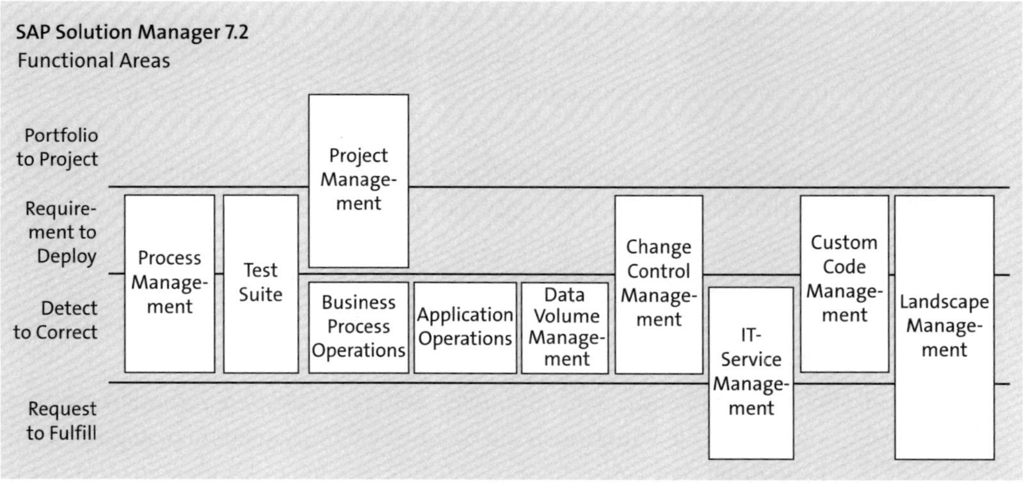

Abbildung 17.1 Funktionale Bereiche des SAP Solution Managers 7.2 (Quelle: SAP)

Portfolio-zu-Projekt

Beim Szenario *Portfolio-zu-Projekt* (oder auch Projektportfolio-Management) geht es um die Führung und Planung des Projektportfolios im Unternehmen. Dabei soll zur Umsetzung das optimale Verhältnis zwischen Projekten ausgewählt werden. Typischerweise erfolgt die Auswahl anhand dreier Kriterien:

- Kundenanliegen
- strategische Ziele
- verfügbare Ressourcen

Im SAP Solution Manager wird dieses Szenario durch die Funktion des Projektmanagements unterstützt.

Anforderung zur Bereitstellung

Im Szenario *Anforderung zur Bereitstellung* bringen Sie Anforderungen (entstanden aus einem Projekt oder dem Regelbetrieb) durch den kompletten Anforderungslebenszyklus – über das Design, die Entwicklung, den Test und die Inbetriebnahme. In Abbildung 17.1 sehen Sie, dass Sie viele Funktionen des SAP Solution Managers bei diesem Prozess unterstützen. Aus Sicht des Schnittstellenmanagements sind an dieser Stelle insbesondere das Prozessmanagement, das Änderungsmanagement und das Landschaftsmanagement zu nennen.

Erkennen, um zu korrigieren

Beim Szenario *Erkennen, um zu Korrigieren* geht es darum, Probleme in Ihren produktiven Systemen zu identifizieren, Lösungen zu erarbeiten und diese einzuführen. Probleme können dabei vielfältig sein: Klassische Programmfehler, die durch Korrekturen oder Hinweise von SAP behoben werden, oder Performanceprobleme, die bei der Überwachung der Systeme identifiziert und durch eine Optimierung der Konfiguration oder der Hardware behoben werden, sind nur zwei Beispiele. Auch in diesem Szenario sind insbesondere das Prozessmanagement, das Änderungsmanagement und das Landschaftsmanagement aus Sicht des Schnittstellenmanagements interessant.

Anfrage zur Erfüllung

Das Szenario *Anfrage zur Erfüllung* behandelt hauptsächlich das Thema IT-Service-Management. IT-Organisationen definieren Services, die für ihre Kunde zur Verfügung gestellt werden. Das Szenario beschreibt den Prozess von einer Anfrage eines Service bis zur Erfüllung der Anfrage. Im SAP Solution Manager wird dies hauptsächlich in der Funktion des IT-Service-Managements abgebildet.

SAP Solution Manager und Schnittstellenmanagement

Wie bereits bei der Vorstellung der unterschiedlichen Szenarien erwähnt, sind nicht alle Funktionen aus Sicht des Schnittstellenmanagements von Bedeutung. Wir sehen hauptsächlich folgende Funktionen zur Unterstützung Ihres Schnittstellenmanagements:

- Prozessmanagement
- Landschaftsmanagement
- Änderungsmanagement

Es gibt noch weitere Bereiche, in denen die Funktionen aus dem SAP Solution Manager Vorteile für Ihr Schnittstellenmanagement bieten können. Allerdings berücksichtigen diese Funktionen aus unserer Sicht nicht die speziellen Herausforderungen des Schnittstellenmanagements. Ein Beispiel ist die Funktion für das Testmanagement. In Abschnitt 17.2, »SAP-Partnerlösungen«, stellen wir Ihnen zwei weitere Lösungen vor, die Sie ergänzend zum SAP Solution Manager einsetzen können.

[«]

Weiterführende Informationen zum SAP Solution Manager

Wenn Sie sich über das Schnittstellenmanagement hinaus mit dem SAP Solution Manager beschäftigen möchten oder detaillierte Informationen zu den einzelnen Funktionen benötigen, empfehlen wir Ihnen die folgenden beiden SAP-PRESS-Bücher:

- SAP Solution Manager für SAP S/4HANA (siehe *www.sap-press.de/4264*)
- SAP Solution Manager – Das Praxishandbuch (siehe *www.sap-press.de/5197*)

17.1.2 Prozessmanagement zur Schnittstellendokumentation

Prozess-management

Das Prozessmanagement im SAP Solution Manager beschäftigt sich hauptsächlich mit der Beschreibung von Unternehmensprozessen. Wie bereits erwähnt, haben unserer Erfahrung nach insbesondere kleinere Unternehmen den SAP Solution Manager häufig ausschließlich zur Dokumentenablage verwendet. Dies ist Bestandteil des Prozessmanagements. Über eine Baumstruktur können Sie Ihre Prozessstruktur anlegen und somit zu den Prozessen unterschiedliche Dokumente ablegen. Ein weiterer Bestandteil des Prozessmanagements ist die Modellierung der Prozesse nach BPMN-Standard.

[«]

Aufbau von Prozessstrukturen

Für den Aufbau Ihrer Prozessstruktur gibt es verschiedene Ansätze und zum Teil auch bereits von SAP vordefinierte Strukturen. Wir wollen an dieser Stelle nicht weiter auf das Thema eingehen und empfehlen Ihnen als weitere Literatur folgenden Blog-Artikel:

http://s-prs.de/v798284

Modularisierung in Bibliotheken

Mittlerweile hat SAP relevante Objekte für das Prozessmanagement modularisiert. Dies bedeutet, dass Objekte in zentralen Bibliotheken gespeichert werden und an unterschiedlichen Stellen referenziert und wiederverwendet werden können. Abbildung 17.2 zeigt das Prinzip der Bibliotheken. Aus Sicht des Schnittstellenmanagements werden alle Schnittstellen in der Schnittstellenbibliothek angelegt. Auf die Objekte der Schnittstellenbibliothek kann sowohl bei der Modellierung von Prozessen als auch bei der Dokumentation von Prozessen zugegriffen werden.

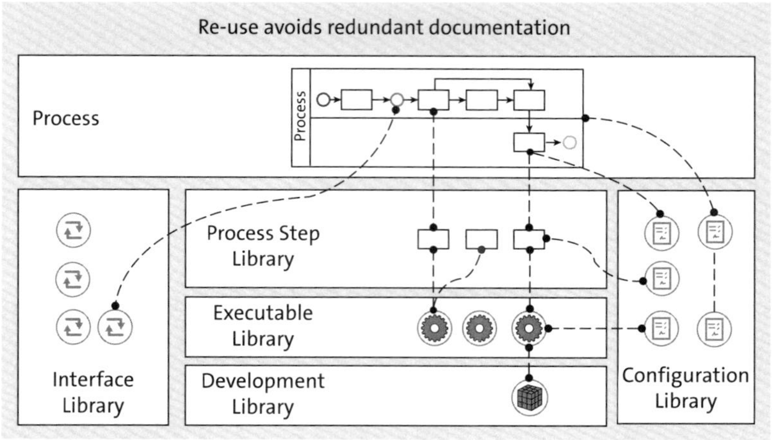

Abbildung 17.2 Bibliotheken im SAP Solution Manager 7.2 (Quelle: SAP)

Dokumentation von Schnittstellen

Innerhalb der zentralen Schnittstellenbibliothek können Sie Ihre Schnittstellen dokumentieren. Dabei legen Sie pro Schnittstelle einen Eintrag in der Schnittstellenbibliothek an. Jeder Eintrag in der Schnittstellenbibliothek wird durch verschiedene Schnittstellenattribute ❶ beschrieben. Im Standard liefert SAP einige typische Attribute zur Beschreibung von Schnittstellen mit, darunter Sendersystem, Empfängersystem, Technologie usw. Sie können die Attribute allerdings auch um eigene Attribute erweitern, wenn die Standardattribute für Ihr Schnittstellenmanagement nicht ausreichend sind. Zu jedem Eintrag in der Schnittstellenbibliothek können Sie weitere Elemente speichern (z. B. Spezifikationen, Dokumentationen in beliebiger Dateiform usw.). Abbildung 17.3 zeigt Ihnen den Aufbau der Schnittstellenbibliothek.

Aufbau der Schnittstellenbibliothek

Oben links sehen Sie die Navigation zur zentralen Schnittstellenbibliothek ❷. Auf der rechten Seite finden Sie Metainformationen für den ausgewählten Eintrag innerhalb der Schnittstellenbibliothek ❸. Sie umfassen die beschreibenden Attribute und Details (z. B. Statusinformationen), die Sie auch aus anderen Bereichen im Prozessmanagement kennen. Unten links sehen Sie weitere Dokumente ❹, die für den ausgewählten Eintrag im SAP Solution Manager gespeichert sind.

Erstellung der Schnittstellenbibliothek

Sie haben unterschiedliche Möglichkeiten, um Einträge in Ihrer Schnittstellenbibliothek zu erzeugen. Der einfachste und bereits beschriebene Weg ist das manuelle Anlegen in der Schnittstellenbibliothek. Allerdings ist dieses sehr zeitintensiv, insbesondere, wenn Sie viele Schnittstellen anlegen müssen. Aus diesem Grund bietet SAP Ihnen zwei Möglichkeiten, um Einträge in die Schnittstellenbibliothek zu importieren: Wenn Sie in Ihrem Unternehmen SAP Process Orchestration einsetzen, können Sie Schnittstellen direkt aus SAP Process Orchestration importieren. Über verschiedene Filterkriterien können Sie dabei selektieren, welche Schnittstellen bzw. integrierte Konfigurationen Sie importieren möchten. Wenn Sie eine andere Plattform verwenden oder bereits einen Excel-basierten Schnittstellenkatalog führen, können Sie die Einträge per Excel-Import anlegen.

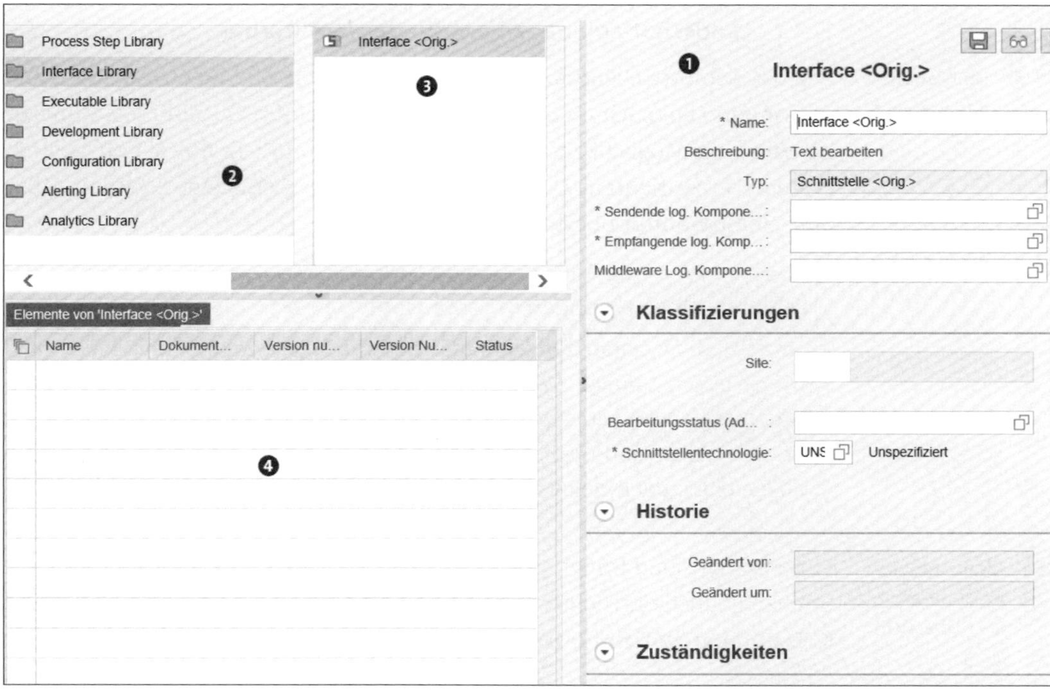

Abbildung 17.3 Ablage von Schnittstellendokumentation im SAP Solution Manager 7.2

Import von Schnittstellen aus SAP Cloud Integration

Für SAP Cloud Integration gibt es von SAP noch keinen automatischen Import im SAP Solution Manager. In Abschnitt 17.2, »SAP-Partnerlösungen«, stellen wir Ihnen unterschiedliche Partnerlösungen vor, mit denen Sie u. a. Schnittstellenübersichten in Microsoft Excel erzeugen können. Diese können Sie anschließend aufbereiten und für den Excel-basierten Import im SAP Solution Manager verwenden.

Wiederverwendung im Prozessmanagement

Nachdem Sie Ihre Einträge in der Schnittstellenbibliothek angelegt haben, können Sie diese Einträge im Prozessmanagement wiederverwenden. Ein typisches Beispiel ist die Modellierung von Prozessen: Im Rahmen der Modellierung von Prozessen haben Sie unterschiedliche Möglichkeiten, um

Schnittstellen zu modellieren. Philip Kisloff beschreibt in seinem Blog-Artikel unterschiedliche Möglichkeiten: *http://s-prs.de/v798285*

Weitere Informationen

Weitere detaillierte Informationen finden Sie im SAP Community Wiki zum Thema Schnittstellendokumentation unter *http://s-prs.de/v798286*

17.1.3 Landschaftsmanagement für das Monitoring

Landschaftsmanagement

Für das Schnittstellenmanagement wichtige Bereiche des Landschaftsmanagements sehen wir im Bereich des Monitorings. Im SAP Solution Manager haben Sie die Möglichkeit, unterschiedliche Monitore für Ihre Schnittstellensysteme einzurichten. Dadurch können Sie verschiedene Systeme über denselben Monitor überwachen.

[»]

Fehlende Übersetzungen in Screenshots

Leider sind die Darstellungen in den zentralen Monitoring-Funktionen im SAP Solution Manager 7.2 nicht durchgehend übersetzt. Daher werden Sie in den folgenden Screenshots des SAP Solution Managers eine Mischung aus deutschen und englischen Wörtern finden. Wir hoffen, dass SAP die Übersetzung bald vervollständigt.

SAP Cloud Integration Monitoring: Übersicht

Für das SAP Cloud Integration Monitoring bietet der SAP Solution Manager unterschiedliche Ansichten. Im Monitoring Overview finden Sie bestimmte KPIs und Kategorien für iFlows (siehe Abbildung 17.4).

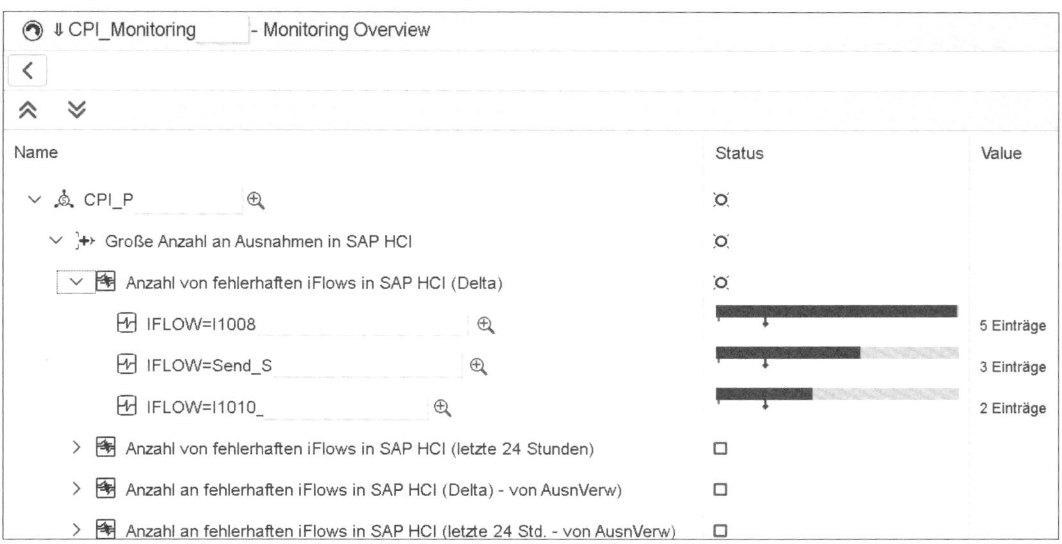

Abbildung 17.4 SAP Cloud Integration Monitoring im SAP Solution Manager 7.2 – Übersicht

Sie sehen, dass für einen iFlow drei fehlerhafte Übertragungen aufgezeichnet wurden. Die KPIs und Kategorien sind von SAP vordefiniert. Mit diesem Monitor erhalten Sie einen allgemeinen Überblick über den »Gesundheitszustand« Ihres SAP-Cloud-Integration-Tenants. Außerdem haben Sie die Möglichkeit, fehleranfällige bzw. inperformante iFlows zu identifizieren.

SAP Cloud Integration: Monitoring-Analyse

Mit der Monitoring-Analyse in SAP Cloud Integration können Sie sich verschiedene Statistiken in Diagrammen anzeigen lassen. SAP liefert einige vordefinierte Views aus (siehe Abbildung 17.5 für verfügbare Views).

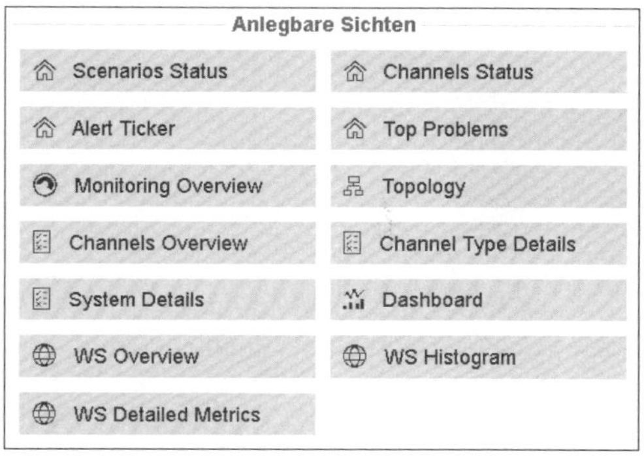

Abbildung 17.5 Verwendbare Sichten im SAP Cloud Integration Monitoring im SAP Solution Manager 7.2

Diese Views können Sie im Rahmen eigener Dashboards beliebig zusammenstellen. Pro View haben Sie die Möglichkeit, zwischen einer Darstellung als Diagramm oder als Tabelle auszuwählen. In Abbildung 17.6 sehen Sie ein Beispiel für ein Dashboard mit verschiedenen SAP-Cloud-Integration-Statistiken. Über zusätzliche Filterkriterien können Sie die angezeigten Daten weiter einschränken.

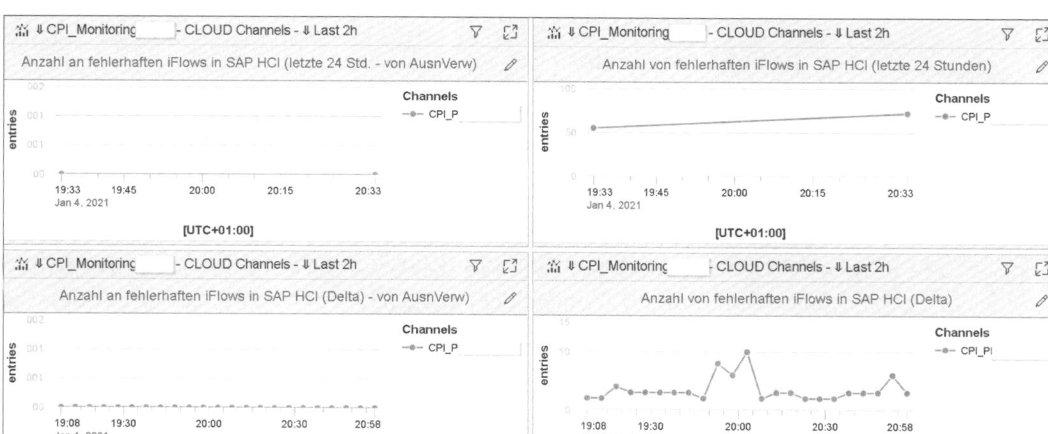

Abbildung 17.6 SAP Cloud Integration Dashboard im SAP Solution Manager 7.2

SAP Process Orchestration Monitoring: Überblick

Das Monitoring für SAP-Process-Orchestration-Systeme ist sehr umfangreich und enthält viele Möglichkeiten, die Sie auch im Standard-Monitoring von SAP Process Orchestration finden. Allerdings haben Sie im SAP Solution Manager den Vorteil, dass Sie das Monitoring für mehrere Systeme gleichzeitig aufrufen können. In Abbildung 17.7 sehen Sie ein Beispiel für die Monitoring-Übersicht im SAP Solution Manager. Sie sehen in der Übersicht, dass diese insgesamt drei SAP-Process-Orchestration-Systeme enthält. Im oberen Bereich der Monitoring-Sichten finden Sie stets Übersichtskacheln, über die Sie auch die Detailansicht im unteren Bereich filtern können.

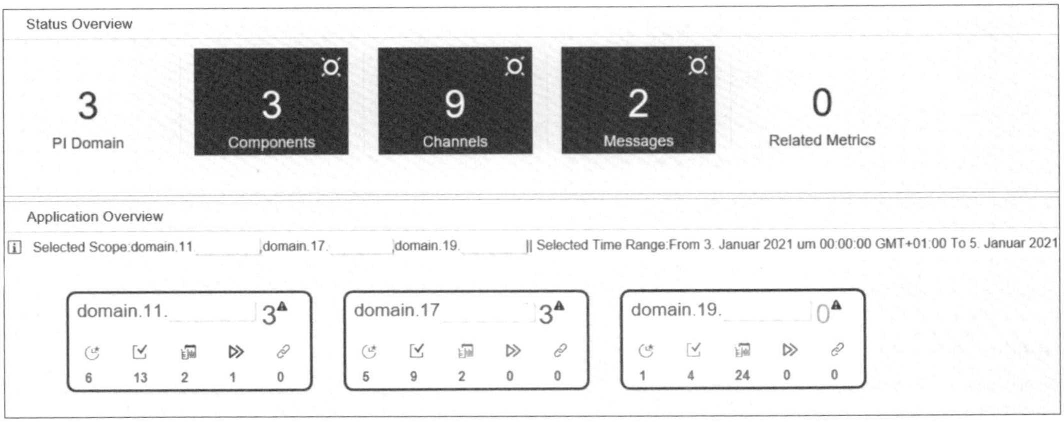

Abbildung 17.7 SAP Process Orchestration Monitoring im SAP Solution Manager 7.2 – Überblick

Weitere Monitore für SAP Process Orchestration

Des Weiteren finden Sie für SAP-Process-Orchestration-Systeme die folgenden Monitoring-Möglichkeiten:

- Komponentenmonitor
- Kommunikationskanal-Monitor
- Nachrichtenmonitor

Alle drei Monitore kennen Sie vermutlich bereits aus Ihren SAP-Process-Orchestration-Systemen. Allerdings können Sie mit den Monitoren im SAP Solution Manager keine detaillierte Fehleranalyse durchführen. Hierzu müssen Sie weiterhin in den Standardmonitor des jeweiligen Systems navigieren. Etwas gewöhnungsbedürftig ist aus unserer Sicht der Nachrichtenmonitor, der in Abbildung 17.8 abgebildet ist. Auch hier haben Sie den Vorteil, dass Sie in einer Ansicht den Monitor für mehrere Systeme darstellen können. Allerdings ist aus unserer Sicht die Darstellung der einzelnen Schnittstellen nicht sehr übersichtlich gestaltet, sodass die Bedienung selbst für erfahrene SAP-Process-Orchestration-Berater*innen nicht intuitiv ist.

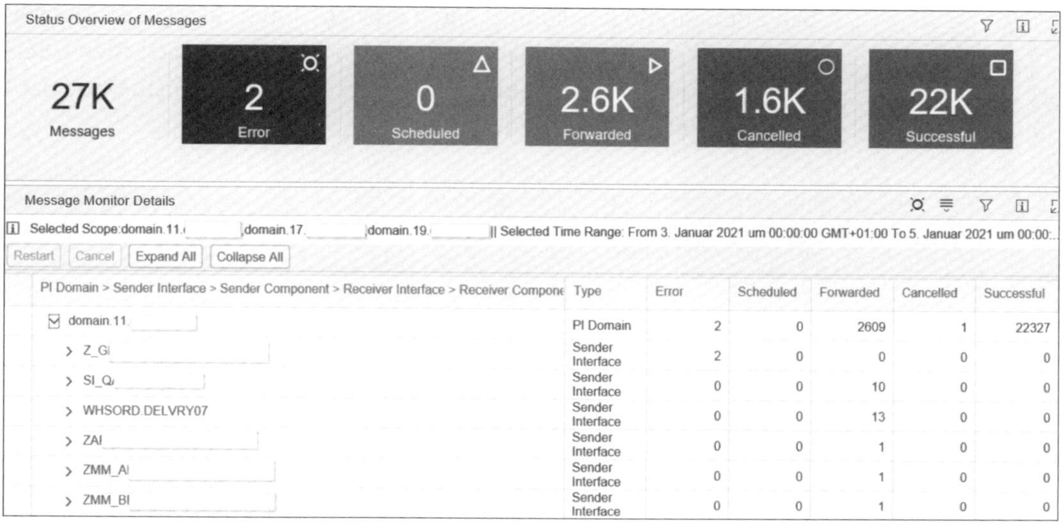

Abbildung 17.8 Nachrichtenmonitor für SAP Process Orchestration im SAP Solution Manager 7.2

SAP Process Orchestration: Analyse

Ähnlich wie beim Monitoring von SAP Cloud Integration haben Sie im Process-Integration-Monitoring die Möglichkeit, Analysen für Ihre SAP-Process-Orchestration-Systeme durchzuführen. Auch hier liefert SAP vordefinierte Views aus, die Sie zu eigenen Dashboards zusammenstellen können (siehe Abbildung 17.9).

Abbildung 17.9 Verfügbare Sichten für SAP Process Orchestration im SAP Solution Manager 7.2

Über Konfigurationen können Sie zwischen unterschiedlichen Darstellungsformen der Views wählen und die Ansichten mit zusätzlichen Filterkriterien einschränken. Abbildung 17.10 zeigt ein Beispiel für ein Dashboard im Process-Integration-Monitoring.

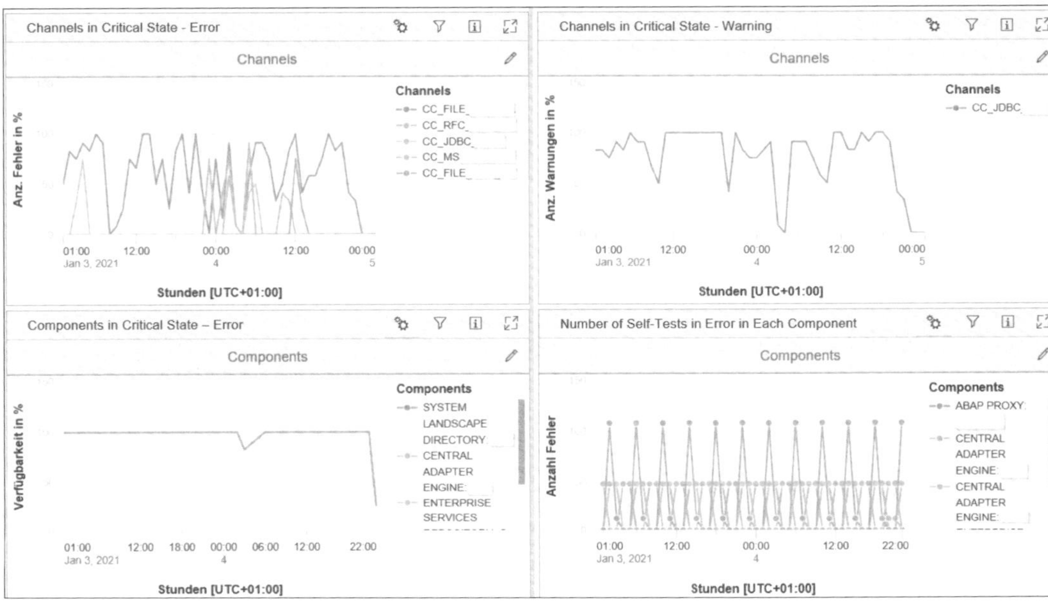

Abbildung 17.10 Beispiel für ein SAP Process Orchestration Dashboard im SAP Solution Manager 7.2

Nutzung der Monitore

Wir halten die Verwendung des zentralen Monitorings für komplexe Anwendungslandschaften mit einer hohen Anzahl von SAP-Cloud Integration-Tenants und SAP-Process-Orchestration-Systemen für sinnvoll. Mit den Möglichkeiten, sich zentral Statistiken zu unterschiedlichen Systemen anzeigen zu lassen, haben Sie eine gute Möglichkeit, einen allgemeinen Überblick über den »Gesundheitszustand« Ihrer Integrationslandschaft zu erhalten. So können Sie Schwachpunkte schnell identifizieren und eine Verbesserung einleiten.

Operatives Monitoring im SAP Solution Manager

Für die operative Überwachung Ihrer Schnittstellenlandschaft halten wir die Monitore im SAP Solution Manager nicht für die richtige Wahl. Für eine detailliertere Fehleranalyse müssen Sie ohnehin frühzeitig in die Monitore der jeweiligen Systeme oder Tenants navigieren, da dies im SAP Solution Manager nicht möglich ist. Daher sollten Sie für das operative Monitoring weiterhin die Funktionalitäten der jeweiligen Systeme nutzen oder andere Monitoring-Lösungen einführen (siehe Abschnitt 17.2, »SAP-Partnerlösungen«).

Das Monitoring im SAP Solution Manager ist eine gute Möglichkeit, um den Zustand Ihrer Integrationslandschaft zu überwachen. Allgemeine Schwachstellen können Sie mithilfe von Analysen identifizieren und frühzeitig mögliche Engpässe erkennen. Für das operative Monitoring Ihrer Schnittstellen sollten Sie weiterhin hauptsächlich auf das Monitoring im jeweiligen System setzen und/oder ergänzend Partnerlösungen einsetzen.

Fazit

17.1.4 Änderungsmanagement im Rahmen des Schnittstellenmanagements

Änderungen der Integrationslandschaft

Wir erleben heutzutage in Unternehmen komplexe Anwendungslandschaften, die von fortlaufenden Veränderungen geprägt sind. Insbesondere für das Schnittstellenmanagement stellt das Änderungsmanagement eine besondere Herausforderung dar, denn an Änderungen in der Integrationslandschaft sind stets mehrere Anwendungen beteiligt. Aus diesem Grund ist eine strukturierte Koordination von Änderungen in der Integrationslandschaft von elementarer Wichtigkeit.

Zentrales Änderungsmanagement

Mit dem *Change Request Management* bietet SAP im SAP Solution Manager eine Lösung für ein zentrales Änderungsmanagement. Das Change Request Management bietet Ihnen die Möglichkeit, einen zentralen, ITIL-konformen Änderungsprozess in Ihrem Unternehmen zu etablieren, um Änderungen in Ihrer Anwendungslandschaft über den gesamten Lebenszyklus zu begleiten. Die Lösung unterstützt Änderungsprozesse in NetWeaver-ABAP- und NetWeaver-Java-Umgebungen und setzt dabei auf dem *Change Transport System* (*cCTS* bzw. *CTS+*) auf. Durch die Unterstützung von CTS+ kann das Change Request Management somit auch für SAP Process Orchestration und SAP Cloud Integration eingesetzt werden. Sie können sich das Change Request Management auch als eine Art Workflow für das Transportmanagement vorstellen, wodurch Sie eine revisionssichere Dokumentation von Änderungen erhalten.

Objekte des Change Request Managements

Der Änderungsprozess des Change Request Managements erfolgt in zwei Schritten: Im ersten Schritt wird ein sogenannter *Änderungsantrag* (Request for Change) erstellt. Für den Änderungsantrag können Sie einen, auf Ihre Bedürfnisse zugeschnittenen Genehmigungsprozess etablieren. Im zweiten Schritt (nach der Genehmigung eines Änderungsantrags) wird ein *Änderungsdokument* (Change Document) erstellt. Das Änderungsdokument wird zur Abwicklung der Änderung im System verwendet.

Verknüpfung zu anderen Funktionen

Abbildung 17.11 zeigt Ihnen die beiden Objekte des Change Request Managements im Kontext von anderen Objekten des SAP Solution Managers bzw. des Transportmanagements. Mit dem IT-Service-Management haben Sie die Möglichkeit, Incidents als Ausgangspunkt für das Änderungsmanagement zu verwenden. Dabei wird auf der Basis eines Incidents ein Änderungsantrag erstellt. Das Änderungsdokument steht in enger Verbindung mit Transporten im Transportmanagement. Mit den Transporten werden die veränderten Entwicklungsartefakte innerhalb der Anwendungslandschaft transportiert.

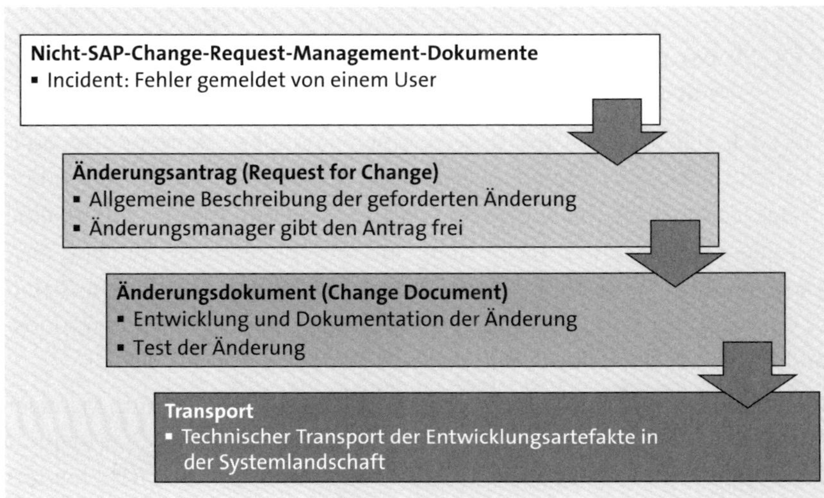

Abbildung 17.11 Verknüpfung zwischen Änderungsantrag und Änderungsdokument und anderen Objekten

Abwicklung von Änderungsdokumenten

Die Abwicklung der Änderungsdokumente ist der Kernprozess bei der Implementierung von Änderungen in Systemen. Das Änderungsdokument wird dabei von unterschiedlichen Personenkreisen bearbeitet:

- Entwickler*innen
- Tester*innen
- Administrator*innen

Beispielablauf

In Abbildung 17.12 sehen Sie einen vereinfachten Dokumentenfluss für das Change Request Management. Nach der Freigabe eines Änderungsantrags wird das Änderungsdokument erzeugt und automatisch ein Transport im Transportmanagementsystem angelegt. Die Entwickler*innen können mit der Implementierung der Änderung im Entwicklungssystem beginnen. Während der Entwicklung wird mit Transportkopien gearbeitet. Dadurch können die Entwicklungen in das Qualitätssicherungssystem transportiert werden, ohne den Transport freizugeben. Korrekturen können weiterhin in demselben Transport vorgenommen werden, und die Anzahl der Transporte bleibt gering. Erst mit der Übergabe zum Test wird der Transport freigegeben und als Transport in das Qualitätssicherungssystem transportiert. Nach einem erfolgreichen Test kann die Änderung durch einen Administrator oder eine Administratorin in das Produktivsystem importiert werden, und der Änderungsantrag wird abgeschlossen.

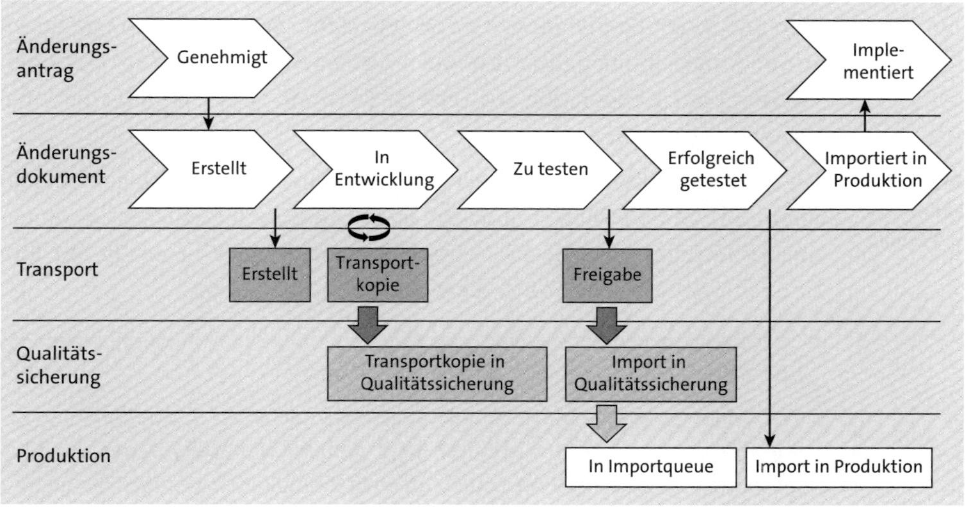

Abbildung 17.12 Vereinfachte Darstellung des Change-Request-Management-Änderungsprozesses

Einsatz im Schnittstellenmanagement

Wie bereits beschrieben, können Sie das Change Request Management in Verbindung mit CTS+ einsetzen. CTS+ wird als Transportmanagement für SAP Process Orchestration und SAP Cloud Integration eingesetzt. Allerdings müssen Sie dabei beachten, dass Sie insbesondere im Zusammenhang mit SAP Cloud Integration und CTS+ aktuell noch einige Einschränkungen haben. So können Sie bis heute z. B. keine einzelnen Entwicklungsobjekte (z. B. iFlows) transportieren. Bislang besteht lediglich die Möglichkeit, Entwicklungspakete zu transportieren, die mehrere Entwicklungsobjekte enthalten können. Dies spricht aus unserer Sicht eher gegen den Einsatz von CTS+ für SAP Cloud Integration. Für SAP Process Orchestration verwenden wir häufig CTS+ für den Transport von Entwicklungsobjekten und können daher auch den Einsatz des Change Request Managements generell empfehlen. Allerdings sollten Sie beachten, dass insbesondere beim initialen Transport von Konfigurationsobjekten von SAP Process Orchestration manuelle Nacharbeiten in Ihrem produktiven SAP-Process-Orchestration-System notwendig sind, da bestimmte Einstellungen in den Kommunikationskanälen nicht transportiert werden.

17.2 SAP-Partnerlösungen

In diesem Abschnitt geben wir Ihnen einen Überblick über verschiedene Partnerlösungen für das Schnittstellenmanagement. Dabei unterscheiden sich die Lösungen funktional, aber auch in der Art wie sie lizenziert sind. Wir haben nicht den Anspruch, gleichartige Lösungen miteinander zu vergleichen und Ihnen Empfehlungen zu geben, da Ihre Wahl natürlich von Ihrem Anwendungsfall abhängig ist. Dennoch versuchen wir, Ihnen die Funktionen je Lösung aufzuzeigen, die aus unserer Sicht ein Alleinstellungsmerkmal der Lösung darstellen.

Ergänzung für Middleware-Produkt

Alle Lösungen, die wir Ihnen hier vorstellen sind jeweils als Ergänzung zu einem SAP-Middleware-Produkt zu sehen. Dies bedeutet, dass Lösungen eine Hilfestellung für das Schnittstellenmanagement in Bezug auf SAP Cloud Integration oder SAP Process Orchestration bieten.

[»]

SAP-Partnerlösungen aus unserer Erfahrung

Wir stellen Ihnen nachfolgend ausschließlich solche SAP-Partnerlösungen vor, mit denen wir selbst arbeiten bzw. gearbeitet haben. Daher erhebt dieser Abschnitt keinen Anspruch auf Vollständigkeit. Beachten Sie auch, dass die Reihenfolge der Auflistung keine Wertung der SAP-Partnerlösungen darstellt.

17.2.1 Figaf DevOps Tool

Überblick

Figaf DevOps Tool ist ein Produkt des dänischen Unternehmens Figaf. Bekanntheit erlangte Figaf vor allem durch Daniel Graversen, einem SAP-Mentor und seit Jahren sehr aktiven Teilnehmer in der SAP-Integrations-Community. Das Figaf DevOps Tool kann in unterschiedlichen Versionen bezogen werden, die sich in ihrem Funktionsumfang unterscheiden.

Vorstellung der Lösung

Einen Überblick über den Funktionsumfang der verschiedenen Figaf-Versionen finden Sie in Tabelle 17.1. Prinzipiell können die Funktionen der Figaf-Lösung in vier Kategorien unterteilt werden:

- Monitoring und Alerting
- Testmanagement
- Change Management und Transportwesen
- Dokumentation

	Figaf Alerting Tool	Figaf Testing Tool	Figaf DevOps Tool	Enterprise
Alerting	X		X	X
Message Monitoring (SAP Cloud Integration)	X		X	X
Systemperformance (SAP Cloud Integration)	X		X	X
Testen (SAP Process Orchestration und SAP Cloud Integration)		X	X	X
Mocking von Services		X	X	X
Einfache Testerstellung		X	X	X
Unit-Test für Groovy Script		X	X	X
Änderungsüberwachung			X	X
Transport and Konfiguration			X	X
Git-Integration			X	X
Dokumentation			X	X
Ticketsystem			X	X
Sicheres Testen				X

Tabelle 17.1 Funktionsumfang der Figaf-Versionen

Unterstützte Plattformen

Die meisten Funktionen können Sie für SAP Cloud Integration und für SAP Process Orchestration einsetzen. Die Kommunikation erfolgt über die APIs der beiden Systeme. Da die APIs von SAP Cloud Integration und SAP Process Orchestration unterschiedlich ausgeprägt sind, besteht die Möglichkeit, dass bestimmte Funktionen für eine Lösung nicht oder nur eingeschränkt zur Verfügung stehen. Zusätzlich bietet das Figaf-Tool Funktionen, die mit SAP API Management genutzt werden können.

In Tabelle 17.2 haben wir Ihnen die wichtigsten Eigenschaften des Figaf DevOps Tools zusammengefasst.

Anwendung für Middleware-Produkte	▪ SAP Process Orchestration ▪ SAP Cloud Integration ▪ SAP API Management
Unterstützte Dimensionen des Schnittstellenmanagements	Governance: ▪ Katalogisierung Betrieb: ▪ Monitoring und Alerting ▪ Testmanagement ▪ Change Management und Transportwesen Organisation: ▪ DevOps
Lizenzart	lizenzierungspflichtig
Betrieb	eigenständige Server-Installation

Tabelle 17.2 Zusammenfassender Überblick zum Figaf DevOps Tool

Alleinstellungsmerkmale

Wir sehen insbesondere im Bereich des Change Managements und Transportwesens das Alleinstellungsmerkmal des Figaf DevOps Tools. Mit dem Figaf DevOps Tool können Sie eine Git-Integration für Entwicklungsobjekte einrichten. Dadurch haben Sie z. B. die Möglichkeit, Groovy Scripts zentral zu verwalten. Dies ist in SAP Cloud Integration nicht möglich, da Groovy Scripts pro iFlow gespeichert werden. Zusätzlich lassen sich mit dem Figaf DevOps Tool einzelne Objekte in SAP Cloud Integration transportieren. Dies ist mit Transporten über CTS+ im SAP Solution Manager nicht möglich, da lediglich komplette Entwicklungspakete transportiert werden können. Einen weiteren Vorteil des Figaf DevOps Tools sehen wir in der zentralen Verwaltung von Konfigurationsparametern. Im Transportmanagement des Figaf DevOps Tools können Sie zentral die Konfigurationsparameter eines iFlow für alle Systeme pflegen.

Anwendungsbeispiel

Wir sehen eine der Stärken des Figaf DevOps Tool in den Lösungen für das Change Management und das Transportwesen. Ein Beispiel ist der Aufbau einer virtuellen Systemlandschaft. Im nachfolgenden Beispiel stehen wir vor der Herausforderung, eine sechsstufige Backend-Systemlandschaft mit einer dreistufigen Cloud-Integration-Tenant-Landschaft zu verbinden. Dies wird durch den Aufbau eines virtuellen Cloud-Integration-Tenants mithilfe des Figaf DevOps Tools erreicht. Den schematischen Aufbau sehen Sie in Abbildung 17.13. Für die Anbindung des Testsystems der Projektlandschaft wird auf dem SAP-Cloud-Integration-Entwicklungs-Tenant ein virtueller Cloud-Integration-Tenant erstellt. Durch das Transportmanagement im Figaf DevOps Tool werden die Entwicklungsobjekte beim Transport in das virtuelle System automatisch umbenannt und notwendige Konfigurationsanpassungen (z. B. Definition von Endpunkten) vorgenommen.

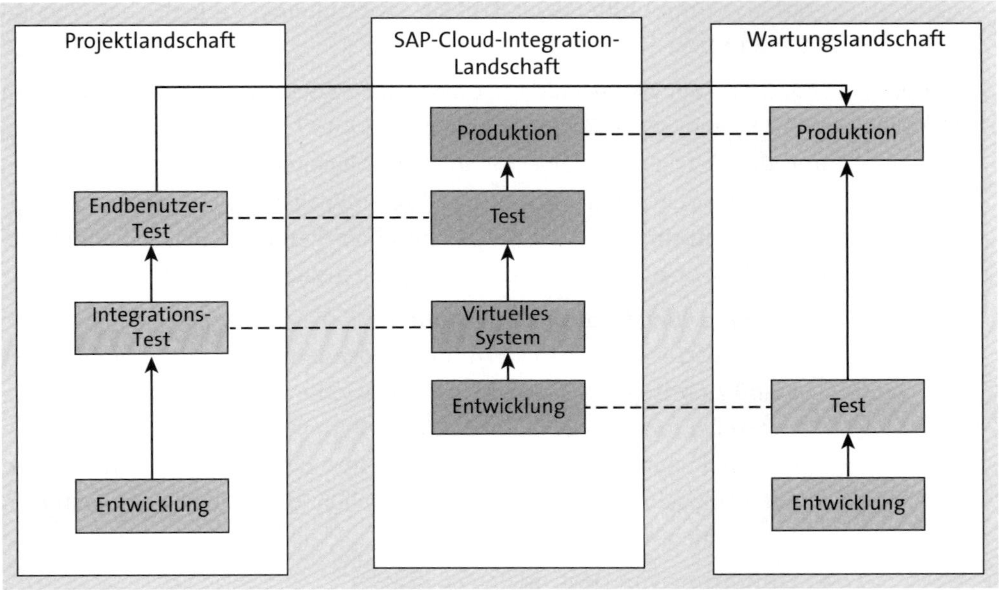

Abbildung 17.13 Schematischer Aufbau einer Landschaft mit Figaf-Transport und virtuellem System

Weitere Informationen

Im Internet finden Sie eine Vielzahl von Informationen über das Figaf DevOps Tool. Auf der Website von Figaf haben Sie die Möglichkeit, direkten Kontakt zum Anbieter aufzunehmen, falls Sie Fragen zur Lösung haben oder eine Testversion ausprobieren möchten. Als zentrale Informationsquelle dient die Webseite des Figaf DevOps Tools. Dort werden von Figaf selbst Videos und Anleitungen zur Verfügung gestellt (siehe *https://figaf.com/figaf-devops-tool/*). Im SAP App Center finden Sie grundlegende Informationen über das Figaf DevOps Tool und können ebenfalls Kontakt zum Anbieter aufnehmen (siehe *http://s-prs.de/v798287*). In der SAP Community beschreibt Daniel Gravesen in Blog-Artikeln die Vorteile und Funktionen des Figaf DevOps Tools. Sie finden sie unter den folgenden Links:

- *http://s-prs.de/v798288*
- *http://s-prs.de/v798289*

17.2.2 Int4 IFTT

Überblick

Int4 IFTT ist ein Tool zur Automatisierung von Regressionstest für SAP-Anwendungsschnittstellen. Es ist ein Tool der polnischen Firma Int4 sp. z o.o. sp.k., die seit Jahren, insbesondere durch die beiden SAP-Mentoren Michal Krawczyk und Eng Swee Yeoh, einen großen Beitrag zur globalen SAP-Integrations-Community leistet. Das Tool wird in einer einheitlichen Version angeboten.

Vorstellung der Lösung

Int4 IFTT ist ein ABAP-Add-on. Dies bedeutet, dass es auf jedem beliebigen ABAP-System installiert werden kann. Int4 IFTT empfiehlt die Installation und den Betrieb auf dem SAP Solution Manager. Die Funktionalität von Int4 IFTT konzentriert sich auf das Testmanagement; allerdings werden auch Monitoring- und Alerting-Funktionen bereitgestellt. Wir sehen die folgenden Anwendungsszenarien für den Einsatz von Int4 IFTT:

- **Upgrade von Middleware-Systemen**
  Sie spielen Upgrades ein, um Ihre Systemlandschaft auf den neuesten Stand zu bringen. Bei cloudbasierten Middleware-Systemen liefern die Hersteller der Systeme fortlaufend Verbesserungen aus. Selbstverständlich sollten Sie in beiden Fällen Ihre bestehenden Schnittstellen auf Regression testen, um sicherzustellen, dass diese auch weiterhin funktionieren.
- **Einführung von DevOps**
  Ein grundlegendes Prinzip von DevOps ist die kontinuierliche Bereitstellung von neuen Systemfunktionen. Dies erfordert, dass Entwicklungsobjekte fortlaufend getestet werden. Ohne Tool-Unterstützung ist dies nicht sinnvoll zu gewährleisten. Mit Int4 IFTT haben Sie die Möglichkeit, Testfälle fortlaufend auszuführen und Fehler direkt an das Defect Management im SAP Solution Manager zu reporten.
- **Migration von Middleware-Systemen**
  Wie bei dem Upgrade von Middleware-Systemen ist die Migration von Middleware-Systemen in der Regel aus technischen Gründen notwendig. Trotzdem sollten Sie bei einer Migration alle bestehenden Schnittstellen auf Regression testen. Aus der Sicht der Fachbereiche ändert sich bei einer Migration nichts. Daher hilft Ihnen Int4 IFTT, für die Migration eine testgetriebene Entwicklung anzuwenden und Testfälle auf dem alten und dem neuen Middleware-System auszuführen.
- **SAP-S/4HANA-Einführung**
  Im Rahmen einer SAP-S/4HANA-Einführung (unabhängig vom Ansatz der Einführung) entstehen sehr hohe Zeit- und Ressourcenaufwände, wenn Tests ausschließlich manuell ausgeführt werden. Mit Int4 IFTT

können Sie im SAP-Backend-System schnittstellenbezogene Testfälle automatisieren.

- **SAP-Roll-outs**
  Im Rahmen von SAP-Roll-outs sollten Sie zwei verschiedene Arten von Tests ausführen: Zum einen sollten alle verwendeten Funktionen für die im Roll-out enthaltene Geschäftseinheit getestet werden. Zum anderen sollten die bereits produktiven Geschäftseinheiten auf Regression geprüft werden, um sicherzustellen, dass mit dem neuen Roll-out keine Fehler in das produktive System gebracht werden.

In Tabelle 17.3 haben wir Ihnen die Eigenschaften von Int4 IFTT noch einmal zusammengefasst.

Anwendung für Middleware-Produkt	■ SAP Process Orchestration ■ SAP Cloud Integration ■ SAP Application Interface Framework
Unterstützte Dimensionen des Schnittstellenmanagements	Betrieb: ■ Monitoring und Alerting ■ Testmanagement
Lizenzart	lizenzierungspflichtig
Betrieb	SAP-Solution-Manager-Add-on

Tabelle 17.3 Zusammenfassender Überblick zu Int4 IFTT

Alleinstellungsmerkmale

Wie bereits beschrieben, konzentriert sich Int4 IFTT auf die Unterstützung Ihres Testmanagements. Dabei spielt es keine Rolle, welche Art von Projekten und in welcher Form Sie diese Projekte ausführen (Wasserfallmodell, agil, DevOps-Ansatz). Das große Alleinstellungsmerkmal von Int4 IFTT ist die Möglichkeit, Anwendungsfälle bis in die SAP-Backend-Systeme zu testen. Dabei haben Sie die Möglichkeit, durch Schnittstellentests erzeugte Belege mit Referenzbelegen zu vergleichen. Hierdurch können Sie die ABAP-Verarbeitung und das Customizing in den Backend-Systemen automatisch mittesten. Im Gegensatz dazu bieten andere Lösungen für die Testautomatisierung im Integrationsbereich lediglich die Möglichkeit, Nachrichteninhalte miteinander zu vergleichen. Einen weiteren Vorteil sehen wir in der Integration zum SAP Solution Manager. So können Sie z. B. aus fehlerhaften Testfällen automatisch Fehlerberichte im SAP Solution Manager erstellen.

Anwendungsbeispiel

Insbesondere bei großen Integrationslandschaften mit vielen Schnittstellen haben wir die Erfahrung gemacht, dass Unternehmen hauptsächlich Wert auf die Stabilität ihrer Integrationslandschaft legen. Deshalb wird häufig auf wichtige Systempflegeaktivitäten wie z. B. auf regelmäßige Updates verzichtet. Zur Sicherstellung der Stabilität nach einem System-Update sollten möglichst alle Schnittstellen mit der neuen Systemversion getestet werden. Darin stecken insbesondere bei der Einbeziehung der Fachbereiche ein hoher personeller Aufwand und ein hoher Koordinationsbedarf. Durch die Automatisierung von Testfällen mit Int4 IFTT können Sie diesen Aufwand reduzieren und die System-Updates deutlich vereinfachen. Unserer Erfahrung nach können in den Integrationslandschaften ungefähr 90 % der Schnittstellen automatisiert getestet werden. Leidglich 10 % müssen weiterhin manuell getestet werden. Mit dem Einsatz der Testautomatisierung von Int4 IFTT können Sie die Kosten für ein System-Update reduzieren und haben die Möglichkeit, regelmäßig System-Updates durchzuführen.

Weitere Informationen

Sie finden im Internet eine Vielzahl von Informationen zu Int4 IFTT. Ganz besonders möchten wir Ihnen den Kurs in openSAP ans Herz legen. Weitere Informationen finden Sie u. a. auf den folgenden Seiten:

- Zentraler Anlaufpunkt für Informationen über Int4 IFTT ist die Website von Int4. Sie finden viele Informationen zum Tool und können Kontakt zum Anbieter aufnehmen: *https://int4.com/iftt*.
- In openSAP finden Sie einen Kurs zu Int4 IFTT. Darin stellen Mitarbeiter von Int4 die unterschiedlichen Möglichkeiten des Tools sehr strukturiert und detailliert vor: *http://s-prs.de/v798290*
- Im SAP App Center finden Sie grundlegende Informationen über Int4 IFTT und können Kontakt zum Anbieter aufnehmen: *http://s-prs.de/v798291*
- In der SAP Community beschreiben Mitarbeitende von Int4 in Blog-Artikeln die Vorteile und Funktionen von Int4 IFTT:

  http://s-prs.de/v798292

  http://s-prs.de/v798293

17.2.3 UDO

Überblick

UDO ist ein Produkt des Schweizer Unternehmens Arianim GmbH. Es handelt sich um ein Analyse- und Dokumentationstool für Schnittstellen in SAP Process Orchestration. Das Produkt wird bereits seit einiger Zeit am Markt angeboten und wurde seitdem mehrmals an neue Funktionen von SAP Process Orchestration angepasst. Mit UDO erhalten Sie Unterstützung in den Bereichen Katalogisierung und Reporting.

Funktionen

UDO ist eine auf Java basierende Client-Software, die schnell und automatisiert Schnittstelleninformationen ausliest. Die Anwendung wird ausschließlich für SAP Process Orchestration angeboten. UDO nutzt die Standard-APIs von SAP Process Orchestration, um Objekte aus dem Repository, dem Directory und dem Trading Partner Management (TPM) auszulesen. Folgende Funktionen werden durch UDO zur Verfügung gestellt:

- Vergleich von Objekten über mehrere Systeme (Konsistenzprüfung)
- Generierung von automatisierten Dokumentationen für alle Schnittstellen (inklusive Mappings). Das Aussehen der Dokumentationen lässt sich durch Templates beeinflussen.
- globale Suche über alle Objekte
- statistische Auswertung von Schnittstellen, Adaptertypen, Interfaces pro Business-Komponente u. v. m
- Prüfung auf »verwaiste« Objekte, die nicht mehr verwendet werden
- Export von Schnittstelleninformationen nach Microsoft Excel oder XML
- Anzeige von Zertifikaten inklusive Gültigkeitsdaten

Versionen von UDO

Gemäß der Website der Arianim GmbH werden zwei unterschiedliche Versionen von UDO angeboten. UDO Lite ist kostenlos verfügbar und umfasst lediglich einen eingeschränkten Funktionsumfang. Mit UDO Enterprise erhalten Sie den vollen Funktionsumfang. Es besteht auch die Möglichkeit, eine Testversion zu erhalten. In Tabelle 17.4 haben wir Ihnen die wichtigsten Eigenschaften von UDO zusammengefasst.

Anwendung für Middleware-Produkt	SAP Process Orchestration
Unterstützte Dimensionen des Schnittstellenmanagements	Governance: ■ Katalogisierung ■ Reporting
Lizenzart	lizenzierungspflichtig
Betrieb	lokale Software

Tabelle 17.4 Zusammenfassender Überblick zu UDO

Alleinstellungsmerkmale

UDO ist ein etabliertes Produkt für die Analyse und Dokumentation von SAP-Process-Orchestration-Entwicklungsobjekten. Die Funktionen von UDO sind im Rahmen der Möglichkeiten der API von SAP Process Orchestration sehr ausgereift. Die Stärke von UDO sehen wir in der Dokumentation von Schnittstellen: Die generierten Dokumentationen enthalten alle notwendigen Informationen und können über Templates gemäß Ihrer Corporate Identity angepasst werden. Auch die Dokumentation von Message Mappings ist in UDO sehr gut und übersichtlich gelöst. Im Laufe der Jahre hat die Arianim GmbH UDO fortlaufend auf Erweiterungen von SAP Process Orchestration angepasst. So werden mittlerweile auch Integrations-Flows sowie Sender- und Empfängervereinbarungen unterstützt. Ebenfalls halten wir die Vergleichsfunktion von ESR-Objekten in UDO für sehr sinnvoll. Damit können Sie sehr einfach mögliche Unterschiede zwischen den SAP-Process-Orchestration-Systemen in Ihrer Landschaft feststellen.

Anwendungsbeispiel

Bei der Einführung von SAP S/4HANA in einer komplexen Integrationslandschaft mit ca. 100 Schnittstellen haben wir uns für den Einsatz von UDO zur Erstellung von Schnittstellendokumentationen entschieden. Wir gehen davon aus, dass eine Person für die Dokumentation im Durchschnitt zwei Stunden pro Schnittstelle benötigt. Bei 100 Schnittstellen ist eine Person somit 25 Personentage lang mit der Dokumentation der Schnittstellen beschäftigt. Hingegen benötigt eine Person für das Einrichten von UDO und das Design des Dokumentations-Templates ca. 3 Tage und kann anschließend die kompletten Schnittstellendokumentationen innerhalb weniger Minuten generieren lassen.

Weitere Informationen

Informationen zu UDO finden Sie ausschließlich auf der Website der Arianim GmbH unter *https://www.arianim.com/de/*. Als Beispiel für die Dokumentationsfunktion von UDO hat die Arianim GmbH ein anschauliches Dokument zur Verfügung gestellt. Es gibt Ihnen einen guten Überblick über den Umfang der zu generierenden Dokumente. Sie finden das Beispieldokument unter *http://s-prs.de/v798294*.

17.2.4 WHINT Solutions

Überblick

Die whitepaper.id GmbH wurde 2014 von Adam Kiwon gegründet und hat sich auf das Schnittstellenmanagement mit SAP-Middleware-Lösungen (SAP Cloud Integration und SAP Process Orchestration) spezialisiert. Das Unternehmen stellt mehrere Lösungen für den Einsatz mit der SAP Integration Suite oder mit SAP Process Orchestration unter dem Namen *WHINT Solutions* zur Verfügung. Im Folgenden möchten wir Ihnen die verschiedenen Werkzeuge etwas genauer vorstellen.

WHINT MessageMissing Alert

WHINT MessageMissing Alert ist ein Werkzeug für den Einsatz mit SAP Process Orchestration. Mit dem Standard-Alerting auf den SAP-Middleware-Produkten werden Sie über fehlerhafte Nachrichten informiert. Allerdings haben Sie keine Möglichkeit, benachrichtigt zu werden, wenn gar keine Nachrichtenübertragung stattgefunden hat und Ihr Middleware-System fehlerfrei läuft. WHINT MessageMissing Alert prüft daher in regelmäßigen Abständen, ob erwartete Nachrichten wirklich über das Middelware-System übertragen wurden und benachrichtigt Sie, wenn eine erwartete Nachricht nicht übertragen wurde. Dieselbe Funktionalität ist auch für SAP Cloud Integration verfügbar und wird über die Lösung WHINT Interface Monitoring bereitgestellt.

WHINT MessageVolume Report

Durch den *WHINT MessageVolume Report* haben Sie die Möglichkeit, automatisch Auswertungen über das Nachrichtenvolumen in Ihrem SAP-Process-Orchestration-System zu erzeugen. Sie können sich die Auswertung zu unterschiedlichen Zeitpunkten erzeugen lassen und mithilfe der Übersicht mögliche Schwachstellen und Engpässe in Ihrem System identifizieren.

WHINT Interface Monitoring

Das *WHINT Interface Monitoring* stellt eine Erweiterung der Alerting-Funktionalität für SAP-Middleware-Systeme dar. Dieses Werkzeug ist sowohl für SAP Process Orchestration als auch für SAP Cloud Integration erhältlich. Es prüft in regelmäßigen Abständen, ob fehlerhafte Nachrichten oder Objekte im System bzw. Tenant vorhanden sind und schickt die Informationen, aufbereitet als E-Mail, an zuvor konfigurierte Empfänger. Mit der Variante für SAP Cloud Integration können Sie auch Ihr SAP API Management überwachen. Mit der Variante für SAP Process Orchestration können Sie zusätzlich SAP Cloud Integration und ABAP-Backends überwachen.

WHINT Interface Documentation

Zur Erstellung von automatisierten Dokumentationen bietet die whitepaper.id GmbH das Werkzeug *WHINT Interface Documentation*. Dieses Werkzeug ist ebenfalls für SAP Process Orchestration und SAP Cloud Integration verfügbar. Es extrahiert Schnittstelleninformationen aus dem jeweiligen System bzw. Tenant und erzeugt die Dokumentation in Form eines PDF-Dokuments. Für SAP Cloud Integration wird ein PDF-Dokument pro iFlow oder OData-Service erstellt. Dabei werden Metadaten und Skripte als Anhang angefügt. Zusätzlich erfolgt eine Qualitätsprüfung der Objekte, und es werden Warnungen bzw. Empfehlungen aufgelistet. Ein ähnlicher Ansatz existiert für APIs aus SAP API Management. Für SAP Process Orchestration wird ein PDF-Dokument pro Integrationsszenario erzeugt. Dem PDF-Dokument werden Message Mappings als Microsoft-Excel-Anhänge angefügt.

WHINT Interface Catalog

In komplexen Landschaften mit einem hohen Grad an Integration haben Sie sehr viele Schnittstellenobjekte zu verwalten. Mit dem *WHINT Interface Catalog* erhalten Sie einen Überblick über die Inhalte Ihrer Middleware-Systeme. Das Werkzeug ist sowohl für SAP Process Orchestration als auch für SAP Cloud Integration verfügbar. Mit der Version für SAP Process Orchestration können Sie, neben dem eigentlichen Schnittstellenkatalog, weitere Kataloge für Kommunikationskanäle, Systeme, Trading-Partner und Objekte der Cloud Integration Runtime generieren (siehe Abschnitt 5.2.6, »Implementierung von Cloud Content«). Die Version für SAP Cloud Integration unterstützt auch SAP API Management und den Vergleich von SAP-Cloud-

Integration-Tenants. In Tabelle 17.5 haben wir Ihnen die wichtigsten Informationen zu den WHINT-Werkzeugen zusammengefasst.

Anwendung für Middleware-Produkt	▪ SAP Process Orchestration ▪ SAP Cloud Integration ▪ SAP API Management
Unterstützte Dimensionen des Schnittstellenmanagements	Governance: ▪ Katalogisierung ▪ Reporting Betrieb: ▪ Monitoring und Alerting
Lizenzart	lizenzierungspflichtig
Betrieb	lokal bzw. in der Cloud als Teil der SAP-Middleware oder als Service

Tabelle 17.5 Zusammenfassender Überblick zu den WHINT Solutions

Alleinstellungsmerkmale

Am WHINT Interface Catalog für SAP Process Orchestration schätzen wir die Möglichkeit, weitere Kataloge für z. B. Kommunikationskanäle oder Systeme zu erstellen. Dies gibt Ihnen die Möglichkeit, auch Auswertungen auf der Basis von Einstellungsparametern in diesen Bereichen vorzunehmen. Ein weiteres Alleinstellungsmerkmal sehen wir in der Unterstützung der Cloud Integration Runtime und in der Möglichkeit, iFlows aus der Runtime in einen Schnittstellenkatalog zu exportieren. Zudem bietet ein szenariospezifisches Alerting die Möglichkeit, Benutzergruppen (z. B. E-Commerce-Team, CRM-Team, FICO-Team) über fehlerhafte Schnittstellen zu informieren und so Störungen im Betriebsablauf zu verkürzen oder zu vermeiden.

Alle Tools können Sie ohne zusätzliche Installation betreiben, da diese als Integration Content Teil der jeweiligen Middleware sind. Die Werkzeuge der whitepaper.id GmbH werden typischerweise kombiniert eingesetzt.

Weitere Informationen

Als zentralen Anlaufpunkt für Informationen zu den Werkzeugen können Sie die Unternehmens-Website der whitepaper.id GmbH besuchen. Dort finden Sie in einem separaten Bereich wichtige Informationen zu den Werkzeugen (siehe *http://s-prs.de/v798295*). Über die Website können Sie auch Kontakt zum Unternehmen aufnehmen, wenn Sie Interesse an einer Lösung haben oder einen Demonstrationstermin vereinbaren möchten.

SAP App Center

Über das SAP App Center erhalten Sie ebenfalls Informationen zu den Werkzeugen und können auch hier Kontakt zur whitepaper.id GmbH aufnehmen: *http://s-prs.de/v798296*

17.2.5 ITARICON-Werkzeuge

Überblick

Die in Dresden ansässige ITARICON GmbH bietet unterschiedliche Werkzeuge zur Unterstützung Ihres Schnittstellenmanagements an. Der Kern des Leistungsportfolios ist stark durch Themen aus der Prozess- und Datenintegration geprägt. Alle hier vorgestellten Werkzeuge der ITARICON GmbH können für die Middleware-Software SAP Process Orchestration eingesetzt werden.

Central Integration Analyzer

Der *Central Integration Analyzer* ist ein Werkzeug zur Einrichtung eines zentralen Nachrichten-Monitorings und einer SLA- und Performanceüberwachung. Sie können über den Central Integration Analyzer unterschiedliche SAP-Process-Orchestration-Systeme überwachen. Dadurch müssen Sie nicht, wie üblich, die Monitoring-Funktionen der einzelnen Systeme aufrufen, sondern finden alle relevanten Informationen zur Nachrichtenverarbeitung an einer zentralen Stelle (siehe Abschnitt 17.1.3, »Landschaftsmanagement für das Monitoring«). Der Central Integration Analyzer wird auf einem ABAP-System in Ihrer Systemlandschaft installiert. Neben klassischen SAP-Transaktionen finden Sie auf dem Central Integration Analyzer optional auch das SAP-Fiori-Frontend.

LandsParency

LandsParency ist das Werkzeug der ITERICON GmbH zur Katalogisierung und Dokumentation von SAP-Process-Orchestration-Schnittstellen. Sie können LandsParency auf einem Windows-Server in Ihrer Landschaft installieren. Alternativ haben Sie die Möglichkeit, LandsParency mit SharePoint-Integration auf einem SharePoint-On-Premise-System zu installieren. Insgesamt bietet LandsParency Ihnen die folgenden Funktionen:

- Objekt-Explorer zur Suche nach Entwicklungsobjekten in SAP-Process-Orchestration-Systemen
- Szenario-Explorer zur visuellen Darstellung von integrierten Konfigurationen
- Kommunikationskanalauswertung mit Zugriff auf die Konfigurationsparameter in den Kommunikationskanälen
- Dokumentengenerierung für die automatische Erstellung von Schnittstellendokumentationen
- Staging-Vergleich, um Entwicklungsobjekte in unterschiedlichen Systemen zu vergleichen

LeanIX SAP PI/PO Connector

Der *LeanIX SAP PI/PO Connector* ermöglicht Ihnen die automatische Integration von LeanIX mit SAP Process Orchestration. *LeanIX* ist eine cloudbasierte Lösung für das Enterprise Architecture Management (EAM) und Cloud Governance. Innerhalb des EAM spielt auch die Betrachtung von

Schnittstellen eine große Rolle. Sie können in LeanIX Informationen zu Schnittstellen manuell oder per Excel-Import pflegen. Beide Vorgehensweisen haben den Nachteil, dass Sie organisatorisch sicherstellen müssen, dass Veränderungen auch in LeanIX eingepflegt werden. Einfacher erfolgt dies mit dem LeanIX SAP PI/PO Connector, mit dem Sie fortlaufend einen Abgleich von LeanIX und SAP Process Orchestration einrichten können. Das Werkzeug wird von der ITARICON GmbH als Software-as-a-Service angeboten.

Die Werkzeuge der ITARICON GmbH wurden jeweils für den Einsatz mit SAP Process Orchestration entwickelt. In Tabelle 17.6 haben wir Ihnen die wichtigsten Informationen zusammengefasst.

Anwendung für Middleware-Produkte	SAP Process Orchestration
Unterstützte Dimensionen des Schnittstellenmanagements	Governance: ▪ Katalogisierung ▪ Reporting Betrieb: ▪ Monitoring und Alterting
Lizenzart	lizenzierungspflichtig
Betrieb	lokal, SaaS

Tabelle 17.6 Zusammenfassender Überblick zu den ITARICON-Werkzeugen

Alleinstellungsmerkmale

Für den Schnittstellenkatalog LandsParency sehen wir das Alleinstellungsmerkmal in der Integration mit Microsoft SharePoint. Unter der Verwendung dieser Integration haben Sie Ihren Schnittstellenkatalog und Ihre Schnittstellendokumentation automatisch in Ihre Microsoft-SharePoint-Umgebung integriert. Ein weiteres Alleinstellungsmerkmal sind entwicklungsnahe Funktionen. So können Sie sich z. B. WSDL-Dokumente für Schnittstellen direkt in LandsParency anzeigen lassen und benötigen keinen SAP-Process-Orchestration-Zugang.

Integration in Ihr EAM-System

Ein weiteres Alleinstellungsmerkmal ist das Werkzeug zur Integration mit LeanIX. Unserer Erfahrung nach ist die größte Herausforderung bei der Pflege von Katalogen, diese aktuell zu halten. Insbesondere im Enterprise Architecture Management werden Entscheidungen anhand der Katalogdaten getroffen; die Aktualität dieser Daten hat also eine besondere Bedeutung. Mit dem LeanIX SAP PI/PO Connector haben Sie die Möglichkeit, Ihr EAM-System zu unterstützen und aktuelle Informationen zu Schnittstellen bereitzustellen.

Weitere Informationen

Informationsmaterial zu den Werkzeugen der ITERICON GmbH finden Sie auf der Unternehmenswebsite. Für jedes Werkzeug finden Sie eine separate Landingpage, auf der Sie die wichtigsten Informationen sehen. Zusätzlich haben Sie die Möglichkeit, Kontakt zur ITERICON GmbH aufzunehmen. Die Landingpages zu den einzelnen Werkzeugen finden Sie hier:

- Central Integration Analyzer: *http://s-prs.de/v798297*
- LandsParency: *http://s-prs.de/v798298*

  Broschüre mit Informationen: *http://s-prs.de/v798299*
- LeanIX SAP PI/PO Connector: *http://s-prs.de/v7982100*

17.2.6 Weitere nützliche Tools

In diesem Abschnitt stellen wir Ihnen noch einige weitere Tools vor, die Ihnen die Arbeit mit SAP Cloud Integration vereinfachen.

Realcore CPI Dashboard

Überblick und Installation

Das *Realcore CPI Dashboard* ist ein frei verfügbares Monitoring Dashboard für Ihren SAP-Cloud-Integration-Tenant. Es unterstützt Sie beim Monitoring und Alerting Ihrer SAP-Cloud-Integration-Tenants. Die Installation erfolgt durch das Deployment eines iFlow in Ihrem Tenant und wird im folgenden SAP-Blog-Artikel näher beschrieben:

http://s-prs.de/v7982101

Vorstellung des Tools

Das Dashboard verfügt über verschiedene Bereiche, die im folgenden SAP-Blog-Artikel näher beschrieben werden:

http://s-prs.de/v7982102

SuperEasy Add-on

Überblick

Das *SuperEasy Add-on* ist eine Webbrowser-Erweiterung des Unternehmens MDPGroup. Die Erweiterung ist für Google Chrome und Microsoft Edge verfügbar. Sie bietet u. a. Funktionen zur Unterstützung des Reportings, des Testmanagements und von DevOps:

- Partnerverzeichnis: *http://s-prs.de/v7982103*
- iFlow-Abhängigkeiten-Explorer: *http://s-prs.de/v7982104*
- System-Logs
- kundenindividuelle Header-Suche: *http://s-prs.de/v7982105*
- Groovy-Script-Syntaxprüfung: *http://s-prs.de/v7982106*
- Ausfüllen von Simulationsdaten: *http://s-prs.de/v7982107*

CPILint

CPILint ist ein Open-Source-Werkzeug, das von SAP-Mentor Morten Wittrock entwickelt wird. CPILint wird zur statischen Code-Analyse verwendet, woraus sich das Verb *linten* für das Ausführen von statischen Code-Analysen etabliert hat. Kurz gesagt, können Sie mit CPILint Ihre Entwicklungsrichtlinien bzw. Namenskonventionen (siehe Kapitel 14, »Governance«) ausführbar machen.

Funktionsweise von CPILint

CPILint macht sich den Vorteil zunutze, dass für alle iFlows in SAP Cloud Integration ein sogenanntes *Integration-Flow-Artefakt* angelegt wird. Dieses Artefakt enthält Metadaten, Ressourcen (z. B. WSDL-Definitionen) und eine XML-Datei, die die gesamte Konfiguration des iFlows enthält. Sie können CPILint entweder lokale Kopien der Artefakte prüfen lassen, oder einen direkten Zugriff über die OData-API von SAP Cloud Integration ermöglichen.

Regelarten

Prinzipiell können zwei Arten von Regeln unterschieden werden: Die erste Art von Regeln wird immer genau auf ein Artefakt angewendet. Ein Beispiel wäre die Prüfung, ob eine Schnittstelle Mappings per JavaScript oder nur grafische Nachrichten-Mappings enthält. Die zweite Art von Regeln wird von CPILint artefaktübergreifend geprüft. Ein Beispiel wäre die Prüfung, ob für jeden ProcessDirect-Empfänger auch ein passender Sender existiert. Diese Regel kann nur unter der Betrachtung aller Artefakte geprüft werden.

Anwendung in der Praxis

Wir haben CPILint bereits selbst verwendet und sehen darin einen absoluten Mehrwert für das Schnittstellenmanagement. Eine manuelle Prüfung ist sehr zeitaufwendig und, je nach Veränderung in der Schnittstellenlandschaft, prinzipiell nicht machbar. In einem unserer Kundenunternehmen haben wir CPILint so automatisiert, dass automatisch wöchentlich auf allen verfügbaren Tenants eine Prüfung ausgeführt wird. Das Ergebnis der Prüfung wird anschließend per E-Mail an die zuständigen Teams gesandt.

Weitere Informationen

Morten Wittrock gibt in diversen SAP-Blog-Artikeln weitere Informationen zu CPILint. Einen Überblick finden Sie im Artikel »Meet CPILInt« unter *http://s-prs.de/v7982108*. Die Veröffentlichung von Version 1.0.0 wird in diesem Blog-Artikel beschrieben: *http://s-prs.de/v7982109*.

ConVista SAP CPI Helper

Der *ConVista SAP CPI Helper* ist ein Tool zur Unterstützung von Entwickler*innen in SAP Cloud Integration. Es handelt sich um ein Open-Source-Projekt des Kölner Beratungsunternehmens ConVista Consulting AG. Das Tool wird als Browser-Plug-in für Chrome bereitgestellt.

Ziel des Tool

Ziel des Tools ist es, die Arbeit der Entwickler*innen in SAP Cloud Integration zu vereinfachen. Hierzu werden durch das Plug-in wichtige Funktionen von SAP Cloud Integration für die Entwicklung von Schnittstellen, die sonst nur über mehrere Klicks an anderen Stellen aktiviert werden können, zentral in der Entwicklungsoberfläche bereitgestellt. Dafür werden Menüpunkte in den jeweiligen Benutzeroberflächen eingeblendet.

Funktionen

Der ConVista SAP CPI Helper bietet die folgenden Funktionen, die direkt in die Entwicklungsumgebung (Integration Flow Designer) von SAP Cloud Integration eingebunden sind:

- Trace einschalten
- Inline Trace zur Auswertung von Trace-Nachrichten im Integration Flow Designer
- Pretty Print für Trace-Nachrichten
- direkter Absprung zu Nachrichten und Logs
- Ansicht von globalen und lokalen Variablen

Weitere Informationen

Der ConVista SAP CPI Helper ist ein sehr gutes Tool zur Steigerung der Produktivität Ihrer Entwickler*innen. Weitere Informationen finden Sie im SAP-Blog:

- allgemeine Vorstellung: *http://s-prs.de/v7982110*
- detaillierte Informationen zur Trace-Funktionalität: *http://s-prs.de/v7982111*
- Updates zur Verwaltung von Variablen: *http://s-prs.de/v7982112*

Kapitel 18
Zusammenfassung und Ausblick

In diesem Buch haben Sie die wichtigsten Themen rund um das SAP-Schnittstellenmanagement kennengelernt. Mit diesem Kapitel schließen wir das Buch ab. In Abschnitt 18.1 geben wir Ihnen eine Zusammenfassung der Inhalte und gehen noch einmal auf die drei Teile des Buches ein. In Abschnitt 18.2, »Ausblick«, wagen wir eine Prognose, in welche Richtung sich das SAP-Schnittstellenmanagement entwickeln wird. Beendet wird das Kapitel in Abschnitt 18.3 mit einem Schlusswort.

18.1 Zusammenfassung

Wir haben die Inhalte des Buches bewusst in drei Teile gegliedert. Hintergrund dieser Aufteilung war eine thematische Trennung nach grundlegenden und theoretischen Aspekten des Schnittstellenmanagements, verschiedenen SAP-Produkten für das Schnittstellenmanagement und unseren Erfahrungen für die Strukturierung des Schnittstellenmanagements.

Teil I

Im Teil I, »Grundlagen«, haben wir grundlegende Themen für das Schnittstellenmanagement besprochen. Insbesondere für Einsteiger*innen in die Thematik lohnt sich daher ein genaueres Studium des ersten Teils. Aber auch für erfahrenere Leser*innen dienen die Kapitel in Teil I, auch nach der Lektüre noch als gutes Nachschlagewerk für ausgewählte Themen.

Teil II

In Teil II, »Werkzeuge der hybriden Integrationsplattform von SAP«, haben wir uns genauer mit unterschiedlichen Komponenten der SAP Integration Suite beschäftigt. In den Kapiteln 5 bis 13 haben wir Ihnen die Lösungen vorgestellt. Dabei sind wir auf die verschiedenen Funktionen der Lösungen eingegangen. Abgeschlossen haben wir die einzelnen Kapitel mit Praxisbeispielen.

[«]

Vorstellung der Lösungen

Es hätte den Rahmen dieses Buches gesprengt, wenn wir versucht hätten, auf alle Details der Lösungen einzugehen. Vermutlich könnte man zu jedem einzelnen Werkzeug ein eigenes Buch schreiben. Bei SAP PRESS finden Sie zu manchen der angesprochenen Lösungen bereits heute Literatur, sodass Sie sich gezielt über einzelne Werkzeuge informieren können: *https://www.sap-press.de*

Teil III

Der dritte Teil des Buchs betrachtet die drei Dimensionen Governance, Betrieb und Organisation im Schnittstellenmanagement. Teil III, »Aufgaben des Schnittstellenmanagements«, enthält viele Beispiele aus unserem Alltag, die Ihnen die Themen und Anwendungsfälle in der Praxis zeigen. Abschließend haben wir Ihnen Werkzeuge vorgestellt, die wir selbst einsetzen, um unser Schnittstellenmanagement zu unterstützen.

Lassen Sie uns nachfolgend noch ein paar Worte zu den behandelten Beispielen und Empfehlungen sagen:

Impulse für Ihr Schnittstellenmanagement

Im Schnittstellenmanagement, wie auch in vielen anderen Bereichen, gibt es nicht den einen richtigen Weg, um die Themen umzusetzen. Viele Entscheidungen sind vom Know-how Ihrer Mitarbeitenden, den Bedingungen in Ihrem Unternehmen und häufig auch von den finanziellen Möglichkeiten abhängig. Aus diesem Grund haben wir in diesem Buch keine konkreten Empfehlungen, z. B. für die Definition von Entwicklungsvorgaben oder die Umsetzung eines Testmanagements, gegeben. Stattdessen haben wir Ihnen wichtige Aspekte genannt, die aus unserer Sicht zu bedenken sind, damit Sie für Ihren Anwendungsfall die passenden Entscheidungen treffen können. Auch wir treffen in unseren Unternehmen und bei unseren Kunden verschiedene Rahmenbedingungen an. Mag eine Testautomatisierung für ein bestimmtes Unternehmen absolut sinnvoll sein, weil z. B. im Rahmen von agilen Entwicklungsprinzipien viele Veränderungen an Schnittstellen vorgenommen werden, kann dies bei Unternehmen mit sehr langen Releasezyklen oder in kleineren Schnittstellenlandschaften überflüssig sein.

Beispiele im Buch

Die Beispiele in diesem Buch geben Ihnen einen Überblick, wie wir das Schnittstellenmanagement in unseren (Kunden-)Unternehmen umsetzen und die verschiedenen SAP-Werkzeuge einsetzen. Dabei handelt es sich zum Großteil um reale Beispiele aus unserem Arbeitsalltag oder um offizielle Anwendungsfälle von SAP. Beachten Sie, dass SAP die Komponenten der SAP Integration Suite fortlaufend weiterentwickelt. Daher besteht die Möglichkeit, dass Umsetzungen aus Beispielen mit aktuellen oder künftigen Komponentenversionen anders aussehen oder nicht mehr notwendig sind.

Nachfolgend wollen wir noch einen Ausblick wagen, in welche Richtungen sich das Schnittstellenmanagement im SAP-Umfeld weiterentwickeln wird.

18.2 Ausblick

Eine Prognose über die weitere Entwicklung des Schnittstellenmanagements und zur Weiterentwicklung von SAP-Produkten ist prinzipiell schwierig. Trotzdem möchten wir Ihnen nachfolgend unseren persönlichen Eindruck für zukünftige Entwicklungen und Themen geben.

Heterogene Anwendungslandschaften

Unternehmen haben heutzutage sehr heterogene Anwendungslandschaften. Wir gehen davon aus, dass dies weiterhin so bleiben oder durch den Einsatz von spezialisierten Cloud-Anwendungen noch verstärkt wird. Aus Integrationssicht bedeutet dies, dass weiterhin ein hoher Bedarf an Schnittstellen und Integration im Allgemeinen besteht.

Prozess- vs. Datenintegration

Die Unterscheidung und Abgrenzung von Prozess- und Datenintegration wird auch weiterhin ein brisantes Thema im Schnittstellenmanagement bleiben. Heterogene Anwendungslandschaften benötigen sowohl die Prozess- als auch die Datenintegration. Wir sind der Meinung, dass Unternehmen auch zukünftig Werkzeuge für die Umsetzung von beiden Integrationsarten benötigen.

Integration von Dingen

Die Digitalisierung in Unternehmen schreitet voran und damit auch die Möglichkeit und die Notwendigkeit, Dinge im Sinne des Internet of Things in die Anwendungslandschaft zu integrieren. Auch hierbei sollten Unternehmen die Abgrenzung von Prozess- und Datenintegration beachten. Mit der Integration von Dingen gewinnt zukünftig auch die eventbasierte Kommunikation an Bedeutung.

Self-Service-Integration

Wir gehen davon aus, dass die Nachfrage nach einer Self-Service-Integration weiter steigen wird. Allerdings sind wir der Meinung, dass auch noch viele organisatorische Fragen offen sind. Unserer Erfahrung nach sind viele Unternehmen weit von dem Stand der Self-Service-Integration entfernt, und Schnittstellen können nur durch Expert*innen aus dem Integrationsteam implementiert werden. Daher wird es vermutlich noch einige Jahre dauern, bis das Konzept der Self-Service-Integration wirklich in den Unternehmen angekommen ist.

Weitere Verbesserung der SAP Integration Suite

SAP wird mit Priorität daran arbeiten, die SAP Integration Suite weiterzuentwickeln. Der positive Effekt ist die dadurch voranschreitende Reife der Suite. Langfristig ist davon auszugehen, dass heute noch notwendige Workarounds langfristig durch Standardfunktionen der Suite abgelöst werden. Die Erfahrung zeigt allerdings, dass eine zuverlässige Vorhersage hier nicht zu treffen ist. Im SAP Roadmap Viewer sehen Sie die zukünftig geplanten Produktverbesserungen (siehe *https://go.support.sap.com/roadmapviewer/*).

Stabilität vs. Weiterentwicklung

Ein negativer Effekt von Weiterentwicklung ist, dass sie auch immer eine Gefahr für den laufenden Betrieb darstellt, insbesondere wenn Unternehmen nicht wie bei On-Premise-Anwendungen selbst steuern können, wann die Neuerungen in der eigenen Landschaft verfügbar gemacht werden. Wir kennen sehr große Landschaften mit der SAP Integration Suite als zentraler Middleware, bei denen sich die Kundenunternehmen von SAP auch eine gewisse Stabilität und Investitionssicherheit wünschen. Ein Beispiel ist der Austausch der OEM-Adapter für Salesforce im Januar 2021. Unternehmen stehen vor der Herausforderung, den neuen Adapter zu implementieren, um auch zukünftig von Weiterentwicklungen profitieren zu können. Wir gehen davon aus, dass SAP noch etwas Zeit benötigen wird, um eine optimale Balance zwischen Stabilität und Weiterentwicklung der Suite zu finden.

On-Premise-Variante der SAP Integration Suite

Noch recht vage sind die Ankündigungen von SAP zu einer On-Premise-Variante der SAP Integration Suite. Wir und unsere Kunden warten gespannt auf diese Version. Wir sind der Meinung, dass On-Premise-Middleware in einer hybriden Anwendungslandschaft eine absolute Daseinsberechtigung hat, und wir wissen, dass auch viele Unternehmen auf einen Nachfolger von SAP Process Orchestration warten. Bisher ist lediglich bekannt, dass SAP eine entsprechende Umsetzung plant; weitere Details zu Funktionsumfang, Lizenzfragen oder sonstigen Anforderungen sind aber noch nicht verfügbar. Fraglich bleibt aus unserer Sicht, wie hoch der Reifegrad der ersten Versionen ist und ob sie wirklich sinnvoll von Beginn an eingesetzt werden können. Wir warten definitiv mit großer Spannung auf die On-Premise-Variante.

SAP Graph und One Domain Model

SAP Graph und SAP One Domain Model sind neue Themen in der SAP-Welt und stecken noch in den Kinderschuhen. Aus unserer Sicht ist es offen, wie diese Lösungen von Unternehmen angenommen werden. Wir halten die Idee für richtig, aber letztendlich wird der Erfolg davon abhängig sein, wie konsequent und schnell SAP die Umsetzung voranbringt und beides einen akzeptablen Reifegrad erreicht. Fraglich ist aus unserer Sicht, ob SAP diesen Trend nicht generell zu spät erkannt hat. Für viele Unternehmen ist der Umstieg auf SAP S/4 HANA eine sehr große Umstellung in der Anwendungslandschaft, bei der viele Integrationsthemen neu implementiert werden. Dies wäre der ideale Zeitpunkt, um Schnittstellen auf der Basis von SAP One Domain Model zu entwickeln.

18.3 Schlusswort

Liebe Leserin, lieber Leser, wir befinden uns am Ende dieses Buchs. Wir hoffen, Sie hatten genauso viel Freude beim Lesen, wie wir Autoren beim Ausarbeiten und Schreiben. Wenn Sie uns Feedback geben möchten, freuen wir uns über Ihre Rückmeldung unter folgendem Link: *https://www.rheinwerk-verlag.de/feedback/produkt/5217/*

Lassen Sie uns abschließend noch ein paar persönliche Worte und Aufforderungen an Sie richten.

SAP Community

Während unserer Arbeit an und mit SAP-Produkten haben wir die Erfahrung gemacht, dass Frust und Freude sehr nah beieinanderliegen können. Neue Funktionen, die nicht richtig funktionieren, etablierte Funktionen, die keine sinnvollen Fehlermeldungen ausgeben oder schlichtweg fehlende grundlegende Funktionen – all dies haben wir bereits selbst erfahren. Doch bei all diesen Problemen gibt es auch etwas, auf das wir uns immer verlassen konnten: die *SAP Community*. In dieser Community sehen wir eine absolute Stärke der SAP-Welt. Wir haben die Erfahrung gemacht, dass in den meisten Fällen jemand in der SAP Community dasselbe Problem hat – und selbst wenn nicht, werden innerhalb kurzer Zeit sinnvolle Lösungsvorschläge gemacht.

Aktive Teilnahme in der Community

Aus diesem Grund möchten wir die letzten Worte in diesem Buch dazu verwenden, um Sie zur aktiven Teilnahme an der SAP Community zu ermutigen. Lassen Sie uns gemeinsam das Schwarmwissen der SAP-Welt weiter voranbringen. Mit Blog-Beiträgen, der Beantwortung von Fragen in Foren oder der Beteiligung an Unterhaltungen leisten Sie einen wertvollen Beitrag zur Community. Wir freuen uns auf Sie!

Adam Kiwon	**Manuel Männle**
Mark Lehmann	**Martin Tieves**

Anhang

Quellen- und Literaturverzeichnis

Bücher

Denecken, Sven; Musil, Jan; Santhanam, Srivatsan (2020): *SAP Activate – Project Management for SAP S/4HANA*. 1. Auflage, SAP PRESS

Hansen, Hans Robert; Neumann, Gustaf (2005): *Wirtschaftsinformatik 2*. 9. Auflage, Lucius & Lucius

Hohpe, Gregor; Woolf, Bobby (2004): *Enterprise Integration Patterns*. 1. Auflage, Addison-Wesley

Liebhart, Daniel (2007): *SOA goes real – Service orientierte Architekturen erfolgreich planen und einführen*. 1. Auflage, Hanser Verlag

Mertens, Peter (2013): *Integrierte Informationsverarbeitung 1*. 18., überarbeitete Auflage, Springer Gabler

Schmidt, John G.; Lyle, David (2005): *Integration Competency Center: An Implementation Methodology*. 1. Auflage, Informatica Corporation

Stahlknecht, Peter; Hasenkamp, Ulrich (2005): *Einführung in die Wirtschaftsinformatik*. 11. Auflage, Springer

Winkeler, Thomas; Raupach, Ernst und Westphal, Lothar (2000): *EAI – Enterprise Application Integration – Die Pflicht vor der E-Business-Kür*. Band 20 der Reihe Leitfaden E-Business, PricewaterhouseCoopers

Wolff, Eberhard (2015): *Microservices: Grundlagen flexibler Softwarearchitekturen*. 1. Auflage, dpunkt.verlag GmbH

Artikel aus Internetquellen

Von Ahsen, Katrin (2020): New version of the SAP Integration Solution Advisory Methodology Template released, *https://blogs.sap.com/2020/05/14/new-version-of-the-sap-integration-solution-advisory-methodology-template-released/*

Dr. Harsh, Jegadeesan (2020): SAP Cloud Platform Integration Suite – The Big Picture, *https://static.rainfocus.com/sap/sapteched2020/sess/1602555753242001uEUL/sessionppt/DEV202_1604941577392001UE5V.pdf*

Prof. Dr. Holl, Alfred; Ohm, Georg Simon: University of Applied Sciences, Nuremberg, Germany (2015), *https://www.in.th-nuernberg.de/professors/Holl/Personal/B_Slides_E_AS.pdf*

itSMF Deutschland e.V. (2021): IT-Service Management Forum Deutschland e.V., *https://www.itsmf.de/*

Keith, Grayson; Medaille, Paul (2020): How a Digital Integration Hub Is a Business Game-Changer in the Experience Economy, *https://www.sapinsideronline.com/how-a-digital-integration-hub-is-a-business-game-changer-in-the-experience-economy/*

Koeller, Florian; Schreiber, Fabian (2011): How to Define and Establish an SAP Integration Competency Center (ICC), *https://archive.sap.com/kmuuid2/f09881cb-95b6-2d10-cbbd-8ec620090edf/How%20to%20Define%20and%20Establish%20an%20SAP%20Integration%20Competency%20Center%20(ICC).pdf*

OASIS (2012): Reference Architecture Foundation for Service Oriented Architecture Version 1.0, *http://docs.oasis-open.org/soa-rm/soa-ra/v1.0/cs01/soa-ra-v1.0-cs01.html*

Pezzini, Massimo (2018): The Digital Integration Hub Turbocharges Your API Strategy, *https://www.linkedin.com/pulse/digital-integration-hub-turbocharges-your-api-strategy-pezzini*

SAP (2020): Integration is a Key Enabler of Digital Business and an Intelligent enterprise, *https://www.sap.com/dmc/exp/2020-05-68434/en-us/index.html*

SAP (2021): Roadmap-Viewer – SAP Activate Methodology for SAP S/4HANA Cloud, extended edition, *https://go.support.sap.com/roadmapviewer/#/group/658F507A-D6F5-4B78-9EE1-0300C5F1E40F/roadmapOverviewPage/5368adff269741c9*

The Open Group (2021): The IT4IT™ Reference Architecture, *https://www.opengroup.org/it4it*

Die Autoren

Adam Kiwon beschäftigt sich seit dem Jahr 2000 mit Anwendungsintegration und Schnittstellen im SAP-Umfeld. Als Entwickler und Berater bei SAP sowie bei einem SAP-Partnerunternehmen war er für Unternehmen in Deutschland sowie international aktiv, um SAP-Middleware (SAP XI/PI/PO/CPI) einzuführen bzw. Integrationsszenarios umzusetzen. 2014 gründete er Whitepaper InterfaceDesign, ein Software- und Beratungsunternehmen, das auf SAP-Integration spezialisiert ist. Durch seine Projekte hat er viele Herausforderungen in der Entwicklung und dem Betrieb von Schnittstellen-Landschaften erlebt und strebt seither mit seinen Mitarbeitern und für seine Kunden nach »Integration Excellence«.

Mark Lehmann arbeitet als Senior EAI Consultant bei einem global agierenden Medizintechnik-Unternehmen. Er beschäftigt sich seit 2007 mit Themen rund um die Prozessintegration in SAP-Landschaften. Er war acht Jahre als Berater im Bereich Prozessintegration für zwei global agierende Beratungsunternehmen tätig. Dort konnte er im Rahmen zahlreicher Kundenprojekte sein Wissen zur Prozessintegration weiter vertiefen. Zuletzt war er auf Kundenprojekten hauptsächlich in der Rolle des Integrationsarchitekten unterwegs und war verantwortlich für den Aufbau unterschiedlicher Integrationslandschaften. Seit 2020 ist er als Inhouse Consultant in der Medizintechnikbranche tätig und betreut dort alle Integrationsthemen rund um produktionsnahe Geschäftsprozesse.

Manuel Männle ist seit 2020 als Enterprise & Integration Architect bei einem führenden Unternehmen für Haushalts- und Gewerbegeräte tätig. Zuvor war er knapp 7 Jahre als Berater in einem global agierenden SAP-Beratungsunternehmen beschäftigt, wo er zuletzt die Verantwortung für das Portfolioelement »Enterprise Architecture Management« übernahm. Im Rahmen seiner zahlreichenden Projekte begleitete er seine Kunden in den Themenfeldern IT-Strategie, Prozessmanagement, Enterprise Architecture Management und Integration Management. Dabei lag der Fokus häufig in der Entwicklung von Methoden und Frameworks für die Transformation moderner IT- und Integrationsarchitekturen. Er hält regelmäßig Vorträge auf nationalen Kongressen und Messen.

Martin Tieves ist Integrationsarchitekt mit Fokus auf der Integration von Systemen innerhalb hybrider IT-Landschaften. Aktuell arbeitet er bei der NTT DATA Business Solutions als Berater und Verantwortlicher für den Portfoliobereich Integration Advisory. Zu seinen Schwerpunkten gehören die Integration von SAP- und Non-SAP-Systemen sowie die Konzeption und Implementierung von prozess- und ereignisorientierten Architekturen. In seiner Rolle unterstützt er Kunden bei der Prozessaufnahme, der Erarbeitung von Lösungen mit SAP-Technologien sowie deren Implementierung. Martin Tieves studierte Wirtschaftsinformatik und konnte während seiner beruflichen Laufbahn bereits umfangreiche Kenntnisse mit den Integrationsprodukten SAP Process Integration bzw. Orchestration, SAP Enterprise Messaging und SAP Cloud Integration sammeln.

Index